Im Knaur Verlag sind bereits folgende Romane der Autorin erschienen:

Die Wanderhure
Die Kastellanin
Das Vermächtnis der Wanderhure
Die List der Wanderhure
Die Wanderhure und die Nonne
Die Wanderhure und der orientalische Arzt
Die Tochter der Wanderhure
Töchter der Sünde

Die Kastratin
Die Goldhändlerin
Die Tatarin
Die Löwin
Die Pilgerin
Die Feuerbraut
Die Rose von Asturien
Die Ketzerbraut
Feuertochter
Die Flammen des Himmels
Die steinerne Schlange
Die Rebellinnen
Die Fürstin
Das Mädchen aus Apulien
Die Widerspenstige
Der Fluch der Rose
Die Saga von Vinland
Die Rache der Wanderhure

Dezembersturm
Aprilgewitter
Juliregen

Das goldene Ufer
Der weiße Stern
Das wilde Land
Der rote Himmel

Die Wanderapothekerin
Die Liebe der Wanderapothekerin
Die Entführung der Wanderapothekerin
Die Tochter der Wanderapothekerin

Tage des Sturms
Licht in den Wolken
Glanz der Ferne

Die Perlenprinzessin – Rivalen
Die Perlenprinzessin – Kannibalen

Über das Autorenpaar:
Iny Lorentz ist das Pseudonym des Autorenpaars Iny Klocke und Elmar Wohlrath. Ihr größter Erfolg »Die Wanderhure« erreichte ein Millionenpublikum und wurde ebenso wie fünf weitere ihrer Romane verfilmt. Außerdem wurde dieser Roman für das Theater adaptiert. Seit der »Wanderhure« folgt Bestseller auf Bestseller. Viele ihrer Romane wurden zudem ins Ausland verkauft. Neben anderen Preisen wurde das Autorenpaar mit dem »Wandernden Heilkräuterpreis« der Stadt Königsee ausgezeichnet und in die »Signs of Fame« des multikulturellen und völkerverbindenden Friedensprojekts »Fernweh-Park« aufgenommen.

Besuchen Sie auch die Homepage der Autoren und ihren Facebook-Auftritt:
www.inys-und-elmars-romane.de
www.facebook.com/Inys.und.Elmars.Romane

INY LORENTZ

Der Fluch der Rose

ROMAN

Besuchen Sie uns im Internet:
www.knaur.de

Eigenlizenz Dezember 2021
© 2019 Knaur Verlag
Ein Imprint der Verlagsgruppe
Droemer Knaur GmbH & Co. KG
München Maria-Luiko-Straße 54, 80636
Alle Rechte vorbehalten. Das Werk darf – auch teilweise – nur mit
Genehmigung des Verlags wiedergegeben werden.
Die Nutzung unserer Werke für Text- und Data-Mining
im Sinne von § 44b UrhG behalten wir uns explizit vor.
Redaktion: Regine Weisbrod
Covergestaltung: ZERO Werbeagentur, München
Coverabbildung: © Neil Holden / arcangel; Yolande de Kort / arcangel;
Malgorzata May / arcangel; Esmahan Ozkan / Trevillion Images
Illustration innen: Shutterstock / Naddya
Satz: Adobe InDesign im Verlag
Druck und Bindung: GGP Media GmbH, Pößneck
ISBN 978-3-426-51890-8

Kontaktadresse nach EU-Produktsicherheitsverordnung:
produktsicherheit@droemer-knaur.de

Erster Teil

Das spanische Weib

1.

Esmaralda lächelte glückselig, als sie die sanfte Berührung spürte, mit der Felipe ihr den Ring an den Finger steckte.

»Jetzt bist du meine kleine *esposa*, und nichts kann uns mehr trennen«, sagte er leise und berührte ihre Lippen mit den seinen.

»Du bist so gut zu mir!«, hauchte Esmaralda.

Sie konnte noch immer kaum glauben, dass Felipe, der Sohn des Grafen Don Rodrigo de Azuaga y Pinjara, seinem Vater getrotzt und sie, die Tochter eines einfachen Edelmanns, eines *hidalgo*, zur Frau genommen hatte. Doch mit ihren Unterschriften unter der Heiratsurkunde war diese Ehe gültig, und nur der Herr im Himmel konnte sie wieder auflösen.

Esmaralda betete, dass Gott Felipe und ihr viele Jahre gemeinsamen Glücks schenken würde, auch wenn die Zukunft vielleicht nicht ganz so rosig werden dürfte, wie sie es erhofft hatten. Denke nicht so etwas an deinem Hochzeitstag, schalt sie sich, als sie an Felipes Seite die kleine Dorfkirche verließ und vor sich das Spalier seiner Söldner sah, die ihrem *capitan* und ihr die Ehre erwiesen, angeführt von Felipes Stellvertreter Domingo, einem untersetzten, ganz in Leder gekleideten Mann mit schwarzem Vollbart. Seine Miene wirkte säuerlich, denn er hatte Felipe mehrmals beschworen, keine solch große Dummheit zu begehen, diese Frau zu heiraten.

Rasch wandte Esmaralda ihren Blick den anderen Söldnern zu. Von denen hatte ihres Wissens niemand gegen sie gesprochen. Dabei stammten auch Alfonso und Raúl von den Besitzungen des Grafen Azuaga. Deren Gesichter waren jedoch fröhlich, und sie ließen Felipe und sie mehrfach hochleben. Domingo bewegte zwar ebenfalls die Lippen, doch war Esmaralda klar, dass aus seinem Mund kein Segenswunsch kam.

»Es betrübt mich, Felipe, der Grund für dein Zerwürfnis mit deinem Vater zu sein«, entfuhr es ihr unwillkürlich.

Ihr Mann winkte mit lächelnder Miene ab. »Mein Vater wird sich mit dieser Ehe über kurz oder lang abfinden. Er hat ja noch meinen Bruder Miguel, und der ist der eigentliche Erbe von Azuaga. Miguel wird die Frau heiraten, die unser Vater für ihn aussucht, und mit ihr Kinder in die Welt setzen. Spätestens dann, wenn Vater die Erbfolge gesichert sieht, wird er seinen Frieden mit uns machen.«

»Bis dorthin bist du ein Söldnerhauptmann in fremden Diensten«, wandte Esmaralda beklommen ein.

»Lass dich davon nicht betrüben, mein Lieb. Wir Azuagas haben seit Jahrhunderten das Schwert geschwungen, und ich bin stolz, dem Beispiel meiner Ahnen folgen zu können. Zu Hause zu hocken, Rinder und Schafe zu zählen und Domestiken zu kommandieren, wie Miguel es tut, wäre nichts für mich. Ich will Ruhm gewinnen und Beute machen. Dann kann ich mit dir an meiner Seite vor meinen Vater treten. Jetzt mag er mir noch zürnen, doch später wird er stolz auf mich sein und dich an sein Herz drücken.«

Felipe klang so überzeugend, dass Esmaralda ihm nur zu gerne Glauben schenkte. Er ist ja auch ein Held, ein Held ohne jeden Fehl. Ihr Held, ihr Felipe! Es wird alles gut werden, dachte sie und tadelte sich selbst, weil sie für einen Augenblick daran gezweifelt hatte.

Das Weinen eines Kindes riss sie zurück in die Gegenwart. Esmaralda erschrak. Hatte sie mit offenen Augen geträumt? Seit ihrer Hochzeit waren doch bereits drei Jahre vergangen!

In dem Augenblick brach das ganze Elend wieder über sie herein. Bis vor wenigen Tagen waren Felipe und sie glücklich gewesen und hatten sich aneinander und an ihrem kleinen Sohn Juan erfreut. Die letzte Schlacht aber hatte ihr Glück wie ein Kartenhaus zusammenfallen lassen.

Esmaralda schauderte, als sie daran dachte, wie Raúl verletzt und blutend mit der grässlichen Nachricht ins Feldlager zurückgekehrt war, die Schlacht sei verloren und Don Felipe im Kampf gefallen. Seit jenen Stunden waren sie auf der Flucht. Wie viele Meilen sie dabei mit Juan auf den Armen zurückgelegt hatte, konnte sie nicht einmal schätzen. Es gab in der gesamten Truppe nur noch ein Pferd, und das ritt Domingo. Raúl hatte ihn gebeten, es ihr abzutreten, war aber nicht einmal einer Antwort gewürdigt worden.

Schwäche und Hunger setzten ihr und Juan zu, und es wurde immer mühsamer, einen Schritt vor den anderen zu setzen. Verzweifelt blickte Esmaralda nach vorne. Es klaffte bereits eine erhebliche Lücke zwischen ihr und den Söldnern, die von der Angst vor den Türken vorwärtsgetrieben wurden.

»Mein Gott, warum helft ihr mir nicht? Es ist ja nicht um meinetwillen! Helft Juan! Er ist doch der Sohn eures Hauptmanns«, versuchte Esmaralda zu rufen, um an das Ehrgefühl der Männer zu appellieren. Die Worte kamen jedoch kraftlos und kaum vernehmbar aus ihrem Mund.

Domingo hatte das Kommando übernommen und sorgte dafür, dass die Männer trotz ihrer Verletzungen stramm marschierten. Was mit Esmaralda und Juan geschah, kümmerte ihn nicht.

Verzweifelt nahm die junge Frau wahr, wie sich der Abstand zu den Soldaten ständig vergrößerte. Schon bald würde sie allein auf dieser staubigen Straße sein, die von himmelhohen Bergen gesäumt wurde und weit oben im Nichts zu enden schien.

»Juan, mein Juanito, was soll ich nur tun?«, flüsterte sie weinend und wusste doch, dass sie nicht aufgeben durfte, denn ihr Ende würde auch der Tod ihres Kindes sein. Doch Felipes Sohn sollte leben!

2.

Die Soldaten kämpften sich den steilen Anstieg hinauf. Fast jeder war verwundet, und ihre Kleidung und ihre Ausrüstung hatten auf dem harten Marsch und im Gefecht gelitten. Zwar besaß Domingo ein Pferd, war aber abgestiegen, weil das Tier völlig abgetrieben war und ihn nicht mehr den Passweg hätte hochtragen können. Obwohl er während der Flucht immer wieder im Sattel gesessen hatte, war er nicht weniger erschöpft als seine Kameraden.

»Wie weit ist es denn noch bis zur Passhöhe?«, fragte einer der Männer verzweifelt.

Froh, einen Augenblick verschnaufen zu können, blieb Domingo stehen. »Ich weiß es nicht. Sehr weit kann es nicht mehr sein.«

Der Mann blickte mit furchtsamer Miene nach oben. »Für mich sieht es so aus, als würde dieser Pfad erst im Himmel enden.«

Domingo bedachte ihn mit einem zornigen Blick. »So etwas sagt man nicht, es sei denn, man will es herbeirufen! Wir sind diesen verdammten *turcos* nur um Haaresbreite entkommen und haben dabei unseren braven *capitan* und viele *compañeros* verloren. Da will ich nichts vom Himmel hören!«

»Beruhige dich, Domingo! Alfonso hat es doch nicht böse gemeint«, warf Raúl ein. »Doch was meinst du? Haben wir die Türken endlich hinter uns gelassen?«

»Davon bin ich überzeugt! Auf jeden Fall sind wir jenseits des Passes in Sicherheit. Verdammt, dass dieser Feldzug so beschissen enden musste!« Domingo stieß noch einige Flüche aus und setzte sich wieder in Bewegung.

Es dauerte ein paar Augenblicke, bis die Kameraden ihm folgen konnten. Sie alle waren am Ende, wussten aber, dass sie diesen Pass hinter sich bringen mussten, wenn sie nicht doch noch Verfolgern zum Opfer fallen wollten. Am meisten kränkte es Domingo, dass sie diesen Weg ohne ihren Hauptmann bewältigen mussten. Don Felipe war als einer der Ersten in der Schlacht gefallen und nach ihm viele ihrer Kameraden. Dem Rest war nach dem Rückzug ihrer venezianischen Verbündeten nur die Flucht geblieben.

Während er noch mit dem Schicksal haderte, schloss Raúl erneut zu seinem Anführer auf. »Domingo, wir müssen ihr helfen! So kann sie nicht mehr mithalten.«

Raúl wies auf Esmaralda, die sich in einem Abstand von mehr als vierhundert Schritt hinter ihnen herschleppte und ihr zweijähriges Kind an sich gepresst hielt.

»Lass mich mit der in Ruhe!«, fuhr Domingo auf. »Sie allein ist an unserem Unglück schuld – und auch an Don Felipes Tod!«

»Sie war doch sein Weib, und es ist sein Sohn«, erwiderte Raúl drängend.

»Sie ist eine Tochter des Satans, nur geboren, um das ehrenwerte Haus de Azuaga zu verderben! Ohne sie hätte Don Felipe sich niemals mit seinem Vater zerstritten und in fremdländische Dienste treten müssen!«, schrie Domingo außer sich vor Zorn.

Da einige seiner Männer trotzdem so aussahen, als wollten sie auf die Frau warten, drohte er ihnen mit der Faust. »Ich erschlage jeden, der versucht, ihr zu helfen! Das bin ich Don Rodrigo de Azuaga schuldig. Er muss seinen jüngeren Sohn betrauern, auf den er so stolz war, und das nur, weil dieses Weib den armen Don Felipe mit ihren Teufelskünsten in ihren Bann geschlagen hat.«

»Wenn wir Doña Esmaralda nicht beistehen, muss Don Rodrigo außer seinem Sohn auch noch seinen Enkel betrauern«, antwortete Raúl heftig.

Domingo wies diesen Einwand mit einer Geste des Abscheus zurück. »Das Kind ist ein Teufelsbalg und hat nicht verdient, zu leben!« Dann deutete er Richtung Pass. »Marschiert weiter! Oder wollt ihr, dass die *turcos* euch doch noch kriegen?«

Für einen Augenblick sah es so aus, als wolle Raúl sich trotz dieser Drohung seinem Befehl widersetzen. Der junge Mann war jedoch verletzt und seine Kraft fast aufgebraucht. Mit einem mitleidigen Blick streifte er Esmaralda de Azuaga und bat Gott, sich ihrer anzunehmen, selbst wenn dies hieß, dass die Türken sie und ihren Sohn ergreifen und versklaven würden. Schon bald aber vergaß er die Frau und ihr Kind unter dem anstrengenden Aufstieg und betete nur noch, dass diese Schinderei endlich ein Ende nehmen würde.

3.

Mit Bitterkeit im Herzen blickte Esmaralda de Azuaga hinter den Soldaten her, von denen ihr fast alle freundlich und hilfsbereit begegnet waren, solange ihr Mann noch gelebt hatte. Nun aber zogen sie immer weiter davon, ohne sich um sie zu kümmern. Felipe hatte seine Männer stets gut behandelt und hätte keinen von ihnen zurückgelassen. Doch Felipe war tot, und nun führte Domingo das Kommando. Ausgerechnet Domingo, der seine Abneigung gegen sie häufig genug geäußert hatte und deshalb schon einige Male von ihrem Ehemann gerügt worden war.

Sie fragte sich, wie ein Mensch so hasserfüllt sein konnte, ein unschuldiges Kind wie ihren Juan einfach in einem fremden Land zurückzulassen. Bei dem Gedanken an den Kleinen kamen ihr die Tränen. Alle Soldaten hatten mit ihrem Sohn gespielt ... Nein, nicht alle, berichtigte sie sich. Domingo hatte seine Abneigung gegen sie auch auf ihr Kind übertragen und freute sich jetzt wahrscheinlich, sie endlich so behandeln zu können, wie er es schon lange gewollt hatte.

Als Esmaralda eine Verwünschung gegen Domingo ausstieß, begriff sie, dass sie ihren Atem für den harten Anstieg zum Pass sparen musste. Sie kannte den Namen des Ortes nicht, den sie zuletzt passiert hatten, wusste nicht einmal, in welchem Land sie sich befand. Während des Kriegszugs war sie klaglos ihrem Ehemann gefolgt. Aber nun war sie allein, ohne den Schutz des geliebten Mannes, und musste erleben, wie die Soldaten, die vor wenigen Tagen noch den Rücken vor ihr gebeugt hatten, immer weiter in der Ferne verschwanden, ohne ihr auch nur eine Hand gereicht zu haben.

»Mein kleiner Juanito, wenn ich nur wüsste, wohin ich mich

wenden soll«, flüsterte sie unter Tränen und drückte das Kind an sich.

Juan brach ebenfalls in Tränen aus, denn er hatte Hunger. Doch seit sie auf der Flucht vor den Türken waren, gab es kaum noch etwas zu essen. Esmaralda hatte das wenige, was ihr geblieben war, mit ihrem Sohn geteilt und besaß nun keinen Krümel mehr. Auch sie spürte den Hunger mit eisernen Krallen im Magen wühlen und kämpfte gegen ihre Verzweiflung an.

»Wir werden über den Pass kommen, mein Juanito«, versuchte sie, sich Mut zu machen, während sie einen Schritt vor den anderen setzte. Es war ein harter Weg für die erschöpfte Frau, die zudem ihr Kind tragen musste, doch Esmaralda biss die Zähne zusammen und stieg weiter bergan.

»Bald werden wir das nächste Dorf erreichen, und dort bekommen wir etwas zu essen, mein Juanito«, flüsterte sie dem Kind zu und betete zu Gott, dass er sich ihres Sohnes und auch ihrer erbarmen möge.

Als die Sonne hinter den Bergen versank, befürchtete Esmaralda, im Dunkeln fehlzutreten und sich und das Kind zu verletzen. Daher kroch sie in ein Gebüsch, wiegte den weinenden Jungen und überlegte verzweifelt, wie sie seinen Hunger stillen konnte.

Wenn meine Brüste wenigstens noch Milch geben würden, dachte sie. Anders als die Edeldamen der hohen Häuser hatte sie ihr Kind selbst genährt, da ihr Mann nicht auch noch eine Amme auf seine Kriegszüge hatte mitnehmen können. Nach dem Zerwürfnis mit seinem Vater war das Geld knapp gewesen, und er hatte zusehen müssen, wie er sein Fähnlein versorgen konnte.

Esmaralda dachte an ihren Schwiegervater Rodrigo de Azuaga. Dieser hatte seinen Sohn vor die Wahl gestellt, entweder auf sie zu verzichten oder heimatlos zu sein. Felipe hatte sich für sie entschieden, und so hatten sie drei glückliche Jahre miteinander verlebt. Nun war Felipe tot, und sie befand sich in einem ihr unbekannten Land, dessen Sprache sie nicht verstand. Auch wusste sie nicht, von wem sie Hilfe erwarten durfte.

Auf ihren Schwiegervater brauchte sie nicht zu hoffen. Dieser war fern und würde vermutlich nur sagen, sein Sohn und sie hätten das ihnen gebührende Schicksal erlitten. Der einzige Lichtblick waren mehrere Schmuckstücke, die Felipe ihr vor ihrer Heirat geschenkt hatte. Als er seine Truppe gesammelt hatte, hatte sie sie ihm zurückgeben wollen, damit er sie verkaufen und seine Männer mit dem Erlös ausrüsten könne, doch er hatte es abgelehnt.

»Wenn ich einmal so weit bin, deinen Schmuck versetzen zu müssen, weiß ich, dass der Name Felipe de Azuaga nicht mehr den Klang besitzt, der einen Feldherrn dazu bringt, mich in seine Dienste zu nehmen«, hatte Felipe damals lachend zu ihr gesagt.

Zu jener Zeit war sie ein wenig enttäuscht gewesen, weil sie ihm hatte helfen wollen. Nun aber war sie froh um die drei Broschen, den Ring und die Perlenkette. Wenn sie diese verkaufte, konnten Juan und sie gewiss ein paar Jahre davon leben.

Ihr knurrender Magen verriet Esmaralda, dass es nicht an der Zeit war, an die Zukunft zu denken. Es zählte nur der Augenblick, und der war düster. Wenn Juan und sie nicht bald etwas zu essen fanden, würde ihr Weg in diesen Bergen zu Ende sein.

Trotz ihrer quälenden Überlegungen schlief Esmaralda schließlich ein und wachte mitten in der Nacht durch die Kälte auf, die ihr in alle Glieder kroch. Am Tag war es heiß gewesen, doch nun klapperten ihr die Zähne. Damit ihr Sohn nicht zu sehr fror, schob sie ihn unter ihr Kleid, um ihn mit ihrem Körper zu wärmen.

Die Nacht dehnte sich schier endlos, doch als im Osten der erste Schein des neuen Tages aufleuchtete, nahm Esmaralda ihren Sohn erneut auf den Arm und stieg weiter die Passhöhe hinauf. Ihren Durst konnten sie mühsam an einer tröpfelnden Quelle stillen, die aus einer Felswand trat. Eine kurze Zeit schien es, als habe die Nachtruhe ihr frische Kräfte verliehen. Doch kaum war die Sonne höher gestiegen, wurde es warm, und sie fühlte ihre Erschöpfung doppelt. Alle drei, vier Schritte musste sie anhalten und verschnaufen.

Stunden vergingen. Der kleine Juan war so geschwächt, dass er die meiste Zeit schlief, während Esmaraldas wirbelnde Gedanken längst einer dumpfen Leere gewichen waren, in der sich Gegenwart und Vergangenheit mischten. Immer wieder vernahm sie die Stimme ihres Schwiegervaters, der sie verfluchte, weil sie ihm den Sohn genommen habe. Während ihr die Tränen über die Wangen liefen, glaubte sie Schritte an ihrer Seite zu hören, und dann erklang die Stimme ihres Mannes.

»Es wird alles gut, Esmaralda, glaube mir! Auch wenn der Vater mir zürnt, werden wir unseren Platz im Leben erkämpfen.«

»Das werden wir!«, sagte sie, doch ihr antwortete nur der Wind.

Allmählich machte ihr wieder der Durst zu schaffen. Ihre Lippen wurden erst trocken, dann rissig, und irgendwann spürte sie den Geschmack von Blut im Mund. Angeekelt wollte Esmaralda ausspucken, doch der Speichelfluss war längst versiegt.

»Mein Gott, warum quälst du mich so?«

Die Trauer um ihren Mann, die während der Flucht ein wenig in den Hintergrund getreten war, brach sich jetzt mit aller Macht Bahn, und sie wünschte sich, ebenso tot zu sein wie ihr geliebter Felipe.

Das Greinen ihres Sohnes erinnerte Esmaralda daran, dass sie an mehr zu denken hatte als nur an sich. Während sie mit einer Hand das Kind hielt, wischte sie sich mit dem Handrücken die Augen trocken und ging weiter.

Irgendwann drang ein plätscherndes Geräusch an ihr Ohr. Zuerst achtete sie nicht darauf, blieb dann aber mit einem Schlag stehen.

»Wasser!« Sie sah sich um und entdeckte hoch über sich einen kleinen Wasserfall, der jedoch auf der Felswand versprühte. Da die Steine in ihrer Nähe feucht waren, presste sie die Lippen dagegen, um die Flüssigkeit abzulecken. Dann benetzte sie ihre Hand und bestrich damit Juans Lippen.

»Mama, mehr!«, flehte der Junge und brachte sie damit erneut zum Weinen.

»Ich habe nicht mehr, mein Kleiner, und ich kann nicht hoch genug steigen, um an das Wasser zu gelangen!«

Schweren Herzens ging sie weiter. Sie hatte Glück, denn nur wenig später erreichte sie eine Stelle, an der Wasser aus einer kleinen Öffnung im Felsen trat und sich als schmaler Bach in der Tiefe verlor. Endlich konnte sie Juan genug zu trinken geben und selbst ihren Durst stillen.

Als sie weiterging, bemerkte sie, dass sie die Passhöhe überschritten hatte, denn sie sah tief unter sich einen weiten Talkessel, der von grauen Bergriesen umgeben war. Zur rechten Hand erstreckte sich ein länglicher See, und unweit davon lag eine Stadt. Nach ein paar weiteren Schritten schien es ihr, als erkenne sie auf einer an einem Fluss entlangführenden Straße Fuhrwerke.

Für Esmaralda war es wie ein Blick ins Paradies. Dort würde sie Hilfe finden, fuhr es ihr durch den Kopf, als sie ihren Sohn aufhob und weiterschritt.

4.

Esmaraldas Erleichterung hielt nicht lange an. Für den Aufstieg zum Pass hatte sie beinahe zwei Tage gebraucht, und sie begriff rasch, dass der Abstieg kaum weniger anstrengend sein würde. Als der Abend hereinbrach, hatte sie ihrer Schätzung nach weniger als ein Drittel des Weges bis ins Tal geschafft. Da sie immer wieder an tiefen Abgründen und Felsspalten vorbeikam, musste sie auch in dieser Nacht an einem Hang rasten, dessen spärliches Gestrüpp keinen Schutz bot. Zudem machte ein kühler Wind aus dem Norden den Aufenthalt zur Qual. So legte Esmaralda sich mit dem Rücken zum Wind, um ihren Sohn zu schützen.

Das Kind war so matt, dass sie sich wünschte, ein Engel des Herrn würde vom Himmel steigen, sie und Juan an der Hand nehmen und zu ihrem Mann bringen. Doch der Himmel blieb verschlossen, und zu allem Unglück setzte mit der Dämmerung auch noch Regen ein. So willkommen der erfrischende Guss in der Hitze des letzten Tages gewesen wäre, verstärkte er jetzt die Kälte, die sich in Esmaraldas Gliedern breitgemacht hatte und die auch nicht mehr weichen mochte, als sie wieder aufbrach.

In Esmaraldas Gedanken hatte nichts anderes mehr Platz als der Wille, das Kind festzuhalten und einen Fuß vor den anderen zu setzen. Irgendwann kam sie an einigen Pferdeäpfeln vorbei, die Domingos Gaul hinterlassen hatte. Sie waren bereits ganz zerfallen, und der Regen spülte ihre Reste die Straße hinab.

Nach den nächsten Schritten wurde die Straße eben, und die ersten Häuser kamen in Sicht. Bei ihrem Anblick erinnerte Esmaralda sich daran, weiter oben niedergebrannte Reste von Gebäuden gesehen zu haben. Waren die *turcos* sogar bis hierher vorgedrungen? Erschrocken sah sie sich um, schüttelte diesen Gedanken aber schnell ab und richtete ihr Augenmerk auf die Straße am Fluss. Sie erreichte diese und sank dort so entkräftet zu Boden, dass sie glaubte, nie wieder aufstehen zu können. Mit einem Mal vernahm sie das Geräusch rollender Räder, raffte sich auf und stolperte auf die sich nähernden Gespanne zu.

Es war ein Zug aus mehreren großen Fuhrwerken, die von jeweils vier Pferden gezogen wurden. Bewaffnete begleiteten die Wagen, und die Fuhrleute und Knechte trugen ebenfalls Kurzschwerter oder lange Dolche am Gürtel. Esmaralda taumelte auf einen der Männer zu und sprach ihn in ihrer Muttersprache an.

»Guter Mann, hab Mitleid mit mir und meinem Sohn! Hilf uns, denn wir sind allein und verlassen!«

Der Mann musterte ihre zerrissene, schmutzige Kleidung und ihr abgezehrtes Gesicht und versetzte ihr einen Stoß. »Lass mich in Ruhe, du Landstreicherin!«

Esmaralda war so schwach, dass sie stürzte und das Bewusstsein verlor. Der Mann warf ihr noch einen kurzen Blick zu und nahm wieder seinen Platz im Wagenzug ein.

Esmaralda erwachte durch das Schreien ihres Sohnes. Einige Augenblicke starrte sie verwirrt um sich und konnte kaum glauben, neben einer staubigen Straße in einem fernen Land zu liegen, denn sie war eben noch zusammen mit ihrem Felipe auf dessen Vater zugetreten und von diesem unerwartet freundlich empfangen worden.

Es dauerte eine Weile, bis sie begriff, dass sie wieder von Traumgebilden heimgesucht worden war, und sah dann nach ihrem Sohn. Zu ihrer Erleichterung hatte er bei ihrem Sturz keinen Schaden genommen. Sein Bauch war jedoch angeschwollen, und er jammerte, dass er Hunger und Durst habe.

»Das habe ich auch, mein Kleiner! Das habe ich auch ...«, antwortete sie und schleppte sich mit dem Kind auf dem Arm zum Fluss, um wenigstens ihren Durst zu löschen.

Sie blieb am Ufer sitzen. Von der Höhe aus hatte sie eine Stadt gesehen und auch mehrere Dörfer. Esmaralda begriff jedoch mit erschreckender Klarheit, dass sie nicht einmal sagen konnte, in welcher Richtung die nächste Ansiedlung lag. Und selbst wenn sie es gewusst hätte, wäre sie zu schwach gewesen, sie zu erreichen. Sie musste an dieser Stelle warten, bis ein barmherziger Samariter erschien und sich ihrer annahm. Nach ihren Erfahrungen mit dem Wagenzug bezweifelte sie jedoch, dass es dazu kommen würde.

Daher blickte sie nicht einmal auf, als sich wieder ein Wagen näherte. Dieser wurde von einem einzigen Ochsen gezogen, und es saßen nur ein Mann und ein Junge darauf. Zuerst schien es, als würden sie an der jungen Frau und dem Kind vorbeifahren. Da klang die helle Stimme des Knaben auf.

»Papa, schau, dort sitzt jemand!«

Der Mann zügelte den Ochsen und hielt an. Sein Blick war misstrauisch, doch verlor sich das, als er Esmaralda sah.

»Kann ich dir helfen?«, fragte er.

Esmaralda verstand ihn nicht, schloss aber aus seiner Miene, was er meinte, und zwang ihren widerstrebenden Körper aufzustehen. »Um Gottes Gnade willen, nehmt mich mit! Wir sind vor den *turcos* geflohen, und meine Begleiter haben mich zurückgelassen«, sagte sie, während sie auf den Wagen zuwankte.

»Schon gut! Ich versteh dich nicht«, wehrte der Mann ab und wandte sich an seinen Sohn. »Was meinst du, was wir mit ihr machen sollen?«

»Vielleicht versteht einer der frommen Patres von Arnoldstein, was sie sagt«, antwortete der Junge.

»Es ist sicher das Beste, wir bringen sie dorthin. Komm, steig auf!«

Auf die einladende Geste des Mannes hin legte Esmaralda ihr Kind auf den Wagen. Als sie selbst aufsteigen wollte, fehlte ihr die Kraft dazu.

»Das hat man von seiner Gutmütigkeit«, stöhnte der Mann, während er dem Jungen die Zügel reichte und abstieg, um der Frau auf den Wagen zu helfen.

»*Muchas gracias!*«, flüsterte Esmaralda, zog ihren Sohn zu sich her und kauerte sich auf dem Wagen zusammen.

Der Fuhrmann stieg wieder auf und trieb den Ochsen an, der den Wagen in langsamem, aber stetem Trott nach Südwesten zog. Esmaralda fiel derweil in einen von Albträumen gequälten Schlaf, in denen ihr Schwiegervater sich mit den Türken zusammentat, um sie und ihren Sohn zu vernichten.

Eine Berührung an der Schulter weckte Esmaralda, und sie schreckte mit einem leisen Aufschrei hoch.

»Wir sind da!«, erklärte der Fuhrmann. »Aber das letzte Stückerl musst du selber gehen.«

Seine rechte Hand wies auf einen Anstieg, der fast so steil in die Höhe führte wie die Passstraße. Zu ihrer Erleichterung sah Esmaralda jedoch, dass sie keinen Berg erklimmen musste, sondern nur einen Felsriegel, der sich über das umgebende Land erhob und oben von Mauern gekrönt wurde. Zu seinen Füßen lag ein Dorf mit neu aussehenden Häusern und rauchgeschwärzten Ruinen, die von Dornensträuchern und Brennnesseln überwuchert waren.

Wie es aussah, hatte hier erst vor wenigen Jahren eine fürchterliche Feuersbrunst geherrscht, die kaum ein Haus verschont hatte. Die Kirche, die sie etwas seitlich hinter dem Felsriegel entdeckte, war noch im Bau, und oben auf dem Felsen wurde ebenfalls gearbeitet. Die Anlage deutete auf ein Kloster hin, das auf beengtem Raum errichtet worden war und den Marktort zu seinen Füßen wie eine Festung überragte.

Esmaralda war so müde, dass sie kaum einen klaren Gedanken fassen konnte, aber sie hoffte, bei den frommen Brüdern, die dort im Kloster lebten, Hilfe zu erhalten. Schwerfällig kletterte sie vom Wagen, nahm das Kind an sich und machte sich auf den Weg nach oben.

5.

Bruder Vincentius, der Pförtner des Klosters, betrachtete sein Gegenüber mit einem zweifelnden Blick, denn er vermochte den Mönch, den ihr Oberhaupt, Philipp von Henneberg, der Fürstbischof von Bamberg, ihnen geschickt hatte, nicht einzuschätzen. Erst vor kurzem war Bruder Ewald nach Arnoldstein gekommen, und viele Mönche nahmen an, dass er die Lage im Kloster und in der ebenfalls zum Machtbereich des Fürstbischofs gehörenden Umgebung in dessen Auftrag überprüfen sollte. Es ging um das Geld, das an diesem Ort dringend zur Aufarbeitung der Schäden gebraucht wurde, derzeit aber noch nach Bamberg in die Schatulle des Fürstbischofs floss.

»Du siehst selbst, Bruder Ewald, wie Arnoldstein und das Gailitz- und Gailtal unter dem Feldzug der türkischen Heiden gelitten haben«, erklärte er eindringlich.

»Ich habe darüber bereits mit dem hochwürdigen Herrn Abt gesprochen und weiß, dass etliche Schäden aufgetreten sind«, gab der Bamberger zu.

»Das ist zu gering gegriffen, Bruder Ewald. Die Türken haben alle Dörfer der Umgebung niedergebrannt, ungeachtet der Frage, ob sie zu Habsburg zählen oder zu Bamberg. Auch der Handel durch das Tal der Drau und über das Kanal- und das Eisental nach Venedig hat schwer gelitten. Seine Gnaden, der Fürstbischof, sollte dies bedenken und seinen Untertanen beistehen. Es würde ihm später durch höhere Zoll- und Steuereinnahmen gedankt«, fuhr Bruder Vincentius fort.

»Ich verstehe deine Sorgen, Bruder«, antwortete der Bamberger. »Doch Seine Gnaden hat große Ausgaben, nicht zuletzt wegen der Türkengefahr.«

»Vor Bamberg stehen die Türken nicht, doch hier waren sie erst vor kurzem und haben nicht das Kind im Mutterleib geschont«, fuhr der Pförtner gereizt auf.

»Jetzt errege dich nicht, Bruder!«, erwiderte Ewald von Bamberg. »Seine Gnaden weiß sehr wohl, was seine Schutzbefohlenen in diesen Landen durch die ruchlosen Heiden erdulden mussten, und hat mich beauftragt, in seinem Namen die Schäden zu schätzen, die durch die türkischen Angriffe entstanden sind. Auch hat er Seiner Majestät, Kaiser Friedrich III., Botschaft gesandt mit der Mahnung, dass dieser die Grenzen des Reiches besser schützen solle.«

»Die Dienstleute des Kaisers haben sich beim Anblick der Türken in ihre Burgen Landskron und Finkenstein verkrochen, genauso wie die zu Bamberg zählenden Ritter auf Federaun, Löwenberg und Straßfried. Den Kampf mit den Türken hat keiner von denen gesucht. Dabei war die Schar der Heiden nicht so groß, dass die habsburgischen und bambergischen Ritter nicht hätten siegen können! Sie hätten nur zusammenhalten müssen.« Bruder Vincentius machte kaum Hehl aus seinem Ärger über die Untätigkeit der adeligen Herren in diesem Land.

Diesen Argumenten konnte sich auch Ewald von Bamberg nicht verschließen. In den letzten Tagen hatte er mit Abt Christoph und anderen Mönchen über die Lage in diesem Landstrich gesprochen, der durch die wiederholten Einfälle der Türken aufs Schlimmste verwüstet worden war. Die Arnoldsteiner Bürger drängten darauf, dass ihr Landesherr in Bamberg den Wiederaufbau des Klosters und der Dörfer und Städte im Umkreis nicht nur durch fromme Worte, sondern auch durch Taten unterstützte. Dazu zählte, die zusammengeschrumpften Handelszölle nicht in die Kassen von Bamberg abzuziehen, sondern damit die größten Schäden zu beseitigen und das Leiden der Menschen zu lindern. Das Arnoldsteiner Kloster hatte bereits wertvolle Stücke des Klosterschatzes verkauft, um helfen zu können. Allein aber vermochte es die schwere Bürde nicht zu tragen.

»Darauf sagst du nichts, Bruder?«, fragte Vincentius mit gerunzelter Stirn.

»Ich kann nur zuhören und aufschreiben, was geschehen ist und getan werden müsste. Entscheiden aber kann ich nicht!« Ewald bedauerte dies aufrichtig, denn sowohl das Kloster wie auch der dazugehörige Markt waren schwer heimgesucht worden, ebenso die Orte Thörl, Maglern, Goggau und Tarvis mit all ihren Dörfern unter der Bamberger Herrschaft. Auch ärgerte er sich nicht weniger als Bruder Vincentius über die einheimischen Adeligen, die sich auf ihren Burgen verschanzt und den einfallenden Türken das Land überlassen hatten.

»Dann will ich hoffen, dass du das Richtige nach Bamberg schreibst.«

Auch wenn im Kloster das Gerücht umging, der Fürstbischof habe Bruder Ewald geschickt, damit dieser Abt Christoph als Oberhaupt des Klosters nachfolgen sollte, nahm der Pförtner kein Blatt vor den Mund. Dies hier war Grenzland. Im Osten, Norden und Westen herrschte Kaiser Friedrich III. als Herzog von Kärnten, der die noch selbstständigen Herrschaften und vor allem das große bambergische Gebiet, das die Städte Villach und Tarvis mit einschloss, gerne seinem eigenen Herrschaftsgebiet angegliedert hätte. Im Süden gab es Ärger mit Venedig, das seine Position im Eisen- und Kanaltal ausbauen wollte, und aus dem Südosten brachen immer wieder die Türken ins Land, um es unter den Halbmond zu zwingen. In Bamberg mochte man diese Gefahr vielleicht für gering achten. Hier aber hatte man sie tagtäglich vor Augen.

Während des Gesprächs blickte der Pförtner hie und da durch das schmale Fenster auf den Weg, der zum Kloster hochführte, wie es seine Pflicht war.

Mit einem Mal kniff er die Augen zusammen. »Da kommt ein Weib auf das Tor zu!«

»Eine Frau will ins Kloster?« Ewald von Bamberg eilte ebenfalls ans Fenster und blickte hinaus. Es war zu wenig Platz für zwei Leute, und so trat Bruder Vincentius einen Schritt zurück.

»Eine Landstreicherin! Solche gibt es nach den Einfällen der Türken in diesen Landen zuhauf. Ich kann sie aber nicht hereinlassen«, erklärte Vincentius.

»Wir sollten ihr ein Stück Brot in die Hand drücken und sie weiterschicken«, schlug Ewald von Bamberg vor.

Vincentius nickte, blickte wieder hinaus und sah, wie die Frau taumelte und samt dem Kind, das sie auf den Armen trug, zu Boden sank.

»Wie es aussieht, müssen wir ihr helfen«, rief er und öffnete die Pforte neben dem großen Tor.

»Du willst die Frau berühren, Bruder?«, fragte Ewald von Bamberg erstaunt. »Ein Weib ist Sünde und Verführung!«

»Aus dem Alter, verführt zu werden, bin ich mittlerweile wohl heraus. Außerdem ist es Gottes Gebot, den Armen und Schwachen beizustehen.«

Ohne sich von dem Bamberger aufhalten zu lassen, eilte der alte Mönch nach draußen und beugte sich über die Frau. Diese lag still, und nur das rasche Heben und Senken ihrer Brust zeigte, dass sie noch lebte. Das Kind hingegen schrie zum Gotterbarmen.

Bruder Vincentius musste es aus den Armen der Frau winden, um nachsehen zu können, ob es sich bei dem Sturz verletzt hatte. Die kleinen Gliedmaßen waren jedoch unversehrt, und das Kind wies nur eine kleine Beule an der Stirn auf. Der alte Mönch ahnte, dass es mehr aus Schreck und Hunger weinte, und winkte den Bamberger zu sich.

»Nimm du das Kind, Bruder Ewald! Ich will zusehen, dass ich die Mutter in die Pförtnerstube schaffe.«

»Aber nicht weiter hinein!«, erwiderte der Bamberger abwehrend und nahm das Kind an sich. Als er sah, wie sehr sich Vincentius mit der Frau abmühte, schüttelte er den Kopf.

»So geht es nicht, Bruder Vincentius! Nimm du das Kind, und ich kümmere mich um die Mutter. Ich werde Gott heute Abend durch Fasten und Gebet um Verzeihung bitten, dass ich sie berührt habe.«

Vincentius empfand den Bamberger Mönch als seltsam, denn wo Hilfe nötig war, tat man dies in Gottes Namen und musste diesen dafür nicht um Vergebung ansuchen. Doch ihm sollte es recht sein. Er ließ die Frau aufatmend los, übernahm das Kind und brachte es in die Pförtnerstube. Wenig später schleifte Ewald die Frau herein. Zu tragen hatte er sie nicht gewagt, um Gott nicht zusätzlich zu erzürnen. Immerhin hatte er bei seinem Gelübde geschworen, Frauen zu meiden und keine von ihnen zu berühren. Gegen diesen Eid hatte er nun verstoßen und würde Gott dafür im Gebet um Vergebung bitten.

Vincentius hingegen überlegte, wie sie Mutter und Kind am besten helfen konnten. »Bruder Ewald, sei so gut und hol Bruder Cyprian. Er ist in der Versorgung von Wunden und dem Heilen von Krankheiten beschlagener als unser Bruder Apotheker. Und bring ein wenig Hühnersuppe mit. Das Kind hat gewiss Hunger, und ich wage es nicht, ihm in seinem Zustand feste Nahrung zu geben. Außerdem brauche ich Tücher, die sich als Windeln eignen. So wie es riecht, ist seine jetzige Windel schon länger nicht mehr gewechselt worden.«

»Hoffentlich ist es ein Knabe«, sagte Ewald von Bamberg.

»Und wenn es ein Mädchen ist, werde ich ihm trotzdem die Windeln wechseln!« Nun ärgerte Vincentius sich doch über Ewalds Bedenkenträgerei. So konnte man vielleicht in Bamberg handeln, wo es genug Knechte gab, die einem Mönch unangenehme Pflichten abnahmen. Hier aber hieß es, zuzugreifen, und die Einzigen, die dazu in der Lage waren, waren sie beide und Pater Cyprian.

6.

Pater Cyprian war ein derb gebauter Mann, der fast vier Jahrzehnte jünger war als Vincentius, und mit seinen Pranken vermochte er Hufeisen zu biegen. Es gab jedoch im weiten Umkreis niemanden, dessen Hände bei der Behandlung von Verwundeten und Kranken sanfter waren als die seinen.

Er untersuchte zunächst das Kind, das sich zu Ewald von Bambergs Erleichterung als Junge erwies, und schob es diesem zu.

»Alle Knochen sind heil! Der Junge hat aber schon länger nichts mehr in den Magen bekommen. Sei also vorsichtig, wenn du ihn fütterst. Vier, fünf Löffel Suppe, mehr verträgt er nicht. Es kommt sonst zum Ausfluss, und der kann bei einem so kleinen Würmchen tödlich sein.«

»Was ist mit dem Weib?«, fragte Ewald und begann, dem kleinen Juan den ersten Löffel Hühnersuppe einzuflößen.

»Das muss ich erst feststellen!« Pater Cyprians Stimme klang bedrückt, denn der Frau waren die Strapazen weitaus stärker anzusehen als ihrem Sohn. Ihr Gesicht war abgezehrt, die Lippen aufgesprungen und blutig, und die Stirn so heiß, dass er das Schlimmste befürchtete.

»Ich werde ihr Arznei einflößen müssen, obwohl sie bewusstlos ist. Bruder Vincentius, du wirst mithelfen! Halte sie so, dass sie sich nicht verschlucken kann. Sollte etwas in die Luftröhre gelangen, könnte es ihr Tod sein.«

»Das wollen wir nicht hoffen.« Vincentius setzte die Frau mit Cyprians Hilfe auf, und dieser begann mit äußerster Vorsicht, ihr ein wenig von seinen Tinkturen in den Mund zu träufeln.

Plötzlich hustete sie, öffnete die Augen und sah sich verwirrt um. »*Mi hijo?*«, flüsterte sie.

Obwohl die drei Mönche sie nicht verstanden, begriff Bruder Cyprian, was sie meinte, und hob den Jungen auf, damit sie ihn sehen konnte.

»Juanito!« Ein Seufzer der Erleichterung erklang, dann schloss Esmaralda die Augen und versank in einen Zustand, der zwischen Dämmern und einem wie betäubten Schlaf lag.

Es gelang Bruder Cyprian jedoch, ihr all seine Arzneien einzuflößen. Danach sah er sie kopfschüttelnd an. »Sie müsste ausgezogen und gebadet werden und in ein richtiges Bett kommen.«

»Aber nicht hier im Kloster!«, wandte Ewald von Bamberg ein.

»Wir haben bei der Pforte ein paar Kammern für Gäste eingerichtet. Wenn der Abt einverstanden ist, kann sie dort bleiben. Wir müssten nur ein oder zwei Weiber aus dem Ort holen, die sich um sie kümmern.«

»Noch mehr Frauen im Kloster?«, fragte Ewald von Bamberg entsetzt. Ihm passte dies gar nicht, denn er kannte genug Klöster, in denen die nötige Trennung der Geschlechter nicht eingehalten wurde. Bei einigen hieß es sogar, sie bräuchten keine Neueintritte, weil sie für ihren Nachwuchs an Novizen und Nonnen selbst sorgten. Doch auch er begriff, dass man die Frau nicht in der Pfortenstube liegen lassen konnte. Als er Esmaralda genauer betrachtete, nahm er wahr, dass ihr Kleid zwar abgetragen, schmutzig und zerrissen war, aber aus edlen Stoffen wie Samt und Seide bestand.

»Das ist gewiss keine arme Frau«, sagte er zu seinen Mitbrüdern.

Diese achteten jedoch nicht auf ihn, sondern versorgten Esmaralda. Schließlich bat Pater Cyprian Ewald von Bamberg, warmes Wasser in eine der Gästekammern schaffen zu lassen.

»Ich hole unterdessen die Kesslerin. Sie ist eine brave Witwe, die als Hebamme arbeitet, und zwei ihrer Söhne dienen dem Kloster auf den Fluren von Arnoldstein. Sie soll die Fremde entkleiden und waschen.«

»Damit bin ich einverstanden«, erklärte Bruder Ewald und ging los, um einem der minderen Brüder zu befehlen, in der Kammer alles für die Fremde vorzubereiten.

Während der junge Mönch dienstbeflissen loseilte, gesellte sich ein weiterer Pater zu Ewald von Bamberg.

»Was habe ich da gesehen? Ihr habt ein Weib ins Kloster geholt?«, fragte er.

Ewald nickte. »Bruder Cyprian und Bruder Vincentius waren der Meinung, dass dies das Beste wäre. Die Frau ist sehr erschöpft. Ich halte sie ihrer Kleidung nach für eine Edeldame, die vor den Türken fliehen musste. Immerhin gab es einen Feldzug der Venezianer gegen dieses gottlose Gesindel, und da mag sie ihr Heim verloren haben.«

»Dann hätte sie gewiss Geld bei sich – und Urkunden, die ihre Herkunft bezeugen.«

Zwar hatte Ewald von Bamberg noch nicht nachgesehen, erinnerte sich aber, dass die Fremde eine Tasche am Gürtel trug. »Das mag sein, Bruder Norbert. Ich werde es prüfen.«

Er ging in die Pförtnerstube, in der die Fremde immer noch lag, und Norbert folgte ihm beinahe auf dem Fuß.

»Wer mag sie sein?«, fragte er.

»Sie ist noch zu schwach, um Rede und Antwort stehen zu können. Die wenigen Worte, die sie sagte, gehören zu einer fremden, mir unbekannten Sprache«, antwortete der Bamberger.

»Wäre es Windisch gewesen, hätte Bruder Vincentius es verstehen müssen. Er ist selbst einer der Windischen, auch wenn er hier im Kloster unsere Sprache gut zu sprechen gelernt hat. Er versteht sogar das Welsche, das in Friaul und in Venedig gesprochen wird. Sollte es vielleicht eine Französin sein?«, mutmaßte Pater Norbert.

»Das glaube ich nicht. Ich verstehe ein wenig von dieser Sprache, denn ich habe im Auftrag meines Abtes mehrere Wochen in einem Kloster in Frankreich verbracht«, antwortete Ewald von Bamberg leicht gereizt. Ihm war Pater Norbert zu neugierig, doch er konnte ihn nicht wegschicken, da er zu jenen Arnoldsteiner Mönchen zählte, deren Wort beim Abt etwas galt.

»Helft mir nachzusehen, ob das Weib etwas von Wert oder Urkunden bei sich hat«, sagte er daher und trat wieder in die Pfortenstube.

Pater Cyprian war noch nicht zurückgekehrt, daher blieb ihm die Zeit, die Tasche vom Gürtel der Frau zu nehmen und sie zu öffnen. Pater Norbert, ein hoch aufgeschossener Mann mit angenehm wirkenden Gesichtszügen, blickte ihm über die Schulter.

Als Erstes kam eine goldene Brosche zum Vorschein, die mit Halbedelsteinen besetzt war. Auch wenn deren Wert sich in Grenzen hielt, zeigte es doch, dass keine arme Frau vor ihnen lag.

Norberts Augen leuchteten beim Anblick des Schmuckstücks auf. Als Ewald von Bamberg zwei noch wertvollere Broschen, eine Perlenkette und einen Siegelring zum Vorschein brachte, nickte er anerkennend. »Wie es aussieht, hat das Weib mehr von Wert bei sich, als sich derzeit in der Truhe des Abtes befindet.«

»Dieser Vergleich ist unangebracht«, wies Ewald von Bamberg ihn zurecht. »Was die Fremde bei sich hat, ist wohl ihr Schmuck, den sie bei ihrer Flucht in die Tasche gesteckt hat. Wir werden uns zu späterer Zeit darum kümmern. Vorerst nehme ich alles zu mir und bewahre es auf. Ihr seid meine Zeugen!«, erklärte er Pater Norbert und Bruder Vincentius.

Während der alte Pförtner nickte, warf Pater Norbert einen begehrlichen Blick auf den Schmuck. Den anderen gegenüber aber tat er so, als interessiere er sich nicht für den Besitz der Fremden.

»Es sei, wie du sagst, Bruder Ewald! Wenn du erlaubst, werde ich eine Liste der gefundenen Gegenstände erstellen, so dass ihr Besitz zweifelsfrei erwiesen werden kann.«

Da dies im Sinne Ewalds von Bamberg war, stimmte er zu. »So sei es! Doch ich sehe Bruder Cyprian mit einer der Frauen aus dem Markt den Weg heraufsteigen. Wir sollten die Fremde der Kesslerin überlassen.«

»Es sollte einer von uns dabei sein, wenn die Hebamme sie auszieht. Ich halte es für möglich, dass sie wertvolleren Schmuck und wichtige Dokumente am Leib versteckt hat«, wandte Pater Norbert ein.

Ewald von Bamberg wehrte mit beiden Händen ab. »Wo denkst du hin? Es ist bereits nicht richtig, die Fremde im Kloster zu lassen. Da darf sie auch als Bewusstlose niemanden von uns zur Sünde verführen.«

Pater Norbert lachte spöttisch auf. »Sünde? Was du schon wieder denkst, Bruder! Mir geht es nur darum, dass die Kesslerin nicht etwas findet und mitnimmt. Oder willst du sie durchsuchen, wenn sie das Kloster wieder verlässt?«

»Kesslers Witwe war immer ehrlich und gottergeben! Weshalb sollte sie es plötzlich nicht mehr sein?«, rief Bruder Vincentius, der sich ebenfalls über Pater Norbert ärgerte.

Dieser hob mahnend den Finger. »Weißt du, ob der Teufel sie verführen und zur Unehrlichkeit bringen will?«

»Auf jeden Fall wird er uns nicht verführen. Wir bringen die Fremde in die Kammer und verlassen diese dann, während die Kesslerin sich ihrer annimmt.«

Ewald von Bambergs Stimme ließ keinen Widerspruch zu. Auch wenn er hier in Arnoldstein mit keiner fest umrissenen Aufgabe betraut war, so verfügte er als Abgesandter des fürstbischöflichen Landesherrn über eine Autorität, der sich sogar Abt Christoph beugen musste.

Pater Norbert gab es daher auf zu fordern, dass er bei der Entkleidung der Fremden dabei sein sollte. Stattdessen klopfte er Esmaraldas Kleidung ab, entdeckte aber zu seiner Enttäuschung nichts mehr. Danach half er, die Frau in die Kammer zu bringen, die Bruder Cyprian für sie bestimmt hatte.

7.

Die Kesslerin war seit Jahren die Hebamme im Ort und hatte schon vielen Arnoldsteinern auf die Welt geholfen. In den letzten Jahren waren ihre Fertigkeiten im Verbinden von Wunden jedoch wichtiger geworden. Bei den wiederholten Angriffen türkischer Streifscharen hatte es viele Verletzte gegeben, und wenn sie auch nicht jeden von ihnen hatte retten können, gab es doch viele, die ihr das Leben verdankten.

Für die alte Frau war es daher nichts Neues, an ein Krankenbett gerufen zu werden. Sie musterte die Fremde und das Kind, das in einen Schlaf der Erschöpfung gefallen war, da sein Durst gestillt war und auch der Hunger nicht mehr ganz so sehr zwickte. Obwohl dem Kleinen die Strapazen anzumerken waren, konnte die Kesslerin feststellen, dass es ein hübscher Junge mit feinen, schwarzen Locken war und so gesund, wie man es sich in seiner Lage nur wünschen konnte.

Anders sah es bei der Mutter aus. Als sie Esmaralda entkleidet hatte, zeigte es sich, dass die Anstrengungen der Flucht tiefe Spuren hinterlassen hatten. Schlimmer als das war jedoch das Fieber, das im Körper der Frau wütete. Die Hebamme legte mehrmals die Hand auf ihre Stirn und schüttelte den Kopf. Zwar wusste sie Aufgüsse aus Brombeerblättern, Hagebutten und anderen Pflanzen zu bereiten, doch gegen ein solches Fieber waren sie wohl nicht besser, als wenn sie mit Kirschkernen nach einem Wolf würfe, um diesen zu vertreiben.

Trotzdem ging die Kesslerin zur Tür und streckte den Kopf hinaus. »Ich brauche heißes Wasser und mehrere Kräutersäckchen aus meinem Haus. Sagt der Ria, sie soll Euch die Mittel gegen Fieber geben – und zwar alle!«, wies sie Pater Cyprian an, der zusammen mit Pater Norbert draußen wartete.

Pater Cyprian nickte und wandte sich an Pater Norbert. »Sorge du für das Wasser! Ich gehe ins Dorf hinab.«

»Kann das die Alte nicht selbst tun? Wir sind doch nicht ihre Knechte!«

»Ich muss das Weib waschen und schauen, ob sie Wunden aufweist«, erklärte die Kesslerin und schlug Pater Norbert, der an ihr vorbei einen Blick in die Kammer erheischen wollte, die Tür vor der Nase zu.

Danach säuberte sie Esmaralda vorsichtig, tastete dabei deren Glieder ab, um zu sehen, ob sie verletzt war, und legte ihr schließlich Wadenwickel an, um das Fieber ein wenig zu senken. Da sie ihr die schmutzige Kleidung nicht mehr anziehen wollte, legte sie eine Decke über die junge Frau und widmete sich anschließend dem Jungen.

Ihr erster Eindruck bestätigte sich. Er war in einem weitaus besseren Zustand, als man es anhand seiner abgezehrten und erschöpften Mutter hätte vermuten können.

»Hast gut aufgepasst auf deinen Buben«, lobte sie die Ohnmächtige, während sie die Windeln des Kindes wechselte und es, als es wach wurde und sich verwirrt umsah, mit ein paar Löffeln der mittlerweile kalt gewordenen Hühnersuppe fütterte.

Wenig später brachte Pater Cyprian die von ihr angeforderten Kräuterarzneien, während das heiße Wasser noch auf sich warten ließ.

»Muss wohl erst kochen«, murmelte der Pater und verließ die Kammer wieder, da er seinem Mitbruder Norbert zutraute, diesen Auftrag nicht weitergegeben zu haben.

Kurze Zeit später kehrte er mit einem kleinen Kessel voll dampfendem Wasser zurück.

»Da ist es!«, meinte er überflüssigerweise.

Die Kesslerin hatte unterdessen ihre Kräuter in mehrere Becher verteilt und übergoss diese nun mit dem heißen Wasser. Besonders zuversichtlich wirkte sie nicht. »Ich glaube, das Gebet ist diesmal eine stärkere Medizin für die Frau als meine Kräuter«, sagte sie leise.

»Wir werden die Fremde in unser Gebet aufnehmen«, versprach der Pater und wollte die Kammer wieder verlassen. Da klang erneut die Stimme der Kesslerin auf.

»Hochwürdiger Herr, die Frau braucht ein Gewand. Oder wollt Ihr sie hier so liegen lassen, dass man nur die Decke heben muss, um ihre Nacktheit zu sehen?«

Pater Cyprian blieb an der Tür stehen. »Natürlich nicht! Hast du nicht etwas, das du ihr überziehen kannst?«

»Ich bin ein armes Weib und froh über das, was ich am Leib trage. Außerdem passt ihr mein Gewand nicht, und meine Enkelin ist noch zu klein, um ihr das Hemd zu leihen«, antwortete die Hebamme kopfschüttelnd.

»Ich werde sehen, was ich machen kann. Bleib du so lange da! Ich will nicht, dass sich einer meiner Mitbrüder hier hereinschleicht, um Verbotenes zu betrachten.«

Pater Cyprian klang verärgert, doch er wusste selbst, dass die Bewohner, nachdem die Türken ihre Häuser niedergebrannt hatten, zu arm waren, um sich ausreichend Tuch für Kleidung leisten zu können. Selbst hier im Kloster trugen die Mönche ihre Kutten sehr viel länger, als sie es gewohnt waren.

»Schickt jemanden ins Dorf zur Ria, damit sie heraufkommt und mich ablösen kann. Ich habe zu arbeiten«, forderte die Kesslerin ihn noch auf, bevor er ging.

Pater Cyprian überlegte kurz und beschloss dann, es nicht zu tun. Zwar war das Mädchen erst zwölf Jahre alt, stellte aber trotzdem eine Verlockung für jene Mönche dar, die durch die Schrecken der letzten Jahre im Glauben irregeworden waren. Einer davon war in seinen Augen Pater Norbert. Dieser war früher ein fähiger Mann gewesen und auf dem besten Weg, in der Klosterhierarchie aufzusteigen. Doch seit er das Treiben der türkischen Krieger hatte mit ansehen müssen, fehlte ihm die Innigkeit des Glaubens, die für einen Mönch unabdingbar war.

8.

Zwei Tage vergingen. Bruder Cyprian hatte im Dorf ein sauberes Hemd aufgetrieben, so dass Esmaraldas Blößen bedeckt waren, und er hatte sein Versprechen eingehalten, für die Fremde zu beten. Doch es schien, als wolle Gott ihn nicht erhören. Zwar war der kleine Junge den Worten der Kesslerin zufolge wieder gesund, doch um seine Mutter stand es schlecht.

»Ich habe ihr eingegeben, was ich hatte«, erklärte die Hebamme an diesem Abend den Patres Cyprian und Norbert.

Der Abt hatte bestimmt, dass immer zwei Mönche die Kammer der Kranken betreten mussten, und nie einer allein. Auch er traute nicht jedem seiner Mitbrüder. In so schlimmen Zeiten wie diesen geschahen oft Dinge, die früher undenkbar gewesen wären.

Pater Cyprian hätte sich einen anderen Begleiter gewünscht, Pater Ewald zum Beispiel. Der Bamberger war ein kluger Kopf, und Abt Christoph hatte bereits anklingen lassen, es sei der Wunsch des Fürstbischofs von Bamberg, dass dieser ihm einmal als Oberhaupt des Klosters nachfolgen solle.

Aber Pater Norbert ging seiner Aufgabe zumindest mit dem nötigen Ernst nach. Er hatte sogar Papier und Feder bei sich, um aufzuschreiben, was die Frau in halber Bewusstlosigkeit von sich gab.

»Es ist möglich, dass wir auf diese Weise erfahren, woher sie kommt«, erklärte er Pater Cyprian, während er wieder ein paar Worte notierte.

»Immerhin haben wir bereits den Namen des Knaben erfahren«, stimmte Bruder Cyprian ihm zu.

»Sie nennt ihn Juanito. Wenn ich mich recht entsinne, könnte dies Spanisch sein und Hänschen bedeuten. Damit ist der

Knabe auf den Namen des heiligen Johannes getauft. Wir wissen nur nicht, ob er am Tage des Täufers oder des Evangelisten Namenstag hat«, erklärte Pater Norbert und beugte sich erneut vor, um zu hören, was kaum verständlich aus Esmaraldas Mund kam.

»Felipe. Das müsste auch ein spanischer Name sein und Philipp bedeuten. Daher ist es möglich, dass dies ein spanisches Weib ist«, erklärte er seinem Mitbruder.

»Du bist sehr klug«, sagte Pater Cyprian anerkennend.

Pater Norbert nickte zufrieden, doch dann huschte ein Ausdruck des Unwillens über sein Gesicht. »Was nützt jede Klugheit, wenn andere aufgrund ihrer Herkunft oder der Protektion durch hohe Herrschaften den Vorzug erhalten? Pater Ewald zum Beispiel könnte strohdumm sein. Da aber der Fürstbischof ihn sich als Abt Christophs Nachfolger wünscht, wird er wohl gewählt werden, mögen auch andere zehnmal besser dafür geeignet sein.«

Pater Cyprian begriff durchaus, dass sein Mitbruder dabei an sich dachte. Vor einigen Jahren hatte es so ausgesehen, als werde Pater Norbert einen bedeutenden Rang im Klostergefüge einnehmen. Er war jedoch mit seinem Ehrgeiz angeeckt und hatte jene Mitbrüder mit Missgunst verfolgt, die er, ob zu Recht oder Unrecht, als diejenigen ansah, die seinem Aufstieg im Weg standen.

»Das Kloster ist autonom! Der Fürstbischof kann uns keinen Abt gegen unseren erklärten Willen aufzwingen«, antwortete er.

Pater Norbert lachte. »Glaubst du wirklich, hier würde es einer wagen, sich gegen Fürstbischof Philipp von Henneberg zu stellen? Wir sind auf seine Gnade und seine Großzügigkeit angewiesen, wenn wir Arnoldstein wieder in die Höhe bringen wollen. Da sagt keiner etwas, und wenn er einen fünfjährigen Sohn, den er mit seiner Mätresse haben sollte, zum Abt erheben würde.«

Pater Cyprian missfiel es, dass Pater Norbert von allen Menschen immer nur das Schlechteste annahm. Dabei war Ewald von Bamberg vermutlich am besten geeignet, den Fürstbischof dazu zu bewegen, wenigstens einen Teil der Straßenzölle, die von den Mautstellen eingezogen wurden, für den Wiederaufbau des Klosters und der zugehörigen Dörfer zu verwenden. Dies Norbert zu erklären, war jedoch vergebene Liebesmüh.

»Ich glaube, sie sagt wieder etwas«, rief er und reichte dem Mitbruder die Feder.

»Wenn ich diese Sprache wenigstens verstehen würde. So muss ich sie nach dem Hörensagen aufschreiben und weiß nicht einmal, wann ein Wort zu Ende ist!«, erklärte Pater Norbert aufstöhnend, während seine Feder über das Papier flog.

Nach einer Weile sah er zu Pater Cyprian hoch. »Das Tintenfass scheint leer zu sein. Wärst du so gut, Bruder, es zu füllen? Ich versuche, mir derweil zu merken, was sie sagt.«

Es war nicht im Sinne des Abtes, wenn ein Mönch mit der Frau allein blieb. Andererseits konnte das, was sie sagte, wichtig sein. Pater Cyprian zögerte daher nur kurz und verließ dann doch die Kammer.

Er hätte sich keine Sorgen machen müssen, denn die Frau sah viel zu elend aus, um Pater Norbert als Mann zu reizen. Zudem wagte der Mönch es wegen ihres hohen Fiebers nicht, sie zu berühren, sondern lehnte sich zurück und starrte gegen die Wand. Nie zuvor hatte er für seine Zukunft so schwarz gesehen wie in diesen Tagen. Obwohl es ihm gelungen war, die Gunst des Abts zu erringen, würde er in der Hierarchie nicht so hoch aufsteigen, wie er es gehofft hatte. Ewald von Bamberg mochte ihn nicht und würde, sobald er Abt Christoph nachgefolgt war, ihn höchstens mit nachrangigen Pflichten beauftragen.

Plötzlich sah die Kranke den Pater an und sagte etwas, das ihrer Miene nach »Wo bin ich hier?« bedeuten konnte.

»Wie geht es dir, meine Tochter?«, fragte er zuerst auf Deutsch und wiederholte es dann in lateinischer Sprache.

Esmaralda atmete auf. Zwar wusste sie nicht, wie sie an diesen Ort gelangt war. Es konnte eine Burg sein oder vielleicht sogar ein Kloster, weil ein Mönch bei ihr wachte. In ihrer Kindheit hatte sie teilweise am Unterricht ihrer Brüder teilnehmen dürfen und dabei ein wenig Latein gelernt. Zwar musste sie sich anstrengen, um die passenden Worte zu finden, konnte aber in dieser Sprache antworten.

»Wo bin ich hier?«

»Du befindest dich im Kloster Arnoldstein, meine Tochter.«

»Wo ist mein Sohn?« Esmaralda sah sich erschrocken um und atmete auf, als sie den Jungen auf einem Strohsack neben ihrem Bett entdeckte. Juan schlief, bewegte aber die Händchen und sah gesund aus.

»Wer bist du, meine Tochter?«, fragte Pater Norbert.

»Ich bin Esmaralda de Azuaga, die Witwe von Don Felipe de Azuaga y Carrion.«

»Ihr seid von Adel?« Pater Norbert beugte sich gespannt näher, denn eine adelige Dame und deren Sohn zu retten, konnte eine Belohnung bedeuten. Dabei verschwendete er keinen Gedanken daran, dass diese nicht an ihn, sondern an das Kloster gehen würde.

»Mein Gemahl war der jüngere Sohn des Grafen Don Rodrigo de Azuaga y Pinjara.«

»Der jüngere Sohn?« Das schränkte eine mögliche Belohnung wieder ein. Dennoch faszinierte der Gedanke Pater Norbert, und er bat Esmaralda, ihm mehr über sich und die Familie ihres Mannes zu erzählen.

Sie tat es, denn sie war froh, jemanden zu haben, dem sie sich anvertrauen konnte. Da sie ihre Schwäche spürte und begriff, dass sie der Schwelle des Todes näher war als dem Leben, tat sie dies auch für ihren Sohn. Obwohl ihr Schwiegervater sie abgelehnt und gehasst hatte, hoffte sie doch, er würde sich seines Enkels annehmen und ihn zu sich holen lassen. Sie redete daher, ohne ihre Kräfte zu schonen. Pater Norbert erfuhr nun, dass ihr Ehemann sie gegen den Willen seines Vaters geheiratet hatte und dafür von diesem verstoßen worden war.

Die Belohnung, die er bereits vor Augen gesehen hatte, zerrann im Nichts, und er ärgerte sich, dass Esmaralda de Azuaga nach Arnoldstein gekommen war. Dabei gab es in dieser Gegend genug Orte, an die sie sich hätte wenden können. Die Stadt Villach zum Beispiel oder die Burgen Landskron und Finkenstein, die Kaiser Friedrich III. zu eigen waren. So aber würde sein Kloster, das durch den Türkeneinfall arm geworden war, für die nächste Zeit auch noch die Frau und ihren Sohn durchfüttern müssen.

Esmaralda wollte noch so viel sagen, doch sie spürte, dass die Hitze in ihrem Leib wieder stieg. Ihr Blick verschleierte sich, und sie vermochte nur noch mit Mühe ihre Gedanken zu ordnen. Schließlich sank sie mit einem Seufzer zurück und fiel erneut in einen Zustand lähmender Bewusstlosigkeit.

Just in dem Augenblick kehrte Pater Cyprian mit dem Tintenfass zurück. »Hat sie noch etwas gesagt?«, fragte er.

Pater Norbert schüttelte den Kopf. »Kein Wort! Sie lag da wie eine Tote.«

Eigentlich hatte er sich vorgenommen, das, was er erfahren hatte, nicht mehr aufzuschreiben. Nun überlegte er doch, es zu tun. Immerhin war es möglich, dass er in späteren Zeiten dieses Wissen noch brauchen konnte.

»Ich kehre in meine Zelle zurück«, sagte er und nahm Papier, Feder und Tintenfass an sich.

»Aber ich kann nicht allein hierbleiben«, protestierte Pater Cyprian.

»Das musst du auch nicht. Ich werde Bruder Vincentius bitten, sich zu dir zu gesellen. Es reicht, wenn er von Zeit zu Zeit auf den Weg hinausschaut.« Pater Norbert lachte bei diesen Worten leise und verließ den Raum.

Wenig später betrat der Bruder Pförtner den Raum. »Ich werde die Tür offen lassen, damit ich höre, wenn jemand gegen

das Tor pocht«, erklärte er und setzte sich zu Pater Cyprian.
»Wie geht es ihr?«

Pater Cyprian hob in einer resignierenden Geste die Hände. »Wenn der Allmächtige nicht doch noch unsere Gebete erhört und für sie ein Wunder tut, wird sie schon bald in die Ewigkeit eingehen.«

»Es wäre wirklich schade! Die Kesslerin sagt, sie muss bis zuletzt um ihren Sohn besorgt gewesen sein.«

»Habt ihr wenigstens ihren Namen erfahren?«, fragte der Pförtner.

»Nur den des Buben, den ihren jedoch nicht.« Pater Cyprian bedauerte dies sehr, denn er hätte den Angehörigen der jungen Frau gerne eine Botschaft gesandt, damit diese von ihrem Schicksal erfuhren und sich des Kleinen annehmen konnten.

»Es ist ein Kreuz auf dieser Welt!«, fuhr er fort. »Manchmal frage ich mich, weshalb unser Herr im Himmel uns Menschen so prüft. Es sind so viele, die rein im Herzen waren, den Schwertern der Ungläubigen zum Opfer gefallen, während andere, die es verdient hätten, am Leben geblieben sind.«

»Du solltest nicht an Gottes Gerechtigkeit zweifeln, Bruder Cyprian«, mahnte der Pförtner. »Wir Menschen vermögen seine Pläne nicht zu durchschauen. Doch er ist die Macht und die Herrlichkeit, und wenn er Unschuldige Qualen erdulden lässt, dann nur, um sie ungesäumt in sein Himmelreich aufzunehmen, während andere ihr Leben weiterführen müssen, um vielleicht doch noch durch gute Taten seine Vergebung zu erlangen.«

»Du hättest Priester werden sollen, anstatt an der Pforte zu sitzen«, antwortete Pater Cyprian mit einer gewissen Bewunderung für den schlichten, aufrechten Glauben des alten Mannes.

Die beiden Mönche unterhielten sich noch lange, wenn auch flüsternd. Als die Nacht heraufzog, zündete Bruder Vincentius zwei Fackeln an und steckte sie draußen in Halterungen, damit er erkennen konnte, wenn sich jemand näherte. Irgendwann wurde der Junge wach. Obwohl er sichtlich Hunger hatte, kämpfte er sich auf seine kurzen Beine und eilte zum Bett der Mutter.

»Mama!«, flehte er und fasste nach ihrer Hand.

»Es drückt einem das Herz ab, das zu sehen«, sagte Pater Cyprian bedrückt.

Der alte Pförtner nickte. Er setzte sich den Jungen auf den Schoß und begann, ihn mit dem einfachen Haferbrei zu füttern, der vom Abendessen übrig geblieben war. Juan schluckte brav, sah dabei aber immer wieder zur Mutter hin.

Esmaraldas Haut wies mittlerweile einen wächsernen Ton auf, und ihre Brust bewegte sich kaum mehr. Besorgt trat Pater Cyprian zu ihr und legte ihr die Hand auf die Stirn. Sie war jetzt kühl, doch er wagte nicht zu hoffen, sie könnte ihre Schwäche und das Fieber überwunden haben.

»Sie vergeht wie eine ausbrennende Kerze«, sagte er leise. »Wenn sich die Sonne wieder über den Horizont erhebt, wird sie im Paradies sein.«

»Armer, kleiner Johannes!«, flüsterte Bruder Vincentius mit Tränen in den Augen.

Da öffnete Esmaralda noch einmal die Augen, und ein Lächeln trat auf ihr Gesicht. »*Felipe, mi marido, yo ...*«

Dann verstummte sie, und als Pater Cyprian sich über sie beugte, sah er eine Tote vor sich.

9.

Der Tod des spanischen Weibes, wie Bruder Norbert die Frau nannte, stellte nur eines von vielen Ereignissen dieses Jahres dar, und es war beileibe nicht das wichtigste für das Kloster Arnoldstein. Dennoch versammelte Abt Christoph seine engsten Vertrauten um sich, um den Vorfall zu beraten. Was die Grabstelle für Esmaralda betraf, so würde die Verstorbene auf dem Friedhof des Marktes beigesetzt werden. Mehr aber ging es dem Abt darum, was mit ihrem Sohn geschehen sollte. Um diese Frage zu klären, hatte man auch die Kesslerin auf den Klosterhügel geholt. Die alte Frau stand ehrfürchtig an der Tür der Kammer, in der sich jene sechs Mönche versammelt hatten, die über Juans Schicksal zu entscheiden hatten.

Neben Abt Christoph zählten die Patres Cyprian, Norbert und Ewald von Bamberg zu der Gruppe sowie der Almosenier und der Schatzwart des Klosters. Wurde zunächst noch festgelegt, wie viele Messen für die unglückliche Frau gelesen werden sollten, richteten sich bald aller Augen auf den Jungen.

Juan war sehr verschreckt, weil er nicht mehr zu seiner Mutter durfte und nur noch von Menschen umgeben war, deren Sprache er nicht verstand. Daher klammerte er sich an die Kesslerin, denn sie war eine Frau und hatte ihn gut behandelt. Das hatte Bruder Vincentius zwar auch, doch der Pförtner stand zu tief in der Hierarchie des Klosters, um mitentscheiden zu dürfen. Den Pater Cyprian mit seiner oft barschen Stimme hingegen fürchtete der Junge, und er mochte auch Pater Norbert nicht, da dieser ihn ein paarmal scharf zurechtgewiesen und ihm einmal sogar einen schmerzhaften Hieb versetzt hatte.

Nachdem über Esmaraldas Beerdigung Einigung erzielt worden war, wandte Abt Christoph sich an die Patres Cyprian und Norbert, die sich in seinem Auftrag um die Frau und das Kind gekümmert hatten.

»Habt ihr erfahren, woher das Weib stammt und welchen Standes es ist?«

Pater Cyprian sah seinen Mitbruder an, da dieser etliche Worte Esmaraldas aufgeschrieben hatte. Eigentlich hätte Pater Norbert jetzt bekennen müssen, was er von Esmaralda de Azuaga erfahren hatte, doch er schüttelte den Kopf.

»Leider nicht.«

»Das ist bedauerlich«, fand Ewald von Bamberg.

Auch Abt Christoph nickte betrübt. »Das ist es fürwahr! Wir sollten jedoch alles daransetzen, zu erfahren, wer dieses Weib war, um ihren Verwandten Nachricht über ihr Schicksal zukommen zu lassen.«

»Wenn Ihr gestattet, ehrwürdiger Abt, werde ich mich darum kümmern«, bot Pater Norbert an. Wenn er es für richtig fand, konnte er nach gegebener Zeit immer noch behaupten, er habe in seinen Notizen einen Hinweis auf die Herkunft des spanischen Weibes gefunden.

»Ich halte es allerdings für vorrangig, zu klären, was mit dem Sohn der Frau geschehen soll«, warf Pater Cyprian ein.

Alle sahen zu Juan hin, der seine kleinen Fäuste im Kleid der Kesslerin verkrallt hatte und die Männer in den langen Kutten scheu beobachtete. Er begriff instinktiv, dass es um ihn ging.

Pater Norberts Blick traf nun die alte Hebamme. »Wir sollten das Kind der Kesslerin übergeben, damit sie es aufzieht. Hier im Kloster würde es nur stören.«

Bisher hatte die Frau geschwiegen, doch jetzt hob sie zum Zeichen, dass sie sprechen wollte, die Hand. »Verzeiht, hochwürdige Herren! Wenn der Bub drei oder vier Jahre älter wäre, würde ich es gerne tun, denn dann wäre er verständig genug, kleine Arbeiten zu erledigen, die man ihm anschafft. Aber er spricht nicht einmal unsere Sprache. Ich müsste ihn durchfüttern, bis er alt genug zum Arbeiten ist, und es würde viel Mühe kosten, bis er versteht, was ich sage.«

»Du würdest dir damit Gottes Gnade erwerben und etliche Jahre Fegefeuer abgelten, wenn du dich des Kindes annimmst«, erklärte Pater Norbert salbungsvoll.

»Wenn die hochwürdigen Herren meinen, dass ich's tun soll ...«, begann die Kesslerin zögernd, wurde aber von Pater Ewald unterbrochen.

»Der Knabe ist unzweifelhaft von edler Geburt! Wie sähe es aus, wenn doch einmal Verwandte erscheinen und einen ungebildeten Bauerntölpel vorfinden? Es würde unserem Kloster nicht zur Ehre gereichen.«

»Wohl wahr!«, stimmte Pater Cyprian ihm zu.

Auch der Abt nickte. »Pater Ewald hat recht! Es würde ein äußerst schlechtes Licht auf Arnoldstein werfen und uns womöglich die Ungunst edler Geschlechter einbringen, während wir im anderen Fall auf Dankbarkeit und Spenden hoffen dürfen.«

»Eure Ansicht in allen Ehren, Euer Gnaden. Wäre der Knabe etwas älter, würde ich sofort raten, ihn als Oblaten im Kloster zu lassen. Doch derzeit – verzeiht mir den derben Ausdruck – scheißt er noch in seine Windeln und muss gehegt und gepflegt werden. Ein Weib wie die Kesslerin könnte dies weitaus besser tun als wir«, wandte Pater Norbert ein.

»Sie mag uns dabei helfen. Doch halte ich es für besser, wenn der Knabe hier im Kloster bleibt«, erklärte der Abt.

»Und wer soll sich um ihn kümmern? Die meisten Fratres haben nicht die Muße dazu«, sagte Pater Norbert.

Pater Cyprian wollte sich schon melden, obwohl er bereits mit etlichen Aufgaben betraut war, doch Ewald von Bamberg war schneller als er.

»Überlasst Bruder Vincentius die Pflege des Knaben. Er sitzt meistens an der Pforte, da er wegen seines Alters keine schwereren Arbeiten mehr zu leisten vermag. Damit hat er Zeit genug, Juan erst einmal die deutsche Sprache und dann auch die wichtigsten Gebete zu lehren.«

»Ich würde den Jungen nicht Juan nennen, sondern so, wie es hier gebräuchlich ist, Johannes«, wandte einer der Mitbrüder ein.

»Dagegen ist nichts einzuwenden!« Der Abt war erleichtert, weil eine Entscheidung getroffen worden war, die alle zufriedenstellte.

Selbst Pater Norbert lenkte ein. »Wenn es der Wille des Kollegiums ist, so soll es so sein. Ich will nur zu bedenken geben, dass ich, wenn ich der Herkunft des Jungen nachspüre, mehr benötige als die paar Notizen, die ich mir am Krankenbett des spanischen Weibes gemacht habe. Daher bitte ich Bruder Ewald, mir den Schmuck der Frau zu übergeben, den er in Verwahrung genommen hat. Es mag ein Zeichen oder ein Wappen darauf sein, das mir einen Anhaltspunkt für meine Suche gibt.«

Ewald von Bamberg antwortete, ohne zu zögern. »Wenn es dir, Bruder Norbert, hilft, bin ich gerne dazu bereit. Ich hätte den Schmuck sonst in die Truhe des Klosters gegeben. So aber lege ich den gesamten Besitz des Weibes in deine Hand.«

»Ich danke dir.« Pater Norbert lächelte zufrieden. Damit besaß er nicht nur ein Wissen über die Fremde, das weit über das seiner Mitbrüder hinausging, sondern auch deren Schmuck. Es war zwar nicht so, dass den Mönchen des Klosters Geld und Gut völlig versagt blieben. Jene, die höher in der Hierarchie standen, entstammten dem Adel oder dem gehobenen Bürgertum und verfügten teilweise über eigene Einkünfte. Aber nachdem die Türken das Land mehrmals verheert hatten, waren diese zu einem Rinnsal geschrumpft, und er selbst hatte von seinem Bruder erfahren, dass er auf absehbare Zeit nicht damit rechnen dürfe, weiter von diesem alimentiert zu werden. Auch wenn er den Schmuck der Fremden vorerst nicht verkaufen konnte, so war es ihm lieber, ihn in seiner Zelle zu wissen als in der Truhe des Abtes.

»Damit ist alles beschlossen«, erklärte der Abt und erhob sich. Bevor er in seine Gemächer zurückkehrte, trat er zu Juan und strich ihm über den dunklen Schopf. »Es hat Gott, dem Herrn, gefallen, deine Mutter zu sich zu nehmen. Daher wird Arnoldstein vorerst deine Heimat werden. Sei brav und lerne fleißig, auf dass Gott, der Herr, dir seine Gnade schenkt.«

Juan verstand den Mann nicht, spürte aber, dass er es gut mit ihm meinte, und sah ihn an. »Wo ist meine Mama?«

»Bringe den Knaben zu Bruder Vincentius«, forderte der Abt nun Pater Norbert auf.

Dieser neigte kurz den Kopf und packte den Jungen. »Komm mit!«, sagte er und zerrte das Kind hinter sich her.

Ewald von Bamberg sah ihm kopfschüttelnd nach. »Ich finde, Bruder Norbert ist zu harsch zu dem Knaben.«

»Bruder Vincentius ist anders. Zwar zählt er nicht zu den gelehrten Mönchen des Klosters, aber er hat eine Herzensgüte, die dieses junge Leben aufblühen lassen wird«, erklärte Pater Cyprian ihm und kehrte dann ebenso wie die anderen Mönche an die Arbeit zurück.

Die Kesslerin folgte unterdessen Pater Norbert und Juan und blieb in einer Ecke der Pfortenstube stehen, um Bruder Vincentius noch einige Ratschläge zu geben, wie er den Knaben versorgen sollte.

10.

Die Aufnahme ins Kloster war ein großer Einschnitt in Juans Leben. Da er seine Mutter vermisste, suchte er immer wieder nach ihr. Bruder Vincentius musste Sorge tragen, dass der kleine Mann ihm nicht entwischte und die anderen Mönche bei ihren Kontemplationen oder in ihrer Andacht störte. Einige von ihnen waren gutmütig genug, darüber zu lächeln, andere wie Pater Norbert schalten den Knaben und versetzten ihm sogar Schläge, um ihn zu lehren, ihnen nicht noch einmal in die Quere zu kommen.

Es gab viel zu tun, und die Angst, dass die Türken zurückkommen würden, lag wie ein grauer Schleier über dem gesamten Land. Abt Christoph ließ die Wehrbauten des Klosters ausbessern, um für einen erneuten Einfall des Feindes gerüstet zu sein. Korn wurde eingelagert, damit sie während einer Belagerung nicht Hunger leiden mussten, und auch sonst galt es, vielfältige Aufgaben zu erfüllen.

Wegen seines hohen Alters blieben Bruder Vincentius harte Arbeiten erspart. Stattdessen hatte der Abt ihm die Pforte anvertraut, so dass er dort sitzen und sich schonen konnte. Nun aber musste er sich um Juan kümmern und tat alles, damit der Knabe sich in sein Schicksal fügte.

»Bist noch ein kleines Würmerl. Aber du wirst schon wachsen«, meinte er zu dem Jungen.

»Würmel«, plapperte Juan, der bereits etliche deutsche Worte aufgeschnappt hatte, ohne genau zu wissen, was sie bedeuteten.

Bruder Vincentius nahm das Stück Brot, das man ihm und Juan gebracht hatte, und hielt es dem Jungen hin.

»Das ist Brot! Verstehst du? Brot!«

»*Pan*«, antwortete der Junge.

»Panis heißt es auf Latein, aber das musst du jetzt noch nicht lernen«, sagte der alte Mönch lächelnd. »Bei uns hier heißt es Brot.«

»Brot«, sagte der Junge nun.

»Sehr gut! Brot. Und das da ist ein Becher. Da ist ein bisserl Wein drin.« Bruder Vincentius deutete auf das schlichte Tongefäß, das mit halb Wasser, halb Wein gefüllt war und aus dem Juan und er gemeinsam tranken.

»*Vaso, vino*«, nannte Juan die Begriffe, die er von seiner Mutter gelernt hatte.

»Becher und Wein«, erklärte der Mönch noch einmal und trank einen Schluck. Anschließend reichte er den Becher an Juan weiter. »Magst auch trinken?«

Das verstand der Junge mittlerweile und nickte. Da der Becher für ihn noch zu groß war, half Bruder Vincentius und sah danach nach draußen.

»Die Kesslerin kommt! Vielleicht hat sie jetzt ein Gewand für dich. Das, was du jetzt trägst, ist nichts für den Winter. Da tätest du ziemlich frieren.« Der Mönch erhob sich ächzend und öffnete die Pforte.

»Grüß dich Gott, Kesslerin. Ich hab schon auf dich gewartet! Hast was für den Buben?«

Die alte Hebamme nickte. »Meine Enkelin hat's genäht. Sie sagt, weil der Bub im Kloster ist, soll man das auch sehen.« Mit diesen Worten zog sie eine kleine Kutte aus ihrem Korb und winkte Juan zu sich.

»Komm her, Johannes! Jetzt mach ich einen Mönch aus dir.«

»Das, glaub ich, kannst du nicht! Das müsste schon der hochehrwürdige Herr Abt tun«, antwortete Bruder Vincentius und half ihr, den Jungen aus seiner jetzigen Kleidung zu schälen.

»Die wird ihm schon zu klein. Da ist die Kutte besser. Aus der wächst er nicht so schnell heraus«, fand die Kesslerin und tätschelte Juans Wange.

»Bist ein braver Bub, Johannes. Wenn der ehrwürdige Bruder nichts dagegen hat, nehm ich dich jetzt mit nach unten, damit du deine Mutter auf dem Friedhof besuchen kannst. Danach gibt's bei uns frische Rohrnudeln. Die hab ich vorhin erst gebacken.«

Die Frau sprach stärker Dialekt als der alte Frater, trotzdem verstand Juan einige Worte. Dass seine Mama unter dem einfachen Holzkreuz im Friedhof liegen sollte, hatte er bereits begriffen, und er wusste auch schon, was Rohrnudel bedeutete. Es handelte sich um ein köstliches Gebäck, das mit Zwetschgenmus gefüllt war. Allein dafür lohnte es sich schon, der alten Frau zu folgen.

»Kannst mir eine Rohrnudel mitbringen, wenn du magst!«, rief Bruder Vincentius dem Jungen fröhlich nach, als dieser an der Hand der Kesslerin begann, den Weg hinabzusteigen. Dann aber dachte der alte Mönch daran, wie sich die junge Spanierin hier heraufgeschleppt hatte, um an dieser Stelle zu sterben.

»Ich weiß zwar nicht, wie du geheißen hast«, sagte er leise. »Aber ich verspreche dir, ich pass auf deinen Buben auf, solang ich lebe.«

11.

Auf dem Weg nach unten traf Juan ein kalter Windstoß, und er fröstelte trotz der festen Kutte. Die Kesslerin sah es und schüttelte den Kopf.

»Du brauchst richtige Schuh und nicht bloß die Sandalen, die dir der ehrwürdige Frater Vincentius gemacht hat. Außerdem müssten sie dir Hosen nähen lassen. Ein kleiner Bub wie du spürt die Kälte doch eher als die hochwürdigen Herren im Kloster!«

»Kalt«, sagte Juan.

Das Wort kannte er schon vom Wasser her, das frisch vom Brunnen geholt wurde.

»Ja, es ist kalt! Wir bleiben auch nicht lange auf dem Gottesacker. Ich will nicht, dass du dich verkühlst. So ganz hast du die Entbehrungen noch nicht überwunden, die deine Mutter und du habt ertragen müssen.«

Juan hörte genau zu. Auch wenn er nicht alles verstand, so begriff er bereits einige Worte und konnte sich den Rest halbwegs zusammenreimen. Gottesacker – dort lag seine Mutter. Das war auch sein Ziel, denn er wollte ihr sagen, wie sehr er sie und auch seinen Vater vermisste. Er war noch zu jung, um wirklich zu begreifen, was geschehen war, hatte aber verstanden, dass er von nun an ohne Mutter und Vater auskommen musste.

Obwohl die Kesslerin, deren Enkelin Ria und auch Bruder Vincentius gut zu ihm waren, wäre er viel lieber bei seiner Mutter gewesen. Als er wenig später vor ihrem Grab stand, wünschte er sich, sie würde die Tür zu der Kammer, in der sie lag, öffnen und ihn zu sich holen. Er spürte auch die Kälte nicht mehr, sondern nur seine Tränen, die ihm in kleinen Bächen über die

Wangen liefen, und in seinen Gedanken erklang sein verzweifelter Ruf nach seiner Mama.

»Wir sollten jetzt gehen, sonst wird's wirklich zu kalt!«, sagte die Kesslerin, fasste nach seiner Hand und führte ihn hinaus.

Immer wieder drehte Juan sich um, doch am Grab blieb alles still, und die zärtliche Hand seiner Mutter, nach der er sich so sehnte, streckte sich ihm nicht entgegen.

»Gleich gibt's eine schöne Rohrnudel«, sagte die Hebamme in dem Versuch, ihn aufzumuntern.

Juan nickte. Eine Rohrnudel war zwar nicht so wichtig wie seine Mutter, aber sie schmeckte gut und linderte ein wenig den Schmerz. Er folgte der Frau daher willig zu ihrer Hütte. Vor dem Einfall der Türken hatten die Kesslers ein schönes, großes Haus besessen, doch das war ausgeplündert und bis auf die Grundmauern niedergebrannt worden. Nun hauste die Hebamme mit Sohn, Schwiegertochter und Enkelin in einer Hütte, die viel zu klein für die Familie war, so dass sie zwei ihrer jüngeren Söhne nach Villach geschickt hatte, um dort als Knechte zu arbeiten. Einmal im Monat kamen sie nach Hause, so auch am nächsten Tag. Deshalb hatte sie genug Rohrnudeln gebacken, denn die jungen Männer sollten sich satt essen und ein paar in die Stadt mitnehmen können.

Als die Frau und das Kind die Hütte betraten, saß die junge Kesslerin am Webstuhl, um Tuch für Kleidung zu weben, die dringend benötigt wurde. Ihre Tochter stand unterdessen am Herd und kochte den Brei für das Abendessen. Viel mehr als gestoßene Gerste und ein wenig Gemüse konnte sie dafür nicht verwenden. Es fehlte sogar an Schmalz, da die Türken das meiste Vieh weggetrieben und die Schweine, die sie selbst nicht aßen, einfach erschlagen hatten. Das bisschen, was es noch gab, hatte die alte Hebamme für ihre Rohrnudeln verbraucht.

»Die Kuttenträger da oben könnten ruhig etwas dafür springen lassen, dass du dich um den Buben kümmerst«, empfing die junge Kesslerin ihre Schwiegermutter mit einer Klage.

Die Hebamme lachte kurz auf. »Mehr als Gottes Segen haben die nicht mehr zu verteilen. Denen hat der Türk auch in die Suppe gespuckt!«

»Aber nicht so wie uns!«

Zwei Brüder der jungen Frau waren erschlagen und eine Base von den Gottlosen als Beute weggeschleppt worden. Dies, der Verlust des Hauses und auch die Enge in dieser Hütte hatten die junge Frau bitter werden lassen.

Ihre Schwiegermutter lächelte jedoch nur. »Gott gibt, und Gott nimmt. Nachdem er uns letztens so viel genommen hat, wird er uns in Zukunft wohl geben.«

»Ich wünsche es mir«, sagte ihre Enkelin und betrachtete den Jungen in seiner noch viel zu großen Kutte.

»Du siehst ja wie ein richtiger kleiner Mönch aus, Hannes!«

»Sag Johannes zu ihm, wie es die ehrwürdigen Fratres vom Kloster wollen«, mahnte die alte Kesslerin sie und holte eine Rohrnudel aus der großen Schüssel.

»Was sagt man, wenn man so was kriegt?«, fragte sie Juan.

»*Gracias*«, antwortete der Junge, besann sich aber und setzte »Vergelt's Gott« hinzu.

»So ist's richtig. Und jetzt lass es dir schmecken!«

Die Hebamme füllte noch einen Becher mit dem Hagebuttenaufguss, den sie vor ihrem Aufstieg zum Kloster aufgebrüht hatte, und setzte sich auf einen Hocker, um einen kleinen Korb zu reparieren.

Unterdessen aß Juan seine Rohrnudel, trank seinen Becher leer und wünschte, seine Mutter könnte bei ihm sitzen und ihm ein Lied vorsingen, so wie sie es oft getan hatte.

12.

Viele Meilen von Arnoldstein entfernt näherten sich drei Männer dem Schloss des Grafen von Azuaga. Ihre Kleidung war abgerissen, die Bärte zerzaust und die Gesichter und Arme so von der Sonne gebräunt, dass die Bewohner des Dorfes, durch das sie vor kurzem gekommen waren, sie beinahe für Mohren gehalten hätten.

»Diesen Weg zu gehen, fällt mir sehr schwer«, sagte Raúl seufzend. Er, Domingo und Alfonso waren die Letzten aus der ehemaligen Kompanie des Don Felipe de Azuaga, die den Weg in die Heimat angetreten hatten. Die anderen Überlebenden der Schlacht und der langen Flucht hatten sich neuen Hauptleuten angeschlossen, während die drei es als ihre Pflicht erachteten, Graf Rodrigo de Azuaga vom tragischen Schicksal seines Sohnes zu berichten.

»Auch ich wäre lieber unter glücklicheren Umständen heimgekehrt«, antwortete Domingo und funkelte seine Kameraden mahnend an. »Ihr wisst, was wir besprochen haben! Ich übernehme das Reden, und ihr stimmt mir zu!«

Domingo wollte Don Rodrigo und dessen Gemahlin nicht das ganze Elend erzählen, das ihren zweiten Sohn, dessen Weib und sie getroffen hatte. Zwar würde der Vater seines gefallenen Herrn seine Entscheidung, Esmaralda und Juan zurückzulassen, verstehen. Bei Contessa Blanca bezweifelte er dies jedoch. Sie war ein Weib und mochte daher Mitleid mit Esmaralda und vor allem ihrem Enkel Juan empfinden.

Raúl und Alfonso nickten. Beiden lag das, was auf dem Rückzug geschehen war, schwer auf dem Herzen. Vor allem Raúl haderte mit sich, weil er Doña Esmaralda im Stich gelassen hatte. Dabei war er selbst dem Tod nur knapp von der Schippe gesprungen. Seine Verletzung hatte sich entzündet, und ohne Domingo, der nicht nur sein Pferd dafür verkauft hatte, um ihm einen Arzt zu verschaffen, sondern ihn auch aufopfernd gepflegt hatte, hätte er die Fluren der Heimat niemals wiedergesehen. Schon die Dankbarkeit forderte, seinen Kameraden nicht in ein schlechtes Licht zu setzen. Trotzdem beschloss er, den Vater ihres Hauptmanns zu bitten, ihn in jenes fremde Land zurückkehren zu lassen, damit er nach der Frau seines gefallenen Hauptmanns und dessen Sohn forschen konnte.

Kurz darauf erreichten sie die Burg. Der Pförtner hatte sie bereits entdeckt, sah aber keinen Grund, drei abgerissenen Landstreichern das Tor zu öffnen.

»Wenn ihr betteln wollt, dann macht euch von dannen!«, rief er vom Turm herab.

»Wer sagt dir, dass wir betteln wollen, José?«, erwiderte Domingo.

»Du kennst meinen Namen?«

»Du solltest den meinen und den von Raúl und Alfonso auch kennen«, gab Domingo zurück.

Der Pförtner schüttelte den Kopf. »Kann es sein? Domingo? Wo kommt ihr denn her? Und was ist mit Don Felipe?«

Domingo senkte den Kopf. »Das ist eine traurige Geschichte, José, die wir besser Conde Rodrigo berichten sollten.«

»Dann kommt herein! Aber bevor ihr vor die Herrschaften tretet, solltet ihr baden und eure Kleider bürsten lassen. Am besten gibt man euch gleich neue, denn ihr seht wirklich aus wie *vagabundos*.«

José beeilte sich, vom Turm herabzukommen, und öffnete die Pforte. Noch immer konnte er es nicht glauben, Domingo, Raúl und Alfonso, die vor gut drei Jahren Don Felipe hoch zu Ross und in schimmernder Wehr in die Ferne gefolgt waren, als abgerissene Landstreicher vor sich zu sehen.

»Sieht nicht so aus, als hättet ihr viel Glück gehabt«, meinte er, als die drei eintraten.

»Wir hatten mehr Glück als die meisten von uns! Viele fanden ihr Grab in einem fremden Land, falls es eine mitleidige Hand gab, die sie begraben hat. Ansonsten verrotten ihre Gebeine unter der Sonne, und ihr Fleisch ist zum Fraß von Raben und Wölfen geworden.« Domingos Stimme klang hart, denn er hatte etliche Freunde im Kampf gegen die Türken verloren. Weil er diese und vor allem seinen Herrn hatte unbestattet zurücklassen müssen, haderte er mit sich und mit Gott.

José rief nun einen seiner Kameraden. »Du kennst doch noch Domingo, Raúl und Alfonso. Sie sind zurückgekehrt«, meldete er ihm.

»Und Don Felipe?«, fragte der Mann, erntete dafür jedoch nur Schweigen.

»Bring die drei in die Burg und sorge dafür, dass sie sich waschen können und neue Kleidung erhalten. Danach führe sie zu Don Rodrigo!«, wies José ihn an und stieg zurück auf seinen Turm.

In seinen Augen schimmerten Tränen, denn er hatte Felipe de Azuaga mehr gemocht als dessen Bruder Miguel, der Menschen niedrigeren Standes hochmütig begegnete.

13.

Eine Stunde später standen Domingo und seine beiden Kameraden in einem holzgetäfelten Raum vor den Stühlen, auf denen Don Rodrigo de Azuaga, seine Gemahlin Blanca und beider Sohn Don Miguel saßen. Sie hatten sich gewaschen und trugen saubere Kleidung. Man hatte ihnen sogar Hüte gegeben, die sie nun wie Bittsteller in den Händen hielten.

Don Rodrigo, ein Mann knapp unter fünfzig mit der schlanken, sehnigen Gestalt eines Edelmanns, der täglich sein Pferd bewegte, einem fest gefügten Gesicht und noch immer dunklem Haar, musterte die drei mit kaltem Blick.

»Felipe ist also im Kampf gegen die Türken gefallen. Das war auch das Beste für ihn.«

»So etwas dürft Ihr nicht sagen!«, rief seine Gemahlin empört. »Auch wenn er sich mit dir entzweit hat, so ist er doch unser Sohn.«

»Er handelte gegen meinen Willen und hat sein Schicksal selbst verschuldet«, wies Don Rodrigo seine Frau zurecht und wandte sich wieder Domingo und dessen Kameraden zu. »Starb er wenigstens tapfer? Machte er dem Namen Azuaga Ehre?«

»Don Felipe kämpfte tapfer, und sein Schwert kostete viele Feinde das Leben. Obwohl diese in der Überzahl waren, hätten wir sogar gewinnen können, wären die venezianischen Söldner nicht feige davongelaufen. So standen wir plötzlich allein gegen eine mehrfache Übermacht und wurden überrannt. Bei Gott, ich schwöre, ich wäre lieber neben Felipe gefallen, als mit dem Leben davongekommen zu sein. Irgendwie gelang es uns jedoch, uns vom Feind zu lösen und den Rückzug anzutreten.«

Domingo weinte bei der Erinnerung an jene blutige Schlacht

und sein Unvermögen, seinen Herrn oder wenigstens dessen Leichnam zu retten.

»Und sein Weib, sein Sohn? Was ist mit diesen?«, fragte Doña Blanca mühsam beherrscht.

Raúl ruckte unruhig hin und her, denn er hielt es nach wie vor für eine Schande, wie sie Esmaralda und deren Sohn ihrem Schicksal überlassen hatten. Da er sich jedoch Domingo verpflichtet fühlte und überdies einen Schwur geleistet hatte, schwieg er.

Unterdessen setzte Domingo seinen Bericht fort. »Als wir in unser Lager zurückkamen, waren sie verschwunden. Zeit zum Suchen hatten wir nicht, da uns die Türken auf den Fersen waren. Auch hofften wir, dass Esmaralda bereits geflohen wäre. Als wir schließlich nach einem gnadenlosen Marsch, stets von den Türken verfolgt, venezianischen Boden erreichten und nach ihr fragten, konnte uns niemand Auskunft über ihr Schicksal erteilen.«

Diese Lüge hatte Domingo sich ausgedacht, um nicht in den Augen der Herrin als herzloser Schuft zu erscheinen, der die Frau und den Sohn seines Hauptmanns einfach ihrem Schicksal überlassen hatte.

Don Rodrigo nahm seine Erklärung unbewegt hin, während seine Gemahlin in Tränen ausbrach. »Wo können sie sein? Wir müssen sie finden!«

»Mama, bitte!«

Es waren die ersten Worte, die ihr ältester Sohn sprach, und sie enthielten einen Tadel. Don Miguel war ebenso schlank und groß wie sein Vater. Sein Haar wies jedoch die dunkelblonde Farbe auf, die er von seiner Mutter geerbt hatte. Er war kein schöner Mann, aber auch nicht hässlich, hatte er es seinem Bruder doch stets übel genommen, dass dieser als ausnehmend hübsch gegolten hatte.

Doña Blanca, die mit ihren etwas mehr als vierzig Jahren immer noch eine Schönheit war, achtete jedoch nicht auf ihren

Sohn, sondern legte die rechte Hand auf den Unterarm ihres Gemahls. »Wir müssen Esmaralda und unseren Enkel suchen!«

»Nein!« Don Rodrigos Stimme klang hart. Sein jüngerer Sohn hatte sich gegen ihn gestellt und war in einem fremden Land und in fremden Diensten gefallen, anstatt hier in Kastilien für das Haus Azuaga einzutreten. Zudem hatte Felipe gegen seinen Willen die Tochter eines kleinen *hidalgo* geheiratet, für die weder ihre Mitgift noch das Ansehen ihrer Familie gesprochen hatten.

»Ich habe Felipe geschworen, dass ich ihn nicht mehr als meinen Sohn ansehe, wenn er nicht auf dieses Weib verzichtet. Er tat es nicht, und so stehe ich zu meinem Schwur. Es war nicht mein Sohn, der dort in der Ferne starb, sondern ein Fremder.«

»Rodrigo, nein!« Doña Blanca schluchzte auf, doch selbst die Tränen seiner Ehefrau rührten den Grafen nicht.

»Es ist mein Wille, also fügt Euch darein!«, fuhr er seine Gemahlin an.

Doña Blanca wusste, dass jedes weitere Wort vergebens sein würde, und ließ ihren Tränen freien Lauf. Ihr Sohn bedachte sie dafür mit einem vorwurfsvollen Blick. »Bitte, Mama! Ihr solltet Euch vor den Domestiken nicht so gehen lassen.«

In dem Augenblick hätte Raúl dem jungen Grafen am liebsten ins Gesicht geschrien, was er von ihm hielt. Er hatte die beiden Brüder aufwachsen sehen und Felipe immer für den Besseren gehalten. Doch Gott hatte es gefallen, Miguel zum älteren Sohn und damit zum Erben zu machen. Felipe hatte dies niemals angezweifelt. Doch als Raúl nun dessen Bruder betrachtete, war er sich sicher, dass dieser, wäre er der Jüngere gewesen, alles getan hätte, um Felipe auszustechen. Auf jeden Fall war Don Miguel kein Herr, dem er gerne dienen würde, dachte er. Und doch würde er es einmal tun müssen, wenn er nicht als Landstreicher über die Straßen ziehen wollte. Er war ein Gefolgsmann der Azuagas, und wenn er deren Dienste verließ, würde ihn kein anderer Edelmann so ohne Weiteres in sein eigenes Gefolge aufnehmen.

Mit einem Mal stand Doña Blanca auf. »Ich will allein sein«, sagte sie und verließ ohne Gruß den Raum.

Ihr Sohn warf ihr einen vorwurfsvollen Blick hinterher, während Don Rodrigo Domingo aufforderte, ihm genau zu berichten, wie sein Sohn gefallen war. Er selbst hatte noch in Diensten Königin Isabellas gegen die Mauren von Granada gekämpft und war daher zufrieden, dass Felipe nicht in einem Krieg europäischer Mächte den Tod gefunden hatte, sondern im Kampf gegen die Feinde der Christenheit.

14.

Nachdem auch Domingo und seine beiden Kameraden den Raum verlassen hatten, schlug Don Miguel mit der Faust auf die Lehne seines Stuhles. »Mutter hat Felipe immer mehr gemocht als mich!«

»Dafür habe ich stets dich vorgezogen«, antwortete sein Vater kühl.

Für ihn war dies Ausgleich genug. Sein Sohn sagte sich jedoch, dass er als Erstgeborener das Anrecht auf die größere Liebe beider Eltern hatte und von Felipe um die der Mutter betrogen worden war.

»Jetzt weint sie um den Balg dieses Gossenweibs! Als mein Weib mit einem tot geborenen Kind niederkam und daran starb, sind ihre Augen trocken geblieben!«, fuhr er aufgebracht fort.

»Es war nur ein Mädchen und kein Sohn, um den man hätte weinen sollen.«

Graf Rodrigo hatte seinen Ältesten mit dem Mädchen verheiratet, das ihm am meisten Gewinn für die eigene Familie versprochen hatte, und nahm es dieser Frau jetzt noch übel, dass sie seinen Anforderungen nicht gerecht geworden war. Er begriff jedoch, dass seine Worte den Sohn kränken mussten, und trat zu ihm hin.

»Tadle deine Mutter nicht wegen ihrer Tränen. Gott hat die Weiber mit anderen Empfindungen geschaffen als uns Männer. Uns sind Ehre, Stolz und Ruhm gegeben. Weiber hingegen neigen zu Sanftmut und Nachgiebigkeit. Außerdem hat deine Mutter sehr wohl um dein Weib und deine Tochter geweint. Du hast nur nicht darauf geachtet.«

Don Miguel nickte, um den Vater nicht zu erzürnen. »Verzeiht mir meine unbedachten Worte! Ich habe meinen Bruder geliebt und fühle Zorn in mir, weil er wegen dieses Gossenweibs ein so elendes Schicksal hat erleiden müssen.«

»Es war Gottes Wille!«, sagte sein Vater. »Ich werde Felipe trotzdem nicht betrauern, denn er gehorchte mir nicht so, wie es seine Pflicht gewesen wäre. Nun gilt es, den Blick in die Zukunft zu richten. Sobald die Zeit der Trauer für dich vorbei ist, wirst du dich erneut vermählen, damit das Haus derer von Azuaga wieder auf mehr als unseren vier Füßen steht. Ich werde bis dorthin nachforschen, welche Frau dafür geeignet ist.«

»Es komme so, wie Ihr es bestimmt«, antwortete Miguel.

Ihm war es gleichgültig, welches Mädchen sein Vater für ihn auswählte. Weib war Weib, und sie hatten alle mehr Haare auf dem Kopf als Verstand darin. Wäre seine Mutter klüger, hätte sie längst erkannt, dass er als ihr Erstgeborener weitaus wichtiger war als Felipe. So viele Jahre hatte er den Bruder um ihre Zuneigung beneidet, und nun nahm dieser ihm selbst als Toter noch die Liebe der Mutter weg.

»Du wirst es gut treffen!«, erklärte Don Rodrigo. »Das Mädchen muss gesund sein und aus einer Familie stammen, in der kräftige Kinder und vor allem Knaben geboren werden.«

Noch während er es sagte, fiel dem Grafen ein, dass Esmaralda diesen Bedingungen voll und ganz entsprochen hatte. Auch war sie kein Gossenweib gewesen, wie Miguel sie nannte, sondern die Tochter eines *hidalgo*. Trotzdem hatte er für seinen jüngeren Sohn weitaus höher greifen wollen. Umso mehr würde er es nun für seinen Erben und Nachfolger tun. Die Tochter eines Herzogs würde er zwar nicht für ihn gewinnen, doch Miguels Braut sollte mit ihrem Wappenschild das eigene aufwerten und nicht mit Staub bedecken, so wie Felipe es mit seiner Heirat getan hatte.

Die Gedanken seines Sohnes galten unterdessen einer anderen Angelegenheit. »Ich will nicht, dass Domingo und die beiden anderen Söldner hier auf Schloss Azuaga oder unserem hiesigen Besitztum bleiben!«

Don Rodrigo sah ihn erstaunt an. »Alle drei stammen aus Familien, die unserem Hause bereits seit Generationen treu gedient haben.«

»Und trotzdem haben sie Euch im Stich gelassen, Herr Vater, und sind Felipe in die Fremde gefolgt.«

»Ich hatte sie ihm unterstellt«, erklärte Don Rodrigo.

»Trotzdem hätten sie Euch gehorchen müssen und nicht ihm!« Miguel wollte die Männer, deren Anblick seinen Vater und seine Mutter stets an seinen Bruder erinnern würde, nicht auf dem Hauptsitz der Familie behalten. »Ich verstehe, dass Ihr den dreien die Treue vergelten wollt, die sie meinem Bruder erwiesen haben«, fuhr er mit leiser Stimme fort. »Doch erlaubt, dass ich sie zu einem unserer kleineren Besitztümer schicke, damit sie sich dort nützlich machen können.«

Don Rodrigo überlegte kurz und nickte dann. »Tu das, mein Sohn!«

Miguel lächelte. Die Zustimmung des Vaters gab ihm die Möglichkeit, Domingo und dessen Kameraden auf den kleinsten und elendsten Besitz der Familie zu verbannen, wo sie keine stolzen Krieger, sondern nur noch Knechte mit Mist zwischen den Zehen sein würden. Schon am nächsten Tag wollte er die drei losschicken und dafür sorgen, dass sie für alle Zeiten vergessen wurden.

Don Miguel ahnte nicht, dass er damit Raúls Hoffnung zerstörte, zu gegebener Zeit mit seinem Herrn sprechen und diesen darum bitten zu können, in jene Gegend zurückkehren zu dürfen, in der sie Esmaralda und Juan zurückgelassen hatten, damit er dort die Suche nach den beiden beginnen konnte.

Zweiter Teil

Der Preis der Lust

1.

Elisabeth Glauber langweilte sich, das Gastmahl war noch öder, als sie befürchtet hatte. Den meisten Gästen ging es nicht um eine angenehme Unterhaltung, sondern darum, möglichst schnell möglichst viel in sich hineinzustopfen. Am meisten tat sich dabei der Mann hervor, den sie dem Willen ihrer Eltern nach heiraten sollte. Sie schaute zu Erhard Schönlein hinüber und schüttelte sich innerlich. Sein Name stimmte schon gar nicht, denn statt schön war er feist. Zudem hatte er einen kurzen Hals und einen runden, rot angelaufenen Kopf mit ausgebleichten Haaren. Eben trank er wieder und verkündete zum dritten Mal innerhalb einer halben Stunde, welch großes Geschäft er letztens getätigt habe.

Viertausend Gulden Gewinn wiesen ihn zwar als guten Kaufmann aus, aber sonst fehlte ihm nahezu alles, was Elisabeth sich von einem Ehemann erhofft hatte. Er war laut, übermäßig derb und zählte zudem nur ein halbes Dutzend Jahre weniger als ihr Vater. Dabei gab es am Tisch mehrere Männer, die auch nicht jünger als Erhard Schönlein waren, aber um einiges besser aussahen. Elisabeths Blick streifte den Augsburger, wie die hiesigen Handelsleute diesen Kaufmann noch immer nannten, obwohl er bereits seit Jahren in Nürnberg lebte und ein stattliches Haus an der Fleischbrück sein Eigen nannte. Dazu trug er einen guten Namen, nämlich Fugger, war reicher als Schönlein und sah weit eleganter aus. Er hatte langes, gelocktes Haar und einen sorgfältig gestutzten Bart, der ein freundliches Gesicht umrahmte. Bekleidet war er mit einem hüftlangen, blauen Mantel, dessen offene Sackärmel ein rosafarbenes Untergewand sehen ließen. Auf dem Kopf saß ein kleiner, schwarzer Hut, und seine Beinlinge waren aus gelber Seide.

So sollte auch mein Bräutigam aussehen, sagte Elisabeth sich.

Erhard Schönlein hingegen steckte in einem wadenlangen, braunen Mantel, und den stattlichen Bauch umfing ein breiter Ledergürtel, an dem eine Tasche hing. Die bereits schütteren Haare bedeckte ein brauner Hut, der für den massigen Schädel viel zu klein war.

Es war, als hätte der Augsburger wahrgenommen, dass Elisabeth ihn zu seinen Gunsten mit ihrem Verlobten verglich, denn er wandte sich ihr zu. »Verzeiht, aber ich hatte noch nicht die Ehre, Euch kennengelernt zu haben.«

»Das ist meine Tochter!«, antwortete ihr Vater mit vom Wein schwerer Zunge. »Sie ist mit dem wackeren Erhard Schönlein verlobt, einem guten Handelsmann. Hat doch letztens viertausend Gulden Gewinn gemacht. Wird noch mehr Gewinn machen!«

Vor allem wird er noch fetter werden, dachte Elisabeth verächtlich, denn ihr Verlobter packte gerade mit beiden Händen ein großes Rippenstück und riss das Fleisch mit den Zähnen ab. Auch wenn es hieß, dass man Männern einiges nachsehen müsse, ekelte es sie bei dem Gedanken, diesem Mann jahraus, jahrein am Familientisch gegenübersitzen zu müssen.

Viertausend Gulden Gewinn werden einen Johann Fugger vom Reh gewiss beeindrucken, spottete Elisabeth in Gedanken. Immerhin war dieser selbst ein erfolgreicher Kaufmann und zudem der Bruder von Lukas Fugger, dem Kaiser Friedrich III. eine ganze Stadt in den Niederlanden als Pfand für einen gewährten Kredit überlassen hatte. Zu seiner Verwandtschaft zählten auch Georg, Ulrich und Jakob Fugger, die zu den größten und erfolgreichsten Kaufherren in Augsburg gehörten. Für all diese Herren war Erhard Schönlein nur ein besserer Krämer.

Elisabeth wusste, dass sie besser von ihrem Verlobten denken sollte. Immerhin hatte der Vater beschlossen, dass sie Schönleins Frau werden solle. Den Worten ihrer Mutter nach würde sie sich an ihn gewöhnen. Sobald Kinder da wären, sei der Mann ohnehin nicht mehr so wichtig. Aber bis dorthin konnten, wie sie an ihrer Base Gisela sah, etliche Jahre vergehen. Gisela hatte noch das Glück, mit einem Mann verheiratet worden zu sein, den sie liebte. Dies würde ihr versagt bleiben, denn ein Erhard Schönlein war kein Mann, den man lieben konnte.

Erneut suchte ihr Blick Johann Fugger. Warum konnte Erhard Schönlein nicht so gut aussehen wie dieser Kaufmann? Dabei war der Augsburger nicht mehr jung. Er war mindestens vierzig, beschämte aber mit seiner schlanken Gestalt und seinen angenehmen Manieren weit jüngere Männer.

Hans Fugger bemerkte das Interesse des jungen Mädchens. Obwohl er mittlerweile in zweiter Ehe verheiratet und Vater mehrerer Kinder war, reizte ihn eine galante Tändelei mit einer schönen Frau – und Elisabeth Glauber war eine wunderschöne Frau. Ihr Vater gehörte zwar nicht zu den Spitzen der Nürnberger Kaufleute, verdiente aber gutes Geld und konnte sich ein hübsches Haus knapp unterhalb der Burg leisten. Auch Erhard Schönlein zählte zu diesen Kaufleuten, die im Schatten der Tucher und Imhoffs Geschäfte tätigten und gut verdienten. Obwohl Schönleins Manieren die eines Bauern waren, galt er etwas in Nürnberg. Er würde zwar nie in den Rat der Stadt gewählt werden, aber kein Ratsherr würde es ihm verwehren, im Wirtshaus neben ihm Platz zu nehmen.

Da Schönlein ihn außerhalb seiner Geschäfte nicht interessierte, sah Hans Fugger erneut zu Elisabeth hinüber. Das Mädchen mit diesem Mann zu verheiraten, hieß Perlen vor die Säue werfen. Ein wenig bedauerte er, bereits gebunden zu sein, denn es hätte ihn durchaus gereizt, diese Rose für sich zu gewinnen.

»Ihr habt eine schöne Tochter, Glauber. Es geht einem das Herz auf, wenn man sie sieht«, sagte er lächelnd zu Elisabeths Vater.

»Das will ich meinen!«, antwortete Sebastian Glauber stolz.

»In unseren Kreisen zählt die Mitgift jedoch mehr als ein

glattes Gesicht«, rief Schönlein dazwischen und machte dabei die Geste des Geldzählens. »Das muss stimmen, und bei Elisabeth tut es das! Ich würde sie auch heiraten, wenn sie ein schiefes Gesicht und einen Buckel hätte.«

Mit diesen Worten verscherzte er es sich vollends mit seiner Braut. Elisabeth hatte schon zu viele ihre Schönheit rühmen hören, und ausgerechnet der Mann, den sie heiraten sollte, erklärte, diese sei für ihn nicht wichtig. Einige Augenblicke lang wünschte sie sich, so auszusehen wie die Nachbarstochter Grete, die wegen der Warzen in ihrem Gesicht von den Leuten als Kröte verspottet wurde.

Dann aber tadelte sie sich selbst. Schließlich gefiel es ihr, als schön zu gelten, und sie freute sich über die anerkennenden Blicke. Etliche der Männer, die mit ihrem Vater Geschäfte machten, sahen ganz so aus, als würden sie am liebsten mit ihr in einer verschwiegenen Kammer verschwinden und ihr dort zeigen, wie es war, eine Frau zu sein. Bei dem Gedanken wurde ihr klar, dass sie ihre Jungfräulichkeit in der Brautnacht durch Erhard Schönlein verlieren würde, und sie schüttelte sich innerlich. Es gab ein Dutzend anderer Männer, die ihr lieber gewesen wären, mit Herrn Johann Fugger an der Spitze. Ihm sah man an, dass er einem der führenden Patrizierhäuser von Augsburg entstammte und das Recht besaß, in gleichem Atemzug wie die Tucher und die Imhoffs genannt zu werden.

Elisabeth straffte die Schultern. Der Ehe mit Schönlein würde sie nicht entkommen, aber das Privileg, der Erste zu sein, der ihr beiwohnte, gönnte sie ihm nicht. Doch sie war keine Magd, die sich in einem Speicherraum von einem Knecht begatten ließ, wie es Frieda, eine der Mägde im elterlichen Haushalt, getan hatte. Bei dem Gedanken erinnerte sie sich daran, dass Frieda auch die bevorzugte Magd ihres Vaters war. Sollte ihr Vater Frieda im Speicher ebenfalls die Röcke heben, um das mit ihr zu tun, was er laut göttlichem Recht nur mit ihrer Mutter tun durfte?

Bislang hatte Elisabeth Frieda nur mit einem Knecht beobachten können, nahm sich aber vor, von nun an besser achtzugeben. Vor allem aber ging es ihr darum, von einem wirklichen Herrn entjungfert zu werden, und nicht von dem Tölpel, den sie später oft genug würde ertragen müssen.

2.

Der Gedanke verfolgte Elisabeth noch während etlicher Tage nach dem Fest. Ihre Jungfernschaft zu verlieren, wäre ein Leichtes, denn es gab genug Nachbarssöhne, die ihr diesen Gefallen mit Begeisterung erfüllen. Sie wünschte sich jedoch einen erfahrenen Mann, der wusste, wie man einer Jungfrau die wenigsten Schmerzen bereitete. Von Freundinnen hatte sie gehört, dass es beim ersten Mal äußerst unangenehm sein sollte, und Erhard Schönlein würde gewiss keine Rücksicht auf sie nehmen. Den Nachbarssöhnen traute sie es ebenfalls zu, ihr wehzutun und hinterher noch zu prahlen, sie als Erster auf den Rücken gelegt zu haben.

Gelegentlich kamen ihr Bedenken, doch als ihre Eltern und sie eine Woche später erneut zu einem Fest eingeladen wurden und sie dort wieder auf Hans Fugger traf, schob sie alle Gewissensbisse beiseite. Er war ein Mann, dem sie sich anvertrauen konnte, verschwiegen, wo es darauf ankam, freundlich, wie sie es sich wünschte, und so gutaussehend, dass ihr Verlobter im Vergleich zu ihm wie ein hässlicher Gnom wirkte.

Daher lächelte Elisabeth, als ihr Vater Hans Fugger überschwänglich begrüßte. Er hatte durch dessen Vermittlung einen Gewinn von über tausend Gulden gemacht und hoffte, weitere Geschäfte mit ihm tätigen zu können.

»Wenn Ihr es wollt, werde ich morgen zu Euch kommen, Glauber«, sagte Hans Fugger lächelnd, sah dabei aber mehr dessen Tochter an.

Hans Fugger konnte sich nicht erinnern, jemals eine schönere Jungfrau gesehen zu haben. Sie war nicht zu groß und nicht zu klein, von einer schlanken Figur, jedoch nicht ohne Rundungen, und ihr Gesicht glich denen der Madonnen in den großen Kirchen, für die die Bildschnitzer nur die allerschönsten Frauen als Vorbild nahmen. Ihr blondes Haar trug sie aufgesteckt und hatte es noch nicht unter einer Haube verborgen, blaue Augen blitzten unter weich geschwungenen Brauen, und ihr leichter Schmollmund schien förmlich nach jemandem zu rufen, der ihn küsste.

Auch wenn Hans Fugger verheiratet war, wehrte er sich nicht gegen die Verlockung, die dieses Mädchen auf ihn ausübte. Zudem befand sich sein Weib Veronika seit etlichen Wochen bei Verwandten und hatte die Kinder mitgenommen. Allein war es in seinem Haus recht einsam, aber er durfte keine Magd dazu bringen, sich ihm hinzugeben, weil andere Bedienstete dies seiner Ehefrau mitteilen würden. Ein eiferndes Weib war das Letzte, was er sich wünschte.

Doch wie sollte es ihm gelingen, von diesem köstlichen Bissen zu naschen?, fragte er sich, zumal er sehr vorsichtig sein musste. Nicht nur sein Weib, sondern auch sein Vetter Jakob durften von derlei Dingen nichts erfahren. Einen Augenblick lang lag ein missmutiger Zug auf seinem Gesicht, und er tadelte in Gedanken seinen Bruder Lukas, der Kaiser Friedrich III. immer wieder mit großen Summen ausgeholfen hatte, ohne auf die notwendigen Sicherheiten zu achten. Nun, da der Kaiser nicht in der Lage war, diese Kredite zurückzuzahlen, stand das Handelshaus der Fugger vom Reh vor dem Ruin. Er selbst hatte in früheren Jahren die Geschäfte der eigenen Familie in Nürnberg betrieben, musste nun aber auf die Hilfe seiner Vettern Jakob, Ulrich und Georg zurückgreifen. Wenn diese ihm die Unterstützung versagten, war er als Kaufmann am Ende.

Diese Erkenntnis brachte ihn fast dazu, Elisabeth Glauber aus seinem Gedächtnis zu streichen. Als er sie jedoch ansah und sie ihn anlächelte, schob er seine sorgenvollen Gedanken beiseite.

»Es soll heute auch getanzt werden, Jungfer Elisabeth. Ist es Euch erlaubt, daran teilzunehmen?«

Elisabeth wusste nicht, wie ihr Vater entscheiden würde, und sah diesen fragend an.

Glauber hatte bereits einige Becher Wein getrunken und war stolz auf seine schöne Tochter. »Doch! Doch! Elisabeth wird gewiss tanzen. Es ist ein schöner Tag, und wir haben ein gutes Geschäft abgeschlossen. Das gilt es zu feiern!«

»Das gilt es!«, rief Erhard Schönlein.

Da Elisabeth Glaubers einziges Kind war, sah er sich bereits im Besitz von dessen Vermögen. Auch wenn er behauptete, in seinen Kreisen käme es bei einer Braut vor allem auf die Mitgift an, so war er doch Manns genug, um sich an der Schönheit seiner Braut zu erfreuen.

»Werden mit dem Tanzen beginnen!«, setzte er grinsend hinzu und stärkte sich mit einem Humpen Wein und einem kräftigen Stück Ochsenlende für die Anstrengung, die der Tanz ihm abfordern würde.

Elisabeth sah ihm schaudernd zu und fand, dass er mehr denn je das Recht verloren hatte, ihr als Erster beizuwohnen. Da er jedoch ihr Verlobter war, würde sie mit ihm tanzen müssen. Sie hoffte aber, es auch mit Hans Fugger tun zu können. Damit es nicht auffiel, wenn sie sich zu sehr mit diesem abgab, wählte sie unter den anwesenden Gästen noch mehrere aus, von denen sie sich ebenfalls zum Tanz führen lassen wollte.

Kurz darauf war es so weit. Ihr Gastgeber hatte sich nicht lumpen lassen, sondern ein halbes Dutzend Musikanten bestellt, die fröhlich spielend durch die Tür hereinkamen. Sie blieben im hinteren Teil des Saales stehen und verneigten sich vor den Gästen. Vor ihnen lag der Tanzboden, auf den nun die ersten Paare eilten. Zunächst war der Tanz den Älteren vorbehalten. Elisabeth sah, wie ihr Vater die Mutter nach vorne führte und sich beide unter die Tanzenden einreihten. Es waren etwas derbere Tänze als bei ganz hohen Herrschaften, aber man zeigte auf diese Weise, dass man jemand war.

Zu Elisabeths Verwunderung machten ihre Eltern beim Tanz

eine gute Figur. Beide waren fröhlich und lachten immer wieder. Als sie jedoch am Ende des Tanzes zum Tisch zurückkamen, keuchten sie.

»So ganz jung sind wir doch nicht mehr«, meinte ihr Vater und sah sie und Erhard Schönlein an. »Jetzt solltet ihr es versuchen!«

»Gerne! Komm, Liese, zeigen wir den Leuten, wie das Tanzen geht!« Schönlein stand auf, schwankte bereits bedenklich und packte Elisabeth mit einem harten Griff.

»Aua! Du tust mir weh«, beschwerte sie sich, doch ihr Bräutigam lachte nur.

»Bist doch nicht aus Glas!« Er zerrte sie nach vorne und stellte sich so auf, dass er ein anderes Paar zur Seite schob.

Was für ein Rüpel, dachte Hans Fugger. Ihm tat das Mädchen leid, das für den Rest seines Lebens an Schönlein gefesselt sein würde. Da traf ihn ihr Blick, und er las darin eine Verlockung, die ihn im ersten Augenblick verwunderte. Dann aber sagte er sich, dass er an Elisabeths Stelle einem solchen Tölpel auch nicht die Treue halten würde.

Mit einem Mal konnte Hans Fugger es kaum mehr erwarten, mit Elisabeth zu tanzen. Bevor es jedoch dazu kam, ließ sie sich hintereinander von zwei Freunden ihres Vaters nach vorne führen. Beide waren sichtlich stolz auf ihre schöne Partnerin, und sie tanzten auch um einiges besser als Schönlein, der wie ein schnaubender Eber über den Tanzboden gewalzt war.

Schließlich bedachte sie Hans Fugger mit einem auffordernden Blick. Dieser stand sofort auf, verbeugte sich zuerst vor ihren Eltern und bot ihr dann den Arm.

Elisabeth hatte die wichtigsten Tanzschritte zu Hause mit ihren Freundinnen geübt, doch als sie jetzt von Hans Fugger im Reigen geführt wurde, erschien es ihr, als wären sie zu einer Person verschmolzen. Sprechen mussten sie nicht, denn ihre Blicke sagten genug.

Als die Musik endete, brachte Hans Fugger das Mädchen wieder an seinen Platz.

Ihr Vater nickte beifällig. »Bei Hans Fugger sieht man, dass er ein Herr ist!«

Dies war ein leichter Stich gegen den Mann, den er für seine Tochter ausgesucht hatte. Was Geschäfte betraf, so machte niemand Erhard Schönlein etwas vor. Doch ansonsten hätte Glauber sich von seinem zukünftigen Schwiegersohn etwas mehr Zurückhaltung gewünscht. Stattdessen zeigte Schönlein zu deutlich, dass er von den Manieren der besseren Gesellschaft wenig hielt.

In der Hinsicht wäre Glauber ein Schwiegersohn mehr nach der Art des Hans Fugger lieber gewesen. Da Schönlein jedoch die Geschäfte in seinem Sinne weiterführen würde, tröstete er sich damit, dass man im Leben nicht alles haben könne, und trank ihm zu.

»Auf dein Wohl! Und darauf, dass bald die Kirchenglocken zur Hochzeit läuten werden!«

»Hätt nichts dagegen«, antwortete Erhard Schönlein und versuchte, Elisabeth mit fettigem Mund auf die Wange zu küssen. Sie musste es zulassen, um die Eltern nicht zu verärgern, doch ihr Blick suchte Hans Fugger.

»Ich hoffe, Ihr ladet mich zur Hochzeit Eurer Tochter ein, Meister Glauber«, sagte dieser an Elisabeths Vater gewandt.

»Aber freilich! Machen doch gute Geschäfte miteinander. Sollen noch mehr werden!« Glauber trank nun auch Hans Fugger zu, der ihm lächelnd Bescheid gab.

Die Musikanten hatten eine Pause eingelegt, um Wein zu trinken und ein paar Bratwürste zu essen. Nun aber nahmen sie ihre Instrumente an sich und spielten wiederum den Feiernden auf.

»Jungfer Elisabeth, wollt Ihr mir noch einmal die Ehre geben?«, fragte Hans Fugger.

»Hört, hört! Er redet wie einer der Grafen oder gar Herzöge«, rief Erhard Schönlein lachend. Seine Aufforderung an Elisabeth hatte sich auf ein »Komm mit« beschränkt.

Elisabeth stand auf und deutete einen Knicks vor Hans Fugger an. Für die anderen war es ein Spiel, denn niemand begriff, was in den beiden vorging. Hans Fugger reizte die junge Frau so sehr, dass er sich zwingen musste, den gebotenen Abstand zu wahren, während Elisabeth entschlossener denn je war, ihm ihre Unschuld zu opfern.

Zunächst schwiegen sie während des Tanzes. Als sie jedoch einige Schritte Abstand von den anderen tanzenden Paaren gewonnen hatten, zog Hans Fugger Elisabeth näher an sich heran.

»Ihr seid schön wie die Sonne, Jungfer, und ich muss Euch wiedersehen!«

»Ich kaufe morgen zur dritten Stunde auf dem Gemüsemarkt ein«, antwortete Elisabeth leise und sank, da die Musik endete, erneut in einen Knicks.

3.

Obwohl Glauber kein armer Mann war, gab seine Frau acht, nicht zu viel Geld auszugeben. Daher schickte sie ihre Tochter zum Einkaufen und nicht die Mägde, denn sie befürchtete, diese würden den einen oder anderen Groschen in die eigene Tasche stecken. Früher hatte Elisabeth sich darüber geärgert, bei Wind und Wetter auf den Markt zu müssen, während ihre Freundin Grete dies einer Magd auftragen und zu Hause bleiben konnte. An diesem Tag aber strebte sie voller Vorfreude den Verkaufsständen zu.

Wird Hans Fugger kommen?, fragte sie sich. Eine gewisse Enttäuschung stieg in ihr auf, als sie ihn nicht gleich entdeckte. Sie trat an den ersten Stand und begann, mit der Bäuerin zu feilschen. Auch wenn sie auf ein Stelldichein mit Hans Fugger hoffte, durfte sie ihre Pflichten nicht vernachlässigen.

Elisabeth hatte ihre Einkäufe erledigt, und ihre Ungeduld wich langsam Zorn. Da sah sie Fugger auf den Marktplatz treten und sich umsehen. Am liebsten hätte sie ihm gewinkt, doch das wäre zu auffällig gewesen. Sie trat auf eine freie Fläche zwischen den Verkaufsständen.

Nun entdeckte Hans Fugger sie und trat auf sie zu. »Guten Morgen, Jungfer Elisabeth! Ihr seid zu dieser frühen Stunde bereits sehr fleißig.«

»Meine Mutter wünscht, dass ich für den Haushalt einkaufe, und um diese Zeit ist die Auswahl noch am größten«, antwortete Elisabeth. Sie war ein wenig eingeschnappt, weil sie nicht mehr lange bleiben konnte, denn die Mutter würde sie sonst schelten.

Da warf Hans Fugger einen Blick auf ihre beiden schier überquellenden Körbe. »Wenn Ihr nichts dagegen habt, Jungfer, werde ich sie für Euch tragen! Da ich Euren Vater aufsuchen will, ist es für mich kein Umweg.«

Einen Umweg sollte ich ihm schon wert sein, dachte Elisabeth, fand dann aber, dass er es sehr geschickt eingefädelt hatte. Hätten sie sich nur hier auf dem Markt getroffen und miteinander gesprochen, wäre es gewiss jemandem aufgefallen und sie vielleicht sogar ins Gerede gekommen. So aber konnten selbst jene, die anderen gerne etwas am Zeug flickten, nichts daran aussetzen, dass er sie begleitete.

»Oh, ich danke Euch tausend Mal! Die Körbe sind wirklich ein wenig schwer geworden«, antwortete sie mit einem schüchternen Lächeln.

»Das sind sie in der Tat!«

Hans Fugger war keine harte körperliche Arbeit gewohnt und hatte einiges an den Körben zu schleppen. Da Elisabeth ihn nicht für einen Schwächling halten sollte, straffte er die Schultern und gewöhnte sich rasch an das Gewicht.

»Ich musste Euch wiedersehen«, begann er das Gespräch.

»Weshalb?«, fragte Elisabeth kokett.

Ihr zu sagen, dass er sie lieber heute als morgen in seinem Bett sehen wollte, erschien Hans Fugger zu voreilig, und so überlegte er rasch, was er ihr sagen sollte.

»Ich will Eure Stimme hören und mich an Eurer Schönheit erfreuen.«

»Ihr findet mich schön?«

Hans Fugger nickte. »Ihr seid wunderschön! Es gibt in ganz Nürnberg kein Mädchen, das Euch das Wasser reichen kann. Ich halte es für eine Schande, dass Eure Schönheit an einen Lümmel wie Erhard Schönlein verschwendet werden soll.«

»Es ist der Wille meines Vaters, und diesem muss ich gehorchen.« Elisabeth seufzte leise und zuckte dann mit den Schultern. »Meine Mutter meint, ich würde mich an Schönlein gewöhnen.«

»Werdet Ihr das wirklich?«, fragte Hans Fugger.

Elisabeth seufzte erneut. »Ich will es hoffen! Etwas anderes bleibt mir als Weib nicht übrig. Es mag schönere Männer geben als Schönlein, und auch elegantere, aber er ist nun einmal der mir von meinem Vater bestimmte Bräutigam.«

»Ich wollte, ich könnte Euch helfen!«, entfuhr es Hans Fugger.

»Ihr helft mir durch Eure Freundschaft! Es war wunderschön, mit Euch zu tanzen«, antwortete Elisabeth mit leuchtenden Augen.

»Ich war gestern der glücklichste Mann auf Erden, denn ich durfte Eure Hand halten.«

So habe ich zuletzt vor fast zwei Jahrzehnten gesprochen, dachte Hans Fugger mit einer gewissen Selbstverspottung. Andererseits hatte ihn seine damalige Angebetete bei weitem nicht so gereizt wie dieses schöne Mädchen. Zu jener Zeit war er nicht ans Ziel gelangt, denn zwei Brüder hatten die Schöne scharf bewacht. Elisabeth Glauber hatte jedoch keine Brüder, sondern nur einen eitlen Vater und einen Dummkopf von Bräutigam, dem tiefere Gefühle fremd schienen. Dennoch erschien es ihm fast unmöglich, sie zu verführen.

Elisabeth sah bereits das väterliche Haus vor sich und fand, dass sie etwas tun musste, um ihrem Wunsch nahezukommen. »Gestern beim Tanz war ich das glücklichste Mädchen!«, antwortete sie rasch. »Nur kann es für uns kein Morgen geben, denn Ihr habt ein Weib, und ich werde bald mit Schönlein vermählt sein.«

Als Hans Fugger dies hörte, war er kurz davor, aufzugeben, doch da sprach Elisabeth weiter. »Ihr seid ein freundlicher und angenehmer Mann, und ich würde lieber durch Euch meine Jungfräulichkeit verlieren als durch diesen Tölpel Erhard!«

»Ihr wollt Euch mir schenken?« Hans Fuggers Augen leuchteten auf, und er überlegte, wie er es anstellen konnte, mit ihr allein zu sein.

Elisabeth nickte. »Ich bin dazu bereit! Ihr müsst nur eine Möglichkeit finden, dies in die Tat umzusetzen.«

»Ich werde sie finden!«, versprach Hans Fugger, musste dann aber schweigen, da sie gerade Glaubers Haus erreichten.

Der Hausherr sah sie kommen und trat aus seinem Kontor. Bevor er etwas sagen konnte, begrüßte Fugger ihn. »Gott zum Gruße, Meister Glauber! Ich war zu Euch unterwegs und bin dabei auf Eure Tochter gestoßen. Ihr werdet verstehen, dass ich nicht weitergehen konnte, ohne ihr diese Last abzunehmen.«

Für Elisabeth war es wie ein Versprechen, denn sie sah ihre Jungfräulichkeit als eine Last an, mit der sie nicht in die Ehe mit Erhard Schönlein treten wollte.

Ihr Vater nickte erfreut. »Ihr seid ein freundlicher Mann, Fugger! So lasse ich es mir gefallen. Allerdings wäre es mir lieber, Elisabeth würde eine Magd mitnehmen, die ihre Einkäufe für sie trägt. Mein Weib ist jedoch dagegen. Das Mädchen kann ruhig etwas tragen, heißt es, und sie behauptet, dass die Magd zu Hause bei der Arbeit fehlen würde. Das ist all dieser Weiberkram, den ich nicht verstehe. Aber kommt doch mit und sagt mir, was Ihr auf dem Herzen habt. Elisabeth, bringe einen Krug Wein und zwei Becher. Dafür habt Ihr doch gewiss Zeit?«

Die Frage galt Fugger, der sofort bejahte. »Selbstverständlich habe ich Zeit dafür, Meister Glauber! Es gilt auch, ein Geschäft zu besprechen, das uns beiden reichen Gewinn bringen kann.«

»Dafür bin ich immer zu haben. Was stehst du noch herum, Elisabeth? Ich sagte doch, du sollst Wein holen«, tadelte Glauber seine Tochter, fasste dann Hans Fugger um die Schulter und führte ihn in sein Kontor.

Hans Fugger lächelte zufrieden. Sein Vetter Jakob hatte ihn beauftragt, dessen Interessen in Nürnberg zu vertreten, und dies nach Möglichkeit mit einem kleineren Handelshaus, nicht mit einem der reichen Patrizier, die zu rasch zur Konkurrenz erwachsen konnten. Glauber und auch Schönlein waren daher

Kaufleute, die genau in diese Pläne passten. Er hatte schon mehrere Geschäfte mit ihnen getätigt, wollte aber die Beziehungen zu ihnen noch enger flechten. Damit, so sagte er sich, würde er ganz nebenbei die Gelegenheit schaffen, Elisabeth ihren Wunsch zu erfüllen und sich selbst an ihr zu erfreuen.

4.

Von diesem Tag an war Hans Fugger ein gern gesehener Gast im Hause Glauber. Elisabeth und er blieben vorsichtig, um kein Misstrauen zu erregen. Gelegenheit, miteinander zu reden, fanden sie immer wieder, und langsam formte sich ein Plan in Hans Fuggers Kopf. Als er wieder einmal bei Glauber weilte, begleitete er Elisabeth anschließend zur heiligen Messe. Ihre Eltern hatten bereits die Frühmesse besucht, und Schönlein befand sich auf einer Handelsreise. Glauber freute sich daher, seine Tochter dem Schutz seines Geschäftspartners überlassen zu können, ohne zu ahnen, welche Gedanken diesen bewegten.

»Ich habe in der Nähe der Kirche ein kleines Haus angemietet«, erklärte Hans Fugger Elisabeth unterwegs. »Wenn wir die Kirche durch den Vordereingang betreten und heimlich durch die Seitenpforten verlassen, haben wir Zeit genug für uns. Wir können kurz vor dem Abendmahl wieder zurück sein und den Leib des Herrn in Empfang nehmen.«

Sein Plan war gut durchdacht, fand Elisabeth. Trotzdem zögerte sie. Die Messe zu verlassen, war eine Sünde, und eine noch größere war es, sich einem Mann hinzugeben, der nicht vor Gott und der Welt mit ihr zusammengegeben worden war. Es würde sie etliche Gebete kosten, zumal sie dies nicht beichten durfte. Auch wenn der Priester dem Beichtgeheimnis unterworfen war, war er ein guter Bekannter von Erhard Schönlein und würde sie vor diesem in ein schlechtes Licht setzen.

Bei dem Gedanken wallte ihr Stolz wieder auf. Einen Ehemann wie Schönlein hatte sie gewiss nicht verdient, und doch würde sie ihm den Rest ihres Lebens untertan sein. Da wollte sie wenigstens mit einer schönen Erinnerung in diese Ehe gehen, und dem Gefühl, ihm nicht alles ausgeliefert zu haben, was er sich erhoffte.

»Ihr schweigt?«, fragte Hans Fugger verwundert.

»Verzeiht, ich war in Gedanken! Wir werden so handeln, wie Ihr es vorschlagt. Ihr müsst mir jedoch schwören, kein Wort darüber zu verlieren, auch nicht in der Beichte.«

»Das schwöre ich Euch!«

Hans Fugger lächelte, denn es war seinem Hausfrieden zuträglicher, wenn seine Ehefrau nicht erfuhr, dass er sich mit Glaubers Tochter eingelassen hatte. Was die Pfaffen betraf, gab es solche und solche unter ihnen. Die einen waren ehrlich und bedacht, ihre Schäflein dem Himmelreich zuzuführen, während andere sich benahmen, als hätte der Satan persönlich sie geschickt, um die Menschen zu sündhaftem Tun zu verleiten.

»Dann soll es so sein!«

Elisabeth machte sich selbst Mut und schritt beherzt auf die Kirche zu. Angesichts der Bänke, die sämtlich vom Altar aus eingesehen werden konnten, scheute sie trotzdem davor zurück, ihr Vorhaben auszuführen. Zum Glück zählte ihre Familie nicht zu den angesehensten in der Kirchengemeinde, und so befanden sich ihre Plätze recht weit hinten in der Nähe der Seitenpforte.

Hans Fugger gehörte einer anderen Kirchengemeinde an und musste daher mit einem der hintersten Plätze vorliebnehmen. Dort setzte er sich kurz hin, stand bald wieder auf, schlug das Kreuz und verließ die Kirche. Draußen wartete er einige Augenblicke, ging dann um das Gebäude herum bis zu der Pforte, in deren Nähe Elisabeth saß, und öffnete diese vorsichtig.

Die Augen der Kirchenbesucher waren auf den Pfarrer gerichtet. Nur Elisabeth sah ihn und begriff, dass sie ihre Entscheidung treffen musste. Blieb sie hier sitzen, würde sie später hinnehmen müssen, dass Erhard Schönlein sie als erster Mann besaß.

Dazu bin ich nicht bereit, fuhr es ihr durch den Kopf. Sie verließ das Kirchengestühl und schlüpfte nach draußen. Hans Fugger folgte ihr und schlug seinen Mantel um sie, damit niemand sie erkennen sollte.

»Ihr seid ebenso mutig wie schön«, sagte er bewundernd.

Elisabeths Herz schlug bis zum Hals, denn sie wusste, was zwischen Mann und Frau geschah. Und sie war neugierig genug, es selbst zu erproben. Wäre Schönlein ein angenehmerer Mann gewesen, hätte sie bis zu ihrer Heirat gewartet. Sie wollte jedoch, dass es genauso geschah, wie sie es plante, und mit einem Mann, dem sie ihren Leib anvertrauen konnte, ohne Angst oder gar Ekel zu empfinden.

Hans Fugger hatte nicht zu viel versprochen, denn das Haus lag nur wenige Schritte von der Kirche entfernt, und es gab keine Dienerschaft, die etwas hätte ausplaudern können. Galant führte ihr Begleiter sie in eine Kammer, die von außen nicht einzusehen war. Die Einrichtung war schlicht und bestand aus einem Bett mit einem gut gefüllten Strohsack und einem kleinen Schränkchen, auf dem ein Krug Wein und zwei Becher standen.

»Wir haben nicht viel Zeit, wenn wir rechtzeitig wieder in der Kirche sein wollen. Trotzdem sollten wir einen Schluck Wein trinken!« Hans Fugger spürte Elisabeths Verkrampfung und begriff, dass er vorsichtig sein musste, um ihr keine Schmerzen zuzufügen.

Elisabeths Kehle war trocken. Daher nahm sie den Becher, den er ihr füllte, entgegen und trank ihn leer.

»Wollt Ihr noch einen?«, fragte Hans Fugger.

Da Elisabeth bereits nach dem ersten Becher eine gewisse Entspannung merkte, nickte sie. »Gerne!«

»Aber nur noch einen! Ich will nicht, dass Ihr betrunken seid, wenn Ihr nach Hause kommt. Euer Vater würde mich daraufhin einen äußerst schlechten Beschützer nennen.«

Hans Fugger lachte leise, füllte ihr den Becher und zog sie, als sie diesen ausgetrunken hatte, sanft an sich. Sein Mund fand den ihren, und Elisabeth stellte fest, wie sehr es ihr gefiel, von ihm geküsst zu werden. Seine Hände wanderten über ihren Leib und begannen schließlich, die Schlaufen zu lösen, mit denen ihr Kleid geschlossen war.

Elisabeth atmete schneller, als er es ihr über die Schultern streifte und dabei ihre Brüste berührte. Es war eine Empfindung, die sich bis in den Unterleib fortsetzte und sie vor verhaltener Lust aufstöhnen ließ.

Hans Fuggers Hände wanderten nun kühner über ihren Leib, und er stellte fest, dass sie für ihn bereit war. Lächelnd zog er ihr nun das Hemd aus und sah sie so vor sich, wie Gott sie geschaffen hatte.

»Du bist wunderschön!«, raunte er ihr ins Ohr und vergaß dabei ganz die höfliche Anrede.

»Und Ihr seid ein sehr stattlicher Herr!« Elisabeth lächelte verkrampft, als ihr Begleiter nun seinerseits seine Kleidung ablegte und sie plötzlich das Körperteil vor sich sah, das Männer von Frauen unterschied. Es ragte so groß und rot nach vorne, dass sie im ersten Augenblick erschrak.

»Das passt doch in keine Frau!«

»Habt Ihr je ein neugeborenes Kind gesehen?«, fragte Hans Fugger.

Elisabeth nickte. »Ja doch.«

»Und war es nicht weitaus größer als mein Dinglein hier?«

Erneut nickte Elisabeth. »Ja, das war es! Aber es soll auch sehr wehtun, wenn eine Frau mit einem Kind niederkommt.«

»Mein Zumpf wird Euch kaum Schmerz bereiten«, versprach Hans Fugger. Mit sanfter Überredung nötigte er sie, auf dem Bett Platz zu nehmen, schob sich zwischen ihre Beine und nahm Maß.

Elisabeth fühlte, wie er in sie eindrang, und fand, dass der Schmerz zu ertragen war. War es wirklich nur Schmerz?, fragte sie sich, da in ihr Gefühle aufkamen, die etwas ganz anderes verrieten. Einen Augenblick tat es weh, doch dann schob sie sich dem Mann entgegen und stöhnte schon bald vor Lust. Zuletzt war das Gefühl fast nicht mehr auszuhalten, und sie biss sich in die Lippen, um nicht zu schreien.

Schließlich sank der Mann nach ein paar letzten, hastigen Stößen über ihr zusammen und keuchte erschöpft. Er raffte sich aber rasch wieder auf und stieg vom Bett.

»Ich hoffe, es hat Euch gefallen«, sagte er.

»Ich dachte nicht, dass es so wunderbar ist. Ich glaube, ich werde Schönlein nun doch ertragen können«, antwortete Elisabeth.

Hans Fugger verzog den Mund. Den Namen ihres Bräutigams gerade jetzt zu hören, gefiel ihm gar nicht. Am liebsten hätte er Elisabeth ganz für sich behalten. Da er bereits verheiratet war, hätte er sie offen als Geliebte aushalten müssen. Damit aber hätte er Glauber und Schönlein, seine nun wichtigsten Geschäftspartner in Nürnberg, gegen sich aufgebracht und auch mit vielen anderen Kaufleuten der Stadt kein Geschäft mehr gemacht.

Enttäuscht, weil er auf Elisabeth verzichten musste, zog er sich an und half ihr anschließend in ihre Kleidung.

Elisabeth wunderte sich über den Stimmungsumschwung des Mannes und ärgerte sich im ersten Augenblick. Da umarmte er sie und hielt sie für einige Augenblicke an sich gepresst.

»Ich wünschte, es gäbe eine Möglichkeit für uns, zusammenbleiben zu können!«, sagte er aufstöhnend und wies zur Tür. »Wir sollten jetzt gehen. Nicht, dass wir erst in die Kirche kommen, wenn die heilige Kommunion bereits begonnen hat.«

»Das sollten wir«, antwortete Elisabeth erleichtert, weil sein Unmut nicht ihr galt, sondern der Tatsache, dass sie sich nur heimlich und an diesem Ort hatten treffen können. Muss es das einzige Mal gewesen sein?, fragte sie sich und schüttelte energisch den Kopf. »Ich hoffe, Ihr werdet mich nächste Woche erneut in die Abendmesse begleiten.«

Hans Fugger nahm es als das, was es war, nämlich den Wunsch, das Verhältnis mit ihm weiterzuführen. »Es gibt nichts, was ich lieber täte.«

Er führte sie aus dem Haus, brachte sie zur Kirchenpforte und betrat selbst die Kirche von der anderen Seite. Auf einen Blick erkannte er, dass es Elisabeth gelungen war, ihren Platz einzunehmen, ohne Aufsehen zu erregen. Auch er kniete sich wieder in den Kirchenstuhl und überlegte, wie er ihr nächstes Zusammentreffen gestalten konnte.

5.

Hatte Elisabeth zunächst nur ihre Jungfernschaft aufgeben wollen, um nicht beim ersten Mal ihren Verlobten ertragen zu müssen, so waren die Früchte, von denen sie gekostet hatte, zu süß, um darauf verzichten zu können. Sooft es ging, verabredete sie sich mit Hans Fugger und schwänzte die heilige Messe, um mit ihm zusammen sein zu können. Um nicht aufzufallen, trafen sie sich meistens erst in der Kirche. Ihr Geliebter brachte Kapuzenumhänge mit, die er unter seinem Mantel versteckt hielt, damit Elisabeth nicht aufgrund ihrer Kleidung erkannt werden konnte.

Beiden kam zugute, dass Erhard Schönleins Handelsreise länger dauerte als geplant. In Krakau hatte ihn eine Krankheit mehrere Wochen im Bett festgehalten. Danach war er nur für ein paar Tage nach Nürnberg gekommen, um sich sofort wieder auf eine Reise zu begeben.

Eines Abends kam ihre Mutter zu ihr in die Kammer und schüttelte verärgert den Kopf. »Peukert war eben bei deinem Vater und hat ihm einen Brief deines Bräutigams überbracht. Wie es aussieht, wird Schönlein noch länger ausbleiben. Deswegen müssen wir eure Hochzeit verschieben.«

Elisabeth schluckte das »Gott sei Dank«, das ihr über die Lippen wollte, im letzten Augenblick wieder hinunter. Ihre Mutter sprach sichtlich verärgert weiter.

»Ich hätte nicht gedacht, dass Schönlein so ein Stoffel ist!«

»Ich schon«, murmelte Elisabeth und drehte sich um.

In dem Augenblick blickte ihre Mutter auf ihre Taille und kniff die Augen zusammen.

»Bleib stehen!«, befahl sie und streckte die Hand aus, um den Leib ihrer Tochter abzutasten. Noch war nicht viel zu merken, und sie war nicht ganz sicher, ob Elisabeth nur etwas gegessen hatte, das für mehr Luft im Bauch sorgte. Dennoch wollte sie der Sache auf den Grund gehen.

»Zieh dein Hemd aus – und zwar ganz!«, befahl sie.

Elisabeth gehorchte verwundert. Nun war das kleine Bäuchlein nicht mehr zu übersehen.

»Was hast du getan?«, fragte die Mutter scharf.

»Was soll ich getan haben?«

»Die Wölbung deines Leibes! Die kommt gewiss nicht vom Essen.«

Elisabeth blickte an sich hinunter. Dort stach wirklich ein leichter Hügel hervor. Zuerst begriff sie nicht, was ihre Mutter meinte. Dann aber schoss es ihr siedend heiß durch den Kopf, dass sie sich in den letzten vier Monaten fast ein Dutzend Mal mit Hans Fugger gepaart hatte. Nun war die Strafe auf dem Fuß gefolgt. Sie war schwanger – und dies nicht von dem Mann, den sie nach dem Willen der Eltern heiraten sollte.

»Wer war es? Für welchen Lumpenhund hast du die Beine gespreizt?«, fuhr die Mutter sie zornig an.

»Ich ... ich ...« Elisabeth brach ab. Sollte sie Hans Fugger wirklich verraten?, fragte sie sich. Vielleicht wusste er Rat, wie sie sich aus dieser Lage winden konnte.

»Wenn Schönlein das erfährt, wird er von der Heirat Abstand nehmen, und wir haben einen Bankert im Haus, der nie an eine ehrliche Tür klopfen kann!«, schrie die Mutter wuterfüllt und schlug ihrer Tochter mit beiden Händen mehrfach ins Gesicht.

Obwohl es wehtat, wehrte das Mädchen sich nicht, sondern weinte nur leise vor sich hin. Als ein Blutfaden aus der Nase rann, hörte die Mutter auf. Sie atmete mehrfach tief durch und ging zur Tür. »Du bleibst hier und rührst dich nicht aus der Kammer. Hast du verstanden?«

Elisabeth nickte verzweifelt. Ein Kind zu erwarten, ohne verheiratet zu sein, war eine Schande nicht nur für sie selbst, sondern für ihre gesamte Familie. Der Gedanke, dass Erhard Schönlein deswegen wohl von der Heirat mit ihr absehen würde, tröstete sie wenig. Sie bereute es nun, sich Hans Fugger so oft hingegeben zu haben. Hätte sie es bei dem einen Mal belassen, wäre sie, wenn sie die Zeit richtig berechnete, nicht schwanger geworden.

Während sie noch grübelte, hatte die Mutter den Raum und wenig später auch das Haus verlassen. Eine gute halbe Stunde später kehrte sie in Begleitung einer Hebamme zurück, die zwar nicht den besten Ruf genoss, aber als verschwiegen galt.

»Zeige dich ihr!«, befahl die Glauberin ihrer Tochter, die ihr Hemd wieder übergezogen hatte.

Rot vor Scham, gehorchte das Mädchen. Die Hebamme wackelte bedenklich mit dem Kopf, als sie die Wölbung auf ihrem Leib sah und diese abtastete. Angesichts der kalten Finger zuckte Elisabeth vor ihr zurück.

»Hättest wohl lieber etwas Warmes, Steifes ein wenig weiter unten, was?«, spottete die Hebamme. »Hast es zu oft getan! Oder war es nur einmal, und du hattest das Pech, dass dein Leib aufnahmebereit war?«

»Wer war es? Wer hat dich geschwängert?«, fragte die Mutter drängend. »Wenn es jemand ist, den dein Vater und ich akzeptieren können, muss er dich heiraten!«

Die bedrückte Miene ihrer Tochter verriet ihr genug. »Es war also keiner, den wir dich heiraten lassen können! Nun, dann sollten wir zusehen, wie wir dieses Ärgernis aus der Welt schaffen.«

Die Glauberin sah die Hebamme an, doch diese wackelte erneut mit dem Kopf. »Vor einem Monat hätte ich noch Ja gesagt. Wenn ich jetzt eingreife, besteht die Gefahr, dass deine Tochter fürderhin keine Kinder mehr bekommen kann.«

Dann sei es eben so, wollte die Mutter schon sagen, dachte dann aber daran, dass ihr Mann und sie sich Enkel wünschten und Erhard Schönlein gewiss einen Sohn. Wer sollte die Handelshäuser weiterführen, wenn es keinen Nachfolger gab? Daher senkte sie schwer atmend den Kopf.

»Wir müssen Elisabeths Schande irgendwie verbergen. Weißt du einen Rat?« Die Frage galt der Hebamme, die auch gleich eifrig nickte.

»Freilich! Meine Base Hedwig in Hersbruck nimmt Elisabeth für eine kleine Summe gerne bei sich auf. Dort kann sie niederkommen, ohne dass man hier in Nürnberg davon erfährt.«

»Das wäre gut! Aber was ist, wenn Schönlein zurückkehrt und Hochzeit halten will?«

»Sagt einfach, sie sei krank geworden und müsse erst wieder auf die Beine kommen. Meine Base wird dafür sorgen, dass vier, fünf Wochen nach der Niederkunft die Brautnacht kommen kann, sogar mit echtem Blut!«

Die Hebamme grinste, denn auf diese Weise hatte sie schon manches gefallene Mädchen dem Bräutigam als reine Jungfer zuführen können.

»Ist das wirklich möglich?«, fragte Elisabeths Mutter von neuer Hoffnung erfüllt.

»Wenn ich es doch sage! Allerdings sollte es Euch ein paar Gulden wert sein. Schließlich muss meine Base Eure Tochter während der Zeit ernähren und danach einiges tun, damit deren Fehltritt nicht ins Auge fällt!«

Die Hebamme grinste listig, denn die guten Bürger der Stadt waren gerne bereit, ein paar Goldstücke springen zu lassen, um ihr Ansehen zu bewahren.

Auch Elisabeths Mutter wollte nicht geizen. »Dann sorge dafür, dass alles so kommt«, forderte sie die Hebamme auf, um sich dann der Tochter zuzuwenden. »Du Unglücksgeschöpf bleibst vorerst im Haus und lässt dich vor niemandem mehr blicken. Du bist schwer krank, verstanden? Hoffentlich können wir dich bald wegbringen lassen.«

Elisabeth war in den letzten Stunden zu einem Opfer widerstrebendster Gedanken geworden. Wie hatte sie sich nur so vergessen können, ihre Unschuld einfach so wegzuwerfen?, fuhr es ihr durch den Kopf. Sie hätte demütig das Schicksal auf sich nehmen und ihre Reinheit für Erhard Schönlein bewahren müssen. Stattdessen hatte sie sich Hans Fugger angeboten wie eine Hure. Zur Strafe hatte sie nun einen dicken Bauch und musste der Hebamme noch dankbar sein, wenn diese dafür sorgte, dass ihre Schande nicht für alle offenbar wurde.

Wollte sie das Kind überhaupt?, fragte sie sich. Es erschien ihr besser, die Hebamme würde dafür sorgen, dass es nicht geboren wurde. Eine ihrer Nachbarinnen hatte ihr Kind im sechsten Monat verloren und war darüber fast wahnsinnig geworden. Sie hingegen wäre erleichtert, wenn es so kommen würde. Daher überlegte sie sich, ob sie die Base der Hebamme nicht bitten sollte, sie von dieser Last zu befreien.

»Ich werde alles vorbereiten. Am besten wäre es, wir würden gleich in den nächsten Tagen nach Hersbruck aufbrechen«, sagte die Hebamme und tätschelte Elisabeths Wange. »Hab keine Sorge! Wenn dein Bräutigam in der Hochzeitsnacht in dich hineinfährt, wird er dort alles so eng vorfinden, wie er es sich nur wünschen kann.«

»Das will ich hoffen!« Elisabeths Mutter führte nun die Hebamme hinaus und trat dann zu ihrem Mann.

Dieser saß über seinem Rechnungsbuch und blickte stolz auf. »Ich habe im letzten Monat erneut über tausend Gulden verdient. Mithilfe des braven Hans Fugger wird es diesen Monat mehr als das Doppelte werden!«

»Ich muss mit dir reden! Du musst mir aber versprechen, nicht aufzufahren und nichts Unbesonnenes zu tun«, sagte seine Frau, ohne auf seine Worte einzugehen.

»Was ist los?«, fragte Glauber verwundert.

»Unsere Tochter ... Sie war unbesonnen und ...« Seine Frau atmete tief durch und senkte den Kopf. »Elisabeth hat sich mit einem Mann eingelassen, und nun wächst ihr Bauch!«

»Unmöglich!«, rief ihr Mann und schüttelte den Kopf.

»Ich habe die alte Therese geholt, und sie hat es bestätigt.«

»Aber wir haben sie doch stets gut behütet!« Glauber konnte es nicht fassen, doch das betrübte Gesicht seiner Frau zeigte ihm, dass sie die Wahrheit sprach.

»Wohl nicht gut genug«, antwortete sie. »Die Therese bietet an, Elisabeth zu ihrer Base in Hersbruck zu bringen, wo sie das Kind in Abgeschiedenheit austragen und gebären kann. Sie meint, sie könne sie danach so hinbringen, dass Erhard Schönlein nicht merken würde, dass Elisabeth keine reine Jungfrau mehr ist. Allerdings müssten wir dafür einige Gulden springen lassen!«

Glauber schlug mit der Faust auf den Tisch. »Das Geld werde aber nicht ich zahlen, sondern der Schurke, der für Elisabeths Zustand verantwortlich ist!«

»Mäßige dich! Nicht, dass die Mägde etwas mitbekommen. Du weißt, wie geschwätzig sie sind«, flehte seine Frau.

»Du hast recht. Wenn etwas aufkommt, können wir Elisabeth gleich hierbehalten und uns ihrer Schande stellen. Aber dazu bin ich nicht bereit.«

Glauber stand auf und ging mit schweren Schritten zu Elisabeths Kammer. Ängstlich folgte ihm seine Frau, die seinen Jähzorn nur allzu gut kannte. Wenn er laut wurde, würde das Verhängnis, das ihre Familie getroffen hatte, allen offenbar und konnte Erhard Schönlein dazu bewegen, sich nach einer anderen Braut umzuschauen.

Diese Bedenken teilte ihr Mann nicht, denn ein Mädchen mit einer auch nur annähernd so großen Mitgift wie Elisabeth würde der so rasch nicht finden, zumal diese zusätzlich auf ein stattliches Erbe hoffen konnte.

Er trat in das Zimmer, wartete, bis seine Frau ihm gefolgt war, und schloss dann die Tür. Als er seine Tochter ansah, hätte er sie am liebsten geschlagen. Dann aber dachte er daran, dass zwei Straßen weiter ein Mann seine schwangere Frau verprügelt hatte und diese dadurch vom Kind gekommen war. Da dies für ihn eine Sünde gegen Gottes Gebot war, verwarf er auch den Gedanken, Therese aufzufordern, bei Elisabeth einen Abgang herbeizuführen. Zwar hatte seine Tochter gesündigt, doch man löschte dies nicht damit aus, indem man eine noch weitaus schwerere Sünde beging.

Er verschränkte die Arme vor der Brust und musterte seine Tochter mit kaltem Blick, bevor er zu sprechen begann. »Eigentlich sollte ich dich bis aufs Blut schlagen, weil du es nicht erwarten konntest, unter einem Mann zu liegen. Du hast dadurch nicht nur dich, sondern auch deine Mutter und mich in Schande gebracht!«

»Therese meint, sie könnte ...«

»Ich weiß selbst, was Therese meint, und werde auf ihren Vorschlag eingehen«, unterbrach Glauber seine Tochter. »Du wirst noch heute deine Sachen zusammenpacken und morgen mit ihr nach Hersbruck wandern. Ein Maultier oder gar einen Wagen werde ich nicht für dich bezahlen.«

Der Weg nach Hersbruck war nicht so weit, als dass Elisabeth ihn nicht zu Fuß hätte zurücklegen können. Daher atmete sie auf, weil der Vater seinen Zorn im Zaum zu halten schien. Doch noch war Glauber nicht fertig.

»Therese und ihre Base wollen dafür jedoch Geld sehen, und ihnen das zu geben, bin ich nicht bereit. Du wirst daher bekennen, wer dir den Bankert in den Bauch geschoben hat, auf dass dieser Lumpenhund den Schaden, den er mir zugefügt hat, auf Heller und Pfennig begleicht.«

Elisabeths Gedanken rasten. Einen Augenblick lang zögerte sie, senkte dann aber den Kopf. »Es ist ... Herr Hans Fugger. Ich wollte nicht, dass dieser Tölpel Erhard Schönlein der Erste ist, dem ich mich hingeben muss!«

»Hans Fugger?«

Zuerst wollte ihr Vater es nicht glauben, erinnerte sich dann aber daran, wie oft dieser in den letzten Monaten in sein Haus gekommen war, obwohl keine Geschäfte angestanden hatten, und stieß einen Fluch aus.

»Der Hund wird dafür bezahlen, als verheirateter Mann meine Tochter zu verführen und zu schwängern!«

Nun hätte Elisabeth bekennen müssen, dass sie diejenige war, die Hans Fugger dazu aufgefordert hatte, mit ihr das Bett zu teilen, doch das wagte sie nicht. Ebenso wenig wollte sie zugeben, dass es nicht bei dem einen Mal geblieben war. Sie brach in Tränen aus und hörte das wütende Schnauben ihrer Mutter.

»Jetzt heult sie! Dabei hätte sie vorher bedenken müssen, was sie ihrer Ehre und uns schuldig ist.«

»Das hätte sie«, stimmte ihr Glauber zu und wandte sich wieder zur Tür. Dort drehte er sich noch einmal um. »Morgen früh wirst du das Haus verlassen und erst wiederkommen, wenn alles ausgestanden ist.«

»Ja, Vater!«, antwortete Elisabeth erleichtert, weil sie ohne Prügel davongekommen war.

6.

Glauber kam auf diese Sache erst wieder zu sprechen, als er und seine Frau im Ehebett lagen. Bis dorthin hatte er mit ruhiger Miene noch ein paar Zahlen in sein Rechenbuch eingetragen. Nun aber fasste er nach der Hand seiner Frau und hielt sie fest.

»Hans Fugger wird für diese Unverschämtheit bezahlen!«, sagte er.

»Du musst morgen sofort zu ihm und ihn dazu bringen, für alle Kosten aufzukommen, die uns durch seine Tat entstehen, und für die Umstände, die er uns macht«, stimmte seine Frau ihm zu.

»Das hatte ich als Erstes vor, bin mittlerweile aber davon abgekommen. Was ist, wenn er leugnet, unsere Tochter geschwängert zu haben?«

»Das kann er nicht!«, rief Elisabeths Mutter empört.

Glauber lachte kurz auf. »Ein Mann kann viel, wenn er sich vor einer Strafe drücken will! Aber dem werde ich vorbauen.«

»Wie willst du das machen?«

»Nicht, indem ich zu ihm gehe und mich von ihm zum Narren halten lasse! Ich habe erfahren, dass Hans Fugger weniger seine eigenen Geschäfte betreibt, als vielmehr die seiner Augsburger Vettern Ulrich, Georg und Jakob. Ich werde dem Letztgenannten schreiben. Soviel ich weiß, hatte dieser eine Stiftsstelle in einem Kloster und soll sogar für das geistliche Amt bestimmt gewesen sein. Er wird seinem Vetter Hans die Löffel schon langziehen, denn ich werde ihm drohen, in Nürnberg zu verbreiten, dass dieser den Töchtern und Ehefrauen seiner Geschäftspartner nachstellt. Wenn Hans Fugger so weitermacht, wird kein ehrlicher Kaufmann in Nürnberg noch Geschäfte mit ihm tätigen, und damit auch nicht mit dem Handelshaus des Herrn Anton Fugger! Das aber würde diesem ganz und gar nicht gefallen! Außerdem«, nun nahm Glaubers Miene einen pfiffigen Ausdruck an, »verpflichte ich mir durch meine Warnung Jakob Fugger und komme vielleicht direkt mit ihm ins Geschäft, und nicht nur durch die Vermittlung seines Vetters.«

Als Kaufmann hatte Glauber gelernt, im Hier und Jetzt zu leben und nicht Chimären nachzujagen. Elisabeth war nun einmal schwanger, und damit musste er sich abfinden. Da konnte er zumindest versuchen, aus dieser Sache Gewinn zu schlagen. Er war sich sicher, dass Jakob Fugger kein Gerede wollte, zumal etliche der hiesigen Handelsherren dies ausnützen würden, um Hans Fugger und damit auch seinen Vetter hier in Nürnberg aus dem Geschäft zu drängen.

»So mache ich es!« Glauber war trotz der Schwangerschaft seiner Tochter halbwegs zufrieden und drehte sich so, wie er am besten einschlafen konnte.

Im Gegensatz zu ihm lag Elisabeths Mutter noch lange wach. Sie war am Abend noch bei Therese gewesen und hatte mit ihr vereinbart, dass diese mit Elisabeth früh am Morgen aufbrechen würde. Ein wenig tat es ihr leid, dass das Kind in Hersbruck geboren werden und dortbleiben sollte. Sie sehnte sich schon lange nach einem Enkel und würde nun, da Elisabeths Hochzeit mit Erhard Schönlein erst später stattfinden würde, noch länger darauf warten müssen.

7.

Am nächsten Morgen erschien Therese zu früher Stunde im Hause Glauber und blickte hungrig auf den Tisch, an dem der Kaufmann, seine Frau und Elisabeth aßen.

»So gut möchte ich auch einmal aufgetischt bekommen«, sagte sie, da es hier nicht nur trockenes Brot und ein wenig Morgensuppe gab, sondern auch geräucherte Leberwurst und ein Stück Käse. Es stand sogar Butter bereit.

Die Glauberin wies auf einen leeren Stuhl am Tisch. »Setz dich, Therese, und stärke dich für den Weg.«

»Das ist sehr gütig!«, sagte die Hebamme und nahm so rasch Platz, als befürchte sie, nicht genug Zeit zum Essen zu bekommen. Sie schnitt sich ein Stück Brot ab, bestrich es mit Butter und einer dicken Schicht Leberwurst und biss dann herzhaft hinein.

»Meckt ausgzzeichnet!«, rief sie mit vollem Mund und griff nach dem Bierkrug, den Elisabeths Mutter ihr füllte. »Besseres Bier, als ich mir leisten kann«, meinte sie nach dem ersten Schluck zufrieden und widmete sich wieder ihrem Leberwurstbrot.

Als sie gut gesättigt war, forderte sie Elisabeth auf, mit ihr zu kommen.

Die beiden hatten das Haus kaum verlassen, da stieß Glauber einen leisen Fluch aus. »Das, was dieses Giermaul eben verschlungen hat, werde ich dem Fugger ebenfalls auf die Rechnung schreiben! Aber das hat vorerst noch Zeit.«

Seine Frau musterte ihn verwundert. »Du wolltest doch Jakob Fugger schreiben?«

»Das werde ich auch, aber erst, wenn das Kind zur Welt gekommen ist. Ist es eine Totgeburt, wird er wohl kaum in seine

Truhe greifen. Auf jeden Fall muss er sich des Kindes annehmen. Hier in unserem Haus können wir es nicht brauchen, da es Elisabeth in ein schlechtes Licht rücken würde. In Hersbruck will ich es auch nicht lassen. Es ist immerhin unser Enkel. Anton Fugger soll dafür aufkommen und das Kleine später auch versorgen. Am besten, er nimmt es zu sich nach Augsburg. Doch nun muss ich an die Arbeit! Du solltest die Mägde antreiben, sonst stehen sie nur faul herum.«

Unterdessen schritten Elisabeth und Therese durch die Gassen auf das Stadttor zu. Die Hebamme hatte sich eine hübsche Last aufgeladen und blieb keuchend stehen.

»Kannst mir ruhig helfen. Es schadet dir gewiss nicht«, meinte sie und teilte ihren Packen in zwei Teile.

Elisabeth trug bereits ihre eigenen Sachen, nahm aber das entgegen, was die Hebamme ihr zuwies, und ging mit verbissener Miene hinter dieser her. Sagen wollte sie nichts, solange sie sich noch in der Stadt befanden. Doch kaum hatten sie das Tor hinter sich gelassen, funkelte sie Therese wütend an. »Du willst wohl, dass ich vom Kind komme, weil ich so schwer tragen muss?«

Ihre Begleiterin musste lachen. »So leicht kommt eine Frau nicht vom Kind. Außerdem will ich das gewiss nicht. Käme es dazu, müsste ich dich in einem Monat wieder nach Nürnberg holen und würde nicht viel Geld dafür bekommen. So aber bleibst du mindestens ein halbes Jahr bei meiner Base, und dein Vater wird brav dafür zahlen. Er will ja wohl nicht, dass ich hinter vorgehaltener Hand berichte, er wäre Großvater geworden, bevor es einen Ehemann für dich gegeben hat. Bist überhaupt ein dummes Ding! Hättest darauf drängen müssen, dass rasch Hochzeit gefeiert wird, dann hätte der gute Schönlein dein Kind als sein eigenes angesehen. Nun ist es dafür zu spät. Sei froh, wenn er noch länger ausbleibt.«

Sie redete noch eine ganze Weile, doch drang dies nicht mehr bis zu Elisabeth durch. Diese schalt sich selbst ein dummes Ding, weil sie nicht daran gedacht hatte, nach ihrer Entjungferung durch Hans Fugger eine rasche Heirat mit Schönlein zu fordern. Stattdessen hatte sie sich der bittersüßen Liebe mit Hans hingegeben und stand nun da mit einem Balg im Leib, der in Sünde empfangen und in Sünde geboren werden würde.

Elisabeth sagte sich nach etlichen Selbstvorwürfen jedoch, dass sie diesen Pfad betreten hatte und ihn zu Ende gehen musste. Auch wenn sie sich über Thereses Spott ärgerte, so war sie auf deren Hilfe angewiesen, und das bedeutete auch, den Packen nach Hersbruck zu tragen, den diese ihr zusätzlich aufgehalst hatte.

»Wie weit ist es noch?«, fragte sie nach einer Weile.

»Schon noch die eine oder andere Meile. Wenn wir rasch ausschreiten, erreichen wir das Tor, bevor es geschlossen wird. Wir dürfen allerdings nicht trödeln oder gar uns in einen Gasthof setzen und wie hohe Herrschaften speisen. Ich habe ein wenig Brot bei mir und werde es mit dir teilen. Als Labe muss uns das Wasser in den Quellen reichen!«

Trockenes Brot und Wasser war die Speise von Gefangenen. Irgendwie war sie auch eine Gefangene, durchfuhr es Elisabeth, und zwar die Gefangene des kleinen Wesens, das in ihr heranwuchs. Sie fragte sich, ob sie es hassen sollte. Allerdings trug das Ungeborene die geringste Schuld daran, dass es in ihren Leib gekommen war.

Auch Hans Fugger vermochte sie nicht zu hassen. Wäre sie nicht willig gewesen, sich ihm hinzugeben, so wäre nichts geschehen. Sie hatte es aus Stolz getan und aus Verachtung für den Mann, den ihre Eltern für sie bestimmt hatten. Vor allem aber hatte sie es nicht bei dem einen Mal belassen können, sondern sich immer wieder mit ihrem Liebhaber getroffen.

Therese merkte erst nach einer gewissen Zeit, dass Elisabeth ihr nicht mehr zuhörte, sondern ihren Gedanken nachhing. Als diese langsamer wurde, versetzte sie ihr einen leichten Schlag.

»Ich sagte, wir müssen hurtig ausschreiten. Oder willst du des Nachts im Wald übernachten?«

»Nein! Aber es gibt doch gewiss unterwegs eine Herberge«, wandte Elisabeth ein.

»Damit alle sehen, dass ich dich nach Hersbruck bringe? Sonst noch was? Wir werden brav die Gasthäuser meiden. Und du – zieh dein Kopftuch tiefer ins Gesicht, damit man dich nicht auf Anhieb erkennt! Oder willst du, dass die Leute über dich reden, wenn du nach Nürnberg zurückkehrst und dein Bräutigam dich fragt, unter wem du alles gelegen bist?«

»Das war jetzt gemein!«, rief Elisabeth empört.

Auch wenn sie gefehlt und gesündigt hatte, so war sie doch nicht so weit gesunken, sich nur noch von ihrer Lust beherrschen zu lassen und sich jedem, der es wollte, hinzugeben.

8.

Therese richtete es so ein, dass sie Hersbruck gerade noch bei Tageslicht erreichten. Die Wachen kannten sie und ließen sie und Elisabeth passieren. Einer der Männer fragte, wer das Mädchen sei, um den Namen ins Wachbuch eintragen zu können.

»Das ist Gesa. Sie soll bei meiner Base als Magd einstehen«, antwortete die Hebamme und versetzte Elisabeth einen leichten Stoß, damit diese weiterging.

Elisabeth war erschöpft und taumelte zuletzt mehr, als sie ging. Zu ihrer Erleichterung befand sich das Häuschen, in dem Thereses Verwandte lebte, unweit des Tores. Ihre Begleiterin ging darauf zu und klopfte. Kurz darauf wurde geöffnet, und eine hagere Frau von beträchtlicher Länge streckte den Kopf heraus.

»Ach, du bist es, Therese! Bringst mir wohl wieder eine Magd.«

»Ich bin keine Magd!«, sagte Elisabeth leise fauchend.

»Wirst hier aber als solche gelten! Ist auch besser so, denn niemand wird glauben, dass Glaubers Tochter im dreckigen Kittel die Ziegen ausmistet«, sagte Therese breit grinsend.

Sie hatte schon mehrere gefallene Mädchen an diesen Ort gebracht, an dem sie unerkannt ihre Kinder gebären konnten. Sie tadelte die unvernünftigen Dinger deswegen nicht, denn sie war selbst einmal jung gewesen und wusste, wie angenehm das Zusammensein mit einem Mann sein konnte. Nur sollte man, wie sie fand, rasch heiraten, bevor es zu spät war und man das Kind dem Ehemann nicht mehr als das seine unterschieben konnte.

»Kommt herein!«, forderte ihre Base sie und Elisabeth auf.

Während Therese sofort eintrat, zögerte Elisabeth. Schließlich fasste die Hausherrin sie am Arm und zog sie ins Haus.

Die Küche nahm fast das gesamte Erdgeschoss ein, und hinter ihr befand sich ein kleiner Vorratsraum. In der Küche gab es eine Falltür zu einem Kellerraum, und es führte eine schmale, steile Treppe nach oben.

»Die wirst du meiden«, erklärte Therese, als sie Elisabeths Blick bemerkte. »Setz dich! Und du, Hedwig, gibst uns etwas zu trinken und zu essen. Wir haben einen langen, anstrengenden Marsch hinter uns.«

Die Forderung galt ihrer Base, die zwei Becher mit einem Kräuteraufguss füllte und ihnen einen Viertellaib Brot und einen mit Gartenkräutern gewürzten Käse hinstellte.

Therese bediente sich und wies dann mit ihrem Messer auf Elisabeth. »Hier heißt du Gesa und bist eine Magd, die durch ihren Dienstherrn oder dessen Söhne in diesen Zustand geraten ist. Wer du in Wirklichkeit bist, geht niemanden was an, auch Hedwig nicht.«

»Zahlen ihre Leute gut?«, fragte diese.

Therese nickte. »Keine Sorge! Du wirst dein Geld bekommen, und ich ebenfalls.«

»Dann ist es gut.«

So, wie die beiden Frauen sich benahmen, schien es für sie ein Geschäft zu sein, schwangere Mädchen hierherzubringen, damit sie in einer gewissen Abgeschiedenheit gebären konnten, dachte Elisabeth. Allerdings hatte sie etwas anderes erwartet als dieses kleine Haus, und sie wollte auch nicht als Magd gelten. Als sie dies jedoch laut aussprach, schüttelte Therese den Kopf.

»Es geht nicht anders! Würde Hedwig dich besser behandeln, gäbe es Gerede, und einige könnten annehmen, dass du von besserem Stand bist. Das soll aber niemand erfahren. Du giltst hier als Magd und wirst auch wie eine solche arbeiten.«

Jetzt mischte sich auch Hedwig ein. »Ich werde dich schon

nicht schinden. Sollst ja dein Kind gesund zur Welt bringen. Gutes Geld bekommen wir vor allem dann, wenn man dir hinterher nichts mehr anmerkt, und das zu bewerkstelligen, ist nicht leicht.«

Therese nickte. »Hättest es anders haben können, wenn du rechtzeitig geheiratet hättest. Jetzt musst du die Folgen deiner Unbesonnenheit tragen. Sei froh, dass wir dir helfen. Du würdest sonst am Schandblock stehen, und dein dicker Bauch würde allen zeigen, dass du nicht so auf dich achtgegeben hast, wie es sein sollte.«

Therese klang scharf. Elisabeth war nicht das erste Mädchen, das sie zu ihrer Base brachte, und keiner hatte es gefallen, hier als Magd arbeiten zu müssen. Doch nur so ließen sich die Herkunft und der Stand der jeweiligen Sünderin verbergen.

Elisabeth hatte sich die Sache anders vorgestellt, begriff aber, dass es so am besten war, wenn ihr Ruf unbeschadet bleiben sollte.

Trotzdem wollte sie mehr wissen. »Was sagen meine Eltern, wenn man sie fragt, wo ich bin?«

»Keine Sorge, da fällt mir schon etwas ein. Die nächste Zeit hältst du dich eben bei deinen Verwandten in Rothenburg auf«, antwortete Therese mit hörbarem Spott.

Sie kannte diese Mädchen, die zu Hause zwar nicht direkt verzärtelt wurden, sich aber doch weit über einer Magd stehen sahen. Bei Hedwig mussten sie erst einmal lernen, was Demut war. Natürlich würde sich auch Elisabeth zunächst sträuben, aber die Hebamme war sich sicher, dass sich das legen und sie später Dank für ihre Hilfe erhalten würde.

»Ich werde morgen wieder nach Hause gehen. Du bleibst hier und wirst Hedwig in allem gehorchen! Verstehst du? Dein Ruf hängt davon ab und damit auch deine Heiratsaussichten!«

Bei dem Gedanken an Erhard Schönlein wünschte Elisabeth sich direkt, dieser würde von ihrem Fehltritt erfahren und deshalb eine Ehe mit ihr ablehnen. Damit aber würde sie als Verfemte gelten, und sie wusste nicht einmal, ob sie dann auf Dauer in Nürnberg bleiben durfte. Wenn sie ihre Heimat behalten wollte, hieß dies, in den sauren Apfel zu beißen und hier erst einmal als Magd zu arbeiten.

9.

Das Leben bei Hedwig war kein Honigschlecken. Elisabeth musste arbeiten, bis ihr der Rücken wehtat, und wenn sie jammerte, erntete sie nur spöttische Bemerkungen wie die, dass sie eben die Beine nicht hätte breitmachen dürfen.

Eines Abends, als ihr Umfang bereits um etliches zugenommen hatte, sah Hedwig sie kopfschüttelnd an. »Du kannst von Glück sagen, dass deine Schwangerschaft so gut verläuft. Ich habe Frauen erlebt, die haben sich die Galle aus dem Leib gespien, während dir nur selten übel geworden ist und du meines Wissens auch nur einmal erbrochen hast.«

Elisabeth griff sich an den Rücken und stöhnte. »Dafür habe ich das Gefühl, als würde mir das Kreuz brechen!«

»Anderen Weibern ergeht es viel schlimmer. Vor zwei Jahren hatte ich ein Mädchen hier, das andauernd kränkelte und zwei Monate vor der Zeit mit einem schwächlichen Kind niederkam. Dieses starb nach wenigen Tagen. Die Mutter selbst hatte auch wenig Glück im Leben. Sie wurde ein halbes Jahr später verheiratet und überlebte ihre erste Niederkunft in der Ehe nicht. So wie Therese mir berichtet hat, soll aber das Kind am Leben geblieben sein.«

»Ich habe mich bislang nicht so mit Schwangerschaft und Kinderkriegen befasst«, antwortete Elisabeth.

»Das ist wohl wahr. Wärst du erfahrener gewesen, hättest du früher gemerkt, dass ein Kind in dir wächst. Therese hätte da vielleicht noch etwas tun können. So aber war es zu spät, und du musst es austragen.«

Elisabeth senkte den Kopf. Sie hatte die Anzeichen tatsächlich nicht beachtet und selbst, als sie fülliger geworden war, nicht erwartet, schwanger zu sein.

»Warum trifft es immer uns Frauen, während die Männer leichthin ihres Weges gehen können?«, fragte sie bitter.

»Es ist halt von Gott gewollt! Überall in der Natur ist es so. Der Bulle überlässt es der Kuh, das Kalb zur Welt zu bringen und zu säugen, und selbst der Hahn kümmert sich nicht um die Brut, während die Henne auf ihrem Nest sitzt und danach ihre Küchlein führt.« Hedwig zuckte mit den Schultern und musterte danach Elisabeth mit scharfem Blick. »Du wirst dich nachher ausziehen, damit ich nachsehen kann, wie weit du bist. Ich glaube nicht, dass bis zu deiner Niederkunft noch viele Wochen vergehen werden.«

»Ich wäre froh, der Last in meinem Leib ledig zu werden, denn ich fühle mich so schwerfällig, dass ich Angst habe, über die eigenen Füße zu stolpern«, stöhnte Elisabeth.

»Sei versichert, das Kleine will schon irgendwann einmal heraus. Auf immer im Mutterleib geblieben ist noch keines.«

Elisabeth wusste nicht, ob Hedwigs Bemerkung ernst oder spöttisch gemeint war. »Du musst die Kinder auch nicht gebären«, murmelte sie und spießte einen weiteren Kloß auf ihre Gabel. Zu Hause hatte es dazu immer ein Stück Fleisch gegeben, doch damit ging Hedwig sparsam um. Wenn es tatsächlich etwas gab, nahm diese sich den größten Teil und überließ ihr nur ein kleines Stückchen.

»Du solltest dich beim Essen mäßigen. Zu viele Frauen glauben, sie müssten für zwei essen, und sehen hinterher auch so aus, als hätte sich ihr Umfang verdoppelt, und das, obwohl das Kind ihren Leib verlassen hat.«

Auch diesmal wusste Elisabeth nicht, ob es Scherz oder Ernst sein sollte. Hedwig lächelte leicht verkniffen und zog ihr die Schüssel weg.

»Die restlichen Klöße schneiden wir morgen in Scheiben und braten sie uns zum Mittagessen. Ich bringe sie in den Keller. Wenn ich wieder hochkomme, liegst du mit hochgezogenem Hemd auf deinem Bett.«

Elisabeth schnaubte leise. Ihr Bett bestand aus einem schlichten Strohsack, der hinten in der Küche unter der schmalen Treppe lag, die ins Obergeschoss führte. Sie fand es beschämend, dort schlafen zu müssen, doch nach oben würde sie es mit ihrem Umfang und ihrer Schwerfälligkeit nicht mehr schaffen. Da Hedwig rasch mit Schelten und Schimpfworten bei der Hand war, gehorchte sie, zog aber die Decke über sich, da sie nicht nackt daliegen wollte, wenn jemand zur Haustür hereinplatzte.

Als Hedwig zurückkam, verzog sie spöttisch den Mund. »Du hättest sittsam sein sollen, als es nötig war.« Sie entfernte die Decke und tastete Elisabeths Bauch ab.

»Das sieht gut aus! Und nun mach die Beine breit, damit ich erkennen kann, ob da schon etwas ist!«

Mit unwirscher Miene befolgte Elisabeth die Anweisung und sah, wie Hedwig nachdenklich mit dem Kopf wackelte.

»Wird nicht mehr lange dauern. Ich werde mich daher nach einer Amme umsehen müssen. Dein Vater wird hoffentlich gut bezahlen, denn die Frau soll reinlich sein und nicht zu viel schlechten Wein oder Bier saufen«, erklärte sie schließlich. »Richte dein Hemd wieder und dann schlaf, damit du morgen früh ausgeruht an die Arbeit gehen kannst. Es gibt noch viel zu tun, bis es so weit ist.«

»Warum muss ich hier wie eine Magd schuften, obwohl du gutes Geld dafür bekommst, mich zu beherbergen?«, fuhr Elisabeth auf.

»Das kann ich dir sagen! Dein Leib muss bald mehr arbeiten als jemals zuvor in deinem Leben, und dafür muss er gestärkt werden. Ich habe erlebt, wie schwer sich Weiber mit dem Gebären taten, die sich vorher zu sehr geschont haben. Außerdem tut einem gefallenen Mädchen ein wenig Demut gut.« Hedwig versetzte Elisabeth einen leichten Nasenstüber und machte sich für die Nacht zurecht.

10.

In all den Wochen, die Elisabeth bei Hedwig in Hersbruck weilte, erhielt sie keine einzige Nachricht von ihren Eltern. Es schien, als hätten diese ganz vergessen, dass sie eine Tochter hatten. Auch Therese ließ sich nicht mehr blicken. Obwohl sie die Hebamme nicht mochte, hätte Elisabeth doch gerne etwas aus ihrer Heimatstadt gehört. So wusste sie nicht einmal, ob Erhard Schönlein von seiner Geschäftsreise zurückgekehrt war, und auch nicht, ob Hans Fugger sie vermisste.

In den Nächten verfluchte sie manchmal in Gedanken den Mann, der sie bestiegen hatte, ohne an die Folgen zu denken, dann wieder verzieh sie ihm großmütig, weil sie selbst den Stein ins Rollen gebracht hatte, und wünschte sich, ihn heiraten zu können. Dann wäre ihr Kind kein Bankert, und sie würde es behalten können. So aber hatte Hedwig ihr erklärt, dass sie das Kind sofort nach der Geburt zur Amme bringen würde.

Ihre Gastgeberin verschwieg ihr, dass es ihr früher, als sie die Kinder den Müttern in die Arme gelegt hatte und diese sie stillen durften, oft schwergefallen war, sie dazu zu bringen, die Kleinen herzugeben, obwohl sie damit niemals hätten nach Hause zurückkehren dürfen. Bei einer Magd mochte das noch angehen, doch bei der Tochter eines wohlhabenden Mannes achtete man darauf, dass Fehltritte dieser Art nicht offenbar wurden.

Hedwig passte auf, dass sie die wahren Namen der Mädchen, die Therese ihr brachte, nie erfuhr. Ihre Base gab diesen stets einen anderen Namen, und so kannte sie Elisabeth nur als Gesa. Auch ihre Nachbarinnen wussten nicht mehr, und da die dummen Dinger wie Mägde gekleidet waren, bestand auch kaum Gefahr, dass man sie später erkannte. Dafür erhielten

Therese und sie gutes Geld, und nicht einmal der Pfarrer vermochte ihr Tun zu tadeln, da sie die Frauen ihre Kinder austragen ließen und sich nicht Gottes Willen in den Weg stellten, indem sie diese abtrieben. Bei den wenigen Malen, da dies geschah, tat Therese es in Nürnberg im Geheimen.

Sowohl Elisabeth wie auch ihre Gastgeberin hatten über einiges nachzudenken. Freundschaft zwischen ihnen entstand jedoch nicht. Stattdessen sehnte Elisabeth den Tag ihrer Niederkunft herbei und stieß, als es so weit war, einen leisen Jubelruf aus.

»Das wird dir bald vergehen!«, spottete Hedwig. »Schon bald wirst du dich vor Schmerzen winden und den Mann verfluchen, der dich in diesen Zustand gebracht hat.«

»Weißt du, ob ich das nicht jetzt schon tue?«, fragte Elisabeth bissig, verzog dann aber den Mund, als die erste Wehe ihren Leib durchlief.

In den nächsten Stunden dachte Elisabeth an nichts anderes mehr als an die Schmerzen, die sie ertragen musste, und an jenes werdende Leben in ihrem Leib, das endlich das Licht der Welt erblicken wollte.

»Wenn es dich erleichtert, dann schreie«, meinte Hedwig wenig mitfühlend.

Elisabeth biss stattdessen stöhnend die Zähne zusammen und spürte, wie etwas ihren Leib schier zerriss.

»Pressen!«, befahl Hedwig.

Elisabeth wusste nicht, wie das ging, doch da arbeitete ihr Körper wie von selbst. Nun stieß sie doch einen Schrei aus, spürte, wie etwas aus ihr herausglitt, und sank erschöpft nach hinten.

»Es ist doch alles gut gegangen«, erklärte Hedwig, während sie das Kleine abnabelte.

»Gut? Das waren die schlimmsten Stunden meines Lebens«, fauchte Elisabeth sie an.

»Beim zweiten Mal geht es leichter! Ich bringe jetzt das Kind weg und komme dann wieder. Bis dorthin wird sich hoffentlich auch die Nachgeburt lösen. Übrigens kannst du dich glücklich schätzen, denn deine Scheide ist nicht verletzt. Ich brauche daher nicht den Wundarzt kommen zu lassen, damit er dich wieder zusammennäht, wie es bei der einen oder anderen Frau geschehen musste.«

Elisabeth schauderte es bei diesen Worten und fand, dass Gott den Frauen ein leichteres Los hätte schenken können. War ein einzelner Apfel, den Eva im Paradies von einem Baum gepflückt hatte, das alles wert?

Mit dem Rücken zur jungen Mutter wusch Hedwig das Kind und wickelte es. Schließlich nahm sie es in die Arme und wandte sich zur Tür.

Da klang Elisabeths Stimme auf. »Ich will es wenigstens einmal sehen. Was ist es überhaupt? Ein Mädchen oder ein Junge?«

»Sehen solltest du das Kind besser nicht! Doch damit du dich nicht bis zum Ende deines Lebens damit herumschlägst, was du als Erstes geboren hast, so lass dir gesagt sein, dass es ein Mädchen ist.«

Das erklärte Hedwig meistens auch, wenn es sich um einen Knaben handelte, denn sie hatte gelernt, dass die Mütter sich leichter von einer Tochter trennten als von einem Sohn. Diesmal stimmte es jedoch. Sie wollte mit dem Mädchen das Haus verlassen, als Elisabeth erneut etwas sagte.

»Darf ich ihr wenigstens einen Namen geben?«

»Nun, wenn du es so willst«, antwortete Hedwig.

»Dann soll sie ...« Elisabeth zögerte ein wenig, denn sie hatte dem Kind eigentlich ihren Namen geben wollen. Nun aber änderte sie ihre Meinung.

»Es soll Maria Anna Elisabeth heißen!«

»Eine stattliche Zahl von Namen, fast so, als wenn die Kleine von Adel wäre«, meinte Hedwig und verließ das Haus.

Elisabeth blieb als Opfer widerstreitender Gefühle zurück. Ein Teil von ihr sehnte sich nach dem Kind, und sie wünschte sich, es behalten zu können. Doch das war unmöglich. Sie hatte daher die Namen ihrer Mutter und deren Mutter sowie ihren eigenen gewählt. Sollte sie jemals auf ein Mädchen mit dem Namen Maria Anna Elisabeth stoßen, war es möglich, dass es ihre Tochter war. Dann aber dachte sie daran, dass das Kind wohl eher bei einfachen Leuten aufwachsen würde und wahrscheinlich nur Maria gerufen wurde, und brach in Tränen aus.

Hedwig kehrte eine Stunde später zurück, säuberte die Wöchnerin und beseitigte die Nachgeburt. Danach brühte sie Elisabeth einen Kräutertrank auf, der deren Milchfluss hemmen sollte, und zählte im Stillen die Gulden, die sie erhalten würde. Daran, dass Elisabeth sich nach ihrer Tochter sehnen könnte, verschwendete sie keinen Gedanken.

11.

Nur wenige Tage, nachdem Elisabeth nach Hersbruck gebracht worden war, musste Hans Fugger auf Reisen gehen. Als er nach etlichen Wochen zurückkehrte, waren seine Ehefrau und die Kinder von dem Besuch bei den Verwandten zurückgekehrt, und er hatte an anderes zu denken als an Glaubers schöne Tochter. Auch war seine Leidenschaft durch das Wissen, dass Elisabeth nicht die Seine werden konnte, mittlerweile abgeschwächt. Als er hörte, sie wäre krank und würde in der Ferne gepflegt, war er daher geradezu erleichtert, ihr so rasch nicht mehr zu begegnen.

Gelegentlich besuchte er Glauber und vereinbarte auch weitere Geschäfte mit ihm. Dabei schöpfte er keinen Verdacht, dass dieser Bescheid wissen könnte, was zwischen seiner Tochter und ihm geschehen war.

Als Geschäftsmann hatte Glauber gelernt, seine Gefühle zu verbergen. Er ließ sich Hans Fugger gegenüber nichts anmerken und nahm, was seinen Handel betraf, gerne dessen Rat an. Es gelang ihm auch, Erhard Schönlein von Nürnberg fernzuhalten, indem er ihn schriftlich bat, Riga und Stockholm aufzusuchen, um dort für ihn tätig zu werden. Da Schönlein sich als sein zukünftiger Schwiegersohn und Nachfolger sah, tat er ihm diesen Gefallen, zumal er dort auch selbst Geschäfte tätigen wollte.

Die kleine Maria Anna Elisabeth war daher bereits auf der Welt, als Schönlein seine Rückkehr ankündigte. Noch am selben Tag suchte Anna Glauber die Hebamme Therese auf.

»Ich habe mit dir zu sprechen«, begann sie, als sie zur Tür eintrat.

»Seid mir willkommen. Setzt Euch und trinkt ein Glas Schlehenwein mit mir«, antwortete Therese liebedienerisch, um dann etwas schief zu grinsen. »Wir wollen auf Eure Enkelin anstoßen!«

»Ist das Kind also geboren?«, fragte Anna Glauber.

»Meine Base hat mir Nachricht gesandt, dass es so ist. Eurer Tochter geht es gut. Sie wird bald nach Hause zurückkehren können.«

Anna Glauber nickte zufrieden. »Es wird Zeit! Schönlein will nächsten Monat seine Handelsreise beenden, und Elisabeth sollte vor ihm zu Hause sein.«

»Das wird sich machen lassen. Ich werde nächste Woche meine Base aufsuchen und kann Eure Tochter bei der Rückkehr mitnehmen. Allerdings erwartet meine Base über die vereinbarte Summe hinaus noch ein hübsches Trinkgeld. Immerhin hat sie sorgsam auf Eure Tochter geachtet!« Therese lachte kurz, sah dann aber die Glauberin fordernd an.

»Ihr werdet schon nicht zu kurz kommen.« Anna Glauber ärgerte sich, weil ihr Mann und sie erneut Geld ausgeben sollten. Karl hätte längst Jakob Fugger schreiben oder Hans Fugger zwingen sollen, für Elisabeths Aufenthalt in Hersbruck aufzukommen, dachte sie und nahm sich vor, ihrem Mann ein paar deutliche Worte zu sagen. Daher verabschiedete sie sich von Therese und kehrte nach Hause zurück.

Dort wartete sie, bis kein Dienstbote in der Nähe war, und zupfte ihren Mann am Ärmel. »Das Kind ist da, sagt die Therese.«

»Wird auch Zeit! Ich hoffe, Elisabeth kann rechtzeitig nach Hause kommen, damit Schönlein ihr Fehlen nicht auffällt.«

»Therese will erneut Geld sehen, für sich und für ihre Verwandte«, fuhr Anna Glauber fort.

Glauber trat an seine Geldtruhe, öffnete sie und holte eine Handvoll Gulden heraus. »Das wird wohl für die beiden Weiber reichen. Von Fugger hole ich mir hundert Mal so viel.«

»Wollen wir hoffen, dass er zahlt!«

Seine Frau war nicht davon überzeugt, doch hütete sie sich, ihm Vorwürfe zu machen. Elisabeths unerwartete Schwangerschaft hatte ihn zornig gemacht, und sie wollte nicht, dass er zum Stock griff, um sie für ihren Widerspruch zu bestrafen.

»Er wird zahlen! Ich habe genug Freunde in der Stadt, um ihm seinen Handel über Nürnberg madigmachen zu können.« Karl Glauber lachte leise und nahm ein Blatt Papier zur Hand. »Ich werde jetzt Herrn Jakob Fugger davon Mitteilung machen, dass sich seine Verwandtschaft um ein Kind – ist es ein Junge oder ein Mädchen? – vergrößert hat!«

»Therese sagt, es wäre ein Mädchen«, erklärte seine Frau.

»Auch gut! Vielleicht sogar besser, als wenn es ein Junge wäre. Einen männlichen Bastard will man ungern im Geschäft sehen, denn er könnte den ehelichen Kindern und Neffen Konkurrenz machen. Ein Mädchen hingegen kann man später verheiraten, um eine geschäftliche Allianz zu bilden.«

Zwar war auch hier die uneheliche Geburt ein Hindernis, doch fiel dies nicht so sehr ins Gewicht, als wenn ein Junge versorgt werden müsste.

Glauber nahm die Feder, tauchte sie ins Tintenfass und begann zu schreiben.

12.

Hans Fugger hatte einige gute Abschlüsse getätigt und reiste, als ein Brief seines Vetters Jakob Fugger ihn rief, mit einem guten Gefühl nach Augsburg. Während seiner Abwesenheit hatte sich in der Stadt einiges geändert. So residierten seine Vettern in einem neuen, stattlichen Gebäude, welches das Anwesen seines Bruders Lukas bei weitem übertraf. Waren aus aller Herren Länder wurden hier angeliefert und weiterversandt, und wie es hieß, liehen die Vettern, die sich im Unterschied zu seinem Familienzweig Fugger von der Lilie nannten, etlichen hohen Herrschaften, darunter auch dem Prinzen Maximilian, dem Sohn Kaiser Friedrichs III., Geld für die Hofhaltung.

Sein Vetter empfing ihn in einem schlicht eingerichteten Zimmer, das von einem großen Schreibpult, einer riesigen, mit schweren Schlössern bestückten Truhe und einem großen, reich mit Schnitzereien verzierten Sessel beherrscht wurde. Für Besucher standen mehrere gepolsterte und ein paar ungepolsterte Stühle bereit.

»Sei mir willkommen, Vetter Hans«, grüßte Jakob Fugger.

»Gott zum Gruße, Vetter! Du willst wohl wissen, wie es in Nürnberg steht, da du mich gebeten hast, dich aufzusuchen.« Hans Fugger äugte zu einem der Polsterstühle hin. Doch noch forderte sein Verwandter ihn nicht auf, Platz zu nehmen.

»Das auch, Vetter Hans! Ich habe mir sagen lassen, dass du dort sehr rührig gewesen bist.« Es lag ein Hauch Spott in Jakob Fuggers Stimme, den Hans jedoch nicht bemerkte.

»Das will ich meinen! Geschäfte kommen nicht von selbst zu einem. Man muss sie suchen, und das habe ich, wie ich mit Fug und Recht behaupten kann, mit Erfolg getan.«

Sein Vetter wies auf einen der Polsterstühle. »Setz dich! Es kann sein, dass dieses Gespräch etwas länger dauert. Es gibt einiges zu bereden.«

»Wie ich schon sagte, habe ich einige gute Geschäfte getätigt, die auch dir einen guten Profit eingebracht haben«, berichtete Hans Fugger stolz.

»Wie ich hörte, hast du hier vor allem die Kaufleute Karl Glauber und Erhard Schönlein bemüht. Dagegen ist nichts einzuwenden, nur ...« Jakob Fugger verstummte und sah seinen Vetter so durchdringend an, dass dieser unsicher wurde.

»Was nur?«, fragte er.

»Es heißt, du hättest Karl Glauber zum Großvater gemacht!«

Es traf Hans Fugger wie ein Schlag. Er stierte seinen Vetter an und schüttelte den Kopf. »Das kann doch nicht sein, oder doch ...?«

»Eher ›oder doch‹!«, antwortete Jakob Fugger gelassen. »Karl Glauber schrieb mir, dass seine Tochter geschworen hätte, von dir geschwängert worden zu sein.«

»Aber weshalb hat er sich nicht an mich gewandt? Ich ...«, begann Hans Fugger, wurde aber sofort unterbrochen.

»Weil er sich durch mich einen größeren Gewinn verspricht!« Die Stimme seines Vetters klang auf einmal kalt und schneidend.

»Aber wie ...?«, sagte Hans Fugger, um erneut unterbrochen zu werden.

»Ich habe einen Großteil unseres Handels in Nürnberg über dich getätigt, und du hast dich solcher Männer wie Karl Glauber und Erhard Schönlein bedient. Keiner der bedeutenden Handelsherren in Nürnberg ahnt auch nur im Geringsten den Umfang meiner dort getätigten Geschäfte. Sobald jedoch bekannt wird, dass du die Tochter eines deiner Geschäftspartner geschwängert hast, werden etliche Kaufherren darauf aufmerksam werden und alles tun, mich aus dem Nürnberger Handel zu verdrängen. Glauber weiß das und droht, es bekannt zu machen.«

Jakob Fugger lächelte auf eine Weise, die seinen Vetter sich wie eine Maus fühlen ließ, die im selben Raum wie eine Katze eingesperrt wurde.

»Aber was können wir dagegen tun?«, fragte er.

»Glauber will an uns verdienen. Also füttern wir ihn erst einmal, damit er den Mund hält. Er ist zwar im Vergleich zu den großen Kaufherren in Nürnberg nur ein kleiner Kläffer, aber gerade diese können besonders laut bellen! Du wirst daher die Zusammenarbeit mit ihm und seinem baldigen Schwiegersohn vertiefen.«

Jakob Fugger hörte sich so an, als würde er einem seiner Kommis einen Befehl erteilen. Dies ärgerte Hans, der als Vetter immerhin zur Familie gehörte und mit seinem eigenen Vermögen zwar nicht mit Jakob, aber zumindest mit einem Karl Glauber mithalten konnte. Zu seinem Leidwesen war er jedoch, wenn er richtig Geld verdienen wollte, auf seinen Verwandten angewiesen.

»Ich werde deinen Vorschlag ins Auge fassen, Vetter«, erklärte er, um eine gewisse Eigenständigkeit zu beweisen.

»Du solltest ihn nicht nur ins Auge fassen, sondern ihn auch ausführen«, riet Jakob ihm freundlich. »Ich kann mich auch direkt an Glauber wenden und diesen damit beauftragen, meine Geschäfte in Nürnberg zu führen.«

Die Drohung saß. Karl Glauber war zwar stolz, ein eigenständiger Kaufmann zu sein, doch eine Verdopplung oder Verdreifachung seiner Gewinne würde ihn davon überzeugen, sich Jakob Fugger als Partner anzudienen.

»Du hattest Glück, weil du wenigstens einen Teil deines väterlichen Erbes retten konntest«, fuhr Jakob Fugger fort. »Allerdings wärest du heute reicher als ich, wenn dein Bruder Lukas mehr Verstand besessen hätte. Ich hätte Kaiser Friedrich eine so gewaltige Summe Geldes nicht ohne eine feste Sicherheit geliehen. Da ist es kein Wunder, dass er bankrottgegangen ist.«

»Es hieß, die Stadt Leuven würde für die Kredite bürgen«, wandte Hans Fugger ein.

»Was sie natürlich nicht getan hat! Lukas hätte die Stadt mit Waffengewalt einnehmen und den Bürgern die Summe abpressen müssen, um an sein Geld zu kommen. Mit leeren Truhen kann man jedoch keine Söldner anwerben. Außerdem hätten die Landesherren rings um Leuven einen Feldzug gegen die Stadt niemals zugelassen. Es war ein fauler Kredit, und der Kaiser wusste das. Im Gegensatz zu deinem Bruder werde ich mich nicht von schmeichlerischen Worten und nutzlosen Titeln dazu bringen lassen, die notwendige Vorsicht zu vergessen.«

Hans Fugger hatte beinahe das Gefühl, als freue Jakob Fugger sich, dass der andere Familienzweig auf eine solch erbärmliche Weise gescheitert war. Er ärgerte sich darüber, haderte aber noch mehr mit seinem Bruder Lukas, der als Handelsmann versagt hatte.

Jakob Fugger war noch nicht am Ende. »Was deine neugeborene Tochter betrifft, so will ich nicht, dass sie bei fremden Leuten aufwächst. Irgendjemand könnte versucht sein, uns durch sie zu schaden. Daher wirst du sie in deinen Haushalt aufnehmen und erziehen.«

Die Forderung traf Hans Fugger wie ein Schlag. »Aber wie soll ich das tun? Mein Weib wäre außer sich und würde mir das Leben zur Hölle machen.«

Über Jakob Fuggers schmales Gesicht huschte ein spöttisches Lächeln. »Dir wird gewiss etwas einfallen, um es ihr schmackhaft zu machen, Vetter. Doch jetzt höre mir gut zu, damit ich dir erklären kann, welche Geschäfte in den nächsten Monaten getätigt werden sollen.«

13.

Hans Fugger verließ Augsburg mit dem Gefühl, mehr denn je ein Handlanger seines Vetters Jakob zu sein. Gleichzeitig ärgerte er sich über Karl Glauber, der sich sofort an Jakob gewandt hatte, ohne sich vorher mit ihm in Verbindung zu setzen. Diese Angelegenheit hätte auch anders gelöst werden können. So steckte er bis über den Hals in Schwierigkeiten und musste seiner Frau irgendwie erklären, weshalb er die Kleine in seinen Haushalt aufnehmen wollte. Elisabeth hingegen war fein heraus. Sie konnte nun ihren Erhard Schönlein heiraten und so tun, als wäre nie etwas gewesen.

Augenblicke später schämte er sich dieses Gedankens. Elisabeth hatte das Kind immerhin neun Monate in sich getragen und stets mit der Angst vor der Entdeckung leben müssen. Da war es ihr vergönnt, dass sie das Ganze weitestgehend unbeschädigt überstand. Was die Kleine betraf, da würde ihm schon eine Lösung einfallen.

Als er in Nürnberg ankam, betrat er in besserer Stimmung sein Haus, küsste seine Frau und seine Kinder und ließ sich einen Becher Wein kredenzen.

»Hast du mit deinem Bruder sprechen können?«, fragte seine Frau, da sie Lukas verdächtigte, einen Teil des Erbes, das ihrem Mann zustand, beiseitegeschafft zu haben.

»Nein! Er war nicht in Augsburg«, antwortete Hans, ohne zu wissen, ob dies der Wahrheit entsprach oder nicht. »Ich habe meinen Vetter Jakob aufgesucht.«

»Und wie steht es? Wird er dich stärker an seinen Geschäften beteiligen?«, wollte Veronika wissen.

»Das ist möglich! Ihm ging es jedoch um etwas anderes.« Hans schickte die Kinder hinaus, um mit seiner Frau unter vier

Augen sprechen zu können. »Du solltest solche Dinge nur fragen, wenn wir allein sind. Ich will nicht, dass die Kinder diese Tatsache irgendwo ausplappern.«

Es klang so streng, dass seine Frau betroffen den Kopf senkte. »Verzeih! Daran habe ich nicht gedacht.«

»Das solltest du aber. Hier in Nürnberg braucht niemand zu wissen, wie groß der Anteil der Fugger von der Lilie am hiesigen Handel ist. Alle sollen denken, ich würde meine eigenen Geschäfte führen.« Hans zwinkerte Veronika zu und zog sie dann an sich.

»Ich habe mich auf meine Rückkehr zu dir gefreut«, sagte er und klopfte ihr auf den Hintern.

»Ich mich auch!« Seine Frau zupfte ihn an seinem Bart. »Du solltest ihn wieder stutzen lassen. So siehst du aus wie ein alter Zausel.«

»Das werde ich«, versprach Hans. »Ich muss noch etwas berichten. Mein Vetter Jakob hat mich nicht nur der Geschäfte wegen nach Augsburg gebeten. Es ging auch um etwas Persönliches. Es gibt ein Kind, das er uns anvertrauen will. Es handelt sich um den Fehltritt eines Fuggers mit einer Bürgerstochter, der geheim bleiben soll.«

»Hat einer deiner Vettern an einer verbotenen Blume genascht?«, fragte Veronika neugierig.

»Das kann schon sein.«

»Vielleicht gar Jakob selbst? Er war es doch, der dich zu sich gerufen hat.«

»Wer weiß!« Hans lachte leise und beschloss, am nächsten Tag zu Karl Glauber zu gehen und diesem mitzuteilen, dass sein Vetter bereit sei, diesen stärker in seine Geschäfte einzubeziehen. Auch wollte er mit ihm beraten, wie das Neugeborene zu ihm gebracht werden konnte. Es war gewiss in Glaubers Sinn, wenn es so aussah, als werde das Kleine von weit her nach Nürnberg geschafft. Damit konnte niemand das Kind mit dessen Tochter in Verbindung bringen.

Vor der Begegnung mit Elisabeth fürchtete Hans Fugger sich ein wenig, doch er hielt sie für ein vernünftiges Frauenzimmer, das ihn nicht mit Vorwürfen überhäufen würde. Da ihr Vater reich war und bald noch reicher werden würde, fand sie gewiss auch dann einen Freier, wenn Erhard Schönlein von einer Heirat mit ihr Abstand nehmen sollte.

Nein, dachte er. So, wie er Schönlein kannte, würde dieser bei dem Erbe, das Elisabeth zu erwarten hatte, auch über ihren Fehltritt hinwegsehen, solange alles schön im Geheimen blieb und sein Ansehen nicht schädigte. Zudem hätte sie dann Schönlein bewiesen, dass sie in der Lage war, ihm die Kinder, die er sich wünschte, zu gebären.

DRITTER TEIL

Die Rose

1.

Als die Mönche vom Kloster herabkamen, reckte die Kesslerin sich, um besser sehen zu können. Allen voran schritt Abt Christoph Manfordin. Ihm folgten Pater Ewald von Bamberg als sein Stellvertreter und Pater Johannes Gruber, den die einheimischen Mönche gerne als Nachfolger von Abt Christoph gesehen hätten. Hinter den Patres Cyprian und Norbert kamen die restlichen Mönche und als Letztes eine kleine Gestalt, die ebenfalls im Habit der Benediktiner steckte und kurz geschnittene Haare hatte, aber noch keine Tonsur trug.

»Dort ist der Johannes«, flüsterte die Kesslerin ihrer Enkelin Ria zu und erinnerte sich an den Tag vor acht Jahren, an dem Pater Cyprianus sie ins Kloster geholt hatte, um sich des Knaben anzunehmen. Seit diesem Tag war viel Wasser die Gailitz hinabgeflossen, und mancher, der damals noch gelebt hatte, war tot und viele andere erst danach geboren worden.

Ihre Enkelin, die seit einem knappen Jahr verheiratet und sichtbar in anderen Umständen war, nickte. »Er schaut noch genauso aus wie früher! Schad, dass er nimmer so oft zu uns kommen darf.«

»Er soll halt zum Mönch erzogen werden, und denen ist es verboten, zu Weibern zu gehen«, erwiderte die Großmutter.

Ria lachte leise auf. »Als wenn ein Bub wie der Johannes schon schlechte Gedanken haben könnt! Dafür ist er noch viel zu jung.«

»Die frommen Patres und Seine Hoheit, Abt Christoph, sehen das anders.« Die Kesslerin seufzte ein wenig, denn sie mochte den Knaben und hätte ihn gerne öfter gesehen. So blieb ihr nichts anderes übrig, als Johannes kurz zuzuwinken, während die Mönche an ihnen vorbeigingen. Zu ihrer Freude erwiderte der Junge den Gruß, ohne jedoch in seinem Gebet innezuhalten, mit dem er wie die anderen Mönche den Herrgott im Himmel bat, die heidnischen Türken doch endlich aus diesen Gauen fernzuhalten. Erst letztens hatten sie erneut die Dörfer um das Kloster herum heimgesucht, etliche Häuser niedergebrannt und viel Vieh weggetrieben oder getötet. Selbst das Kloster hatten sie angegriffen, waren aber an den gut dreihundert Männern gescheitert, die sich zu seiner Verteidigung eingefunden hatten.

Während das Kreuz und die Statue der Muttergottes durch Arnoldstein und die angrenzenden Fluren getragen wurden, sah Johannes sich mehrmals nach der alten Frau um. Sie war seine erste Erinnerung hier in Arnoldstein, und an ihre Rohrnudeln kamen die des Klosterkochs nicht heran. Als er noch kleiner gewesen war, hatte sie ihn getröstet, wenn sein Lehrer Pater Cyprian zu streng mit ihm gewesen war und die Rute benutzt hatte. Aber diese schöne Zeit war nun vorbei. Sein Tag war mit Lernen und Beten ausgefüllt. Zeit, das Kloster zu verlassen, blieb ihm kaum, und wenn er es durfte, schickte man den braven Bruder Vincentius oder einen der anderen älteren Fratres mit ihm. Jüngere Mönche durften ihn auf Geheiß des Abtes nicht begleiten.

Johannes' Blick suchte Christoph Manfordin, der an der Spitze der Prozession schritt. Es fiel diesem gewiss nicht leicht, durch das verwüstete Land zu gehen und die Häuser zu sehen, die erst vor wenigen Jahren errichtet und dann wieder zerstört worden waren.

»Gott schütze uns vor den Türken immerdar!«, betete er für sich.

Selbst hatte er diese Mordbrenner nur von der Höhe der Klostermauer aus gesehen, doch sie waren ihm mit ihren Schreien und dem Brandschatzen wie Knechte des Teufels erschienen. Mittlerweile wusste er, dass die Türken auch vorher schon in sein Schicksal eingegriffen hatten. Laut Pater Norbert, der als Einziger die letzten Worte seiner Mutter verstanden hatte, hatten diese heidnischen Schurken seinen Vater erschlagen. Seine Mutter hatte vor ihnen fliehen können und war gerade noch mit ihm auf dem Arm bis Arnoldstein gelangt. Dort war sie vor Erschöpfung ins Himmelreich eingegangen.

Johannes kämpfte bei dem Gedanken mit den Tränen. Er hatte keine Erinnerung an seine Mutter, doch Bruder Vincentius, sein Freund unter den Mönchen, hatte ihm berichtet, dass sie wunderschön gewesen war. Vor allem hatte sie ihr Leben gegeben, um ihn zu retten. In seinen Träumen sah Johannes sie manchmal, konnte sich aber am Morgen nicht mehr an ihr Gesicht erinnern.

Du darfst jetzt nicht an die Mama denken, rief er sich zur Ordnung und stimmte erneut in das lateinische Gebet der Mönche ein. Im Gegensatz zu einigen von ihnen kannte er den Text, denn Bruder Cyprianus hatte ihn bereits vor mehreren Jahren die lateinische Sprache gelehrt. Neben dem Deutschen, das in dem hier gewohnten Dialekt auch im Kloster gesprochen wurde, konnte er sich mittlerweile in der Sprache der Windischen, die das obere Gailitztal bewohnten, und in der Sprache der Venezianer verständigen. Johannes liebte die Beschäftigung mit Sprachen und wechselte oft von einer in die andere. Auch während dieser Prozession sprach er das Vaterunser laut auf Latein mit und leiser auf Deutsch und im Windischen.

Da merkte einer der Mönche auf und sah sich kurz zu ihm um. Sofort fiel Johannes wieder ins Latein und sah den Mönch, der sich Hermann nannte, zufrieden nicken. Dieser nahm in der Klosterhierarchie einen niedrigen Rang ein, doch Johannes kam gut mit ihm aus. Mit anderen hatte er es nicht so leicht. Pater Cyprianus war ein strenger Lehrer und wusste vorzüglich mit der Haselrute umzugehen, Pater Ewald verteilte zwar keine Schläge, fragte ihn jedoch immer wieder, was er bereits alles gelernt habe, und zeigte seine Zustimmung durch ein Nicken und Tadel durch ein Stirnrunzeln.

Der einzige Mönch, der ihm offene Abneigung entgegenbrachte, war Pater Norbert. Dabei hätte er gerade mit diesem gerne über seine Mutter gesprochen. Wenn er dieses Thema jedoch ansprechen wollte, wurde er stets mit harschen Worten abgewiesen.

Erneut kamen ihm die Tränen. Dabei hatte er ein gutes Leben. Er musste nur die Kinder aus dem Ort ansehen. Viel Jüngere als er arbeiteten hart, und keiner von ihnen lernte, zwei und zwei zusammenzuzählen oder Buchstaben zu lesen. Dabei waren einige davon gewiss nicht zu dumm dazu. Gott hatte sie jedoch zu einem dienenden Stand bestimmt, und dort hatten sie zu bleiben, bis sie einmal starben. Er hingegen galt als Sohn eines adeligen Offiziers, auch wenn keiner im Kloster dessen Namen wusste, da die Mutter ihn nicht mehr hatte nennen können. Ihr Kleid, ihr Schmuck, der irgendwo im Klosterschatz liegen musste, und auch seine Kleidung und seine Windel waren sichtbare Zeichen seiner gehobenen Geburt.

Johannes fand es unpassend, dass er ausgerechnet an diesem Tag, an dem er doch inbrünstig hätte beten sollen, an das alles dachte, und war schließlich froh, als die Prozession die Kapelle erreichte, wo das letzte Gebet vor der Rückkehr zum Kloster gesprochen werden sollte. Den Vorbeter machte der Abt selbst, und die Mönche und das Volk stimmten mit ein. Mit einem gewissen Unbehagen vernahm Johannes, dass selbst Männer, die schon lange im Kloster lebten, mit der Sprache eines Cicero und eines Ovid nicht zurechtkamen. Die anderen plapperten die lateinischen Worte nach, ohne deren Sinn zu verstehen. Obwohl er gerade mal zehn oder elf Jahre alt sein konnte, hielt er dies für falsch. Wie sollten die Bitten der Menschen zu Gott gelangen, wenn sie dafür eine Sprache verwendeten, die sie nicht einmal verstanden?

Wegen dieser Sache war Johannes bereits mit Bruder Vincentius aneinandergeraten. Der alte Mönch hatte erklärt, dass Gott nicht auf die Worte achte, sondern in die Herzen der Menschen sehen würde. Das mochte zwar sein, aber nach seiner Ansicht wäre es Gott gegenüber gewiss ehrerbietiger, diesem im Gebet zu erklären, was man von ihm wollte.

Ein kurzer Schmerz im Arm machte Johannes darauf aufmerksam, dass er seinen Gedanken zu sehr freien Raum gelassen hatte. Das Gebet des Abtes war zu Ende, und die Prozession machte sich auf den Heimweg. Er lächelte Bruder Vincentius dankbar zu, weil dieser ihn rechtzeitig darauf aufmerksam gemacht hatte. Hätte Pater Cyprian es bemerkt, hätte dieser wohl nach der Rückkehr im Kloster seine Haselrute zur Hand genommen und ihm einige derbe Streiche auf den Hintern gegeben.

2.

Auf dem Rückweg hielt Johannes seine Gedanken besser im Zaum und erntete sogar ein lobendes Nicken von Pater Cyprian für das lateinische Gebet, das er vor einem kleinen Bildstock sprach, welcher an einen Mönch aus dem Kloster erinnerte, der vor Jahren von den Türken erschlagen worden war.

Danach löste sich die Prozession auf. Die Kesslerin und ihre Enkelin traten auf Johannes zu. »Wie geht's dir?«, fragte die alte Hebamme den Jungen.

»Mir geht es gut«, antwortete Johannes lächelnd. »Dir und der Ria hoffentlich auch.«

»Danke der Nachfrage! Es war halt ein Schreck, als es geheißen hat, die Türken würden wieder kommen. Zum Glück hat uns mein Onkel rechtzeitig nach Villach geholt, weil er Angst gehabt hat, das Kloster könnte gestürmt werden«, antwortete die Enkelin der Hebamme.

»Wir haben schon Angst gehabt«, gab Johannes zu.

»Aber mit Gottes Hilfe haben wir den Söhnen des Satans widerstanden!« Pater Cyprian war zu den dreien getreten und legte Johannes die Hand auf die Schulter. »Wir sollten zurück zum Kloster gehen. Behüte dich Gott, Kesslerin, und auch dich, Ria.«

»Dank schön, hochwürdigster Herr!« Die beiden Frauen knicksten, wobei sich die schwangere Ria schwerer tat als ihre Großmutter, und sie winkten noch einmal Johannes zu.

Dieser erwiderte den Abschiedsgruß mit einem Lächeln und folgte Bruder Cyprian zum Kloster. »Das war eine schöne Prozession«, meinte er.

»Gewiss. Und sie wird Gott gefallen haben. Möge er fürderhin die Türken von unseren Landen fernhalten«, antwortete der Mönch und blickte dann nach vorne. »Wie es aussieht, haben wir Gäste.«

Nun sah auch Johannes eine Gruppe Mönche, die ihren Kutten nach verschiedenen Orden angehörten. »Die sind wohl auf Pilgerschaft«, vermutete er.

»So sieht es aus. Sie haben sich bei dem alten Rosenstock eingefunden, der seit Jahren keine Blüte mehr hervorgebracht hat.«

Zusammen mit Johannes trat Pater Cyprian auf die fremden Mönche zu. »Gott zum Gruß! Ihr seid wohl von weit her gekommen?«

»Auch dir Gottes Gruß, Bruder«, antwortete der Anführer der Gruppe, ein älterer Mönch, der seine Begleiter um gut einen halben Kopf überragte. Das Kinn bedeckte ein weißer Bart, doch seine Tonsur musste erst vor kurzem geschoren worden sein, denn es war noch kein Haarflaum nachgewachsen.

»Ich bin Bruder Heinrich aus Corvey, und das hier sind Brüder aus einem halben Dutzend Klöster, die sich mir unterwegs angeschlossen haben«, fuhr der Mann fort.

»Und wohin führt euer Weg?«, wollte Pater Cyprian wissen.

»Nach Rom, in die Heilige Stadt! Ich habe unserem Herrn Jesus Christus gelobt, je ein Vaterunser und ein Ave-Maria in den Basiliken Sankt Peter, Sankt Johann, Sankt Paul vor den Mauern und der Heiligen Maria zu beten.«

»Das ist Gott gefällig«, erklärte Ewald von Bamberg, der sich zusammen mit Pater Norbert und mehreren anderen Mönchen zu der Gruppe gesellt hatte.

»Es ist ein schöner Platz hier bei diesem großen Rosenstock.« Heinrich von Corvey lächelte.

»Ein Rosenstock, an dem seit Jahren keine Rose mehr blühte. Wir werden ihn bald abhacken und einen neuen pflanzen«, erklärte Pater Norbert mit einem verächtlichen Blick auf die dürre Pflanze.

»So ganz kann das nicht stimmen. Hier kommt eine Rose«, wandte einer der fremden Mönche ein und wies auf eine Knospe, deren Spitze zur Überraschung aller nicht rot, sondern weiß leuchtete.

»Ist trotzdem nutzlos«, brummte Pater Norbert und wies auf den Weg, der zum Kloster hochführte. »Wir sollten zurückkehren, es ist bald Zeit für das Abendessen, und die Prozession hat mich hungrig gemacht.«

»Vorher aber werden wir noch Gott im Gebet danken«, mahnte Pater Cyprian und machte sich daran, zum Kloster hochzusteigen.

Johannes hielt sich an seiner Seite. »Ich habe auch Hunger«, sagte er kleinlaut.

»Bei dir ist es auch kein Wunder, denn du musst ja noch wachsen. Pater Norbert ist jedoch ein erwachsener Mann und sollte das Fasten gewohnt sein.«

Cyprian mochte seinen Mitbruder nicht, da dieser zu sehr auf sich hielt und nicht in erster Linie ihre Gemeinschaft im Auge hatte, wie es sich für einen guten Mönch gehörte.

3.

Auch wenn die Vorratskammern des Klosters wegen des Türkeneinfalls nicht gut gefüllt waren, so wurde doch zu Ehren der Gäste ein stattliches Mahl aufgetragen. Selbst Johannes wurde satt, ohne dass Bruder Vincentius ihm einen Teil seines Essens abtreten musste, wie er es sonst immer tat.

Es gab sogar guten Wein und nicht den sauren Most, den der Bruder Kellermeister gewöhnlich ausschenkte.

»Ich habe gehört, ihr gehört zu Bamberg?«, fragte Heinrich von Corvey.

Abt Christoph nickte. »So ist es! Unser Landesherr ist Fürstbischof Heinrich von Trockau, der kürzlich auf Fürstbischof Philipp von Henneberg gefolgt ist.«

»Was ist mit der Stadt Villach?«, fragte der Mönch aus Corvey weiter.

»Auch die gehört zu Bamberg sowie alles Land bis Malborgeth und darüber hinaus.«

Es ging noch eine Weile so weiter, da Heinrich von Corvey sich Informationen über seinen weiteren Weg nach Rom erhoffte.

»Ihr solltet unterwegs im Kloster Moggio Rast einlegen. Es ist in Freundschaft mit uns verbunden, und ich gebe euch gerne ein Geleitschreiben mit, damit ihr dort gastfreundlich empfangen werdet«, bot Abt Christoph an.

»Das würde uns freuen.« Auf dem Weg nach Rom waren Klöster die einzigen Orte, an denen Bruder Heinrich und seine Begleiter auf Gastfreundschaft hoffen konnten, ohne dafür bezahlen zu müssen. Aber dort war die Verpflegung nicht immer gut, denn oft erhielten sie nur ein Stück Brot und einen Napf dünner Suppe. Da der lange Weg an den Kräften zehrte, war

Heinrich froh um eine ausreichende Mahlzeit und lobte daher die Arnoldsteiner Mönche für ihre Großzügigkeit.

Nun war es an Abt Christoph und seinen Mitbrüdern, Fragen zu stellen. Heinrich von Corvey und seine Begleiter stammten aus unterschiedlichen Gegenden des Heiligen Römischen Reiches und wussten viel zu berichten.

Johannes hörte mit offenem Mund zu. Nie hätte er gedacht, dass die Welt so groß sein könnte, und er wünschte sich, so auf Pilgerschaft gehen zu können wie Bruder Heinrich von Corvey. Als er das zu Bruder Vincentius sagte, lachte dieser.

»Dazu musst du noch ein ganzes Stück wachsen!«

»Und vor allem noch viel lernen«, setzte Pater Cyprian streng hinzu.

Nach weiteren Bechern Wein verlor das Gespräch seinen ernsthaften Ton, und einzelne Mönche erzählten lustige Geschichten, die einiges Gelächter hervorriefen. Nach einer Weile hob Heinrich von Corvey die Hand, um die Aufmerksamkeit aller auf sich zu lenken. »Ich sah den kräftigen Rosenstock, den ihr abhacken wollt. Wie es aussieht, wird er eine weiße Blüte hervorbringen. Seid froh, dass es eine Rose ist. Bei uns in Corvey wachsen nämlich weiße Lilien, und diese sind Boten des Todes.«

Er sagte es in einem Tonfall, dass es Johannes schauderte. Trotzdem konnte er seinen Blick nicht von Bruder Heinrichs Lippen lösen.

»Es heißt seit alter Zeit bei uns im Kloster von Corvey, dass ein Mönch, der auf seinem Gestühl in der Kirche eine weiße Lilie vorfindet, den Ruf des Herrn vernimmt, sich zu ihm zu gesellen!«

»Das ist doch lächerlich!«, rief Pater Norbert mit einer wegwerfenden Handbewegung.

Heinrich von Corvey hob mahnend den Zeigefinger. »Oh nein, das ist es nicht! Nie hat eines Menschen Hand diese Lilien berührt. Die Engel des Herrn pflücken sie und legen sie auf den dafür bestimmten Platz. Es ist dreimal bezeugt, dass ein Mitbruder eine Lilie gefunden hat und noch am selben Tage in die Ewigkeit eingegangen ist.«

»Dann sollten wir froh und dankbar sein, dass es hier keine Lilien gibt, und vor allem keine weißen«, erwiderte Pater Norbert, der erneut versuchte, die Sache als Scherz hinzustellen.

Die anderen Mönche hingegen sahen Heinrich von Corvey betroffen an. Durch die Einfälle der Türken war ihnen der Tod gegenwärtig. Ihn aber auf so zauberische Weise zu erleiden, wie Bruder Heinrich dies berichtet hatte, erschreckte sie.

Auch Johannes fragte sich, weshalb Gott so etwas tat. Den Tod zu erleiden, war schon schlimm genug, doch ein Zeichen zu erhalten, dass er innerhalb eines Tages erfolgen sollte, fand er grausam. Oder wollte Gott diesen Mönchen Zeit geben, ihre Sünden zu beichten und zu bereuen? Er wusste nicht, was er denken sollte, und war froh, als die Tafel aufgehoben wurde.

Obwohl einige Mönche mehr gezecht hatten, als ihnen guttat, rief Bruder Johannes Gruber alle in die Kirche, um das fällige Gebet zu sprechen.

Der kleine Johannes betete von allen wohl am inbrünstigsten. Seine klare, reine Stimme und sein gutes Latein riefen bei den fremden Mönchen Erstaunen hervor.

»Ihr habt ein kluges Bürschchen als Oblate aufgenommen«, meinte Heinrich von Corvey nach dem Gebet zu Ewald von Bamberg.

»Johannes wurde uns nicht von seinen Eltern als Oblate anvertraut, sondern ist hier im Kloster aufgewachsen. Sterbend brachte seine Mutter ihn zu uns. Sie konnte nicht mehr sprechen, muss aber von edler Geburt gewesen sein. Wir vermuten, dass sie mit den venezianischen Söldnern zog, die vor acht Jahren von den Türken besiegt worden sind«, antwortete der Bamberger.

»So wisst ihr nicht einmal, welchem Volk er entstammt?«

Ewald von Bamberg hob mit einem begütigenden Lächeln die Hand. »Wir glauben, es ist ein spanisches Weib gewesen. Der

Name, mit dem sie den Knaben benannte, war spanisch. Pater Norbert hat zudem ein paar Worte, die sie in ihrer Bewusstlosigkeit von sich gegeben hat, aufgeschrieben. Sie wurden später von einem Pilger, der bereits in Santiago de Compostela gewesen war und diese Sprache kannte, als Spanisch bezeichnet.«

»Wer weiß, was für ein Schicksal dahintersteckt. Für den Knaben ist es gewiss das Beste, bei euch aufzuwachsen. Er scheint mir außerordentlich klug zu sein«, antwortete Bruder Heinrich.

»Johannes ist lernbegierig und meistens auch folgsam«, mischte sich Pater Cyprian in das Gespräch ein.

»Das haben Knaben nun einmal an sich, dass sie nicht immer folgsam sind. Solange sie dabei nicht über die Stränge schlagen, muss man sich deshalb keine Sorgen machen«, erwiderte Heinrich von Corvey, während Johannes mit Bruder Vincentius zusammen den Raum verließ und die Zelle betrat, die man ihm zugewiesen hatte.

Der Raum war nicht besonders groß, aber kaum kleiner als die Zellen der Mönche. Das Bett war für einen erwachsenen Mann gedacht und niedrig genug, dass der Junge hineinklettern konnte. Als besondere Anerkennung gab es ein kleines Regal mit mehreren Büchern sowie ein Schreibpult, bei dem eine Kiste, auf die Johannes sich stellen konnte, seine fehlende Länge ausglich. Er verfügte auch über Feder, Papier und Tinte, obwohl einige der Mönche sich dagegen ausgesprochen hatten, diese wertvollen Dinge einem Kind zu überlassen.

Johannes wusste sehr wohl, dass er diesen Schatz nicht mit sinnlosen Kritzeleien verschleudern durfte, und schrieb daher meist unter Aufsicht von Pater Cyprian oder der seines väterlichen Freundes Vincentius. Derzeit war er damit beschäftigt, einige lateinische Texte zu kopieren, die er seinem Lehrer später vorlesen sollte.

Er kletterte auf die Kiste, öffnete das Tintenfass und legte sich einen Bogen Papier zurecht. Für eine halbe Stunde versank er in den Texten des gelehrten Arztes Galenius und schrieb eine gute Seite voll. Danach betrachtete er das Blatt und fand, dass seine Handschrift zwar besser geworden war, aber immer noch nicht ausreichte, um Bücher für die Klosterbibliothek zu kopieren. Ihm fiel ein, dass sein Lehrer Cyprianus ihm einmal ein Buch gezeigt hatte, das nicht geschrieben, sondern auf eine ihm noch unbekannte Weise erstellt worden war. Cyprianus hatte es »gedruckt« genannt, doch darunter konnte Johannes sich nichts vorstellen. Selbst Pater Cyprianus, der sonst alles wusste, hatte es ihm nicht erklären können.

Nach einer Weile vernahm er, dass die Mönche noch einmal zum Gebet gerufen wurden. Ihn hatte man davon befreit, damit er genug Schlaf bekam. Laut der Kesslerin, die sich in dieser Sache gegen Pater Cyprianus durchgesetzt hatte, brauchte ein Kind mehr Schlaf als ein Erwachsener.

Johannes reinigte seine Schreibfeder, schloss das Tintenfässchen und legte den beschriebenen Papierbogen so, dass die Tinte trocknen konnte. Danach rieb er sich die Zähne mit einem getrockneten Schafgarbenstängel ab, wie die Kesslerin es ihm gezeigt hatte, und begab sich zu Bett.

Da der Tag sehr aufregend gewesen war, dauerte es ein wenig, bis er einschlief. Bald aber träumte er, wie er anstelle des Abtes die Prozession anführte und mit seinen Gebeten großes Wohlgefallen im Himmel erregte. Plötzlich aber wuchsen um ihn herum unzählige weiße Lilien aus dem Boden und schlossen ihn förmlich ein. Eine Stimme erklang, die ihm sein letztes Stündlein prophezeite, und er versuchte verzweifelt zu entkommen. Doch als er die Hand ausstreckte, um sich Bahn zu schaffen, hielt er auf einmal eine weiße Blume in der Hand und wartete mit klopfendem Herzen auf seinen Tod.

In dem Augenblick schreckte Johannes hoch und brauchte geraume Zeit, bis er erkannte, dass er sich in seiner gewohnten Zelle aufhielt und es weiße Lilien nur in Heinrich von Corveys Erzählung gegeben hatte.

4.

Noch jemand im Kloster fand in dieser Nacht lange keinen Schlaf und musste ständig an die weißen Lilien denken, die den Tod bringen sollten.

»So eine Blume könnte ich brauchen«, murmelte er vor sich hin. Es gab einige Mönche im Kloster, die er nicht mochte, und einer davon stach vor allem hervor.

»Ewald von Bamberg!« Bei diesem Namen bebte er vor Hass.

Der Genannte war nicht nur der verlängerte Arm ihres Bamberger Landesherrn, sondern auch der erkorene Nachfolger von Abt Christoph. Während dieser von seinen Mönchen zwar Gehorsam einforderte, sich in gewissen Dingen aber großzügig zeigte, würde der Bamberger von ihnen allen verlangen, die Ordensregeln strikt zu beachten. Ausnahmen von den Fastenregeln, wie sie jetzt gelegentlich vorkamen, würde es dann nicht mehr geben. Auch würde Pater Ewald als Abt vermehrt darauf achten, dass die Klosterbrüder kein eigenes Vermögen mehr anhäuften, sondern das, was sie besaßen, dem Klosterschatz übereigneten.

Dies war aber ganz und gar nicht im Sinne dieses Mönchs. Er hatte in den Jahren, die er in Arnoldstein weilte, bereits einige hundert Gulden beiseitegeräumt und bewahrte sie in einem Versteck in seiner Zelle auf. Doch die Summe reichte noch nicht aus, um eine einträgliche Pfründe kaufen zu können.

»Wenn der Bamberger nicht wäre, müsste ich Arnoldstein vielleicht gar nicht verlassen.« Diesmal klang seine Stimme so laut, dass er erschrocken zur Tür sah.

»Wenn mich jemand hört, wird man mich aller Rechte berauben und zu einem Knecht machen«, mahnte er sich und dachte erneut an die weißen Lilien von Corvey. »Muss es überhaupt eine Lilie sein?«

Der Gedanke war mit einem Mal da. Zuerst kniff er verwundert die Lider zusammen, fand dann aber, dass er diese Überlegung im Auge behalten sollte. Heinrich von Corvey hatte von diesem Fluch berichtet, und just zu der Zeit erblühte an dem alten Rosenstrauch eine weiße Rose? Es erschien ihm wie ein Wink des Herrn, seine Pläne weiterzutreiben. Allerdings glaubte er nicht, dass Ewald von Bamberg sterben würde, weil plötzlich eine Rose auf seinem Platz lag. Da musste man schon etwas mehr tun.

Nach einer kurzen Nacht, in der er davon geträumt hatte, bis zum Papst aufzusteigen und in Glanz und Gloria zu leben, verließ er das Kloster zu noch taufrischer Stunde und eilte zum Rosenstrauch.

Er hatte sich nicht getäuscht. Dort wuchs tatsächlich eine kleine, weiße Rose heran. Noch war es zu früh, sie zu brechen, doch in zwei, drei Tagen wäre es so weit. Nun musste er erst einmal dafür sorgen, dass ihn niemand an dieser Stelle stehen sah und später Verdacht schöpfen konnte. Der Mönch eilte daher weiter und erreichte kurz darauf die Arnoldsteiner Lambert-Kirche. Dort tat er so, als wolle er sich von dem Fortschritt der Reparaturarbeiten überzeugen. Bei dem großen Türkenangriff war sie in Flammen aufgegangen, doch zum Glück hatten die Dörfler beim letzten Streifzug dieser Teufel die Brände mithilfe der Mönche rasch löschen können, so dass sich die Schäden in Grenzen hielten.

Er sprach mit ein paar Arbeitern und berichtete danach dem Abt, dass die Wände der Kirche bald bemalt werden konnten.

Christoph Manfordin überlegte kurz. »Die Bewohner des Marktes können die Summe, die dafür benötigt wird, nicht aufbringen, und die Truhe des Klosters ist nach all den Verheerungen, die die Heiden angerichtet haben, erschöpft. Trotzdem sollten wir Meister Thomas Artula in Villach fragen, ob er zu einem bescheideneren Lohn als sonst bereit ist, Sankt Lambert zu schmücken. Willst du dich auf den Weg zu ihm machen, Bruder?«

Zuerst wollte der Mönch Nein sagen, aber dann begriff er, dass dieser Auftrag seinen Plänen entgegenkam, und er senkte scheinbar ehrfürchtig den Kopf. »Wenn es Euer Wunsch ist, hochehrwürdiger Abt, werde ich gehorchen!«

Für sich sagte er, dass die Rosenknospe gewiss noch zwei, drei Tage brauchte, um weit genug aufzublühen, und bis dorthin war er wieder zurück.

»Es ist noch früh am Tag. Wenn Ihr erlaubt, werde ich gleich aufbrechen!«, bot er dem Abt an.

»Du wirst noch mit uns das Gebet sprechen und dann gehen«, antwortete Abt Christoph und erinnerte den Mönch daran, dass das gemeinsame Gebet die bindende Klammer des klösterlichen Lebens war.

5.

Johannes fühlte sich an diesem Morgen bedrückt und war beim Unterricht nicht so aufmerksam wie sonst. Da ihn Pater Cyprians Haselrute zweimal schmerzhaft traf, nahm er sich zusammen. Die weißen Blumen aus seinem Traum gingen ihm nicht aus dem Kopf.

»Was glaubst du, Pater Cyprianus? Kann das, was Bruder Heinrich von Corvey gestern berichtet hat, überhaupt wahr sein?«, fragte er schließlich seinen Lehrer.

Dieser sah ihn erstaunt an. »Bruder Heinrich hat gestern etliches berichtet. Was meinst du?«

»Ich meine die Lilien und den Tod, den sie bringen sollen.«

»Davon lässt du dir das Herz schwer machen, Johannes? Dabei ist alles, was geschieht, Gottes Wille. Er allein lenkt unser Schicksal.«

»Aber warum lässt er zu, dass die Türken unser Land verheeren? Es sind doch Heiden, während wir unsere Gebete zu Gott und zu Jesus Christus, unserem Herrn, erheben. Da müsste der Himmel uns beistehen und nicht unseren Feinden!«

Bruder Cyprian seufzte. »Weißt du, Johannes, für solch theologische Spitzfindigkeiten bist du wirklich noch zu jung. Ich kenne die Antwort nicht und glaube auch nicht, dass unser hochehrwürdiger Abt dir diese Frage beantworten könnte. Wahrscheinlich weiß es nicht einmal der Papst in Rom, und dieser ist immerhin der Stellvertreter Christi auf Erden.«

Da der Junge ihn immer noch fragend ansah, wies Bruder Cyprian auf das Blatt Papier, das dieser vor sich liegen hatte. »Lies mir den Text vor und gib acht, die Worte richtig zu betonen. Latein ist die Sprache des Himmels, musst du wissen.«

»Ich dachte, Herr Jesus Christus wäre Jude gewesen und

hätte die Sprache dieses Volkes gesprochen«, wandte Johannes ein.

Pater Cyprian hob bereits die Haselgerte, ließ sie aber wieder sinken. »Es mag sein, dass er als Kind die dortige Sprache gelernt hat. Judäa gehörte jedoch zum Römischen Reich, und dessen Sprache war Latein. Außerdem haben die heiligen Apostel Petrus und Paulus in Rom gewiss nicht in der Sprache der Juden gepredigt, sondern in der Sprache des großen Imperiums. Und jetzt beeile dich! Die Messe fängt gleich an, und danach wollen Bruder Heinrich von Corvey und seine Begleiter aufbrechen.«

»Ja, Pater Cyprianus«, antwortete Johannes und begann zu lesen.

Sein Lehrer hörte ihm zu und nickte zuletzt anerkennend. »Du bist heute besser als beim letzten Mal. Mach so weiter! Vielleicht schickt unser hochehrwürdiger Abt dich auf eine Universität, damit du später als Doktor der Theologie das Evangelium verkünden kannst.«

»Solang der Türk das Land bedroht, ist dafür kein Geld da, hat Pater Norbert vor ein paar Tagen zu Bruder Michael gesagt, der gerne eine Universität besuchen würde. Das, was ein Priester können muss, könne auch hier gelernt werden, und Seine Hoheit, der Abt, könne die Weihe vornehmen«, antwortete Johannes.

»Ich will nicht sagen, was ich von Pater Norbert halte. Das hast du aber nicht gehört! Lies jetzt die letzte Zeile noch einmal vor, dann müssen wir in die Kirche gehen.«

Bruder Cyprian ärgerte sich sowohl über Pater Norbert, der selbst nicht hatte studieren können und daher verhinderte, dass andere Mönche es tun konnten, wie über Bruder Michael, der zu viel Ehrgeiz zeigte. Er war auch dessen Lehrer gewesen und fand, dass Johannes diesem in seinem Wissen im gleichen Alter weit voraus war.

»Wir werden sehen, wie die Welt in sechs oder acht Jahren

aussieht«, meinte er, hörte sich den letzten Satz an, den Johannes vorlas, und klopfte ihm dann anerkennend auf die Schulter.

Als sie die Klosterkirche betraten, waren die Plätze für die Mönche fast alle belegt. Cyprians Stuhl vorne ganz in der Nähe des Abtes war frei gehalten worden, während Johannes dem Winken Bruder Vincentius' folgte, der als einer der niederrangigen Mönche weiter hinten hatte Platz nehmen müssen. Der Junge saß gerne bei dem alten Mönch, den er in den Jahren, die er bereits im Kloster weilte, wie einen Vater liebgewonnen hatte. Während er sich lächelnd neben ihn setzte, richtete er sein Augenmerk nach vorne, wo Ewald von Bamberg eben vor den Altar trat.

Bruder Heinrich von Corvey und die anderen Pilgermönche saßen in der ersten Reihe und waren bereits zum Aufbruch gerüstet. Johannes konnte nur die Rücken erkennen, bewunderte sie aber, weil sie so viele Strapazen auf sich nahmen, um den Heiligen Vater in Rom aufzusuchen und seinen Segen zu empfangen. Er selbst war bisher nicht weiter als bis zu den Wallfahrtsorten Siebenbrünn, Lind und Sankt Andrä in Maglern gekommen, und das hatte er bereits für sehr weit gehalten. Pater Cyprian hatte ihm versprochen, ihn mitzunehmen, wenn der Abt ihn das nächste Mal nach Villach schickte. Bislang kannte der Junge die Stadt nur aus den Erzählungen der anderen Mönche und der Kesslerin, die nicht müde geworden war, von ihren Wundern zu berichten.

Obwohl seine Gedanken erneut ihre eigenen Wege einschlugen, nahm Johannes aufmerksam an der heiligen Messe teil und folgte Bruder Vincentius, als dieser nach vorne ging, um von Bruder Ewald den Leib des Herrn zu empfangen. Als dieser ihm die Oblate reichte, lächelte der sonst so strenge Mönch ein wenig. Ewald von Bamberg mochte Johannes und freute sich über die Fortschritte, die der Junge unter Pater Cyprians Anleitung machte.

Das Kloster benötigte gut ausgebildete Mönche, denn es

wurde nicht nur von der steten Kriegsgefahr durch die Türken bedroht. Auch Venedig und König Maximilians Bestrebungen, der die Nachfolge seines Vaters, Kaiser Friedrichs III., angetreten hatte, zielten darauf ab, den Einfluss von Bamberg in diesem Landstrich zu begrenzen. Dieser Bedrohung konnten sie nur durch Kirchenmänner entgegentreten, die das Recht des Erzbistums wie auch das des Klosters energisch zu vertreten wussten. Daher beschloss Pater Ewald, in die Ausbildung des Jungen einzugreifen und diese über die Theologie hinaus auch auf die Jurisprudenz zu lenken.

Johannes ahnte nichts von den Plänen, die der Bamberger mit ihm hegte, sondern kehrte zu seinem Platz zurück und wartete darauf, dass die Messe dem Ende zuging. Vorher sprachen Pater Ewald und Abt Christoph noch über die Pflicht des Christenmenschen zu Wallfahrten und Pilgerreisen an heilige Stätten. Dazu baten sie Gott und alle Heiligen, Bruder Heinrich und dessen Mitpilgern auf deren Reise gnädig zu sein, und übergaben jedem von ihnen, als das letzte Amen gesprochen war, noch einen Beutel mit Vorräten und einen Zehrpfennig für Zeiten, in denen sie auf kein Kloster trafen, das sie gastlich aufnehmen konnte.

Gemeinsam mit den Mönchen begleitete Johannes die Gruppe den Klosterberg hinab und gab ihnen ein Stück das Geleit. Unterwegs kamen sie an dem alten Rosenstock vorbei. Die Knospe hatte ausgetrieben und bildete nun eine noch kleine, aber bestechend schöne weiße Rose. Angesichts dessen, was Johannes über die weiße Lilie von Corvey gehört hatte, wandte er schnell den Blick ab. Auch nachdem man Bruder Heinrich und dessen Mitbrüder verabschiedet hatte, schwand seine Beklommenheit nicht, und so zog er seine Kapuze tiefer ins Gesicht, um die Blüte beim Rückweg zum Kloster nicht wahrnehmen zu müssen.

6.

Zwei Tage später kehrte der Mönch von Villach zurück, wo er Abt Christophs Auftrag erfüllt hatte. Sein Blick glitt über den kleinen Markt zu Füßen des Klosterbergs und richtete sich dann nach oben. Dort war niemand zu sehen und auch sonst kein Mensch in der Nähe. Mit ein paar Schritten war er bei dem Rosenstock, zückte ein kleines Messer und schnitt die in voller Blüte stehende Rose ab. Nach einem weiteren wachsamen Blick verschwand diese unter seiner Kutte, und er setzte seinen Weg fort.

Schwer atmend stieg er den Weg zum Klostertor hoch und musste nicht einmal klopfen, da Johannes ihm auf Bruder Vincentius' Anweisung die Pforte öffnete.

»Hat der hochehrwürdige Herr Abt dich zum neuen Pförtner bestimmt?«, fragte er spöttisch und schritt dann, Bruder Vincentius missachtend, die Treppe hinauf, die vom Tor zu den Klostergebäuden hochführte.

»Freundlich wie immer!«, brummte Bruder Vincentius hinter ihm her, sah dann aber Johannes traurig an. »Aber in einem hat er recht! Seine Gnaden, der Abt, wird bald einen neuen Pförtner bestimmen müssen. Ich bin einfach zu marode für diesen Posten. Meine Knie machen nicht mehr mit, und die Salbe, die mir der Bruder Apotheker angemischt hat, will einfach nicht helfen.«

Johannes überlegte kurz und wies dann nach unten auf den Ort. »Warum nimmst du nicht das Murmeltierfett, das die Kesslerin ansetzt? Ich habe mir sagen lassen, dass es vielen danach besser geht.«

»Wenn das so einfach wär!«, seufzte der alte Mönch. »Unser Bruder Apotheker würde fuchsteufelswild, wenn ich etwas von der Kesslerin nehmen würde. Sie ist doch nur eine Frau und weiß nichts von der Heilkunst, sagt er immer.«

»Die Kesslerin weiß sehr viel über die Heilkunst. Im Ort gehen alle zu ihr hin, und die aus Gailitz und den anderen Dörfern tun es auch.« Johannes rieb sich die Nase. »Du musst doch dem Bruder Apotheker nicht sagen, dass du das Murmeltierfett der Kesslerin auf deine kranken Knie tust.«

»Müssen tu ich nicht«, meinte Bruder Vincentius mit dem Anflug eines Lächelns. »Ich kann ja immer ein bisserl was von seiner Salbe mit drauftun, damit ich sagen kann, dass ich es tue. Dann ist es keine Lüge! Aber um die Salbe zu bekommen, müsste ich den Weg hinab- und wieder heraufgehen, und mit meinen kaputten Knien kann ich das nicht.«

»Soll ich sie für dich holen?«, fragte Johannes.

Bruder Vincentius betrachtete zuerst den Jungen, dann seine Knie und danach wieder Johannes. »Lieb wär's mir schon, wenn du das tätest. Du musst dich aber tummeln, weil dich der Pater Cyprian in einer halben Stunde in der Lernstube sehen will. Wenn du zu spät kommst, wirst du die Haselrute spüren.«

Die Warnung war berechtigt, doch Johannes wollte seinem väterlichen Freund helfen und dessen Schmerzen lindern. Daher eilte er sofort los und trabte den Weg hinab.

Kurz darauf öffnete er die Tür des Kesslerhauses und grüßte fröhlich.

Die Kesslerin war gerade dabei, ein schwangeres Weib zu untersuchen, und wandte sich ärgerlich um. »Kannst du nicht anklopfen, wie sich's für anständige Leut gehört?«

»Es tut mir leid, aber ich wollte dich bitten, mir etwas vom Murmeltierfett für den armen Bruder Vincentius zu geben. Seine Knie tun nämlich arg weh, und ich muss gleich zum Bruder Cyprian zum Lernen. Wenn ich zu spät komme, gibt's was mit der Haselrute hintendrauf.«

»Das will ich natürlich nicht!«, erklärte die Kesslerin und stand ächzend auf. »Darfst nicht herschauen. Das gehört sich nicht!«, mahnte sie Johannes, weil dieser neugierig zu der Schwangeren hinsah.

Der Junge drehte sich sofort um und wurde blutrot vor Verlegenheit.

Die Kesslerin sah es und lachte auf. »Jetzt lass die Ohren nicht hängen. Bist eh noch zu jung dafür.«

Johannes wagte nicht zu fragen, wofür er noch zu jung war, sondern wartete, bis ihm die Hebamme eine fettige Masse in ein Gefäß abgefüllt hatte.

»Sag dem Bruder Vincentius einen schönen Gruß! Er soll dafür einmal in der Woche ein Ave-Maria für mich beten.«

»Das sag ich ihm!«, versicherte Johannes erleichtert.

»Magst eine Rohrnudel?«, fragte ihn die Kesslerin.

Johannes' Augen leuchteten bei dem Angebot freudig auf, und er nickte.

»Da hast eine.« Die Kesslerin reichte ihm eine, doch anstatt sofort hineinzubeißen, sah der Junge sie dankbar an. »Vergelt's dir Gott, Kesslerin. Ich werde auch einmal in der Woche ein Ave-Maria für dich beten.«

»Das freut mich.« Die alte Frau strich ihm über den dunklen Schopf und wandte sich wieder der Schwangeren zu.

»Behüt euch Gott!«, rief Johannes und ging zur Tür.

»Dich soll er auch behüten, Bub«, antwortete sie, und es kam von Herzen.

Kaum war Johannes gegangen, schüttelte die Kesslerin den Kopf.

»Ist ein braver Bub, der Johannes! Der macht den frommen Brüdern keine Sorgen, wie's der Bruder Michael zu seiner Zeit gemacht hat. Das war ein kleiner Teufel, und seine Lehrer haben etliche Haselruten an ihm zerschlagen müssen, bis er endlich gehorcht hat.«

»Er ist jetzt ein frommer Herr, der Bruder Michael, und es heißt, er wird bald vom Frater zum Pater aufsteigen und dann bei uns die Messe lesen«, erwiderte die Schwangere und setzte hinzu, dass es ihr lieber wäre, wenn Pater Michael ihr Kind taufen würde als einer der älteren Mönche, die die priesterlichen Weihen bereits erhalten hatten.

Unterdessen eilte Johannes den Klosterweg hoch und kam kurz danach in der Pfortenstube an. »Da wäre ich wieder, Bruder Vincentius!«, rief er und reichte dem alten Mönch den Salbentopf. »Mit einem schönen Gruß der Kesslerin. Du sollst dafür einmal in der Woche ein Ave-Maria für sie beten!«

»Wenn's hilft, bete ich auch zwei und drei für sie und ein Vaterunser dazu.« Bruder Vincentius raffte seine Kutte, bis die Knie frei lagen, und begann, diese mit der Salbe einzuschmieren. Doch dann sah er noch einmal zu Johannes: »Husch! Du musst zum Pater Cyprian«, sagte er drängend.

»Ich wollte dir nur das noch geben!« Mit diesen Worten streckte Johannes dem Alten eine halbe Rohrnudel hin. »Die hat mir die Kesslerin geschenkt. Da ich aber nur deinetwegen zu ihr gegangen bin, hab ich mir gedacht, dass du das Anrecht auf eine Hälfte hast.«

Bruder Vincentius wollte dem Jungen sagen, dieser solle sie selbst essen, bemerkte aber den Ernst auf dessen Gesicht und griff zu. »Vergelt's Gott, Johannes! Und lass dir eines sagen: Du bist ein braver Bub. Und jetzt lauf, sonst lässt der Pater Cyprian die Haselrute tanzen, und das braucht's wirklich nicht.«

7.

Der Mönch betrachtete die weiße Rose mit einer gewissen Anspannung. Nun hieß es vorsichtig sein, um nicht selbst zum Opfer der Blüte zu werden. Bei dem Gedanken betrachtete er seine rechte Hand. Er hatte sich vorhin, als er die Rose unter seiner Kutte hervorgeholt hatte, zweimal an ihren Dornen gestochen. Das durfte nicht noch einmal geschehen.

Bei dem Gedanken streifte sein Blick die kleine Flasche auf dem Tisch. Mit dem Inhalt hatte er den Stiel und die Dornen bestrichen. Inzwischen war die Flüssigkeit eingetrocknet und verlieh dem Stiel einen seidenähnlichen Glanz. Das Gift, das er bei einem übel beleumdeten Alchemisten in Villach gekauft hatte, sollte nach dessen Worten ausreichen, eine ganze Kompanie zu töten. Ihm aber reichte es, wenn ein ganz bestimmter Mann starb, der seinem raschen Aufstieg im Weg stand.

Ein Blick zum Fenster verriet ihm, dass es bald hell wurde und seine Mitbrüder zur Messe eilen würden. Er nahm ein Tuch und hüllte die Rose vorsichtig darin ein. Die Blüte durfte nicht beschädigt werden und er sich um Gottes willen nicht an den Dornen stechen.

Seine Nerven vibrierten, als er mit dem Tuch in der Hand zur Tür ging. Die Flure waren noch verwaist. Daher verließ er rasch seine Zelle und stieg die vielen Stufen zur Kirche empor.

Zu seiner Erleichterung hatte noch niemand den Raum betreten, und so suchte er das Gestühl auf, das für die an der Spitze der Hierarchie stehenden Mönche bestimmt war. Dort legte er das Tuch mit der Rose sachte auf Ewald von Bambergs Platz und zog es dann vorsichtig unter der Rose weg, bis diese frei lag.

Einen Augenblick lang gaukelte ihm seine Phantasie vor, er

habe sich im Stuhl geirrt und den von Pater Cyprian genommen. Rasch zählte er nach und beruhigte sich wieder. Es war der Platz des Bambergers. Während er das Tuch einsteckte und eilig in seine Zelle zurückkehrte, dachte er, dass er mit dieser Tat seinen Mitbrüdern einen Gefallen erwies. Keiner von ihnen wollte Ewald von Bamberg als Nachfolger von Abt Christoph sehen. Wenn sie den Fürstbischof von Bamberg jedoch nicht erzürnen wollten, mussten sie seinen Gesandten wählen. Immerhin ging es darum, dass Fürstbischof Heinrich von Trockau ihnen einige Abgaben erließ und zudem einen Teil der Handelszölle zugestand, die in Federaun und Straßfried erhoben wurden. Geschah das nicht, würde bald elendste Armut im Kloster einziehen.

Er erreichte seine Zelle, trat ein und schloss rasch die Tür. Nun musste er warten, bis sein Opfer in die Falle tappte. Da fiel sein Blick auf die Giftflasche. Dieses Gefäß durfte auf keinen Fall bei ihm gefunden werden. Kurz entschlossen packte er sein Bettgestell und zog es so leise wie möglich von der Wand weg. Vor langer Zeit hatte er entdeckt, dass einer der Steinquader lose war und sich herausziehen ließ. In mühevoller Arbeit hatte er sich dahinter ein geheimes Versteck geschaffen, in dem nun auch die Flasche verschwinden musste.

Zunächst wollte der Stein sich nicht greifen lassen, und so brach er sich drei Fingernägel ab, eher er ihn entfernt hatte. Bevor er die Flasche hineinstellte, griff er in die Höhlung hinein und brachte zwei in Leinen gehüllte Päckchen zum Vorschein. Als er das schwerere von beiden öffnete, blickte er auf einen kleinen Schatz, dessen Kern jene Schmuckstücke bildeten, die einst Esmaralda de Azuaga gehört hatten. Mit den Jahren hatte er einiges an Geld, das eigentlich dem Kloster gehörte, an sich gebracht. Wenn er dies noch ein paar Jahre lang tat, hatte er genug beisammen, um Arnoldstein verlassen und an einem anderen Ort eine bedeutendere Rolle einnehmen zu können.

Mit dem Gedanken wickelte er alles wieder ein und verstaute das Bündel in seinem Geheimfach. Das zweite Päckchen legte er zurück, ohne es anzuschauen, denn es enthielt nur seine persönlichen Aufzeichnungen sowie die Aussagen der Spanierin, die er sich notiert hatte. Er lächelte, als er daran dachte, dass er dem Jungen und auch dem Abt und den anderen Mönchen jederzeit hätte sagen können, wer Johannes war und von wem er abstammte. Aber das würde sein Geheimnis bleiben, denn er hoffte, dieses Wissen irgendwann einmal zu Geld machen zu können.

Als Letztes schob er das Giftfläschchen in das Versteck und setzte dann den Quaderstein wieder ein. Nachdem er sein Bett zurückgeschoben hatte, vernahm er draußen Stimmen, die ihm verrieten, dass die anderen Mönche zur Morgenmesse gingen.

Er schloss sich ihnen an und erreichte zwar nicht als Erster, aber doch recht früh die Klosterkirche. Dort bemühte er sich, nicht zu auffällig zu Pater Ewalds Platz zu schauen. Wie auch der Abt war dieser noch nicht erschienen. Er nahm daher auf seinem Stuhl Platz, faltete die Hände und tat so, als bete er still für sich.

Wenig später erschienen Abt Christoph, Ewald von Bamberg und Pater Cyprian. Dieser entdeckte die Rose als Erster.

»Seht euch das an! Da hat sich wohl jemand einen Scherz mit uns erlaubt«, sagte er und griff nach der Rose.

Pater Norbert erschrak, denn er sah Pater Cyprian schon tot und den, den es treffen sollte, am Leben.

»Überlass die Rose mir, Bruder! Schließlich liegt sie auf meinem Platz«, sagte Ewald von Bamberg in einem Ton, der verriet, dass er nicht an ein himmlisches Zeichen in der Art der weißen Lilie von Corvey glaubte. Er hob die Rose auf, schnupperte an ihrer Blüte und verzog ein wenig den Mund.

»Sie mag schön aussehen, aber sie riecht nicht besonders gut«, erklärte er, während er Platz nahm und die Rose gedankenverloren in den Fingern hielt.

Pater Norbert musste sich zwingen, ihn nicht anzustarren. Noch zeigte Ewald von Bamberg kein Anzeichen, dass das Gift, das sich auf dem Stiel der Rose befand, ihm schaden könnte, sondern folgte der Messe, die diesmal Pater Johannes Gruber hielt, mit großer Aufmerksamkeit. Er stand sogar geschmeidig auf, als diese zu Ende war.

»Zwar weiß ich nicht, wem ich diese Rose verdanke, doch werde ich sie in Ehren halten«, sagte er auf eine Weise, als amüsiere er sich über den Mitbruder, der sich die Erzählung von der Lilie von Corvey zum Vorbild genommen hatte, um ihn zu erschrecken. Um zu zeigen, dass er auf so etwas nicht hereinfiel, drehte er den Stiel der Rose in der Hand, und sein Feind sah deutlich, dass er sich dabei mindestens zweimal in den Finger stach.

Pater Norbert hatte zwar nicht erwartet, dass Ewald von Bamberg wie von einem Blitz getroffen zu Boden stürzen würde, fühlte aber doch eine gewisse Enttäuschung. Hatte ihn der Alchemist betrogen und ihm ein harmloses Mittel verkauft?, fragte er sich. Er musste seine gesamte Beherrschung aufwenden, um sich nichts anmerken zu lassen.

8.

Johannes hatte von seinem Platz aus beobachtet, wie Ewald von Bamberg die Rose gefunden und an sich genommen hatte. Während der ganzen Messe konnte er nur an das denken, was Heinrich von Corvey über den Fluch der weißen Lilie erzählt hatte. Selbst im Traum verfolgte ihn dieser Bericht noch, und nun waren es weiße Rosen statt der Lilien, die jeder Mönch auf seinem Platz fand, und er fühlte deren Angst vor dem Tod, so als stünde dieser unmittelbar bevor.

Als er am Morgen aufwachte, suchte er noch vor dem Frühstück Bruder Vincentius auf. »Was sagst du zu der weißen Rose, die Pater Ewald gestern gefunden hat?«, fragte er ihn.

Der alte Mönch sah ihn verwundert an. »Deshalb machst du dir Gedanken? Es hat sich gewiss einer der Brüder einen Scherz mit dem Pater erlaubt. Du weißt doch, dass nicht jeder Ewald von Bamberg mag. Einige finden ihn zu streng, andere halten ihn für einen Besserwisser, und für die meisten ist er jemand, der ihnen gegen ihren Willen als Abt aufgedrängt werden soll. Dabei ist es eigentlich Brauch, dass wir Mönche unser Oberhaupt selbst wählen.«

»Aber es heißt, Kaiser Friedrich habe sich das Recht ausbedungen, geistliche Stellen selbst hier in dem zu Bamberg zählenden Land zu besetzen«, wandte der Junge ein.

»Das hat dir gewiss Pater Cyprian berichtet!« Bruder Vincentius lachte leise und schüttelte dann den Kopf. »Weißt du, Kleiner, was in den Köpfen der großen Herren vorgeht, erfährt keiner von uns wirklich. Wir bemerken es nur, wenn man uns den Riemen um den Bauch immer enger schnallt.«

»Du meinst, dass wir deswegen Hunger leiden müssen?«

»Nein, das nicht!«, antwortete Bruder Vincentius. »Ich wollte damit sagen, dass unsere überlieferten Rechte immer mehr eingeschränkt werden, weil der frühere Kaiser und nun sein Nachfolger Priester, die ihnen verpflichtet sind, an wichtigen Orten einsetzen, obwohl dies seit Menschengedenken das Recht unseres Klosters oder das des Fürstbischofs in Bamberg ist. Zu verstehen ist's ja, denn schließlich grenzen wir an venezianisches Gebiet, und die Venezianer sind keine Freunde von König Maximilian.«

Johannes hatte sich noch nicht mit den Tiefen der Politik befasst, um eine eigene Meinung äußern zu können. Außerdem bewegte ihn die weiße Rose, die Pater Ewald gefunden hatte, weitaus mehr als der ihm unbekannte König oder die fernen Venezianer.

»Wir müssen in die Kirche! Die Messe fängt gleich an«, sagte er zu Pater Vincentius und ging zur Tür.

Der alte Mönch nickte. »Diesmal wird Pater Ewald sie halten. Du wirst gleich sehen, dass es mit der weißen Rose nichts auf sich hat.«

Es gelang dem alten Mönch, Johannes so weit zu beruhigen, dass dieser ohne Herzklopfen die Klosterkirche betreten und auf dem ihm zugewiesenen Stuhl Platz nehmen konnte. Bruder Vincentius setzte sich neben ihn und blickte zum Eingang. Eben betraten der Abt, Pater Cyprian und Pater Johannes Gruber die Kirche und suchten ihre Plätze auf. Ewald von Bamberg hingegen ließ sich Zeit.

Die Mönche wurden unruhig und blickten sich immer wieder um. Pater Ewald blieb aus.

»Er wird doch nicht verschlafen haben?«, fragte einer. »Ich habe ihn am Abend noch gesehen. Er hat in einem Buch gelesen und ist wohl erst spät zu Bett gegangen.«

Der Abt deutete verärgert auf Bruder Michael, den jüngsten seiner Mönche. »Geh und hole den Bamberger! Sag ihm, dass es nicht recht von ihm ist, uns warten zu lassen.«

Bruder Michael erhob sich und ging mit raschen Schritten

davon. Bereits nach kurzer Zeit kehrte er mit entsetztem Gesicht zurück.

»Bruder Ewald liegt in seiner Zelle und ist tot!«

Seine Worte schlugen ein wie eine Kanonenkugel der Türken. Für ein paar Augenblicke war es still, dann sprangen alle auf und eilten los. Vor dem Zimmer, das Pater Ewald bewohnte, hielten sie sich jedoch zurück und ließen dem Abt und den hochrangigen Mönchen den Vortritt.

Diese betraten die Zelle, sahen Pater Ewald starr auf seinem Bett liegen und mussten nicht einmal seinen Puls fühlen, um zu erkennen, dass der Herr ihn zu sich gerufen hatte.

Irgendwie gelang es Johannes, sich zwischen den erwachsenen Männern hindurchzuschlängeln und einen Blick in den Raum zu werfen. Im Gegensatz zu seiner und Bruder Vincentius' Zelle befand sich in diesem Raum ein großes Bett, ein Schrank und eine schwere Truhe. Auch gab es einen Tisch und mehrere Stühle. Den Jungen interessierte im Augenblick jedoch nur der Tote. Pater Ewald lag auf seinem Bett, das Gesicht zu einer Maske des Schmerzes verzerrt, und er hatte die Finger der rechten Hand so um den Stiel der verhängnisvollen weißen Rose gekrallt, dass die Dornen tief ins Fleisch gedrungen waren.

Es war ein schrecklicher Anblick, und es grauste dem Jungen. Als Pater Cyprian ihn entdeckte, packte er ihn und schüttelte ihn. »Das ist kein Platz für dich! Gehe in deine Zelle und nimm dir ein Blatt Papier. Ich will später beim Unterricht den Text in Deutsch sehen, den wir gestern auf Lateinisch durchgenommen haben.«

Johannes nickte mit zuckenden Lippen und eilte los. Den Anblick des toten Bambergers, das fühlte er, würde er niemals vergessen.

Unterdessen wandte Abt Christoph sich an zwei Mönche. »Kümmert euch um den armen Ewald und sorgt dafür, dass er einen anständigen Sarg bekommt. Ich will ihn ungern nur in ein Leintuch gehüllt begraben lassen, so wie die türkischen Heiden es mit ihren Toten machen.«

Beide Mönche nickten und betraten Pater Ewalds Raum, wagten aber nicht, ihn zu berühren. »Was machen wir mit der Rose?«, fragte einer mit dem festen Vorsatz, sich zu weigern, falls der Abt verlangen sollte, er solle sie dem Toten abnehmen.

Pater Norbert, der die Rose präpariert hatte, zuckte zusammen. Wenn ein zweiter Mann durch das Gift starb, würde man den Tod des Bambergers als Mord und nicht mehr als ein Eingreifen der himmlischen Mächte ansehen und entsprechend nachforschen. Obwohl ihm nicht wohl dabei war, trat er zu der Leiche, fasste nach deren rechter Hand und brach die Finger auf, so dass sie die Rose freigaben und diese zu Boden fiel. Mit einem Tuch hob er sie auf und sah fragend den Abt an. »Wenn Ihr erlaubt, werde ich die Rose nach draußen bringen und irgendwo vergraben.«

»Sollten wir sie nicht aufheben als Zeichen des Himmels, der über das Schicksal von uns allen entscheidet?«, wandte Pater Johannes Gruber ein.

Der neben ihm stehende Mönch schüttelte entsetzt den Kopf. »Bist du so gewiss, dass diese Rose ein Zeichen des Himmels ist? Für mich ist dies eher eine Tat des Satans. Bedenkt, der Rosenstock hat jahrelang nicht mehr geblüht, und ausgerechnet jetzt trieb er eine weiße Rose, just zu der Zeit, in der Bruder Heinrich hier erschienen ist und über den Fluch von Corvey geredet hat.«

Für Pater Norbert waren diese Worte wie Gift, denn sie mochten dazu führen, dass nach dem Handlanger des Teufels gesucht wurde, da dieser die Rose gewiss nicht mit eigener Hand in einen so geheiligten Ort wie die Klosterkirche hatte bringen können.

»Ich glaube, du irrst dich, Bruder«, sagte er deshalb. »Die weiße Rose war gewiss ein Zeichen des Himmels. Er will uns vor dem Diktat des Fürstbischofs bewahren, der uns einen

Landfremden als Abt aufzwingen wollte. Die vor Gott beschworenen Regeln unseres erhabenen Klosters wären damit gebrochen worden. Dem hat Gott einen Riegel vorgeschoben.«

»Ich denke, du hast recht, Bruder«, erklärte der Abt. Obwohl er mit Ewald von Bamberg ausgekommen war, hatte es ihn doch gekränkt, dass der Fürstbischof diesen als seinen Nachfolger durchsetzen wollte.

»Ich danke Euch, hochehrwürdigster Herr Abt«, antwortete Pater Norbert und eilte mit der Rose davon.

Jetzt erst wagten jene Mönche, die Pater Ewald für seine Beisetzung vorbereiten sollten, den Toten zu berühren. Der Abt verließ die Kammer und wies zur Kirche. »Wir werden nun die Messe feiern und dabei unseren Herrn im Himmel bitten, sich seines armen Dieners Ewald anzunehmen.«

9.

»Maria Anna Elisabeth, wo bist du? Komm sofort her!«
Wenn ihre Kinderfrau sie mit vollem Namen rief, hieß dies, dass sie umgehend zu gehorchen hatte, wenn sie nicht bestraft werden wollte. Allerdings war der Ast eines Kirschbaums nicht gerade der Ort, an dem Maria von Ella, dem Drachen, gefunden werden wollte. Die Kinderfrau hatte ihr bereits mehrfach untersagt, auf den Baum zu klettern. Nur schmeckten die Kirschen so gut, und es gab niemanden, der sie für sie gepflückt hätte.

»Maria Anna Elisabeth! Ich rufe kein drittes Mal. Wenn du nicht sofort kommst, wird dein Ziehvater seine Rute auf deinem Hinterteil tanzen lassen. Es ist sein Wille, dass du sofort kommst, um seine Gäste zu begrüßen.«

Ella, der Drachen, klang ziemlich zornig, fand Maria. Sie wunderte sich, weil sie auf einmal den Gästen ihres Ziehvaters vorgeführt werden sollte. Bislang hatte sie nämlich als zu jung dafür gegolten. Sie musste diesem Befehl jedoch gehorchen. Obwohl ihr Ziehvater im Allgemeinen freundlich zu ihr war, war es gewiss nicht klug, ihn zu verärgern.

»Ich komme ja schon!«, rief sie ihrer Kinderfrau zu und kletterte vorsichtig den Kirschbaum hinab.

Ella, eine dunkel gekleidete Frau mittleren Alters, blickte sich um, ohne sie zu entdecken. »Wo bist du?«, fragte sie erneut.

»Hier!« Maria wackelte seufzend mit einem Zweig und sah, wie ihre Kinderfrau den Baum hochschaute.

»Du Biest bist wieder hinaufgeklettert, obwohl ich es dir streng verboten habe. Na warte, gleich gibt es was!«, drohte Ella.

Sofort kletterte Maria wieder ein Stück nach oben und setzte sich auf eine Astgabel. So konnte der Drachen sie nicht erreichen.

Die Kinderfrau begriff, dass sie auf diese Weise nicht weiterkam. Bis sie einen Knecht fand und dieser eine Leiter, um zu dem Mädchen hochzuklettern, würde zu viel Zeit vergehen. Dabei waren die ersten Gäste bereits erschienen.

»Komm jetzt herab! Du erhältst auch keine Schläge dafür, weil du auf den Baum geklettert bist«, versicherte sie ihr einlenkend.

»Ist das auch wahr?«, fragte Maria, die gewohnt war, dass Erwachsene oft etwas versprachen, ohne es einhalten zu wollen.

»Wenn ich es dir doch sage!«, rief die Kindsmagd.

Der Gedanke, dass ihr Ziehvater härter zuschlagen konnte als Ella, brachte Maria dazu, zu gehorchen. Sie kletterte den Baum hinab, brauchte zuletzt aber die Hilfe ihrer Kinderfrau, um wieder auf festen Boden zu gelangen. Kaum stand sie vor Ella, hob diese drohend die Hand.

»Tu das nie wieder! Es gehört sich nicht für ein kleines Fräulein wie dich. Wenn unten jemand vorbeigegangen wäre und hochgeblickt hätte, hätte er unter dem Kleid deine Beine und deinen Hintern sehen können.«

»Hätte er nicht, weil ich mich schon so hingesetzt hätte, dass nichts zu erkennen gewesen wäre«, antwortete Maria und musste sich das nächste Schelten der Kindsmagd anhören.

»Wie siehst du nur aus! Dein Kleid ist zerknittert, und auf dem Stoff sind Flecken vom Saft der Kirschen und sogar ein Harzfleck zu sehen. Marsch ins Haus! Du wirst dir Gesicht und Hände waschen und ein frisches Kleid anziehen. Es erscheinen hochgeachtete Gäste, darunter Karl Glauber und Erhard Schönlein, die wichtigsten Geschäftspartner deines Ziehvaters, samt ihren Ehefrauen. Sieh ja zu, dass du höflich grüßt, und sage nichts, wenn du nicht dazu aufgefordert wirst.«

Maria stemmte die Hände in die Seiten und sah ihre Kinderfrau listig an. »Wie soll ich die Gäste denn grüßen, wenn ich nichts sagen darf?«

»Kind, du bringst mich noch ins Grab!«, stöhnte die Kindsmagd. »Grüßen sollst du die Herrschaften, aber sonst nichts reden, hast du verstanden?«

Maria nickte und musste sich ein Kichern verkneifen. Es war einfach zu leicht, den Drachen Ella an der Nase herumzuführen. Diese Frau fiel wirklich auf jeden Scherz herein, und mochte er noch so albern sein.

Da die Zeit drängte, folgte sie der Kinderfrau ins Haus, schoss die Hintertreppe hoch, um nicht den Gästen über den Weg zu laufen, und stürmte in ihre Kammer. Im Allgemeinen musste sie diese mit ihren Ziehschwestern Esther, Susanna und Felicitas teilen, doch deren Mutter Veronika war mit ihnen und ihren Söhnen Andreas und Hans zu ihren Eltern gereist. Eigentlich hätte auch ihr Ziehvater mitfahren sollen, aber diesen hatten Geschäfte zurückgehalten, und sie hatte bleiben müssen, da sie nicht die leibliche Enkelin des alten Paares war.

Ein Blick in den Spiegel verriet Maria, dass zwar ihr Kleid etwas abbekommen hatte, sie selbst aber sauber geblieben war. Trotzdem fuhr sie mit einem nassen Lappen übers Gesicht, zog ihr Kleid aus und jenes an, das ihr Ella reichte. Eigentlich gehörte es nicht ihr, sondern stammte von Esther. Anscheinend hatte ihr Ziehvater die Weisung erteilt, sie festlich zu kleiden.

Dies machte Maria neugierig auf die Besucher. Zwei davon hatte der Drache Ella bereits genannt. Da war zum einen Karl Glauber, ein alter Mann, den sie gelegentlich gesehen hatte, wenn er ins Haus gekommen war. Erhard Schönlein, der zweite Gast, war ein wenig jünger als Glauber und dessen Schwiegersohn.

Maria fragte sich, warum sie ausgerechnet den beiden vorgestellt werden sollte, und nahm daher an, dass noch weitere und vor allem wichtigere Gäste kommen würden.

»Jetzt zapple nicht so, sonst bringe ich die Bänder nicht zu!«, schalt der Drache Ella.

Maria wusste nicht mehr, wer diesen Spitznamen für die Kinderfrau aufgebracht hatte. War es Esther gewesen oder einer der Söhne ihres Ziehvaters aus erster Ehe? Möglicherweise hatte auch sie Ella so getauft. Sie hielt nun still, bis ihr Kleid geschlossen war, ließ zu, dass die Kinderfrau ihr noch rasch das Haar kämmte, und folgte ihr nach draußen. Als sie die Vordertreppe erreichten, hörten sie den Hausherrn, der seinen Gästen eben Wein von besonderer Güte anpries.

10.

Elisabeth Schönlein, die als eine Glauber zur Welt gekommen war, hatte Hans Fugger und dessen Haus bislang nach Kräften gemieden. Diesmal aber hatte dieser darauf bestanden, dass ihre Mutter und sie die Gatten begleiten sollten.

Anna Glauber war neugierig darauf, wie der wichtigste Geschäftspartner ihres Mannes lebte. Anders als sie betrat Elisabeth das Haus mit Widerwillen. Da Hans Fugger in seiner Einladung auch sie namentlich erwähnt hatte, hatte ihr Mann sie gedrängt mitzukommen. Sie hatte sich nicht zu sehr sträuben wollen, sonst wäre vielleicht sein Misstrauen geweckt worden. Außerdem hoffte sie, heimlich ein paar Worte mit Hans Fugger wechseln und diesen fragen zu können, ob er wisse, was aus ihrer gemeinsamen Tochter geworden war.

Ihr Ehemann wusste nichts von dem Mädchen und war stolz auf die beiden Söhne, die sie ihm in den letzten sieben Jahren geboren hatte. Zudem hatte er erklärt, froh zu sein, keine Tochter zu haben, da diese mit einer happigen Mitgift versehen an den Mann gebracht werden müsste.

Elisabeth fühlte sich noch jung genug, weitere Kinder gebären zu können. Was würde Schönlein sagen, wenn das nächste ein Mädchen sein würde?, fragte sie sich und wünschte beinahe, es würde so kommen. Vorerst aber richtete sie ihre Gedanken auf das Fest, das Hans Fugger gab, und zu welchem außer ihren Eltern, ihrem Mann und ihr noch ein halbes Dutzend weiterer Gäste samt Frauen geladen waren. Ihr Blick suchte den Gastgeber, und sie nahm wahr, dass Hans Fugger gerade mit ihrem Vater sprach. Den Gesprächsfetzen entnahm sie, dass dessen Ehefrau für ein paar Wochen zu ihren Verwandten gereist war und die Kinder mitgenommen hatte.

»Die Großeltern wollen sie sehen, und das konnte ich ihnen nicht abschlagen«, erklärte er und sah dann zur Tür.

Elisabeth fühlte sich vom Schicksal betrogen. Wohl war Hans Fugger älter als ihr Mann, aber er hatte noch andere Interessen als Essen, Geschäfte und anzügliche Witze. Da sie sich fragte, worauf er wartete, blickte sie ebenfalls zur Tür.

Eine Frau in der dunklen Tracht einer Bediensteten trat eben ein und hielt ein Mädchen von etwa zehn Jahren an der Hand. Das Kind hatte hellblonde Locken und ein feines, süßes Gesicht, das jedermann entzücken musste.

»Da seid ihr ja!«, rief Hans Fugger und wies auf die Kleine. »Das ist das einzige Kind, das hiergeblieben ist. Da ihre Ziehgeschwister alle fort sind, sagte ich mir, sie solle an unserem Festmahl teilnehmen, damit sie nicht ganz so einsam ist.«

»Wer ist das Kind?«, fragte einer der anderen Gäste.

»Das ist meine Ziehtochter. Mein Vetter Jakob war der Meinung, bei mir wäre sie am besten aufgehoben! Darf ich euch Maria Anna Elisabeth Fugger vorstellen?«

Für Elisabeth war es wie ein Faustschlag in die Magengrube. Sie starrte das Mädchen an in dem Bewusstsein, dass sie ihre eigene Tochter vor sich sah.

»Setz dich, Maria!«, forderte Hans Fugger das Mädchen auf und wies auf den Platz an seiner Seite.

Maria knickste und musterte die Gäste. Die meisten kannte sie vom Sehen. Die schöne Frau, die neben dem vierschrötigen Erhard Schönlein saß, gehörte jedoch nicht dazu. Der Platzanordnung nach handelte es sich um Schönleins Frau. Einem schlechter zusammenpassenden Paar war sie noch nie begegnet. Der Mann war derb und fett, seine Frau hingegen schlank und schön wie ein Engel. Nur wirkte sie etwas blass, und die rechte Hand, in der sie ihr Weinglas hielt, zitterte.

Aus einem inneren Antrieb heraus lächelte Maria der Frau freundlich zu und sah erstaunt, dass diese noch mehr erbleichte.

»Ein hübsches Kind! Ihr sagt, Euer Vetter Jakob Fugger

habe sie Euch geschickt?«, fragte Karl Glauber, der genau wusste, dass er seine Enkelin vor sich sah, aber so tat, als wäre sie eine Fremde.

»So ist es«, erklärte Hans Fugger amüsiert. »Maria Anna Elisabeth ist eine Fugger, wenn auch nicht in einer Ehe geboren.«

Elisabeth Schönlein wusste nicht, ob sie Hans Fugger hassen sollte, weil er sie so unvorbereitet mit ihrer eigenen Vergangenheit konfrontiert hatte, oder ihm danken, weil sie ihre Tochter endlich einmal sehen durfte. Sie musste an ihre Söhne denken. Obwohl diese noch Kinder waren, wiesen sie bereits die massige Gestalt des Vaters auf und glichen ihm auch im Charakter. Selbst die Rute, die sie gelegentlich einsetzte, brachte die beiden nicht dazu, sich so zu benehmen, wie es sich gehörte. Allerdings war ihr Mann ein schlechtes Beispiel, denn er verhielt sich gegenüber allen Menschen rüpelhaft, bei denen er es sich leisten konnte.

Während sie Maria betrachtete, wünschte sie, sie hätte das Kind behalten und selbst aufziehen können. Wie schön musste es sein, ein so liebenswertes Mädchen um sich zu haben. Dann aber dachte sie erneut an ihre Söhne, die ihre Rangkämpfe bereits mit Fäusten austrugen. Ein zartes Mädchen hätte einen schweren Stand gegen die beiden.

Unterdessen hatte Maria Platz genommen und bemühte sich, ihrem Ziehvater Ehre zu machen. Auch wenn er nicht so streng war wie ihre Ziehmutter, die gelegentlich die Rute benützte, konnte er ihr mit einem grimmigen Gesicht die Leviten lesen. Außerdem würde Ella, der Drache, sie hinterher bestrafen.

Das Gespräch drehte sich vor allem um Handel. Hans Fugger tätigte bereits seit etlichen Jahren in Nürnberg Geschäfte, zunächst in kleinerem Rahmen für sich selbst und später als Mittelsmann seines Vetters Jakob. Dabei hatte er ein Vermögen angehäuft, das ihn den Niedergang des väterlichen Handelshauses, den sein Bruder Lukas zu verantworten hatte, zwar nicht vergessen ließ, ihm aber nun ein angenehmes Leben ermöglichte. Außerdem, sagte er sich, war es gleichgültig, ob sein Bruder der Regierer war oder sein Vetter. Als Kaufmann war Jakob auf jeden Fall erfolgreicher als Lukas.

Nun wandte er seine Aufmerksamkeit Maria zu und freute sich, wie artig sie bei Tisch saß. Bei seinen anderen Töchtern hätte er mehr Bedenken gehabt, sie in Marias Alter an einer Gastlichkeit teilnehmen zu lassen. Doch ging es ihm weniger um das Mädchen als um seine Gäste.

»Esst und trinkt!«, forderte er sie auf. »Es mag eine Zeit dauern, bis wir wieder so fröhlich zusammensitzen können.«

Maria hob den Kopf. In der Familie hatte es bereits Gerüchte gegeben, man müsse Nürnberg verlassen. Sie fand es ein wenig traurig, denn hier kannte sie die Straßen und Wege und hatte Freundinnen gefunden. Die würde sie zurücklassen müssen. Sie mochte ungern an einem Ort leben, wo sie nur ihre Stiefgeschwister kannte. Ein paar davon mochte sie, andere hingegen benahmen sich ihr gegenüber garstig. Den Grund kannte sie nicht, ahnte aber, dass ihre Ziehmutter dahinterstecken musste. Warum diese sie nicht leiden mochte, hatte sie bisher nicht herausgefunden.

Trotzdem fand sie ihr Leben angenehmer als das einiger anderer Mädchen, die sie kannte. Diese mussten teilweise viel arbeiten, und eines der Mädchen wurde von ihren Stiefbrüdern bedrängt, für sie die Röcke zu heben. Sie hatte zwar Ziehbrüder, doch die Älteren waren bereits außer Haus und wussten zudem genau, dass ihre Ziehmutter wie Gewitter zwischen sie fahren würde, wenn sie von ihr oder den anderen Mädchen etwas verlangen sollten, was gegen Sitte und Gottes Gebot verstieß.

Während seine Tochter ihren Gedanken freien Lauf ließ, hob Hans Fugger seinen Becher. »Werte Freunde! Ich war gerne in eurer Runde. Doch jetzt ist es an der Zeit, die Stadt Nürnberg, in der ich so viele Jahre gelebt habe, zu verlassen.«

»Ihr wollt fort?« Glauber sah ihn entsetzt an, denn er befürchtete, die guten Geschäfte, die er mit Hans Fuggers Unterstützung getätigt hatte, würden nun ein Ende nehmen. Auch Schönlein zog ein langes Gesicht, während andere Gäste Schadenfreude empfanden. Sie hätten in den letzten Jahren auch gerne mit Hans Fugger zusammengearbeitet, doch dieser hatte ihnen Glauber und Schönlein stets vorgezogen.

»Wollen?« Hans Fugger lachte kurz. »Will ich aus Nürnberg fort, das mir zur Heimat geworden ist? Es ist der Wunsch meines Vetters Jakob, dass ich als sein Faktor in einer neu errichteten Faktorei wirken soll. Ich werde im nächsten Monat nach Augsburg reisen, um mich mit ihm über diese Sache zu beraten. Was die Geschäfte in Nürnberg betrifft, so wird er einen fähigen Mittelsmann senden.«

Glauber und Schönlein atmeten auf, und andere Handelsmänner schöpften Hoffnung, dadurch etwas von dem Kuchen abzubekommen, den Jakob Fugger hier backen lassen würde. Der Augsburger Kaufherr hatte seine Geschäfte im Lauf der Jahre immer mehr ausgedehnt, und es hieß, er stünde in der besonderen Gnade Seiner Majestät, König Maximilians, der seinem Vater Friedrich III. vor wenigen Jahren als Herrscher des Heiligen Römischen Reiches nachgefolgt war.

Obwohl Maria mit den Geschäften ihres Ziehvaters nur wenig vertraut war, hörte sie aufmerksam zu. Sie wusste, dass er immer wieder mit seiner Frau darüber sprach und auch das eine oder andere Mal auf deren Rat gehört hatte. In ihren Augen sollte eine Frau in der Lage sein, ihrem Ehemann in allen Belangen beizustehen und ihm nicht nur den Haushalt zu führen.

Bei dem Gedanken huschte ein leichter Schatten über ihr Gesicht. Den Worten ihrer Ziehmutter nach war sie ein Bastard, der auf keine ehrliche Heirat zu hoffen brauchte. Ein Bastard war ein Kind, das nicht in einer Ehe geboren worden war, so viel wusste sie. Allerdings hielt sie es für ungerecht, ein Kind, das nichts dafür konnte, für die Verfehlungen der Eltern zu bestrafen.

Marias Gedanken glitten zu ihrem eigentlichen Problem zurück. An einem neuen Wohnort war ihre Bekanntschaft zunächst auf die Familie ihres Ziehvaters beschränkt. Sie war sicher, dass ihre Ziehmutter und mindestens eine ihrer Ziehschwestern schlecht über sie reden würden. Da dies hier in Nürnberg erst vor etwa zwei Jahren begonnen hatte, war es ihr als Kind leichter gefallen, Freundschaften zu schließen, als es in Zukunft der Fall sein mochte.

Maria musste sich zusammennehmen, um nicht in Tränen auszubrechen. Da sie nicht weiter an dieses unangenehme Thema denken wollte, betrachtete sie die Gäste ihres Ziehvaters. Die meisten würde sie wohl nie wiedersehen. Bei jemandem wie Schönlein empfand sie deswegen kein Bedauern. Dieser beschimpfte aus nichtigem Anlass andere Leute, außerdem soff und fraß er wie ein Schwein.

Maria fragte sich, wie seine Frau es mit ihm aushalten konnte. Diese war sehr schön, aber auch blass und in sich gekehrt. Dabei blickte sie immer wieder zu ihr herüber. Da Maria wusste, dass Schönlein nur zwei Söhne hatte, vermutete sie, dass die Frau sich nach einer Tochter sehnte. Dabei schien sie noch jung genug zu sein, um weitere Kinder bekommen zu können – so wie ihre Ziehmutter, die sogar älter war als Elisabeth Schönlein.

Die Nachricht, Hans Fugger werde Nürnberg verlassen, ließ sich, wie Erhard Schönlein behauptete, nur mit ein paar Humpen Wein ertragen. Auch die übrigen Gäste sprachen dem Wein und dem ausgezeichneten Mahl kräftig zu. Es gab Wachteln mit Teigfüllung, eine im Ganzen gebratene Gans, Unmengen von knusprig gebratenen Schweinerippen, und für den, der dann noch Hunger hatte, wurden auch noch gerösteter Speck und gekochte Rinderzungen aufgetragen.

Angesichts des Festmahls hob sich die Stimmung der Gäste, die sich von der Nachricht der baldigen Abreise Hans Fuggers eingetrübt hatte, rasch wieder. Man wünschte ihm alles Gute, und Anna Glauber fragte ihn, ob seine Frau noch einmal nach Nürnberg kommen werde.

Hans Fugger schüttelte den Kopf. »Dies ist unwahrscheinlich, da Veronika eine gewisse Zeit bei ihren Eltern bleiben wird. Sie und die Kinder kommen erst nach, wenn ich uns an meinem Wirkungsort ein neues Heim geschaffen habe.«

Maria schloss daraus, dass sie ebenfalls zu den Eltern ihrer Ziehmutter gehen musste, und sie fragte sich, weshalb Veronika Fugger sie nicht gleich mitgenommen hatte.

Hans Fugger liebte Musik, und daher hatte er auch an diesem Abend Spielleute kommen lassen, die seinen Gästen aufspielen sollten. Mehrere Männer verspürten Lust zum Tanzen und forderten ihre Frauen auf, ihnen zu dem freien Platz im Saal zu folgen. Auch Erhard Schönlein stand auf und streckte Elisabeth die Rechte fordernd entgegen.

»Komm! Wir wollen doch den anderen zeigen, wie es richtig geht.«

Elisabeth stand seufzend auf. Wenn ihr Mann tanzte, geschah dies mit der Wucht eines durchgehenden Ochsen, den die Bremsen gestochen hatten. Auf die vorgeschriebenen Schrittfolgen achtete er wenig, ihm ging es ums eigene Vergnügen, das umso größer wurde, je mehr er es anderen verdarb.

Hans Fugger betrachtete seine Gäste amüsiert. Von Erhard Schönlein hatte er erwartet, dass dieser nichts bemerkte. Schließlich wusste der Mann nicht, dass seine Frau bereits ein Kind geboren hatte, als sie mit ihm vor den Traualtar getreten war. Karl Glauber und dessen Frau hätte jedoch Marias Ähnlichkeit zu ihrer Tochter auffallen müssen. Die beiden tanzten auch, bemühten sich dabei jedoch, möglichst fern von ihrem Schwiegersohn zu bleiben.

Es war ein lustiges Treiben, und Hans Fugger bedauerte es, dass er mangels einer Partnerin nicht daran teilnehmen konnte. Da fiel sein Blick auf Maria. Das Mädchen war noch klein, aber so grazil, dass es die Tanzschritte rasch lernen würde.

»Komm, Kind! Wenn alle tanzen, wollen wir uns nicht ausschließen«, sagte er zu ihr und reichte ihr den Arm.

Maria wusste nicht, was sie davon halten sollte. Für solche Festlichkeiten und den Tanz war sie doch noch viel zu jung. Ihrem Ziehvater musste sie jedoch gehorchen, und so folgte sie ihm auf die freie Fläche. Dort erklärte er ihr in knappen Worten, wie sie die Füße zu setzen hatte, und reihte sich mit ihr in die Gruppe der Tänzer ein. Schon rasch stellte er fest, dass er sich mit seiner kleinen Partnerin nicht blamieren würde. Sie tanzte eleganter als die erwachsenen Frauen, und ihr konnte bis auf Elisabeth keine das Wasser reichen.

Während diese sich abmühte, bei den wilden Bewegungen ihres Mannes nicht zu stolpern oder gar gegen jemanden zu prallen, traf Elisabeths Blick immer wieder ihre Tochter. Es war ungerecht, dass Hans Fugger diese um sich haben und jederzeit berühren durfte, während sie selbst sich mit ihren rabaukenhaften Söhnen herumschlagen musste. Gleichzeitig wühlte es schmerzhaft in ihr, dass Maria Anna Elisabeth Nürnberg zusammen mit ihrem Vater verlassen und sie sie wohl nie mehr wiedersehen würde. Ihr Wunsch, das Kind wenigstens einmal in den Armen zu halten, wurde schier übermächtig.

Als alle wieder ihren Plätzen zustrebten, löste sich Elisabeth aus dem Griff ihres Mannes und trat auf den Gastgeber und seine kleine Partnerin zu.

»Nun, mein Kind, du bist sehr geschickt im Tanz«, sprach sie das Mädchen an.

Maria knickste, so wie der Drache Ella es immer verlangte, wenn sie eine der Patrizierfrauen traf, und blickte dann zu der schönen Frau auf. Ein eigenartiger Schimmer stand in deren Augen, und um ihren Mund bildeten sich zwei kurze Kerben.

»Maria Anna Elisabeth ist ein sehr geschicktes Kind«, lobte Hans Fugger seine Ziehtochter, da das Mädchen stumm blieb. »Ihre Kinderfrau vermag sie trotz allen Bemühens nicht von den Kirschbäumen im Garten fernzuhalten. Ich glaube, kein Knabe kann besser klettern als sie.«

»Aber das ist doch sehr gefährlich!« Elisabeth sah die Tochter in ihrer Phantasie bereits vom Baum stürzen und hätte ihr am liebsten befohlen, solche Dummheiten zu unterlassen.

»Wenn man es richtig macht, ist es nicht gefährlich. Ich bin bis jetzt immer wieder heil herabgekommen, im Gegensatz zu dem Nachbarsjungen Görch, der im letzten Jahr von deren Zwetschgenbaum gefallen ist und sich dabei den Arm gebrochen hat«, antwortete Maria.

»Aber Ella hat recht! Du solltest so etwas nicht tun.« Zum einen war Hans Fugger stolz auf seine geschickte Tochter, hatte aber auch ein wenig Angst um sie, weil Maria ihre Grenzen nicht immer zu erkennen vermochte.

Elisabeth streckte vorsichtig die Hand aus und berührte das Gesicht des Mädchens. »Sei immer brav und gehorche Gott«, sagte sie leise.

Dann überwältigte sie die Sehnsucht nach dem Kind, und sie schloss es in die Arme. Eine Träne rann ihr über die Wange, als sie Maria wieder losließ und Hans Fugger ansah.

»Danke!« Es klang wie ein Hauch, dann trat sie zurück und setzte sich wieder an ihren Platz.

Auch Hans Fugger führte Maria zurück zu ihrem Stuhl, entschied sich dann aber anders. »Es wird spät! Ella soll dich ins Bett bringen«, erklärte er und winkte die Kinderfrau heran.

Maria knickste, sah noch einmal zu Elisabeth hin und winkte dieser kurz. Dann folgte sie Ella und verließ den Raum.

»Wirklich ein schönes Kind! Und so fügsam!«, lobte Anna Glauber das Mädchen.

Hans Fugger nickte, obwohl fügsam nicht unbedingt die richtige Bezeichnung für Maria war. In seinen Gedanken hallte immer noch Elisabeths »Danke« nach, und er fühlte sich beschämt. Eigentlich hatte er Maria seinen Gästen nur vorgeführt, um zu sehen, ob Elisabeth die Tochter und deren Eltern die

Enkelin erkennen würden. Doch was als Scherz gedacht gewesen war, hatte Elisabeth, die ihm seit ihrer Heirat mit Erhard Schönlein nur wenig Aufmerksamkeit hatte zukommen lassen, einige wenige Augenblicke des Glücks beschert.

11.

Bislang war Maria noch nie weiter aus Nürnberg hinausgekommen als eine Strecke, die sie zu Fuß in wenigen Stunden hatte bewältigen können. Nun musste sie die Stadt verlassen und wusste nicht, ob sie je zurückkehren würde. Den vorherigen Tag hatte sie genutzt, um sich von ihren Freundinnen zu verabschieden. Dabei war die eine oder andere Träne geflossen, denn sie fand es grausam, von jenen scheiden zu müssen, die sie mochte.

Nun musterte sie mit großen Augen den Reisewagen, in dem ihr Ziehvater, der Drache Ella und sie fahren würden. Es war ein festes Gefährt mit kräftigen Achsen und breiten Rädern. Der Wagenkasten bestand aus bemaltem Holz und das gerundete Dach aus ebenfalls bemaltem Leder.

Sie musste über eine dreistufige Leiter einsteigen und sah, dass der hintere Teil des Wagens mehrere Truhen enthielt. Vorne gab es eine gepolsterte Bank, auf der sie sitzen würden. Maria wartete, bis auch Ella und ihr Vater eingestiegen waren, denn sie wollte nicht vor den Erwachsenen Platz nehmen. Ihr Ziehvater setzte sich auf die rechte Seite der Bank, Ella auf die linke, und für sie blieb die Mitte frei.

Als sie dort saß, war sie ein wenig enttäuscht, denn von ihrem Platz aus sah sie kaum mehr als den Rücken des Fuhrmanns, der das Vierergespann lenkte, und den seines Gehilfen. Ihr Ziehvater hatte es etwas besser. Da er größer war als sie, konnte er an den beiden vorbeischauen und etwas von der Gegend sehen, durch die sie fahren würden.

»Was hast du?«, fragte Hans Fugger, als er das enttäuschte Gesicht seiner Tochter bemerkte.

»Ich sehe von hier aus nichts. Kann ich mich vorne zu den Fuhrleuten setzen?«

»Wo denkst du hin!«, rief Hans Fugger kopfschüttelnd. »Dein Platz ist hier im Wagen. Vorne sitzen nur Mägde und Knechte.«

»Warum sitzt dann Ella bei uns? Sie ist doch auch eine Magd«, sagte Maria nachdenklich.

Ihre Kinderfrau schnaubte beleidigt, während Hans Fugger lachen musste. »So wie der Fuhrknecht auf seine Pferde, so muss Ella auf dich achtgeben. Deshalb sitzt sie hier neben dir und nicht vorne. Der Kutscher sitzt ja auch vorne, um seine Pferde zu lenken, und nicht hier bei uns.«

Das leuchtete Maria ein. Trotzdem ruckte sie unruhig hin und her, bis ihr Vater eines der Fenster öffnete, das in die Lederplane eingeschnitten war und durch eine Klappe aus dem gleichen Leder verschlossen werden konnte. »Siehst du jetzt etwas, du Quälgeist?«, fragte er.

»Ein wenig mehr schon«, antwortete Maria und beugte sich vor, um hinauszuschauen.

In gleichen Augenblick trieb der Fuhrmann die Pferde an, und sie sank durch den Ruck wieder zurück.

»Komm, setz dich hierher«, forderte ihr Vater sie auf und machte ihr Platz. Sofort rutschte Maria nach außen, während er sich zwischen sie und Ella setzte.

»Ihr gebt dem Mädchen zu viel nach, Herr Fugger«, beschwerte sich die Kindsmagd.

»Mir ist es lieber, Maria sieht die ganze Zeit hinaus, anstatt uns die Ohren vollzujammern.« Hans Fugger erinnerte sich noch gut an die Fahrten mit seinen ehelichen Kindern, die nicht immer friedlich verlaufen waren und das eine oder andere Mal sogar in Tränen geendet hatten.

Für die nächste Zeit war Maria beschäftigt. Sie betrachtete die Gebäude, die ihren Weg säumten, und schließlich das Tor, durch das sie Nürnberg verlassen sollten. Auf dem Weg dorthin kam ihnen eine Frau entgegen, wich zur Seite aus und sah mit Tränen in den Augen in den Wagen hinein. Es war Elisabeth, die an dieser Stelle gewartet hatte, bis Hans Fugger aufgebrochen war. Zwar erhaschte sie nur einen kurzen Blick auf ihre Tochter, doch sie hatte die Kleine noch einmal sehen wollen, nachdem sie sie erst vor wenigen Tagen wiedergefunden hatte und nun für immer verlieren würde.

Bei einer Wegbiegung entdeckte Maria, dass ihrem Wagen drei weitere folgten, deren Ladung von festgezurrten Planen geschützt wurde. Außerdem ritten ihnen sechs Bewaffnete voraus, und vier weitere folgten ihnen.

»Das muss sein – wegen der Räuber!«, erklärte ihr Vater, als sie ihn danach fragte. »Wir haben das eine oder andere von Wert dabei, das derlei Gelichter anziehen könnte. Aber wenn sie unsere Waffenknechte sehen, wird ihnen das Rauben schon vergehen.«

»Wann kommen wir bei Euren Schwiegereltern an?«, fragte Maria weiter.

Hans Fugger sah sie erstaunt an. »Wie kommst du darauf, dass wir dorthin reisen?«

»Ich dachte es mir, weil Ihr sagtet, die Ziehmutter und die anderen würden erst zu Euch kommen, wenn Ihr ihnen ein Heim bieten könnt!«

»Das bedeutet nicht, dass du auch dorthin gebracht wirst. Du und Ella, ihr werdet mich nach Kärnten begleiten«, erklärte ihr Vater.

»Wo ist dieses Kärnten?«, wollte Maria wissen.

»Da müssen wir etliche Tage reisen! Doch vorher muss ich nach Augsburg, um mich mit meinem Vetter Jakob zu beraten. Er ist ein sehr wichtiger Mann, lass dir das gesagt sein. Du darfst in seinem Haus dein Zimmer nur dann verlassen, wenn Ella es dir erlaubt.«

Das hört sich langweilig an, dachte Maria enttäuscht. Dabei hätte sie sich gerne in Augsburg umgesehen, denn es musste eine interessante Stadt sein. Die Nürnberger mochten den Ort nicht, weil die Augsburger Kaufleute den ihrigen Konkurrenz machten und sie an vielen Stellen sogar übertrafen.

Maria war noch zu jung, um lange über die Rivalität zwischen den Städten und ihren Handelsherren nachdenken zu wollen, sondern sah lieber staunend zum Fenster hinaus. Auch wenn die Zugpferde im Schritt gingen, so kamen sie rasch vorwärts. Schon bald blieb Nürnberg mit seinen vorgelagerten Orten hinter ihnen zurück, und es ging durch schier endlose Föhrenwälder. Marias Phantasie gaukelte ihr vor, dass sich hier Räuber versteckt hielten. Doch der kleine Wagenzug blieb unbehelligt.

Nach einer Weile hieß Hans Fugger den Fuhrmann anhalten und stieg vom Wagen. »Ihr solltet jetzt in die Büsche gehen. Gebt auf Zecken acht. Nicht, dass diese euch an gewissen Stellen beißen«, riet er Maria und deren Kindsmagd.

Während die beiden im Waldsaum verschwanden, hatten die Männer es leichter. Sie stellten sich an den Straßenrand, öffneten ihre Hosen und richteten ihren Strahl in den Straßengraben.

Anschließend ging es weiter. Zunächst unterhielt Maria sich noch mit ihrem Ziehvater und Ella, dann sank sie in die Polster zurück und schlief trotz des rüttelnden Wagens ein.

Hans Fugger hatte die Fahrt ausgezeichnet vorbereitet. Zu Mittag kamen sie an einen Gasthof, bei dem ihnen Speisen in den Wagen gereicht wurden, die sie auf ihrem weiteren Weg verzehren konnten. Am Abend hielten sie vor einem weiteren Gasthof an, zu dem zwei Knechte aus Fuggers Haushalt vorausgeritten waren. Diese warteten ihnen nun auf.

Die Bettwäsche war ebenfalls vorausgeschickt worden, so dass sie nicht in modrig riechenden Decken schlafen mussten, und am Morgen wurde ihnen ein reichliches Frühstück vorgesetzt. Einer der Knechte verstaute noch ein kleines Fässchen Wein und etwas Wegzehrung im Reisewagen, dann ritten er und sein Kamerad los, um sowohl für das Mittagessen wie auch die nächste Übernachtung zu sorgen.

12.

Es war Marias erste große Reise, und ihr schien es wie ein Wunder, die unterschiedlichen Landschaften vorbeiziehen zu sehen. Als sie einige Tage später Augsburg erreichten, kam ihr die Stadt noch größer und prächtiger vor als Nürnberg. Zwar vermochte Augsburg nicht mit einer kaiserlichen Burg zu prunken, hatte aber stattliche Patrizierhäuser, die den Reichtum der Stadt deutlich zur Schau stellten.

Das Heim der Fugger von der Lilie zählte zu den größten und am schönsten geschmückten Häusern, stach aber nicht aus einer Reihe ähnlicher Bauten hervor. Jakob Fugger wusste, dass zu viel Bescheidenheit dazu führte, geringer geachtet zu werden, als es angebracht war, während zu großer Prunk Neid und Begehrlichkeit nach sich zog.

Hans Fugger spürte eine gewisse Eifersucht, denn seine Vettern Jakob, Georg und Ulrich hatten sich mittlerweile eine Bedeutung erarbeitet, die die seines Familienzweigs bei weitem übertraf. Vor weniger als zwei Jahrzehnten war es noch anders gewesen. Er schob diesen Gedanken rasch beiseite, denn es waren seine Vettern, durch die er nun sein Geld verdiente, und nicht mehr der Bruder, der als Kaufmann so fürchterlich gescheitert war.

Der Wagenzug fuhr durch das Tor in den Hof ein. Knechte eilten auf sie zu, und als Hans Fugger ausstieg, glaubte er, durch eines der Fenster im ersten Stock seinen Vetter Jakob zu sehen, der ihren Einzug beobachtete.

»Komm, Maria! Gleich wirst du vor dem Mann stehen, auf den es in unserer Familie ankommt«, erklärte er seiner Tochter und nahm sie bei der Hand.

Der Haushofmeister seines Vetters wartete bereits darauf, sie zu seinem Herrn zu führen. Er verbeugte sich kurz, bedachte das Mädchen mit einem fragenden Blick, sagte aber nichts, sondern ging ihnen voraus.

»Herr Hans Fugger vom Reh«, kündigte er den Besucher an, als dieser die Tür zu Jakob Fuggers Kontor durchschritt.

Hans blieb vor dem Tisch stehen, hinter dem sein Vetter auf einem Polsterstuhl saß, und lächelte angespannt. Wie würde Jakob ihn empfangen?, fragte er sich – wie einen Verwandten oder wie einen seiner Handlanger?

Da stand Jakob Fugger auf, ging um den Tisch herum und schloss ihn in die Arme.

»Sei mir willkommen, Vetter!«, sagte er und musterte dann Maria.

Der Gedanke, es könne eine der ehelichen Töchter seines Vetters sein, verflog rasch. Er kannte deren Mutter und glaubte nicht, dass diese so viel Schönheit zu vererben hatte.

»Das ist wohl die kleine Maria Anna Elisabeth«, sagte er mit einem gewissen Spott, der seinem Vetter und nicht dessen Tochter galt.

»In der Tat, das ist sie«, erklärte Hans Fugger eifrig.

»Ein hübsches Kind! Ihr werdet sie in ein paar Jahren gewiss leicht an den Mann bringen.« Erneut schwang Spott in Jakob Fuggers Stimme mit.

Maria zog eine Schnute. Bisher war sie gewohnt, dass ihr Ziehvater sich gegen jeden Mann behauptete. Gegenüber diesem hier wagte er jedoch kein Widerwort.

Jakob Fugger tätschelte Marias Wange und winkte einen Bediensteten zu sich. »Bringe das Mädchen in die Kammer zu seiner Kinderfrau und lass ihnen eine Brotzeit auftischen. Für den Vetter bringe Wein. Wir werden später gemeinsam speisen.«

Seine Worte lösten Hans Fuggers Anspannung, denn sein Vetter hatte deutlich gemacht, dass er ihn zur Familie gehörig betrachtete. Maria knickste artig und folgte dem Diener nach draußen.

Kaum hatte die Tür sich hinter den beiden geschlossen, kehrte Jakob Fugger zu seinem Stuhl zurück und ließ sich darauf nieder. Als dies geschehen war, wies er auf einen Stuhl, der weiter vorne an der Wand stand.

»Bring ihn her und setz dich, Vetter. Wir werden in den nächsten Tagen öfter miteinander reden müssen. Es geht um eine große Aufgabe für dich und um sehr viel Geld. Da will ich keinen Fremden auf diesem Posten sehen.«

Dann muss die Sache wirklich von großer Bedeutung sein, dachte Hans Fugger verwundert und ärgerte sich nicht einmal, weil sein Vetter den Diener weggeschickt hatte und er sich den Stuhl selbst holen musste.

»Soviel ich verstanden habe, soll ich nach Kärnten ziehen«, sagte er, kaum dass er Platz genommen hatte.

Jakob Fugger nickte. »So ist es! Genau gesagt, ist es ein Gebiet im Besitz des Bamberger Fürstbischofs Heinrich von Trockau. Ich habe von diesem die Erlaubnis erhalten, dort Schmelz- und Saigerhütten zu errichten, denn ich will das Schwarzkupfer, das in Oberungarn gebrochen wird, dort scheiden lassen. Keine Sorge, das ist nicht deine Aufgabe! Männer, die dafür zuständig sein werden, habe ich bereits dorthin geschickt. Du bist mir dafür verantwortlich, dass sie die Arbeit anständig erledigen, und du sollst die Faktorei führen.«

Er verstummte einen Augenblick und wies dann auf eine Landkarte, die vor ihm auf dem Tisch lag. »Das Gebiet befindet sich in der Nähe von Villach und liegt unweit der Stelle, an der sich die Wege aus dem Tauerngebiet und aus Ungarn vereinigen und nach Venedig weiterführen. Dort gibt es zudem Bleiminen, die für unsere Zwecke geeignet sind, um Kupfer und Silber zu scheiden.«

»Mit dem Schmelzen und Scheiden von Metallen kenne ich mich nicht aus«, erwiderte Hans Fugger.

Sein Vetter tat diesen Einwand ab. »Wie ich bereits sagte, ist das nicht deine Aufgabe. Dein Hauptaugenmerk muss auf dem

Ausbau der Fuggerau liegen. Die Türken haben in den letzten Jahren mehrmals Streifzüge in jenes Gebiet unternommen. Daher muss unser Besitz zu einer Festung werden, die Widerstand leisten kann. Später sollen dort auch Kanonen gegossen werden, um Angreifern die Lust zu nehmen, sich an Fugger'schem Besitz zu vergreifen.«

Jakob Fugger legte seinem Vetter in rascher Folge mehrere Pläne vor, die eine quadratische Festung mit einem großen Innenhof zeigten. Um diese herum waren Schmelzöfen und Saigerhütten eingezeichnet, die ebenfalls von einer Mauer umgeben waren, welche bei der Festung ihren Anfang nahm.

»Es ist wichtig, dass alles rasch geht. Deshalb entsende ich dich dorthin. Du bist ein fähiger Mann und hättest anstelle deines Bruders das Familienvermögen zusammenhalten können.«

Jakob Fuggers Lob war ehrlich gemeint, trotzdem war es für seinen Vetter eine bittere Pille in einer süßen Umhüllung. Das Familienvermögen der Fugger vom Reh war bis auf Reste verloren, und sein eigener Verdienst wurde ihm von diesem Vetter zugemessen und war daher geringer, als wenn er selbstständig hätte Handel treiben können. Zwar wurde ihm dabei auch das Risiko des Scheiterns abgenommen, doch das war nur ein schwacher Trost.

Trotz dieser Gedanken beugte Hans Fugger sich über die Pläne und besprach sie mit seinem Vetter. Da dieser mehrere gute Skizzen der Landschaft besaß, nahmen die Gebäude, die errichtet werden sollten, immer mehr Gestalt in seinem Kopf an.

»Die Stelle liegt unweit des Klosters Arnoldstein. Du wirst mit Abt Christoph Manfordin über einige Punkte verhandeln müssen, denn wir benötigen Holzkohle für die Schmelzöfen, Blei vom Bleiberg und Bauholz und Mauersteine für die Fuggerau. Du wirst leichtes Spiel haben. Das Kloster ist nach den Türkeneinfällen verarmt, und der Abt wird jede Gelegenheit nutzen, um Geld in seine Truhe zu bekommen«, erklärte Jakob Fugger.

»Was ist mit deiner Familie? Wann wirst du sie nachholen?«, fragte er kurze Zeit später.

Hans Fugger senkte betroffen den Kopf. »Mein Weib will erst kommen, wenn feststeht, in welcher Stadt wir dann leben werden!«

»Und Maria Anna Elisabeth?«, fuhr Jakob Fugger fort.

»Die kommt mit.«

»Ich habe gehört, dass dein Weib das Mädchen in letzter Zeit ablehnt. Gibt es hierfür einen bestimmten Grund?« Jakob Fugger lächelte boshaft, denn er hatte durch Zuträger erfahren, dass sein Vetter der Frau gegenüber das Mädchen als einen Fehltritt von ihm und nicht als eigenen ausgegeben hatte.

»Nun ja, es ist eine Laune, wie sie Weiber gelegentlich überkommt«, redete Hans Fugger sich heraus.

Er wollte dem Vetter gegenüber nicht bekennen, dass die Abneigung seiner Frau gegen das Kind stärker geworden war, nachdem eine Nachbarin behauptet hatte, dass diese als angeblicher Bastard von Jakob Fugger einmal mehr Mitgift erhalten werde als ihre eigenen, ehelich geborenen Töchter.

VIERTER TEIL

Die Fuggerau

1.

Pater Cyprian las den Text, den sein Schüler aus dem Griechischen ins Lateinische übersetzt hatte, und war beeindruckt. Beim nochmaligen Lesen empfand er sogar ein wenig Neid. Er selbst hätte es nicht so gut bewerkstelligt, obwohl er der einzige Mönch in Arnoldstein war, der die griechische Sprache sowohl in Schrift wie auch im gesprochenen Wort beherrschte. Johannes, dem dieselben Unterlagen zur Verfügung standen wie ihm, hatte ihn übertroffen. Dabei war der Junge höchstens vierzehn Jahre alt, wusste aber bereits mehr als die meisten der hiesigen Mönche zusammen.

»Es ist wirklich schade, dass Abt Christoph es abgelehnt hat, dich zur Universität zu schicken. So kann aus dir nur ein einfacher Landpfarrer werden. Dabei hättest du das Zeug für weitaus Höheres«, erklärte er.

Dafür erntete er von Johannes ein nachsichtiges Lächeln. »Ich bin mit meinem Leben zufrieden, so wie es ist, verehrter Pater. Arnoldstein ist meine Heimat, und wenn es meine Bestimmung ist, hier, in Lind, Thörl, Maglern oder an einem anderen Ort als Seelsorger zu wirken, so werde ich das frohen Herzens tun.«

»Vielleicht wird das anders, wenn die Fugger hier ihre Schmelzhütten anheizen. Dann müsste mehr Geld zur Verfügung stehen.«

Pater Cyprian wollte nicht aufgeben, wusste aber selbst, dass das meiste Geld, das Jakob Fugger für das Land an der Gailitz und für die Erlaubnis bezahlte, dort Gebäude und eine Festung zu errichten, nicht ins Kloster, sondern nach Bamberg zum Fürstbischof geschafft werden würde. Abt Christoph hatte deswegen bereits Pater Johannes Gruber zu ihrem Landesherrn

Heinrich von Trockau geschickt, um wenigstens die Summe zu erhalten, die zur Beseitigung der Kriegsschäden und zum Unterhalt des Klosters benötigt wurde.

»Da nisten sich die Fugger bei uns ein, und wir haben nichts davon«, schimpfte er.

»Die Holz- und die Wasserrechte gehören zum Kloster. Herr Fugger wird sich mit uns einigen müssen, wenn er seine Pläne verwirklichen will«, warf Bruder Vincentius ein, der zu ihnen getreten war.

Er galt immer noch als Pförtner des Klosters, obwohl er dafür bereits zu alt und hinfällig geworden war. Die meiste Zeit saßen daher zwei junge, erst vor kurzem eingetretene Mönche abwechselnd in der Pfortenstube.

»Holz und Wasser wird der Fugger brauchen, wenn er Erz schmelzen will, und das nicht zu knapp«, stimmte ihm Pater Cyprian zu. »Aber das wird nicht genügen, um Johannes auf die Universität zu schicken. Dabei könnten wir einen Mönch, der in Theologie und im Kirchenrecht beschlagen ist, hier in Arnoldstein sehr gut brauchen.«

Johannes begriff, dass es eine Kritik an Abt Christoph war, der im Lauf des letzten Jahres viel an Einsatz hatte vermissen lassen. Dabei wurden die Anforderungen an den Abt immer höher. Es mussten nicht nur die Verhandlungen mit ihrem Landesherrn in Bamberg energischer betrieben werden, sondern auch die mit den bambergischen Hauptleuten auf den umliegenden Burgen sowie mit dem Magistrat der Stadt Villach und anderer Orte.

Angesichts dessen vermisste Pater Cyprian den vor gut drei Jahren unter geheimnisvollen Umständen verstorbenen Ewald von Bamberg. Dieser hatte nicht nur das Ohr des Fürstbischofs besessen, sondern sich auch eindringlich für die Belange des Klosters eingesetzt. Den Frechheiten, die sich einige ihrer Nachbarn erlaubten, hätte er sogleich ein Ende gesetzt.

Bevor das Gespräch zu düster werden konnte, blickte Bruder Vincentius zu dem kaum mehr als handspannenbreiten Fenster hinaus, neben dem er saß. »Seht euch das an! Da kommt ein ganzer Wagenzug von Villach die Straße herauf!«, rief er und brachte Johannes und Pater Cyprian dazu, jeweils aus einem der anderen Fenster zu schauen.

»Das muss der Fugger sein! Ein einfacher Dienstmann würde niemals mit so vielen Wagen kommen«, erklärte der Pater.

»Ich halte es eher für einen Handelszug«, wandte Johannes ein. »Die Wagen dort hinten« – er wies in diese Richtung – »sehen aus, als wären sie schwer beladen. Das ist wahrscheinlich Erz, das nach Venedig gebracht werden soll.«

»Oder zu den Schmelzhütten, die der Fugger in Gailitz errichten lässt!« Pater Cyprian nickte nachdenklich.

Alle drei starrten auf den Wagenzug, der immer näher kam, bis er unter ihnen vorbeizog. Johannes zählte fast zwanzig Fuhrwerke, von denen einige mit schweren Materialien beladen waren. Am auffälligsten war der Reisewagen mit der bemalten Lederplane.

»Ein Emissär der Fugger würde bescheidener reisen«, sagte er und beugte sich vor, um besser sehen zu können.

In dem Augenblick blickte ein Mädchen aus einer offenen Klappe des Wagenverdecks und sah zu ihm hoch. Für einen Augenblick kreuzten sich die Blicke des Novizen und des Mädchens, dann zog dieses den Kopf wieder zurück.

»Es sieht wirklich so aus, als wenn es ein Fugger wäre. Ein anderer würde wohl kaum seine Familie mitbringen«, erklärte Pater Cyprian und wandte sich ab. »Nun, uns kann es gleichgültig sein, wer sich dort bei Gailitz einnistet. Unser hochehrwürdiger Abt muss mit ihm zurechtkommen, nicht wir.«

»Wir müssen auch mit dieser Nachbarschaft zurechtkommen. Schließlich wohnen sie nicht viel weiter als einen Steinwurf vom Kloster entfernt«, wandte Johannes ein. An das Mädchengesicht, das er ein, zwei Herzschläge lang gesehen hatte, dachte er nicht mehr.

»Den Stein muss aber schon ein Riese werfen«, spottete Pater Cyprian und wies auf das Schreibpult, das Johannes vorhin im Stich gelassen hatte. »Du solltest den Text weiter übertragen, damit ihn auch unsere Mitbrüder lesen können, die des Griechischen unkundig sind«, sagte er streng.

»Warum lassen wir die Bücher nicht drucken, damit sie uns in ausreichender Anzahl zur Verfügung stehen?«, fragte Johannes und begann wieder zu schreiben.

Pater Cyprian antwortete mit einem freudlosen Lachen. »Wenn wir das Geld dazu hätten, könnten wir dich auf eine Universität schicken. Aber wir haben es nicht!«

2.

Nie hätte Maria gedacht, dass es so hohe Berge geben könnte, wie sie sie auf ihrer Reise gesehen hatte. Der Weg war oft beschwerlich gewesen, und sie hatten auf steilen Strecken zusätzliche Pferde vorspannen müssen. Gelegentlich waren ihr Ziehvater, der Drache Ella und sie sogar ausgestiegen, um den Wagen zu entlasten. Ihr war dies sehr recht gewesen, besonders an jenen Stellen, an denen der Fels an einer Seite hoch über die Straße emporragte und auf der anderen ein Abgrund gähnte. Sie hatte Angst gehabt, der Wagen könne von dem schmalen Pfad abkommen und in die Tiefe stürzen.

Ihr Ziehvater hatte über ihre Befürchtungen gelacht und berichtet, es würden noch weitaus schwerere Wagen diesen Weg nehmen und heil an ihr Ziel gelangen. Ella hatte trotz dieser Beteuerung die himmlischen Mächte verzweifelt um Hilfe angefleht. Von dem Drachen, den sie sonst so gerne darstellte, war nur eine vor Furcht zitternde Frau geblieben, die nicht nur den baldigen Absturz in eine Schlucht fürchtete, sondern auch, dass einer der aufragenden Berge über ihnen zusammenbrechen und sie alle verschütten könne.

Irgendwann musste es ein solches Unglück in der Gegend, in der sie leben würden, gegeben haben. Das hatte man ihnen in einer Herberge erzählt. Mehr als sechzehn Dörfer seien dabei vernichtet worden und all ihre Bewohner umgekommen. Als Maria zu den Bergen aufschaute, sahen diese zwar nicht so aus, als würden sich ihre Felsmassen umgehend auf sie stürzen, doch diese Riesen, deren graue Gipfel aus dem Grün der Wälder aufragten, beeindruckten sie allemal.

Nun hatten sie ihr Ziel fast erreicht. Zu Marias Erleichterung waren die Berge ein wenig zugetreten und bildeten einen breiten Talkessel, bei dem man nicht Angst haben musste, von einem Felssturz begraben zu werden. Eben hatten sie den Markt und das Kloster Arnoldstein passiert, das ihrem Führer zufolge, der sie über die Berge gebracht hatte, auch den Namen Podklošter trug.

In diesem Landstrich leben seltsame Leute, dachte Maria. Der Unterschied zwischen den Dialekten in Nürnberg und Augsburg war schon groß gewesen. In dieser Gegend aber redeten viele so, dass sie sich anstrengen musste, sie wenigstens halbwegs zu verstehen. Bei einigen verstand sie kaum ein Wort. Das waren die Windischen, wie ihr Führer sie nannte, Bewohner der Seitentäler, von denen es jenseits des großen Passes noch viel mehr geben sollte.

Wenn sie länger hierbleiben sollte, würde sie sich die wichtigsten Worte der windischen Sprache aneignen müssen, dachte Maria und blickte zum Kloster zurück. Ein junger Mönch hatte oben zum offenen Fenster herausgeschaut, und sie konnte sich noch recht gut an dunkle Haare erinnern und an ein blasses Gesicht darunter. Er war ihr mehr wie ein Knabe denn wie ein Mann erschienen, und sie nahm nicht an, dass ihm bereits eine Tonsur geschoren worden war.

»Dort ist es!« Ihr Führer hatte sein Pferd neben den Wagen gelenkt und wies nun auf ein kleines Dorf, das nur aus ein paar Hütten bestand und auf dem Hochufer eines Flusses erbaut worden war. Etwas abseits gab es mehrere Baustellen mit teils bereits fertigen, teils erst begonnenen Gebäuden.

»Das«, sagte ihr Ziehvater mit einem gewissen Stolz, »ist Schloss Rosenheim mit der Fuggerau.«

Unsere neue Heimat, schoss es Maria durch den Kopf. Sie hatte längst Gefallen daran gefunden, dass sie mit dem ersten Reisezug hierherkommen durfte und nicht zu ihrer Ziehmutter Veronika und deren Verwandten geschafft worden war. Sie nahm die Umgebung mit wachen Sinnen auf und stellte erfreut fest, dass sie dem Drachen Ella in dieser Umgebung leichter entkommen konnte als in Nürnberg. Das Dorf, das in der Nähe der Fuggerau lag, interessierte sie am meisten. Dort gab es gewiss Mädchen in ihrem Alter, mit denen sie sich anfreunden konnte.

Der Wagenzug erreichte die im Bau befindlichen Gebäude und hielt dort an. Mit dem Gefühl, hier ein größerer Herr zu sein als in Nürnberg, stieg Hans Fugger vor dem Portal des noch unfertigen Schlosses aus dem Wagen und blickte sich um. Zwei Männer eilten herbei, um ihn zu begrüßen. Sie wirkten ehrerbietig, denn sie hatten die Nachricht erhalten, dass ihr oberster Prinzipal einen engen Verwandten schicken würde.

»Gott zum Gruß, Herr Fugger!«, rief der eine und verbeugte sich.

»Auch euch Gottes Gruß«, antwortete Hans Fugger und wies auf das noch von Gerüsten umgebene Schloss. »Es hieß, die Wohnräume wären fertig, wenn ich käme.«

»Wir konnten noch nicht alle fertigstellen, Herr Fugger. Doch wir hoffen, dass die, die es bereits sind, vorerst genügen. Allerdings müssen die Innenwände noch bemalt werden. Wir haben bei Meister Thomas aus Villach angefragt, ob er es tun würde, und hoffen sehr, dass er zusagt. Er ist zwar ein vielbeschäftigter Mann, doch die Klöster und die Herrschaften um uns herum sind durch die Türkeneinfälle so verarmt, dass sie ihn nicht so gut bezahlen können, wie er es sich vorstellt. Daher muss Meister Thomas oft lange auf sein Geld warten, und so wird ihm der Auftrag eines Fuggers, der ihm die Gulden sofort in die Hand zählt, hochwillkommen sein.«

»Gemach! Noch bin ich nicht richtig angekommen, um mich gleich um Einzelheiten kümmern zu können. Sagt mir lieber, wie es mit den Schmelzöfen und den Saigerhütten steht. Mein Vetter Jakob will, dass das Erz so schnell wie möglich geschieden wird.«

Er ahnte, dass Jakob Fugger auch an diesem Ort seine Zuträger hatte, und da machte es sich gut, wenn seine ersten Fragen seinem Auftrag galten und nicht seiner Bequemlichkeit.

Der Mann berichtete, dass die Arbeiten weit fortgeschritten waren. »Wir müssen uns allerdings noch mit dem Kloster wegen des Holzes und des Wassers einigen, denn wir werden einiges davon für die Schmelze brauchen«, setzte er hinzu, hob aber gleichzeitig begütigend die Hand. »Es wird nicht die Welt kosten!«, fuhr er fort. »Abt Christoph dürfte froh sein, wenn ein paar Gulden in seine Truhe gespült werden. Die Türken haben in diesen Tälern vieles zerstört, und daher sind die Bewohner nicht in der Lage, viel an Abgaben zu zahlen. Ihnen das Land wegzunehmen, nützt auch nichts, denn wer soll es bewirtschaften? Es sind einfach zu viele Menschen durch Heidenhand oder die Seuche umgekommen. Selbst wir werden Arbeiter aus anderen Gegenden holen müssen, weil es hier nicht genug gibt.«

Während des Gesprächs hatte Maria den Wagen verlassen. Die Berichte der beiden Männer mochten für ihren Ziehvater wichtig sein, doch sie langweilte sich dabei. Daher verließ sie die Gruppe und schlenderte zum Fluss hinüber. Sein Wasser floss schnell, und als sie die Hand hineinsteckte, fühlte sie, dass es eiskalt war. Sie benetzte sich die Stirn, ging am Ufer entlang und fand sich kurz darauf in dem Dorf wieder, das sie bei der Fahrt betrachtet hatte. Die meisten Häuser waren aus Holz errichtet und sahen anders aus als die, die sie von Nürnberg und Augsburg her kannte.

Auch die Kleidung der Bewohner war für ihre Augen ungewohnt. Zum Beispiel reichten die Oberröcke der Frauen und Mädchen nur bis zu den Waden, und zu Marias Verwunderung waren die Unterröcke etwa eine Handbreit länger als die Röcke. Diese wiesen teilweise ähnlich bunte Muster auf wie die Mieder, die über schlichten Leinenhemden getragen wurden. Einige Frauen hatten seltsame Hauben auf dem Kopf, andere trugen farbig gemusterte Kopftücher.

Maria begriff, dass sie mit ihrem bis zu den Knöcheln reichenden Kleid und den langen Ärmeln für die Einheimischen ebenso fremdartig aussehen musste wie diese für sie.

Mit einem Lächeln trat sie auf ein etwa gleichaltriges Mädchen zu und grüßte freundlich.

Die sah sie mit zusammengekniffenen Augenbrauen an und sagte etwas, das Maria nicht verstand. Dafür trat eine Frau mittleren Alters hinzu. »Ihr seid die Tochter des Herrn, der eben angekommen ist?«, fragte sie in einem schwerfällig klingenden Deutsch.

Maria nickte. »Herr Hans Fugger ist mein Ziehvater.«

»Ihr müsst Neža verzeihen, aber sie hat Eure Sprache noch nicht gelernt.«

»Ihr seid Windische?«, fragte Maria.

»So nennt man uns.«

Maria konnte nicht erkennen, ob der Frau die Bezeichnung gefiel. Es hörte sich aber so an, als würden die Leute sich selbst anders nennen.

»Wie heißt euer Dorf?«, fragte sie weiter.

»So wie der Fluss, Ziljíca!«

Maria versuchte, den Namen nachzusprechen, und erntete von Neža und den anderen Mädchen Gelächter.

»In Beljak – oder Villach, wie sie es dort nennen – heißen sie unser Dorf und den Fluss Gailitz. Es reicht, wenn du es so sagst«, erklärte die Frau.

Ein solches Zusammentreffen unterschiedlicher Sprachen war Maria nicht gewohnt. Sie sagte sich aber, dass sie bald mit Neža und den anderen sprechen wollte, und dafür war es einfacher, wenn sie deren Sprache lernte, als wenn diese die ihre lernen mussten.

»Maria Anna Elisabeth, wo bist du? Komm sofort zurück!« Der laute Ruf ihrer Kinderfrau beendete Marias Gedankengang.

Das war Ella, der Drache, wie sie sie kannte. Sie würde gehorchen müssen, da sonst wohl auch ihr Ziehvater zornig werden würde.

»Ich muss gehen. Auf Wiedersehen!«, sagte sie zu der Frau

und merkte erst, als sie losgelaufen war, dass sie nicht nach deren Namen gefragt hatte.

Als Maria völlig außer Atem Schloss Rosenheim erreichte, musterte ihre Kinderfrau sie streng. »Man kann dich keinen Augenblick aus den Augen lassen!«, schalt sie. »Das hier ist ein fremdes Land, und du hast gehört, dass die bösen Türken es immer wieder heimsuchen. Was wäre geschehen, wenn sie es eben getan und dich gefangen hätten?«

Hans Fugger musste schmunzeln. »Also, wenn die Türken wieder ins Land eingebrochen wären, hätten wir das bereits erfahren. Aber trotzdem sollte Maria vorerst in der Fuggerau bleiben. Wir wissen nicht, was sich für Gesindel hier herumtreibt.«

Maria schob enttäuscht die Unterlippe vor. Da befand sie sich an einem neuen Ort und durfte diesen nicht einmal erkunden.

Lächelnd tätschelte Hans Fugger seiner Tochter die Wange. »Jetzt zieh nicht solch ein Gesicht! Du hast genug Zeit, um die Gegend kennenlernen zu können. Es muss doch nicht an einem Tag sein.«

»Das finde ich auch!«, meldete sich der Drache Ella zu Wort.

»Außerdem wirst du mich morgen nach Villach begleiten. Ich muss dort mit ein paar Leuten reden, und ich will zudem Meister Thomas dazu bringen, unsere Kammern auszumalen. So sehen sie mir doch zu kahl aus«, sagte ihr Ziehvater.

Marias Laune hob sich schlagartig. Zwar hatten sie in Villach – oder Beljak, wie die windische Frau es genannt hatte – die letzte Nacht in einem Gasthaus geschlafen, doch sie waren frühzeitig aufgebrochen, um das letzte Stück Weges bis Arnoldstein an einem Tag bewältigen zu können.

3.

Mehrere Kammern im Wohntrakt waren bereits fertiggestellt, wirkten aber mit ihren schmucklosen Wänden und ohne Möbel kaum bewohnbar. Da war es kein Wunder, dachte Maria, dass ihr Ziehvater hier Malereien anbringen lassen wollte. Dies musste geschehen, bevor alle Möbel besorgt und aufgestellt waren. So gab es vorerst für sie und ihre Kinderfrau nur je ein Bett und die Reisetruhe, in der sie ihre Kleidung verstaut hatten.

Auch Hans Fugger wohnte nicht besser und wollte daher den bekanntesten Maler dieser Gegend davon überzeugen, alles andere stehen und liegen zu lassen, um hier zu arbeiten. Als er mit Maria am nächsten Morgen nach Villach aufbrach, erschien ihm das fast noch wichtiger als seine Gespräche mit den Stadtoberen und dem Vertreter des Bamberger Bischofs, obwohl diese Herren für den weiteren Ausbau der Fuggerei von großer Bedeutung waren. Sein Vetter Jakob hatte beschlossen, hier etwas Gewaltiges zu errichten, diese Pläne aber wie so oft bis zur Verwirklichung verborgen gehalten. Die Tiroler Handelsherren, die das dort geschürfte Erz vertrieben, sollten erst erfahren, welche Mengen hier geschmolzen und geschieden wurden, wenn die ersten mit Silber, Kupfer und Blei beladenen Karren bereits auf dem Weg nach Venedig waren.

Von solchen Spitzfindigkeiten ahnte Maria nichts. Sie freute sich auf die Fahrt, die diesmal in einem leichteren Wagen zurückgelegt wurde, von dem aus sie mehr sehen konnte als durch die Fensterklappe des Reisewagens.

Als sie sich Villach näherten, bekam sie Herzklopfen bei dem Anblick, denn die Stadt schmiegte sich elegant an den Fluss, der Drau genannt wurde. Maria hatte erfahren, dass der Besitz des Bamberger Fürstbischofs in dieser Gegend als reichsfrei galt und nicht zum Herzogtum Kärnten zählte. Doch Kaiser Maximilian, der auch Herzog dieses Landes war, wollte dies nicht anerkennen.

Verwundert, über welche Dinge sich erwachsene Männer streiten konnten, sah Maria zu, wie ihr Wagen in den Hof des Gasthauses einfuhr, in dem sie diese und die nächste Nacht verbringen wollten. Hier hatten sie auch bei der Herfahrt übernachtet.

Anders als Maria war Ella nicht begeistert, ohne größere Rast nach Villach fahren zu müssen. Ihr wäre es lieber gewesen, sich erst einmal ein paar Tage im Schloss Rosenheim von den Anstrengungen der Reise erholen zu können. Dabei hätten sie nicht einmal die kahlen Wände und das karge Mobiliar gestört. Aber es war nun einmal Hans Fuggers Art, alles rasch zu erledigen, um nicht zur Unzeit von alten Problemen gestört zu werden. Seine Ehefrau Veronika war den anfänglichen Ärgernissen entgangen, indem sie vorerst bei ihren Verwandten blieb. Da Ella als Kinderfrau auf Maria achtzugeben hatte, musste sie das Mädchen und deren Ziehvater begleiten, obwohl sie sich unwohl fühlte.

Beim Abendessen begann sie zu jammern. »Gibt es hier einen Arzt? Meine Seite! Sie schmerzt so sehr.«

Wie viele andere Männer, an denen Krankheiten gleichsam wie von einem Panzer abprallten, war Hans Fuggers Verständnis für kränkelnde Menschen gering. Er verzog das Gesicht, winkte aber den Schankknecht herbei.

»Kannst du einen Arzt holen? Marias Kinderfrau leidet an irgendetwas.«

Ella hätte sich mitfühlendere Worte gewünscht, zumal es in ihren Eingeweiden brannte und stach, dass sie nicht glaubte, es aushalten zu können.

»Ich, ich …«, stammelte sie und wollte aufstehen. Dabei wurde ihr derart schwindelig, dass sie sich wieder setzen musste.

»Es ist besser, ihr bringt sie in ihre Kammer«, wies Hans Fugger den Schankknecht und einen weiteren Bediensteten des Wirts an. Er wollte in Ruhe weiteressen, zumal es sehr gut schmeckte und der Wein sich trinken ließ.

Die beiden Knechte fassten Ella unter den Achseln, zogen sie hoch und schleiften sie mehr, als sie sie trugen, die Treppe hinauf. In der Kammer, die sie mit Maria teilte, legten sie sie kurzerhand aufs Bett. Während der eine Wirtsknecht wieder ins Gastzimmer zurückkehrte, machte sich der zweite auf den Weg zum Haus eines Arztes.

Als dieser eintraf, fragte er Ella nach der Art ihres Leidens und verschrieb ihr mehrere Mittel, ohne sie auch nur mit den Händen zu berühren.

»Das wird gewiss helfen«, versprach er.

»Könnt Ihr mir die Arzneien nicht bringen lassen, werter Herr?«, flehte Ella. »Ich mag meinen Herrn nicht damit behelligen.«

»Ich bin Doktor der Medizin und kein Laufbursche«, antwortete der Arzt ungehalten und streckte die Hand aus. »Ihr seid mir drei Gulden für mein Erscheinen schuldig!«

Ella empfand dies als Wucher. Sie wollte sich das Geld nicht von ihren eigenen, geringen Ersparnissen abknapsen und wies daher nach unten. »Geht zu Herrn Hans Fugger und fordert das Geld von ihm.«

»Hans Fugger, sagtest du? Das hört sich nach Reichtum an. Führ mich zu ihm!«

Das Letzte galt dem Wirtsknecht, der ihn geholt hatte. Dieser wartete immer noch auf sein Trinkgeld und nickte daher eifrig. »Kommt mit! Der Herr sitzt in der besseren Gaststube und tafelt.«

Als die beiden gegangen waren, sank Ella zurück und zweifelte an Gottes Gerechtigkeit, weil er ausgerechnet sie mit diesen Schmerzen schlug, obwohl sie wahrlich keine Sünde begangen hatte.

Kurz darauf kam Maria in die Kammer und sah neugierig zu Ella hin. »Mein Ziehvater hat den Knecht zur Apotheke geschickt, damit dieser nach der Rezeptur des Arztes diese Heilmittel anmischt. Er wird bald kommen.«

»Hoffentlich sterbe ich bis dorthin nicht«, jammerte Ella, da ihr Leib förmlich zu zerspringen schien.

»Kann ich etwas für dich tun?«, fragte Maria mitleidig.

Ella wies auf den Weinkrug, der in weiser Voraussicht auf ein Bord gestellt worden war. Daneben standen zwei Tonbecher. »Ich habe Durst. Schenke mir etwas Wein ein. Vielleicht wird es dann leichter.«

»Es würde mich freuen«, antwortete Maria ehrlich, goss einen Becher voll und reichte ihn ihrer Kindsmagd. Diese richtete sich mühsam auf und trank einen Schluck. Statt besser wurde es jedoch noch schlimmer. Sie brach in Tränen aus und beklagte ihr Schicksal, das sie hier in der Fremde sterben lassen wollte.

Maria wusste nicht, wie sie ihr helfen konnte, und war schließlich froh, als der Wirtsknecht mit den Arzneien erschien.

»Das hier sind die drei Mittel, die der Doktor mischen hat lassen, und das hier schickt dir der Apotheker. Er sagt, du sollst zuerst das hier nehmen, und nur dann, wenn es wirklich nicht besser wird, die Arzneien des Arztes.«

Der Mann grinste, denn Hans Fugger hatte ihm ein gutes Trinkgeld gegeben. Dazu besaß er noch das Wechselgeld des Apothekers, das Hans Fugger mit einer verächtlichen Handbewegung abgelehnt hatte. Für diesen Herrn mochte es nicht viel sein, doch ein armer Knecht wie er bekam so viel Trinkgeld meist nicht einmal in einer ganzen Woche. Daher brachte er Ella auch einen weiteren Becher, damit sie die bittere Medizin nicht in den Weinbecher schütten musste, und verabschiedete sich mit den besten Wünschen.

»Muss ich das wirklich trinken?«, seufzte Ella, nachdem sie an der Arznei des Apothekers gerochen hatte.

Maria öffnete unterdessen die drei Flaschen mit dem Mittel

des Arztes und schüttelte sich. »Du solltest wirklich zuerst mit dem Zeug des Apothekers anfangen. Das hier würde ich nur bei höchster Lebensgefahr über die Lippen bringen«, riet sie ihrer Kinderfrau.

Ella nickte unglücklich und sah mit Argusaugen zu, wie Maria die geforderte Menge in den Becher goss. »Ist das nicht zu viel?«

»Ich denke nicht«, antwortete Maria und reichte ihr das Gefäß.

Ihre Kinderfrau nahm es mit wahrer Todesverachtung entgegen, führte es an die Lippen und nahm einen kleinen Schluck.

»Es schmeckt entsetzlich!«, jammerte sie. »Mir wird gleich ganz übel werden.«

»Du musst alles trinken!«

Maria fasste nach ihrer Hand und versuchte, sie dazu zu bewegen, das stechend schmeckende Gebräu hinunterzuwürgen. Es wurde ein Kampf, bei dem die Uhr von Sankt Jakob zweimal die Viertelstunde schlug, bis der Becher endlich geleert war.

Ella röchelte danach, als wäre sie am Verenden. Plötzlich bäumte sie sich schreiend auf und ließ einen gewaltigen Furz. Danach ging es ihr besser, und sie begriff nicht, weshalb sie eben noch solche Schmerzen gefühlt hatte.

»Wie es aussieht, hilft mir das Mittel des Apothekers«, sagte sie fassungslos.

»Du hattest Luft in den Därmen, und die ist nicht abgegangen. Deshalb hat es dir wehgetan«, antwortete Maria, die sich zum Fenster geflüchtet hatte und die Fensterläden aufstieß, damit frische Luft den Gestank vertreiben konnte.

»Ich dachte wirklich, ich müsste sterben!« Jetzt, da die unmittelbare Furcht vor dem Ende geschwunden war, schämte Ella sich ein wenig dafür, Hans Fugger und Maria wegen dieser Angelegenheit belästigt zu haben.

Maria hingegen war froh, dass es ihrer Kinderfrau wieder besser ging, und eilte los, um ihrem Ziehvater diese Botschaft zu überbringen.

4.

Am nächsten Morgen war Ella noch ein wenig wacklig auf den Beinen, vermochte aber in die heilige Messe zu gehen, um dort der Himmelsmutter dafür zu danken, dass sie anstatt von einer tödlichen Krankheit nur von übel riechender Luft geplagt worden war.

Maria begleitete sie in die Sankt-Jakobs-Kirche und wanderte anschließend mit ihr durch die Gassen der Stadt. Der Ort wirkte anders als Nürnberg oder Augsburg. Es gab zwar auch hier große, stattliche Häuser, doch nur wenige davon waren aus Fachwerk errichtet worden. Ihre ausladenden Dächer kündeten davon, dass im Winter mehr Schnee fallen konnte als in Marias Heimat. Bei den Häusern der Reichen waren die Außenmauern teilweise bemalt und zeigten biblische Szenen oder Heilige, die dasselbe Gewerbe ausgeübt hatten wie der jeweilige Hausherr.

Die Stadt gefiel Maria, und da sie nur eine knappe Tagesreise von der Fuggerau entfernt lag, hoffte sie, öfter hierherzukommen. Außerdem genoss sie es, dass Ella an etlichen Ständen stehen blieb, an denen es Bratwürste, Krapfen und Ähnliches gab, und dort nicht nur sich, sondern auch ihr etwas kaufte.

Ella hatte am Abend kaum etwas gegessen und sich auch am Morgen noch zurückgehalten. Nun hätte sie einen Ochsen verspeisen können. Als sie in den Gasthof zurückkehrten, ließ sie sich einen großen Napf Fleischsuppe und einen nicht gerade kleinen Becher Wein schmecken.

Maria trank ebenfalls etwas Wein und aß eine Kleinigkeit. Ihr Ziehvater war vermutlich von einem der Männer, die er aufgesucht hatte, zum Essen eingeladen worden, denn er ließ sich zu Mittag nicht sehen. Kaum hatte Ella das Gefühl, endlich satt zu sein, forderte sie Maria auf, ihr in ihre Kammer zu folgen, und setzte sich dort aufs Bett.

»Das war jetzt gut!«, sagte sie zufrieden.

»Ich glaube, du solltest noch einmal die Arznei des Apothekers nehmen. Nicht, dass dich noch einmal so üble Winde quälen«, schlug Maria vor und wies auf die drei Flaschen, die der Apotheker nach Angaben des Arztes gefüllt hatte. »Das Zeug sollten wir besser wegschütten! So, wie es stinkt, bezweifle ich, dass es helfen würde.«

Ella war jedoch niemand, der unnütz Geld ausgab, auch wenn es das ihres Dienstherrn war. Daher nahm sie einen sauberen Becher, goss aus jeder der drei Flaschen ein wenig hinein und würgte es unter entsetzlichen Grimassen hinunter.

»Das wird helfen«, sagte sie, um sich Mut zu machen.

»Wollen wir es hoffen!« Maria hegte ihre Zweifel und sah sie auch bald bestätigt. Kurz darauf wurde Ella von einem fürchterlichen Aufstoßen geplagt, dem schmerzhafte und übel riechende Blähungen folgten.

Die Kinderfrau quälte sich den restlichen Nachmittag und große Teile der Nacht damit ab. Selbst das Mittel des Apothekers half nur so weit, dass dadurch die Luft im Bauch mit fortschreitender Zeit leichter abging.

Maria musste mehrfach das Fenster öffnen, damit der Gestank vertrieben wurde. Immer wieder wischte sie Ellas schweißnasse Stirn ab und verabreichte ihr kleine Mengen der Apothekerarznei. Gegen Mitternacht entfaltete diese dann endlich ihre Wirkung. Ellas Krämpfe und Blähungen ließen nach, und sie fiel in einen erschöpften Schlaf.

Endlich konnte auch Maria zu Bett gehen, stellte sich aber vorher noch ein paar Minuten ans Fenster. Obwohl es eine übel riechende Angelegenheit gewesen war, tat Ella ihr leid. Auch wenn sie als Kinderfrau ein Drache war, hätte sie ihr diese Qualen nicht gewünscht.

Am nächsten Morgen war Ella anzusehen, wie sehr sie sich

der Umstände schämte, die sie Maria bereitet hatte. Diese wünschte ihr einen schönen Morgen und tat so, als wäre nichts geschehen.

Da fasste Ella nach ihrer Hand. »Du bist ein gutes Mädchen, Maria, auch wenn Frau Fugger es nicht so sehen will. Sie ärgert sich, weil du ihre Töchter an Schönheit einmal weit überstrahlen wirst. Außerdem heißt es, Jakob Fugger wäre dein Vater und würde dich später mit einer hohen Mitgift ausgestattet gut verheiraten.«

»Jakob Fugger soll mein Vater sein?« Maria konnte das nicht glauben. In Augsburg hatte nichts darauf hingedeutet. Wohl war Jakob Fugger freundlich zu ihr gewesen, doch mehr auch nicht. Sollte es wirklich so sein, wollte er gewiss, dass niemand es erfuhr. Sie verspürte nicht einmal Bedauern deswegen. Schließlich war Jakob Fugger im Grunde ein Fremder für sie, während sie sich ihrem Ziehvater Hans Fugger weitaus mehr verbunden fühlte.

»Lassen wir das«, sagte sie. »Überlegen wir uns lieber, was wir heute unternehmen. Vater will Meister Thomas aufsuchen, und ich würde ihn gerne begleiten. Er soll ein großer Maler sein und hat schon viele Kirchen und Schlösser geschmückt.«

Ella konnte sich nichts Öderes vorstellen, als in der Werkstatt eines Malers zu stehen, Farben zu riechen und Gesprächen zuzuhören, von denen sie nichts verstand.

»Ich werde im Gasthaus bleiben«, sagte sie. »Noch fühle ich mich nicht so gut, um draußen herumgehen zu können. Ein Hühnersüppchen und ein wenig Brot müssen mir heute als Speise genügen. So schlimme Krämpfe wie gestern und vorgestern will ich nicht wieder erleben!«

5.

Im Nachhinein konnten weder Maria noch Ella sagen, was die Beschwerden bei der Kinderfrau ausgelöst hatte. War es schlechtes Essen gewesen, die lange und beschwerliche Reise von Augsburg hierher, oder war sie von einem kurzen, heftigen Fieber ergriffen worden? Auf jeden Fall kam es nicht zurück, und so erholte Ella sich rasch. Eine Folge hatte die Sache jedoch, denn sie vergaß die Pflege nicht, die Maria ihr hatte angedeihen lassen, und benahm sich dem Mädchen gegenüber nicht mehr wie ein Drache.

Für Maria hieß dies, dass sie die wenigen Schritte bis Ziljíca gehen und Neža besuchen konnte. Sie begriff jedoch rasch, dass dem Mädchen nur wenig Zeit zum Spielen blieb, weil es kräftig im Haus und auf den Feldern zugreifen musste. Zunächst sah Maria nur zu, begann dann aber, Neža zu helfen, und lernte deren Sprache dabei fast spielerisch.

Doch auch ihre neue Freundin war eifrig dabei, die ihre zu lernen. Wenn Neža, wie sie sagte, sich später einmal irgendwo verdingen musste, war es gut, wenn sie ein wenig Deutsch konnte.

»Die Alojzija, die in Villach dient, hat deswegen gleich mehr Lohn bekommen«, erklärte Neža, als ihnen an diesem Tag nach ihrer Arbeit etwas Zeit blieb, sich an das Ufer des Flusses zu setzen und dessen Fluten zuzusehen.

»Wenn du willst, werde ich mit meinem Ziehvater sprechen, ob du bei uns im Schloss einstehen kannst. Wir brauchen bald neue Mägde«, antwortete Maria.

Mittlerweile waren etliche Monate verstrichen und der Bau fast fertiggestellt. Außerdem würde wohl ihre Ziehmutter bald kommen. Maria bedauerte, dass die ruhige Zeit bald zu Ende sein würde. Nach der Ankunft der Familie würde sie mit ihrem Ziehvater nicht mehr so oft und so frei reden können wie bisher. Daher wollte sie vorher noch etwas für ihre Freundin tun, auch wenn diese noch ein oder zwei Jahre zu jung war, um als Magd arbeiten zu können. Aufgaben für Neža gab es im Schloss gewiss.

»Das wäre schön!«, antwortete ihre Freundin. »Ich wäre nicht weit von zu Hause und könnte jederzeit meine Familie aufsuchen. Außerdem arbeiten zwei meiner Brüder in den Schmelzhütten und erhalten guten Lohn.«

»Dann machen wir es so«, erklärte Maria. »Aber nun sollten wir Gras für eure Ziegen schneiden, sonst wird es zu spät, und ich muss wieder ins Schloss zurück, ohne dass wir fertig geworden sind.«

Die beiden Mädchen standen auf, holten Sicheln und Körbe und eilten los. Die Wiese gehörte dem Kloster, doch die Dorfbewohner hatten für Handdienste das Recht erworben, dort Gras und Heu für ihre Ziegen zu mähen. Gelegentlich kam einer der Klosterbrüder herüber, um nachzusehen, ob nicht zu viel Gras geschnitten wurde. Auch diesmal entdeckten die beiden Mädchen einen Mönch.

Neža schnaubte verärgert auf. »Muss es ausgerechnet Pater Norbert sein? Wenn es nach dem ginge, würden unsere Ziegen verhungern.«

Maria kannte die Mönche von Arnoldstein noch nicht. Wenn ihr Ziehvater dorthin fuhr, um mit Abt Christoph zu sprechen, durfte sie nicht mit, weil weiblichen Personen der Zutritt untersagt war. Sie ging auch nicht in die Sankt-Lambert-Kirche von Arnoldstein zur heiligen Messe, sondern besuchte das kleine Kirchlein von Ziljíca. Zwar zählten die meisten Kirchenbesucher in diesem Ort zu Nežas Landsleuten, doch die Messe wurde auf Latein gehalten, und so stellte es keinen Unterschied dar, ob sie hier in die Kirche ging oder in Arnoldstein.

Der Pfarrer war zwar vom Kloster abhängig, aber ein Windischer und daher bei den Bewohnern sehr beliebt. Sogar Ella mochte ihn, und auch ihr Ziehvater kam gut mit ihm zurecht. So hatte er bereits angedeutet, er könne seinen Vetter Jakob davon überzeugen, die von den Türkenstürmen schwer hergenommene Kirche von Ziljíca wiederherstellen oder gar neu errichten zu lassen.

Doch zuerst mussten Maria und Neža die Begegnung mit Pater Norbert hinter sich bringen. Daher verscheuchte Maria diese Gedanken wieder und blickte dem Mönch mit Festigkeit entgegen.

»Du willst schon wieder Gras holen! So viel steht euch nicht zu! Dein Vater wird ein paar Tage länger fürs Kloster arbeiten müssen, wenn ihr zu viel schneidet«, fuhr Pater Norbert Neža an, ohne Maria zu beachten. Er glaubte, das windische Mädchen werde seine deutschen Worte nicht verstehen und aus Angst davonlaufen.

Noch während Neža überlegte, was sie tun sollte, trat Maria auf den Mönch zu. »Schämst du dich nicht, gegen die Abmachungen zu handeln, die mit dem Kloster geschlossen worden sind?«, fragte sie ihn scharf und sprach ihn dabei wie einen Knecht an, um zu zeigen, dass sie keine Achtung vor ihm empfand.

Der Mönch funkelte sie zornig an. Gleichzeitig aber schätzte er ihre Kleidung ab und begriff, dass sie keines der Dorfmädchen war, sondern einem wohlhabenden Haus entstammte. Davon gab es hier derzeit nur eines, und das war das Schloss Rosenheim der Fugger. Vor einem Kind aber wollte er nicht einknicken.

»Davon verstehst du nichts!«, sagte er schroff. »Der Vater dieses Mädchens hat ein Anrecht auf einen Armvoll Gras am Tag und mehr nicht!«

»Hat er heute schon welches geholt?«, fragte Maria und wiederholte es in der windischen Sprache.

»Nein, das hat keiner von uns«, berichtete Neža.

»Da hörst du es! Heute wurde noch kein Gras geholt. Also geh uns aus dem Weg.«

An diesen Worten hatte Pater Norbert zu schlucken. Das Mädchen konnte nicht viel älter als zehn oder elf sein und verstand nicht nur die Sprache der Windischen, sondern trat auch mit einer Selbstsicherheit auf, die selbst erwachsenen Frauen und vielen Männern fehlte.

»Wer bist du?«, fragte er eingeschnappt.

»Ich bin Maria Anna Elisabeth Fugger und werde meinem Ziehvater sagen müssen, dass die Verträge, die das Kloster unterzeichnet, die Tinte nicht wert sind, mit denen sie geschrieben wurden.«

Es war der nächste Schlag für Pater Norbert. Dennoch gab er nicht auf. »Wer ist dein Ziehvater?«

»Herr Hans Fugger, der im Auftrag unseres Vetters Jakob Fugger die Fuggerau verwaltet.«

Zwar hatte Bruder Norbert es geahnt, sich aber von seiner Wut hinreißen lassen. Wenn das Mädchen die Sache tatsächlich an Hans Fugger weitermeldete und dieser sich im Kloster darüber beschwerte, würde ihm Abt Christoph zürnen. Ihm blieb daher nichts anderes übrig, als sich geschlagen zu geben.

»Wenn dieses Mädchen sagt, ihre Familie habe heute noch kein Gras geholt, dann will ich es glauben«, schnaubte er, drehte sich um und ging.

»So ein Grashalmzähler!« Maria sagte es laut genug, dass Pater Norbert es noch hörte.

Warte nur!, schoss es ihm durch den Kopf. Irgendwann wirst du dafür bezahlen.

Neža fasste unterdessen nach Marias Händen. »Wenn du nicht bei mir gewesen wärst, hätte ich ohne Gras nach Hause müssen und wäre beschimpft worden, und das nur wegen dieses bösen Mönchs.«

»Er konnte uns nicht verscheuchen. Nun aber sollten wir

zusehen, dass wir das Gras schneiden«, antwortete Maria und folgte ihrer Freundin zu dem Stück Wiese, das ihrer Familie vom Kloster zugewiesen worden war.

6.

Die ersten Monate auf Schloss Rosenheim empfand Maria als sehr angenehm, und sie genoss die Freiheit, die sich ihr hier bot. Fast sah es so aus, als gäbe es in diesem Paradies keine Schlange. Dann aber erreichte ein Brief die Fuggerau, der die baldige Ankunft von Hans Fuggers Ehefrau Veronika samt den Kindern ankündigte.

Hans Fugger teilte es Maria und Ella beim Abendessen mit. Für Maria war es ein Wermutstropfen, denn es hatte in der Vergangenheit immer wieder Streit zwischen ihrem Ziehvater und seiner Frau gegeben, und seine Kinder aus erster Ehe gehorchten Veronika nur zähneknirschend. Am meisten aber würde es sie selbst treffen. Die Fuggerin mochte sie nicht und machte ihr immer wieder klar, dass sie nur ein Pflegekind war, das man um Gottes willen bei sich aufgenommen hatte.

Da es nichts brachte, sich über Dinge aufzuregen, die sie nicht ändern konnte, sah Maria ihren Ziehvater nachdenklich an. »Wenn Frau Veronika kommt, müssen wir ihre Kammern herrichten lassen. Meister Thomas aus Villach hat sie sehr schön bemalt. Ihr müsst nur entscheiden, wer welche Kammer bekommt.«

Das war eine Arbeit, die Hans Fugger zufolge eine Frau erledigen sollte und kein Mann, dem das Wohl und Wehe Bleibergs, Arnoldsteins, Ziljícas und anderer Orte bis hin nach Villach anvertraut war. Daher wandte er sich Ella zu.

»Du weißt am besten, was mein Eheweib wünscht. Sorge dafür, dass sie sich wohlfühlt, wenn sie eintrifft. Maria soll dir zur Hand gehen. Holt euch ein paar Helferinnen aus dem Dorf!«

… und lasst mich damit zufrieden, setzte er für sich noch hinzu. Er trank einen Schluck und stand auf. »Ich muss morgen nach Bleiberg! Der Bergmeister will ein paar neue Stollen graben lassen, um mehr Blei fördern zu können. Dann habt ihr Rosenheim für euch allein.«

»Was macht Ihr mit all dem Blei und dem Kupfer, das aus Ungarn gebracht wird?«, fragte Maria neugierig.

Hans Fugger hob belehrend den Zeigefinger. »Es wird in den Schmelzöfen geschmolzen und in den Saigerhütten daraus Silber gemacht!«

Die Männer, die im Auftrag Jakob Fuggers für das Scheiden der Metalle verantwortlich waren, hatten es ihm sehr viel genauer erklärt. Der Frau und dem Mädchen gegenüber begnügte Hans Fugger sich jedoch mit dieser einfachen Beschreibung.

Ella schlug das Kreuz, denn aus Blei und Kupfer Silber zu machen, war ein Kunststück, das nur wenige Alchemisten zustande brachten. Die meisten strebten danach, aus Blei Gold zu machen. Dies war aber ein noch schwereres Werk, und Ella konnte sich nicht erinnern, je gehört zu haben, dass es gelungen wäre. Hans und Jakob Fugger fingen es hingegen klüger an und begnügten sich mit Silber, das von geringerem Wert war als Gold. Wenn man jedoch genug Barren und Münzen davon in die eigene Truhe legen konnte, brachte es auf jeden Fall mehr Gewinn, als wenn man vergebens versuchte, Gold zu machen.

Ob dies mit Gott, der doch alles geschaffen hatte, zu vereinbaren war, wusste Ella nicht, und sie nahm sich vor, Marias Neugier ein wenig zu zügeln. Diese schlich immer wieder zu den Schmelz- und Saigerhütten, um zuzusehen, wie unansehnliches bräunliches und graues Erz in die Öfen gefüllt und zum Schmelzen gebracht wurde. Dies schadete nicht nur der Seele des Mädchens, sondern auch seiner Gesundheit. Es stank dort nach Schwefel, zudem war das flüssige Metall ungeheuer heiß und sprühte Funken. Einige Arbeiter in den Hütten zeigten voller Stolz die Brandnarben, die sie sich bei ihrer Arbeit bereits zugezogen hatten, doch für ein Kind war das nichts.

Die Kinderfrau war so in ihre Gedanken verstrickt, dass sie nicht bemerkte, wie Maria sie ansprach.

»Sollten wir nicht nach Villach fahren und Betten, Tische und Truhen in Auftrag geben? Frau Veronika wird es gewiss nicht gern sehen, wenn der Zimmermann der Fuggerau ihre Möbel anfertigt. Sie ist von Nürnberg her bessere Arbeit gewohnt.«

»Ich könnte euch übermorgen mitnehmen«, bot Hans Fugger an.

»Ja? Wie? Was?«, rief Ella verwirrt.

»Herr Fugger hat angeboten, uns übermorgen nach Villach zu bringen, damit wir dort weiteres Mobiliar in Auftrag geben können«, erklärte Maria ihr nachsichtig.

»Dann sollten wir es auch tun«, sagte Ella und dachte dabei, dass es für ein Mädchen in Marias Alter auf jeden Fall gottgefälliger war, zuzuhören, wie sie in Villach einem Schreiner erklärte, welche Möbel er für Schloss Rosenheim anfertigen sollte, als erneut diesen rußigen Knechten dabei zuzusehen, wie sie Blei und Kupfer in Silber verwandelten.

7.

Maria genoss die Fahrt nach Villach, auch wenn Ella für ihr Gefühl zu viel Wert darauf legte, dort in der Sankt-Jakobs-Kirche die Messe zu besuchen. Auch sonst sprach ihre Kinderfrau sehr viel von Religion und warnte sie immer wieder, ihre ewige Seligkeit nicht in Gefahr zu bringen.

»Schon so manche Jungfer ist ihrer Neugier gefolgt und hat dabei schwer gesündigt«, predigte ihr Ella an diesem Abend, als sie zu Sankt Jakob gingen.

»Mein Ziehvater sagt aber, dass Neugier die Wurzel des Bestrebens ist, Altes zu verbessern und Neues zu entdecken«, wandte Maria ein.

Ella blieb stehen und sah sie ernst an. »Bei Männern mag dies angehen, doch ein Mädchen sollte rein und sittsam bleiben und solche Orte meiden. Für manche Sünden bist du noch zu jung, und ich bete, dass du nicht der Versuchung anheimfällst, mit der dich der Teufel locken will. Andere Sünden wiegen ebenso schwer, und diesen darfst du ebenfalls nicht unterliegen. Daher solltest du deine Besuche in den Schmelzhütten einstellen. Ich weiß nicht, ob es wirklich Gott gefällt, wenn dort unedles Erz durch Feuer und geheime Dinge zu Silber geschmolzen wird.«

»Der Ofenmeister sagt, das Silber wäre bereits vorhanden und müsse nur mithilfe von Blei vom Kupfererz geschieden werden. Übrig bleiben Blei, Silber und Kupfer, welches mit Zinn und anderen Mischungen zu Bronze verschmolzen werden kann, aus der man Kirchenglocken und Kanonen gießt.«

Maria hatte den Arbeitern in der Fuggerau nicht nur zugeschaut, sondern auch das eine oder andere aufgeschnappt und sah die Sache nicht im Licht der Zauberei, wie ihre Kinderfrau es tat. Sie wollte ihre Besuche in den Saigerhütten und bei den Schmelzöfen nicht missen. Wenn Hans Fuggers Frau erschien, waren diese neben dem Dorf Ziljíca die einzigen Rückzugsorte, die ihr blieben.

Sie setzten den Weg in die Kirche fort, und Ella begann, laut zu überlegen. »Wir sollten, noch bevor die ehrenwerte Frau Veronika Fuggerin kommt, eine Wallfahrt unternehmen, um unsere Seelen von dem Schmutz, der ihnen anhaften mag, zu reinigen. Auch wünscht Frau Veronika gewiss, dass wir ihr heilige Orte nennen können, zu denen sie selbst wallfahren und wo sie um Gottes Gnade beten kann.«

»Neža hat mir einige Wallfahrtsorte genannt, wie Maria Gail und die Kirche auf dem Luschariberg«, erklärte Maria.

Ella wackelte abwehrend mit dem Kopf. »Frau Veronika wird es nicht gern sehen, wenn sie gleich so weit pilgern muss. Ich dachte mehr an Siebenbrünn. Der Weg dorthin und zurück ist in wenigen Stunden zurückzulegen, und Gottes Segen ruht auch dort auf uns.«

»Dann wallfahren wir eben nach Siebenbrünn«, antwortete Maria und war froh, dass sie die Kirche erreicht hatten, sonst hätte Ella gewiss noch andere nahe gelegene Ziele ins Auge gefasst.

Maria überstand die Messe in Sankt Jakob und den weiteren Aufenthalt in Villach gut. Zu ihrer Erleichterung kümmerte Ella sich nun mehr um die Möbel, die bis zur Ankunft der Familie unbedingt angeschafft werden mussten, und forderte den Meister auf, schnell zu arbeiten.

Dieser lachte sie aus. »Wollt Ihr gute Möbel oder welche, die auseinanderfallen, wenn man sie anbläst? Bei Ersterem seid Ihr bei mir richtig, beim Zweiten sucht Euch einen anderen Schreiner. Mir ist mein Ruf zu heilig, um ihn Euretwegen aufs Spiel zu setzen.«

»Wenn es zu lange dauert, sind die Herrschaften da und wissen nicht, wo sie in der Nacht ihr Haupt betten können«, antwortete Ella giftig, um den Meister doch noch ein wenig anzutreiben.

»Ihr hättet mir den Auftrag auch eher erteilen können«, sagte der Schreiner unbeeindruckt. »Jetzt dauert es halt seine Zeit. Notfalls müssen die Leute die erste Zeit auf den nackten Strohsäcken übernachten.«

»Eine Frau Fuggerin und ihre Kinder? Niemals!«, protestierte Ella mit Nachdruck.

»Dann soll sie halt ein paar Knechte und Mägde aus den Betten werfen und darin schlafen! Ich schreinere meine Betten und Kästen so, wie ich es für richtig erachte. Und damit ist Schluss mit dem Gerede. Wenn Ihr nicht noch länger auf die Sachen warten wollt, muss ich an die Arbeit gehen.«

An der Bemerkung hatte Ella zu schlucken. Maria hingegen verkniff sich ein Kichern. Dabei war sie sich durchaus der Angst bewusst, die die Kinderfrau vor ihrer Herrin empfand. In den letzten Monaten war Ella davon frei gewesen. Nun jedoch, da Frau Veronika ihre Ankunft angekündigt hatte, wurde sie wieder davon beherrscht.

»Komm! Wir dürfen den Meister nicht länger aufhalten«, forderte Maria ihre Kinderfrau auf und zerrte an ihr, damit diese ihr folgte.

»So ein ungefälliger Mann! Er könnte gewiss rascher arbeiten, wenn er wollte«, schimpfte Ella, als sie die Werkstatt verlassen hatten.

Maria schüttelte den Kopf. »Mir ist es lieber, er leistet gute Arbeit! Was meinst du, was die Ziehmutter sagen würde, wenn ein Stuhl unter ihr zusammenbricht – oder gar das Bett?«

»Da hast du auch wieder recht«, gab Ella zu und dachte schaudernd daran, wem die Schuld zugemessen würde, wenn so etwas tatsächlich passierte. Die Fuggerin war glatt imstande, sie ohne einen Groschen Zehrgeld aus dem Haus zu weisen. Dabei lebte es sich auf Schloss Rosenheim noch angenehmer als in Nürnberg. Dort hatte sie ihre Kammer mit zwei Mägden teilen müssen. Hier hingegen gab es genug Räume, so dass ihr ein eigener blieb.

»Ich hoffe, dieser lahme Kerl wird trotzdem rechtzeitig fertig«, antwortete Ella und hob dann den Kopf. »Umso wichtiger ist es für uns, eine Wallfahrt zu unternehmen. Auch sollten wir in allen Kirchen, auf die wir während der Heimfahrt treffen, ein Ave-Maria beten, damit die Himmelsjungfrau uns beisteht.«

»Das sollten wir tun«, antwortete Maria, obwohl sie wusste, dass sie in diesem Fall sehr früh am Morgen aufbrechen mussten, wenn sie die Fuggerau noch am selben Abend erreichen wollten.

8.

Trotz ihrer Frömmigkeit ließ Ella ihre Aufgaben nicht schleifen. Sie rief mehrere Frauen aus Ziljíca herbei und ließ sie die für Hans Fuggers Familie gedachten Räume noch einmal von oben bis unten scheuern. Während dies geschah, wandte sie sich an Maria. »Ich halte es für besser, wenn wir beide unsere jetzigen Räume aufgeben und für uns Kammern am Ende des Ganges bestimmen.«

»Weshalb?«

»Weil Frau Veronika gewiss einen Unterschied zwischen ihren eigenen Kindern und einer angestellten Kinderfrau wie mir sehen will.«

Maria begriff, dass es sich um eine Ausrede handelte. In Wirklichkeit ging es Ella darum, dass Marias Kammer nicht zu nahe bei der ihrer Ziehmutter lag. In Nürnberg hatte Ella nicht so viel Rücksicht auf sie genommen wie hier in Schloss Rosenheim und sich ihren Beinamen Drache mit Fug und Recht verdient gehabt. Nun aber sorgte sich die Kinderfrau um sie und wollte sie vor Streit und Hader und vielleicht sogar vor Schlägen behüten.

»Ich glaube, wir sollten uns wirklich andere Kammern suchen«, antwortete sie.

»Dann sind wir uns ja einig!« Ella lächelte dem Mädchen aufmunternd zu und machte ein paar Vorschläge.

Zwar bedauerte Maria, die schöne Kammer, in der sie mehrere Monate lang hatte schlafen können, aufgeben zu müssen. Ihr Wohlbefinden war ihr dies jedoch wert. Außerdem konnte sie den Raum jetzt noch nach ihrem eigenen Gutdünken einrichten und musste nicht darauf warten, dass ihr die Ziehmutter irgendwelche Möbelstücke zuwies.

»Ich werde Neža und den anderen windischen Frauen die Arbeit anschaffen, damit es schnell geschieht«, erklärte sie. »Wenn meine Ziehmutter kommt, soll es so aussehen, als hätten wir beide die gesamte Zeit in diesen Kammern geschlafen«, sagte sie und brachte ihre Kinderfrau damit zum Lachen.

»Du bist ganz schön durchtrieben, weißt du das? Allerdings darfst du es nicht so offen zeigen.«

»Das tue ich schon nicht«, versprach Maria und lenkte ihre Gedanken auf etwas anderes. »Weißt du, was meinen Ziehvater bedrückt? Sonst war er immer so fröhlich, doch seit einigen Tagen trägt er eine verärgerte Miene zur Schau.«

»Das kann ich dir nicht sagen! Ich vermute, es hat etwas mit dem Brief zu tun, den er letztens von dem Herrn Jakob Fugger aus Augsburg erhalten hat«, erklärte Ella.

Maria sah sie erschrocken an. »Herr Jakob Fugger wird meinen Ziehvater doch nicht von seinem Posten als Faktor der Fuggerau entlassen wollen?«

»Das verhüte Gott!« Ella hatte die mühevolle Reise von Nürnberg über Augsburg bis hierher nicht vergessen und wollte dies so schnell nicht wieder erleben.

»Umso wichtiger ist es, bald eine Wallfahrt zu unternehmen. Wie ich hörte, wollen die Bewohner aus Ziljíca in der nächsten Woche nach Maria Gail pilgern. Wir sollten uns ihnen anschließen«, setzte sie, etwas ruhiger geworden, hinzu.

Da sie bislang nur zu dem näher gelegenen Siebenbrünn hatte gehen wollen, bewiesen diese Worte Maria, wie ernst ihre Kinderfrau die Angelegenheit nahm. Auch sie selbst sorgte sich, denn sie hatte in Neža eine Freundin gefunden und sich hier gut eingelebt. Nach Nürnberg zurückzukehren, reizte sie nicht, denn dort führte die Fuggerin das große Wort und ließ alle wissen, dass ihre Ziehtochter ein Kind war, das man aus Gnade und Barmherzigkeit aufzog. Zwar würde Frau Veronika das auch hier herumerzählen, doch die Freundschaften, die sie bis dahin geschlossen hatte, würden bestehen bleiben.

Die Angst, von hier weggehen zu müssen, beherrschte von nun an Marias Gedanken, und sie sah immer wieder ihren Ziehvater an. Er wirkte alles andere als zufrieden, und bei Tisch beachtete er Ella und sie die meiste Zeit nicht. Wie es aussah, hing er schweren Gedanken nach, und sie wünschte sich von ganzem Herzen, ihm helfen zu können. Doch das, dachte Maria bedauernd, lag weit jenseits ihrer Möglichkeiten.

An diesem Abend nähte sie unter Aufsicht ihrer Kinderfrau noch an einem Hemd.

»Was ist, Kind, willst du nicht zu Bett gehen?«, fragte Ella verwundert.

Maria blickte kurz auf. »Ich habe nicht mehr viel zu nähen. Es lohnt sich daher nicht, aufzuhören und morgen die letzten Stiche zu setzen.«

Ella sah sich das Hemd an und nickte. »Das ist wohl das Beste! Blase aber die Kerzen aus, wenn du gehst. Ich glaube nicht, dass noch einer der Diener oder eine Magd die Gesindestube verlässt, um nachzusehen. Es wurde schon so manche Feuersbrunst durch Unachtsamkeit entfacht.«

»Ich werde darauf achten!«, versprach Maria und nähte weiter.

»Ich wünsche dir eine gute Nacht und süße Träume«, erklärte Ella.

»Das wünsche ich dir auch! Schlaf gut und vertraue darauf, dass alles gut gehen wird.«

Schon bald war Maria fertig, faltete das Hemd sorgfältig und räumte Schere, Nadel und Garn auf. Als sie die Kammer verlassen wollte, erinnerte sie sich an Ellas Mahnung und ging daran, alle Kerzen zu löschen. Als Dank stieß sie sich im Hinausgehen in der Dunkelheit das Schienbein an einem Stuhl an und humpelte, sich die Tränen verbeißend, den Gang entlang.

Da vernahm sie die Stimme ihres Ziehvaters, die grollend aus seinem Kontor drang.

»Ich habe hier mehrere Zentner Silber in den Gewölben,

dazu etliches an Kupfer und Blei, und mein Vetter schreibt, ich soll sie nicht nach Venedig schicken, weil Seine Majestät, der Kaiser, dies nicht wünscht. Wozu haben wir die Fuggerau hier aufgebaut? Nur um die Hände in den Schoß zu legen und uns über den Habsburger zu ärgern?«

»Beruhigt Euch, Herr Fugger!«, antwortete eine Maria fremde Stimme.

»Beruhigen soll ich mich?«, rief Hans Fugger empört. »Wir haben hier genug Silber gelagert, um eine Grafschaft kaufen zu können. Doch solange es hier liegt, ist es weniger wert als die Erde auf dem Feld. Auf der kann der Landmann noch Korn und Rüben anbauen. Das Silber hingegen muss nach Venedig, um dort gegen harte Zechinen verkauft zu werden. Die Arbeiter hier in der Fuggerau, in den Bleiminen in Bleiberg und am Raibl müssen bezahlt werden, ebenso wollen die Bediensteten im Schloss, meine Familie und ich auch etwas essen.«

So wie ihr Ziehvater klang, war er fürchterlich aufgebracht, fand Maria und blieb stehen, um zu lauschen.

»Ich sagte doch, Ihr sollt Euch beruhigen, Herr Fugger«, hörte sie den Fremden erneut sagen. »Herr Jakob Fugger stellt Euch genügend Geld zur Verfügung, um die Fuggerau am Leben zu erhalten. Lasst weiter Erz schmelzen und scheiden. Der Tag wird kommen, an dem die damit beladenen Karren das Kanaltal und das Eisental durchqueren, um nach Venedig zu gelangen. Es braucht eben etwas Zeit, um Seiner Majestät begreiflich zu machen, dass es auch in ihrem Sinne ist, wenn das Haus Fugger mit diesem Metall handeln kann.«

»Daran sind nur die Gossembrots schuld und andere Missgünstige, die uns Fuggern unseren Erfolg neiden«, polterte ihr Ziehvater weiter. »Jetzt reden sie Herrn Maximilian ein, es würde seinem eigenen Erzmonopol schaden, wenn er uns Fuggern freie Hand lässt. Dabei bringen diese Leute wahrlich nichts zustande.«

»Was Seine Majestät gewiss bald erkennen wird«, antwortete

der Fremde mit einem Lächeln in der Stimme. »Georg Gossembrot tut zwar alles, um auf König Maximilian Einfluss zu nehmen. Aber ihm fehlen die finanziellen Mittel, um Erfolg zu haben. Ehe ein Jahr vergeht, wird Seine Majestät sich wieder an Euren Vetter wenden und diesen um Unterstützung angehen. Sobald dies geschieht, wird Herr Jakob Fugger auf das Erz in den Gewölben der Fuggerau verweisen und Seine Majestät es großzügig gestatten, dass es nach Venedig gebracht und dort verkauft wird. Bis dorthin müssen wir uns gedulden«, fuhr der Fremde fort.

Auch wenn Maria nur einen Teil des Gehörten verstand, so begriff sie eines: Wenn ihr Ziehvater sich ein Jahr gedulden sollte, hieß dies, dass sie dieses Jahr auch hier verbringen würden. Dies erleichterte sie sehr, und so eilte sie mit einem Dankgebet an Herrn Jesus Christus weiter zu ihrer Schlafkammer.

Liebend gerne hätte sie bei Ella geklopft, um diese zu beruhigen. Da heimliches Lauschen jedoch nicht zu den Tugenden eines Mädchens zählte, ließ sie es sein. Auch wenn der Drachen in dieser Umgebung friedfertig geworden war, so konnte er immer noch zornig werden, wenn sie etwas tat, was ihm zutiefst missfiel.

9.

Just einen Tag, bevor die Wallfahrt nach Maria Gail stattfinden sollte, waren die Vorbereitungen für den Empfang von Marias Ziehmutter und ihren Ziehgeschwistern abgeschlossen. Ella atmete erleichtert auf, denn der Zeitpunkt, an dem die Familie kommen wollte, war nicht mehr fern, und sie wäre mit einem schlechten Gewissen zur Wallfahrt aufgebrochen, wenn noch viel zu tun gewesen wäre.

Nicht nur die Bewohner von Ziljíca, sondern auch jene von Arnoldstein und etlichen anderen Dörfern versammelten sich an dem Morgen am Fuß des Klosterbergs. Gebete in Deutsch und der Sprache der Windischen wurden gesprochen, und zwei Mönche kamen vom Kloster herab, um zusammen mit den Dorfpfarrern die Wallfahrt anzuführen.

Maria schnaubte verächtlich, als sie in einem der beiden Pater Norbert erkannte, der sie und Neža von der Klosterwiese hatte vertreiben wollen. Mittlerweile wusste sie von ihrer Freundin, dass dieser Mönch immer wieder Einzelne wegen angeblicher Verfehlungen bestrafte, und bezweifelte, dass jeder Pfennig, den er ihnen mit windigen Begründungen abnahm, in die Truhe des Klosters wanderte. Einer von Nežas Brüdern, der in Villach im Dienst war, hatte bereits gespottet, Pater Norbert wolle sich auf diese Art die Summe zusammensparen, mit der er sich eine ertragreiche Pfründe kaufen konnte.

Der zweite Mönch war Pater Cyprian. Maria kannte diesen kaum, wusste aber, dass er einen guten Leumund hatte. Neža und einige andere gesellten sich zu den Wallfahrern, denen er vorangehen sollte, während die Zahl jener, die zu Pater Norbert strömten, weitaus geringer war.

Insgeheim freute Maria sich darüber. Ihre Freude verflog jedoch, als Ella ihre Hand ergriff und sie zu Pater Norberts Gruppe zog.

»Hier sind mir zu viele«, sagte sie und meinte damit die Armen, die Pater Norberts Übergriffen stärker ausgesetzt waren als die wohlhabenderen Menschen aus dieser Gegend.

»Ich will bei Neža bleiben!«, protestierte Maria.

Ella schüttelte den Kopf. »Neža und ihre Leute beten in ihrer Sprache. Wir sollten uns an die Deutschen halten.«

»Als wenn Gott die Menschen ihrer Sprache nach beurteilen würde«, maulte Maria, musste aber ihrer Kinderfrau folgen und fand sich bei Pilgern wieder, die sie nicht kannte und deren Namen sie noch nie gehört hatte.

»Ihr gehört zum Fugger?«, fragte eine alte Frau mit einem faltigen, aber freundlichen Gesicht.

Diese nickte. »Da habt Ihr recht!«

»Nenn mich, du, so wie's hier der Brauch ist. Bin die Hebamme im Markt. Die Leut kennen mich als die Kesslerin. Hab schon den meisten von ihnen auf die Welt geholfen.« Sie kicherte, als meinte sie ihre Worte nicht ganz ernst.

Ella verzog das Gesicht. Als Kinderfrau bei Hans Fugger sah sie sich über dem normalen Gesinde stehen und mochte es gar nicht, von einfachen Leuten wie ihresgleichen angesprochen zu werden. Die alte Hebamme sah jedoch nicht so aus, als wolle sie darauf Rücksicht nehmen. Dafür war sie viel zu neugierig.

Von Arnoldstein aus war die Fuggerau zu Fuß in kurzer Zeit zu erreichen, doch die meisten Bewohner des Marktes hatten bisher noch keinen Blick in das ummauerte und bewachte Gelände tun können. Daher nahm die Kesslerin die Gelegenheit wahr, mehr darüber zu erfahren.

Ella war nur zu gern bereit, von der Fuggerau und seinen Bewohnern zu erzählen, und vergaß darüber rasch ihre zuvor aufgeflammte Abneigung gegen die Hebamme.

»Und das hier ist wohl das Fräulein Tochter des Herrn Fugger?«, fragte die Kesslerin und wies auf Maria.

»Oh nein! Das ist Maria, Herrn Fuggers Ziehtochter«, berichtete Ella. »Herr Jakob Fugger selbst hat seinen Vetter gebeten, dieses Kind aufzuziehen.«

Diese Worte vernahm auch Pater Norbert, und er musterte Maria mit einem entrüsteten Blick. Er hatte nicht vergessen, wie er von ihr in seine Schranken verwiesen worden war. Eigentlich hatte er Nežas Familie nur zwingen wollen, ihm ein paar Groschen in die Hand zu drücken, um weiteren Ärger zu vermeiden. Damit war er jedoch gescheitert, und seitdem wagten es auch andere, sich gegen seine Forderungen zu stellen. Das hatte er nur diesem kleinen Biest zu verdanken. Obwohl, so klein war das Fräulein nicht mehr. Er schätzte Maria auf elf oder zwölf Jahre. Noch war sie keine Frau, doch in vier, fünf Jahren würde es in diesem Landstrich keine geben, die sie an Schönheit übertreffen konnte.

Bereits jetzt vermochten ihr fein gezeichnetes Gesicht und das goldblonde Haar die Menschen zu entzücken, und schon bald würde sie für viele Männer eine stetige Verlockung darstellen. Sogar er spürte, dass er bei Marias Anblick schwach zu werden drohte. Vielleicht wäre es die richtige Rache, wenn er dafür sorgte, dass Maria Fugger durch ihn ihre Unschuld verlor, dachte er und fand gleich darauf einen Pferdefuß bei diesem Plan.

Auch wenn die Fugger viel Land vom Kloster gekauft und gepachtet hatten, so hatten sie wenig miteinander zu tun, außer dass Hans Fugger gelegentlich den Abt aufsuchte. Bei diesem Gedanken verzerrte sich Pater Norberts Miene. Christoph Manfordin hatte zur Unzeit resigniert und die Bürde des Amtes abgelegt. Bei der Wahl des Nachfolgers hatte es zwar keine Einwirkungen aus Bamberg gegeben, doch seine Mitbrüder hatten nicht ihn zum neuen Abt bestimmt, sondern sich für Johannes Gruber entschieden. Diese Zurückweisung schmerzte noch immer und verstärkte seinen Willen, den Staub dieses Ortes bald von seinen Schuhen zu schütteln und an anderer Stelle eine bedeutendere Stellung zu erlangen.

10.

Während die Wallfahrer aufbrachen, saßen Bruder Vincentius und Johannes oben am Fenster und blickten auf die Schar hinab.

»Schad, dass ich diesmal wegen meines kranken Knies nicht mitgehen kann«, stöhnte der alte Mönch. »Aber du hättest es tun können.«

Es schwang ein wenig Kritik in seinen Worten, doch Johannes zuckte nur mit den Achseln. »Pater Norbert war dagegen, dass ich als Novize mitgehe, und ich bleibe auch lieber hier, als ihn unterwegs bedienen zu müssen.«

»Bedienen?«, schnaubte Bruder Vincentius. »Er ist nur ein Mönch wie ich und die anderen, tut aber so, als stünde er selbst über dem hochehrwürdigen Herrn Abt. Die meisten meiner Mitbrüder werden das Kreuz hinter ihm schlagen, wenn er uns verlässt.«

»Pater Cyprian sagt, dass Pater Norbert für einen Mönch und Priester zu ehrgeizig ist. Er soll nach Stellen schielen, die nur für viel Geld zu haben sind«, erwiderte Johannes.

»Für solche Stellen ist sein Beutel zu schmal bestückt. Deswegen hoffte er auch, Abt zu werden, denn dann könnte er mit beiden Händen in die Kasse des Klosters greifen«, antwortete der alte Mönch voller Verachtung.

»Diese Gegend und das Kloster sind viel zu arm. Er wird nicht viel in der Kasse finden«, antwortete Johannes mit einem nachsichtigen Lächeln.

»Pater Norbert wüsste gewiss, wie er an Geld gelangt, wenn er unser Abt wäre. Da sind wir mit deinem Namensvetter Johannes Gruber besser dran. Der lebt nur für das Kloster und hat ein offenes Ohr für die Sorgen der Menschen, für die wir verantwortlich sind. Pater Norbert hingegen wäre allen Nöten gegenüber taub!«

Erneut machte Bruder Vincentius aus seinem Ärger über den Pater keinen Hehl. Johannes hielt es für falsch, seine Abneigung so offen zu zeigen, denn es führte dazu, dass Pater Norbert seinen alten Freund mit unangenehmen Aufgaben betraute. Das gefiel zwar nicht allen, doch der Pater stand zu hoch in der Hierarchie des Klosters, als dass jemand ein Widerwort gewagt hätte. Selbst der Abt beließ es bei sanften Ermahnungen und vertraute ansonsten darauf, dass jemand dem braven Vincentius bei der Arbeit half.

Meistens bin ich derjenige, dachte Johannes. Es schien ihm richtig zu sein, dem Mann beizustehen, der ihn unter seine Fittiche genommen hatte, seit er ins Kloster gekommen war.

»Die Wallfahrer sind losgezogen! Wir sollten an die Arbeit gehen«, sagte er zu Bruder Vincentius.

Dieser antwortete mit einem Schnauben. »Das heißt, du wirst an die Arbeit gehen, da ich nicht mehr dazu fähig bin. Es tut mir so leid, mein Junge, dass du für mich leiden musst. Ich wünschte, der Herrgott würde mir die Kraft verleihen, es selbst zu tun. Doch meine Arme sind so lahm und zittrig, dass ich kaum mehr den Becher zum Mund zu führen vermag, und was meine Knie angeht, weißt du selbst, wie es um sie steht.«

Johannes nickte verständnisvoll, denn das Alter machte Bruder Vincentius schwer zu schaffen. Eigentlich hätte gerade dieser Mönch es verdient, in seiner Zelle zu bleiben und von einem Novizen versorgt zu werden. Doch er bestand darauf, seine Pflichten zu erfüllen.

»Was hat dieser Ungut uns heute angeschafft, etwa die Aborte zu leeren?«, fragte Bruder Vincentius bissig.

»Das wagt selbst Pater Norbert nicht«, antwortete Johannes und musste sich ein Lachen verkneifen. »Das muss immer einer der Knechte tun, und ein Bauer bringt dann den Scheißdreck aufs Feld.«

Nun grinste auch der alte Mönch und klopfte Johannes auf die Schulter. »Auf jeden Fall haben wir zwei Tage Ruhe vor Pater Norbert und können ruhig und gelassen an unsere Arbeit gehen!«

»Mit zu viel Gemächlichkeit auch nicht! Immerhin erwartet Pater Cyprian, dass ich den Rest der Schrift übersetze, die er mir gegeben hat.«

»Wenn du bis zu seiner Rückkehr aus Marija na Zilji nicht damit fertig wirst, dürfte er dir gewiss nicht den Kopf abreißen. Er weiß doch selbst, wer die Schuld daran trägt«, wandte Bruder Vincentius ein.

»Dies sollte für uns kein Grund sein, der Faulheit zu frönen«, erklärte Johannes aufgeräumt und schob seine Schulter unter die Achsel des alten Mannes, um ihn zu stützen.

Als sie die Treppe hochstiegen, sah Bruder Vincentius den jungen Novizen an. »Falls ich mich nicht irre, sind diesmal auch Bewohner aus dem neuen Schloss auf diese Wallfahrt gegangen.«

»Du meinst die Fugger auf Schloss Rosenheim?«, fragte Johannes, da es nach den Türkeneinfällen in der Gegend mehrere neu errichtete Burgen und Schlösser gab.

»Die meine ich. Ich habe eine Frau in besserer Kleidung gesehen und bei ihr ein Mädchen. Das muss die Tochter von dem Fugger sein, der dort auf Rosenheim residiert.«

»Die Frau habe ich auch gesehen. Sie stand bei der Kesslerin. Aber das Mädchen habe ich nicht bemerkt.«

Johannes war anzusehen, dass ihn die beiden wenig interessierten. Da Bruder Vincentius jedoch über sie sprach, hörte er ihm zu, bis sie an ihr Ziel gelangt waren, und half dort dem alten Mönch, Platz zu nehmen.

»Ich mache mich jetzt an die Arbeit«, erklärte er und ließ sich gerne von der Arbeit ablenken. Bisher hatte ihn das weibliche Geschlecht wenig interessiert, und er wollte dies auch nicht ändern. In den letzten Jahren war er immer seltener in den Markt hinuntergegangen, um die Kesslerin und deren Enkelin zu besuchen. Immerhin hieß es für einen Mönch oder einen Novizen wie ihn, Versuchungen zu meiden, auch wenn er nicht wusste, welche Versuchung die beiden Frauen darstellten.

11.

Der Weg nach Maria Gail oder Marija na Zilji, wie es die Windischen nannten, war zu weit, um ihn im gemächlichen Schritt der Wallfahrer an einem Tag hin und zurück bewältigen zu können, zumal an jedem Wegkreuz und jeder Kapelle haltgemacht und gebetet wurde. Maria hatte bereits in Nürnberg an Wallfahrten teilgenommen, doch in diesem von Bergen umfassten Tal waren sie etwas Besonderes. Im Süden glitzerten die Gipfel noch weiß, obwohl längst der Sommer eingezogen war. Ein kühler Wind kam von Osten und sorgte dafür, dass die Wallfahrer nicht von der Sommersonne gepeinigt wurden.

Unterwegs wurde zweimal Rast gemacht, damit die Älteren sich mit einem Schluck aus einer Quelle erfrischen konnten. Auch Maria trank ein wenig und gesellte sich dann zu Neža. In deren Gruppe wurde Brot herumgereicht und eine Speckseite in kleine Stücke geschnitten.

»Magst du auch etwas?«, fragte Neža.

Maria nickte. »Wir sind zwar noch nicht so lange unterwegs, aber ich bin schon hungrig. Wie weit ist es noch?«

»Noch einmal so weit, wie wir bis jetzt gegangen sind«, antwortete Nežas Mutter.

»Dann wird es Nachmittag werden, bis wir ankommen. Oh, vergelt's Gott!« Eine der Frauen hatte Maria etwas Brot und Speck gereicht, so dass diese ihren ärgsten Hunger stillen konnte.

»Ich glaube, es geht gleich weiter«, sagte sie, als sie den letzten Bissen geschluckt hatte, und überlegte, ob sie bei ihrer Freundin bleiben sollte. Um jedoch Ella nicht zu verärgern, verabschiedete sie sich von Neža und deren Familie und machte sich auf die Suche nach der Kinderfrau.

Maria fand Ella im Gespräch mit Bruder Norbert, der die

Gelegenheit mit beiden Händen ergriffen hatte, sich über die Fuggerau und die Pläne, welche die Fugger dort verfolgten, zu informieren. Er hatte sich jedoch die falsche Gesprächspartnerin herausgesucht, denn für Ella war alles, was in den Saigerhütten und Schmelzöfen geschah, Alchemie oder gar schiere Zauberei. Eines aber begriff Pater Norbert: Auch wenn in der Fuggerau kaum Gold ausgeschmolzen wurde, so reichte allein der Bestand an Silber aus, um beinahe jede Wahl für ein Bistum oder gar Erzbistum für sich entscheiden zu können.

Nun tadelte er sich selbst, weil er der Fuggerau und ihren Bewohnern bislang kaum Beachtung geschenkt hatte. Der Grund war sein Ärger über den Fürstbischof Heinrich von Trockau, der den Fuggern ohne Rücksprache mit seinem Kloster das Land an der Gailitz überlassen und dieses der Rechtsprechung des Abtes entzogen hatte. In dieser Angelegenheit musste er umgehend darangehen, den neuen Abt davon zu überzeugen, ihn mit den Verhandlungen mit Hans Fugger zu betrauen. Wenn er es geschickt anfing, konnte so mancher Gulden in seine eigenen Taschen wandern und ihn seinem Ziel, Abt eines mächtigen Klosters oder Priester einer einträglichen Pfründe zu werden, näherbringen.

Während Ella sich freute, von dem Pater beinahe wie eine feine Dame behandelt zu werden, beäugte Maria ihn misstrauisch. Sie hatte erlebt, wie er Neža bedroht hatte, und fragte sich nun, weshalb er sich Ella und ihr gegenüber auf einmal so freundlich gab.

Am Nachmittag erreichten sie Maria Gail. Von diesem Ort aus war es nicht mehr weit bis Villach, und nicht wenige Wallfahrer würden nach der Messe dorthin wandern, um bei Verwandten und Freunden zu übernachten. Der Rest, darunter auch Nežas Familie, wollte sich bei den Bauern in der Umgebung ein Quartier suchen oder sich in eine Decke gehüllt im Schatten der Kirche zum Schlafen niederlegen.

Eigentlich hatte Maria die Nacht über bei Nežas Familie

bleiben wollen. Aber damit war Ella ganz und gar nicht einverstanden.

»Wir sind doch keine Bauern, Kind!«, rief sie kopfschüttelnd und wies auf einen leichten Wagen, der etwas abseitsstand. »Der wird uns nachher in die Stadt bringen, und dann schlafen wir in demselben Gasthaus, in dem wir schon öfter übernachtet haben. Morgen früh kommen wir wieder hierher und kehren mit den anderen Wallfahrern nach Hause zurück.«

Maria nickte, obwohl sie sich auf das Abenteuer gefreut hatte, in eine Decke gehüllt neben Neža in einer Scheune oder gar unter freiem Himmel zu übernachten. Doch vielleicht kam das noch, dachte sie und folgte der Kinderfrau in die Kirche.

Die Messe wurde in Latein gehalten, so dass weder die deutschen noch die windischen Wallfahrer benachteiligt wurden. Bei der Predigt hingegen verwendete Pater Norbert die deutsche Sprache und ließ dem Pfarrer von Ziljíca danach nur wenig Zeit, sich an seine Schäfchen zu wenden. Maria fand dies ungehörig, und Pater Cyprian, dem dies auch missfiel, nahm sich vor, ein offenes Wort mit seinem Mitbruder zu sprechen. Nun folgte Johannes' Lehrer mit den anderen Mönchen und Klerikern dem Bauern, der sich angeboten hatte, sie zu verköstigen und ihnen Obdach für die Nacht zu geben.

Maria verabschiedete sich unterdessen von Neža und bestieg mit Ella zusammen den Wagen, der sie in die Stadt bringen sollte.

»Pater Norbert ist wirklich ein feiner Herr«, lobte die Kinderfrau den Mönch. »Er ist sehr interessiert an unserem Wohlergehen und hofft, dass Arnoldstein und die Umgebung durch die Anstrengungen deines Ziehvaters und des ehrenwerten Herrn Jakob Fugger in Augsburg wieder in die Höhe gebracht wird, nachdem die schrecklichen Türken das Land so schlimm verheert haben.«

Maria machte sich ihre eigenen Gedanken, denn eines war ihr klar: Auch wenn Pater Norbert sich auf einmal freundlich gab, so war ihm nicht zu trauen.

12.

Am nächsten Tag ließen Ella und Maria sich wieder zu den anderen Wallfahrern bringen. Ein Teil derer, die von Arnoldstein gekommen waren, kehrte nicht mit der Gruppe zurück, sondern wollte länger bei ihren Verwandten bleiben oder Geschäfte in der Stadt tätigen. Auch Pater Norbert kam nicht mit, denn der Abt hatte ihm den Auftrag erteilt, mit dem Abt von Sankt Nikolai über einen Landtausch zu verhandeln.

Es war daher Pater Cyprians Aufgabe, die Wallfahrer in die Heimat zurückzuführen. Nach einem Blick über die ihm anvertrauten Schäfchen beschloss er, die Gruppe nicht mehr zu teilen, sondern wies sie an, sich nach Gefallen zusammenzufinden und ihm zu folgen.

Maria nahm die Gelegenheit wahr, sich Neža anzuschließen, während Ella bei der Kesslerin blieb, die als Hebamme alle Täler ringsum kannte und ihr viel über die Gegend erzählen konnte. Da auf dem Rückweg nicht mehr so streng gebetet wurde wie am Vortag, blieb den beiden Frauen dafür die Zeit. Ella erfuhr so auch von dem spanischen Weib, das vor etwa einem Dutzend Jahren nach Arnoldstein gekommen und dort gestorben war.

»Sie hatte ein feines Knäblein bei sich, etwa zwei Jahre alt«, erzählte die Kesslerin weiter. »Es wurde im Kloster aufgezogen und wird nun bald sein Ordensgelübde ablegen. Man sagt, Seine Gnaden, der Abt, habe vor, den Jungen in einigen Jahren sogar zum Priester zu weihen. Er ist nämlich sehr klug, der Johannes, und ein freundlicher Mensch. Letztes Jahr hat er den Bruder Vincentius den ganzen Weg zu Sankt Maria Luschari gestützt! Er ist sehr alt, der Bruder Vincentius, und nicht mehr sehr gut beinand, wenn du das verstehst?«

»Das verstehe ich«, versicherte Ella und lauschte mit gespitzten Ohren auf alles, was die Hebamme zu erzählen wusste.

Maria unterhielt sich derweil mit Neža und erfuhr einiges über die Berge.

Ihre Freundin wies mit ernster Miene auf eine lang gezogene Bergflanke. »Dort hat der Herrgott vor über hundert Jahren einen Teil des Berges herabfallen lassen. Sechzehn Dörfer und mehrere Kirchen sind mit allem, was darin gelebt hat, dem Erdboden gleichgemacht worden!«

Maria erkannte am Fuße des Hügels eine leichte Anhöhe, die fast bis zum Horizont reichte. Der Gedanke, dass darunter ganze Dörfer verschüttet liegen sollten, erfüllte sie mit Schrecken. »Wie kann Gott so etwas zulassen? Kirchen sind doch heilige Orte! Zumindest diese hätten gerettet werden müssen.«

»Gottes Wille mag uns manchmal grausam erscheinen, doch will er damit den Menschen ein Zeichen geben, in sich zu gehen und Neid, Habsucht, Gier und allen anderen Sünden zu entsagen, damit auch sie ins Himmelreich kommen«, erklärte Nežas Mutter mit ernster Stimme.

»Aber bei diesem Unglück sind doch gewiss auch Unschuldige umgekommen! Gott hätte ihnen einen Engel schicken sollen, um sie in Sicherheit zu bringen, so wie er es einst bei Noah und Lot getan hat«, wandte Maria ein.

Nežas Mutter strich ihr lächelnd über das Haar. »Woher weißt du, dass er es nicht getan hat?«

»Bruder Vincentius hat erzählt, Gott habe die Gerechten ungesäumt zu sich ins Himmelreich aufgenommen und ihnen damit das Fegefeuer erspart«, mischte sich einer von Nežas Brüdern ein.

Maria hoffte, dass es so war. Die Vorstellung von einem so entsetzlichen Unglück war jedoch so grauenvoll, dass sie verzweifelt versuchte, an etwas anderes zu denken. Auch Neža wollte dieses Thema nicht weiterverfolgen und erzählte ihr daher einiges über die Ortschaften, durch die sie kamen.

Da es nicht nur Trauriges, sondern auch Lustiges zu berichten gab, löste sich der Ring ein wenig, der sich um Marias Herz gelegt hatte, und sie vermochte die Stelle des Bergsturzes wieder anzuschauen, ohne dass das Grauen erneut Besitz von ihr ergriff.

Da sämtliche Wallfahrer den heimatlichen Futterkrippen zustrebten, wurde diesmal auf eine längere Rast verzichtet. Unterhalb des Klosters löste sich die Gruppe auf, und die Menschen kehrten nach dem Segen, den Pater Cyprian und ihre Dorfpriester ihnen spendeten, in ihre jeweiligen Wohnorte zurück.

Da sie denselben Weg hatten, blieben Ella und Maria bei Nežas Familie und trennten sich erst kurz vor der Fuggerau von ihnen.

»Bis bald!«, rief Maria ihrer Freundin zu und winkte zum Abschied. Danach legte sie die letzten Schritte zum Schloss zurück.

In der Fuggerau stand das Tor offen, und als Maria es durchschritt, sah sie im Hof mehr als ein halbes Dutzend der wuchtig gebauten Wagen stehen, mit denen das Erz aus Ungarn hierher verfrachtet wurde. Noch während sie überlegte, ob sich ihr Ziehvater erneut darüber ärgern würde, weil auch das Silber und das Kupfer, das er aus diesem neuen Erz gewann, hier würde lagern müssen, weil er es nicht nach Venedig schaffen durfte, entdeckte sie in der hinteren Ecke des Hofes zwei weitere Fuhrwerke und einen Reisewagen. Ihre Ziehschwester Esther stand daneben, und dies verriet ihr, dass die Fuggerin mit der restlichen Familie eingetroffen war.

13.

Veronika Fugger hatte unterwegs über die lange Reise geklagt, doch nun schritt sie zufrieden durch Schloss Rosenheim und begutachtete jede Kammer. Alles war neu und großzügig eingerichtet und verriet, dass hier kein kleiner Handelskommis, sondern der Vertreter einer reichen und mächtigen Handelsgesellschaft residierte.

»Kein Graf und kein Fürst würde sich weigern, hier zu wohnen. Ich muss meinen Mann, aber auch Ella loben. Sie haben alles vorzüglich für unsere Ankunft vorbereitet«, sagte sie zu ihrer Wirtschafterin, die neben ihr ging.

Die Frau verzog das Gesicht. Schon in Nürnberg war sie immer wieder mit Ella, dem Drachen, aneinandergeraten und hatte meist den Kürzeren gezogen. Da ihre Konkurrentin mit Hans Fugger und Maria hierhergefahren war, hatte sie gehofft, deren Abwesenheit nützen und ihren Einfluss auf Veronika Fugger festigen zu können. Doch wie es aussah, hatte Ella erneut die Nase vorn.

»Ob dies der Verdienst der Kinderfrau ist, bezweifle ich doch. Gewiss hat Herr Hans Fugger all dies in Auftrag gegeben«, antwortete sie eifersüchtig.

Ihre Herrin achtete jedoch nicht darauf, sondern winkte eine der Mägde zu sich, die sich scheu näherte.

»Sind die Kammern bereits bestimmt, die ich und die Kinder bewohnen sollen?«, fragte sie.

Die junge Magd stammte aus Ziljíca und hatte Mühe, das in einem ihr fremden Dialekt gesprochene Deutsch zu verstehen. Schließlich aber schüttelte sie den Kopf.

»Nein, Herrin! Eure Sachen werden in die Gemächer des Herrn gebracht. Dort werdet Ihr wohl schlafen wollen.«

»Schlafen schon! Ich brauche jedoch auch ein helles Zimmer, um zu nähen, und will meine Kinder in der Nähe haben.« Veronika Fugger klang scharf, da sie das Gesinde von Anfang an daran gewöhnen wollte, ihr ungesäumt zu gehorchen.

»Ihr könnt Euch die Kammern aussuchen, die Euch gefallen«, antwortete die Magd.

»Das werde ich auch tun. Ach ja, wo ist Marias Kammer?« Auch wenn Veronika Fugger einen gewissen Neid auf Marias angebliche Abstammung von Jakob Fugger empfand, so wollte sie nicht, dass es hieß, sie würde das Mädchen benachteiligen.

»Fräulein Maria schläft in der letzten Kammer im Gang.«

»Fräulein!«, flüsterte Veronika Fuggers Wirtschafterin verächtlich.

Die Herrin hingegen war zufrieden. Wer in einem solchen Schloss wohnte und zur Familie zählte, hatte das Recht, als Junker oder Fräulein angesprochen zu werden.

»Wo ist Maria jetzt? Ich vermisse auch die Kinderfrau. Haben sie es nicht nötig, bei meiner Ankunft zu erscheinen?«, fragte sie die Magd.

Während die Wirtschafterin insgeheim über diese Worte grinste, schüttelte die Magd den Kopf.

»Fräulein Maria und Frau Ella sind auf Wallfahrt, um die Himmelsmutter um eine gute Reise und gesunde Ankunft für Euch zu bitten.«

»Eine Wallfahrt also.«

Veronika Fuggers Laune besserte sich sofort wieder. Weder Ella noch Maria hatten wissen können, wann genau sie ankommen würde. Daher nahm sie ihnen ihre Abwesenheit nicht übel, sondern vermerkte es zu deren Gunsten, dass sie sich ihretwegen auf Wallfahrt begeben hatten.

»Dann ist es gut«, setzte sie hinzu und wandte sich an ihre Wirtschafterin. »Sieh zu, dass Andreas, Hans und die Mädchen gut untergebracht werden. Wähle Kammern in der Nähe jener, die Maria zugewiesen worden ist. Sie kann Ella und der neuen Kindsmagd später helfen, die Kleinen zu versorgen.«

»Ja, Herrin!«

Die Wirtschafterin deutete einen Knicks an und verschwand, während Veronika Fugger ihre Runde fortsetzte. Ihr Mann hatte an der Fleischbrücke in Nürnberg ein stattliches Haus besessen, welches nun sein aus erster Ehe stammender Sohn Castulus bewohnte. Dieses Schloss übertraf jedoch alles, was sie sich hatte vorstellen können. Selbst der Stachel, dass es nicht ihnen, sondern den Vettern von der Lilie gehörte, schmerzte Veronika Fugger kaum.

14.

Maria trat beklommen auf ihre Ziehmutter zu und knickste vor ihr wie vor einer großen Dame. Ihre Ziehschwestern Esther, Susanna und Felicitas standen in der Nähe und schauten zu ihr herüber. Alle drei waren neu in diesem Land, das sie bereits kannte, und begierig zu hören, wie es hier zuging. Mit ihnen reden aber durfte sie erst, wenn die Ziehmutter es ihr erlaubt hatte.

»Ich sehe, du bist ein ganzes Stück gewachsen«, erklärte Veronika Fugger eben. »Damit kannst du Ella und Kuni helfen, auf die Kleinen achtzugeben.«

Maria senkte den Kopf. Wie es aussah, war die Zeit der Freiheit, die sie in den letzten Monaten genossen hatte, vorbei. In dem Augenblick bedauerte sie es, dass ihre Ziehgeschwister bis auf Esther jünger waren als sie. Ob diese allerdings mithelfen würde, sich um die Kleinen zu kümmern, bezweifelte sie. Ihre Ziehschwester würde trotzdem nicht die Hände in den Schoß legen dürfen. Immerhin lebte Veronika Fugger nach dem Motto, dass Gott jeden Menschen mit Aufgaben betraut hatte, die es zu erfüllen galt. Da Gott dies jedoch nicht persönlich tat, übernahm dies ihre Ziehmutter. Also hieß es die Hände fleißig rühren, um Gott und Veronika Fugger nicht zu erzürnen.

»Du kannst gleich damit anfangen, Andreas und Hänschen zu füttern. Die Mägde werden für etwas anderes gebraucht. Du, Esther, siehst zu, dass deine Schwestern gut essen. Achte vor allem auf Susanna. Sie hat auf der Reise nur wenig bei sich behalten und benötigt kräftige Nahrung, um wieder zuzulegen.«

Während ihre Ziehmutter Befehle erteilte, blickte Maria zu Susanna hin.

Die Kleine sah abgemagert aus. Ihre Augen wirkten matt, ebenso ihre Haut. Bereits in Nürnberg war Susanna das Sorgenkind ihrer Mutter gewesen, doch man hatte sie in der gewohnten Umgebung pflegen können. Die Reise aber war ihr nicht gut bekommen, und so hoffte Maria, Esther würde die nötige Geduld haben, um die jüngere Schwester dazu zu bringen, genug zu essen. Sie hatte jetzt die beiden Knaben am Hals, von denen der Jüngere gerade alt genug war, um mit den kurzen strammen Beinen die Welt zu erkunden.

»Kommt mit!«, sagte sie und sah, wie Andreas rebellisch die Arme vor der Brust verschränkte.

»Endres, gehorche!«, befahl die Mutter streng.

Nun ließ der Junge sich herab, Maria zu folgen. Diese schnappte sich den kleinen Hans und trug ihn zur Küche. Andreas folgte ihr mit vorgeschobener Unterlippe.

»Was gibt es zu essen? Bratwürste?«, fragte er, da diese in Nürnberg sein Leibgericht gewesen waren.

Maria schüttelte den Kopf. »Nein, Brot und Speck. Zum Abendessen bekommt ihr Gerstenbrei.«

»Das ist ein Essen für Knechte, nicht für Herren«, protestierte der Junge, der während der Reise in den Gasthäusern einiges aufgeschnappt hatte, was er nun zum Besten gab.

»Es wird dir schmecken«, erklärte Maria, während sie sich auf einen Stuhl setzte und Hans auf den Schoß nahm.

Eine der Küchenmägde schnitt ein Stück geräucherten Speck in kleine Stücke und reichte ihr diese. Zu Marias Erleichterung kaute der Kleine eifrig darauf herum und streckte die Hand aus zum Zeichen, dass er mehr haben wollte.

Auch Andreas begann nun zu essen. Zwar maulte er, weil ihm Bratwürste besser schmeckten, vertilgte aber den größten Teil des vorgeschnittenen Specks und sah danach ganz so aus, als wolle er noch mehr.

Unterdessen waren auch die Mädchen in die Küche gekommen und löcherten Maria mit Fragen. Diese beantwortete sie, so gut sie konnte, und berichtete auch von Neža und deren Verwandten.

»Das sind doch nur Tagelöhner! Mit solchen Leuten haben wir nichts zu tun«, antwortete Felicitas hochnäsig.

»Wer sagt das?«, fragte Maria verärgert.

»Die Kuni, unsere neue Kindsmagd! Die sagt, wir sind was Besseres als die. Schließlich ist unser Vater Kaufmann und war sogar Gassenhauptmann in Nürnberg.«

»Und jetzt leben wir in einem Schloss«, setzte Susanna mit leidender Miene hinzu.

»Da dürfen wir uns nicht mit denen gemeinmachen, sagt Kuni«, erklärte Esther mit Nachdruck.

»Meine Kindsmagd ist Ella, und die hat es mir erlaubt«, antwortete Maria und schnitt für Andreas eine Scheibe Brot ab, die dieser jedoch missachtete, da er lieber noch mehr klein geschnittenen Schinkenspeck haben wollte.

Felicitas sah Maria verwundert an. »Die Kuni ist jetzt auch deine Kindsmagd. Da kann Ella dir nicht etwas erlauben, was diese verbietet.«

Maria zuckte mit den Schultern. »Das muss eure Mutter entscheiden. Solange es mir nicht verboten wird, werde ich Neža aufsuchen.«

»Das ist aber ein komischer Name«, wandte Felicitas ein.

»Neža gehört zu den Windischen. Dort ist es ein ganz normaler Name.«

»Wer sind die Windischen?«, fragte Esther.

»Das sind die Leute, die im Dorf nebenan leben. Außerdem gibt es weitere Dörfer den Fluss hoch«, berichtete Maria. »Sie sprechen eine andere Sprache als die unsere.«

»Dann kann man doch nicht mit ihnen reden!«, rief Andreas aus.

»Doch, das kann man. Einige von ihnen verstehen unsere Sprache, und man kann auch die ihre lernen.«

»Warum sollten wir das tun, wenn sie doch die unsere sprechen?«, fand Felicitas und sagte sich, dass sie rasch etwas von dem Schinkenspeck essen sollte, bevor ihre Brüder ihn ganz vertilgt hatten.

15.

Mit Veronika Fuggers Ankunft und der ihrer Kinder änderte sich das Leben in der Fuggerau grundlegend. Bei Tisch herrschte nun nicht mehr die Stille wie während der Zeit, in der Maria und Ella den Hausherrn nicht in seinen Gedanken hatten stören wollen. Andreas und auch der kleine Hans forderten die Aufmerksamkeit des Vaters. Hans Fugger hob seine Söhne auf den Arm und herzte sie. Danach sah er seine Töchter an. Susannas Anblick bereitete ihm Kummer. Das Mädchen war zu blass und dünn für ihr Alter. Die jüngere Felicitas war bereits größer und hätte als die ältere Schwester gelten können.

Als er sich Esther zuwandte, zuckte er zusammen, da Maria direkt neben ihr stand. Die beiden Mädchen waren nur knapp zwei Jahre auseinander, aber sie ähnelten einander so sehr, dass jeder, der sie Schulter an Schulter sah, sie für Schwestern halten musste. Hans Fugger fragte sich, weshalb ihm das in Nürnberg nicht aufgefallen war, gab sich dann aber selbst die Antwort. Esther war ein hübsches Kind gewesen, aber auch etwas pummlig. Nun hatten die Anstrengungen der Reise dafür gesorgt, dass sie schlanker geworden war und ihr Gesicht die Pausbacken verloren hatte. So versprach sie, eine schöne Jungfrau zu werden. Wohl war Marias Gesicht feiner, ihre Wimpern länger und die Augen glänzender, dennoch fand er es verblüffend, wie sehr sie einander glichen.

Auch wenn er kein Feigling war, so hoffte er doch, seine Frau werde nicht doch auf den Gedanken kommen, er selbst könne Marias Vater sein. Auch wenn er als Haupt der Familie galt, hatte Veronika ihn bereits mehrmals fühlen lassen, dass ihr Wille nicht weniger galt als der seine – und gelegentlich sogar mehr.

»Seid mir willkommen!«, rief er und umarmte seine Frau, um sich nicht durch sein Zögern zu verraten.

»Es war eine weite, schwere Reise«, erklärte Veronika.

»Männer reisen oft weiter und vor allem häufiger«, antwortete Hans Fugger und sah zufrieden, wie sich Felicitas zwischen Esther und Maria schob. Doch selbst wenn Veronika im Augenblick die Ähnlichkeit zwischen den beiden Mädchen entging, würde sie es irgendwann bemerken und so lange bohren, bis er aufgab und ihr die Wahrheit enthüllte.

Nein, das durfte er nicht, rief er sich zur Ordnung. Es ging ja nicht nur um ihn und Maria. Da war auch der alte Glauber in Nürnberg sowie Elisabeth und ihr Ehemann Erhard Schönlein. Solange alles unter dem Deckel blieb, war es gut. Wenn jedoch bekannt wurde, dass Elisabeth bereits vor ihrer Heirat ein Kind geboren hatte, würde dies Aufsehen erregen und vielleicht sogar die Geschäfte beeinträchtigen, die sein Sohn Gastel derzeit in Nürnberg für ihn führte.

In dem Augenblick spürte Hans Fugger, wie ihm die Brust eng wurde, und er atmete schwer.

»Hast du etwas?«, fragte seine Frau besorgt. Er schüttelte mit einem mühsamen Lächeln den Kopf.

»Nein, wie kommst du darauf? Ich freue mich einfach, dass ihr hier seid. Ich habe euch sehr vermisst!«

»Wir Euch auch, Herr Vater!«, sagte Esther mit leuchtenden Augen.

Wohl war es bei den Großeltern schön gewesen, doch in diesem Schloss leben zu dürfen, erschien ihr weitaus besser. Außerdem gab es so vieles zu entdecken. Maria musste ihr unbedingt sagen, wie die einzelnen Berge hießen, die am Horizont aufragten, und sie wollte auch die Orte der Umgebung besuchen.

Anders als ihre Ziehmutter und deren Kinder ließ Maria sich von ihrem Vater nicht täuschen. Er war immer ein schöner, kräftiger Mann gewesen, doch als er sich jetzt in die Stube begab, in der er eine Stunde mit Frau und Kindern verbringen wollte, bemerkte sie, dass seine Schultern nach unten hingen. Außerdem presste er sich die rechte Hand gegen die Brust.

Bevor ihre Ziehmutter eingetroffen war, hätte sie ihn direkt angesprochen und gebeten, einen Arzt holen zu lassen. Doch dies war nun das Recht der Ehefrau, und Maria wusste nicht, ob ihre Ziehmutter so rasch bemerken würde, dass ihrem Mann etwas fehlte.

Fünfter Teil

Ein Engel im Licht

1.

Auf einem Bergstock in der Nähe der Stadt Bozen thronte die Burg Runkelstein. Einst als Wachtposten errichtet, um die Reisenden auf dem Weg nach Süden zu kontrollieren, hatte der Wehrbau diese Bedeutung mittlerweile verloren, und man hatte ihn zu einer vornehmen Wohnstatt ausgebaut, in der hochgestellte Gäste empfangen wurden. So auch an diesem Tag. Im schönsten Raum der Burg, der mit beeindruckenden Malereien geschmückt war, saß ein Mann auf einem gepolsterten Stuhl und funkelte sein Gegenüber zornig an.

»Er will Uns also kein Geld geben, Fugger?«

Jakob Fugger verneigte sich und hob bedauernd die Hände. »Von nicht wollen ist keine Rede, Euer Majestät! Meine Truhen sind jedoch nicht unerschöpflich, und so muss ich zu meinem größten Bedauern anderen die Ehre überlassen, Eurer Majestät in dieser Angelegenheit dienlich zu sein.«

Während er sprach, musterte er sein Gegenüber mit scharfen Blicken. Der König trug auf dem Haupt ein Barett, das mit Goldschnüren verziert und mit Zobel besetzt war. Auf seinem aus feinstem blauen Samt gefertigten, hüftlangen Mantel prangten etliche Edelsteine, und selbst auf dem nur wenig kürzeren Wams funkelten sie um die Wette. Dazu ragte aus einem Ausschnitt des Wamses eine prächtige Schamkapsel, auf der die größten und schönsten Edelsteine eingesetzt waren. Sogar auf den Schnallen der Schuhe schillerten Juwelen, während die Beinkleider aus Seide bestanden, in die dünne Goldfäden eingewebt waren. Alles in allem schätzte Jakob Fugger den Wert der Kleidung auf mehr als zehntausend Gulden, und das war eine Summe, die kein Mann, welchen Standes auch immer, leichtfertig ausgeben sollte.

»Er ist reich wie Krösus, Fugger. Wir wissen das«, fuhr Maximilian von Habsburg fort.

»Wäre ich es, würde ich für Eure Majestät mit Freuden den Boden dieses Raumes mit Gold bedecken«, antwortete Jakob Fugger.

»Er könnte es auch so«, erklärte Maximilian zornig und fuhr fort: »Ich könnte Ihn dazu zwingen!«

»Ich habe schon mehrfach darauf hingewiesen, wie wenig es Eurem Ruhm dienlich wäre, wenn Ihr einen Kaufmann wider Recht und Gesetz um seinen Besitz bringt!«

Jakob Fugger begriff, dass der König ihn einschüchtern wollte. Ließe er sich darauf ein, würde er dessen Hände nicht mehr von seinen Geldtruhen fernhalten können. Es galt, fest zu bleiben und notfalls auf einige Unternehmungen zu verzichten. Das Schicksal seines Vetters Lukas, der Maximilians Vater Friedrich immer und immer wieder Kredite gewährt hatte und dann auf seinen Schuldscheinen sitzen geblieben war, wollte er auf keinen Fall teilen.

»Sein Geiz schadet Unserem Ruhm!«, rief Maximilian empört. »Unser Reich ist von Feinden umgeben. Da lauern Frankreich, Venedig und der Türk! Wie sollen Wir diesen begegnen, wenn nicht mit großer Heeresmacht? Söldner müssen bezahlt und ausgerüstet werden, Kanonen gegossen …« Maximilian schwieg einen Augenblick und schlug mit der flachen Hand auf den Tisch. »Was ist das für ein Gebaren? Wir überlassen es Ihm, für billiges Geld, Silber, Kupfer und andere Erze in Unseren Bergen zu schürfen, und müssen dann hören, dass Er für das Kupfer, das wir dringend für die Bronze unserer Kanonen brauchen, unverschämte Preise verlangt.«

»Da Eure Majestät es mir untersagt haben, das Kupfer, das in der Fuggerau gewonnen wird, zu verkaufen, haben die Preise für Kupfer angezogen. Ich würde Verlust machen, wenn ich Euch das wenige Kupfer, das ich in Thüringen gewinne, billig überlassen müsste. Verluste aber kann ein Kaufmann sich nicht leisten.«

Es war eine Warnung an Maximilian, es mit seinen Forderungen nicht zu weit zu treiben. Dabei wusste Jakob Fugger, auf welch schmalem Grat er sich bewegte. Der König brauchte Geld, und er würde alles daransetzen, um es zu erhalten.

Mit einem gewissen Ärger dachte er an die prächtige Hofhaltung, die Maximilian sich leistete. Als erwählter König der Römer und Deutschen glaubte er, ebenso prunkvoll repräsentieren zu müssen wie Ludwig XII. von Frankreich oder Philipp von Burgund, zumal dieser auch noch Maximilians eigener Sohn war. Jakob Fugger hätte ihm erklären können, aus welchen Quellen sich die Reichtümer Frankreichs und Burgunds speisten. Dagegen waren die Einnahmen des Hauses Österreich ein Bettel. Jeder vernünftige Mensch musste dies einsehen. Doch obwohl Maximilian sonst ein kluger Mann war, zählte Vernunft nicht zu seinen herausragenden Eigenschaften. Er wollte sowohl eine glanzvolle Hofhaltung führen wie auch als Kriegsherr und Eroberer glänzen. Allein mit den Juwelen auf seinem Rock hätte er fünftausend Söldner mehrere Monate lang unter Waffen halten können. Doch anstatt sich wenigstens nur auf sein aufwendiges Äußeres zu beschränken, verschwendete er überdies Unsummen an gefällige Damen und Schmeichler, die ihn den letzten Ritter nannten.

Es war zum Gotterbarmen, fand Jakob Fugger. Wäre Maximilian ein Verwandter von ihm gewesen, er hätte ihn gepackt und ihm so lange die Leviten gelesen, bis er Vernunft angenommen hätte. Bei Maximilian, dem König der Römer und Deutschen, der mehr als alles andere die Krönung zum Kaiser des Heiligen Römischen Reiches in Rom anstrebte, war dies jedoch unmöglich. Zu sehr verärgern durfte er ihn nicht, denn auch wenn sich der größte Teil seines Vermögens außerhalb der Habsburger Besitzungen befand, vermochte der König ihm durch Verweigerung von Wegerechten und den Entzug etlicher Konzessionen schweren Schaden zuzufügen. Dem sprunghaften Sinn Maximilians traute er es zudem zu, ihm Handelsware wegnehmen zu lassen oder sich gar durch Gewalt einige seiner Faktoreien anzueignen. Die Fuggerau bei Villach war da gewiss gefährdet. Obwohl auf bambergischem Besitz gelegen, waren die Hauptleute des Fürstbischofs auf den Burgen Federaun, Straßfried und Löwenberg zu schwach, um einem aus Kärnten erfolgenden Zugriff Maximilians Widerstand leisten zu können. Die Folge wären endlose Prozesse am Reichskammergericht und der damit einhergehende Niedergang des Fugger'schen Handelshauses.

Dies wusste auch Maximilian. Ein Untergang der Fugger wäre jedoch eine Katastrophe für ihn, da es im ganzen Reich keinen Zweiten gab, der ihm so schnell mit großen Summen aushelfen konnte. Trotzdem fand er es gegen Gottes Weltordnung, dass diese Pfeffersäcke immer reicher wurden, während er ihnen die Gulden beinahe einzeln abbetteln musste.

»Wir benötigen das Kupfer in Kärnten für den Guss von Kanonen. Er wird für das nötige Zinn sorgen«, erklärte er in dem Bestreben, wenigstens diesen Erfolg zu erringen.

»Zinn ist teuer, und man muss es von weit her holen. Das verursacht hohe Kosten!« Vielleicht ließe sich ein Kompromiss finden, dachte Fugger und verbeugte sich erneut. »Wenn Eure Majestät gestatten, dass ich einen Teil des Kupfers, des Silbers und des Bleis, das in der Fuggerau liegt, nach Venedig schaffen und dort vertreiben lasse, könnten die Kosten für den Ankauf und Transport von Zinn dadurch beschafft werden. Und da in der Fuggerau bereits Schmelzöfen vorhanden sind, könnte man dort auch eine Kanonengießerei einrichten.«

»Was will Er noch alles?«, rief Maximilian ungehalten, hielt dann jedoch inne. Würde Fugger dort Kanonen gießen, sparte er sich den weiten Anmarschweg mit den schweren Stücken, wenn er gegen Venedig vorgehen wollte.

»Er kann sein Silber, Kupfer und Blei überall verkaufen, nur nicht in Venedig«, erklärte er mit Nachdruck. »Diese Krämerstadt wagt es, Uns zu trotzen. Auch hat es widerrechtlich große Teile Reichsitaliens an sich gerissen, die ich wiederzugewinnen gedenke. Das ist für das Haus Habsburg und das Heilige Römische Reich unabdingbar.«

»Dann tragt dies den Reichsständen vor und fordert von ihnen die Söldner und das Geld, welches ein Kriegszug gegen Venedig kostet.« Das kann ich leicht vorschlagen, dachte Jakob Fugger mit heimlichem Amüsement, da weder die Kurfürsten noch die anderen hohen Herren des Reiches auch nur einen einzigen Söldner dafür hergeben werden, damit Maximilian Gebiete in Italien gewinnt, die nur dem Hause Habsburg zugutekommen.

»Das werden Wir auch tun«, antwortete Maximilian mit dem Gedanken, dass es ihm irgendwie gelingen würde, die Sachsen, Brandenburger, Böhmen, Schwaben, Franken und Rheinländer für seine Pläne zu gewinnen.

Jakob Fugger begriff, dass er im Augenblick bei Maximilian nichts erreichen konnte. Doch noch war nicht aller Tage Abend, und schon in nicht allzu ferner Zeit würde der König ihm die Botschaft senden, die er sich erhoffte. Gleichzeitig überlegte er, wie es ihm gelingen könnte, den König von einem Krieg gegen Venedig abzuhalten. Er hatte etliche Jahre in der Markusstadt gelebt und wusste um die Reserven, auf die der neue Doge Leonardo Loredan zurückgreifen konnte. Wenn Maximilian nicht bald Vernunft annahm, würde er bei dieser Sache ebenso scheitern wie schon bei einigen seiner vergangenen Unternehmungen. Außerdem, setzte er für sich hinzu, tätigte er selbst den Großteil seiner Geschäfte über Venedig und würde daher einen Krieg in Norditalien in seiner eigenen Tasche spüren.

2.

Es lagen etliche Meilen zwischen Schloss Runkelstein bei Bozen und der Fuggerau bei Arnoldstein. In den vergangenen beiden Jahren hatte Hans Fugger die Anlage ausbauen lassen und verfügte nun über genug Schmelzöfen, um, wie er spöttisch sagte, alles Erz Kärntens scheiden zu lassen. Welche Pläne sein Vetter mit den hier gelagerten Metallen hatte, war ihm jedoch unbekannt.

Im Augenblick interessierte ihn das auch wenig, denn er fühlte sich elend. Vor zwei Jahren bei der Ankunft seiner Frau und seiner Kinder war er schon einmal krank geworden, aber bald wieder auf die Beine gekommen. Nun hoffte er, dass es diesmal ebenso sein würde, denn er war noch nicht alt. Sein Bruder Jakob hatte ihm dreizehn Jahre voraus und lebte immer noch, ebenso wie Lukas, von dem ihn vier Jahre trennten.

Ein stechender Schmerz in den Eingeweiden beendete diesen Gedankengang. Sein Stöhnen brachte alle am Tisch dazu, ihn anzusehen.

»Ist etwas mit dir?«, fragte seine Frau.

Hans Fugger versuchte zu lächeln, doch es wurde nur eine Grimasse daraus. »Nein, nein, es geht schon!«, keuchte er und stöhnte unter einer weiteren Schmerzwelle.

»Einer der Knechte soll nach Villach reiten und den Arzt holen«, erklärte Veronika Fugger energisch.

»Jetzt, mitten in der Nacht? Da würde sich der Gaul die Beine brechen«, wandte ihr Mann ein, nickte dann aber. »Schicke ihn, doch er soll vorsichtig reiten!«

»Wäre es nicht besser, die Hebamme aus Arnoldstein zu rufen? Ich weiß, dass sie auch eine gute Heilerin ist«, schlug Ella vor. Seit ihrer Wallfahrt nach Maria Gail hatte sie die Kesslerin noch mehrmals getroffen und von dieser einige Mittel gegen die kleinen Zipperlein erhalten, die sie gelegentlich quälten.

»Auch ich halte das für das Beste!«, erklärte Maria. Sie hatte Ella häufig in den Markt Arnoldstein begleiten dürfen und dort die Heilkunst der Hebamme kennengelernt. Auch wenn diese nichts von der Medizin der studierten Ärzte verstand, so verfügte sie doch über ein großes Wissen über Kräuter und deren Wirkung.

Veronika Fugger sah sie und Ella unschlüssig an, während ihr Mann den Mund verzog. Im Gegensatz zu den Frauen hatte er das Kloster etliche Male aufgesucht und war dabei auch mit dem Bruder Apotheker ins Gespräch gekommen. Dieser hatte kein gutes Haar an der Kesslerin gelassen, weil die Dorfbewohner zu dieser liefen und er daher kaum Einnahmen für das Kloster sammeln konnte. Damals hatte Hans Fugger über den Mönch gelächelt, jetzt aber erinnerte er sich an dessen Worte und setzte sein Vertrauen in das Gehörte.

»Nein, nicht die Hebamme! Die kann kreißenden Weibern helfen, jedoch keinem Mann. Schickt zum Apotheker im Kloster. Er soll mir eine Medizin anrühren. Aber macht rasch!«

»Es geschieht, wie du es willst«, rief seine Frau eifrig und stupste ihre älteste Tochter an. »Lauf, Esther, und schicke einen Knecht los! Er soll sich beeilen, sonst ziehe ich ihm morgen den Stock über.«

Das Mädchen verließ rasch die Stube. Unterdessen schob Hans Fugger seinen Teller mit dem kaum angerührten Abendessen weg und versuchte, aufzustehen. Ihm wurde jedoch sofort schwindlig, und er musste sich an der Tischplatte festhalten.

»Ich will mich ins Bett legen. Jemand muss mir in meine Kammer helfen«, sagte er mit einer Mischung aus Schmerz und Scham.

Sofort winkte Veronika eine Magd herbei. »Stütze den Herrn und sorge dafür, dass er alles hat, was er braucht. Ich komme später, um nach ihm zu sehen!«

Während die Magd ihre Schulter unter Hans Fuggers Achsel schob und dieser sich schwer auf sie stützte, sah Maria Ella ängstlich an. »Mir wäre es lieber, der Ziehvater ließe seine Medizin von der Hebamme holen. Der traue ich doch mehr als dem Klosterbruder, dessen Arzneien nicht besonders wirksam sein sollen.«

»Umso mehr müssen wir beten!«, erklärte Ella und faltete die Hände.

Der Knecht kehrte nach weniger als einer Stunde zurück, begleitet sowohl von dem Apotheker wie von Pater Norbert. Letzterem war es in den beiden vergangenen Jahren gelungen, die Verhandlungen, die das Kloster mit Hans Fugger führte, an sich zu reißen, und dabei war so manche Münze heimlich in seine Tasche gewandert. Nun war er besorgt, dieser Geldfluss könnte versiegen.

»Wie geht es Euch, Fugger?«, fragte er, als Veronika ihn in dessen Schlafkammer brachte.

Maria und die Kinder waren zu Bett geschickt worden, und Ella und Kuni mussten achtgeben, dass sie ihre Kammern nicht mehr verließen.

Hans Fugger atmete schwer, als er Antwort gab. »Mir liegt ein Alb auf der Brust, der mir schier den Atem abdrückt, und mein Leib schmerzt, als würde jemand darin mit einem Messer herumwühlen.«

»Ihr habt gewiss zu schwer oder etwas Falsches gegessen, und dadurch entsteht stinkende Luft in den Därmen, die Euch quält. Der Bruder Apotheker hat das richtige Mittel für Euch angemischt, so dass es Euch bald besser gehen wird!«

Pater Norbert klang so zuversichtlich, dass auch Hans Fugger und seine Frau daran glaubten.

»Das ist gut«, erklärte Veronika Fuggerin und befahl dem Knecht, er solle ihren Mann aufrichten, damit sie ihm die Arznei einflößen könne.

Dies geschah auch, und als Hans Fugger nach einer Weile

erklärte, es ginge ihm besser, strich Veronika ihm erleichtert über die schlaff gewordene Wange.

»Siehst du, mein Lieber! So war es doch besser, als diese Hebamme zu holen.«

»Um Gottes willen! Tut das nicht! Das Weib steht im Ruf der Zauberei«, rief Pater Norbert scheinbar entsetzt, um dann zu erklären, dass der Bruder Apotheker für diese Medizin zwei Gulden als angemessenen Preis erachten würde.

Er erhielt die Summe ungesäumt von Veronika und steckte einen Gulden für sich weg, während der andere in die Klostertruhe wandern würde. Danach spendete Pater Norbert dem Kranken den Segen und verabschiedete sich.

Veronika Fugger blieb zunächst bei ihrem Mann, bestimmte dann aber eine Magd für die Nachtwache und ließ ihr eigenes Bett in der Nebenkammer aufschlagen.

»Wecke mich, wenn etwas Unvorhergesehenes geschieht«, schärfte sie der Magd ein, dann legte sie sich hin.

Um rasch aufstehen zu können, hatte sie darauf verzichtet, das Kleid auszuziehen. Zunächst war sie noch zu aufgeregt, um schlafen zu können. Doch als in der Kammer ihres Mannes alles ruhig blieb, dämmerte sie schließlich weg.

3.

Obwohl in Schloss Rosenheim genug Kammern zur Verfügung standen, um jedem der Kinder eine eigene zu geben, hatte Veronika Fugger darauf bestanden, dass sich jeweils Esther und Susanna sowie Maria und Felicitas einen Raum teilten. Auch die beiden Jungen schliefen in einem Zimmer, doch dieses war durch eine hölzerne Wand unterteilt und der hintere Teil Kuni zugewiesen worden. Deren Aufgabe war es, über Andreas und Hans zu wachen.

In dieser Nacht schliefen etliche Schlossbewohner sehr schlecht. Maria betete noch lange im Bett und flehte Jesus Christus an, ihrem Ziehvater eine rasche Genesung zu gewähren. Auch wenn sie mit ihm weniger zusammenkam als mit Veronika, so fühlte sie sich mit ihm doch stärker verbunden als mit der Ziehmutter. Irgendwann aber gewann der Schlaf die Oberhand, und sie versank in wirre Träume. Gerade, als sie glaubte, von einer guten Fee geleitet das Wasser des Lebens gefunden zu haben, das selbst Tote wiederauferwecken konnte, riss ein gellender Schrei sie hoch.

»Was ist geschehen?«, fragte Felicitas schlaftrunken.

»Ich weiß es nicht«, antwortete Maria zitternd. Sie sprang aus dem Bett und riss das Nachthemd über den Kopf, um sich schnell ein Kleid überzustreifen. Felicitas tat es ihr nach.

Da ertönte erneut ein Schrei, und schrilles Wehklagen folgte. Mit noch offenen Bändern an ihren Kleidern stürmten die beiden Mädchen auf den Flur und sahen, wie sich weiter vorne vor der Tür des Vaters und Ziehvaters die Leute sammelten. Als sie näher kamen, trat Ella ihnen entgegen.

»Es hat Gott, unserem Herrn, gefallen, Herrn Hans Fugger zu sich zu nehmen«, sagte sie mit bebender Stimme.

»Nein, nicht das!«, stieß Maria hervor, während ihr die Tränen in die Augen schossen.

Auch Felicitas weinte und wurde dann von der schluchzenden Susanna umfangen. Obwohl Hans Fugger am Abend über Unwohlsein geklagt hatte, hatten alle gehofft, die Arznei des Klosterapothekers würde ihm helfen. Nun aber lag er starr und steif auf seinem Bett. Seine Frau stand neben ihm und hielt seine rechte Hand in ihren Händen. Tränen liefen ihr über die Wangen, doch ihr Blick suchte die Magd, die sich scheu in eine Ecke drückte.

»Du elendes Stück Dreck bist eingeschlafen, anstatt bei meinem Gatten zu wachen! Vielleicht hätte man ihm noch helfen können. Verschwinde aus meinen Augen und lass dich nie wieder blicken!«

»Aber Herrin, ich ...«, versuchte die Frau, sich zu verteidigen.

Doch da packte Veronika Fugger den Stock, den ihr Mann sich hatte anfertigen lassen, um besser die Treppen steigen zu können, und wollte auf sie losgehen. Mit einem Schrei rannte die Magd los, musste dabei aber an Veronika vorbei und fing sich mehrere scharfe Hiebe ein.

»Ich habe doch gar nichts getan!«, schrie sie, dann war sie draußen.

Veronika Fugger ließ den Stock fallen und kniete neben dem Totenbett ihres Mannes nieder. »Warum hast du uns verlassen?«, jammerte sie. »Wir hatten hier doch ein so schönes Leben.«

Alle Mädchen weinten, und den beiden Knaben kullerten ebenfalls die Tränen über die Wangen. Auch das Gesinde zeigte Trauer um ihren leutseligen Herrn, der immer ein freundliches Wort für sie gehabt hatte.

»Er hätt noch gut ein Dutzend Jahre leben können. So alt war der Herr doch nicht«, sagte einer der Knechte kopfschüttelnd und sah sich dann Veronika Fugger gegenüber, die trotz ihres großen Kummers nicht vergessen hatte, was in einem solchen Fall zu tun war.

»Rufe den Stellvertreter meines Mannes! Er muss nach Augsburg schreiben und Herrn Jakob Fugger von Gottes unerklärlichem Ratschluss berichten, meinen Gatten in sein Reich zu holen.«

Es folgten weitere Befehle, dann überließ Veronika Fugger sich wieder der Trauer um den Toten.

Die gesamte Familie sammelte sich um sie, und ihre Töchter klagten zum Herzzerreißen. Ihnen allen war Hans Fugger wie ein Koloss erschienen, den nichts und niemand erschüttern konnte. Ihn jetzt auf dem Totenbett liegen zu sehen, schmerzte zutiefst.

Auch Maria weinte. Obwohl sie ihre Ziehmutter achtete, hatte sie zu ihr nie diese innige Verbindung empfunden wie zu deren Ehemann. Hans Fugger hatte sie behandelt wie ein eigenes Kind, und nun sollte er auf einmal nicht mehr sein? Sie starrte mit feuchten Augen auf den Leichnam, dem Veronika eben die Augen zudrückte, und begriff, dass von nun an nichts mehr so sein würde, wie es gewesen war.

In ihrem Kummer vergaß Maria ganz die Zeit. Erst als ihre Ziehmutter sie schüttelte und ihr befahl, in die Küche zu gehen und den Koch aufzufordern, das Frühstück in der kleinen Halle auftragen zu lassen, wachte sie wieder auf. Am liebsten hätte sie Veronika Fugger angeschrien, dass ihr Mann gestorben war und sie nur ans Essen dachte. Aus Angst vor Strafe hielt Maria jedoch den Mund und setzte sich mit müden Schritten in Bewegung.

In der Küche traf sie auf Neža, die dort als Spülmädchen in Dienst genommen worden war. Ihre Freundin sah sie halb neugierig, halb erschrocken an.

»Stimmt es wirklich, dass der Herr tot sein soll?«

»Es ist die Wahrheit!«

»Der arme Mann! Er war immer so gut zu uns.« Nun kamen auch Neža die Tränen.

»Die Herrin will, dass zum Frühstück aufgetragen wird«, sagte Maria mit bebender Stimme und schüttelte den Kopf. »Wie kann man in einer solchen Stunde nur ans Essen denken?«

»Es ist auf jeden Fall gescheiter, als jetzt vor Kummer alles liegen und stehen zu lassen«, wandte eine der Küchenmägde ein. »Es nützt dem Toten nichts, wenn die Lebenden vergessen, dass Essen und Trinken wichtig sind. Da ist es besser, Kraft zu schöpfen, um die Trauer bei guter Gesundheit zu überstehen. Mir tut der Herr auch leid, doch werde ich seinetwegen nicht fasten.«

»Dabei hättest du einiges zuzusetzen«, fauchte Neža, da die andere Magd doch einen gewissen Umfang aufwies.

»Werde du nur nicht frech, sonst setzt es Maulschellen!«, drohte diese und holte mit der Hand aus.

»Du wirst Neža nicht schlagen!« Maria trat zwischen die beiden und sah zufrieden, wie die andere die Hand senkte.

»Ein zweites Mal sagst du so etwas nicht!«, drohte sie, um nicht als Verliererin dazustehen, und wies dann auf einen Stapel Geschirr, der neben einem aus Stein geschnittenen Bottich stand.

»Spüle die Teller und trockne sie gut ab. Gib acht, dass das Wasser sauber bleibt. Sonst setzt es wirklich etwas!«

»Soll ich dir helfen?«, fragte Maria Neža, da sie nichts zu Veronika und deren Kindern zog.

»Das solltest du nicht tun!«, meldete sich die Magd, die Neža zu spülen befohlen hatte. »Als Ziehtochter des Herrn ist dein Platz bei der Familie.«

Leider hatte die Frau recht, und so verließ Maria die Küche. Unterwegs traf sie auf Ella. Diese schlang die Arme um sie und begann zu schluchzen.

»Was wird jetzt aus uns beiden werden, da der Herr nicht mehr da ist? Frau Veronika wird gewiss Kuni in ihren Diensten behalten und mich auf die Straße setzen, und du wirst froh sein dürfen, wenn sie dich als Zofe für ihre Töchter behält.«

»So schlimm wird es hoffentlich nicht werden«, antwortete Maria, die langsam begriff, dass Trauer nicht alles war, das einen beim Verlust eines geliebten Menschen bewegte.

Auch wenn sie sich deswegen schämte, so lag ihr das eigene Schicksal doch ebenso am Herzen. Daher stellte sie sich die gleiche Frage wie Ella. Was sollte nun aus ihr werden, da Hans Fugger nicht mehr hier war und sich ihrer annehmen konnte? Verwandte hatte sie keine, denn auf ihre Frage hin, wer ihre Eltern sein könnten, hatte ihre Ziehmutter giftig geantwortet, sie sei ein Findelkind. Zu anderen Zeiten hatten Veronika und ihre Ziehschwestern erklärt, dass sie ein Bastard des Herrn Jakob Fugger wäre. Da nur eines stimmen konnte, hatte sie sich schließlich ein Herz gefasst und ihren Ziehvater gefragt. Der hatte geantwortet, ihre Eltern seien brave, gottgefällige Leute aus Jakob Fuggers Umkreis gewesen, aber leider bereits verstorben. So weinte sie nun nicht nur um Hans Fugger, sondern auch um ihre Eltern, die sie nicht hatte kennenlernen dürfen.

4.

Zunächst ging das Leben in Schloss Rosenheim und der Fuggerau ähnlich weiter wie zu Hans Fuggers Lebzeiten. Es wurde Erz geschmolzen und die einzelnen Metalle voneinander geschieden. Veronika Fugger ließ ihren Ehemann vorerst in Ziljíca begraben, erklärte aber, seine sterblichen Überreste nach Nürnberg überführen zu wollen. Dort sollte auch die Totenmesse abgehalten werden. Zwar sprach auch hier der Priester einige tröstende Worte und befahl den Geist des toten Kaufherrn in Gottes Hände, doch eine Feierlichkeit wie bei anderen Begräbnissen wollte sich trotz eines Totenmahls nicht einstellen.

Zumindest empfand Maria es so. Zwar erschien ihr die Trauer von Veronika Fugger und ihren Kindern nicht geringer als die eigene. Doch es gab einen Unterschied. Die anderen hatten einander, um sich gegenseitig zu trösten, doch sie war allein. Dabei hätte sie sich gewünscht, jemanden zu haben, mit dem sie über ihren Ziehvater und dessen Güte hätte sprechen können. Veronika Fugger wirkte jedoch unnahbar, und die Schwestern klammerten sich so aneinander, dass sie sich wie eine Fremde fühlte. Zudem nahm der Tod des Vaters Susanna so sehr mit, dass sie das Bett kaum noch verlassen konnte. Ihre Mutter ließ ungesäumt einen Arzt aus Villach holen, da sie den Arzneien des Klosterapothekers nicht mehr vertraute und die Mittel der Kesslerin für untauglich hielt.

Da Maria niemanden hatte, der sie tröstete, war sie an diesen Tagen mehr in der Küche bei Neža zu finden als in den Räumen der Herrschaft. Mit ihr konnte sie über alles reden, was sie bewegte. Damit die anderen Bediensteten nicht erfuhren, was sie besprachen, verwendeten sie die windische Sprache, die Maria in den letzten zwei Jahren recht gut sprechen gelernt hatte.

»Ich habe eine der Küchenmägde sagen hören, dass die Herrin nach Nürnberg umsiedeln will. Was wird dann hier aus uns werden? Muss ich mir eine neue Dienststelle suchen?«, fragte Neža an diesem Nachmittag.

Maria wurde immer klarer, welche Auswirkungen der Tod ihres Ziehvaters mit sich brachte. Selbst ihre Freundin wurde davon betroffen. Von einigen Bediensteten, die mit Veronika Fugger gekommen waren, wusste sie, dass diese liebend gerne in ihre alte Heimat zurückkehren würden. Andere wiederum hofften, hierbleiben zu können. Doch niemand wusste zu sagen, was die Zukunft bringen würde. Es kam vor allem auf Jakob Fugger an. Er war der Mann, der zu entscheiden hatte. Nach ein paar Augenblicken des Nachdenkens wandte Maria sich wieder Neža zu.

»Vielleicht kannst du hier im Dienst bleiben! Auch wenn der neue Faktor und dessen Frau eigene Bedienstete mitbringen, werden gewiss Mägde und Knechte gebraucht. Warum sollten sie andere nehmen als dich und die Übrigen? Ihr kennt die Arbeit, die hier zu leisten ist, und müsst euch nicht zuerst einfinden.«

»Ich will es hoffen«, antwortete Neža. »Mein älterer Bruder hat sich das Bein gebrochen und wird noch einige Wochen nicht arbeiten können. Zudem hat ihn sein Dienstherr entlassen, und er wird sich, wenn er wieder gehen kann, eine andere Arbeitsstelle suchen müssen. Daher brauchen wir das Geld, das ich nach Hause bringe.«

»Wenn Not am Mann ist, kann ich dir etwas geben. Viel habe ich zwar nicht, aber ich überlasse es lieber dir, als es für Tand auszugeben«, bot Maria an.

Neža schüttelte mit einem leichten Lächeln den Kopf. »Ich weiß, du würdest es tun, aber ich will es nicht. Du hast uns schon so oft geholfen, zum Beispiel, als du Pater Norbert beim Grasholen vertrieben hast. Auch hast du mich für diese Stelle empfohlen, und zwei meiner Brüder verdienen in den Schmelzhütten gutes Geld. Wir kommen schon durch. Notfalls werde ich auf Tagelohn gehen.«

»Ich würde dich gerne in meine eigenen Dienste nehmen, doch dafür habe ich nicht genug Geld und müsste zudem meine Ziehmutter um Erlaubnis fragen«, erwiderte Maria mutlos.

»Die sie dir gewiss nicht geben würde«, meinte ihre Freundin achselzuckend. »Sie hat auch Fräulein Esther nicht erlaubt, sich eine Zofe zu nehmen, obwohl diese sich bereits als junge Dame sieht.«

Esther war bereits jetzt sehr hübsch und entsprechend stolz darauf. Damit sie sich nicht zu viel darauf einbildete, hatte die Mutter ihr ein Gleichnis aus der Bibel erzählt, nach dem ein frommes Herz wichtiger sei als ein glattes Gesicht, und ihr Arbeiten aufgetragen, die sie demütig machen sollten.

Maria bezweifelte, dass Veronikas Worte fruchten würden, denn Esther war es gewohnt, Befehle zu erteilen, legte aber selbst nur in seltenen Fällen Hand an, besonders nicht, wenn sie die Tätigkeit als unter ihrer Würde erachtete. Aber das war nicht ihre Sorge, damit musste deren Mutter sich herumschlagen.

Veronika war zu plötzlich Witwe geworden und tat sich nun schwer mit ihren Kindern. An einem Tag war sie rührselig und drückte alle an ihr Herz, um sie am nächsten Tag als saumselig zu schelten und ihnen Pflichten aufzutragen. Auch Maria wurde immer wieder mit Aufträgen bedacht, löste sie aber mit dem Gleichmut eines Mädchens, welches das Leben so nahm, wie es kam.

»Warum lässt Jakob Fugger sich so viel Zeit mit der Entscheidung, wer in Zukunft die Fuggerau verwalten soll?«, fragte Neža.

»Was meinst du?« Maria schreckte aus ihren Gedanken auf.

»Ich wollte wissen, weshalb Herr Jakob Fugger noch keinen Nachfolger für Herrn Hans bestimmt hat.«

Maria hob in einer hilflosen Geste die Hände. »Das weiß ich nicht. Aber es ist gewiss nicht leicht, jemanden zu finden, der meinen Ziehvater ersetzen kann. Er war ein Vetter von Herrn Jakob, und dieser wird keinen Fremden, sondern einen anderen Verwandten als neuen Faktor hier einsetzen wollen. Der aber kann aus Neusohl kommen, aus Augsburg oder von anderswo. Auch müssen wir damit rechnen, dass er gleich meinem Ziehvater von Herrn Jakob Fugger vorher in Augsburg auf seine neue Aufgabe vorbereitet werden muss.«

Neža nickte verstehend. »Das wird es sein! Aber ich hoffe, es dauert nicht mehr allzu lange. Die Herrin Veronika ist nach dem Tod des Herrn ziemlich unduldsam geworden.«

»Das stimmt«, gab Maria zu.

Der Verlust des Ehemanns hatte ihre Ziehmutter verändert und sie hart werden lassen, und das versprach für die Zukunft nichts Gutes. Wie von Neža prophezeit, würde sie froh sein können, wenn sie später noch als Mitglied der Familie galt und nicht zu den Mägden in die Küche gesteckt wurde.

Ellas Auftauchen beendete das Gespräch der beiden Mädchen. »Du sollst zu Frau Veronika kommen!«, meldete die Kinderfrau. »Es ist Botschaft von Herrn Jakob Fugger eingetroffen.«

»Dem Regierer?«, rief Maria aus.

So wurde der Herr des Unternehmens von seinen Untergebenen genannt, und es hieß, er habe mehr Einfluss und Macht als viele Fürsten im Reich. Maria konnte dies nicht bestätigen, da sie zu wenig Wissen darüber besaß. Doch zumindest hier in der Fuggerau kam Jakob Fugger gleich nach Gott.

»Du solltest dich beeilen! Frau Veronika hat mich extra geschickt, dich zu holen«, drängte Ella.

Maria atmete kurz durch, verabschiedete sich von Neža und lief los. Sie erreichte die Kammer, in der sich ihre Ziehmutter meistens aufhielt, und wurde sofort getadelt.

»Auch wenn es eilt, sollte ein Fräulein vom Stand oder ein Mädchen aus einem Patrizierhaus nicht wie eine Bauernmagd rennen.«

Maria knickste und senkte den Kopf. »Verzeiht, Frau Veronika! Ich wollte Euch nicht warten lassen.«

»Das ist löblich und mag als Entschuldigung gelten. In Zukunft aber gibst du mehr acht. Ich will nicht, dass es heißt, ich hätte dich nicht so erzogen, wie es sich gehört.«

Während dieser Standpauke erschienen auch Veronikas Kinder und versammelten sich neugierig, aber auch ein wenig besorgt um die Mutter. Diese nahm nun zwei Blätter zur Hand. Eines war der Brief, den der Vetter ihres toten Mannes ihr geschrieben hatte, das andere trug ein amtliches Siegel. Veronika las beides noch einmal für sich durch und achtete nicht auf ihre Töchter, die sie ungeduldig anstarrten. Schließlich blickte Veronika Fugger auf und musterte die Mädchen und ihre beiden Söhne.

»Unser Verwandter hat einen neuen Faktor für die Fuggerau bestimmt. Es ist Christoph Häring, der Ehemann von Klara, einer der Töchter meines Gatten aus erster Ehe.«

Wie es aussah, wollte Jakob Fugger die Aufsicht über die Fuggerau in der Familie seines Vetters halten, überlegte Maria. Da hob Veronika das zweite Blatt in die Höhe.

»Das ist das vom Rat der Stadt Nürnberg gesiegelte Testament meines Gatten! Darin schreibt er mir und meinen Kindern das uneingeschränkte Wohnrecht in seinem Nürnberger Haus an der Fleischbrücke zu. Wir werden dorthin reisen und das Haus mit meinem Stiefsohn Gastel und dessen Familie teilen. Groß genug dafür ist es zum Glück.«

Sie schwieg kurz und musterte dann Maria durchdringend. »Mein Gatte hat in seinem Testament mehrere Legate verteilt. Eines davon gilt dir, und zwar soll dir bei deiner Heirat eine Mitgift von eintausend Gulden ausbezahlt werden.«

Obwohl ihr Ziehvater als wohlhabender Mann galt, war diese Summe im Grunde zu hoch für ein Kind, das aus Gnade und Barmherzigkeit in die Familie aufgenommen worden war. Maria bemerkte, dass Veronika sich darüber wunderte und wohl auch ärgerte. Die Summe verringerte ihr eigenes Erbe und das ihrer Töchter, die auf keine höhere Mitgift hoffen konnten. Vielleicht war es besser, wenn sie sich in Nürnberg mehr der Familie ihres Ziehbruders Castulus, wie Gastel eigentlich hieß, anschloss, dachte Maria. Andererseits zählte auch er zu den Erben ihres Ziehvaters und mochte ihr wegen dieser tausend Gulden ebenfalls gram sein.

Ihre Ziehmutter war jedoch noch nicht fertig. »Auch wenn ich mit meinen Kindern nach Nürnberg zurückkehre, so ist das Haus dort bei weitem nicht so groß wie Schloss Rosenheim. Daher habe ich beschlossen, dass du hierbleiben und unter der Aufsicht meiner Stieftochter Klara aufwachsen sollst. Dies ist gewiss auch in deren Sinn, da sie in dir jemanden hat, der weiß, wie es hier zugeht, und ihr raten kann. Ella wird ebenfalls in der Fuggerau bleiben. Da du sie als Kindsmagd nicht mehr benötigst, findet sich gewiss eine andere Arbeit für sie.«

Es war ein schlechter Dank für eine treue Dienerin, dachte Maria. Ella war nicht einfach eine schlichte Kindsmagd, sondern hatte ihr und den anderen Mädchen auch Lesen, Schreiben und Rechnen beigebracht. Sollte sie jetzt dafür Töpfe schrubben müssen?

Ella spürte, wie es in Maria arbeitete, und zwickte diese in den Arm, damit sie nichts sagte, was Veronika Fugger verärgern konnte. Im Gegensatz zu dieser wunderte sie sich nicht über Hans Fuggers Großzügigkeit Maria gegenüber. Sie hatte Elisabeth Glauber oft genug gesehen, um deren Ähnlichkeit mit Maria, aber auch zu Hans Fugger zu erkennen. Ein knappes Jahr, bevor Maria als Säugling ins Haus gebracht worden war, hatte Veronika ihre Familie besucht, um den Eltern ihre erstgeborene Esther vorzustellen, und war etliche Wochen dort geblieben. In der Zeit hatte Hans Fugger sich wohl um Elisabeth Glauber bemüht. Ella wusste noch, dass Elisabeth einige Monate darauf Nürnberg wegen einer angeblichen Krankheit verlassen hatte und erst nach geraumer Zeit zurückgekehrt war.

All dies ließ keinen anderen Schluss zu, als dass Hans Fugger nicht nur Marias Ziehvater, sondern auch ihr leiblicher Vater war.

Diese Erkenntnis ließ Ella hoffen, dass Veronika die Fuggerau bald verlassen würde, ohne die Wahrheit zu erkennen. Sollte sie erfahren, statt einer Tochter von Jakob Fugger den Bastard ihres Mannes aufgezogen zu haben, der dann auch noch über Gebühr im Testament bedacht worden war, würde Maria bis zu ihrer Abreise keine gute Stunde mehr erleben.

5.

Im Gegensatz zu Ella tat es Maria leid, als Veronika Fugger mit ihren Kindern den Reisewagen bestieg, der sie nach Nürnberg bringen sollte. Ein paar Tage lang war sie enttäuscht gewesen, weil die Ziehmutter sie zurücklassen wollte. Nun aber sagte sie sich selbst, dass es so besser war. In Nürnberg hätte sie in einer engeren Umgebung gelebt als hier und dort nicht nur ihrer Ziehmutter, sondern auch Gastel Fuggers Ehefrau Margaretha gehorchen und bei beengten Wohnverhältnissen wohl auch eine Magd ersetzen müssen. Hier hingegen war sie nur Klara Häring untergeordnet und konnte damit rechnen, eine höhere Stelle im Haushalt einzunehmen. Vielleicht, so sagte sie sich, konnte sie dabei sowohl für Ella wie auch für Neža etwas erreichen.

Nachdenklich wandte sie sich an ihre Kinderfrau. »Ich finde, meine Ziehmutter hätte ruhig bleiben können, bis Klara und ihr Mann hier eingetroffen sind. So muss sich meine Ziehschwester völlig unvorbereitet zurechtfinden.«

»Damit wird sie schon fertig«, antwortete Ella, die Klara als resolutes Mädchen erlebt hatte. Sie legte den Arm um Marias Schulter. »Außerdem wirst du ihr eine große Hilfe sein. Das ist sehr gut für dich, denn so wird sie dich achten und nicht mehr als Kind ansehen, sondern als Freundin und ihre rechte Hand.«

Maria lachte leise. Auch wenn sie durch Neža wusste, dass Mädchen niedriger Stände schon früh auf eigenen Beinen stehen mussten, so galt sie im Bürgertum als noch zu jung für wichtige Aufgaben. Wenn sie es wagte, Klara Ratschläge zu erteilen, würde diese sie höchstens für ein vorlautes Mädchen halten. Dabei war es für sie, aber auch für ihre beiden Freundinnen wichtig, dass die neue Hausherrin sich gut mit ihr verstand.

»Hoffen wir, dass es so kommt«, sagte sie leise und hob die Hand, um dem abfahrenden Reisewagen nachzuwinken. Erst als dieser in Richtung Villach verschwunden war, drehte sie sich um und kehrte ins Schloss zurück.

Ella folgte ihr sorgenvoll. Sie war nicht mehr die Jüngste und fürchtete sich vor harter Arbeit und womöglich einem Quartier zusammen mit anderen Mägden in einer Kammer. Andererseits war sie während Klaras Kindheit gut mit ihr ausgekommen und hoffte, dass diese sich einen Rest des alten Zutrauens bewahrt hatte.

»Da glaubt man, es könnte im Leben gut weitergehen, schon greift das Schicksal böse ein und versetzt einem den nächsten Nasenstüber«, sagte sie traurig und überlegte, was sie tun konnte, um ihre quälenden Gedanken wenigstens für ein paar Stunden loszuwerden.

Auch Maria suchte sich eine Beschäftigung. Nach kurzem Überlegen nahm sie Feder und Papier zur Hand, um für Klara aufzuschreiben, was in diesem Haushalt wichtig war. Sie bemühte sich, die Buchstaben sorgfältig zu malen, damit man den Text leicht lesen konnte. Nachdem sie das erste Blatt mit Informationen über die Abläufe auf Schloss Rosenheim gefüllt hatte, nahm sie ein zweites und beschrieb die Nachbarschaft der Fuggerau. Sie erklärte den Unterschied zwischen den windischen Bewohnern von Ziljíca und den Deutschen, die den Markt Arnoldstein gemeinsam mit ihren windischen Nachbarn bewohnten, und den Bewohnern von Villach.

Um Neža und den anderen Mägden aus Gailitz zu helfen, schrieb sie, dass diese der deutschen Sprache nur teilweise mächtig waren und Befehle gewiss nicht aus Aufsässigkeit nicht befolgten, sondern weil sie diese einfach nicht verstanden. Weiter beschrieb sie das Kloster, das wegen der Holz- und anderer Rechte für die Fuggerau äußerst wichtig war, und nannte die bedeutendsten Mönche um den zurückgetretenen Abt Christoph Manfordin und dessen Nachfolger Johannes Gruber.

Maria war so mit ihren Aufzeichnungen beschäftigt, dass Ella sie zum Mittagessen holen musste. Die beiden nahmen es gemeinsam ein, aber nicht in dem Raum, in dem die Familie gespeist hatte, sondern in einer Kammer gleich bei der Küche, in der der Koch Beutel mit Gewürzen und Kräuterbündel zum Verfeinern der Speisen aufbewahrte. Die Gerüche waren angenehm und zudem beruhigend, und so fassten sie Mut.

»Es wird alles gut gehen, Kind!«, rief Ella aus.

Maria nickte. »Das wird es gewiss! Ich habe für Klara eine Aufstellung gemacht, worauf sie hier alles achten muss. Könntest du dir die Aufzeichnungen nachher anschauen? Nicht, dass ich damit eine Dummheit gemacht habe und Klara ärgerlich wird.«

»Ich sehe es mir gerne an«, versprach Ella und fand, dass der Koch jetzt, da die alte Herrin fort und die neue noch nicht erschienen war, sich bei der Zubereitung des Mittagessens weniger Mühe gegeben hatte als sonst.

»Man hat uns aufgetischt wie unliebsamen Gästen«, sagte sie mürrisch und deutete auf die Kräuterbüschel, Säckchen und kleinen Fässchen um sich herum.

»Hier sind wirklich genug Gewürze, doch bei dieser Speise hat der Koch sogar noch beim Salz gespart.«

»Vielleicht sollten wir uns ein wenig von den Gewürzen nehmen, wo wir doch schon einmal in diesem Raum sind«, schlug Maria vor.

Ella musste lachen. »Auf den Kopf gefallen bist du nun einmal nicht. Aber wir müssen es mit Vorsicht tun. Nicht, dass dieser Ungut es bemerkt!«

»Welche Gewürze nehmen wir?«, fragte Maria und angelte sich einen Beutel, der besonders gut roch.

»Pfeffer wäre nicht von Übel, dazu Muskatnuss und vielleicht ein paar Nägelein. Nein, diese nicht, da sie mitgekocht werden müssen. So würden wir nur ewig auf ihnen herumkauen.«

Ella machte sich nun ebenfalls auf die Suche und brachte mehrere Beutel sowie eine Fingerspitze voll eines gelben Gewürzes aus einem Fass zum Tisch.

»Ich glaube, davon können wir mehr nehmen. Es ist gewiss kein Safran, denn der ist teuer und würde nicht in einem solchen Fass aufbewahrt«, meinte sie lächelnd und gab von jedem Gewürz ein wenig in den Eintopf in ihren Schüsseln.

Maria half ihr und versuchte auch, die Spuren ihrer Eingriffe wieder zu verwischen. Dann wandten sie sich ihrem Essen zu. Schon nach ein paar Löffeln keuchte Ella auf.

»Ich glaube, wir haben des Guten zu viel getan. Mein Eintopf schmeckt ziemlich scharf!«

»Der meine ebenfalls, aber ich kann es essen«, antwortete Maria und schüttelte den Kopf. »Ich glaube, man braucht doch eine gewisse Erfahrung, um richtig würzen zu können.«

»Für die nächsten Tage wissen wir, dass wir die Gewürze mit mehr Bescheidenheit verwenden müssen.« Ella würgte den nächsten Bissen hinunter, rührte dann noch einmal um und fand, dass es nun erträglich war.

Unterdessen musste Maria lachen.

»Was ist los?«, fragte Ella verwundert.

»Ich hoffe, meine Ziehschwester lässt nicht zu lange auf sich warten, sonst findet der Koch seine Fässchen und Beutel noch leer vor.«

»Oh Gott, würde der schimpfen!«, erwiderte Ella und betete zu Gott, ihnen Klara Häring und deren Ehemann bald zu schicken.

6.

Ellas Stoßgebet zeigte Erfolg, denn nur drei Tage später fuhren nach einem schweren Gewitterregen mehrere große Reisewagen in die Fuggerau ein und hielten auf dem Hof des Schlosses Rosenheim. Christoph Häring stieg aus und betrachtete mit einer Mischung aus Staunen und Stolz das mächtige Bauwerk. Etwas länger dauerte es, bis seine Frau ihm folgte.

Christoph Häring war ein noch recht junger Mann, dem man den wohlhabenden Bürgersohn ansah. Zu seinem bis zu den Knien reichenden Wams aus blau gemustertem Samt trug er lange, rotbraune Strümpfe, leichte Riemenschuhe und einen Hut mit breiter, nach oben gebogener Krempe, aus der noch ein wenig Wasser tropfte. Auch Klara war durchnässt. Anscheinend hatte das Dach des Reisewagens dem schweren Regenguss nicht standgehalten. Klaras normalerweise kunstvoll drapierte Ärmel hingen schlaff herab, und der weite, mit Borten und Bändern verzierte Rock hatte seine Falten verloren und klebte förmlich an ihren Beinen. Während bei ihrem Mann die Freude, hier wirken zu können, den Ärger überwog, wirkte sie angegriffen und zornig.

Das verspricht nichts Gutes für die nächsten Tage, fuhr es Maria durch den Kopf. Trotzdem trat sie auf das Paar zu und knickste. »Der Himmel segne euren Einzug auf Schloss Rosenheim!«

»Wirklich feudal! Wenn der Weinkeller entsprechend ist, kann man es hier aushalten«, antwortete Häring.

Klara hingegen fasste Maria genauer ins Auge. »Du bist Maria! Kein Wunder, dass Veronika nicht wollte, dass du bei ihr bleibst. Welcher junge Mann hätte in ein paar Jahren ihre Töchter angesehen, wenn du neben diesen gestanden hättest! Meine

Töchter sind zum Glück noch zu klein, als dass es mich kränken müsste, dich in meinen Haushalt aufzunehmen.«

Maria wunderte sich, denn Klara hatte sie vor ihrer Heirat als kleines Mädchen gekannt. So sehr konnte sie sich doch nicht verändert haben. Unterdessen wanderte Klaras Blick weiter zu Ella.

»Du kannst dich um die Kleinen kümmern! Sie sind nass und müssen ins Warme. Nicht, dass sie mir krank werden.«

Ella atmete auf, denn das hieß für sie, Klara würde sie als Kindsmagd behalten. Vielleicht würde sie später sogar für eine gewisse Bildung der Kinder sorgen dürfen und entging damit dem Schicksal, zur einfachen Magd herabgestuft zu werden. Eilfertig trat sie auf den Reisewagen zu und nahm die Kleinen entgegen, die eine Verwandte von Häring ihr reichte.

»Kannst du mir helfen, Maria?«, fragte sie, da sie die Kinder nicht auf einmal ins Haus bringen konnte.

»Gerne, das heißt, wenn du es erlaubst?«

Das Letzte galt Klara, die mit einem knappen Kopfnicken ihre Zustimmung erteilte. Einen Augenblick fragte Maria sich, ob sie ihre ältere Ziehschwester nicht besser höflicher anreden sollte, doch diese schien keinen Anstoß an der familiären Form zu nehmen. Maria nahm eines der Kinder auf den Arm und trug es hinter Ella her ins Haus. Dort rief sie nach mehreren Mägden und trug ihnen auf, heißes Wasser in die Badestube zu bringen, da ihr ein Bad am besten geeignet schien, der Gesundheit der Kleinen zu dienen.

»Besorgt außerdem warmen Würzwein für die neue Herrschaft, und tischt eine Brotzeit auf, damit sie sich stärken können«, setzte sie mit energischer Stimme hinzu.

Klara war ihr gefolgt und nickte erneut. »Du weißt dir zu helfen! Das ist gut, denn es wird einige Tage dauern, bis ich mich hier eingewöhnt habe und das Zepter entsprechend schwingen kann.«

»Ich habe alles aufgeschrieben, was hier von Belang ist. Wenn du es wünschst, werde ich dir die Blätter geben«, bot Maria ihr an.

»Ich wünsche es!«, antwortete Klara Häring und nahm den Becher mit dem dampfenden, gewürzten Wein entgegen, den Neža ihr reichte. Da die anderen Mägde annahmen, die neue Herrin wäre wegen ihrer regennassen Kleidung verärgert, hatten sie das Mädchen geschickt, anstatt selbst zu erscheinen, doch Neža erhielt gegen deren Erwartung keine Schimpfworte und keine Schläge von Klara. Diese führte den Becher zum Mund, trank einen Schluck und atmete auf.

»Das tut gut! Ich habe zuletzt arg gefroren.«

Maria sah Klara lächelnd an. »Das ist Neža. Sie dient in der Küche als Spülmädchen, hat aber Besseres verdient.«

Während Neža rot wurde und sich wünschte, im nächsten Mauseloch verschwinden zu können, musterte Klara sie scharf. Neža war ein hübsches Ding mit dunkelblonden Haaren, einem rundlichen Gesicht und hellen Augen.

»Sie kann mir beim Umziehen helfen. Dabei werde ich sehen, wie geschickt sie ist. Lass meine Reisekiste in die Kammer tragen, in der ich fürderhin schlafen werde.«

Dieser Befehl galt Maria, die sofort zur Tür eilte, dort aber noch einmal stehen blieb.

»Die Ziehmutter hatte neben der Schlafkammer, in der sie mit dem Herrn schlief, noch eine zweite Kammer für sich. Dort waren auch ihre Kleider und ihr Nähzeug untergebracht und alles, was sie so brauchte.«

»Ich werde es genauso halten. Die Knechte sollen die Kisten dorthin schaffen! Aber hurtig, denn ich will endlich aus diesen klammen Kleidern herauskommen.«

Auch wenn Klara etwas harsch klang, fand Maria, als sie nach draußen eilte, dass sich deren Erscheinen besser anließ, als sie befürchtet hatte. Wenn es nicht nur eine vorübergehende Laune war, würde sie mit ihrer Ziehschwester besser auskommen als mit deren Stiefmutter. Dies hieß aber auch, die befohlenen Aufgaben zügig und zu Klaras Zufriedenheit zu erledigen. Dazu war sie gerne bereit.

7.

Die Zeit ist wie ein großes Rad, das unablässig weiterrollt und sich weder von Bergen noch von Strömen und Meeren auf seinem Weg aufhalten lässt. Hans Fugger vom Reh war nun schon mehrere Jahre tot, und in der Abtei von Arnoldstein jährte sich der Tag, an dem Esmaralda de Azuaga sich mit ihrem Sohn auf dem Arm den Weg zum Kloster hochgequält hatte, bereits zum zwanzigsten Mal.

Johannes stand in eine schlichte Kutte gehüllt in den Gemächern des Abtes. Dies war nicht mehr Johannes Gruber und auch nicht mehr dessen Nachfolger Georg Matschberger, die beide den Weg zu Gott angetreten hatten. Auf dem Stuhl saß nun Friedrich von Kühnburg, und an seiner Seite stand Christoph Manfordin, der zwar vor Jahren die Würde des Abtes niedergelegt hatte, dessen Rat aber im Kloster immer noch hochgeschätzt wurde.

Des Weiteren befanden sich die Patres Cyprian und Norbert im Raum sowie der alte Bruder Vincentius, der mit den Jahren immer hinfälliger geworden war und seinen eigenen Worten zufolge nur noch erleben wollte, wie sein Zögling Johannes vom Abt zum Priester geweiht wurde, bevor auch er ins Himmelreich einging.

Abt Friedrich trommelte angespannt mit den Fingern der rechten Hand auf seiner Stuhllehne herum und wandte sich dann an Christoph Manfordin, der als einfacher Mönch im Kloster lebte. »Die Zeiten sind schwer, und es ist nicht leicht, den richtigen Pfad zu finden.«

Auf diese kryptischen Worte hin nickten alle. Pater Cyprian legte eine Karte auf den Tisch, auf der alle Bamberger Besitzungen in dieser Gegend sowie die jeweiligen Nachbarn eingetragen waren. In erster Linie waren dies König Maximilian als Herzog von Kärnten und die Republik Venedig.

»Seit Seine Majestät, der König, mit Venedig Krieg führt, liegen wir buchstäblich zwischen Hammer und Amboss. Seine Gnaden, der Fürstbischof, hat zwar die Neutralität seiner Besitzungen erklärt, doch sowohl die Habsburger wie auch die Herren der Lagunenstadt haben diese in der Vergangenheit bereits mehrfach missachtet.«

»Man muss nicht gleich befürchten, dass der König oder der Doge ihre Söldner schicken und das Gebiet von Pontafel bis Villach besetzen lassen«, wandte Pater Norbert ein. »Schlimmer ist, dass der Handel durch den Krieg leidet. Die Zollstationen auf Federaun und Straßfried nehmen immer weniger ein, und dies heißt für uns, dass der Teil, den der Bamberger Fürstbischof uns von diesen Zolleinnahmen überlässt, noch kleiner sein wird, als es ohnehin bereits der Fall ist.«

»Doch wir dürfen die Gefahren, die uns drohen, auch nicht zu gering schätzen«, antwortete Abt Friedrich düster. »Venedig hat schon mehrmals versucht, das Kanaltal mit Pontafel und Tarvis für sich zu gewinnen. Daher könnte die Lagunenstadt bestrebt sein, den Zwist mit Kaiser Maximilian auszunützen, um diese Teile endgültig einzunehmen.«

»Gerade wegen dieser Gefahr befürchte ich, dass Seine Majestät, der König, unsere Neutralität missachtet, um dies zu verhindern«, erklärte Christoph Manfordin.

»Aus diesem Grund will ich einen Boten nach Bamberg zum Fürstbischof wie auch einen nach Aquileia zu Seiner Gnaden, dem Patriarchen, senden. Der eine kann auf Maximilian einwirken, der andere auf den Dogen Leonardo Loredan. So mag es uns vielleicht gelingen, unser Schiffchen unbeschädigt durch die Klippen zu steuern.«

Abt Friedrich klang entschlossen, obwohl er wusste, dass das Schicksal von Arnoldstein und des gesamten Bamberger Besitzes in dieser Gegend nicht hier, sondern in Innsbruck und Venedig entschieden wurde. Auf den König sollte der neue Fürstbischof Georg Schenk zu Limpurg einwirken, auf den Dogen der aus Venedig stammende Patriarch Domenico Grimani.

»Und wen wollt Ihr entsenden?«, fragte Pater Norbert.

»Ich gedachte, Pater Cyprian nach Bamberg zu entsenden, und Bruder Johannes nach Aquileia«, kam die Antwort.

Pater Norbert vermied es nur mit Mühe, mit der Faust auf den Tisch zu schlagen. »Ich bitte um Verzeihung, Herr Abt, doch hat der bedauerlicherweise verschiedene Abt Johannes Gruber stets mich mit den schwierigsten Verhandlungen für das Kloster beauftragt. So konnte ich in den letzten Jahren von den Faktoren der Fuggerau etliche Vorteile für unsere Abtei erreichen.«

Und mir ein hübsches Sümmchen dabei abzweigen, setzte der Pater für sich hinzu. Es war ihm dabei zupassgekommen, dass Jakob Fugger mit Jobst Zeller einen weiteren Schwiegersohn von Hans Fugger in die Fuggerau geschickt hatte, damit dieser Christoph Häring unterstützen sollte. Anstatt jedoch zusammenzuarbeiten, verzettelten die beiden sich in kleinlichen Eifersüchteleien, wer der Höherrangige von ihnen war. Dabei hatte König Maximilians Krieg gegen Venedig den Erzhandel fast völlig unterbunden. Für Pater Norbert schien es, als begriffen weder Häring noch Zeller, in welch gefahrvoller Lage sie sich befanden.

Er schob diesen Gedanken rasch wieder beiseite und blickte Abt Friedrich zwingend an. »Verzeiht, doch ich würde mich zurückgesetzt fühlen, wenn Ihr mich nicht mit einer dieser Verhandlungen beauftragt. Lasst Pater Cyprian ruhig nach Bamberg reisen und mit dem Fürstbischof sprechen. Johannes ist hingegen fast noch ein Knabe und völlig ungeeignet, der Hinterlist der Venezianer zu begegnen.«

»Johannes ist sehr wohl dazu in der Lage! Er ist ein kluger junger Mann und die Zierde unseres Klosters«, warf Bruder Vincentius zornig ein.

Johannes legte ihm die Hand auf die Schulter. »Ereifere dich nicht, alter Freund. Pater Norbert hat viele Verhandlungen für das Kloster geführt, nicht nur mit den Fuggern in der Fuggerau, sondern auch in Villach und anderen Orten. So ist es kein Wunder, wenn er sich verletzt fühlt, wenn ein um so viel Jüngerer wie ich ihm vorgezogen werden soll.«

»Du würdest deine Sache gewiss nicht schlechter machen als er!«, rief Bruder Vincentius und setzte für sich ein »sondern wahrscheinlich sogar besser« hinzu. Er verdächtigte Pater Norbert schon seit längerem, sich unrechtmäßig zu bereichern, und traute ihm zu, das Kloster an die Venezianer zu verkaufen, wenn sie ihm im Gegenzug eine entsprechende Belohnung zahlten.

»Ich halte Bruder Johannes für fähig, in Aquileia offene Ohren zu finden, doch steht es außer Frage, dass Pater Norbert der Ältere und Erfahrenere von beiden ist. Ich werde daher ihn zum Patriarchen entsenden.«

Diese Entscheidung war Abt Friedrich nicht leichtgefallen, doch er war zu kurz im Amt, um einen so hoch in der Klosterhierarchie stehenden Mönch wie Pater Norbert offen zu brüskieren.

Das begriff auch Pater Cyprian und hielt den Mund, während Bruder Vincentius leise vor sich hin maulte. Von Pater Norberts Verhandlungen erwartete er nichts Gutes. »Ein Mönch sollte demütig sein und keine Forderungen stellen«, erklärte er grimmig.

Der Abt hob beschwichtigend die Hand, während Pater Norbert spöttisch lächelte. Die Zeiten, in denen Bruder Vincentius aufgrund seiner Frömmigkeit eine gewisse Rolle im Kloster gespielt hatte, waren längst vorbei. Jetzt galt es, die eigene Position zu stärken, sagte er sich und erklärte mit ausschweifenden Worten, wie er die Verhandlung mit dem Patriarchen von Aquileia und eventuell auch mit den Venezianern zu führen gedachte.

Johannes lauschte still seinen Ausführungen, um noch etwas

zu lernen. Anders als er zeigte Bruder Vincentius deutlich, dass er mit Abt Friedrichs Entscheidung nicht einverstanden war. Auch Pater Cyprian war nicht zufrieden. Zwar war Johannes in seinen Augen noch recht jung für einen solchen Auftrag, so traute er ihm doch zu, die Verhandlungen gut zu führen. Immerhin war Johannes sein bisher bester Schüler gewesen, gleichermaßen wissensdurstig und bescheiden. Der junge Mann hatte einen scharfen Verstand und wusste diesen auch zu gebrauchen, ohne sich etwas darauf einzubilden. Einen Augenblick dachte Pater Cyprian an Bruder Michael, Abt Christophs einstigen Favoriten. Dieser hatte als Knabe ebenfalls zu großen Hoffnungen Anlass gegeben, sie als Erwachsener aber nicht erfüllen können. Da ihm die Weihe zum Priester verwehrt geblieben war, hatte er Abt Johannes Gruber gebeten, in ein anderes Kloster wechseln zu dürfen. Dieser hatte es ihm nicht zuletzt deshalb erlaubt, damit er Johannes, der ihn mehr und mehr übertroffen hatte, nicht mit seinem Neid und seiner Eifersucht verfolgen konnte.

Pater Cyprians Blick wanderte weiter zu seinem Schüler. Johannes trug die einfache Kutte eines schlichten Mönchs, die seine schlanke, sehnige Gestalt nicht verbergen konnte. Die Schultern waren breit, die Hüften schmal, und das ebenmäßige Gesicht wirkte auf Anhieb sympathisch. Er hatte eine leicht gebogene Nase, ein festes Kinn und hätte ohne seine Tonsur auch die Kleidung eines Edelmanns oder Kriegers tragen können. Die schwarzen Haare und die dunklen Augen wiesen auf seine fremde Herkunft hin, doch durch seine Erziehung war er ein frommer Diener des Herrn geworden, der es in diesen Landen durchaus zu einer fetten Pfründe bringen konnte.

Jetzt denke ich schon wie Pater Norbert, dem Gut und Geld beinahe mehr gelten als sein Seelenheil, durchfuhr es Pater Cyprian. Dabei war Johannes keiner, der auf eine einträgliche Pfründe aus war. Er würde einmal die Pfarrstelle in einer kleinen, hölzernen Kirche in einem Seitental des Gebirges mit ebensolcher Inbrunst ausfüllen wie die eines Bischofs in einem großen Dom.

Unterdessen hatte Pater Norbert seinen Vortrag beendet und sah den Abt Zustimmung heischend an. »Wenn es in Eurem Sinn ist, werde ich mich nun auf die Reise nach Aquileia vorbereiten.«

»Tu das, Bruder!« Friedrich von Kühnburg hob kurz die Hand und sah zu, wie Pater Norbert eilig das Zimmer verließ. Ein säuerliches Lächeln spielte um seine Lippen, als er sich Pater Cyprian und Johannes zuwandte.

»Möge Gott die Schritte unseres Bruders Norbert leiten. Doch habe keine Sorge, Johannes. Der Tag wird kommen, an dem auch du wichtige Aufgaben übernehmen wirst.«

»Ich dränge mich nicht dazu, hochehrwürdiger Abt«, antwortete Johannes.

»Man sollte dich aber auch nicht dazu tragen müssen«, erklärte Bruder Vincentius grimmig.

»Ich glaube nicht, dass man das muss. Wenn der Befehl ihn ereilt, dieses und jenes zu tun, wird er gehorchen!« Auch Pater Cyprian klang verärgert, da Pater Norbert durch seine Weigerung, Johannes die Fahrt nach Aquileia zu überlassen, die Autorität des Abts in Frage gestellt hatte.

»Wenn der hochehrwürdige Abt mir einen Auftrag erteilt, werde ich ihn erfüllen.« Zwar senkte Johannes dabei demütig den Kopf, doch seine Stimme klang fest und entschlossen.

»Du wirst noch genug Aufträge erhalten«, versprach Abt Friedrich und blickte durch das offene Fenster nach draußen. »Die Sonne sinkt, und es wird kühl. Schließe die Fenster, Johannes!«, befahl er unvermittelt.

»Wenn das einer der angekündigten Aufträge ist, dann bedaure ich, dass wir Johannes vor zwanzig Jahren hier im Kloster aufgenommen und ihn nicht einer der Familien im Markt überlassen haben«, brummte Bruder Vincentius, während sein junger Freund den Befehl ausführte.

Johannes lächelte. »Es steht einem Mönch gut an, selbst die geringen Dienste zu leisten, und dieser Dienst war gewiss nicht gering. Immerhin galt es, die Wärme des Tages in diesen Mauern zu halten.«

»Ein wahres Wort!«, rief Pater Cyprian, der auch nicht mehr der Jüngste war und sein Rheuma öfter spürte, als es ihm lieb sein konnte.

»Eine gute Antwort!«, lobte der Abt und sah, wie Pater Cyprian Aufmerksamkeit heischend die Hand hob.

»Erlaubt mir ein Wort?«

»Gerne auch zwei oder drei«, antwortete Friedrich von Kühnburg lächelnd.

»Mir geht es um Johannes. Ich habe ihn im Lauf der Jahre alles gelehrt, was ich konnte, und kann mit Fug und Recht sagen, dass er mich in etlichen Bereichen weit hinter sich gelassen hat. Zwar hat er erst vor zwei Jahren sein Gelübde als Mönch abgelegt, doch er besitzt das Wissen und die Befähigung für höhere Weihen. Schickt ihn auf eine Universität, und er wird als Doktor der Theologie zurückkehren, oder wenn Ihr dies nicht wollt, so weiht ihn wenigstens zum Priester, wie es Euer Recht ist!«

Bei diesem hohen Lob färbten sich Johannes' Wangen vor Verlegenheit, während Bruder Vincentius eifrig nickte.

»Ich finde auch, dass es an der Zeit ist, Johannes zum Priester zu weihen. Wenn sowohl Pater Cyprian wie auch Pater Norbert fort sind und wir nicht wissen, wie rasch sie zurückkehren, fehlen uns im Kloster Seelsorger, die wir für die großen Wallfahrten dringend brauchen.«

Johannes wusste nicht, was er dazu sagen sollte. Einesteils freute es ihn, dass sowohl Bruder Vincentius wie auch Pater Cyprian ihn für fähig hielten, als Priester zu wirken. Zum anderen aber würde die Weihe ihn in der Klosterhierarchie über eine ganze Reihe seiner Mitbrüder hinausheben und diese vielleicht verstimmen. Andererseits konnte er ihnen auch als Priester die gebotene Ehrerbietung entgegenbringen.

Unterdessen wandte der Abt sich an ihn. »Wie stehst du dazu, Bruder? Fühlst du die Berufung in dir, Gott als Priester zu dienen?«

»Ich bin in diesem Kloster aufgewachsen und habe meine Seele bereits vor längerer Zeit Gott geweiht«, antwortete Johannes und empfand seine Worte in diesem Moment selbst als schwülstig.

»Es gibt also kein Hindernis, das dieser Weihe entgegenstehen würde?«, fragte der Abt weiter.

Johannes schüttelte den Kopf. »Nein, Euer Gnaden! Mein Herz gehört Gott allein – und natürlich meinen Mitbrüdern hier im Kloster.«

»Als Seelsorger muss dein Herz auch den dir anvertrauten Menschen gelten«, ermahnte der Abt ihn.

»Das wird es gewiss!«, mischte sich Bruder Vincentius ein. »Johannes betet noch heute für die alte Kesslerin, deren Enkelin Ria und alle Menschen, die ihm als Knaben Gutes getan haben.«

»Bitte, werter Mitbruder!«, rief Johannes. »Es ist für mich selbstverständlich, diese Leute zu ehren. Doch tue ich es nicht, weil sie für mich etwas getan haben, sondern weil sie Brüder und Schwestern in Christo sind und in ihrem harten Leben Hilfe und Trost benötigen.«

Der Abt nickte zustimmend. »Wir benötigen dringend neue Priester, denn unsere Patres sind, wie man an Pater Cyprian und Pater Norbert sieht, nicht mehr die Jüngsten. Beide haben mittlerweile fünfzig Sommer und Winter erlebt und freuen sich mehr, in einer warmen Stube geborgen zu sein, als durch Wind und Wetter oder gar Eis und Schnee das Tal der Gailitz und dessen Nebentäler emporzustapfen, um den Menschen dort das Wort Christi zu bringen. Am Freitag der nächsten Woche werde ich Bruder Johannes weihen, und er mag am darauffolgenden Sonntag seine erste Messe zu Sankt Lambert lesen.«

»Wenn es Euer Befehl ist, werde ich mich ihm fügen«, sagte

Johannes und fing sich dafür einen leichten Klaps seines alten Freundes Vincentius ein.

»Wenn einer berufen ist, Gott zu dienen, dann du! Ich erinnere mich noch gut, wie dich deine Mutter hier heraufgetragen hat. Das arme Weib starb, ohne mehr als deinen Vornamen auf Spanisch – oder war es Italienisch? – nennen zu können. Wie deine Familie heißt, haben wir bedauerlicherweise nie erfahren.«

»Es muss eine Spanierin gewesen sein, denn sie nannte dich Juan. Eine Italienerin hätte dich Giovanni geheißen«, erklärte Bruder Cyprian und umarmte seinen Schüler. »Wenigstens du hast mir Ehre gemacht!«

»Ich hoffe, Euch nie zu enttäuschen!« Johannes fühlte einen Ring um seine Brust, und er fragte sich, ob er den hohen Erwartungen, die auf ihm ruhten, gerecht werden könne.

8.

Bruder Norbert verließ Arnoldstein am nächsten Morgen, und Hermann, ein Mönch niederen Ranges, begleitete ihn. Allerdings geschah das weniger der Gesellschaft wegen, wie Bruder Vincentius lästerte, sondern um dessen Gepäck zu tragen.

»Wenn Norbert könnte, würde er hoch zu Ross oder wenigstens auf einem Maultier nach Aquileia reiten. Doch dafür ist unser Kloster zu arm«, setzte er bissig hinzu.

Johannes lächelte. »Wer einen weiten Weg vor sich hat, wünscht sich nun einmal, bequemer reisen zu können als auf Schusters Rappen.«

»Wie ich ihn kenne, wird er nur bis zur Fuggerau zu Fuß gehen und dort fordern, auf einem der Frachtwagen mitgenommen zu werden, die trotz der Feindseligkeiten zwischen König Maximilian und Venedig immer noch Waren nach Süden bringen«, meinte Pater Cyprian und kratzte sich am Kopf. »Das ist im Übrigen kein übler Gedanke! Ich sollte ebenfalls anfragen, ob mich einer der Fugger'schen Warentransporte auf dem Weg nach Norden mitnimmt. Vielleicht komme ich auf diese Weise sogar bis Nürnberg. Von dort nach Bamberg sind es dann nur noch ein paar Tage zu gehen.«

Er lachte und klopfte Johannes auf die Schulter. »Vergönne Pater Norbert die Erleichterung, die er sich in der Fuggerau einhandelt, und bete dafür, dass auch ich sie erhalte. Du aber gehe in dich und faste, damit du rein von allen Sünden und Begierden die Weihe empfangen und dem Volk die Messe halten kannst.«

»Ich gebe schon acht, dass Johannes alles richtig macht«, sagte Bruder Vincentius und wischte sich die triefende Nase am

Ärmel seiner Kutte ab. »Ich will unseren Jungen noch predigen hören, danach soll Gott mich holen!«, setzte er noch hinzu.

»Das darfst du nicht sagen!«, rief Johannes. »Ich wünsche mir, dass Gott dir noch viele Jahre schenkt und du sie bei guter Gesundheit erleben kannst.«

»Bist ein braver Bursch, aber dafür braucht es wirklich ein Wunder«, antwortete Bruder Vincentius gerührt.

»Gott hat die Macht, Wunder zu bewirken«, beschwor ihn Johannes.

»Ja, das hat er! Aber wann sagst du es der Kesslerin? Sie wird sich gewiss freuen, wenn sie hört, dass der kleine Bub, dem sie immer eine Rohrnudel zugesteckt hat, ein Priester und Prediger werden soll.«

»Ich werde nach meiner Weihe zu ihr gehen und ihr sagen, dass ich am Sonntag meine erste Messe halten werde. Sie soll als Erste den Leib Christi aus meinen Händen empfangen.«

»Halte aber beim Messwein Maß! Nicht, dass du so viel trinkst, dass du das Ave-Maria vergisst«, warnte ihn Pater Cyprian lachend.

»Das werde ich gewiss nicht«, antwortete Johannes und sprach das Gebet sowohl auf Latein, Deutsch und in der Sprache der Windischen.

»Tust du nicht ein wenig zu viel des Guten?«, fragte Pater Cyprian. »Es reicht doch aus, wenn du die Gebete lateinisch sprechen kannst.«

»Ich übersetze die Lieder und Gebete, um die anderen Sprachen besser zu lernen. Lieber Pater, wenn Ihr nach Nürnberg kommt, haltet Ausschau, ob Ihr nicht ein Büchlein findet, in dem die Sprache der Spanier beschrieben steht. Ich würde gerne die Worte lernen, die meine Mutter als Erstes zu mir sagte.«

Johannes blickte weit in die Ferne und versuchte, das wenige, woran er sich erinnern konnte, in seinen Gedanken aufzurufen. In den Nächten träumte er von seiner Mutter, vernahm ihre Worte und konnte ihr in der Sprache seiner Herkunft antworten. Doch sobald er erwachte, war sein Kopf wie leergefegt und alle Erinnerung erloschen.

Traurig stand er auf und kehrte ins Innere des Klosters zurück. Bruder Vincentius sah ihm nach und schüttelte den Kopf. »Ich weiß, Gott ist die Gnade, und was er tut, ist wohlgetan. Trotzdem finde ich es grausam, ein Kind auf eine solche Weise von der Mutter zu trennen, wie es bei unserem Johannes geschehen ist.«

Pater Cyprian seufzte. »Die Welt ist grausam – und verrückt! Im Osten bedroht uns der Antichrist mit seinen heidnischen türkischen Horden, und der Kaiser und Venedig, die gegen die Türken zusammenhalten müssten, führen gegeneinander Krieg, als wenn es keine Renner, Brenner und Janitscharen gäbe.«

9.

Sein großer Tag war gekommen! Johannes hatte den Tag zuvor gefastet und die Nacht vor dem Altar kniend durchwacht. Doch statt bei Gott zu sein, waren seine Gedanken wild gewandert. Auch jetzt taten sie es noch, als er in der Morgenkühle auf die Wehrmauer stieg, um den Sonnenaufgang zu beobachten. War er wirklich der Ehre würdig, die Abt Friedrich ihm erweisen wollte?, fragte er sich. Längst hatte er begriffen, wie wenig er von der Welt wusste. In der langen Zeit, die er im Kloster verbracht hatte, war er gelegentlich in den unter dem Kloster liegenden Markt gleichen Namens gekommen, und zweimal hatte er Pater Cyprian nach Villach begleitet. Darüber hinaus hatte er nur ein paar Wallfahrtsorte in der Gegend besucht wie Maria Gail, Siebenbrünn oder Maria Luschari.

Johannes' Blick glitt nach Süden zum Dorf Gailitz. Ganz in der Nähe lag die Fuggerau mit ihren Schmelzöfen und Gießereien. Zwar konnte er Schloss Rosenheim von hier aus sehen, aber es war eine fremde Welt für ihn. Er hatte weder das Schloss noch die Fuggerau je betreten. Zu den Verhandlungen um die Wasserrechte, den Holzeinschlag und dergleichen waren die jeweiligen Faktoren entweder ins Kloster gekommen oder Pater Norbert im Auftrag des Abtes zu ihnen.

Als geweihter Priester würde auch er Aufträge übernehmen müssen, sei es, um nach Bamberg zu reisen, damit er dem Fürstbischof Rede und Antwort stehen konnte, oder nach Aquileia zum Patriarchen, oder gar nach Venedig. Doch war er dazu in der Lage? Zweifel quälten ihn, auch als er an etliche anzügliche Bemerkungen dachte, die Pater Norbert über Frauen von sich gegeben hatte. Diese Aussprüche hatte er als ekelhaft empfunden. Aber sie erinnerten ihn jetzt daran, dass Gott Adam und Eva geschaffen hatte, damit sie als Mann und Frau zusammenleben sollten. Auch wenn er keinen Drang dazu verspürte, fragte er sich, ob es wirklich richtig war, sich als Mönch ganz vom weiblichen Geschlecht fernzuhalten oder als Nonne vom männlichen.

Verärgert darüber, wohin sich seine Gedanken verirrten, blickte er auf den hoch aufragenden Bau der Klosterkirche, in der er in weniger als zwei Stunden endgültig ein Diener Gottes werden würde. Er erinnerte sich an seine Knabenzeit. Damals hatte er sich gewünscht, Spanien, die Heimat seiner Mutter, einmal besuchen zu können. Diese Hoffnung hatte er mittlerweile aufgegeben. Als Pater in dem reichen Kloster auf dem Michelsberg von Bamberg hätte es ihm vielleicht gelingen können, aber nicht hier in Arnoldstein. An diesem Ort war man zu arm, um einen Mitbruder auf eine so weite Reise schicken zu können.

Im nächsten Moment korrigierte er sich selbst. Es war für ihn durchaus möglich, nach Spanien zu gelangen. Er musste sich nur einer Pilgergruppe als Seelsorger anschließen. Doch schon spottete er wieder über diesen Gedanken. Er würde höchstens als Pilgervater gehen können, aber dafür müsste er die Wege und Stege bis nach Santiago de Compostela kennen, um den ihm anvertrauten Pilgern raten und beistehen zu können. Dafür musste er erst einmal selbst die Strecke kennenlernen, die zum Grabmal des heiligen Apostels Jakobus führte.

Es ist besser, sich der Gegenwart zu stellen, als unsinnige Träume zu hegen, tadelte er sich selbst und stieg von der Mauer hinab.

Unten warteten Pater Cyprian und Bruder Vincentius auf ihn.

»Bist du aufgeregt?«, fragte der alte Mönch.

Johannes wollte schon den Kopf schütteln, fühlte aber, dass er damit eine Lüge auf sich laden würde. »Ja, ich bin es«, sagte er leise. »Ich weiß nicht, ob meine Ergebenheit zu Gott all die Fehler aufwiegt, die ich noch habe.«

»Es wäre verwunderlich, würdest du keine Zweifel hegen! Doch je stärker du dir deiner Unvollkommenheit bewusst bist, umso mehr kannst du nach Vollkommenheit streben«, tröstete ihn Pater Cyprian und legte ihm den Arm um die Schulter. »Gehe jetzt in deine Zelle und wasche dich, auf dass du rein vor den Altar des Herrn treten kannst.«

Johannes nickte. Er durfte nicht trödeln, sonst würde er zu spät zu seiner Weihe kommen und von Beginn an als unzuverlässig gelten.

»Geh mit Gott, mein Junge!«, sagte Bruder Vincentius mit einem aufmunternden Lächeln.

Heute, dachte der alte Mönch, erfüllt sich ein Traum für mich. Mein Schützling erhält die Priesterweihe und wird als Pater Johannes den Menschen, denen er predigt, Trost und Stütze sein. Danach, oh Gott, kannst du mich ruhig von dieser Welt holen!

Seine Gesundheit war schlechter, als er es zugab. Schon mehrmals hatte er schmerzerfüllt in seiner Zelle gelegen und geglaubt, seinen letzten Atemzug zu tun. Die Mächte des Himmels hatten ihn jedoch auf dieser Welt gehalten, damit er diesen Tag noch erleben durfte.

Johannes lief hinunter zu seiner Kammer und stellte erfreut fest, dass bereits frisches, kaltes Wasser für ihn bereitstand. Er zog seine Kutte aus und legte sie sorgfältig zusammen. Danach tauchte er einen Lappen in das Wasser und wusch sich. Er trocknete sich ab und legte das weiße Hemd an, das er bei der Priesterweihe tragen würde. Es war frisch gewaschen und roch nach den Kräutern, mit denen Motten und andere Schädlinge ferngehalten wurden. Dieser leicht stechende Duft war für ihn ein Symbol seines neuen Amtes. Als Pater hatte er eine größere Verantwortung denn als einfacher Mönch, und er würde mehr mit Menschen zusammenkommen als bisher. Sein Weg war nun vorgezeichnet, und er war bereit, ihn zu gehen.

10.

Alle Mönche waren in der Kirche versammelt, selbst jener Mitbruder, der sonst die Pforte bewachte. Diese war nun verschlossen, und wer in den nächsten Stunden daran pochte, würde vergeblich darauf warten, eingelassen zu werden. Damit dies nicht zu lange dauerte, hatte Abt Friedrich beschlossen, die Weihe zwar feierlich zu begehen, sie aber nicht über Gebühr auszudehnen. Er selbst hielt die Messe, während Johannes mit ausgebreiteten Armen auf dem Boden lag, um Demut zu üben. Dann streckte er die Arme aus und befahl dem jungen Mann, sich zu erheben.

Johannes gehorchte und stand nun mit gesenktem Kopf vor seinem Oberhaupt. Es war schon einige Zeit her, dass ein Mönch in Arnoldstein zum Priester geweiht worden war, und für Abt Friedrich war es das erste Mal. Um keine Fehler zu machen, hatte er sich lange mit Christoph Manfordin ausgetauscht, der zwar vor etlichen Jahren die Bürde des Abtes abgelegt hatte, aber immer noch der Mönch war, der ihm am meisten raten konnte.

Manfordins leichter Wink brachte ihn dazu, Johannes aufzufordern, sich hinzuknien. Er legte beide Hände auf dessen Kopf und sprach den Weihesegen. Zuletzt fasste er ihn bei den Händen und zog ihn hoch. »Von nun an bist du nicht mehr Bruder Johannes von Arnoldstein, sondern Pater Johannes, ein Schwert Gottes wider die Häretiker und Hirte des Volkes, das dir gläubig folgt«, rief er mit lauter Stimme und umarmte Johannes in brüderlicher Liebe.

Johannes' Kopf war wie leergefegt. Er hätte nicht zu sagen vermocht, was er während der Messe und der Priesterweihe gedacht hatte. Es kam ihm alles so seltsam vor, als wäre es nicht ihm, sondern einem Fremden passiert. Doch als er sich umdrehte und in die Gesichter seiner Mitbrüder blickte, begriff er, dass alles ihn selbst betroffen hatte.

»Sprich den Segen und das Amen!«, forderte Abt Friedrich ihn auf.

Johannes trat einen Schritt auf die anderen zu, breitete die Arme aus und sprach die Worte, die er hier schon so oft gehört hatte, nun selbst aus.

»Ich segne euch im Namen des Vaters, des Sohnes und des Heiligen Geistes, amen!«

»Dies ist ein stolzer Tag für dich, Johannes«, sagte Abt Friedrich und umarmte ihn erneut.

Pater Cyprian wollte zu ihm treten, sah dann Bruder Vincentius und machte den anderen Mönchen ein Zeichen, diesem den Vortritt zu lassen. Er musste ihm helfen, da Bruder Vincentius' Beine ihn nicht mehr tragen wollten.

»Du hast den Jungen aufgezogen und ihm Demut und den Glauben zu Gott gelehrt«, sagte er lächelnd, als Vincentius die Arme um Johannes schlang und vor Rührung nicht sprechen konnte. Nach dem alten Mönch war er selbst an der Reihe, danach folgten ihre Mitbrüder.

Die meisten freuten sich für Johannes, doch zwei, die mit Pater Norbert befreundet waren, zogen säuerliche Gesichter. Zum einen wären sie gerne selbst Priester geworden, hatten die Weihe aber mangels Eignung nicht erhalten, zum anderen hatten sie schon im Vorfeld darüber geklagt, dass Friedrich von Kühnburg Pater Norberts Abwesenheit ausnützen wolle, um Johannes zum Priester zu ernennen.

»Wäre unser Mitbruder Norbert da gewesen, wäre das nicht passiert«, raunte der eine dem anderen zu, während sie als Letzte auf Johannes zutraten und diesen kurz und ohne Anteilnahme umarmten.

Den Rest des Tages verbrachte Johannes im Gebet. Erst am Abend aß er ein wenig Brot und trank Wasser dazu, während den anderen Mönchen zur Feier des Tages eine Fleischspeise gereicht wurde. Auch mit Wein wurde nicht gegeizt.

»Willst wohl gleich am ersten Tag heilig werden, weil du nicht mitisst?«, fragte einer von Norberts Freunden spöttisch.

Johannes lächelte nur. »Es ist ein besonderer Tag in meinem Leben, und ich will ihn nicht durch Völlerei oder gar Trunkenheit entweihen.«

»Gut gesprochen!«, lobte Pater Cyprian ihn und bedachte den Spötter mit einem tadelnden Blick.

»Wenn ich den Sonntag noch erlebe, möchte ich Johannes' erste Messe hören«, meldete sich da Bruder Vincentius zu Wort.

»Du wirst sie hören, denn ich werde dir nach unten helfen«, versprach Johannes ihm und überlegte bereits, welches Thema er für seine Predigt wählen sollte. Es war seine erste, und da wollte er weder mit den Schrecknissen der Hölle drohen noch nichtssagende Worte vortragen. Die Predigt musste ausgewogen und für die Menschen in der Kirche verständlich sein, sagte er sich. Vor allem durfte er sich nicht blamieren, indem er stotterte oder auf einmal den Faden verlor. Zu viele Augen würden auf ihn schauen, und die Art, wie er die Messe hielt und predigte, würde auf lange Zeit seinen Ruf und sein Ansehen prägen.

11.

Die Nachricht, dass im Kloster nach mehreren Jahren wieder einmal ein Mönch zum Priester geweiht wurde und am Sonntag seine erste Messe in Sankt Lambert halten würde, machte ihre Runde über Arnoldstein hinaus und erreichte durch Neža auch die Fuggerau.

»Es ist der Sohn des spanischen Weibes, das sich vor Jahren zum Kloster hochgeschleppt und ihr Kind den Mönchen anvertraut hat, bevor es starb«, setzte die junge Frau eifrig hinzu.

»Die Geschichte kenne ich nicht«, antwortete Maria nachdenklich.

»Oh, ich kann sie dir berichten. Du musst mir aber bei der Arbeit helfen, sonst werde ich nicht rechtzeitig fertig, und die Herrinnen schelten mich!« Neža blickte sich kurz um, doch weder Klara Häring noch deren Schwester Helena Zeller waren in der Nähe.

»Es ist schon schlimm, wenn man eine Herrin hat, aber mit zweien hat man seine liebe Not«, sagte sie leise.

Maria nickte mitfühlend. Ebenso wie ihre Ehemänner fochten auch die beiden Töchter aus der ersten Ehe ihres Ziehvaters einen Kampf darum aus, wer in diesem Haushalt den ersten Rang einnahm. Die Bediensteten litten darunter, da sie den Befehlen nach, die sie erhielten, oft zur gleichen Zeit an zwei verschiedenen Stellen arbeiten sollten.

»Als mein Ziehvater noch lebte und seine zweite Frau hier anschaffte, ging es uns besser!« Vor einigen Jahren hätte Maria nicht gedacht, so etwas einmal sagen zu müssen. Jede der beiden Herrinnen forderte von ihr jedoch, ihre Vertraute und Helferin zu sein, und das war unmöglich.

»Ich helfe dir«, sagte sie zu Neža und dachte sich, dass sie dabei sowohl Klara wie auch Helena aus den Augen blieb.

Die beiden Frauen machten sich ans Werk, und währenddessen erzählte Neža von Johannes, der als kleines Kind ins Kloster gebracht und dort erzogen worden war.

»Es war eine schlimme Zeit damals«, berichtete sie. »Meine Mutter hat es mir erzählt. Die türkischen Renner und Brenner haben mehrfach das Land verheert und viele der Unsrigen in die Sklaverei verschleppt. Nach einer verlorenen Schlacht erschien eine Spanierin mit ihrem kleinen Sohn im Kloster und starb dort an Erschöpfung und Krankheit. Der Junge ist jetzt ein erwachsener Mann und heißt Johannes. Morgen wird er seine erste Messe halten.«

»Das ist interessant!« Helena Zeller war unbemerkt von den beiden näher gekommen und winkte Neža zu sich.

»Der erste Segen eines neuen Priesters hat besondere Kraft. Deshalb werden wir morgen nicht hier in Gailitz, sondern in Arnoldstein zur Messe gehen.«

»Ja, Herrin!« Neža knickste und war froh, dass die Frau nichts an ihrer Arbeit auszusetzen hatte.

Helena Zeller sah kurz Maria Anna Elisabeth an und spürte, wie der Neid an ihrem Herzen nagte. Schon als Kind war diese außerordentlich hübsch gewesen, doch nun an der Schwelle zur Frau überstrahlte sie jede andere in diesem Haus. So hatte das Mädchen eine ausgezeichnete Figur mit Rundungen, die zwar weiblich waren, aber nicht so füllig wie die ihren, und ihre Brüste drohten auch nicht das Mieder zu sprengen. Marias fein gezeichnetes Gesicht mit den von Natur aus roten Lippen und den großen blauen Augen musste jeden Mann entzücken, und ihr weizenblondes Haar fiel in weichen Wellen bis zu den Hüften. Wenn das Mädchen den Kopf bewegte, sah es so aus, als würden Sterne in ihren Locken glühen.

Helenas einziger Trost war, dass auch ihre Schwester Klara im Aussehen Maria nachstand. Allerdings wurde dieser Trost durch die Blicke gemindert, mit denen ihr Mann Jobst dem Mädchen nachschaute. Wäre nicht das Gerücht, Maria könnte eine leibliche Tochter von Jakob Fugger sein, den ihr Mann um keinen Preis der Welt verärgern durfte, so hätte er wohl längst versucht, das schöne Mädchen zu verführen.

Ein wenig boshaft dachte sie daran, dass es ihrer Schwester mit deren Mann Christoph nicht anders erging. Im Grunde hielten die beiden Männer sich nur deshalb zurück, weil ein Wort von Maria unter Umständen dafür sorgen konnte, dass der, der ihr zu nahe trat, den schönen Posten in der Fuggerau verlieren und sich als Kommis in irgendeiner abgelegenen Faktorei von Jakob Fugger wiederfinden würde.

»Wir fahren morgen nach Arnoldstein in die Kirche«, wiederholte Helena und wollte wieder gehen. Doch dann drehte sie sich noch einmal um und wies mit dem Zeigefinger auf Maria.

»Du wirst morgen ein schlichtes Kleid tragen und nicht mit Samt und Seide prunken. Schließlich bist du noch eine Jungfrau und hast Zurückhaltung zu üben.«

Helena hatte beschlossen, selbst ihr bestes Kleid zu tragen, um damit Aufsehen zu erregen.

Als sie ging, sah Maria ihr kopfschüttelnd nach. »Weiß der Himmel, was in meine Ziehschwester gefahren ist.«

»Ich würde es Eifersucht nennen, auf dein Aussehen und auch, weil ihr Mann dir, wenn er dich sieht, nachstiert wie ein Mondkalb. Dabei ist Frau Helena nicht einmal hässlich. Er hätte es weitaus schlechter treffen können.«

»Irgendwie hat man das Gefühl, dass Menschen mit dem, was sie besitzen und erreicht haben, nie zufrieden sind«, antwortete Maria verständnislos.

»Bist du zufrieden?«

»Ich glaube schon! Ich führe doch ein gutes Leben, denn keiner schlägt mich, wie es anderen Frauen durchaus geschieht, und meine Ziehschwestern tragen mir keine schwere Arbeit auf. Ich hätte es weit schlechter treffen können.«

Neža lachte. »Dann geht es dir wie mir. Die Tochter der Nachbarin, die mich früher immer verspottet hat, musste in Beljak in Dienst gehen und erhält dort nur halb so viel Lohn wie ich, muss dafür aber doppelt so viel leisten. Daher hätte auch ich es schlechter treffen können.« Sie schwieg einen Augenblick und sah dann Maria fragend an. »Welches Kleid wirst du morgen tragen, da du deine schönen Gewänder nicht nehmen darfst?«

Maria überlegte kurz und drehte dann den Kopf heftig, dass ihr Haar aufstob und im Licht der Kerzen Funken zu sprühen schien. »Ich werde das einfache, weiße Kleid anziehen und keinen Schmuck tragen außer …«

»Außer was?«, wollte Neža wissen, als ihre Freundin verstummte.

»Einen Kranz von Frühlingsblüten! Hilfst du mir, die schönsten auszusuchen?«

»Das mache ich gerne«, versprach Neža und fand, dass Maria auch in diesem schlichten Kleid die beiden Herrinnen überstrahlen würde. Diese waren zwar reich genug, um sich mit Schmuck behängen zu können, doch gegen die unschuldige Süße und Reinheit, die ihre Freundin schmückte, kamen sie nicht an.

12.

Johannes war so angespannt wie nie zuvor in seinem Leben. Bald begann seine erste Messe, und er hatte vom ältesten Enkel der Kesslerin, der in Sankt Lambert als Mesner diente, gehört, die Kirche wäre so voll, dass keine Maus mehr hineinpassen würde. »Oh Gott, hilf mir!«, flehte er und zupfte nervös an seinem Messgewand.

»Du solltest dich bereit machen, vor den Altar zu treten. Dein Ornat sitzt so, wie es soll«, erklärte Bruder Cyprian mit leichtem Spott.

»Sind wirklich so viele Menschen in der Kirche?«, fragte Johannes besorgt.

»Wir konnten gerade noch die Stühle für Abt Friedrich, Pater Christoph, Bruder Vincentius und mich frei halten. Zu weit vom Altar solltest du dich nicht entfernen, sonst trittst du den vordersten Kirchenbesuchern auf die Füße. Und nun zieh nicht so ein jämmerliches Gesicht. Halte dich an das, was ich dich gelehrt habe, und vertraue auf Gott!« Pater Cyprian versetzte Johannes einen aufmunternden Klaps und schob ihn auf die Tür der Sakristei zu.

»Sobald ich draußen bin, zählst du bis zehn! Dann sitze ich auf meinem Stuhl, und du kannst mir folgen.«

Johannes nickte und begann unwillkürlich zu zählen.

»Ich sagte, sobald ich draußen bin!«, erklärte Pater Cyprian mit einer gewissen Schärfe.

»Verzeiht!« Johannes senkte den Kopf und bat Gott erneut, ihm beizustehen. Darüber vergaß er fast, mit dem Zählen zu beginnen. Er holte es rasch nach, atmete noch einmal tief durch und durchschritt die Pforte, die das Kirchenschiff von der Sakristei trennte.

Als Erstes nahm er die beiden Novizen wahr, die für ihn ministrieren sollten. Ihre Gesichter waren ernst. Johannes atmete tief durch und blickte in das Kirchenschiff. Die Gläubigen standen so dicht, dass kaum Platz für sie war, sich hinzuknien. Auf den wenigen Stühlen saßen der Abt, Bruder Vincentius, Pater Cyprian und zwei weitere hoch im Rang stehende Mönche sowie mehrere Würdenträger aus Federaun und Straßfried sowie die Vertreter des Villacher Klosters. Einige Bewohner aus Arnoldstein, aber auch aus Gailitz, Thörl und Maglern, die in dieser Gegend etwas galten, standen recht nahe beim Altar und weiter hinten all die Gläubigen, die teilweise mehrere Stunden Weges auf sich genommen hatten, um Johannes' erste Messe zu erleben. All diese Menschen hatten es verdient, dass er sie nicht enttäuschte.

Johannes wollte mit dem Gottesdienst beginnen, als noch einmal die Kirchentür geöffnet wurde und mehrere Nachzügler hereinkamen. Es handelte sich um zwei Paare, bei denen die Frauen wie Edeldamen gekleidet und mit viel Schmuck behangen waren, während die Männer in etwas schlichterer, aber aus vorzüglichen Stoffen gefertigter Kleidung auftraten. Angesichts der Menschenmenge im Kloster wirkten sie verwirrt. Doch da stand Pater Cyprian auf und ging ihnen entgegen.

»Seid uns willkommen, hohe Damen und Herren! Hier vorne ist noch Platz. Wenn die Damen sich setzen wollen.« Er wies auf seinen Stuhl und den, den Christoph Manfordin eben räumte.

Es mussten Leute von Bedeutung sein, dachte Johannes. Da kam eine ältere Frau in der Tracht einer höheren Bediensteten herein, machte ihre Kniebeuge und trat zur Seite, um einer jungen Frau Platz zu machen.

Im selben Augenblick fiel das Licht der Sonne durch ein Fenster, traf auf die junge Frau und umspielte sie mit goldenem Licht. Ihr Haar glühte ebenfalls golden auf, und ihr Gesicht war so formvollendet und lieblich, dass sie ein Engel sein musste. Nur die Flügel fehlten. Das schlichte, weiße Gewand umspielte einen harmonisch geformten Leib, und als sie kurz stehen blieb und sich nach einem freien Platz umsah, wäre Johannes ihr am liebsten entgegengeeilt, um sie zum Altar zu führen.

Bislang hatte Johannes sich nicht für das weibliche Geschlecht interessiert, doch nun traf es ihn wie ein Blitz aus heiterem Himmel. Die Fremde war wie ein Wesen aus einem Traum, wunderschön und gleichzeitig so unschuldig wie ein neugeborenes Kind. Sie ist ein Bote des Himmels, durchfuhr es ihn, und gekommen, um meiner ersten heiligen Messe beizuwohnen. Am liebsten hätte er sich hingekniet und Gott für das Erscheinen dieses Engels gedankt. Sein Puls raste, und er spürte den Schlag seines Herzens wie eine Trommel in der Brust.

Gott, ich danke dir, dass du mich diese Schönheit sehen lässt!, jauchzte es in ihm.

Als Pater Cyprian auf das blonde Wesen zutrat und es nach vorne holte, wusste Johannes eines: Er würde seine erste Messe nicht für Abt Friedrich lesen, nicht für seinen väterlichen Freund Vincentius und auch nicht für all die Menschen hier in der Kirche, sondern ganz allein für diesen Engel.

13.

Da die Schwestern Klara und Helena wieder einmal einen ihrer Rangkämpfe ausgefochten hatten, wären sie beinahe zu spät gekommen. Maria genierte sich, weil der junge Priester bereits am Altar stand und ihr Erscheinen ihn stören musste. Auch fand sie es ungehörig, dass zwei ältere Mönche aufstehen und den beiden Frauen ihre Stühle überlassen mussten. Klara und Helena waren noch jung und hätten der Messe ebenso wie sie stehend folgen können. Als ihr Blick jedoch Johannes traf, waren diese Gedanken von einem zum anderen Mal wie weggefegt.

Der junge Priester war der schönste Mann, den sie je gesehen hatte. Wohl war er kein Riese, sondern höchstens eine Handbreit größer als sie, doch trotz seines Ornats konnte sie seine schlanke Gestalt erahnen, und das schmale Gesicht schien von einem inneren Licht erhellt zu sein. Seine Tonsur war erst vor kurzem nachgeschnitten worden, doch das dunkle Haar stand so dicht, dass man sie, wenn er den Kopf hob, nicht mehr sah. In den Augen glaubte sie ein Feuer zu spüren, das nicht von dieser Welt sein konnte.

Es war, als würde dieses Feuer ihr Herz entflammen. Wie einst Moses vom Berge Nebo schien sie in ein verheißenes Land zu blicken und wagte kaum zu atmen, um dieses wunderbare Gefühl nicht zu vertreiben. Sie stellte sich in die Nähe des Altars, faltete die Hände und lächelte glückselig.

Als Johannes die Messe begann, war es für Maria, als würde seine Stimme sie sanft streicheln. Sie war warm, fürsorglich und tröstend und wie ein Versprechen auf eine schöne, glückliche Zeit.

Auch die anderen Kirchenbesucher ließen sich von Johannes'

Worten fesseln, besonders die Kesslerin, die mittlerweile zu alt war, um noch als Hebamme zu wirken. Diese Aufgabe hatte nun ihre Enkelin Ria für sie übernommen. Auch diese lächelte verzückt, und das taten auch Klara Häring und Helena Zeller. Erstere war nur mitgekommen, um ihrer Schwester nicht den Vortritt lassen zu müssen. Doch nun blickte sie den jungen Priester mit leuchtenden Augen an. Sein Anblick verklärte sie, und sie wünschte sich, seine Stimme so oft wie möglich zu hören. Der Pfarrer von Gailitz, der dreimal in der Woche in der kleinen Kapelle der Fuggerau die Messe las, war bereits alt, und sein Deutsch klang für sie sehr ungewohnt, weil er in seiner Kirchengemeinde vor allem die windische Sprache verwendete.

Johannes hatte für seine Predigt den Auszug aus Ägypten und den Einzug ins gelobte Land gewählt und fragte sich, als er schließlich mit dem Segen und dem letzten Amen endete, ob er damit Gefallen gefunden oder sich blamiert hatte. Am wichtigsten war ihm die Reaktion des blonden Engels, und so blickte er Maria scheu an. Der Ausdruck ihres Gesichts verriet ihm, dass die heilige Messe und seine Predigt sie berührt hatten. Das machte ihn stolz, und er trat unwillkürlich einen Schritt vor, um ihr, da sie sich für den Segen hingekniet hatte, aufzuhelfen. Als sich ihre Hände berührten, durchfuhr beide ein berauschendes Gefühl, und sie wünschten sich, es würde niemals enden.

Nur widerwillig ließ Johannes Maria los, war aber gleichzeitig über sich selbst erschrocken. Um zu verhindern, dass jemand mehr darin sah als eine höfliche Geste, half er nun weiteren Frauen auf die Beine, darunter auch der Kesslerin.

»Gut hast du es gemacht, Bub!«, sagte sie und tätschelte ihm die Wange.

»Vergelt's Gott! Dass gerade du das sagst, bedeutet mir viel«, antwortete Johannes lächelnd.

»Es war eine schöne Messe, und deine Predigt aus dem Buch Mose hat mir sehr gefallen«, meldete sich Pater Cyprian zu Wort.

Maria stand noch wie verzaubert in der Nähe des Altars, wagte aber nicht, sich dem jungen Priester zu nähern. Neben ihr wandte Klara sich an ihre Schwester.

»Ein schmucker Priester mit einer klaren Stimme und ein weitaus angenehmerer Anblick als der Gailitzer Pfarrer. Wir sollten Abt Friedrich fragen, ob er uns den jungen Mann nicht als Kaplan für die Fuggerau überlassen kann.«

»Sonst noch was? Einen eigenen Pfaffen zu halten, wie es bei Grafen und Fürsten Sitte ist? Der Regierer in Augsburg würde uns mit dem Geschäftsbuch den Scheitel ziehen, wenn wir das täten«, antwortete ihr Mann, den die Eifersucht gepackt hatte. Christoph Häring war durch das gute Leben als Fugger'scher Faktor bereits in jungen Jahren ein wenig in die Breite gegangen, und er wollte auf Schloss Rosenheim keinen Mann sehen, der ihn so offensichtlich in den Schatten stellte.

Maria empfand das Gerede als unangenehm und hielt sich von der Gruppe fern. Als sie die Kirche verließ, kam sie in Johannes' Nähe vorbei und lächelte ihn an. Er lächelte zurück, und dies war für sie beinahe mehr wert als alle Messen, die sie bisher gehört hatte.

»Es war wunderschön!«, flüsterte sie.

»Das war es«, antwortete er und wünschte, er könnte gleich mit der nächsten Messe beginnen, nur damit dieser Engel länger in seiner Nähe bleiben konnte.

»Die Fuggerfrauen sind extra deinetwegen in Arnoldstein in die Kirche gegangen«, sagte Bruder Vincentius, der sich mit Mühe von seinem Stuhl erhoben hatte und nun auf einen Stock gestützt näher kam.

»Ich dachte mir schon, dass die Frauen zur Fuggerau gehören, weiß aber nicht, wer sie sind«, antwortete Johannes in der Hoffnung, mehr über jenen weiß gekleideten Engel zu erfahren, der die beiden mit ihren Gewändern und ihrem Schmuck prunkenden Frauen begleitet hatte.

»Die eine ist Klara Häring«, berichtete ihm Abt Friedrich

bereitwillig. »Ihr Mann ist einer der beiden Faktoren. Die andere Frau ist ihre Schwester Helena. Diese ist mit dem zweiten Faktor der Fuggerau verheiratet.«

»Und die Dritte?«, fragte Johannes.

Abt Friedrich blickte kurz zu Klara und Helena hin, zu denen sich nun auch Ella gesellt hatte.

»Das ist, soweit ich weiß, die Kinderfrau«, erklärte der Abt.

Pater Cyprian verzog die Lippen zu einem etwas gequälten Grinsen. »Ich glaube, unser Junge meint nicht diese, sondern jene Jungfer dort. Die gehört auch zu den Fuggern, sie soll eine Ziehtochter des alten Hans Fugger gewesen sein. Wie genau sie mit ihnen zusammenhängt, kann ich dir nicht sagen.«

Er schwieg einen Augenblick und zupfte Johannes dann am Ohrläppchen. »Dich wird doch nicht jetzt, da du dich endgültig Gott geweiht hast, der Hafer stechen?«

»Gewiss nicht!«, antwortete Johannes und begriff im selben Augenblick, dass es eine Lüge war.

Tatsächlich hätte er alles dafür gegeben, die schöne Fremde, deren Namen er nicht einmal kannte, für immer um sich zu haben. Da dies jedoch nicht sein konnte, beschloss er, Gott im Gebet zu bitten, ihm beizustehen, auf dass er nicht der Versuchung erlag, die sie für ihn darstellte.

Sechster Teil

Die große Wallfahrt

1.

Mit einer bedauernden Geste hob Domenico Grimani, Patriarch von Aquileia, die Hände. »So leid es mir tut, doch ich vermag dir nicht zu helfen, mein Sohn. Mein Einfluss auf den Dogen Leonardo Loredan und die Signora von Venedig ist zu gering, um etwas für Arnoldstein und das umliegende Bamberger Gebiet bewirken zu können. Es wäre besser, dein Abt oder, besser noch, der Fürstbischof von Bamberg würde einen Gesandten nach Venedig schicken.«

Und dafür hast du mich zwei Tage warten lassen, dachte Pater Norbert empört. Wäre ich gleich weitergereist, könnte ich schon bald in Venedig sein. Zudem haderte er mit Abt Friedrich, der ihm befohlen hatte, zuerst nach Aquileia zu reisen. Als ein Metropolit, dessen Diözesen sowohl auf dem Gebiet des Heiligen Römischen Reiches wie auch auf dem von Venedig beherrschten Land lagen, hätte Grimani als Vermittler zwischen beiden Seiten auftreten können. Dazu aber war er anscheinend nicht bereit. Pater Norbert erinnerte sich daran, am Vortag von einem anderen Mönch gehört zu haben, der Patriarch wolle wieder nach Rom in die Kurie zurückkehren. Dort, dachte er erbittert, würde Grimani mit seinen purpurgefärbten Gewändern aus Samt und Seide prunken können.

Neid packte ihn und der verzweifelte Wunsch, einmal eine halbwegs vergleichbare Rolle spielen zu können. In Arnoldstein konnte er damit nicht mehr rechnen. Doch um das Kloster verlassen und eine gute Pfründe kaufen zu können, fehlte ihm immer noch einiges an Geld. Zuerst aber musste er entscheiden, was er nun tun sollte. Entweder kehrte er mit der Nachricht seines Scheiterns nach Arnoldstein zurück, oder aber er reiste nach Venedig weiter, um dort selbst zu verhandeln.

Die Entscheidung fiel Pater Norbert leicht, denn keinesfalls wollte er wie ein Hund mit eingezogenem Schwanz vor seinen Abt treten. Außerdem reizte ihn Venedig mit seinem Reichtum und seinen unzähligen Kirchen. Vielleicht, so sagte er sich, gelang es ihm bei den Verhandlungen, so viel Geld für sich herauszuschlagen, dass er endlich jene Stelle einnehmen konnte, nach der er sich so sehr sehnte.

Mit diesem Gedanken verbeugte er sich vor dem Patriarchen. »Wenn Euer Gnaden erlauben, werde ich Aquileia morgen verlassen.«

Der Patriarch nickte freundlich. »Reise mit Gott, mein Sohn!«

»Ich danke für Eure Wünsche, Eure Eminenz.« Pater Norbert verbeugte sich erneut und verließ dann den Raum.

Kaum war er in die Kammer zurückgekehrt, die man ihm und Hermann zugewiesen hatte, machte er sich daran, sein Bündel zu schnüren.

»Brechen wir auf?«, fragte der junge Mönch verwundert, weil er angenommen hatte, der Pater werde noch einige Tage mit dem Patriarchen verhandeln.

»Denkst du, ich packe, weil es mir Freude macht?«, gab Pater Norbert giftig zurück.

»Was hat Seine Gnaden, der Patriarch, denn gesagt?«

Für Hermann war der Patriarch die höchste kirchliche Instanz nach dem Papst. Daher nahm er an, es wäre alles im Sinne seines Abtes besprochen worden, und sie würden wieder nach Arnoldstein zurückkehren.

»Geheime Dinge sollen geheim bleiben«, blaffte der Pater ihn an.

Bruder Hermann nickte eifrig. »Sehr wohl, hochwürdiger Vater!«

»Wir brechen morgen bei Sonnenaufgang auf und wandern nach Süden. Ich will nach Grado, um von dort zu Schiff nach Venedig zu fahren. Ich habe wenig Lust, den Weg nach Venedig auf meinen Sandalen zurückzulegen«, erklärte Pater Norbert.

»Venedig? Ich darf es also sehen!«

Hermann wirkte so glücklich, dass Pater Norbert überlegte, ihn nach Hause zu schicken. Er benötigte jedoch einen Helfer, der ihm unterwegs aufwartete und seine Sachen trug. Daher nickte er gönnerhaft. »Ja, du wirst es sehen!«

»Oh, das ist wunderbar!« Nach mehreren Jahren, in denen der junge Mönch nicht weiter von Arnoldstein fortgekommen war, als ihn seine Füße an einem halben Tag hatten tragen können, war bereits die Reise bis Aquileia ein Abenteuer gewesen. Nun auch noch Venedig zu erleben, erschien Bruder Hermann wie ein Traum.

»Ja, du wirst Venedig sehen und seinen Gestank riechen.«

Pater Norbert war schon einmal in der Stadt gewesen und erinnerte sich gut an die übel riechenden Kanäle, die von den Venezianern nicht nur als Verkehrswege, sondern auch als Kloake verwendet wurden. Dies aber durfte ihn nicht daran hindern, die Stadt zu betreten und den Dogen Leonardo Loredan aufzusuchen.

2.

Die Sonne war noch nicht aufgegangen, als Pater Norbert mit seinem Begleiter am Tor erschien und von den Wachen verlangte, durchgelassen zu werden. Die Männer standen in venezianischem Sold und behandelten Wanderer aus dem Norden mit einem gewissen Misstrauen. Auch die beiden Mönche mussten sich ihren Fragen stellen.

»Wo wollt ihr hin?«

»Nach Venedig«, rief der junge Mönch voller Begeisterung, bevor Pater Norbert ihn daran hindern konnte.

»Und was wollt ihr dort?«, fragte der Kommandant der Wachen weiter.

Diesmal schwieg der junge Mann wegen des schmerzhaften Griffs, mit dem der Pater seinen Oberarm gepackt hatte.

»Wir wollen in der Kirche des heiligen Markus beten, auf dass bald Frieden zwischen Venedig und dem König geschlossen werden möge«, antwortete Pater Norbert salbungsvoll.

»Beten könnt ihr ruhig, aber ob der heilige Markus euch erhört, ist eine andere Frage. Er ist unser Heiliger und wird Venedig stets beschützen«, antwortete der Kommandant selbstbewusst.

Die Wachen ließen die beiden Wanderer nun passieren, und so schritten Pater Norbert und sein Begleiter stramm dem Meer entgegen. Zunächst herrschte noch morgendliche Kühle, doch als die Sonne höher stieg und sich die Hitze des Sommers bemerkbar machte, schwitzte der junge Mönch unter seiner Last, wagte aber nicht, den Pater zu bitten, ihm einen Teil abzunehmen.

Pater Norbert ärgerte sich, weil sie auf kein Fuhrwerk trafen, das sie hätte mitnehmen können. Bereits auf dem Weg nach

Aquileia hatte er immer wieder längere Strecken auf Schusters Rappen zurücklegen müssen, und so nahm er es Abt Friedrich übel, ihn zu Fuß losgeschickt zu haben. Dabei hätte ihm ein Reisewagen oder wenigstens ein Maultier zugestanden. Der Abt hatte ihm auf seine diesbezügliche Anfrage jedoch nur erklärt, dass auch unser Herr Jesus Christus durch das Heilige Land gewandert sei.

»Ich bin nicht Christus, der Wunder tun und schmerzende Füße heilen kann«, murrte er leise vor sich hin.

Hätte er den Weg nach Grado in gerader Linie zurücklegen können, wäre er bereits mittags am Stadttor gewesen. So aber zwang ihn die weite Lagune mit ihren Ausläufern und Sümpfen zu einem großen Umweg. Obwohl sie über das flache Land hinweg bereits die Türme der Stadt erkennen konnten, schienen sie Grado kaum näher zu kommen.

Als Pater Norbert den Weg abzukürzen versuchte, fanden Hermann und er sich bald zwischen Tümpeln wieder. Unzählige Stechmücken schienen nur auf sie gewartet zu haben und stürzten sich so vehement auf sie, dass sein Begleiter seinen Packen fallen ließ, um nach den Biestern zu schlagen.

»Beherrsche dich!«, fuhr Pater Norbert den jungen Mönch an, obwohl er selbst die blutgierigen Insekten jagte, so gut es nur ging.

Schließlich blieb ihnen nichts anderes übrig, als umzukehren. Sie hatten durch die vermeintliche Abkürzung mehr als zwei Stunden verloren und waren von unzähligen Mücken gestochen worden. Pater Norbert fluchte daher, als sie wieder auf die Straße trafen und diese erneut von der Stadt wegzuführen schien. Nach einer Weile begegneten sie einem Wanderer, der sich im Schatten einer Pappel niedergelassen hatte.

Als er die beiden Mönche kommen sah, stand er auf und strahlte. »Ihr seht aus, als könntet ihr einen Führer brauchen!«

»Wohl kaum, da diese Straße nach Grado führt und wir dorthin wollen«, antwortete Pater Norbert kurz angebunden.

»Sie teilt sich noch ein paarmal, wer weiß, ob ihr dann die richtige Abzweigung wählt«, erklärte der Mann, der in einem buntscheckigen Gewand steckte und eine lächerliche Mütze auf dem Kopf trug. »Gestattet, dass ich mich vorstelle! Ich bin Ugo Ribaldi, Schauspieler und Komödiant, ein Buffone, wie man hierzulande sagt.«

»Was kümmert's mich?«, knurrte der Pater, doch Ribaldi machte sich nichts aus der schlechten Laune seines Gegenübers, sondern schloss zu ihm auf. »Ihr seid ein Mann des Glaubens und der Strenge, doch der Mensch muss auch einmal fröhlich sein können. Außerdem haben wir denselben Weg. Ich will ebenfalls nach Grado und bin diese Straße bereits gegangen.«

»Vielleicht wäre es besser, dem Herrn zu vertrauen«, wandte Bruder Hermann ein.

Da der Pater genug davon hatte, durch sumpfiges, mückenverseuchtes Land zu stapfen, nickte er. »Wird wohl das Beste sein! Aber mehr als Gottes Dank können wir dir nicht geben, Buffone. Wir sind arme Mönche und reisen auf Schusters Rappen.«

Ugo Ribaldi lächelte nur. Grado lag am Ende einer lang gezogenen Halbinsel, und es ging von dort aus nur mit dem Schiff weiter. Es mochte sein, dass ein Schiffer die Mönche für ein Gebet mitnahm, doch das bezweifelte er. Außerdem war ihm klar, dass Pater Norbert ein in der Klosterhierarchie hochstehender Mönch war, da er sich einen niederrangigen Mitbruder als Begleiter leisten konnte. Venedig hatte seine Augen und Ohren überall. Ein paar Dukaten hatte der Pater sicher in der Tasche, daher würde er ihm einige davon herausziehen. Im Augenblick aber war es klüger, mit dem deutschen Mönch ins Gespräch zu kommen.

»Ihr kommt von weit her, was?«, fragte er.

»Aus Arnoldstein«, berichtete Bruder Hermann bereitwillig, woraufhin ihm der Pater einen strafenden Blick zuwarf.

Schließlich ging es niemanden etwas an, woher sie stammten. Wie es aussah, würde er diesem Trottel einmal kräftig die Haare bürsten müssen, damit der Kerl begriff, dass hier nur einer etwas sagen durfte, und zwar er selbst.

Der Buffone bemerkte den Unmut des Paters, gab aber nichts darauf, sondern setzte die Unterhaltung mit einer witzigen Bemerkung fort. Dennoch dauerte es eine Weile, bis Pater Norbert ein wenig auftaute und Antwort gab. Im Verlauf des Gesprächs ließ Ugo Ribaldi durchklingen, dass er sich auch in Venedig auskannte und dort schon öfter in den Häusern der Nobiles aufgetreten war.

Nun hörte Pater Norbert aufmerksam zu. Da der Kontakt des Arnoldsteiner Klosters nach Venedig gering war, hätte er in einem Kloster um Gastfreundschaft bitten und dort fragen müssen, wie er zu einer Audienz beim Dogen kam. Wenn dieser Bursche nicht log, konnte er diese Auskünfte von ihm erhalten.

»Vielleicht kannst du mir raten. Mein Abt schickt mich, um dem Dogen Leonardo Loredan seine Grüße zu übermitteln.«

Der Buffone lachte leise auf. »Zu Seiner Gnaden wollt Ihr? Das ist keine leichte Sache, denn Leonardo Loredan ist wegen des Krieges mit dem König der Deutschen sehr beschäftigt. Ohne Fürsprache werdet Ihr wochenlang warten müssen, bis er Zeit findet, sich mit Euch zu befassen.«

Das war keine gute Nachricht, und Pater Norbert sah sich bereits in Venedig von Kloster zu Kloster wandern, um jeweils für ein paar Tage dort gastfreundlich aufgenommen zu werden, während ihm die Zeit wie Wasser durch die Hände rann.

»Es ist wichtig!«, erklärte er.

»Für Euch mag das gelten, doch gilt das auch für den Dogen? Euer Kloster ist, wenn ich mich recht entsinne, keine der großen, reichen Abteien, sondern eher arm und – lasst es mich offen aussprechen – auch ziemlich bedeutungslos. Zudem gehört es dem Fürstbischof von Bamberg. Ihr seid daher, verzeiht bitte, der Knecht eines Knechts, und als solchen wird Leonardo Loredan Euch kaum empfangen.«

»Verdammt, so unbedeutend sind wir nicht! Außerdem spreche ich nicht für Kloster Arnoldstein allein, sondern für das gesamte Bamberger Untertanengebiet«, fuhr Pater Norbert auf.

»Wärt Ihr ein offizieller Bote Seiner Hoheit, des Fürstbischofs von Bamberg, würde der Doge Euch gewiss eine Audienz gewähren. So aber, fürchte ich, seid Ihr umsonst gekommen!« Der Buffone freute sich insgeheim daran, wie leicht sich diese tumben Teutonen aus der Fassung bringen ließen.

»Es sei denn«, setzte er nach einer kurzen Pause fort, »Ihr habt genug Geld bei Euch, um die eine oder andere Hand salben zu können.«

Pater Norbert schnaubte noch mehr. Zwar hatte Abt Friedrich ihn mit einer gewissen Summe ausgestattet. Davon wollte er jedoch einen Teil beiseiteschaffen und nicht an irgendwelche Venezianer vergeuden.

Um ihn nicht zu verärgern, wechselte Ugo Ribaldi das Thema. »Wir nähern uns Grado! Der Turm der Basilica di Santa Eufemia ragt bereits hoch in die Luft. Ich hoffe, Ihr habt das Geld, um eine Passage nach Venedig bezahlen zu können.«

»Daran soll es nicht scheitern«, antwortete Pater Norbert missmutig und bedauerte, dass die Geldsumme, die ihm der Abt mitgegeben hatte, nicht ausreichte, um anderenorts ein neues Leben beginnen zu können. Außerdem hatte er sein kleines Vermögen einschließlich des Schmucks der Spanierin im Kloster zurückgelassen, und auf dieses wollte er nicht verzichten.

»Wenn einer der Kapitäne, die ich kenne, mit seinem Schiff im Hafen liegt, können wir vielleicht umsonst mitfahren«, sagte der Buffone wie nebenbei.

»Es wäre ein gottgefälliges Werk!« Pater Norbert überlegte, wie viel von dem Geld er als angebliche Passage abzweigen konnte. Da traf sein Blick seinen Begleiter. Bruder Hermann war dumm genug, um zu Hause hinauszuposaunen, dass sie ohne Kosten nach Venedig gelangt wären. Ich hätte einen meiner Freunde mitnehmen sollen, dachte er. Selbst wenn er diesem ein Viertel des beiseitegeschafften Geldes hätte abtreten müssen, wäre er besser gefahren als mit diesem naiven Kerl.

»Dann wollen wir hoffen, dass es so kommt, Pater!« Ugo Ribaldi lächelte, denn er hatte längst begriffen, dass Geiz den Charakter des deutschen Mönchs prägte.

»Übrigens könnte ich Euch in Venedig zu jemandem bringen, der das Ohr des Dogen besitzt. Wir Komödianten sind in Venedig gern gesehene Gäste, und, im Vertrauen gesagt, es ist weitaus angenehmer, im Haus eines Herrn unterzukommen, als auf einer hölzernen Pritsche in einem Kloster zu schlafen.«

»Du meinst, jemand würde mich zu Gast laden?«, fragte der Pater, der nicht gerne irgendwelchen Ordensbrüdern in Venedig Rede und Antwort stehen wollte.

»Das ist durchaus möglich.« Ribaldi nickte bestätigend und legte sich seine Pläne zurecht. Sein Auftraggeber würde sich zwar wundern, ihn so rasch wiederzusehen, doch der deutsche Mönch wirkte ganz so, als würde der Glanz goldener Münzen seine Zunge lockern. Auf diese Weise konnten sie durch ihn mehr erfahren als bei einer mühseligen Reise auf der Suche nach diesen Informationen.

3.

Die Torwachen blickten nur kurz auf, als sie den Buffone und seine beiden Begleiter kommen sahen. Es erschienen immer wieder Reisende an diesem Ort, die weiter nach Venedig wollten. In dieser Stadt, so sagten sie sich, würde man sich schon um sie kümmern.

Ribaldi führte Pater Norbert und dessen Begleiter zum Hafen, hieß sie dort in einer Schenke auf ihn warten und verschwand im Gewimmel der Menschen. So ganz wohl war es Pater Norbert dort nicht. Er besaß nur geringe Kenntnisse der an diesem Ort gebräuchlichen Sprache, und sein Begleiter verstand sie gar nicht. Mit dem Patriarchen von Aquileia hatte er sich auf Latein unterhalten können. Ob dies mit den gewöhnlichen Venezianern ebenfalls möglich war, bezweifelte er.

Keine Stunde später kehrte Ugo Ribaldi zurück. »Ich hatte Glück!«, meldete er lächelnd. »Einer der Kapitäne, der mich mag, liegt mit seinem Schiff im Hafen und will bereits morgen auslaufen. Es kostete mich zwar eine gewisse Überredung, ihn so weit zu bringen, euch beide mitzunehmen, doch zuletzt stimmte er zu. Wir müssen allerdings selbst für unser Essen Sorge tragen. Da die Reise nach Venedig nur ein paar Tage dauert, ist dies jedoch nicht schwierig.«

»Hab Dank!«, antwortete der Pater aufatmend und bat ihn, mehr über die Lagunenstadt zu berichten.

Der Buffone hob lachend die Hand. »Seid nicht so ungeduldig! Wir haben an Bord des Frachtschiffs genug Zeit dafür. Ach ja, Euer Mitbruder wird sich wohl an eines der Ruder setzen müssen. Dem Kapitän sind ein paar seiner Männer abhandengekommen, und er sucht nun dringend Ersatz.«

Ein erschrockener Blick des jungen Mönchs traf ihn und den

Pater. Letzterer machte nur eine wegwerfende Handbewegung.

»Es ist ja nur für zwei Tage. Außerdem heißt unsere Ordensregel ›Bete und arbeite‹. Ich werde beten und Bruder Hermann das Ruder führen. Damit ist das Gebot erfüllt.«

»Es heißt Riemen, nicht Ruder«, korrigierte Ribaldi den Pater, doch diesen interessierte seine Wortklauberei nicht.

Da sie sich noch in der Taverne aufhielten, ließ Ribaldi Wein bringen und beobachtete die Mönche beim Trinken. Beiden schmeckte es, doch Pater Norbert legte sich bald Zügel an, während Bruder Hermann sich den Becher immer wieder nachfüllen ließ. Beim Essen hielten beide wenig Maß und nahmen auch keine Rücksicht darauf, ob dieser Tag ein Fastentag war oder nicht.

»Wir sind auf Reisen und brauchen Kraft«, erklärte Pater Norbert, als er den verwirrten Blick der Magd bemerkte, die ihm ein großes Stück Schweinerippchen vorsetzte.

»Da habt Ihr recht, hochwürdiger Vater!«, stimmte der Buffone ihm zu und erklärte, dass sie die Nacht bereits an Bord des Schiffes verbringen konnten und sich daher keine Unterkunft suchen mussten.

»Wenn es Euch recht ist, werde ich morgen früh unsere Vorräte besorgen. Der Kapitän glaubt, dass die See ruhig bleibt. Daher werden wir wohl nicht von der Seekrankheit erfasst.«

»Seekrankheit?« Pater Norbert hatte davon gehört, jedoch nicht weiter darüber nachgedacht. Nun fiel ihm wieder ein, dass diese Krankheit noch schlimmer sein sollte als die Folgen eines gewaltigen Rausches, und er hielt sich von nun an beim Essen und Trinken zurück. Bruder Hermann hingegen ließ sich weiter sowohl den Wein wie auch das weiße Brot und die Schweinerippchen schmecken.

Später am Abend führte Ribaldi die Mönche zu dem Schiff, das sie nach Venedig bringen sollte.

Dort begrüßte ihn der Kapitän mit einem gewissen Spott.

»Ich wusste nicht, dass du inzwischen zum Bärenführer für ein paar Tedesci geworden bist.«

»Da mein Weg mich nach Venedig führt, wäre es unhöflich gewesen, den beiden hochwürdigen Herren meine Begleitung zu versagen«, antwortete Ribaldi und zeigte auf eine Stelle an Deck, wo zwischen mehreren Kisten ein wenig Platz war.

»Dort werden wir schlafen! Wenn Capitano Alborghi die Güte hätte, uns ein paar Decken reichen zu lassen, käme er gewiss dem Himmelreich ein Stück näher.«

»Possenreißer!«, schnaubte der Kapitän, befahl aber einem seiner Matrosen, Decken für die Passagiere zu bringen. »Eines aber sage ich euch: Wehe, wenn ihr morgen keine Vorräte habt! Von mir bekommt ihr nichts. Ihr könnt dann entweder hungern oder euch an die Reling stellen und darauf hoffen, dass Gott euch ein paar Fische in den Mund springen lässt.«

»Capitano Alborghi ist sehr witzig, findet ihr nicht auch?«, sagte der Buffone zu den beiden Mönchen, nachdem er ihnen die Bemerkung des Kapitäns übersetzt hatte.

»Mir ist er etwas zu witzig«, antwortete Pater Norbert, während sein Begleiter die Decken ausbreitete.

»Das ist doch ein passables Nachtlager und garantiert frei von Flöhen und Wanzen«, erklärte Ribaldi fröhlich und legte sich hin.

Pater Norbert und Hermann folgten seinem Beispiel. Die Nacht zog herauf, und der helle Schein im Westen verblasste. Bei milden Temperaturen schliefen sie rasch ein und wachten am Morgen erst auf, als die Stimme des Kapitäns befehlend über das Deck gellte.

»Jetzt muss ich mich beeilen, um Vorräte zu besorgen«, rief Ribaldi und verließ das Schiff.

»Hoffentlich kommt er wieder«, sagte Bruder Hermann besorgt.

Der Kapitän hatte ihn gehört und lachte. »Ribaldi ist wie eine Schmeißfliege! Sobald er den richtigen Haufen gefunden hat, bleibt er bei ihm.«

Pater Norbert fand den Humor des Mannes nur schwer erträglich. Da er jedoch auf ihn angewiesen war, hielt er den Mund und betete ebenso wie sein Begleiter, dass der Buffone rechtzeitig zurückkam.

Dies war auch der Fall. Ribaldi schleppte mehrere Beutel und zwei Krüge an Bord und ließ sich bei den beiden Mönchen nieder.

»Sobald wir auf See sind, können wir frühstücken! Nun aber sollte Bruder Hermann mit der ihm eigenen Demut auf der Ruderbank Platz nehmen, sonst verlangt Kapitän Alborghi doch noch Geld von euch für die Überfahrt.«

Hermann hatte schon zugreifen wollen, gesellte sich aber nach einem scharfen Blick des Paters mit einer wahren Leidensmiene zu den Matrosen, die eben auf den Ruderbänken Platz nahmen. Einer erklärte ihm, wie er den Riemen zu handhaben hatte, dann wurden die Leinen gelöst, und zwei Matrosen schoben das Schiff mit langen Stangen von der Mole weg.

»Riemen ausfahren und eintauchen. Eins und zwei, eins und zwei«, gab der Kapitän den Takt vor und steuerte sein Schiff auf die Hafeneinfahrt zu.

Kurz darauf passierten sie diese. Der Kapitän prüfte die Windrichtung und gab dann den Befehl, die Segel an den beiden Masten der Handelsgaleere zu setzen. Sofort packten mehrere Matrosen die Taue, mit denen das Lateinersegel des Hauptmastes gesetzt wurde, und zogen es hoch. Danach trimmten sie das Segel, bis es den Wind einfing, und machten beim Besanmast weiter.

»Gut so! Das Ruder fasst!«, rief der Kapitän.

Da die Riemen nun eingezogen wurden, atmete Bruder Hermann erleichtert auf und gesellte sich wieder zu Pater Norbert und Ribaldi.

»Das war eine harte Arbeit, und ich hoffe, sie nicht zu oft tun zu müssen.«

»Der Wind weht hübsch aus dem Norden und wird so rasch

nicht umschlagen. Wenn du Glück hast, musst du erst wieder auf die Ruderbank, wenn wir Venedig erreicht haben und in die Lagune einfahren«, erklärte Ribaldi und riss ein Stück Weißbrot ab, um es mit Genuss zu verzehren.

Auch der Pater und Bruder Hermann griffen zu. Der Buffone hatte eine ausgezeichnete Auswahl an Speisen eingekauft. Neben wunderbar duftendem Weißbrot gab es Oliven, Schinken, Würste und in Olivenöl eingelegtes Gemüse. Zusammen mit dem Wein, den er mitgebracht hatte, bildete dies ein köstliches Mahl, bei dem sich die beiden Mönche erneut wenig Zurückhaltung auferlegten.

»So reist man angenehm, und wenn der Wind hält, sind wir bereits morgen in Venedig«, sagte Ribaldi munter und sah grinsend zu, wie Bruder Hermann plötzlich das Stück Wurst, von dem er gerade abgebissen hatte, zurücklegte und sein Gesicht sich langsam grünlich färbte.

4.

Pater Norbert starrte mit brennenden Augen zu den Kuppeln und Türmen von Venedig hinüber. Im Schein der Sonne leuchteten die Ziegeldächer der Häuser wie rotes Gold, und das erschien ihm wie ein Symbol des Reichtums der Stadt, dem auch der Krieg mit Maximilian von Habsburg nichts hatte anhaben können. Schon bei seinem ersten Besuch vor einigen Jahren hatte er sich gewundert, wie groß dieses Venedig war! Gegen diese Stadt war Villach ein Dorf, und das galt auch für Bamberg, in dem immerhin der Fürstbischof residierte. Selbst Nürnberg, das er auf zwei Reisen nach Bamberg passiert hatte, konnte sich nicht mit Venedigs Glanz messen.

Nun war auch er im Zweifel, ob der Herr dieser Stadt einen schlichten Pater aus Arnoldstein überhaupt empfangen würde, und er sah zu Ugo Ribaldi hinüber. Dieser hatte ihm angeboten, ihn mit jemandem zusammenzubringen, der das Ohr des Dogen besaß.

»Nun, was sagst du zu Venedig?«, fragte der Buffone grinsend.

»So groß und glänzend hatte ich es nicht in Erinnerung«, gab der Pater zu.

»Aus der Ferne ist es ein herrlicher Anblick, doch in den Kanälen schwimmt mir zu viel Scheiße herum!« Der Humor des Kapitäns hatte sich während der Fahrt nicht gebessert.

»Capitano Alborghi meint damit, dass es in den Kanälen fürchterlich stinkt, weil Ebbe und Flut nicht ausreichen, um die Abfälle der Stadt aufs Meer hinauszuschwemmen«, erklärte Ribaldi.

»Die Stadt wird noch einmal in der Scheiße ihrer Bewohner ersticken! Und ihr verdammten Hunde macht, dass ihr rudert!

Ich habe euch nicht an Bord geholt, um Maulaffen feilzuhalten.«

Der Tadel des Kapitäns galt auch Bruder Hermann, der für einige Augenblicke vergessen hatte, dass er für die Passage zu rudern hatte. Schnell setzte der Mönch sich wieder an den schweren Riemen und ärgerte sich, weil sein Begleiter freie Sicht auf die Stadt hatte, während er sich schinden musste.

Endlich legte das Schiff an, und Hermann war erlöst. Er wankte zum Pater und griff nach dem Weinkrug, um seinen brennenden Durst zu löschen. Das Gefäß war jedoch leer.

»Oh Gott, ich muss trinken, sonst verdurste ich«, jammerte er.

»Es gibt gleich etwas«, tröstete ihn der Buffone und winkte den beiden Mönchen, mit ihm zu kommen.

»Ihr werdet einem der Beamten der Stadt Rede und Antwort stehen müssen. Sagt ihm, dass ihr nicht aus dem Herrschaftsbereich des Erzherzogs von Österreich stammt, sondern aus dem Bambergischen, dann lässt er euch an Land«, riet er ihnen und tänzelte über die Planke, die ein paar Matrosen ausgelegt hatten, auf die Pier.

Pater Norbert folgte ihm und sah sich einem Mann in einem talarähnlichen Gewand und einer Art Turban gegenüber, der ihn misstrauisch musterte.

»Wer seid ihr und was wollt ihr hier?«, fragte er im venezianischen Dialekt.

»Ich bin Pater Norbert, und das ist mein Begleiter Bruder Hermann. Wir kommen aus dem zu Bamberg gehörenden Kloster Arnoldstein«, antwortete er und kratzte für die Antwort alles zusammen, was er über die südlich der Alpen genutzten Sprachen wusste.

»Und was wollt ihr?«

»In Sankt Markus und einigen anderen Kirchen beten, um den Segen der Heiligen zu empfangen.«

Ugo Ribaldi hatte Pater Norbert den Rat gegeben, dies als

Vorwand zu nennen. Verhandlungen, so hatte er gesagt, fänden heimlich statt. Daher würden sie nicht auf der Piazza San Marco hinausposaunt.

Nach ein paar weiteren Fragen war der Beamte zufrieden und wandte sich dem Kapitän zu. »Nun, Capitano, was habt Ihr geladen?«, fragte er.

Alborghis Antwort verstanden der Pater und sein Begleiter nicht mehr, da sie eilends zum Buffone aufschlossen.

»Du wolltest uns zu einem Herrn bringen, der uns weiterhelfen kann«, mahnte Pater Norbert ihn.

»Wir sind schon dorthin unterwegs.«

Ugo Ribaldi überquerte den Platz, wandte sich einer schmalen Gasse zwischen eng stehenden Häusern zu und führte die beiden Mönche über Wege, in denen sie sich ohne seine Begleitung nie mehr würden zurechtfinden können, vom Canal Grande weg.

Immer wieder überquerten sie Brücken, die sich über Kanäle spannten, auf denen schwer beladene Kähne schwammen. Gelegentlich sahen sie schmale Boote, deren Ruderer mit lauter Stimme Vorrang vor den schwerfälligen Prähmen forderten.

»Das sind *gondole!* Die hohen Herrschaften lassen sich damit durch die Stadt rudern«, erklärte Ribaldi und steuerte auf eine weitere Brücke zu, die direkt neben einem größeren Gebäude begann.

»Das ist die Ponte delle Tette«, fuhr er fort.

Im selben Augenblick wurden bei dem Haus mehrere Fenster geöffnet, und einige Frauen schauten neugierig heraus.

Bruder Hermann fiel förmlich das Kinn herunter. »Bei Gott, die sind ja oben nackt«, rief er und starrte auf die entblößten Brüste der jungen Frauen.

Auch Pater Norbert konnte sich diesem Anblick nicht entziehen. Obwohl ihn Geld mehr interessierte als Fleischeslust, so spürte er die Verlockung, die von den halbnackten Frauen ausging. Als Mönch hätte er jetzt den Blick abwenden müssen, stattdessen musterte er eine Frau nach der anderen und leckte sich die Lippen.

Ugo Ribaldi grinste. »Das ist ein angenehmer Anblick, nicht wahr? Noch angenehmer wird es, wenn man das Haus betritt und sich eines der Mädchen für gewisse Dinge aussucht. Da ich dem Herrn, zu dem ich euch bringen will, erst von eurer Ankunft berichten muss, habt ihr Zeit, euch hier ein wenig zu erfreuen.«

»Das kostet gewiss Geld«, antwortete Pater Norbert, bei dem der Gedanke, dafür seinen Beutel öffnen zu müssen, gegen seine Lust ankämpfte, sich als Mann zu beweisen.

»Keine Sorge! Ihr müsst keinen einzigen Denaro für die Freude bezahlen, die diese lieben Dingerchen euch bereiten werden«, rief der Buffone eilig. »Der Herr, von dem ich sprach, ist bereit, euch einen kleinen Genuss zu gönnen.«

Bruder Hermann blickte den Pater hoffnungsvoll an. Zwar hatte er noch nie einer Frau beigewohnt, aber schon mehrmals heimlich Entspannung durch die eigene Hand gesucht und wünschte sich, endlich das tun zu können, was bereits Adam mit Eva gemacht hatte.

Die Gelegenheit erschien auch Pater Norbert verlockend. Kardinäle, Bischöfe und reiche Äbte lebten teilweise offen mit ihren Gespielinnen. Warum also sollte er darauf verzichten, einen verlockend dargebotenen Frauenleib unter sich zu spüren, noch dazu, wo es ihn nichts kostete?

»Gut, dann treten wir in dieses gastliche Haus ein.«

»Ein ausgezeichneter Gedanke!«, lobte ihn der Buffone und klopfte an die Tür.

Eine ältere Matrone, die voll bekleidet war, öffnete und schaute heraus.

»Was willst du?«, fragte sie Ribaldi mit einem schiefen Blick auf die beiden Mönche.

»Zwei deiner Zöglinge sollen den beiden Herren ein wenig Freude bereiten«, antwortete der Buffone.

»Es sind Mönche, und es sieht so aus, als wären sie weit gereist. Da haben sie gewiss Flöhe und Läuse, und die will ich in meinem Haus nicht haben.«

Die Frau klang so abweisend, dass Bruder Hermann bereits enttäuscht weitergehen wollte.

Ribaldi wusste jedoch, dass es ihr nur darum ging, den Hurenlohn hochzutreiben, und hielt ihn auf. »Nach der Reise freuen sich die beiden Herren gewiss auf ein Bad. Was ihre Kutten betrifft, so gib sie einer Wäscherin, damit diese sich ihrer annimmt.«

»Aber was ist, wenn wir zu dem Herrn müssen, von dem du die ganze Zeit sprichst?«, wandte Pater Norbert ein.

»Der Herr wird euch andere Kutten schicken«, sagte Ribaldi lächelnd und schob ihn auf die Haustür zu.

5.

Eine halbe Stunde später saßen die beiden Mönche zusammen in einem großen Holzbottich und genossen sowohl das warme, nach wohlriechenden Kräutern duftende Wasser wie auch die geschickten Hände der beiden jungen Frauen, die sie mit großen, weichen Schwämmen wuschen.

»Das ist ein Leben!«, stöhnte Bruder Hermann, der sich schaudernd an das kalte Wasser erinnerte, mit dem sie sich im Kloster reinigen mussten.

Pater Norbert nickte mit verkniffener Miene, und sein Neid auf jene Männer, die sich dies laufend leisten konnten, wuchs noch mehr. Er musste raus aus diesem armen Kloster und jemand werden, der sich Bademägde und Beischläferinnen leisten konnte, dachte er. Mehrmals blickte er zu Hermann hinüber. Dieser war ein williger Helfer, aber wohl kaum einer, der den Mund halten konnte. Wenn jedoch in Arnoldstein bekannt würde, dass sie, statt zu beten, ein Hurenhaus an der Ponte delle Tette aufgesucht hatten, würde es seinem Ansehen im Kloster schaden. Doch wie sollte er ihn zum Schweigen bringen?

Nachdem ihnen die Frauen auch das zwar kurz gehaltene, aber stark verfilzte Haar gewaschen hatten, sahen sie die beiden Mönche auffordernd an.

»Wir wären so weit«, meinte eine und bewegte den Unterkörper leicht vor und zurück.

Bruder Hermann packte die Gier, und er sprang förmlich aus der Wanne.

»Gemach, gemach!«, lachte die größere Hure.

Pater Norbert fragte sich, wie es kam, dass die beiden jungen Dinger die deutsche Sprache verstanden, doch als eine ihn an der Schulter fasste und ihn mit einer Geste aufforderte, er solle aus der Wanne steigen, hatte er diesen Gedanken schon wieder vergessen.

Die beiden Huren brachten Leintücher, um ihre Gäste abzutrocknen. Dabei berührten sie mehrmals deren männlichste Teile, achteten aber darauf, dass die Anspannung nicht zu groß wurde und diese sich vor der Zeit entluden.

Daraufhin führten sie die beiden Mönche in eine Kammer, deren Lampe abgedunkelt war und ein rötliches Dämmerlicht verbreitete. Dort streifte die Erste ihr Kleid ab, legte sich auf ein schmales Bett und spreizte die Beine.

Als er die sonst so sorgsam verborgenen Teile des weiblichen Körpers sah, war Bruder Hermann nicht mehr zu halten. Er wälzte sich ungeschickt auf sie und wollte in sie eindringen.

»Nicht so ungestüm!«, wies sie ihn zurecht. »Stütze dich auf die Unterarme! Sonst zerquetschst du mir die Brüste. Was deinen Zumpf betrifft, dem weise ich schon den Weg.«

Damit zog sie den Mönch ein wenig höher, griff, als er sich gehorsam abstützte, nach unten und fasste nach seinem Penis.

Bruder Hermann zuckte bei der Berührung zusammen, folgte aber ihrer Hand und schob seinen Unterkörper nach vorne. Dabei traf er auf etwas Weiches, Warmes, das ihm nur geringen Widerstand entgegensetzte, und schob das Glied ganz in die Frau hinein.

»Du bist gut bestückt!«, lobte sie und verzog gleich darauf das Gesicht, da er doch recht ungeschickt zu Werke ging.

»Sei vorsichtiger! Ich bin doch keine Kuh«, schalt sie ihn, doch er war bereits im Taumel der Lust verfangen und kannte keine Besinnung mehr.

Der Pater sah den beiden kurz zu und wandte sich dann an seine Begleiterin. »Lege dich bereit!«

»Mit Vergnügen!« Die Frau streifte ihr Kleid ab, nahm auf dem zweiten Bett Platz und öffnete einladend die Schenkel.

Im Gegensatz zu seinem Begleiter hatte Pater Norbert gewisse Erfahrung mit dem weiblichen Geschlecht und ließ es langsamer angehen als sein Begleiter. Mit einem Mal wurde Hermann noch heftiger, röhrte wie ein brünstiger Hirsch und sank heftig keuchend über der Frau zusammen.

»Jetzt quetschst du mir die Brüste schon wieder ein«, schalt diese und schob ihn von sich.

Pater Norbert kam wenig später auch zur Erfüllung und richtete sich mit dem Gefühl auf, mehr Lust empfunden zu haben als sein junger Mitbruder. Während er von der Hure stieg, kam ihm unwillkürlich Maria in den Sinn. Diese war zu einer wahren Schönheit herangewachsen, und es musste eine Freude sein, sie zu besitzen. Als Ziehtochter der Fugger war sie jedoch weit jenseits seiner Möglichkeiten.

Unterdessen reichten ihnen die Huren Tücher, damit sie sich säubern konnten, und erklärten, es gäbe gleich Wein.

Bruder Hermann atmete tief durch und wandte sich an den Pater. »Das war wahrlich das Himmelreich! Danach kommt lange nichts.«

Außer der Freude an Gold und Edelsteinen, dachte Pater Norbert, lächelte aber. »Es war wirklich angenehm! Wenn wir wieder in Arnoldstein sind, werden wir auf solche Freuden verzichten müssen. Wir sind Mönche und sollten der Keuschheit verpflichtet sein.«

Bruder Hermanns Gesicht nahm eine schuldbewusste Miene an. »Daran habe ich nicht gedacht.«

»Jetzt denke nicht, dass du von dem einen Mal gleich zur Höllenstrafe verurteilt wirst«, spottete der Pater. »Wäre es so, käme kein Papst, kein Kardinal, kein Bischof und kein Prälat in den Himmel, denn die treiben es noch ganz anders als wir. Lass also den Kopf nicht hängen. Wer weiß, vielleicht ergibt sich für uns die Gelegenheit, den Schwengel erneut zu rühren. Auch wenn wir uns Gott verschrieben haben, sind wir von den gleichen Wünschen und Gelüsten erfüllt wie die Männer aus dem Laienstand. Nur dürfen diese heiraten, während wir zusehen müssen, wie wir ein Weib dazu bringen, dass es sich für uns bereitlegt!«

»Ihr meint, wir könnten es noch öfters tun?«, fragte der junge Mönch hoffnungsvoll.

»Das muss die Zukunft zeigen. Jetzt aber sollte der Buffone zurückkehren. Ich will mich wieder bekleiden.« Pater Norbert fragte sich schon seit einer Weile, weshalb der Buffone so viel Interesse an zwei Mönchen aus Arnoldstein hatte, und hoffte, es würde ihm zum Guten ausschlagen.

6.

Kurz bevor der Pater die Geduld verlor, tauchte Ugo Ribaldi auf. Ihm folgte ein Diener mit zwei neuen Kutten. Die beiden Mönche staunten, denn die Kutten waren aus Samt gefertigt und hatten ein Futter aus Seide, das sich weich und sanft um ihre Leiber schmiegte.

»So lass ich es mir gefallen!«, rief Bruder Hermann und strich mit leuchtenden Augen über den Stoff seiner Kutte.

»Sie gehören euch«, erklärte der Buffone lächelnd. »Doch nun bittet euch mein Herr, zu ihm zu kommen.«

Pater Norbert folgte ihm, während sein Begleiter ein wenig zögerte und noch einen Blick auf die blanken Brüste der beiden Huren warf. Als er sich in Bewegung setzte, hörte er noch, was die eine Hure zu der anderen sagte.

»Bei der Heiligen Jungfrau, waren das zwei Stoffel!«

Da sie die deutsche Sprache verwendete, verstand er es und wollte sie zur Rede stellen. Da rief ihm der Pater zu, sich gefälligst zu beeilen. Er eilte hinter diesem her und sah am Kanal eine Gondel mit einer geschlossenen Kabine liegen. Der Buffone führte sie hin, bat sie, Platz zu nehmen, und zog dann die Vorhänge zu.

»Ich will sehen, wohin die Fahrt geht!«, rief Pater Norbert befehlend.

Ugo Ribaldi hob beschwichtigend die Hand. »Es ist besser, wenn nicht jeder mitbekommt, dass ich euch zu dem besagten Herrn bringe.«

»Das hört sich fast wie eine Verschwörung an«, spottete der Pater.

»In Venedig ist alles eine Verschwörung! Lasst euch davon nicht verdrießen«, antwortete Ribaldi und grinste.

Unterdessen fuhr die Gondel, von zwei Ruderern getrieben, den kleinen Kanal entlang, bog in einen größeren ein und erreichte schließlich die Einfahrt zu einem Palazzo. Dessen Tor wurde kurz geöffnet und sofort wieder geschlossen, nachdem die Gondel es passiert hatte. Augenblicke später legte diese an, und der Buffone öffnete den Vorhang wieder.

Sie befanden sich in einem Innenhof, der zum Teil von einem kleinen Hafenbecken eingenommen wurde. Diener befestigten die Gondel an bunt bemalten Pfählen und streckten die Arme aus, um ihnen beim Aussteigen zu helfen. Verwundert fragte Pater Norbert sich, wer der Mann war, der einen solchen Aufwand betrieb, um mit ihnen reden zu können.

Durch eine Tür ging es ins Innere des Hauses und dann mehrere Treppen hinauf in einen Raum mit großen Fenstern, die eine angenehme Helligkeit verbreiteten. Auf einem gepolsterten Stuhl hatte ein Mann in der reich geschmückten Tracht eines Edelmanns Platz genommen, neben ihm stand ein zweiter, der wie ein Soldat in Leder und festes Tuch gekleidet war. Der Edelmann hob mit nachlässiger Geste einen Trinkpokal und musterte seine Besucher über dessen Rand hinweg.

Pater Norbert trat zwei Schritte auf den Mann zu, sah, wie der Soldat zum Griff seines Schwertes langte, und blieb mit einer nachlässigen Verbeugung stehen.

»Der Komödiant dürfte Euch mitgeteilt haben, dass ich Pater Norbert aus dem Stift Arnoldstein bin. Ich würde nun gerne wissen, wer mir gegenübersitzt.«

»Mein Name lautet Marcantonio Foscari«, antwortete der Mann. »Möchtet Ihr Wein?«

Während Bruder Hermann eifrig nickte, beschloss der Pater, sich nicht betrunken machen zu lassen, und schüttelte zur Enttäuschung seines Begleiters den Kopf.

»Nein danke! Wir haben bereits einen Becher getrunken.«

»Ich lasse trotzdem Wein bringen«, sagte Foscari und schwang eine kleine, silberne Glocke. Deren Ton war kaum zu vernehmen, dennoch erschienen zwei Diener mit einem kleinen Tisch, auf dem mehrere Schüsseln mit Speisen sowie ein Weinkrug und zwei Becher standen.

»Setzt Euch und esst und trinkt!«, forderte Foscari sie auf.

Misstrauisch nahm Pater Norbert auf einem der einfachen Stühle Platz, die die Diener ihnen hinschoben, griff sich einen der Leckerbissen und probierte vorsichtig. Der mit Pfeffer und Muskat gewürzte Fisch schmeckte ausgezeichnet, machte jedoch durstig. Dennoch nippte der Pater nur an seinem Becher, während Bruder Hermann den Wein mit derselben Begeisterung trank, mit der er die Hure begattet hatte.

»Ihr kommt aus der Gegend von Villach?«, fragte Foscari schließlich.

Pater Norbert nickte. »Aus dem Kloster Arnoldstein, um es genau zu sagen. Das liegt etwas westlich von Villach.«

»Arnoldstein!« Der Edelmann rieb sich mit dem rechten Zeigefinger die Nase. »Arnoldstein ... Ich glaube, davon habe ich gehört. Betreibt Jakob Fugger dort nicht Schmelzöfen und Saigerhütten?«

»Doch, das tut er!«, bestätigte der Pater. »Er hat vor ein paar Jahren die Fuggerau erbauen lassen samt dem stattlichen Schloss Rosenheim, einem Arsenal und allem, was zu der Gewinnung von Kupfer und Silber gehört.«

»Was lässt Herr Fugger dort gießen? Ich weiß von etlichen Kupfer- und Silberbarren, die dort lagern. Aber ich habe auch gehört, dass er dort Kanonenrohre fertigen lassen will.«

Foscari klang gelangweilt, als müsse er sich Mühe geben, um die Unterhaltung mit seinen Gästen in Gang zu halten.

Dennoch begriff Pater Norbert, dass die Informationen über die Fuggerau diesen Mann brennend interessierten. Wie viel waren ihm diese wert?, fragte er sich und beugte sich lächelnd vor. »Ich kenne die Fuggerau sehr gut, denn ich bin in unserem Kloster der Mann, der die Verhandlungen mit den Herren Häring und Zeller führt. Das sind die Schwiegersöhne des Hans

Fugger vom Reh, der für seinen Vetter Jakob die Fuggerau errichtet hat«, erklärte er seinem Gastgeber.

Foscaris Miene zeigte für einen Augenblick Verblüffung, dann aber nickte er Ugo Ribaldi anerkennend zu. Auf Pater Norbert machte er den Anschein, als habe er nicht recht gewusst, ob es sich überhaupt lohne, mit ihm zu reden.

»Habt Ihr die Kanonen gesehen, die in der Fuggerau gegossen werden?«, fragte Foscari weitaus lebhafter.

Der Pater nickte. »Ich habe mir auch die Anzahl und die Kaliber nennen lassen. Doch Wissen ist teuer!«

»Ihr werdet gewiss nicht zu kurz kommen!«, antwortete Foscari mit einer wegwerfenden Handbewegung. »Wenn Ihr mir genug über die Fuggerau berichten könnt, ist mir dies etliche Dukaten wert.«

Pater Norberts Augen glühten begehrlich auf. Venezianische Dukaten oder Zechinen, wie sie auch genannt wurden, besaßen ihren Wert. Wenn er genug davon erhielt, konnte er sich endlich seinen Lebenstraum erfüllen.

»Ja, ich habe mir die Fuggerau und die Kanonen, die dort gegossen worden sind, sehr genau angesehen und kann Euch einiges darüber berichten«, sagte er und sah seinen Gastgeber fordernd an.

Foscari begriff, dass sein Gast Gold sehen wollte, und wandte sich an den Soldaten. »Gehe zu meinem Schatzmeister und lass dir zwei Beutel Dukaten geben, Domingo. Die Stimme unseres Freundes soll durch deren Glanz so geschmiert werden wie die eines Sängers durch Wein.«

»Wie Ihr befehlt, Herr!« Domingo verschwand und kehrte bald mit zwei faustgroßen Beuteln zurück, die er seinem Herrn reichte. Dieser warf einen davon dem Pater zu.

»Ich hoffe, dass diese Dukaten Euer Gedächtnis ebenso beflügeln werden wie Eure Stimme. Wenn ich mit Euren Informationen zufrieden bin, erhaltet Ihr auch den zweiten.«

Pater Norbert starrte begehrlich auf die beiden Beutel. Wie

es aussah, waren Informationen über die Fuggerau Foscari etliches wert. Daher überlegte er, ob er sich mit der angebotenen Belohnung zufriedengeben oder mehr verlangen sollte.

»Ich dachte weniger an Gold, sondern an eine Stellung in der heiligen Kirche, die der eines Abtes oder Prälaten entspricht«, sagte er, um den Preis hochzutreiben.

»Ihr werdet zufrieden sein!« Foscari beugte sich zu ihm und sah ihm fest in die Augen. »Und nun berichtet mir alles, was Ihr über die Fuggerau und deren Kanonen wisst!«

7.

Sie ging mit bloßen Füßen durch das vom Morgentau feuchte Gras, sah sich immer wieder zu ihm um und lächelte sanft. Ihr Kleid bauschte sich in der leichten Brise, und im Licht der Sonne umgab sie ein goldener Glanz. Schöner als sie konnte keine Frau sein, durchfuhr es Johannes, und er sehnte sich danach, sie zu berühren. Gleichzeitig hatte er Angst davor, die Schöne könnte der Geisterwelt entstammen und sich in Nebel auflösen, wenn er die Hand nach ihr ausstreckte.

Unentschlossen ging er hinter ihr her und schwor sich dabei, sie erst dann zu berühren, wenn sie es ihm erlaubte. Vorerst wollte er damit zufrieden sein, sie zu sehen und vielleicht sogar mit ihr sprechen zu können.

Schließlich blieb sie stehen und wandte sich zu ihm um. Ihr goldenes Haar stob auf wie eine gleißende Wolke.

»Warum folgst du mir, Johannes?«, fragte sie.

»Weil ich dich liebe!« Er streckte nun doch die Hand nach ihr aus, wagte es aber nicht, sie anzufassen oder gar in die Arme zu nehmen.

»Hast du so wenig Mut, Johannes?«, fragte sie lächelnd.

»Bist du ein Engel, ein Mensch oder ein Wesen der Geisterwelt?«, antwortete er mit einer Gegenfrage.

Sie stieß ein leises Lachen aus. »Siehst du an mir Flügel?«

Johannes schüttelte den Kopf.

»Also kann ich kein Engel sein«, erklärte sie augenzwinkernd. »Wird mein Kleid von Nebel gebildet, oder besteht es aus festem Tuch?«

»Es ist aus Samt und Seide.«

»Dann kann ich auch kein Wesen der Geisterwelt sein. Was bleibt also übrig?«

»Ein Mensch! Doch du verfügst über die Schönheit eines Engels oder einer der ganz mächtigen Feen«, rief Johannes aus.

Erneut lachte sie. »Du siehst in mir Dinge, die nicht sind!«

»Ich schwöre es! Du bist die schönste Frau, die ich jemals sah.«

»Und wie viele schöne Frauen hast du schon gesehen?«, fragte sie keck.

Johannes senkte betroffen den Kopf. »Nicht viele! Aber keine war auch nur annähernd so schön wie du.«

»Ich will es dir glauben.« Ihr Lachen klang perlend wie ein erfrischender Morgenwind.

»Darf ich dich berühren?«

»Nur meine Hand! Mehr ist dir nicht gestattet.« Noch während sie es sagte, streckte sie ihm ihre Rechte hin.

Johannes ergriff sie, spürte ihre Wärme und war so glücklich wie nie zuvor in seinem Leben. Im nächsten Augenblick aber löste sie sich auf wie ein Nebelstreif, und er sah eine leere Wiese vor sich.

»Wo bist du?« Noch während er es rief, schreckte er hoch und sah sich verwirrt um. Er lag in seiner Zelle. Sein Leib war schweißnass, und als er sich aufrichtete, verbrannte ihn schier die Sehnsucht nach der Schönen, die er bislang nur einmal bei seiner ersten Predigt in Sankt Lambert gesehen hatte.

»Oh Gott, wo soll das enden?«, stöhnte er verzweifelt.

Er war Mönch und Priester und hatte Enthaltsamkeit gelobt. Er nahm sein Gelübde ernst und wollte Gott nicht durch eine schwere Sünde erzürnen. Mit müden Bewegungen rieb er seinen feuchten Körper trocken, streifte die Kutte über und verließ seine Zelle.

Im Kloster schlief noch alles bis auf den Mitbruder, der am Tor wachte. Johannes stieg auf die Wehrmauer und blickte zu den Sternen auf, die über dem Tal standen. Vom Dobratsch her wehte ein kühler Wind und umspielte seine heiße Stirn.

»Oh Gott, lass mich stark sein und der Versuchung widerstehen!«, flehte er und streckte die Hände gen Himmel.

Wie lange er so gestanden war, hätte er später selbst nicht zu sagen vermocht. Erst als es im Kloster lebendig wurde, verließ er die Mauer und eilte zur Kirche. Da sowohl Pater Cyprian wie auch Pater Norbert in der Ferne weilten, wurden die Messen von den wenigen zurückgebliebenen Patres gelesen, und an diesem Tag war er an der Reihe.

Johannes bekreuzigte sich und nahm seinen Platz am Altar ein. Um den Priesterornat zu schonen, war es üblich, die geringeren Messen in der Kutte zu halten. Dies kam ihm jetzt zugute, denn in seinen Gedanken versunken, hätte er gewiss vergessen, sich umzuziehen.

Als er die Messe begann, wunderte er sich, dass ihm seine Stimme gehorchte. Sie war laut genug, so dass jeder Mitbruder ihn hören konnte, und hatte den eindringlichen Ton, der die Herzen der Menschen berührte. Johannes sah Bruder Vincentius anerkennend nicken, und auch Abt Friedrich wirkte zufrieden, als er das letzte Amen gesprochen hatte.

Normalerweise kehrten die Mönche nach der Messe in ihre Zellen zurück, um wenig später gemeinsam die Morgenmahlzeit einzunehmen. An diesem Tag aber bat der Abt alle, noch einen Augenblick zu verweilen.

»Ich muss euch etwas verkünden!«, rief Friedrich von Kühnburg mit lauter Stimme. »Die Zeiten sind voller Schrecken und Gefahr. Der König und Venedig führen einen unsinnigen Krieg gegeneinander, während im Osten der Türk nur darauf lauert, die Christenheit zu verderben. Aus diesem Grund habe ich mich entschlossen, eine Wallfahrt zum heiligen Veit von Pirkendorf zu unternehmen, und fordere alle Brüder – bis auf zwei, die als Wächter in Arnoldstein zurückbleiben müssen – auf, daran teilzunehmen.«

Für Augenblicke verschlug es allen die Sprache. Pirkendorf, das von den Windischen Brezje genannt wurde, lag jenseits des Passes in der Krain. Um diesen Ort zu erreichen, ging man drei Tage bis dorthin und drei weitere Tage zurück. Für die älteren

Mönche war dies ein langer, anstrengender Weg. Trotzdem wollte sich keiner ausschließen. Sogar Bruder Vincentius, der schon lange nicht mehr gut zu Fuß war, meldete sich.

Der Abt musterte ihn mitleidig. »Du solltest hierbleiben, Bruder. Gott weiß auch ohne diese Wallfahrt, dass du zu den Frömmsten unter uns zählst.«

»Ich habe lange genug gelebt und warte darauf, dass der Herrgott mich ins Himmelreich ruft. Wenn ich das Haupt an einer so heiligen Stelle beuge, wird er vielleicht auf mich aufmerksam, und Sveti Vid streckt mir die Hand entgegen, um mich zu sich zu holen.«

Bruder Vincentius' Stimme klang so fest, dass der Abt keinen Widerspruch einlegte.

»Dann soll es so sein, Bruder! Pater Johannes ist jung und kräftig. Daher soll er dich auf diesem Weg stützen, auf dass du Pirkendorf heil erreichst und, so hoffe ich, ebenso heil wieder mit uns nach Arnoldstein zurückkehrst.«

»Dazu bin ich gerne bereit.« Johannes wusste, dass er seinen väterlichen Freund teilweise würde tragen müssen, doch dies erschien ihm besser, als alle Zeit an die Schöne aus der Fuggerau denken zu müssen und an seiner Berufung zum Priester zu zweifeln.

Da stellte einer der Mönche dem Abt eine wichtige Frage. »Verzeiht, hochehrwürdiger Vater! Wird diese Wallfahrt nur das Kloster betreffen, oder soll auch viel Volk mit uns ziehen?«

»Es soll eine mächtige Wallfahrt werden, deren Gebete den Himmel erreichen! Daher lasst an allen Orten verkünden, dass wir nach Pirkendorf aufbrechen. Wer mit uns kommen möchte, ist willkommen«, erwiderte der Abt.

Johannes fragte sich, ob auch die Schöne aus der Fuggerau diesen Ruf hören und ihm folgen würde. Sosehr er sich danach sehnte, so sehr fürchtete er sich davor, denn sein Herz schlug bereits mehr für sie, als gut für ihn war.

8.

In der Fuggerau ging das Leben wie gewohnt weiter. Nach außen hin vertrugen sich die beiden Schwestern Klara und Helena, doch wer ein Auge dafür hatte, sah, dass ihr Kampf, die Erste auf Schloss Rosenheim zu sein, im Geheimen weiterging. Ihre Männer legten sich weniger Rücksichtnahme auf, sondern konkurrierten offen darum, der erste Faktor in der Fuggerau zu sein. Beide hatten bereits an Jakob Fugger geschrieben und den anderen als unfähig hingestellt, dieses Amt auszufüllen. Die Antwort war harsch ausgefallen und hatte sie angewiesen, zum Wohle des Fugger'schen Unternehmens zusammenzuarbeiten. Ein paar Bereiche hatte Jakob Fugger jedoch getrennt und sie je einem der beiden unterstellt. Dennoch blieben genug Streitpunkte übrig, bei denen Christoph Häring und Jobst Zeller unterschiedlicher Meinung waren.

Maria schüttelte immer wieder den Kopf, weil erwachsene Männer sich so kindisch verhielten, und sprach mit Ella darüber. Ihre ehemalige Kinderfrau war noch nicht alt, fühlte sich aber oft schwach und erschöpft und konnte kaum mehr ihre Aufgaben erfüllen. Um ihr Schonung zu verschaffen, erledigte Maria viel für sie mit.

An diesem Tag aber wirkte Ella überraschend frisch und munter. »Hast du schon gehört? Der hochehrwürdige Herr Abt Friedrich will eine Wallfahrt nach Pirkendorf machen – mit allen Mönchen und den hiesigen Bewohnern, die mitkommen wollen. Da der heilige Veit dort wahre Wunder vollbringt, werde ich mitgehen und ihn anflehen, diese Schwäche von mir zu nehmen.«

»Pirkendorf? Das ist doch der Ort Brezje jenseits des Passes. Es ist ein weiter Weg bis dorthin, und ich glaube nicht, dass du ihn dir antun solltest«, wandte Maria ein.

»Neža meinte, man brauche drei Tage hin und drei Tage zurück. Mithilfe der Heiligen Jungfrau werde ich diese Strecke bewältigen«, versicherte Ella.

Maria gab seufzend nach. »Also gut! Ich werde meine Ziehschwestern fragen, ob sie uns die Teilnahme an der Wallfahrt erlauben.«

»Sie können sie uns nicht verbieten«, antwortete Ella mit einem listigen Lächeln. »Die beiden wollen nämlich selbst daran teilnehmen, um die Muttergottes von Pirkendorf zu bitten, ihnen und ihren Ehemännern endlich die Stellung zuzumessen, die sie erstreben.«

Maria verzog missmutig die Lippen. Wenn die beiden Frauen mit auf Wallfahrt gingen, würde sie die Leidtragende sein. Sowohl Klara wie auch Helena würden von ihr fordern, ihnen Zofendienste zu leisten. Nun war es nicht so, dass sie nicht gerne mit anpackte, aber jede der beiden würde die Erste sein wollen und es ihr übel nehmen, wenn sie vorher der anderen half.

Da dies nichts war, was sie aus eigener Macht hätte ändern können, sah sie Ella entschlossen an. »Du wirst erlauben, dass ich dich unterwegs stütze, wenn dies nötig ist.«

»Ich werde es schon schaffen!«, antwortete Ella mit leuchtenden Augen.

»Du darfst dich nicht zu sehr erschöpfen«, mahnte Maria sie.

»Du bist ein gutes Kind!« Ella tätschelte ihre Hand und watschelte schwerfällig davon.

Maria sah ihr nach und fragte sich, wie Ella bei ihrer Schwäche den weiten Weg bewältigen wollte. Sie würden eine ganze Woche unterwegs sein und mussten sowohl auf dem Hin- wie auch auf dem Rückweg den Pass bewältigen. Da Ella sich jedoch danach sehnte, das Marienheiligtum zu sehen und dort zur Himmelsmutter zu beten, wollte sie sie dabei nach Kräften unterstützen.

»Und wenn ich sie stückweise tragen muss«, sagte sie mit

fester Stimme und machte sich auf die Suche nach Neža. Deren Eltern waren bereits in Brezje gewesen und würden ihr von dem Weg und seinen Beschwerlichkeiten berichten können.

9.

Abt Friedrichs Hoffnungen erfüllten sich, denn es wurde eine mächtige Wallfahrt. Zudem war Pater Cyprian gerade noch rechtzeitig aus Bamberg zurückgekehrt, um ihm bei der Leitung des Unternehmens beistehen zu können. Außer den Mönchen, die mit ihm kommen würden, versammelten sich mehr als zweihundert Frauen, Männer und Kinder am Fuß des Klosterhügels, um nach Pirkendorf zu wallfahren. Angesichts des weiten Weges hatten sie derbe Kleidung angelegt und trugen Mantelsäcke oder Beutel mit Vorräten bei sich. Auch wenn man unterwegs immer wieder auf Dörfer traf, würden die dortigen Bewohner kaum in der Lage sein, eine so große Zahl an Pilgern zu verköstigen.

Selbst Klara Häring und Helena Zeller trugen schlichtere Kleidung. Im Gegensatz zu vielen anderen besaßen sie gutes Schuhwerk, und sie mussten ihre Vorräte auch nicht selbst tragen, weil Klara Neža und Helena ein anderes windisches Mädchen mitgenommen hatte. Die beiden sollten sie unterwegs bedienen und ihnen Zofendienste leisten.

Zunächst blieben Maria und Ella in ihrer Nähe, doch als der Wallfahrtszug nach einer vom Abt gehaltenen Messe aufbrach, stellte sich bald heraus, dass Ella nicht mithalten konnte. Obwohl Maria sie stützte, wurden sie von immer mehr Wallfahrern überholt und fanden sich bald am Ende der Kolonne wieder.

Wegen ihrer Sorge um Ella hatte Maria ihrer Umgebung bislang wenig Beachtung geschenkt. Nun aber bemerkte sie einen alten Mönch, der sich beim Gehen noch schwerer tat als Ella. Bei ihm war der junge Priester, dessen Anblick und dessen Predigt sie verzaubert hatten. Um ihn wiederzusehen, war sie an den letzten beiden Sonntagen nach Arnoldstein in die Kirche gegangen. Doch zu ihrem Leidwesen hatte dort jeweils ein anderer Priester die Messe gehalten. Daher freute sie sich, dem jungen Pater zu begegnen, und lächelte ihm zu.

»Es ist sehr freundlich von Euch, dass Ihr Eurem Mitbruder so liebevoll helft.«

Der Klang ihrer Stimme glich dem Gesang einer Nachtigall, fand Johannes und erwiderte ihr Lächeln.

»Bruder Vincentius ist mein Freund, und ich habe ihm vieles zu verdanken. Es wäre übel von mir, ihm nicht beizustehen. Doch welchen Grund habt Ihr, Euch mit einer Magd zu belasten?«

Ella schnaubte bei dem Wort Magd ein wenig, sah sie sich doch als etwas Besseres an. Maria lachte leise.

»Diese Frau hat mich aufgezogen und ist immer für mich da gewesen. Sollte ich ihr dies etwa mit Undank lohnen?«

»Gewiss nicht!«, antwortete Johannes rasch. »Dennoch ehrt es Euch, wie Ihr Euch dieser Frau annehmt.«

»So wie es Euch ehrt, dem frommen Bruder Vincentius zu helfen.«

Maria lächelte noch lieblicher und brachte Johannes' Gefühle in Aufruhr. Er war Priester und hatte Keuschheit gelobt, sagte er sich immer wieder. Zwar hatte er gehört, dass andere kirchliche Würdenträger dieses Versprechen nicht ernst nahmen und der Fleischeslust frönten, aber wenn diese Männer eine so schlimme Sünde auf ihr Haupt luden, durfte er nicht das Gleiche tun.

Wenigstens bis jetzt nicht, sagte ein kleines Teufelchen in seinem Innern. Die Maid ist wunderschön, und warum soll dir versagt bleiben, was selbst Päpste und Bischöfe als ihr Recht ansehen?

Nur mit Mühe gelang es Johannes, solch rebellische Gedanken niederzukämpfen. Er war froh, dass es nun bergan ging und Bruder Vincentius sich schwer auf ihn stützte. Die Gruppe der Wallfahrer war ihnen bereits ein ganzes Stück voraus, und er begriff, dass sie schneller werden mussten, wenn sie den Anschluss nicht verlieren wollten.

»Wie heißt Ihr?«, hörte er sich plötzlich fragen.

»Ich bin Maria Anna Elisabeth Fugger, und das ist meine getreue Ella, in früheren Jahren von mir auch ›der Drachen‹ genannt.«

Ella schnaubte erneut, während Bruder Vincentius lachen musste. »War die Frau so streng mit dir, mein Kind?« Im Gegensatz zu Johannes, der Maria so ansprach, wie es einer Edeldame gegenüber üblich war, verwendete der alte Mönch die vertrauliche Anrede.

Maria zwinkerte ihm zu. »Gelegentlich war sie es. Doch gewiss hatte sie recht damit.«

»Das will ich dir auch geraten haben!«, erklärte Ella mürrisch. »In früheren Jahren warst du wirklich ein kleiner Satansbraten, aber in den letzten Jahren hast du dich gebessert.«

»Dann ist es ja gut.« Bruder Vincentius lachte erneut und schritt rascher aus. Auch Ella kam besser vorwärts, und so wurde der Abstand zu den anderen kaum größer.

Nach einer Weile vernahmen sie, dass vor ihnen gebetet wurde. Da es Johannes zu gefährlich erschien, mit Maria zu reden, stimmte er ebenfalls ein Gebet an. Er bemerkte jedoch rasch, dass es kein so guter Gedanke gewesen war, denn neben dem Bass seines alten Freundes und Ellas müde klingendem Alt vernahm er Marias glockenreine Stimme und spürte, wie seine Gedanken ihre eigenen Wege einschlugen.

Sie ist viel zu schön!, durchfuhr es ihn. Selbst Eva, die Mutter der Menschen, kann im Garten Eden nicht schöner gewesen sein als Maria Fugger. Er sehnte sich nach ihr, kämpfte aber gleichzeitig dagegen an und war schließlich froh, als eine Rast in dem kleinen Ort Lind eingelegt wurde. Während ein Teil der Wallfahrer die erste Stärkung aus ihren Bündeln zu sich nahm, blickten andere mit einer gewissen Furcht auf die

Berge, die vor ihnen aufragten. Von nun an führte der Weg steil nach oben zum Pass, der die Krain von dieser Seite trennte.

Etliche, die gerne mitgegangen wären, wie die alte Kesslerin, waren aus Furcht vor dem anstrengenden Passweg zu Hause geblieben. Auch Helena und Klara sahen ganz so aus, als wünschten sie sich ein Fuhrwerk oder wenigstens ein Maultier, auf dem sie reiten konnten. Sie hatten sich jedoch entschlossen, mitzukommen, und wollten Gottes Segen nicht verlieren, indem sie bereits zu Beginn der Wallfahrt umkehrten.

Maria aß eine Kleinigkeit und sorgte dafür, dass auch Ella etwas zu sich nahm. Da Johannes vergessen hatte, etwas für sich und Bruder Vincentius einpacken zu lassen, bot sie ihnen ein wenig Brot und ein Stück Wurst an. Johannes nahm beides, reichte es aber an seinen Begleiter weiter.

»Iss ruhig! Mir reicht es, wenn ich heute Abend etwas bekomme.«

»Steigt etwa ein Engel vom Himmel, um dich mit Manna zu versorgen?«, fragte der alte Mönch spöttisch. »Da ich das nicht annehme, werden wir das Geschenk der jungen Dame brüderlich teilen und ihr im Gebet für ihre Großzügigkeit danken. Dies ist doppelt wichtig, da sie und ihre Begleiterin wegen ihrer milden Gabe an uns selbst weniger zu essen haben.«

»Es tut mir leid! Ich hätte daran denken sollen!« Johannes ließ den Kopf hängen, denn über dem Gedanken, ob Maria an der Wallfahrt teilnehmen würde oder nicht, hatte er alles andere vergessen.

»Jetzt setze dir nicht gleich die Dornenkrone auf. Du bist ein junger Spund und bislang noch nie mit einer so großen und zu einem so weit entfernten Ziel pilgernden Schar von Wallfahrern gezogen. Ich hingegen habe es schon oft getan und hätte daran denken müssen, dass ein leerer Magen auch einen leeren Kopf bedingt.«

Bruder Vincentius klopfte Johannes auf die Schulter und

schob ihm einen gehörigen Teil dessen, was sie von Maria erhalten hatten, wieder hin.

Bald ging es weiter. Maria und Johannes reihten sich mit ihren Schützlingen am Ende der Wallfahrer ein und kämpften sich langsam bergan. Da Abt Friedrich in dem Wissen, wie hoch es noch ging, ein gemäßigtes Tempo einschlug, fielen sie diesmal nicht so weit zurück. Auch kamen sowohl Bruder Vincentius wie auch Ella besser zurecht und brauchten nur die Schultern der beiden jungen Leute, um sich darauf stützen zu können.

Zunächst beteten sie, doch nach einer Weile wurde es Bruder Vincentius langweilig, und er erzählte eine lustige Schnurre, die Ella zum Lachen brachte. Auch Maria schmunzelte und erzählte selbst eine Geschichte, die sie einmal gehört hatte. Danach wollte Ella ebenfalls nicht zurückstehen und gab eine amüsante Begebenheit zum Besten.

Johannes, der im Kloster aufgewachsen und kaum aus dessen Mauern herausgekommen war, schüttelte zuletzt den Kopf. »Wie beneide ich euch um euer Wissen und eure Erfahrungen. Obwohl ich zum Priester geweiht worden bin, weiß ich von vielen Dingen kaum mehr als ein Kind.«

»In einer besseren Zeit hätte der Abt dich auf eine theologische Hochschule geschickt, damit du dort deinen Doktor machen kannst. Doch die Türkeneinfälle haben das Kloster verarmen lassen«, sagte Bruder Vincentius bedauernd.

»Ihr solltet uns nicht beneiden, denn auch Ihr werdet Eure Erfahrungen sammeln.«

Maria lächelte so lieblich, dass Johannes ihr am liebsten gesagt hätte, sie sei die schönste und beste Erfahrung, die er bisher gemacht hatte und in seinen zukünftigen Jahren machen würde. Wenigstens konnte er sie nun, da er sie besser kannte, als Kameradin ansehen und nicht nur als fleischliche Verlockung. Während sie den Pass hochstiegen, bewunderte er die sanfte Art, mit der sie ihrer Begleiterin beistand. Selbst als der

Weg steiler wurde und Ella sich schwer auf sie stützte, beschwerte sie sich nicht, sondern fasste die Magd unter, damit diese bequemer gehen konnte.

Auch er musste Bruder Vincentius immer mehr helfen, tat es aber gerne, weil es ihm die Möglichkeit bot, seine schweifenden Gedanken einzufangen. Nach einer Weile betete er erneut, gab es dann aber auf und trug den alten Mönch an den steilsten Stellen.

Johannes wusste nicht, dass vor etwa zwanzig Jahren seine Mutter diesen Weg herabgekommen war und ihn mit letzter Kraft getragen hatte. Jenseits des Passes hatte Domingo Esmaralda und ihn im Stich gelassen und so den Tod seiner Mutter verschuldet, während er selbst im Kloster anstatt von Verwandten in Spanien erzogen worden war. So hatte er niemals erfahren, dass sein richtiger Name Juan de Azuaga y Sanchez lautete.

10.

Im fernen Spanien stand Don Rodrigo de Azuaga y Pinjara unterdessen vor dem Sarg seines ältesten Sohnes und ballte in verzweifeltem Zorn die Fäuste. »Mein Gott, warum strafst du mich so? Erst lässt du meinen jüngeren Sohn in der Fremde verderben, und nun nimmst du mir auch meinen Erben! Warum ist es dein Wille, dass das altehrwürdige Geschlecht derer zu Azuaga mit mir enden soll?«

»Es ist die Strafe dafür, dass wir nie nach Felipes Weib und seinem Sohn suchen ließen«, erklärte seine Gemahlin Doña Blanca mit bleichen Lippen. »Daher ließ Gott Miguels erstes Weib mit einem tot geborenen Kind niederkommen und sterben. Sein zweites Weib starb ebenfalls im Kindbett, und das Mädchen, mit dem Ihr ihn dann verheiraten wolltet, floh lieber ins Kloster, als dasselbe Schicksal zu erleiden.«

Ihre Worte fuhren wie eine Raspel über Don Rodrigos Gemüt, und er hätte sie am liebsten angeschrien, sie solle schweigen. Als sein jüngerer Sohn gegen seinen Willen diese Esmaralda heimgeführt hatte, war er seinem Stolz gefolgt, und genau dieser Stolz war nun die Ursache, dass er als Letzter seines Geschlechts sterben würde.

»Was hätten wir tun können? Felipes Weib war samt Kind verschwunden. Wenn es nicht gestorben ist, so haben es die Türken verschleppt und zur Sklavin gemacht – und ihren Sohn ebenfalls zum Sklaven«, sagte er in dem Bemühen, sich zu rechtfertigen.

»Wir hätten einen Boten nach Konstantinopel senden und anbieten sollen, die Frau und das Kind freizukaufen«, wandte seine Frau ein. »Ihr wisst, dies ist schon mehrfach gelungen!«

Im Augenblick hätte Don Rodrigo seinen halben Besitz hergegeben, wenn er dafür den Enkel erhalten würde. Sein Blick streifte Miguels Leichnam. Aus Rücksicht auf diesen Sohn hatte er Esmaralda und den kleinen Juan aus seinem Gedächtnis getilgt.

Jetzt gib nicht dem Toten die Schuld. Es war dein Wille und dein Stolz, der dich dazu brachte, rief er sich zur Ordnung. Also beuge dein Knie vor Gott und nimm das Schicksal an, das er für dich bestimmt hat.

Das war jedoch kein Trost. Er blickte seine Frau an, die ihren ältesten Sohn trotz seiner Fehler beweinte, und schämte sich, weil er es ihr untersagt hatte, Felipe so zu betrauern, wie sie es sich gewünscht hätte.

»Ich bin von Gott verflucht«, flüsterte er. »Er hat meinen Stolz gesehen und beschlossen, ihn zu brechen. Wie klein ist der Mensch angesichts Seiner Größe!«

Doña Blanca spürte seine Verzweiflung und legte ihm die Hand auf den Arm. »Es war Gottes Wille! Ihr tragt keine Schuld daran.«

Die Selbstvorwürfe ihres Gemahls waren jedoch stärker, und er dachte an das Gleichnis vom verlorenen Sohn. Diesen hatte der Vater mit offenen Armen wieder aufgenommen und ein Kalb für ihn geschlachtet. Er hingegen hatte Felipe von sich gestoßen und ihn damit gezwungen, in venezianische Dienste zu treten.

Mit einer müden Bewegung kehrte er dem Sarg den Rücken und verließ den Raum. Seine Gemahlin folgte ihm besorgt, denn sie hatte ihn noch nie so mutlos gesehen. Als sie über den Innenhof gingen, sahen sie zwei Männer in einer Ecke. Der eine trug die Soutane eines Priesters, der andere war wie ein Knecht gekleidet, kam Doña Blanca jedoch bekannt vor. Sie blieb stehen und sah genauer hin.

»Das ist doch Raúl!«, rief sie überrascht.

Nun blieb auch ihr Gemahl stehen und blickte zu den beiden Männern hinüber. Zwanzig Jahre war es jetzt her, seit er den

Gefolgsmann seines jüngeren Sohnes zum letzten Mal gesehen hatte, erkannte ihn nun aber ebenfalls.

»Ihn hat Gott geschickt, um mich an meine Härte gegenüber Felipe zu erinnern und an meinen Stolz«, rief er voller Verzweiflung.

»Ich habe das Gefühl, die beiden wollen mit uns sprechen«, erwiderte Doña Blanca.

Sie winkte dem Priester und Raúl, näher zu kommen. Diese taten es, doch Raúl hielt sich hinter dem Geistlichen und wirkte wie ein armer Sünder, den die Last seiner Schuld schier erdrückte.

Der Priester verneigte sich und sah dann den Grafen an. »Verzeiht, wenn ich Euch störe, Don Rodrigo. Ich komme jedoch im Auftrag eines Toten, der in seiner letzten Stunde sein Gewissen erleichtert, und mich gebeten hat, Euch aufzusuchen.«

»Sprich!«, forderte Don Rodrigo ihn auf.

»Es geht um Euren Gefolgsmann Alfonso, den Gott vor wenigen Wochen zu sich gerufen hat. In seiner letzten Stunde erleichterte er sein Herz ...«

»Kommt zur Sache und schwatzt nicht herum!«, rief Don Rodrigo zornig und war kurz davor, den Priester wegen seiner Umständlichkeit zum Teufel zu jagen.

Der Priester zuckte zusammen und warf Raúl einen Hilfe suchenden Blick zu. Der hob mit einer bedauernden Geste die Hände.

»Verzeiht, Hochwürden, doch ich kann erst reden, wenn Ihr das Vermächtnis des armen Alfonso erfüllt habt. Bis dorthin bindet mich der Schwur, den ich einem Kameraden leisten musste.«

»Also, was ist?«, fragte Don Rodrigo barsch.

Endlich raffte der Priester sich auf. »Wie Domingo, Raúl und etliche andere ist auch Alfonso damals mit Eurem jüngeren Sohn gegen die Türken gezogen, eine von Gott gesegnete

Tat. Nach der Niederlage ihres Heeres flohen sie vor den Türken und zogen sich in habsburgische Lande zurück.«

»Das weiß ich alles!«, antwortete der Graf grimmig.

»Was Ihr nicht wisst, ist, dass Doña Esmaralda mit Eurem Enkel Juan damals noch bei der Truppe war. Sie wurde während des Rückmarsches auf Befehl von Domingo, der nach Don Felipes Tod das Kommando übernommen hatte, im Stich gelassen.«

Ein Kanonentreffer direkt neben ihm hätte Don Rodrigo nicht mehr erschrecken können als diese Worte. Er starrte den Priester an und danach Raúl.

»Sag, dass das nicht stimmt!«, schrie er den Gefolgsmann seines Sohnes an.

Raúl senkte betroffen den Kopf. »Es war so! Ich bedaure zutiefst, dass ich es damals nicht gewagt habe, mich gegen Domingo zu stellen. Er drohte, jeden zu töten, der sich Doña Esmaraldas und ihres Sohnes annimmt. Viele von uns, darunter auch ich, waren verwundet und beugten uns seinem Willen. Später, als wir venezianisches Gebiet erreicht hatten, ließ Domingo uns schwören, nie etwas von den wahren Geschehnissen verlauten zu lassen. Diesem Schwur war ich ebenso verpflichtet wie Alfonso. Erst auf dem Totenbett, als diese Last ihm so schwer dünkte, dass ihm die Höllenstrafe drohte, bat er den Priester, ihn von diesem Schwur zu entbinden, auf dass er seine Seele erleichtern konnte. Für eine gewisse Spende an die heilige Kirche war der Priester dazu bereit. Ich habe Alfonso geholfen, die Summe aufzubringen. Nun bitte ich Euch, auch mir zu ermöglichen, dass dieser Schwur von mir genommen wird und ich nicht in die Hölle komme, weil ich ihn gebrochen habe!«

»Bei Gott, welch eine Grausamkeit!«, klagte Doña Blanca, während ihr Gemahl seinen Gefolgsmann an der Schulter packte und schüttelte.

»Wem warst du verpflichtet? Mir oder Domingo? Du hättest

es sagen müssen! Bei Gott, ich sollte dir jede Hilfe verweigern!«

»Ich hatte den Schwur auf eine heilige Reliquie geleistet und konnte ihn bei meiner Seligkeit nicht brechen«, antwortete Raúl bedrückt.

»Ich war zeit meines Lebens ein harter Mann, doch nie wäre mir in den Sinn gekommen, ein Weib und ein Kind einfach ihrem Schicksal zu überlassen. Verflucht sei Domingo, weil er mir den Enkel genommen hat!«, rief Don Rodrigo.

Da nun auch sein ältester Sohn ohne Erben verstorben war, spürte er Juans Verlust doppelt. Streng sah er Raúl an. »Ich werde meinen Kaplan anweisen, damit du bei ihm beichten und dich deiner doppelten Schuld entledigen kannst. Was jedoch Domingo betrifft, wird er seiner Strafe nicht entgehen!«

Doch da hob Raúl die Hand. »Verzeiht, Euer Gnaden, Domingo hat Spanien schon vor Jahren verlassen. Er wollte nicht als Knecht arbeiten, nachdem er bereits Don Felipes Stellvertreter gewesen war. Alfonso und ich sahen es hingegen als Buße an, weil wir damals im Schatten der hohen Berge schwach geworden sind und ihn gewähren ließen.«

Don Rodrigo nickte. »Möge Gott ihn strafen, da ich es nicht vermag.«

Seine Frau hatte dem Gespräch voller Anspannung zugehört und fasste nun nach Raúls Arm. »Wäre es möglich, dass Esmaralda und Juan noch leben?«

»Das weiß Gott allein«, antwortete Raúl.

»Wir sollten nichts unversucht lassen, es in Erfahrung zu bringen. Du kennst die Gegend, in der ihr die arme Frau zurückgelassen habt. Dort müssen wir mit der Suche beginnen!«

Doña Blanca war von diesem Gedanken wie besessen und wäre am liebsten sofort aufgebrochen, um nach ihrer Schwiegertochter und ihrem Enkel zu forschen.

Ihr Mann hingegen setzte eine zweifelnde Miene auf. »Seit damals sind zwanzig Jahre vergangen«, wandte er ein. »Leute, die sie gesehen haben, können längst tot sein, andere haben es vielleicht vergessen, und ...«

»Begreift Ihr denn nicht?«, unterbrach ihn seine Frau mit sich überschlagender Stimme. »Es ist ein Zeichen Gottes, dass Raúl und der Padre ausgerechnet an dem Tag gekommen sind, an dem wir unseren ältesten Sohn zu Grabe tragen müssen. Er schenkt uns damit neue Hoffnung!«

»Die wahrscheinlich bitter enttäuscht werden wird!« Seinen ablehnenden Worten zum Trotz beschloss Don Rodrigo, mit der Suche zu beginnen. Zuerst überlegte er, sich selbst auf den Weg in jenes bergige Land zu machen, in dem Esmaralda und Juan verschollen waren, dann blieb sein Blick auf Raúl haften.

»Du wirst nach Esmaralda und meinem Enkel suchen!«, sagte er. »Drehe jeden Stein dreimal um, bevor du aufgibst.«

»Das werde ich, Euer Gnaden«, antwortete Raúl erleichtert, auf diese Weise wenigstens einen Teil der Schuld abgelten zu können, die er damals auf sich geladen hatte.

Die Gräfin sah ihn mit einem bitteren Lächeln an. »Gehe mit Gott und kehre nicht allein zurück!«

11.

Die Wallfahrer aus Arnoldstein hatten den Pass hinter sich gebracht. Für Maria, Johannes und ihre beiden Schutzbefohlenen war dies eine große Erleichterung. Der Weg war anstrengend gewesen, und sie hatten alle Kräfte einsetzen müssen, um nicht zu weit hinter den anderen zurückzubleiben. Da es nun auf die Nachtrast zuging, schlossen sie endlich zur Gruppe auf.

Das Lager wurde auf einer Wiese neben der kleinen, fast nur aus Holz errichteten Kirche aufgeschlagen. Über mehreren Feuern hingen Kessel, in denen Suppe für die Wallfahrer gekocht wurde. Wer mehr essen wollte, musste sich an seine eigenen Vorräte halten. Am leichtesten fiel dies Klara und Helena, denn sie hatten ihren Mägden genug aufgeladen, um unterwegs tafeln zu können.

Anders als sie mussten Maria, Ella, Bruder Vincentius und Johannes sich mit einem Napf Suppe, etwas Brot und einem kleinen Stück Speck bescheiden. Danach musterte Maria besorgt die verbliebenen Vorräte. »Ich hoffe, wir können unterwegs etwas kaufen, sonst werden wir den Heimweg sehr hungrig beenden.«

»Es schmerzt mich, dass Eure Vorräte meinetwegen bald zu Ende gehen. Ich hätte wahrlich klüger sein und selbst etwas mitnehmen müssen«, klagte Johannes.

Bruder Vincentius versetzte ihm einen Stoß. »Wenn du so weitermachst, wirst du noch mit bloßem Oberkörper und einer Geißel herumlaufen, mit der du dich selbst blutig schlägst.«

Maria kicherte leise, spürte aber, dass sie durchaus Interesse hatte, Johannes' Oberkörper zu sehen. Sofort schalt sie sich in Gedanken eine Närrin. Er war Priester und hatte Keuschheit gelobt. Da wollte sie wahrlich nicht diejenige sein, die ihn in Versuchung führte.

»Irgendwie wird es schon gehen«, meinte sie daher und teilte das, was sie noch besaß, in mehrere Portionen auf. »In den nächsten Tagen gibt es eben etwas weniger«, setzte sie hinzu, schlang die Arme um die Knie und schaute zu den langsam dunkel werdenden Bergen auf. Einige Wolken glühten an der Unterseite noch rot, da die bereits hinter dem Horizont versunkene Sonne sie noch anstrahlte. Es war ein schönes, stimmungsvolles Bild, das sie ebenso wenig missen wollte wie die Bekanntschaft mit Johannes, der unweit von ihr im Gras lag und ebenfalls zum Himmel schaute.

Bruder Vincentius stieß mit einer Bemerkung das Gespräch an. Ella nahm die Worte auf, dann fügte Maria etwas hinzu, und zuletzt beteiligte sich auch Johannes an der Runde. Nach Marias Meinung hätte es endlos so weitergehen können. Doch mit einem Mal ertönte Pater Cyprians Stimme wie ein Donnerhall.

»Dies ist eine Wallfahrt und soll mit reinem Herzen durchgeführt werden. Schlüpfrige Witze erzählen und miteinander kosen gehören nicht dazu. Daher werden die Weiber links neben der Kirche ihr Nachtlager beziehen und die Mannsleute rechts. Und dass mir keiner von der einen Seite zur anderen wechselt! Sollte ich jemanden dabei erwischen, wird er sofort zurückgeschickt und geht des Segens der Heiligen Jungfrau verlustig.«

Maria seufzte leise, denn sie hätte sich gerne noch länger mit Johannes unterhalten. Dieser erhob sich jetzt, half Bruder Vincentius auf die Beine und sah sie an. »Wir gehen doch morgen wieder zusammen?«

»Das tun wir gewiss«, versprach Maria und wünschte sich, ihn zum Abschied umarmen zu können.

»Bis morgen!«, erklärte Bruder Vincentius und humpelte, von Johannes gestützt, los.

»Ein wirklich schönes Mädchen!«, sagte er leise zu ihm. »Du solltest allerdings vorsichtig sein! Nicht, dass der Teufel dir Gelüste eingibt, denen du nicht folgen darfst.«

»Hab keine Sorge, das wird nicht geschehen«, antwortete Johannes und schämte sich, seinen alten Freund so zu belügen.

In Wirklichkeit wünschte er sich nichts sehnlicher, als Maria umarmen und küssen zu dürfen. In einem aber hatte Bruder Vincentius recht: Er durfte diesem Gefühl niemals nachgeben, wenn er nicht vor Gott und sich selbst als Sünder gelten wollte.

12.

Am nächsten Morgen gab es für die vier nur je einen Bissen Brot und das Wasser, das Maria aus einer Quelle weiter oben am Hang schöpfte. Sie war daher froh um die hölzerne Feldflasche, die Neža ihr beim Aufbruch zugesteckt hatte, und füllte diese nach dem Frühstück noch einmal an der Quelle.

»Wir werden es unterwegs teilen«, sagte sie.

»Du hast es hoffentlich nicht aus dem Fluss genommen?«, wandte Ella ein.

»Natürlich nicht! Ich habe das Wasser aus der Quelle dort oben geschöpft.«

»Das ist gut so«, meinte Ella. »Das Flusswasser würde ich nicht einmal zum Waschen nehmen. Wie können Männer nur solche Schweine sein, dort einfach ihr Wasser abzuschlagen? Und das noch vor aller Augen! Wir Frauen gehen wenigstens zur Seite, wenn wir uns erleichtern wollen. Bei Gott, schaut euch diesen fetten Kerl an. Zieht der wahrlich seine Hosen herab, um in den Fluss zu scheißen! Den soll doch gleich ein Hecht in den Hintern beißen!«

»Das reimt sich sogar!«, meinte Bruder Vincentius grinsend. »Allerdings glaube ich nicht, dass es in einem fließenden Gewässer Hechte gibt. Die leben in Seen und Weihern.«

»Dann soll ihn ein Karpfen oder sonst was beißen«, schimpfte Ella und kehrte dem Mann den Rücken zu.

Wenig später wies Pater Cyprian die Wallfahrer an, sich zum Gebet aufzustellen. Kaum war dieses gesprochen, gab er das Signal zum Aufbruch.

Wie schon am Vortag reihten Maria und Johannes sich am Ende der Gruppe ein. Beide waren froh um Ella und Bruder Vincentius, denn deren Gegenwart zwang sie, ihre Gefühle unter Kontrolle zu halten und das, was sie sonst womöglich zueinander gesagt hätten, für sich zu behalten.

An diesem Tag war der Weg leichter. Gelegentlich trafen sie auf ein Dorf mit Holzhäusern und wurden von den Einheimischen bestaunt. Diese waren zwar an Pilger gewöhnt, doch so viele auf einmal hatten sie noch nie gesehen.

In einem größeren Dorf bat Maria Ella, eine Zeit lang allein zu gehen, und eilte zu einem der Häuser. Ein Hund schlug an, und für Augenblicke hatte sie Angst, er würde sich auf sie stürzen. Ein scharfer Ruf hielt ihn jedoch zurück. Ein Mann öffnete die Tür und musterte sie misstrauisch.

»Was willst du?«, fragte er in der Sprache der Windischen.

»Ich wollte nur fragen, ob ich etwas Brot, Wurst oder Käse kaufen kann«, antwortete Maria in dem von Neža erlernten Dialekt.

Die ablehnende Haltung des Mannes verschwand. »Du sprichst unsere Sprache?«, meinte er überrascht. »Das können die wenigstens Nemšččina. Die meisten kommen daher und tun so, als müsse alle Welt ihre Sprache verstehen.«

»Ich habe sie von meiner Freundin gelernt. Sie ist ebenfalls mit auf Wallfahrt«, erklärte Maria.

»Du willst etwas zu essen? Warte einen Augenblick!« Der Mann verschwand im Haus und kehrte nach kurzer Zeit mit einem Tuch zurück, in das er einige Lebensmittel gepackt hatte.

Maria wollte ihm ein paar Groschen dafür geben, doch er wehrte ab.

»Einen Deutschen, der in seiner Sprache etwas zu essen fordern würde, hätte ich bezahlen lassen. Du aber erhältst es als Dank, mich so angesprochen zu haben, wie es sich gehört. Geh mit Gott, und möge die Heilige Jungfrau deine Gebete erhören.«

Damit schloss er die Tür, so dass Maria gerade noch »Vergelt's Gott!« rufen konnte. Danach eilte sie hinter den Wallfahrern her, die bereits einen erklecklichen Vorsprung gewonnen hatten.

Als sie zu Ella, Johannes und Bruder Vincentius aufschloss, sah der alte Mönch ihr neugierig entgegen. »Wie es aussieht, hattest du Erfolg!«, meinte er lächelnd.

»Es wird für eine oder zwei Mahlzeiten reichen«, antwortete Maria und verstaute das Bündel so, wie sie es am leichtesten tragen konnte.

Obwohl Maria und Johannes sich zurückhielten, herrschte auf dem weiteren Weg eine gute Stimmung zwischen den vieren, und mehr als ein Mal ermahnte Bruder Vincentius sie, nicht zu laut zu lachen.

»Ich glaube zwar nicht, dass Bruder Cyprian uns umgehend zurückschicken wird, doch er könnte fordern, dass wir getrennt gehen und nicht mehr miteinander reden können. Das wäre schade.«

»Das wäre es wirklich!«, fand Maria und fasste Ella unter.

»Das musst du nicht tun. Der Weg ist hier nicht beschwerlich«, sagte diese.

»Aber er ist sehr lang, und ich will, dass du auch morgen noch gehen kannst. Zum Tragen wärst du mir doch zu schwer«, antwortete Maria lächelnd und begann das nächste Gespräch mit Johannes.

13.

Als sie an diesem Abend lagerten, war ihr Ziel nicht mehr fern. Abt Friedrich hoffte, es am frühen Nachmittag des nächsten Tages erreichen zu können. Dort wollte er die Messe lesen und am Tag darauf den Heimweg antreten.

Obwohl Pater Cyprian grimmig schaute, blieben auch diesmal verheiratete und befreundete Paare sowie Familien zunächst zusammen. Maria, Ella und die beiden Mönche ließen sich etwas abseits von den anderen nieder und waren gespannt auf den Inhalt des Beutels, den Maria geschenkt bekommen hatte. Als sie das Tuch öffnete, sah sie, dass der Bauer ihr nicht nur Brot, sondern auch ein schönes Stück Speck sowie mehrere handspannenlange Würste mitgegeben hatte.

»Damit kommen wir aus«, meinte Bruder Vincentius anerkennend.

»Ihr wollt wirklich alles mit uns teilen?«, fragte Johannes.

»Warum denn nicht? Wir sind doch Reisegefährten. Allerdings sollten wir jetzt essen, sonst erscheint Bruder Cyprian mit dem Flammenschwert und scheidet Männer und Frauen voneinander«, antwortete Maria und teilte die Lebensmittel auf.

Diesmal aßen sie nicht schlechter als Helena Zeller und Klara Häring, die verärgert feststellen mussten, dass ihre beiden Helferinnen ihren Hunger ebenfalls an den mitgebrachten Vorräten gestillt hatten.

Untertags hatten Maria und Johannes einander von ihrem Leben erzählt. Nun saß Maria da, die Wange auf eine Hand gestützt, und sah den jungen Mann sinnend an.

»Mir scheint, wir beide haben vieles gemeinsam. So kennen wir unsere Eltern nicht und sind bei fremden Leuten aufgewachsen.«

Johannes nickte. »Damit hast du recht! Obwohl es mir im Kloster an nichts gefehlt und Bruder Vincentius mich wie seinen Augapfel behütet hat, so sehne ich mich immer noch nach meiner Mutter. Ich habe keine Erinnerung an sie, doch Bruder Vincentius und Pater Cyprian haben sie mir so beschrieben, dass ich mir ein Bild von ihr machen konnte. Ich habe es sogar gezeichnet.«

»Was höre ich? Aber das hast du mir nie gezeigt!«, wandte Bruder Vincentius ein und wirkte ein wenig gekränkt.

»Ich habe mich geschämt, dir das Bild einer Frau zu zeigen«, sagte Johannes leise.

»Seiner Mutter sollte man sich nicht schämen«, schalt ihn der alte Mönch.

»Ich weiß gar nichts von meiner Mutter«, wandte Maria bekümmert ein.

Es war gut, dass sie in diesem Augenblick Johannes anschaute und nicht Ella. Diese stand bereits lange in den Diensten der Familie und hatte sie schon als Säugling auf den Armen getragen. Als gute Beobachterin hatte sie Hans Fugger gut genug gekannt, um zu wissen, dass er ein ausgezeichneter Kaufmann gewesen war, aber auch gerne hübschen Frauen nachgeschaut hatte. Maria glich so sehr Elisabeth Glauber, der jetzigen Frau Schönlein, dass Ella ihre ewige Seligkeit darauf verwettet hätte, Maria müsse deren Tochter sein. Das war aber nichts, was sie der jungen Frau berichten wollte, denn es hätte Hans Fuggers Andenken in Marias Herz zerstört. Diese hatte ihren Ziehvater geliebt, würde ihn aber als Mann, der ungeachtet aller sittlichen Regeln ein junges Mädchen geschwängert hatte, verachten müssen.

Ella war daher froh, als Pater Cyprian die Frauen und Männer aufrief, sich wieder zu trennen und den ihnen zugewiesenen Platz zum Schlafen einzunehmen.

Mit Bedauern verabschiedete Maria sich von Johannes, tröstete sich aber damit, dass sie ihr Gespräch während der gesamten Heimreise würden fortsetzen können.

14.

Das Mittagsläuten einer abseits des Weges gelegenen Kirche war gerade verklungen, als die Wallfahrer Pirkendorf vor sich auftauchen sahen. Johannes war erleichtert, da sein greiser Freund mittlerweile sehr erschöpft wirkte. Ella hingegen fühlte sich trotz des langen Fußmarschs gekräftigt und sah Maria mit leuchtenden Augen an.

»Bald haben wir es geschafft!«

»Fürs Erste!«, antwortete Maria. »Von morgen an heißt es, denselben Weg wieder zurückzugehen. Diesmal kommt der Pass ziemlich am Ende und nicht wie jetzt kurz nach dem Beginn.«

»Wir werden ihn schon bewältigen«, meinte Ella und richtete den Blick nach vorne auf das kleine Kirchlein des Wallfahrtsorts. In Gedanken bat sie den heiligen Vitus, ihr Gesundheit zu schenken und Maria vor Verirrungen des Herzens zu bewahren. Sie hatte das Mädchen liebgewonnen wie eine Tochter und wollte nicht, dass es durch die Liebe zu einem Geistlichen unglücklich wurde. Damit ihr Gebet erhört wurde, richtete sie es auch an die heilige Margarete von Antiochia, den heiligen Nikolaus von Myra und ganz besonders an die Himmelsjungfrau Maria.

Bruder Vincentius betete ebenfalls und flehte um eine rasche Aufnahme ins Himmelreich. Die Wallfahrt hatte ihm viel Kraft abgefordert, und er wusste, dass er es ohne Johannes' tatkräftige Unterstützung niemals bis hierher geschafft hätte. Wenn Sankt Vitus sein Gebet erhörte und er hier starb, würde man ihn an diesem geheiligten Ort begraben, und sein Schützling konnte unbelastet nach Arnoldstein zurückkehren.

Angesichts des Zieles rafften sich alle noch einmal auf, und das Kreuz und die Wallfahrtsfahne, die zwei große, starke Männer trugen, wurden stolz gen Himmel gereckt. Auch das Gebet, das im Lauf der Stunden zu einem einschläfernden Gemurmel verkommen war, klang wieder laut und deutlich, und alle beugten das Knie, als sie die kleine Wallfahrtskirche erreichten.

Abt Friedrich von Kühnburg führte seine Schäflein dreimal um die Kirche herum und versammelte sie dann auf dem freien Platz vor dem Kirchentor zur Messe. Er hielt sie selbst, während Pater Cyprian und Johannes ihm Ministrantendienste leisteten. Es war für alle erhebend, nach drei Tagen ihr Ziel erreicht zu haben.

Für kurze Zeit vergaß Johannes sogar seinen Engel, der den Namen der Gottesmutter trug, doch während der Messe schweifte sein Blick über die Menge, und er sah Maria in vorderster Reihe neben Helena Zeller und Klara Häring stehen. Sein Herz zog sich schmerzhaft zusammen, denn wenn er seinem Gelübde treu bleiben wollte, durfte es für ihn keine Erfüllung geben.

Auch Maria kämpfte mit ihren Gefühlen. Sie wünschte sich, für immer bei Johannes sein zu können, wusste aber, dass dies unmöglich war. Sie durfte weder seine noch ihre ewige Seligkeit gefährden, indem sie ihn zu Dingen verlockte, die nach Gottes Gesetz verboten waren.

Daher wurde die Messe für sie zu einer bittersüßen Qual. Sie sehnte sich nach Johannes' Nähe und bekämpfte diesen Gedanken gleichzeitig mit aller Macht.

»Es darf nicht sein!«, murmelte sie und übersah beinahe, dass der Abt den Segen erteilte und das letzte Amen sprach. Erst als Ella sie am Ärmel zupfte, kehrte sie in die Gegenwart zurück.

»Ja, was ist?«

»Neža und ihre Freundin haben einen Platz vorbereitet, an dem wir essen können. Es gibt sogar eine Schenke, in der Wein, frisches Brot, Würste, Käse und Schinken verkauft werden.

Nachdem wir an den beiden letzten Tagen doch etwas sparsam speisen mussten, können wir jetzt wieder so viel essen, wie unser Herz begehrt.«

»Ich würde eher sagen, was in unsere Mägen passt«, antwortete Maria in dem Versuch, witzig zu klingen, damit Ella nicht merkte, wie es in ihr aussah.

Der gewählte Platz lag etwas abseits der Kirche. In der Nähe lagerten andere Wallfahrer, doch ihnen blieb genug Wiese, ihre Mäntel auszubreiten und sich daraufzusetzen. In ihrer Mitte lag ein großes Leintuch, auf dem Neža und Lavra für Klara und Helena allerlei Leckerbissen aufgetürmt hatten.

»Setz dich zu uns und frage Pater Johannes und den frommen Bruder Vincentius, ob sie sich nicht auch zu uns gesellen wollen«, forderte Klara Maria auf.

»Das mache ich!«, antwortete Ella, die nicht wollte, dass Maria zu viel mit Johannes sprach.

Maria legte ihr die rechte Hand auf den Arm. »Setz dich! Du bist erschöpft.« Mit einem Lächeln trat sie auf Johannes und Bruder Vincentius zu. »Frau Klara lässt anfragen, ob ihr euch nicht zu uns setzen und mit uns speisen wollt.«

»Es wäre unhöflich, diese Einladung abzulehnen«, sagte Bruder Vincentius und ließ sich von Johannes aufhelfen.

Als die beiden sich zu den Fugger-Schwestern setzten, bedankte Johannes sich für die Einladung. Für sich sagte er, dass er lieber allein mit Maria, Ella und Bruder Vincentius gespeist hätte, da Klara und Helena gewiss seine Aufmerksamkeit einfordern und damit eine Unterhaltung mit Maria verhindern würden.

Die beiden Schwestern hatten ihn bislang nur bei seiner ersten Messe gesehen und musterten ihn neugierig. Selbst mit Tonsur und in einer schlichten Kutte war er ein äußerst angenehmer Anblick. Sein Haar war ebenso dunkel wie seine Augen, und sein Gesicht und seine Gestalt stellten das Äußere ihrer Ehemänner weit in den Schatten.

»Es war ein langer Weg hierher, doch ich glaube, er hat sich gelohnt, nicht wahr, Schwester?«, fragte Klara zweideutig.

Helena sah Johannes noch einmal an und nickte. »Fürwahr.«

»Das ist ein schönes Land! Vor allem sind die Berge niedriger als bei Arnoldstein«, meinte Klara nach einem Blick in die Runde.

»Wer herrscht hier eigentlich?«, wollte ihre Schwester wissen.

»König Maximilian in seiner Eigenschaft als Herzog von Kärnten«, erklärte Bruder Vincentius.

»Er ist ein mächtiger Herr und wird gewiss bald die Kaiserkrone tragen.« Helena hatte von ihrem Mann erfahren, dass Maximilian von Habsburg auch deshalb gegen Venedig Krieg führte, um sich den Weg nach Rom freikämpfen zu können, so dass ihm der Papst endlich die Krone Kaiser Karls des Großen aufs Haupt setzen konnte, nach der er sich schon seit Jahren sehnte.

Maria überließ ihren Ziehschwestern und Ella das Reden. Diese unterhielten sich so eifrig mit Johannes, dass sie ein wenig eifersüchtig wurde. Sie schalt sich deswegen, doch ihre Gefühle gehorchten einfach nicht ihren Gedanken, und als sie in sich hineinhorchte, verspürte sie die Hoffnung, den Rückweg wieder mit ihm, Ella und Bruder Vincentius zurücklegen und dabei doch wieder mit Johannes reden zu können.

Diesmal dauerte es länger, bis Bruder Cyprian die Wallfahrer aufforderte, der Sittlichkeit zu gehorchen und sich dem Geschlecht nach zu trennen. Klara und Helena verabschiedeten sich freundlich von Johannes und luden ihn ein, sie in der Fuggerau zu besuchen.

»Vielleicht könnt Ihr dort auch die Messe lesen. Der Gailitzer Priester, der es jetzt noch tut, sollte besser bei seinen Windischen bleiben. Wenn er betet, versteht man ihn kaum«, setzte Klara drängend hinzu.

Johannes' Blick streifte kurz Maria, dann nickte er. »Es wäre mir eine Freude.«

Bruder Vincentius bemerkte seinen Blick und seufzte. Wenn sein Schützling selbst an einem so geheiligten Ort wie diesem die Sehnsucht nach Maria nicht beherrschen konnte, wie sollte es dann erst werden, wenn er sie in der Fuggerau aufsuchte? Er betete daher zu Sankt Vitus, der Himmelsjungfrau und allen Heiligen, Johannes beizustehen, damit er den Pfad, den er nun einmal eingeschlagen hatte, nicht aus falscher Leidenschaft verließ.

SIEBTER TEIL

Entflammte Herzen

1.

Die Kapelle des Schlosses Rosenheim in der Fuggerau war prachtvoll eingerichtet. Meister Thomas aus Villach hatte höchstpersönlich die Fresken an den Wänden ausgemalt und nicht wie anderenorts seine Gesellen geschickt. Johannes bewunderte die lebensechten Szenen aus der Bibel, die selbst einer großen Kirche oder dem Dom eines Bischofssitzes zur Ehre gereicht hätten. Auch die Einrichtung zeugte vom Reichtum der Fugger. Klara Häring, Helene Zeller und ihre Ehemänner saßen auf fein gedrechselten Stühlen, die denen der Domherren in den großen Kathedralen in nichts nachstanden. Alle vier trugen ihre beste Kleidung, und die beiden Frauen waren mit Schmuck von einem Wert behangen, der es dem Arnoldsteiner Kloster ermöglicht hätte, alle Mönche und Knechte für ein Jahr zu verköstigen.

Johannes bekämpfte den Anflug von Neid, der in ihm aufsteigen wollte. Kloster Arnoldstein mochte arm sein, doch seine Mönche waren stark im Glauben. Das musste er ebenfalls sein. Bei dem Gedanken traf sein Blick Maria, die hinter den beiden Ehepaaren auf einem etwas bescheideneren Stuhl saß und die Augen sittsam niedergeschlagen hatte. Seit ihrer Rückkehr von der langen Wallfahrt nach Pirkendorf hatten sie nur wenige Sätze wechseln können.

Hier in der Fuggerau war kein Gespräch möglich, denn die Ehefrauen der beiden Faktoren drängten sich in den Vordergrund. Deren Ehemännern schien es nicht zu passen, denn sie zogen säuerliche Mienen. Viel konnten sie allerdings gegen den Eifer ihrer Ehefrauen nicht tun. Immerhin machten diese ihnen klar, dass sie das Band waren, das sie mit Jakob Fugger verknüpfte. Ohne den Regierer waren sie ein Nichts, durch ihn aber so hohe Herren, dass selbst Edelleute bei der Begrüßung die Hüte lupften. Die beiden Männer mussten daher Klaras und Helenas Launen zumeist hinnehmen wie den Regen oder den Sonnenschein, den Gott ihnen schickte, und wagten nur in seltenen Fällen, ihnen etwas zu verbieten.

Erneut suchte Johannes' Blick Maria, und er wünschte sich, wenigstens für ein paar Minuten allein mit ihr sprechen zu können. Doch was sollte er ihr sagen?, fragte er sich. Seine Liebe durfte er ihr nicht gestehen, wenn er nicht wollte, dass ihre Gefühle auf Abwege gerieten. Sei stark!, mahnte er sich und richtete seine Gedanken wieder auf die Messe.

Nicht weit von Maria hatte Ella ihren Platz, während die Bediensteten wie Neža die Messe hinten stehend verfolgten. Ihretwegen wollte Johannes nicht so lange predigen, da sie an ihre Arbeit zurückkehren mussten und Tadel erhielten, wenn sie nicht rechtzeitig fertig wurden. Doch so kurz er seine Predigt auch hielt, so eindringlich wurde sie zu einer Mahnung, stets auf Gott zu vertrauen und der Heimsuchung durch den Satan zu widerstehen.

Maria fühlte, dass diese Mahnung auch sie betraf. Immer, wenn sie allein war, galten ihre Gedanken und ihre Sehnsucht dem jungen Priester. Da sie ihm jedoch nicht angehören konnte und sich keinem anderen Mann mit Leib und Seele ausliefern wollte, überlegte sie bereits, ob es für sie nicht besser war, in ein Kloster einzutreten und Nonne zu werden. Ihr Ziehvater hatte ihr eintausend Gulden als Heiratsgut vererbt. Dies musste als Mitgift in ein Kloster ausreichen.

Darüber hätte sie gerne mit Johannes gesprochen und seinen Rat gehört. Aber hier im Schloss wieselten Klara und Helena ständig um ihn herum, und ob sie ihn an einer anderen Stelle treffen konnte, wusste sie nicht.

Schließlich war die Messe zu Ende. Die Bediensteten bekreuzigten sich und verließen die Kapelle, um wieder an ihre Arbeit zu gehen. Klara und Helena blieben sitzen.

»Ihr erweist uns doch gewiss die Ehre, mit uns zu speisen, hochwürdiger Herr?«, fragte Klara.

Auf diese Einladung hätte Johannes gerne verzichtet. Ungeachtet des Krieges zwischen König Maximilian und der Republik Venedig bezogen Häring und Zeller noch immer die feinsten Delikatessen aus der Lagunenstadt sowie Gewürze aus Indien und alles, was auf eine herrschaftliche Tafel gehörte. Sein Abt musste sich mit weitaus einfacheren Speisen zufriedengeben und die anderen Mönche gleich gar. Johannes wollte nicht, dass ihn seine Mitbrüder wegen der Mahlzeiten auf Schloss Rosenheim beneideten. Doch ebenso wenig konnte er die Einladung ausschlagen, ohne die Bewohner des Schlosses zu beleidigen.

»Aber bitte nur eine Kleinigkeit«, sagte er und wusste selbst, dass sich seine Gastgeberinnen nicht an seine Bitte halten würden. Das einzige Trostpflaster war, dass Maria mit am Tisch saß und er gelegentlich das Wort an sie richten konnte.

Das Mahl wurde in einem stattlich eingerichteten Raum serviert, der viel zu groß für die kleine Gruppe war, die an der Tafel Platz nahm. Man speiste von silbernen Tellern und trank aus silbernen Pokalen. Der Wein, den ein Diener kredenzte, stammte auch nicht von den umliegenden Hängen, sondern war aus Ungarn eingeführt worden. Er war rot, dick wie Blut und stieg rasch zu Kopf.

Johannes wusste, dass er sich nicht mehr als ein Mal nachschenken lassen durfte, wenn er nicht betrunken nach Arnoldstein zurückkehren wollte. Auch von den angebotenen Speisen ließ er sich nur wenig vorlegen. Doch da griff Klara ein und häufte seinen Teller so voll, als stände er kurz vor dem Verhungern. Am liebsten hätte er sie gefragt, ob er die Reste mitnehmen und an seine Mitbrüder verteilen dürfe. Das aber hätte dazu geführt, dass die beiden Frauen ihm alles Mögliche aufgedrängt hätten und er bepackt wie ein Esel im Kloster erschienen wäre.

Nach einer Weile schob Jobst Zeller seinen Teller zurück, wusch die Hände in einem kleinen Silbergefäß, das ein Diener ihm hinhielt, und trocknete sie an der Serviette ab.

»Der Gießmeister will heute die erste Kanone des großen Kalibers gießen. Da muss ich besser schauen, ob alles seine Richtigkeit hat.«

»Ihr gießt hier Kanonen?«, fragte Johannes erstaunt. »Dabei dachte ich, ihr scheidet hier nur die minderen Erze von den edlen.«

»Das tun wir auch. Aber nachdem unsere Kupfervorräte aus allen Nähten platzen, hat unser hochverehrter Onkel in Augsburg beschlossen, dass so lange Kanonen gegossen werden, bis der Erzhandel mit Venedig wieder möglich ist.«

Jobst Zeller klang stolz, weil die Fuggerau damit eine wichtige Funktion in der großen Fugger'schen Handelsgesellschaft erfüllte.

Nun stand auch Christoph Häring auf. »Ich will mir die Kanonen ebenfalls anschauen. Es ist möglich, dass unser Onkel sie dem König zur Verfügung stellt. Auch wenn Herr Maximilian von vielen aufgrund seines Auftretens der letzte Ritter genannt wird, so hat er doch den Wert gut gegossener Geschütze erkannt und setzt sie ein.«

Maria seufzte leise, denn ihr war klar, dass Häring seinem Schwager keinen Vorsprung gönnen wollte, und sei er auch nur fingernagelbreit. Dabei sollten die beiden nach dem Willen Jakob Fuggers zum Gedeihen des Unternehmens zusammenarbeiten. Wenigstens hatten sich ihre Frauen während der Wallfahrt daran erinnert, dass sie Schwestern waren, und hielten nun Frieden. Bis zu ihren Ehemännern war dies jedoch noch nicht durchgedrungen. Von denen wollte ein jeder der Erste in der Fuggerau sein. In ihre Gedanken versponnen, übersah sie beinahe, dass Johannes seinen Teller zurückschob und in einer entschuldigenden Geste die Hände hob.

»Verzeiht! Ich bin es nicht gewohnt, so viel Speise zu mir zu nehmen. Habt Dank für das Mahl! Es wäre wirklich nicht nötig gewesen.«

»Doch, das war es!«, erklärte Klara bestimmt. »Ihr seid so freundlich, die Messe bei uns zu halten. Dafür steht Euch eine Stärkung zu.«

»Ich sage Vergelt's Gott!« Johannes lächelte freundlich, und prompt schmolzen die Herzen der anwesenden Damen dahin, ganz besonders das von Maria.

Helena fasste nach seinen Händen und hielt sie für einen Augenblick fest. »Wir freuen uns sehr, wenn Ihr bei uns die Messe lest, und wünschen uns, dass dies noch sehr oft geschieht!«

»Dies kann nur unser hochehrwürdiger Abt entscheiden«, antwortete Johannes. Er wusste jedoch, dass sich Friedrich von Kühnburg einem solchen Wunsch, wenn er aus der Fuggerau kam, nicht verweigern würde.

Johannes verabschiedete sich. Da Klara und Helena zurückblieben und weiteraßen, folgte Maria ihm rasch.

»Ich würde gerne einmal unter vier Augen mit Euch sprechen«, sagte sie leise.

Sosehr auch Johannes sich dies wünschte, so sah er doch die Gefahr, die darin lauerte. Als er jedoch in ihr Gesicht blickte, las er darin einen Ernst, der ihn verwunderte. Maria schien etwas auf der Seele zu liegen, und da durfte er sich ihrer Bitte nicht entziehen.

»Ich werde morgen zu den Wiesen an der Gailitz kommen, um nachzusehen, ob die Bewohner des Dorfes wieder zu viel Gras geschnitten haben«, antwortete er und betete gleichzeitig darum, dass er damit weder Maria noch sich selbst in Gewissenskonflikte stürzte.

2.

Am nächsten Vormittag hielt Maria vom obersten Fenster des Schlosses Ausschau nach Johannes. Sie musste nicht lange warten, da sah sie ihn mit langen Schritten von Arnoldstein her kommen und auf die dem Kloster gehörende Wiese zugehen.

Nun hielt sie nichts mehr auf ihrem Beobachtungsposten. Geschwind eilte sie die Treppe hinab und winkte Neža zu, mit ihr zu kommen. Maria hatte lange überlegt, wen sie mitnehmen sollte, denn allein durfte sie nicht zu Johannes gehen, wenn sie nicht wollte, dass er und sie in einen üblen Ruf gerieten. Ella konnte sie nicht bitten, denn diese hätte verlangt, dass sie mithörte, was sie mit Johannes besprach. Geheimnisse würde sie niemals dulden. Aus dem Grund hatte sie Neža gefragt. Sie waren immer noch Freundinnen, auch wenn Neža zu den Bediensteten zählte und sie zur Familie. Im Gegensatz zu Ella würde Neža sich damit begnügen, sie im Auge zu behalten, aber auf keinen Fall mithören, was sie und Johannes besprachen. Das war ihr wichtig, da sie nicht wollte, dass andere von ihren Überlegungen erfuhren.

Neža kam heran und fasste nach ihrer Hand. »Du wirst mir hinterher beim Falten der Leinentücher helfen müssen, sonst werde ich ausgeschimpft.«

»Natürlich helfe ich dir.« Maria hakte sich lächelnd bei der jungen Magd unter und strebte mit ihr zusammen dem Portal zu.

Wenig später befanden sie sich im Freien und ließen Schloss Rosenheim und die Fuggerau hinter sich. Zuerst folgten sie dem Weg ins Dorf, bogen dann aber ab und eilten zu jener Wiese, auf der Maria vor Jahren Pater Norbert zurechtgewiesen hatte.

Sie entdeckten Johannes schon von weitem. Er schritt die Wiese ab und zählte seine Schritte, um bestimmen zu können, wie viel bereits gemäht worden war. Das Ergebnis schien ihn nicht zu erfreuen, denn er zählte noch einmal nach und schüttelte den Kopf.

»Wie es aussieht, haben die Leute aus deinem Dorf mehr gemäht, als ihnen zusteht«, empfing er Neža.

Diese wusste, dass bei einigen Nachbarn eine Ziege oder eine Kuh mehr im Stall stand, als sie mit ihrem Anteil an dem Gras hätten füttern können. Obwohl es sie ärgerte, dass dadurch die ganze Dorfgemeinschaft ins Unrecht gesetzt wurde, wollte sie niemanden verraten. Sie senkte daher den Kopf und schwieg.

»Euer Dorfältester soll sich im Kloster melden. Entweder bezahlt ihr das Gras, das ihr über euren Anteil hinaus gemäht habt, oder ihr werdet zwei Wochen lang nur noch die Hälfte erhalten.«

In diesem Augenblick war Johannes ganz der Vertreter seines Abtes, der auf den Besitz des Klosters achtete, selbst wenn es sich dabei nur um ein paar Handvoll Gras handelte.

»Sagt Ihr es ihm bitte! Wenn ich es tue, sehen die Nachbarn mich schief an«, flüsterte Neža, da man ihr sonst den Vorwurf machen würde, diejenigen verraten zu haben, die mehr Gras als erlaubt geholt hatten. Diese Bewohner musste der Dorfälteste zur Rechenschaft ziehen. Das Kloster sollte möglichst wenig damit zu tun haben, da einige Mönche, vor allem gewiss Pater Norbert, sonst darauf dringen würden, die Pacht für das Dorf zu erhöhen.

»Ich werde es tun!« Johannes nickte und wandte sich Maria zu.

»Gott zum Gruße!«, sagte er mühsam beherrscht.

Für Neža war es das Zeichen, sich ein wenig zurückzuziehen, damit die beiden miteinander reden konnten. Während sie Maria und Johannes aus einer gewissen Entfernung im Auge behielt, ärgerte sie sich über die Nachbarn, die keine Rücksicht auf die Dorfgemeinschaft genommen und damit riskiert hatten, dass diese das Privileg verlor, auf der Klosterwiese Gras zu schneiden.

Unterdessen widerstand Johannes nur mühsam dem Wunsch, Marias Hände zu ergreifen und festzuhalten. Er sah sie lächeln und erwiderte es. »Ich freue mich, Euch zu sehen, Jungfer Maria.«

»Ich freue mich auch«, antwortete Maria gepresst und fasste nun selbst nach seinen Händen. Beide zuckten ein wenig zusammen und atmeten schneller.

Lass sie los!, durchfuhr es Johannes, vermochte es aber nicht. Am liebsten hätte er sie ganz an sich gezogen und geküsst, brachte aber genug Selbstbeherrschung auf, um es nicht zu tun.

»Ich liebe Euch, Pater Johannes«, bekannte Maria mit leuchtenden Augen, »weiß aber auch, dass diese Liebe keine Erfüllung finden darf.«

»So ist es bedauerlicherweise«, antwortete Johannes bedrückt.

»Da ich Euch nicht angehören kann und nicht will, dass ich eines anderen Mannes Weib werde, denke ich daran, den Schleier zu nehmen und in ein Kloster einzutreten, um Euch durch Gott nahe zu sein.«

Maria zitterte leicht, als sie das sagte. Was war, wenn sie in ein Kloster fern von Arnoldstein geriet und Johannes niemals wiedersehen durfte? Ihr kamen Zweifel, ob es richtig war, doch sie wusste auch, dass sie eine Entscheidung nur noch wenige Monate, im günstigsten Fall ein Jahr würde hinausschieben können. Bereits jetzt sprachen Klara und Helena über eine mögliche Heirat für sie, und sie hatte Angst, dass es Jakob Fugger einfallen könnte, sie einem seiner Untergebenen oder einem Geschäftsfreund als Gattin anzudienen. Seinem Spruch würde sie sich nicht entziehen können.

Johannes' Gedanken überschlugen sich ebenfalls. Auf den ersten Blick erschien es ihm eine glückliche Lösung, da der Gedanke, Maria könnte in den Armen eines anderen liegen und sie würde diesem gewähren müssen, was ihm verboten war, wie eine tiefe Wunde in seinem Herzen schmerzte. Doch auch er wusste, dass sie wahrscheinlich für immer getrennt sein würden, wenn Maria in ein Kloster eintrat. Die Geschichte von Abelard und Heloise kam ihm in den Sinn. Diese beiden hatten wenigstens für kurze Zeit die Süße der Liebe kennengelernt und sich auch später noch gesehen und einander viele Briefe geschrieben.

Tief durchatmend blickte er hoch zu den Bergen. Einige Gipfel in der Ferne glänzten noch weiß und mahnten die Menschen, auf den nächsten Winter zu achten und Vorräte anzulegen. Er schob diesen Gedanken beiseite und sah Maria an.

»Erlasst mir die Antwort zu dieser Stunde. Ich muss mich erst kundig machen, ob es möglich ist und welches Kloster dafür in Frage käme.«

Maria begriff, dass er damit ein Kloster meinte, das zum einen nicht allzu weit von Arnoldstein entfernt lag und ihnen die Möglichkeit bot, sich doch gelegentlich zu sehen. Der Gedanke brachte sie beinahe zum Weinen. Da liebte sie einen Mann mit der vollen Kraft ihres Herzens, doch Gottes Gebot verhinderte, dass sie zueinanderfinden konnten.

»Ich würde mich freuen, wenn Ihr dies tätet, hochwürdiger Herr!«, sagte sie mit leiser Stimme und ließ nun seine Hände los.

Johannes wünschte sich den Mut oder die Verworfenheit, sie in die Arme zu schließen und gegen alle Gesetze der Welt zu der Seinen zu machen. Um ihres Seelenheils willen musste er sich jedoch beherrschen.

»Ich werde Euch Nachricht geben, sobald ich etwas in Erfahrung gebracht habe«, versprach er und vollführte eine segnende Geste.

Maria beugte das Knie und wandte sich zum Gehen. »Auf Wiedersehen!«, sagte sie noch.

»Es gibt nichts, was ich mir mehr erhoffe«, antwortete Johannes und wünschte sich, er wäre nicht im Kloster, sondern von der Kesslerin oder jemand anderem im Ort aufgezogen worden und damit des Gelübdes ledig, das ihn wie mit eisernen Ketten fesselte. Dann aber dachte er daran, dass er in diesem Fall nur ein Knecht oder im besten Fall ein Kätner wäre, und für einen solchen stand eine Fuggerin weit jenseits aller Hoffnungen.

3.

Auf dem Heimweg suchte Johannes den Dorfältesten von Ziljíca auf und sprach einige ernste Worte mit ihm. Der Mann wusste, dass einige Dorfbewohner es mit der Menge des Grases, das sie mähen durften, nicht genau nahmen. Ähnlich wie Neža wollte aber auch er sie nicht verraten, sondern die Angelegenheit ohne Mitwirkung der Mönche klären.

»Habt Ihr das gemähte Stück richtig gemessen?«, fragte er scheinbar ahnungslos.

Johannes nickte. »Das habe ich, und zwar mehrfach! Das Kloster will noch in dieser Woche Knechte schicken, um unseren eigenen Anteil zu mähen. Die Erlaubnis für euer Dorf, dort ebenfalls Gras zu holen, darf uns nicht zum Nachteil gereichen!« In seinen Worten schwang eine Warnung mit, es nicht zu übertreiben.

Trotzdem war der Dorfälteste froh, dass Johannes gekommen war, und nicht ein anderer Mönch oder gar Pater Norbert. Dieser hätte dem Dorf eine Strafe auferlegt, die den Wert des zu viel gemähten Grases auf jeden Fall überstiegen hätte. Für seine Leute hieß es trotzdem, die Klosterwiese vorerst zu meiden. Sie würden ihr Viehfutter an den Wegrändern und weiter oben an den Waldsäumen schneiden müssen, auch wenn sie dann ihre Körbe vier- bis fünfmal so weit zu schleppen hätten wie bisher. Doch solange es ohne Strafe abging, war ihm dies recht.

»Ich werde mir die Wiese selbst ansehen«, erklärte der Mann und beschloss, die Fläche, die dem Dorf noch zustand, zu markieren und nur noch jene dort Gras holen zu lassen, die nicht gegen die Gemeinschaft verstoßen hatten. Doch auch sie würden ihr Futter in spätestens einer Woche mühsam suchen müssen. Das war ärgerlich, aber nicht zu ändern.

»Ich habe ausgerichtet, was ich ausrichten musste«, erklärte Johannes und zeichnete das Kreuz auf die Stirn des Bauern.

»Ihr seid ein guter Mann, hochwürdiger Herr. Das kann man nicht von jedem behaupten.«

Johannes ahnte, dass damit Pater Norbert gemeint war. Dieser stand hoch in der Klosterhierarchie, doch er glaubte nicht, dass der Pater ehrlich war. Solange der Abt diesen Mönch gewähren ließ, besaß er kein Recht, sich gegen ihn zu stellen. Freundlich verabschiedete er sich von dem Dorfvorsteher und wanderte zum Kloster zurück.

Auf dem Weg dorthin vergaß er die Wiese und das Recht der Bewohner von Ziljíca, dort Gras zu schneiden, und dachte über Marias Pläne nach. Der Priester in ihm sagte, dass es gut wäre, wenn sie in ein Kloster eintreten und so wie er das seine ihr Leben Gott und dem Glauben widmen würde. Ein Teil seiner selbst kämpfte jedoch mit aller Macht dagegen an. Was brachte es ihnen, wenn sie dann doch getrennt waren? Sie konnten sich vielleicht einmal im Monat einen Brief schreiben und sich alle zwei, drei Jahre einmal kurz sehen und durch ein Gitter miteinander sprechen.

War es da nicht besser, gemeinsam zu fliehen und in der Fremde ein neues Leben zu beginnen? Kaum hatte er dies gedacht, nannte ihm sein Verstand die Gründe, die dagegensprachen. So besaß er kein Geld und als davongelaufener Mönch auch keine Möglichkeit, eine Arbeit zu finden, mit der er Maria und sich ernähren konnte. Mit einer ärgerlichen Geste griff er zu seinem Kopf und tastete seine Tonsur ab. Es würde Monate dauern, bis seine Haare so weit nachgewachsen waren, dass er nicht mehr als Mönch erkannt werden konnte. In dieser Zeit würden sie sich ihre Nahrung und Unterkunft erbetteln müssen. Ein solches Leben durfte er Maria niemals zumuten.

In seine Überlegungen verstrickt, übersah er beinahe die Menschenmenge, die sich am Fuß des Klosterhügels versammelt hatte. Da die Leute lachten und einige begeistert in die Hände klatschten, fragte er sich, was dort los war.

Sonst traten die Bewohner des Klostermarktes sofort beiseite, wenn einer der Mönche des Weges kam. Diesmal aber musste Johannes sich zwischen ihnen hindurchzwängen. Ein Mann, der sich dadurch gestört fühlte, versetzte ihm sogar einen Stoß mit dem Ellbogen, wurde dann aber bleich, als er ihn erkannte.

»Verzeiht mir, hochwürdiger Herr! Ich wollte nicht ...«

»Schon gut!«, wehrte Johannes ab und ging weiter.

Die anderen Schaulustigen hatten ihn ebenfalls bemerkt und machten ihm nun Platz. Daher erblickte er einen in bunte Fetzen gekleideten Mann, der mit vier Fackeln jonglierte, ohne dass er sich dabei verbrannte oder eine der Fackeln zu Boden fiel.

»Wer ist das?«, fragte Johannes die Kesslerin, die trotz ihres Alters gekommen war, um dem Fremden zuzusehen.

»Er ist zusammen mit Pater Norbert erschienen, und dieser nannte ihn einen Spaßmacher.«

»Ein Hanswurst also!« Johannes sah nun ebenfalls zu, wie der Mann seine Kunststücke vollführte.

Die Fähigkeiten des Mannes überstiegen die jener Gaukler, die sonst bei den Märkten auftraten, bei weitem. Er schlug Rad, ließ Zwetschgen verschwinden und wiederauftauchen, holte aus dem Ohr eines Jungen einen glänzenden Groschen und warf ein Tuch hoch, das sich in eine Taube verwandelte und davonflog.

»Das ist Zauberei!«, rief die Kesslerin erschrocken.

»Oh nein, nur die Kunst des Buffone«, antwortete der Fremde in einem recht guten Deutsch.

»Du sagst, Pater Norbert hätte ihn mitgebracht? Also ist er zurückgekehrt.«

Johannes seufzte, denn im Gegensatz zu Pater Cyprian, der strammen Schrittes nach Bamberg gewandert war, um mit dem Fürstbischof zu sprechen, und noch vor der großen Wallfahrt nach Pirkendorf zurückgekehrt war, hatte Pater Norbert sich viel Zeit gelassen, so dass einige bereits gehofft hatten, er werde in der Ferne bleiben.

Johannes erschien es nun wichtiger, zu hören, was Pater Norbert in Erfahrung gebracht hatte, als dem Spaßmacher zuzusehen. Daher schob er sich erneut durch die gaffende Menge und stieg den Weg zum Kloster empor.

Der Bruder Pförtner öffnete ihm und wies nach oben. »Gut, dass Ihr kommt, Pater! Seine Gnaden, der Abt, hat seine Berater zusammengerufen, um Pater Norberts Bericht zu lauschen. Er sagt, Ihr sollt sofort hinzukommen, wenn Ihr zurück seid.«

»Vergelt's Gott!«, antwortete Johannes.

Er haderte nun mit sich, weil er noch mit dem Dorfvorsteher gesprochen hatte, anstatt sofort zum Kloster zurückzukehren. Daher eilte Johannes die Stufen hoch, bis er die Gemächer des Abtes erreichte, klopfte und trat ein. Friedrich von Kühnburg saß auf seinem Stuhl, und um ihn herum hatten sich mit Christoph Manfordin, Pater Cyprian und einigen anderen Mönchen die Spitzen des Klosters versammelt. Alle lauschten andächtig Pater Norberts Bericht. Dieser hielt inne, als er Johannes eintreten sah, und verzog das Gesicht.

»Ich habe gehört, dass man dich zum Priester geweiht hat. Du hattest Glück, dass ich zu diesem Zeitpunkt in der Ferne weilte, denn ich hätte mich dagegen ausgesprochen. Du bist mir noch zu nass hinter den Ohren.«

»Es gibt keinen Mönch im Kloster, dessen Verstand den von Johannes übertrifft«, warf Pater Cyprian grollend ein.

»Trotzdem ist er noch zu jung und hat zu wenig Lebenserfahrung«, antwortete Pater Norbert von oben herab.

Damit griff er die Autorität des Abtes an, der seinen Unmut durch ein deutliches Hüsteln von sich gab. »Ich habe mich so entschieden und halte es für das Richtige!«

»Da es zu wenig gute Seelsorger gibt, war es das vielleicht auch.«

Pater Norbert lächelte bei seinen Worten spöttisch, ärgerte

sich aber gleichzeitig, denn als Priester zählte Johannes zum inneren Zirkel des Klosters und besaß daher Zugriff auf Unterlagen, die er besser nicht lesen sollte. Dabei ging es dem Pater vor allem um den Schmuck von Johannes' Mutter, den er an sich gebracht hatte. Gewiss war irgendwo vermerkt, dass dieser ihm ausgehändigt worden war. Auch musste er seine sonstigen Unterschlagungen verbergen. Jemand, der zu genau nachforschte, mochte ihm auf die Spur kommen. Beim Abt, Christoph Manfordin oder Pater Cyprian bestand diese Gefahr kaum, denn sie vertrauten ihm. Johannes hingegen hatte Grund, ihn wegen der Art, mit der er ihn als Kind und später als Novizen behandelt hatte, zu hassen. Daraus mochte der Wunsch erwachsen, ihm am Zeug zu flicken.

»Ich finde, ich sollte mit meinem Bericht fortfahren«, schlug er vor, als Johannes sich erstaunt umschaute.

»Wo habt Ihr Bruder Hermann gelassen? Ich sehe ihn nirgends.«

Weder der Abt noch seine Mitbrüder hatten sich nach dem jungen Mönch erkundigt, sahen jetzt aber Pater Norbert fragend an.

»Bruder Hermann wurde krank, und ich musste ihn in einem Hospiz in Venedig zurücklassen«, erklärte dieser. »Man versprach mir, ihm die Heimreise zu ermöglichen, sobald er sich erholt hat.«

In seinen Gedanken aber spielte sich eine ganz andere Szene ab. Sie waren in Begleitung des Buffone aus Venedig aufgebrochen und mit dem Schiff nach Grado gefahren. Als sie von dort aus zu Fuß durch die Sümpfe und Teiche gegangen waren, hatte Bruder Hermann auf einmal gelacht.

»Wie werden unsere Mitbrüder staunen, wenn wir ihnen sagen, in was für einem feudalen Haus wir wohnen konnten. Wir müssen ihnen auch von der Güte des Weines berichten, der uns kredenzt worden ist, und von diesen schamlosen Dingern an der Ponte delle Tette ...«

So war es eine ganze Weile gegangen. Schließlich war Ugo Ribaldi an Pater Norberts Seite getreten.

»Wenn dieser Narr mit uns nach Arnoldstein zurückkehrt, wird er uns mit seinem Geplapper noch verraten.«

An die folgenden Minuten dachte Pater Norbert mit Grausen zurück. Er hätte nicht zu sagen vermocht, ob er seinem Begleiter einen Stoß versetzt hatte oder ob dieser tatsächlich gestrauchelt war. Auf jeden Fall hatte er plötzlich Bruder Hermanns Ärmel in der Hand gehabt und hätte diesen vor dem Sturz in das schlammige Wasser eines Teiches bewahren können. Stattdessen hatten seine Finger die Kutte losgelassen, und der junge Mönch war in das Schlammloch gestürzt.

Selbst da hätte er Bruder Hermann noch retten können. Er war jedoch nur neben dem Pfuhl gestanden und hatte wie versteinert zugesehen, wie sein Begleiter vom Wasser verschlungen worden war. Auch der Buffone hatte nichts getan, um Hermann zu retten, sondern hinterher lediglich gemeint, dass damit die Gefahr gebannt sei, von dem jungen Mönch durch eine unbedarfte Bemerkung verraten zu werden.

»Wenn Ihr keinen Fehler macht, werdet Ihr von Venedig die reiche Pfründe erhalten, die Herr Foscari Euch versprochen hat«, hatte Ugo Ribaldi hinzugesetzt.

Daher riss Pater Norbert sich zusammen und berichtete, dass er beim Patriarchen in Aquileia nichts habe ausrichten können.

»Danach bin ich mit Bruder Hermann zusammen nach Venedig gereist, musste dort aber lange suchen, bis ich jemanden gefunden hatte, der mir zu einer Audienz bei einem der entscheidenden Männer verhelfen konnte. Es waren äußerst zähe Verhandlungen, doch wie es nun aussieht, wird Venedig die Neutralität des Bamberger Gebietes achten.«

»Das ist eine gute Nachricht!«, rief der Abt erleichtert.

Auch die anderen atmeten auf, doch Johannes behielt Pater Norbert misstrauisch im Auge. Seiner Meinung nach hätte dieser mehr über seinen Begleiter berichten müssen.

»Welche Krankheit hat Bruder Hermann ergriffen?«, fragte er.

»Ein Fieber! Ich weiß nicht, wie es heißt«, antwortete Pater Norbert und hätte Johannes am liebsten erwürgt. Wie befürchtet, erwies sich dieser als überaus misstrauisch, und er würde vorsichtig sein müssen, damit ihm der junge Mann nicht seine Zukunftspläne zerschlug.

»Lass es gut sein, Johannes! Bruder Hermann dürfte an Wechselfieber erkrankt sein. Das kommt dort in der Gegend öfter vor«, mischte sich Pater Cyprian ein.

»Mich dauert es, dass er allein in der Ferne auf dem Krankenbett liegt. Er beherrscht doch kein Wort der venezianischen Sprache«, antwortete Johannes betrübt.

»Macht euch deswegen keine Sorgen! Wir mussten uns so lange in Venedig aufhalten, dass Bruder Hermann etliche Brocken hat aufschnappen können. Diese werden ihm nun im Hospiz gute Dienste leisten.«

»Ich sah einen Gaukler unten am Weg! Es heißt, er wäre mit Euch gekommen«, sagte Johannes, an Pater Norbert gewandt.

Dieser nickte. »Das ist er in der Tat! Nachdem ich Bruder Hermann zurücklassen musste, stand ich vor dem Problem, die Heimreise allein antreten zu müssen. Unterwegs traf ich auf den Buffone. Wir teilten uns ein Nachtlager und kamen ins Gespräch. Da er nicht wusste, wohin er ziehen sollte, machte ich ihm den Vorschlag, mit mir zu kommen. Es reist sich sicherer, wenn man in Begleitung ist.«

Pater Norbert hatte sich diese Lüge zusammen mit dem Buffone ausgedacht.

»Die Leute scheinen von seinen Kunststücken begeistert zu sein«, sagte Johannes.

»Er ist ein harmloser Bursche und zufrieden, wenn er für seine Vorführung Unterkunft und etwas zu essen bekommt. Ich will ihn aber trotzdem belohnen, indem ich ihn nach Schloss Rosenheim bringe. Wenn in dieser Gegend irgendwo Geld zu finden ist, so ist es in der Fuggerau. Die Herren Häring und Zeller werden dem guten Mann für seine Künste gewiss ein paar Gulden in die Hand drücken, so dass es sich für ihn auszahlen wird, sich mir angeschlossen zu haben.«

»Tu das, mein Sohn!«, antwortete der Abt und erinnerte damit den Pater auch an die Rangordnung. Zuerst kam er und danach erst die Patres des Klosters in ihrer jeweiligen Funktion. »Pater Johannes kann dir dabei helfen, diesen Spaßmacher in der Fuggerau einzuführen. Er ist derzeit der Prediger, den man in Schloss Rosenheim am häufigsten anfordert.«

Pater Cyprian schoss mit diesen Worten einen leichten Giftpfeil auf Pater Norbert ab, der sich stets damit gebrüstet hatte, jederzeit mit den Stellvertretern Jakob Fuggers in der Fuggerau sprechen zu können.

»So, ist er das?« Pater Norbert betrachtete Johannes und musste zugeben, dass dieser ein außerordentlich gutaussehender junger Mann war. Da war es kein Wunder, dass Klara Häring und Helena Zeller die heilige Messe am liebsten von ihm hören wollten.

»Wir werden morgen gemeinsam zum Schloss gehen. Du magst die Messe halten, und danach soll der Buffone seine Kunststücke zeigen«, sagte der Pater zu Johannes, verzog aber wie unangenehm berührt das Gesicht. Wie es aussah, war sein Einfluss während seiner Abwesenheit geschwunden. Doch wegen des Abkommens, das er mit Foscari geschlossen hatte, war dies nicht mehr von Belang. Schon bald würde er den Staub von Arnoldstein von seinen Sandalen schütteln und jenen Ort aufsuchen, an dem er zu Macht und Reichtum kommen würde.

4.

Johannes sehnte sich zwar danach, mit Maria zu sprechen, hätte dies aber gerne zu einem späteren Zeitpunkt getan, an dem er ihr besser hätte raten können. Bislang war er noch nicht in der Lage gewesen, sich nach einem Kloster für sie umzusehen. In der Nacht hatte er erneut von ihr geträumt und sie dabei in den Armen gehalten und sogar geküsst. Sosehr er sich dies auch wünschte, so bedrückte es ihn doch, dass ihn diese unzüchtigen Gedanken bis in den Schlaf hinein verfolgten.

Im Gegensatz zu ihm war Pater Norbert bester Laune. Die schlichte Tafel beim Abendessen hatte ihm bewiesen, wie wichtig es war, einen so mächtigen Gönner wie Foscari gefunden zu haben. Schon bald würden auf seinen Tisch andere Speisen kommen als Gemüseeintöpfe, modrig riechende Karpfen und ungesüßte Mehlspeisen. Ihm lief das Wasser im Mund zusammen, als er an die Delikatessen dachte, die er während seines Aufenthalts in Venedig hatte kosten dürfen. Damit kam sogar das Mahl auf Schloss Rosenheim nicht mit, obwohl Häring und Zeller wahrlich keine Kostverächter waren.

Doch noch war es nicht so weit. Erst einmal musste er den Buffone in die Fuggerau bringen und dafür Sorge tragen, dass dieser alles erfuhr, was er wissen wollte, ohne dabei Verdacht zu erregen.

Ugo Ribaldi hatte im Ort übernachtet, war aber zur Stelle, als Johannes und Pater Norbert den Weg vom Kloster herabkamen. Auch jetzt steckte er in seiner buntscheckigen Tracht und trug in seinem Beutel all die Dinge, die er für seine Vorführungen brauchte.

»Gott zum Gruße, hochwürdige Herren!«, grüßte er mit einer Verbeugung, die ihn wegen seiner Last auf dem Rücken wie eine Schildkröte aussehen ließ.

»Der Segen Gottes sei mit dir, mein Sohn!«, antwortete Pater Norbert. »Das hier ist Pater Johannes. Er ist noch sehr jung, aber eine Zierde unseres Klosters und ein kluger Mann.«

Johannes hielt die Bemerkung für Spott, doch Ugo Ribaldi nahm sie als Warnung wahr, vorsichtig zu sein. Er verbeugte sich erneut und sah Johannes lächelnd an. »Jung mögt Ihr sein, hochwürdiger Vater, aber gewiss ein großer Prediger vor dem Herrn!«

»Das ist er. Pater Johannes hält die Messe in Schloss Rosenheim. Er ist mit den Herrschaften dort noch mehr bekannt als ich, vorzugsweise mit dem weiblichen Teil.«

Johannes fand Pater Norberts Bemerkung zu anzüglich und ärgerte sich darüber.

Der Buffone hingegen grinste. »Der Pater ist jung, gut gewachsen und von ansprechendem Äußeren. Wie sollten die Damen ihn nicht ins Herz schließen?«

Auch darüber ärgerte Johannes sich. Obwohl Klara Häring und Helena Zeller ihn gerne hörten und immer wieder einluden, hatte er bislang kein Anzeichen bei ihnen entdeckt, das auf unerlaubte Wünsche hindeutete.

»Ich lese die Messe vor den Damen und den Herren. Das ist alles«, antwortete er schroff.

Pater Norbert machte eine wegwerfende Handbewegung, während der Buffone die rechte Augenbraue hochzog. Wie es aussah, konnte der junge Priester recht energisch sein.

Unterwegs enthielt Ribaldi sich jeder Bemerkung, die Aufmerksamkeit oder gar Verdacht erregen konnte, und erzählte von einer Reise bis nach Rom, wo er vor dem Papst seine Kunststücke aufgeführt haben wollte. Er beschrieb dabei auch dessen Geliebte und deren körperliche Vorzüge mit einem solchen Wortschwall, dass Johannes innerlich den Kopf schüttelte.

Was für ein Schwätzer, dachte er, spürte aber gleichzeitig die

Sehnsucht, die Stadt Petri selbst kennenzulernen. Ihn würden die heiligen Kathedralen und die Gräber der Märtyrer allerdings weit mehr interessieren als der Busen des Weibes, das seinen Körper dem Stellvertreter Christi auf Erden in sündhafter Weise überließ.

Schöner als Maria konnte auch sie nicht sein, setzte er in Gedanken hinzu und war froh, als die Fuggerau vor ihnen auftauchte. Er wollte auf das Schloss zugehen, doch da bog Bruder Norbert zum Haupttor der Fuggerau ab und durchquerte es. Kopfschüttelnd eilte er hinter ihm her und fasste ihn am Ärmel.

»Wollten wir nicht zum Schloss?«

Bruder Norbert wandte sich mit ärgerlicher Miene zu ihm um. »Das tun wir schon noch! Ich bin es aber gewohnt, hier einzutreten, da man die Herren Häring und Zeller meistens bei den Gießereien und Werkstätten antrifft.«

Das stimmte zwar nicht, da sich die beiden häufiger in ihren Kontoren im Schloss aufhielten und die Gießerei und die Saigerhütten nur ein- oder zweimal am Tag aufsuchten, um sich von den dortigen Meistern Bericht erstatten zu lassen. Ugo Ribaldi hatte jedoch darauf gedrungen, vor allem die Fuggerau zu sehen. Das Schloss interessierte den Buffone nicht.

»Außerdem«, fuhr Pater Norbert fort, »wird der Buffone seine Kunststücke zuerst vor den Knechten und Arbeitern der Fuggerau zeigen wollen, damit diese ihn der Herrschaft empfehlen.«

»Das will ich ganz gewiss!«, stimmte ihm Ribaldi zu. »Zwar spiele ich gerne vor hohen Herren und freue mich über die Fiorini d'oro, die sie einem in die Hand drücken, während das einfache Volk höchstens einen Popolino geben kann. Doch dessen Beifall ist ehrlicher.«

Ribaldi nannte toskanische Münzen statt der venezianischen, um zu verhindern, dass man ihn für einen Bewohner der Lagunenstadt hielt. Da er die in der Toskana gebräuchliche Sprache gut sprach, war er sicher, die Tedesci damit täuschen zu können.

Bruder Norbert trat auf einen Werkmeister zu und grüßte ihn freundlich. »Gottes Segen mit dir! Kannst du mir sagen, wo ich die Herren Häring und Zeller antreffe?«

»Wo anders als im Schloss?«, antwortete der Mann und beäugte den Buffone.

»Das hier ist ein Spaßmacher, aber kein so plumper wie der Hanswurst, der letztens auf dem Markt in Arnoldstein aufgetreten ist. Wenn du nichts dagegen hast, wird er einige seiner Kunststücke vorführen«, sagte Bruder Norbert und lächelte zufrieden, als der Mann nickte.

»Im Augenblick haben wir dazu etwas Zeit. Die neu gegossenen Kanonen müssen auskühlen, und die nächste Fuhre Schwarzkupfer aus Neusohl wird erst in einigen Tagen erwartet.«

»Ihr habt wohl viel Arbeit – und eine gefährliche dazu, da Ihr wie ein Alchemist mit Feuer und Glut hantiert«, warf der Buffone ein und lachte dann. »Da ist mir mein Gewerbe schon lieber. Ich verbrenne mir höchstens den Bart, wenn eine meiner Fackeln fehlgeht.«

»Dein Bart scheint schon oft abgesengt worden zu sein, so schütter, wie er ist«, antwortete der Werkmeister lachend und rief seine Gesellen und Knechte zu sich.

»Jetzt zeig, was du kannst, Hanswurst!«, rief er dröhnend.

Über das Gesicht des Buffone huschte bei dieser Anrede ein missmutiger Zug. Er beherrschte sich jedoch, stellte seinen Beutel ab und nahm drei Bälle heraus, um mit ihnen zu jonglieren. Es war eine Kunst, die auch andere Spaßmacher beherrschten, doch zur Begeisterung seiner Zuschauer erhöhte er die Anzahl der Bälle auf fünf und dann sogar auf sechs.

Die Leute staunten noch mehr, als er anstelle von Bällen Messer nahm und mit diesen jonglierte. Auch im weiteren Verlauf seiner Vorführung steigerte sich der Buffone, und als er zuletzt aus der Nase eines der Jungen, welche die Blasebälge bedienten, einen Goldflorin herauszog, kannte der Jubel der Arbeiter keine Grenzen mehr.

Ribaldi blickte traurig auf die Münze und seufzte. »Ich würde dich ja so gerne behalten, doch es haben zu viele gesehen, dass ich sie aus der Nase dieses Burschen geholt habe. Es ist wie mit einer schönen Frau, die man liebt und die doch einem anderen gehört. Hier, nimm sie und stecke sie weg, damit ich sie nicht mehr sehen muss.«

Als er dem Jungen die Münze in die Hand drückte, klatschten die Leute begeistert, und selbst der Geizigste missgönnte sie dem kleinen Helfer nicht.

Johannes hatte Ribaldi während der ganzen Zeit im Auge behalten und durchaus wahrgenommen, wie aufmerksam dieser seine Umgebung betrachtet hatte. Ein normaler Gaukler oder Spaßmacher, dachte er, würde das nicht tun.

Verwundert, wohin seine Gedanken sich verirrten, blickte er zum Schloss hinüber und war froh, als Christoph Häring, von dem Jubel auf dem Innenhof der Fuggerau angelockt, herüberkam und auf die Gruppe zutrat.

»Was ist denn hier los? Warum arbeitet ihr nicht?«, fragte er scharf.

Der Werkmeister wies auf die Halle, in der die frisch gegossenen Kanonenrohre auskühlten. »Wir können heute nichts mehr tun, sondern müssen bis morgen warten. Dann wissen wir auch, ob der Guss erfolgreich war. Was die Saigerhütten betrifft, so warten wir auf eine frische Lieferung aus Neusohl. Bei dem bisschen Schwarzkupfer, das noch auf Lager liegt, lohnt es sich nicht, es zu scheiden.«

»Das hast nicht du zu bestimmen«, fuhr Häring ihn an.

Der Werkmeister nickte. »Das habe ich auch nicht. Euer Schwager hat es so angeschafft, und ich habe mich danach gerichtet.«

Eine Anweisung von Jobst Zeller zu widerrufen, würde dazu

führen, dass dieser Gleiches mit Gleichem vergalt, daher schluckte Christoph Häring das, was er hatte sagen wollen, hinunter und wies auf den Buffone. »Wer ist der Kerl da?«

»Das ist ein Buffone, ein Spaßmacher. So etwas wie ein Hanswurst, nur viel geschickter«, erklärte ihm Pater Norbert. »Er war mein Reisegefährte, nachdem Bruder Hermann in einem Hospiz in Venedig zurückbleiben musste.«

Häring wandte sich an Ribaldi. »Du bist Venezianer?«

»Oh nein! Ich komme aus Firenze, also aus Florenz, wie ihr Tedesci sagt«, antwortete der Buffone rasch.

»Und was machst du hier?«

»Meine Kunst zeigen! Der hochwürdige Herr Norbert berichtete nämlich, dass in seiner Heimat Männer leben, die einem Mann wie mir Gulden in die Hand drücken werden anstelle schlichter Grossi.«

Ribaldi lächelte, denn Pater Norbert hatte ihm Häring als einen Mann beschrieben, dem man nur genug schmeicheln musste, um viel bei ihm erreichen zu können. Tatsächlich straffte sich Härings Gestalt, und er nickte freundlich.

»Wenn du so geschickt bist, wie der hochwürdige Pater behauptet, soll es mir auf ein paar Gulden nicht ankommen«, erklärte Häring und sah den Buffone auffordernd an.

»Verzeiht, Herr Häring, doch sollte man nicht die anderen Bewohner des Schlosses hinzurufen, damit auch sie sich an den Kunststücken des Spaßmachers erfreuen? Den Damen wäre gewiss sehr daran gelegen«, wandte Pater Norbert ein.

Häring nickte. »Ihr habt recht, hochwürdiger Herr! Da die Arbeit für heute getan ist, wollen wir ein Fest feiern. Holt Tische und Bänke herbei, schlagt ein Fass Wein an und steckt ein Schwein auf den Spieß, damit auch der Magen zu seinem Recht kommt.«

Jubel antwortete ihm, und die Männer eilten los. Türen und Tore wurden aufgerissen, um die Utensilien für das Fest herbeizuschaffen, und keiner achtete mehr auf den Buffone, der scheinbar ziellos durch die Fuggerau schlenderte. Er blieb vor der Gießerei und den Saigerhütten stehen und zählte danach die Tore, hinter denen Kupfer, Blei und Silber gelagert wurden. Mehr als alles andere interessierte ihn das Arsenal, in dem die in der Fuggerau gegossenen Kanonen und die Handfeuerwaffen verwahrt wurden. Den Zugängen zur Fuggerau galt ebenfalls seine Aufmerksamkeit. Die Tore bestanden aus festen, bronzebeschlagenen Brettern und sahen nicht aus, als wären sie leicht aufzubrechen.

Ribaldi verzog leicht das Gesicht, hatte sich aber gut in der Gewalt und gesellte sich zu Pater Norbert, der ihn leise auf einige Dinge hinwies.

Mit einem Mal entdeckte der Buffone Johannes in einem Winkel des Innenhofs. Nicht weit von diesem stand eines der schönsten Mädchen, das er je gesehen hatte.

»Wer ist das?«, fragte er Pater Norbert.

Dieser blickte in die genannte Richtung und winkte ab. »Nur eine Ziehtochter der Fugger. Sie kam mit Hans Fugger hierher und blieb, als dessen Witwe diese Gegend wieder verließ.«

»Was für eine Schönheit! Sie würde selbst in Venedig Aufsehen erregen.« Der Buffone schnalzte mit der Zunge und überlegte, ob er Maria ansprechen sollte. Da trat diese neben Johannes, und an ihrem Blick erkannte er, dass es keinem anderen Mann gelingen würde, sie für sich zu gewinnen.

»Wie es aussieht, haben die beiden etwas miteinander«, sagte er zu Pater Norbert und richtete sein Augenmerk danach auf mehrere Mägde, die aus dem Schloss herauskamen, um ebenfalls an dem Fest teilzunehmen.

5.

Zunächst waren Maria und Johannes unsicher, ob sie angesichts der vielen Menschen miteinander reden sollten, und hielten Abstand. Als niemand auf sie zu achten schien, fasste Maria sich ein Herz und trat auf Johannes zu.

»Ich freue mich, Euch zu sehen«, sagte sie leise.

»Gewiss nicht mehr als ich bei Eurem Anblick«, antwortete er und lächelte ihr kurz zu. Da Pater Norbert gerade in ihre Richtung schaute, zwang er sich eine unbeteiligte Miene auf.

»Wir müssen vorsichtig sein! Hier ist nicht jeder unser Freund«, warnte er Maria.

Diese nickte unwillkürlich. »Da kann ich Euch nicht widersprechen. Was musste der schlimme Pater auch mitkommen!«

Dieser Beiname für Pater Norbert passte, dachte Johannes. Es war nur schade, dass die meisten Leute aus Angst vor ihm schwiegen und daher nichts von den Gemeinheiten, mit denen er die Bauern und Handwerker quälte, bis zum Abt drang.

Selbst Pater Cyprian, der sonst auf alles achtgab, begriff nicht, wie sehr die einfachen Leute Pater Norbert hassten, sondern hielt, wenn es zum Streit kam, zu ihm. Nicht zuletzt deswegen hoffte Johannes, Pater Norbert würde es einmal so übertreiben, dass auch der Abt, Pater Cyprian und die anderen im Kloster nicht mehr die Augen vor seinen Taten verschließen konnten.

»Habt Ihr über meinen Vorschlag nachgedacht?«

Marias Frage beendete Johannes' Gedankengang, und er schüttelte den Kopf.

»Nachgedacht habe ich darüber, bin aber noch zu keinem Ergebnis gekommen. Mein Verstand sagt mir, dass es richtig wäre, doch bedrückt mich der Gedanke, Euch dann nicht mehr sehen und mit Euch sprechen zu können.«

»Mich auch«, antwortete Maria leise.

»Wenn ich nur eine Lösung wüsste! Doch ich bin durch mein Gelübde an das Kloster gebunden.«

Für Augenblicke war Johannes mutlos und fühlte sich wie ein Blatt im Wind, das ganz woandershin geweht wurde, als es eigentlich wollte.

Maria war nicht bereit, so leicht aufzugeben. »Könnte Flucht eine Lösung sein?«

»Ich habe es bedacht, aber verworfen«, antwortete Johannes.

»Warum?«

»Weil wir Bettler wären, die keine Heimat haben, und dieses Leben kann und will ich Euch nicht zumuten. Auch geht es um unser beider Seelenheil!«

Maria schnaubte leise. »Ich bin bereit, mit Euch zu gehen, wohin Euer Weg Euch auch führen mag. Was unser Seelenheil betrifft, so wird Gott uns verzeihen, denn er selbst hat die Liebe in unsere Herzen gesetzt!«

Johannes hörte einen leisen Vorwurf heraus und fragte sich, ob sie nicht doch versuchen sollten, Arnoldstein heimlich zu verlassen. Durch seine Tonsur würde man ihn jedoch überall als geflohenen Mönch erkennen und ihn und damit auch Maria zu einem Leben unter Strolchen und Gaunern verurteilen.

»Ich werde über alles nachdenken und zu Gott beten, dass er mir die Erleuchtung bringt«, sagte er leise.

Seufzend sah Maria ihn an. »Ihr müsst lernen, dass Ihr es seid, der Euer Schicksal formt, und Euch nicht nur auf Gott verlasst. Wozu verlieh er dem Menschen Verstand, wenn er nicht wollte, dass wir ihn auch benützen?«

Noch während sie es sagte, taten ihr diese harschen Worte leid. »Verzeiht! Ich vergaß, dass Ihr im Kloster aufgewachsen seid. Wie hättet Ihr dort lernen sollen, Eurem eigenen Willen zu folgen.«

»Ihr habt recht! Ich darf nicht warten, bis das Schicksal eingreift und uns für immer trennt, sondern muss rechtzeitig eine Lösung finden.«

Johannes senkte den Kopf, denn er sah wenig Hoffnung für sie beide. Eines jedoch wurde ihm immer mehr bewusst: Er liebte Maria mit jeder Faser seines Herzens und hatte fürchterliche Angst davor, sie zu verlieren.

»Wie es aussieht, sind alle Vorbereitungen für das Fest getroffen. Wir sollten uns zu den anderen gesellen, bevor sie auf uns aufmerksam werden.« Maria begriff, dass sie besser achtgeben musste. Wenn ihre Ziehschwestern oder deren Ehemänner begriffen, dass sie sich in Johannes verliebt hatte, würden sie es Jakob Fugger mitteilen und dieser beschließen, sie mit einem Mann am anderen Ende des Heiligen Römischen Reiches zu verheiraten. Das, so dachte sie bestürzt, würde sie nicht überstehen.

Trotz ihrer Bedenken nahmen sie nebeneinander auf den Stühlen Platz, die für die Herrschaften und die beiden Priestermönche herangeschafft worden waren. Sie vermieden es jedoch, sich anzusehen, sondern richteten ihre Aufmerksamkeit auf den Buffone, der eben in einem etwas eigenartigen Deutsch erklärte, dass er aus dem Herzogtum Toscana komme und ein Meister seiner Kunst sei.

»Das hat er bereits bewiesen!«, rief einer der Gießereiarbeiter.

Ugo Ribaldi wusste, dass er nicht einfach sein Programm wiederholen durfte, als er seine Vorführung begann. Diesmal vermied er Seitenblicke auf die Erzlager und das Arsenal der Fuggerau, sondern richtete seine ganze Aufmerksamkeit auf seine Kunststücke.

Pater Norbert hatte nicht zu viel versprochen, der Buffone war tatsächlich ein Meister seiner Kunst und riss seine Zuschauer zu wahren Begeisterungsstürmen hin. Johannes war nicht weniger beeindruckt als Maria und sah in dem Buffone einen Vertreter einer Welt, die ihm bislang unbekannt geblieben war. Zwar hatte er bei den Marktfesten im Klosterort gelegentlich einem Hanswurst zugesehen, war aber, angewidert von dessen derben Späßen, bald weitergegangen.

Auch wenn Ribaldi nicht mit Anzüglichkeiten geizte, war nichts an seinem Vortrag derb. Zudem war er ein recht schmucker Bursche, der die Blicke der weiblichen Zuschauer auf sich zog. Während er ein Kunststück nach dem anderen vollführte, musterte er die anwesenden Frauen. Bei den höheren Damen und den gehobenen Mägden winkte er innerlich ab. Die eine oder andere war vielleicht für gewisse Zärtlichkeiten zugänglich, zu mehr aber nicht. Er brauchte eine Frau, die mehr für ihn tat.

Schließlich blieb sein Blick auf Neža haften. Sie war hübsch, im richtigen Alter, um noch an Träume zu glauben, und vor allem verfolgte sie seinen Vortrag mit anbetenden Blicken. Als er diesmal den Trick mit der Münze vollführte, ging er zu ihr hin, streichelte ein wenig ihre Wange und holte nach einer Art Zauberspruch einen Gulden aus ihrem Ohr.

Neža starrte ihn mit großen Augen an, als er ihr die Münze in die Hand drückte.

»Wie habt Ihr das gemacht?«, fragte sie und griff sich ans Ohr, um sich davon zu überzeugen, ob nicht noch ein Gulden herauswuchs.

Flugs strich Ribaldi über ihr zweites Ohr und hielt ihr einen Herzschlag später eine zweite Goldmünze hin.

»Mit meinen besten Empfehlungen, bella Signorina«, sagte er lächelnd und sah ihr tief in die Augen.

Nežas Atem ging schneller, und sie wurde von einem Gefühl erfasst, wie sie es noch nicht gekannt hatte. Zwar gab es in Ziljíca und hier in der Fuggerau den einen oder anderen Burschen, der ihr nachstieg. Von denen aber hatte noch keiner den Weg in ihr Herz gefunden. Dieser Mann war anders. Er vermochte ihr selbst bei Anzüglichkeiten zu schmeicheln, so wie jetzt, als er ihre körperlichen Vorzüge pries und ihr dabei erneut die Wange tätschelte.

Allerdings wusste Ribaldi, dass er es nicht übertreiben durfte, und vollführte seine letzten Späße daher vor den Stühlen der Herren und Damen Häring und Zeller. Immerhin sollten diese ihn entsprechend belohnen. Auch wenn er nicht auf das Geld angewiesen war, so hätte man sich doch gewundert, wenn er bei seinen Kunststücken eine Münze nach der anderen verschenkte, ohne Lohn einzufordern.

Christoph Häring und Jobst Zeller waren samt ihren Gattinnen von den Fertigkeiten des Buffone beeindruckt. Daher öffneten sie bereitwillig die Schnüre ihrer Beutel und griffen tief hinein.

»Hier, nimm! Du sollst nicht umsonst aufgetreten sein«, rief Häring ihm zu und drückte ihm mehrere Gulden in die Hand.

»Es hat sich für uns gelohnt, zuzusehen, also soll es sich auch für dich lohnen!« Jobst Zeller wollte seinem Schwager in nichts nachstehen und legte noch ein paar Gulden drauf.

Ribaldi steckte das Geld ein und verbeugte sich tief vor den beiden.

»Ihr seid wahre Edelleute!«, rief er, obwohl er genau wusste, dass er es mit bürgerlichen Kaufleuten zu tun hatte. »Selbst ein Kaiser könnte meine Kunst nicht besser belohnen! Wenn Ihr Eurer Güte vielleicht noch die Krone aufsetzen und mir ein Quartier für die Nacht anbieten könntet? Ich müsste sonst ins Dorf, und dort habe ich, ehrlich gesagt, Angst, mir Läuse und Flöhe zu holen.«

Zeller und Häring lachten, während Johannes und Maria die Bemerkung als ungehörig empfanden. Sie wussten, dass die meisten Leute sowohl in Ziljíca wie auch in Arnoldstein Wert auf Sauberkeit legten. Für einen wandernden Spielmann und Gaukler war ein Bett bei Nežas Familie oder bei der Kesslerin in Arnoldstein mehr, als er sonst auf seinen Reisen bekam. Außerdem, so erinnerte Johannes sich, hatte Ribaldi bereits die letzte Nacht im Marktdorf verbracht.

»Du kannst freilich in der Fuggerau schlafen. Neža, weise ihm eine Kammer zu!«, forderte Klara Häring die junge Magd auf.

»Ja, Herrin!« Neža senkte den Kopf, um zu verbergen, dass sie rot wurde. Bisher hatte sie sich von Männern ferngehalten, bemerkte nun aber, dass der Fremde Gefühle in ihr entfachte, die schier berauschend wirkten.

»Kommt mit!«, forderte sie ihn auf.

Ribaldi verbeugte sich noch einmal vor den Herrschaften und folgte ihr mit tänzelnden Schritten.

»So ein Gauch!«, murmelte einer der Burschen, dem Neža ebenfalls ins Auge stach, der aber von ihr völlig missachtet worden war.

Der Buffone hörte es noch und verzog spöttisch die Lippen. Ein solcher Trampel hatte freilich keine Ahnung, wie man eine Frau behandeln musste, um sie dazu zu bringen, alles für einen zu tun.

Als Ribaldi in Nežas Begleitung das Schloss betrat, knüpfte er ein Gespräch an. »Das ist wirklich ein stattliches Gebäude! Ich hätte nicht gedacht, dass es hierzulande so etwas gibt. Es hieß, hier ständen nur alte Burgen mit zugigen Korridoren und kernigen teutonischen Rittern als Bewohnern.«

Neža musste lachen. »Das Schloss gehört keinem der Ritter und adeligen Herren der Umgebung, sondern dem Kaufmann Jakob Fugger aus Augsburg, wenn Ihr von diesem schon gehört habt.«

»Ich glaube, jemand erwähnte einmal diesen Namen. Ich wusste aber nicht, dass er hier Besitz hat«, antwortete Ribaldi scheinbar nachdenklich.

»Herr Jakob Fugger besitzt an vielen Orten Häuser und Faktoreien. Man sagt, er sei der reichste Mann im gesamten Heiligen Römischen Reich«, berichtete Neža lächelnd.

»Dann muss er wirklich reich sein!« Ribaldi gab sich beeindruckt, sah dann aber die junge Frau an. »Du musst nicht Ihr und Euch zu mir sagen, denn ich bin kein Herr, sondern ein Buffone! Das ist einer, der nicht über Menschen herrscht, sondern ihnen Freude bereitet!«

»Das habt Ihr ...«

»... hast du!«, unterbrach Ribaldi das Mädchen.

»Das hast du schön gesagt«, verbesserte Neža sich und sah ihn strahlend an.

»Ich würde auch dir gerne Freude bereiten«, sagte er etwas anzüglich.

Obwohl etwas in ihr sich danach sehnte, sich ihm hinzugeben, schüttelte Neža den Kopf. »Ich bin kein Mädchen, das sich für eine Nacht hinlegt und sich danach die Augen ausweint, weil der Geliebte nie wiederkehrt.«

»Wer sagt, dass ich nicht zurückkommen will?« Ribaldi lächelte sie an und zog sie an sich. »Du bist ein Mädchen, zu dem man immer wieder gerne zurückkommt.«

»Wenn, dann will ich richtig geheiratet werden und nicht wegen meiner Schande in der Kirche auf scharfen Holzscheiten knien müssen.«

Neža erwies sich als schwerer zu erobern, als Ribaldi erwartet hatte. An Aufgeben dachte er jedoch nicht.

»Ein Mädchen wie dich heiratet man gerne. Ich schwöre dir, ich komme wieder, und dann nehme ich dich mit in meine Heimat. Dort soll uns der Priester zusammengeben.«

»Ich würde dir gerne glauben ...«, begann Neža.

Ribaldi zog einen Ring aus seinem Beutel und steckte ihn ihr an den Finger. »Ich schwöre dir, dass ich wiederkomme! Dieser Ring soll dieses Versprechen besiegeln. Er ist sehr wertvoll, und ich will ihn gewiss nicht auf Dauer missen.«

Neža betrachtete den Ring. Da sie Klara Häring oder Helena Zeller immer wieder helfen musste, ihren Schmuck anzulegen, glaubte sie, ihn abschätzen zu können. Das Ding bestand aus Gold, war mit einem blauen Halbedelstein besetzt und gewiss mehr wert, als sie in einem Jahr verdiente. Sie wunderte sich, dass ein Spaßmacher wie Ribaldi so ein Schmuckstück besaß.

»Wie kommst du zu diesem Ring? Hast du ihn etwa gestohlen?«, fragte sie.

Der Buffone lachte. »Wo denkst du hin! Es war ein Geschenk der Markgräfin von Mantua, vor der ich meine Kunststücke zeigen durfte. Die Nobiles in den Reichen Italiens sind sehr großzügig, wenn ihnen eine Vorstellung gefällt. Ich bin daher kein armer Mann, sondern besitze ein Haus in Firenze, zu dem ich dich bringen werde, wenn ich das nächste Mal komme.«

»Warum nimmst du mich nicht gleich mit?«

Für den Augenblick hatte Neža ihre Herrin, ihre Familie, ja, sogar ihre Freundschaft zu Maria vergessen. Sie stellte es sich wundervoll vor, in einem eigenen Haus zu leben und für einen so faszinierenden Mann wie Ribaldi da zu sein.

Der Buffone schüttelte bedauernd den Kopf. »Jetzt kann ich dich nicht mitnehmen, denn ich habe noch etliche Wege vor mir, die zu beschwerlich für dich wären. Aber auf dem Rückweg werde ich es tun. Das verspreche ich dir!«

Um zu verhindern, dass sie weitere Fragen stellte und Einwände brachte, küsste Ribaldi sie und ließ seine Hände geschickt über ihren Körper wandern.

Hatte er bisher hart arbeiten müssen, um sie zu überzeugen, ging es nun sehr schnell. Neža zog ihn zu der Kammer, in der er übernachten sollte, und verriegelte die Tür hinter ihnen. Danach ließ sie zu, dass er ihr das Kleid und das Hemd auszog und sie auf das Bett legte. Er selbst streifte nur seine Hosen bis zu den Knien ab und stieg zwischen ihre Beine. An ihrem erschrockenen Aufkeuchen erkannte er, dass sie noch keine Erfahrung mit Männern besaß, und zwang seine Ungeduld nieder. Sanft streichelte er sie an jenen Stellen, die ihre Lust steigerten, wartete ab, bis sie beinahe wie eine Katze behaglich schnurrend unter ihm lag, und schob nun erst seinen Penis mit sanfter Gewalt in ihre Scheide.

Neža keuchte erneut, doch der leichte Schmerz, den sie dabei empfand, verging rasch und machte anderen Gefühlen Platz, die sie wie eine Meereswoge mit sich rissen und die ganze Welt vergessen ließen.

6.

Am nächsten Morgen brachte Neža dem Buffone das Frühstück in die Kammer und sah ihn ängstlich an. »Du kommst gewiss wieder?«

»Ich habe es dir geschworen!«, antwortete er theatralisch.

»Ich meine, weil wir am Abend das Gewisse gemacht haben und ich jetzt wohl schwanger werde«, sagte sie kleinlaut.

Ribaldi begriff, dass sie glaubte, jeder Geschlechtsverkehr führe zu einer Schwangerschaft. Dieses Märchen machten besorgte Eltern bereits seit Generationen ihren Töchtern weis, um sie daran zu hindern, ihren heimlichen Wünschen nach trauter Zweisamkeit mit einem Mann nachzugeben. Es passte in seine Pläne, sie enger an sich zu binden. Daher kniete er vor ihr nieder, ergriff ihre rechte Hand und presste sie auf sein Herz.

»Ich schwöre es dir noch einmal! Ich werde wiederkommen.«

»Ich will es glauben!« Neža küsste ihn ungeschickt und verließ wie ein fliehendes Reh den Raum.

Ribaldi sah ihr nach und musste sich das Lachen verkneifen. Er hatte sie an der Angel, und ihr Glaube, sie könnte ein Kind von ihm empfangen haben, war dabei der Köder. Jetzt ging es darum, heil in die Heimat zurückzukehren und seinem Herrn Bericht zu erstatten.

Er aß eine Kleinigkeit, steckte den Rest in seinen Beutel und machte sich auf den Weg. Als er an Arnoldstein vorbeikam, überlegte er, ob er noch Pater Norbert aufsuchen sollte. Da es bei den anderen Mönchen Verwunderung hätte auslösen können, unterließ er es und lenkte seine Schritte nach Maglern, um so rasch wie möglich nach Venedig zu gelangen.

Von einem Fenster des Schlosses aus hatte Neža zugesehen, wie Ugo Ribaldi aufgebrochen war, und flehte zur Himmelsjungfrau, ihn zu ihr zurückzubringen. Allerdings machte ihr das fremde Land, in das der Buffone sie bringen wollte, Angst. Um sich zu beruhigen, sagte sie sich, dass sie die deutsche Sprache rasch erlernt hatte, und so würde ihr dies auch bei der in Florenz gebräuchlichen gelingen. Auf keinen Fall jedoch durfte sie das, was gestern Abend zwischen ihr und Ribaldi geschehen war, jemandem erzählen – auch nicht Maria! Sie bat die Heilige Jungfrau darum, den Buffone zu ihr zurückkehren zu lassen, bevor ihre Schwangerschaft sichtbar wurde und sie der Schande preisgegeben war.

7.

Maria war zu sehr mit ihren eigenen Problemen beschäftigt, um die Veränderung wahrzunehmen, die in Neža vorging. Diese hatte die Liebe erlebt und sehnte sich danach, wieder in Ugo Ribaldis Armen zu liegen. Gleichzeitig fürchtete sie, dieser könne trotz des Rings, den sie gut versteckt hatte, sein Versprechen nicht einhalten und sie als ledige Magd mit einem Kind niederkommen. Noch immer glaubte sie, bei dem Geschlechtsverkehr wäre es zu einer Zeugung gekommen, wagte aber nicht, sich jemandem anzuvertrauen. In Ziljíca wäre sie sofort ins Gerede gekommen, und wenn sie nach Arnoldstein zur alten Kesslerin ginge, konnte es auffallen.

Während sich in ihrer Freundin Liebe und Furcht wie Wellen abwechselten, überlegte Maria, wie sie mit Johannes zusammenkommen und mit ihm reden könne. Mehr denn je schwankte sie zwischen körperlichem Begehren und dem Wunsch, eine geistige Beziehung mit Johannes einzugehen, die frei von Sünde sein sollte. Immer, wenn sie sich zu Letzterem entschlossen hatte, meldete sich ein Teil ihrer selbst mit dem Wunsch, umarmt und geküsst zu werden. Auch war sie neugierig auf das, was Gott Adam und Eva und deren Nachkommen zum Geschenk gemacht hatte.

Damals hat es keine Priester gegeben, dachte sie, und jeder Mann hatte sich ein Weib nehmen können. Warum musste das jetzt anders sein? Sie wusste keine Antwort darauf. Doch ihr war klar, dass sie ohne Johannes' Nähe nicht leben konnte. Dies schloss eigentlich einen Eintritt ins Kloster aus, denn ein Frauenkloster würde er nur als dessen Seelsorger betreten dürfen. Selbst wenn sie einander Briefe schickten, würden sie vorsichtig sein und jedes Wort von Liebe und Treue vermeiden müssen.

Wieder schob sich der Gedanke an Flucht in ihre Überlegungen. Diese wäre möglich, wenn es ihr gelang, an die eintausend Gulden ihrer Mitgift zu kommen. Doch die würde Jakob Fugger niemals ihr aushändigen, sondern nur einem von ihm bestimmten Ehemann.

Als sie an diesem Tag Christoph Härings Kontor betrat, sah sie die große Geldtruhe in der Ecke stehen. Ein schweres Schloss schützte den wuchtigen Kasten. Maria sann darüber nach, ob es ihr gelingen könnte, heimlich die Schlüssel für die Truhe an sich zu bringen und dieser eine Summe von eintausend Gulden zu entnehmen. Es wäre kein Diebstahl, da ihr das Geld zustand.

Bevor sie sich endgültig entschied, musste sie mit Johannes sprechen. Zu ihrem Leidwesen schien er die Fuggerau zu meiden und überließ es dem Pfarrer von Ziljíca, in der Schlosskapelle die Messe zu lesen. War er nun feige, fragte sie sich, oder mied er ihre Gegenwart, um sich nicht sündhaften Gedanken ausliefern zu müssen?

Etwas in ihr verteidigte Johannes sofort. Er war der liebste Mensch auf Erden, ein wenig schüchtern zwar, aber das war dem Aufwachsen im Kloster geschuldet. Einmal von der Kutte befreit, würde er gewiss aufblühen. Doch um das zu erreichen, musste sie endlich mit ihm reden können.

Maria wollte schon verzweifeln, als Helena Zeller von dem Besuch in Arnoldstein zurückkehrte und triumphierend in die Kammer platzte, wo sie mit Klara zusammensaß und nähte.

»Am Sonntag findet eine Prozession nach Siebenbrünn statt, und Pater Johannes wird sie führen! Also sollten wir auf jeden Fall mitgehen!«, rief Helena aus.

Klara stand auf und fasste nach den Händen ihrer Schwester. »Nach Siebenbrünn? Freilich, da kommen wir mit! Was sagst du, Maria?«

Maria hielt ihre Erregung nur mit Mühe im Zaum. War dies die Gelegenheit, auf die sie so sehnlichst gewartet hatte? Nach außen hin tat sie kühl. »Ich muss sehen, was an Arbeit ansteht!«

»Arbeiten am Sonntag? Bist du wirr?«, meinte Helena kopfschüttelnd.

Maria hob den Kopf und sah sie an. »Sonntag findet die Wallfahrt statt? Nun, da werden wir wohl mitgehen müssen.«

»Pater Johannes führt die Prozession an! Er kann so wunderbar predigen, und er sieht auch sehr gut aus, findest du nicht?«, fragte Klara mit leuchtenden Augen.

»Wenn dein Mann dich so hören würde, müsste er eifersüchtig werden«, sagte Maria, um sich um eine Antwort zu drücken.

»Was das betrifft, so ist mir mein Christoph gut genug«, erklärte ihre Ziehschwester lachend. »Wenngleich ich sagen muss, dass er durchaus ein wenig schmucker sein könnte.«

»Was er nicht ist«, warf ihre Schwester ein.

»Dein Jobst aber auch nicht«, antwortete diese bissig. Einen Augenblick lang sah es so aus, als würden die Schwestern darüber ins Streiten geraten, dann aber lachten beide.

»Mein Mann ist schon richtig! Doch man wird sich trotzdem etwas vorstellen dürfen«, erklärte Klara und sah Maria überlegen an. »Das verstehst du noch nicht! Aber wenn du einmal verheiratet bist und mit deinem Mann im Bett liegst, wirst du wissen, was ich meine.«

»Ich will nicht heiraten«, gab Maria zurück.

Klara lachte erneut. »Das sagst du nur, weil du noch nicht weißt, wie es ist, verheiratet zu sein. Aber das lernst du noch.«

»Allerdings nicht vor der Ehe. Ein Eheweib ziert eine Schwangerschaft, bei einem Jüngferlein wie dir wäre es eine Schande«, spottete Helena.

Maria hatte durch Beobachten und Zuhören genug über das Zusammensein von Mann und Frau erfahren, um zu wissen, was ihre Ziehschwestern meinten. Bei einer Magd war es nicht wichtig, ob sie einem Mann die Schenkel öffnete. Oft wurden die Mädchen auch dazu gezwungen. Wenn sie dann schwanger wurden, mussten sie während der heiligen Messe im Büßerhemd auf einem scharfkantigen Holzscheit knien und wurden als schandbar bezeichnet. War das Kind erst einmal geboren, machten die Frauen einfach weiter wie zuvor.

Wurde hingegen ein Mädchen von Adel oder dem gehobenen Bürgertum schwanger, ohne verheiratet zu sein, hing ihr die Schande ihr Leben lang nach, es sei denn, es fand sich jemand in einem akzeptablen Rang, der sie trotz des Bastards in ihrem Bauch ehelichte. Das musste sich für den Mann durch eine entsprechende Mitgift lohnen. Die eintausend Taler, die ihr zugeschrieben worden waren, würden auf jeden Fall zu wenig sein.

»Da bleibt Maria still!«, rief Helena lachend.

»Sobald sie verheiratet ist, kann sie mitreden. Doch jetzt sollten wir das Thema wechseln. Du siehst, sie wird schon rot!« Auch Klara lachte nun und zwinkerte ihrer Schwester zu.

Maria war froh, als ihre Ziehschwestern über etwas anderes sprachen. Höflichkeitshalber wartete sie noch einige Augenblicke und stand dann auf. Mit einem Hinweis auf eine gewisse Regung in ihrem Leib verließ sie die Kammer. Draußen wandte sie sich jedoch nicht dem Abtritt zu, sondern eilte in ihre Kammer, sank auf ihren Stuhl und barg das Gesicht in den Händen. Sie würde Johannes bei der Prozession wiedersehen, bezweifelte aber, ob es ihr möglich sein würde, mit ihm über ihre angedachte Flucht zu reden. Notfalls musste sie sich mit ihm zu einem heimlichen Treffen verabreden. Sie hatten sich schon einmal bei der Klosterwiese getroffen. Das konnte auch ein zweites Mal geschehen.

8.

Das Wetter am Sonntagmorgen war herrlich. Helena und Klara wählten ihren besten Staat, während Maria das weiße Kleid heraussuchte, das sie bei ihrer ersten Begegnung mit Johannes getragen hatte. Während ihre Ziehschwestern tief in ihre Schmuckschatullen griffen und ihre Halsketten nur lässig mit seidenen Schultertüchern bedeckten, flocht Maria sich einen Kranz aus Blumen. Dies, so sagte sie sich, sollte ihr einziger Schmuck sein.

Ein wenig bedauerte sie, keine edelsteinbesetzten Ringe oder Halsketten zu besitzen, denn solche hätte sie nach einer Flucht verkaufen und sich und Johannes einen besseren Eintritt in ein freies Leben verschaffen können. Doch wenn es ihr gelang, die eintausend Gulden an sich zu bringen, konnten sie beide froh in die Zukunft sehen.

Mit diesem Gedanken machte sie sich mit den anderen zusammen auf den Weg. Am Fuß des Klosterfelsens hatte sich bereits eine große Schar Wallfahrer versammelt. Die Prozession nach Siebenbrünn war recht kurz und konnte auch bewältigt werden, wenn man nicht so gut zu Fuß war.

Maria entdeckte die Kesslerin mit ihrer Enkelin und deren Kindern sowie eine Reihe anderer Bewohner des Marktfleckens Arnoldstein. Vom Kloster kamen etliche Mönche herab, unter ihnen Pater Cyprian, der trotz seines bärbeißigen Wesens recht beliebt war, und leider auch Pater Norbert, der an seiner Seite ging. Selbst der alte Vincentius schleppte sich, auf einen Stock gestützt, den steilen Weg herab.

Die Mönche bildeten, in ihre dunklen Kutten gehüllt, die Spitze der Prozession, und die Sonne strahlte zur Belustigung einiger Wallfahrer von ihren frisch geschorenen Tonsuren wider. Trotz ihrer Anspannung musste auch Maria lächeln. Dann sah sie Johannes den Hang herabkommen und wurde ernst.

Er trug nicht die übliche Kutte, sondern hatte Albe und Kasel eines Priesters angezogen. Vier Novizen begleiteten ihn als Ministranten, während vier weitere Mönche die Statue der Muttergottes trugen, die sie auf dem Weg nach Siebenbrünn begleiten sollte.

Die Menschen sanken auf die Knie, als Johannes und seine Begleiter an ihnen vorbeigingen, und bekreuzigten sich. Johannes hob segnend die Hand, doch sein Blick suchte nur die eine, deren Bild sein ganzes Herz erfüllte. Als er Maria entdeckte, erschien sie ihm schöner denn je. Welch eine Wonne musste es sein, sie in den Armen halten zu dürfen, dachte er und haderte mit seinem Schicksal, das ihn zu einem Leben als Mönch verurteilt hatte.

Auf seinen Wink hin erhoben sich die Wallfahrer und reihten sich in die Prozession ein. Die höheren Herrschaften, zu denen Helena Zeller, Klara Häring und Maria zählten, durften gleich hinter den Mönchen gehen, während für Ella, Neža und die anderen Bediensteten auf Schloss Rosenheim nur ein Platz am Ende blieb.

Maria war froh darüber, weil Ella Verdacht geschöpft zu haben schien und ihr immer wieder Mahnungen erteilte, nicht den Irrungen ihres Herzens zu folgen. Doch was wusste diese Frau von Liebe?, fragte sie sich. Ella war bereits jung in die Dienste von Hans Fugger getreten, und das war ihren Berichten zufolge gut dreißig Jahre her. Zwar hatte Maria sie etwas weniger als zwei Drittel dieser Zeit bewusst erlebt, doch Ella hatte sich nie anmerken lassen, ob ihr ein Mann gefiel und sie seinetwegen ihre Stellung in Hans Fuggers Haushalt aufgeben wolle.

Nun erscholl das Gebet, und Maria fiel unwillkürlich darin ein. Während ihr Mund die frommen Texte murmelte, wanderten ihre Gedanken. Wo sollte sie mit Johannes hingehen, wenn sie diese Gegend verließen? Sie kannte nur Arnoldstein, Villach und Nürnberg. Hier in den Bergen konnten sie nicht bleiben, und Nürnberg erschien ihr zu unsicher, da ihre Ziehmutter Veronika sowie Hans Fuggers Sohn Castulus dort lebten. Es gab aber noch viele Städte im Heiligen Römischen Reich, in denen man sie nicht kannte. Allerdings durften sie sich nicht gleich jenem Ort zuwenden, an dem sie auf Dauer leben wollten, denn zuvor musste Johannes' Tonsur auswachsen, so dass er nicht mehr als ehemaliger Mönch zu erkennen war.

Da der Abt ihn zum Führer dieser Prozession ernannt hatte, konnte Johannes seinen Gedanken nicht so freien Lauf lassen wie Maria. Doch als sie nach wenigen Stunden das Kirchlein von Siebenbrünn erreicht hatten und die Messe gehalten worden war, blieb auch für ihn ein wenig Zeit, in der er nachdenken konnte. Er segnete das heiltätige Wasser, das aus sieben Quellen unter der Kirche entsprang. Johannes musste einigen alten Pilgern helfen, bei dem wundertätigen Wasser hinzuknien und die Augen zu benetzen. Einige Wallfahrer hatten sogar Gefäße bei sich, in die sie das Wasser einfüllten, um den Segen der Heiligen auch jenen mitzubringen, die hatten zu Hause bleiben müssen.

Mit einem Mal stand Maria neben ihm. »Ich bitte um Euren Segen, hochwürdiger Herr«, bat sie und senkte den Kopf.

Als Johannes das Kreuz über sie schlug, hörte er ihre Stimme. »Ich muss dringend mit Euch sprechen! Kommt morgen zur Wiese von Ziljíca.«

»Im Namen des Vaters, des Sohnes und des Heiligen Geistes, ich werde dort sein, amen«, antwortete er und spürte, wie sein Herz schneller schlug.

Von beiden unbemerkt, hatte Pater Norbert sie nicht aus den Augen gelassen. Ihm war bei den Kunststücken, die der Buffone Ugo Ribaldi in der Fuggerau gezeigt hatte, nicht entgangen, dass Maria und Johannes die gegenseitige Nähe gesucht hatten. Auch jetzt taten sie es wieder, und er fühlte Zorn und Eifersucht. Maria war schön wie ein Engel, hatte ihn aber vor einigen Jahren gedemütigt. Dies erforderte Genugtuung, und er wünschte sich, sie zu bestrafen, indem er sie zu seiner Bettmagd machte. Sobald Foscari ihm seine neue Pfründe beschafft hatte, fand er gewiss Gelegenheit dazu. Er wollte sie jedoch als Jungfrau haben und nicht mit dem Gedanken leben müssen, dass sie ihr wertvollstes Gut an diesen Tölpel Johannes verschwendet hatte.

Mit einem hinterlistigen Grinsen gesellte er sich zu Pater Cyprian, der sich gerade mit Vincentius unterhielt. »Du sagst zwar immer, du willst so bald wie möglich ins Himmelreich. Wenn du aber weiterhin zu wundertätigen Orten pilgerst, wirst du noch lange leben«, sagte er spöttisch zu dem alten Mönch.

»Lange werde ich nicht mehr gehen können. Meine Gelenke machen nicht mehr mit, und ich habe Angst davor, schon bald wie ein mürbes Stück Holz in meinem Bett zu liegen, während Gevatter Tod auf sich warten lässt«, antwortete Bruder Vincentius verdrossen.

Seine Schmerzen waren mit den Monaten noch größer geworden, und selbst der kurze Weg bis Siebenbrünn hatte ihn bis an die Grenzen seiner Kraft beansprucht.

Unterdessen wechselte Pater Norbert das Thema. »Unser Johannes macht sich als Prediger ganz gut. Vor allem die Weiber sind ganz verrückt danach, ihm zuzuhören. Wir können froh sein, dass er ihnen nicht viel abgewinnen kann. Er würde sonst sowohl unten im Markt, in Gailitz, aber auch in der Fuggerau und Schloss Rosenheim liebevolle Aufnahme und für ihn bereitstehende Betten finden.«

Damit, sagte er sich, hatte er sowohl bei dem alten Mönch wie auch bei Pater Cyprian Misstrauen gesät. Beide schauten sofort zu Johannes hin.

Inzwischen hatte Maria diesen zwar wieder verlassen, dafür aber standen Helena und Klara neben ihm, und sowohl ihr Putz wie auch ihre Blicke verrieten Cyprian und Vincentius deutlich, dass Johannes den beiden gefiel.

»Wir sollten dafür Sorge tragen, dass er nicht mehr so oft im Schloss die Messe liest. Es könnte doch sein, dass eine der Frauen sich vergisst und ihn zu Dingen verführt, die weder Gott noch uns gefallen können«, erklärte Pater Cyprian mit einem gewissen Ärger, der weniger Johannes galt als den Frauen, die ihn umschwärmten.

9.

Während des Rückwegs nach Arnoldstein fand Maria keine Gelegenheit mehr, mit Johannes zu sprechen. Umso mehr sehnte sie das Treffen am nächsten Tag herbei. Noch an diesem Abend sagte sie zu Neža, dass diese sie am Morgen begleiten solle, und legte sich mit dem Gefühl zu Bett, am nächsten Tag würde sich ihr Schicksal entscheiden.

Kaum hatte sie am Morgen das Bett verlassen, ging ihr alles zu langsam. Immer wieder eilte sie zu dem Fenster, das ihr den Blick in Richtung Arnoldstein bot, und spähte hinaus. Es war fast Mittag, als Johannes erschien. Endlich!, durchfuhr es Maria, und sie eilte los.

»Ist es so weit?« Erst als Maria Nežas Stimme hinter sich vernahm, begriff sie, dass sie in ihrer Ungeduld beinahe vergessen hätte, diese mitzunehmen. Sie blieb stehen und nickte.

»Ja, komm rasch! Es wird bald zum Mittagsmahl geläutet.«

Neža schloss zu ihr auf, blieb jedoch zurück, als sie sich der Wiese näherten. Dabei haderte sie mit sich selbst, weil sie es nicht über sich brachte, sich Maria anzuvertrauen. Angst, schwanger geworden zu sein, hatte sie keine mehr, denn sie hatte in der Zwischenzeit geblutet. Dafür zerfraß sie sich vor Sorge, der Buffone könnte sie vergessen und niemals zu ihr zurückkehren. Daher hätte sie den Trost ihrer Freundin und deren Rat dringend gebraucht. Die Scham aber, sich einem Mann, noch dazu einem Fremden, den sie gerade erst kennengelernt hatte, hingegeben zu haben, war zu groß.

Marias Gedanken galten fast ausschließlich Johannes, und so blieb ihr die seelische Qual ihrer Freundin verborgen.

So schnell sie konnte, eilte sie zu ihrem Geliebten und ergriff seine Hände.

»Fasst Mut!«, sagte sie lächelnd. »Vielleicht weiß ich einen Ausweg.«

»Welchen?«

»Mein Ziehvater hat mir eintausend Gulden vermacht. Damit können wir von hier fliehen und ein neues Leben beginnen!« Maria verschwieg, dass sie dieses Geld erst heimlich aus der Geldkiste entwenden musste, sondern stellte es so dar, als könne sie es einfach an sich nehmen und Schloss Rosenheim verlassen.

Johannes hatte schwer mit sich gerungen, ob er die Liebe zu Maria nicht aus seinem Herzen reißen sollte, um ihr nicht das Himmelreich zu versagen. Nun aber waren alle Bedenken wie weggewischt, und er sah sie mit erwachender Hoffnung an. »Bei Gott, ich wünschte mir, es könnte so sein!«

»Das wird es. Vertraut mir!« Maria stellte sich kurz auf die Zehenspitzen und berührte seinen Mund kurz mit ihren Lippen.

»Ich liebe Euch so sehr.«

»Und ich Euch erst.« Johannes widerstand nur mit Mühe dem Wunsch, sie in die Arme zu schließen. Auch wenn Maria und er im Schatten mehrerer Bäume standen, konnte trotzdem jemand, der in der Nähe war, sie sehen und es weitererzählen. Ob er dann noch die Gelegenheit fand, das Kloster zu verlassen, erschien ihm zweifelhaft.

»Wann wollt Ihr fliehen?«, fragte er Maria.

»Am liebsten so bald wie möglich.«

Johannes rieb sich über die Stirn. »Es müsste eine Woche sein, in der ich keine Messe halten muss. Am Sonntag feiere ich sie in Sankt Lambert. Am Dienstag soll ich noch einmal nach Schloss Rosenheim. Danach müsste es gehen.«

»Also noch etwas mehr als eine Woche.«

Dies schien Maria eine gute Zeit, denn bis dorthin hoffte sie, an die eintausend Gulden zu kommen. Allerdings durften Häring und Zeller nicht bemerken, dass dieses Geld in ihrer Kasse fehlte, daher konnte sie es erst kurz vor der Flucht an sich nehmen. Mit diesem Problem aber wollte sie Johannes nicht belasten, dachte sie und sah ihn strahlend an. »Jetzt sind es nur noch wenige Tage, dann wird unsere Liebe Erfüllung finden.«

»Möge Gott uns beistehen!«, rief Johannes und fand im nächsten Augenblick, dass dies wohl nicht der richtige Wunsch war. Das, was Maria und er vorhatten, entsprach gewiss nicht Gottes Gebot.

10.

Pater Norbert hatte beobachtet, wie Johannes das Kloster verließ, und war ihm heimlich gefolgt. Als er den jungen Priester und Maria aus der Deckung eines Gebüsches heraus beobachtete, nickte er anerkennend. »Das Bübchen hat Geschmack und gibt sich nicht mit gebrauchter Ware ab, sondern zielt auf die Jungfrau. Der Teufel soll ihn holen!«

Es war kein frommer Wunsch, aber er kam aus ehrlichem Herzen, und es schwang eine gehörige Portion Neid darin. Während seines Aufenthalts in Venedig hatte Pater Norbert mehrmals die Häuser an der Ponte delle Tette aufsuchen können und dabei das Gefühl gewonnen, dass es neben dem Glanz des Goldes noch mehr gab, das einen Mann erfreuen konnte. Er wollte sich jedoch nicht mit irgendwelchen Frauen begnügen, sondern die Schönste bekommen, die er finden konnte.

»Und das ist Maria«, murmelte er.

Wenn er es geschickt anfing, würde sie ihm wie eine reife Frucht in den Schoß fallen. Mit diesem Gedanken sah er zu, wie Maria und Johannes sich verabschiedeten und ihrer Wege gingen. Die Magd schloss zu Maria auf. Auch Pater Norbert kehrte nach einer gewissen Zeit nach Arnoldstein zurück. Unterwegs kam er an dem alten Rosenstock vorbei, von dem er die weiße Rose gepflückt hatte, die Ewald von Bamberg zum Verhängnis geworden war.

Als Pater Norberts Blick den Rosenstock streifte, entdeckte er zwei Knospen, die sich in wenigen Tagen öffnen würden. Die eine schien rot zu sein wie die meisten Rosen, doch bei der anderen spitzte ein wenig Weiß hervor.

Der Pater erinnerte sich daran, wie Bruder Vincentius vor nicht allzu langer Zeit erklärt hatte, er würde ein Zeichen des

Himmels mittels einer weißen Rose begrüßen, um die Stunde seines Todes zu kennen. Einen Augenblick lang überkam Pater Norbert der Wunsch, hier Schicksal zu spielen, dann schüttelte er lächelnd den Kopf. Eine weiße Rose war zu wertvoll, um einen alten Mann glauben zu lassen, ihm stünde das Himmelreich offen. Es gab eine weitaus bessere Verwendung für die Blume. Bis dorthin aber musste er Marias Nähe suchen und die Rose voll erblüht sein. Da Pater Ewalds Tod nach dem geheimnisvollen Auftauchen einer weißen Rose außerhalb des Klosters nur wenigen Menschen bekannt war, hatte man die Geschichte in der Fuggerau gewiss noch nicht gehört.

Mit dieser Überlegung stieg der Pater den Weg zum Kloster empor und grüßte den Bruder Pförtner so leutselig, dass dieser sich verwundert im Nacken kratzte. Sonst war Norbert stets kurz angebunden und teilweise sogar schroff gewesen.

Der Pater begab sich sogleich in die Schreibstube, in der einige Mönche alte Bücher kopierten, da dies das Kloster weitaus weniger kostete, als diese gedruckt neu zu kaufen.

»Ihr seid ja recht fleißig«, lobte er seine Mitbrüder und trat zu dem Pult, auf dem die Einteilung der Priester für die nächsten Messen lag. Johannes war am Sonntag unten im Marktort in der Lambert-Kirche an der Reihe sowie zwei Tage später in Schloss Rosenheim. Für die Freitagsmesse im Schloss war jedoch er selbst eingetragen.

Pater Norbert sah dies als Zeichen, dass der Himmel ihm gewogen war, und legte sich einen Plan zurecht.

11.

Die nächsten Tage wurden für Johannes zur Qual. Er erschrak über die Kühnheit des Plans, den Maria ersonnen hatte, und fand tausend Gründe, weshalb dieser scheitern müsse. Gleichzeitig sehnte er sich danach, seine Kutte abzulegen, sich wie ein Mann aus dem Laienstand zu kleiden und seine Tonsur unter einer Mütze zu verbergen. Vor allem wollte er endlich mit Maria vereint sein. Dabei ging es ihm gar nicht in erster Linie darum, leiblich mit ihr zu verkehren, sondern mit ihr zu reden und eine gemeinsame Zukunft zu erkämpfen. In den Stunden, in denen sein Mut groß genug war, sagte er sich, dass es für ihn nicht schwer sein dürfte, sein Brot zu verdienen. Er konnte schreiben, lesen und rechnen, sprach außer Deutsch auch Latein, Spanisch, Windisch, Griechisch sowie den in Venedig gebräuchlichen Dialekt und konnte sich daher entweder als Schreiber, Sekretär oder Lehrer verdingen. Es musste nur in einer Gegend sein, in der seine Herkunft kein Hindernis für ihn darstellte.

Anders als Johannes empfand Pater Norbert eine gewisse Vorfreude auf das, was kommen würde. Sein sonst schroffes Wesen milderte sich, und er reihte sich so klaglos in das Klostergeschehen ein, dass einige Mönche sich fragten, ob das, was sie in früheren Zeiten mit ihm erlebt hatten, Einbildung gewesen war.

Am Freitag nahm Pater Norbert sein Brevier und machte sich auf den Weg zum Schloss Rosenheim. Unterwegs blieb er bei dem Rosenstrauch stehen und bemerkte zufrieden, dass beide Rosen langsam aufblühten und die eine tatsächlich weiß war. Es juckte ihn in den Fingern, sie zu brechen und selbst zu verwenden. Dann aber schüttelte er den Kopf. Der Plan, den er ersonnen hatte, würde ihm mehr nützen.

Zufrieden ging er weiter und erreichte nach kurzer Zeit das Schloss. Der Pförtner ließ ihn ein, und er trat in die Kammer, in der Helena und Klara sich mit Handarbeiten beschäftigten. Maria war bei ihnen und strickte Socken. Sie tat es für Johannes, der jetzt im Sommer das Kloster gewiss nur mit Sandalen an den Füßen verlassen würde. Als Pater Norbert eintrat, sah sie nur kurz auf und strickte dann weiter.

Klara und Helena begrüßten den Pater freundlich, wenn auch ohne die Freude, die sie bei Johannes zeigten, und boten ihm einen Becher Wein an.

»Sehr gerne!«, rief er, denn in Venedig hatte er nicht nur die Süße der körperlichen Liebe, sondern auch die des Weines schätzen gelernt.

Klara Häring wies Neža an, einen Krug Wein und mehrere Becher zu holen, da sie ebenfalls ein wenig Wein trinken wollte. Auch ihre Schwester hatte Durst, doch als sie den Wein Maria anboten, schüttelte diese den Kopf.

»Habt Dank, ich werde höchstens am Abend einen Becher dieses schweren Weines trinken, jedoch nicht zu so einer frühen Tageszeit und vor der heiligen Messe.«

»Dann bleib bei deinem Birnenmost«, spottete Klara, die diesem nur leicht vergorenen Getränk nichts abgewinnen konnte.

Auch Pater Norbert schauderte es bei dem Gedanken an Birnen- oder Apfelmost. Da Wein und auch starkes Bier teuer waren, mussten sich die Mönche meist mit Most begnügen. Das, so sagte er sich, hatte er bald nicht mehr nötig. Zufrieden nahm er den Becher entgegen, den Neža ihm reichte, und trank genüsslich den ersten Schluck. Wie erhofft, war es schwerer ungarischer Wein, süß und so stark, dass man bereits nach wenigen Bechern berauscht war.

Nachdem er seinen Becher geleert hatte, zwang Pater Norbert sich, den zweiten Becher, den Helena ihm anbot, abzulehnen. Wenn er zum Ziel gelangen wollte, musste er Herr seiner Sinne bleiben. Auch bestand die Gefahr, bei der heiligen Messe zu nuscheln und vielleicht auch noch Teile zu vergessen – und das zu einer Zeit, in der die Härings und Zellers Johannes' klare, eindringliche Stimme gewohnt waren.

Als es so weit war, erhob er sich und begab sich in die kleine Sakristei. Dort wollte er den vorbereiteten Ornat überziehen, bemerkte aber, dass es sich um Johannes' Chorhemd handelte. Es war ihm zu lang und an den Schultern zu breit. Wenn er so gekleidet die Messe las, würde er sich lächerlich machen.

Ärgerlich stopfte er die Kleidung in das Fach zurück und suchte nach einer anderen Albe. In einer Truhe fand er schließlich etwas, das ihm passte. Es wirkte allerdings ein wenig schäbig, und er ärgerte sich, so vor die Bewohner des Schlosses treten zu müssen. Rasch nahm er Johannes' Kasel und streifte sie anstelle der eigenen über.

So muss es gehen, dachte er, nahm sein Brevier und betrat die Kapelle. Die Familien Häring und Zeller saßen bereits auf ihren Stühlen. Hinter ihnen hatte Maria Platz genommen, und neben ihr saßen Ella und andere hochrangige Bedienstete, während die meisten Knechte und Mägde die heilige Messe stehend verfolgen mussten.

Der Pater begann, merkte aber, dass sich seine Zuhörer unter dem Gesinde bald ausdünnten. Sogar das hübsche windische Mädchen, das Maria begleitet hatte, verschwand. Er konnte kaum glauben, dass aus dem dürren Ding, über das er sich vor einigen Jahren geärgert hatte, ein so hübscher Schmetterling hatte werden können. Allerdings übertraf Maria ihre Freundin bei weitem. Sie für sich zu gewinnen, dachte er, würde seinen Triumph vollkommen machen. Es sollte auch nicht so schwer sein. Immerhin hatte er ihr einiges zu bieten, und sie würde als seine Mätresse einmal ein schönes Leben haben.

Der Gedanke beherrschte ihn so, dass er sich bei der Messe doch zweimal versprach. Allerdings verstanden seine Zuhörer kein Latein, und so gab es niemanden, der ihn dafür hätte tadeln können.

Als es ans Abendmahl ging, waren die Bediensteten auf einmal wieder da. Am liebsten hätte er ihnen den Leib Christi verweigert, doch es gehörte nicht zu seinen Plänen, einen Streit anzuzetteln. Er reichte zunächst den beiden Faktoren und deren Ehefrauen die Hostie. Dann sah er Ella vor sich und hielt mit unmutig verzogener Miene nach Maria Ausschau. Diese saß noch auf ihrem Platz und schien in Gedanken versunken zu sein. Erst als fast das gesamte Gesinde zu ihm gekommen war, um die Hostie zu erhalten, trat auch sie auf ihn zu.

Der Pater musste an sich halten, um nicht ihre Wange zu berühren. Das Mädchen war wahrlich wunderschön! Nun erinnerte er sich daran, gehört zu haben, dass es sich bei ihr um eine illegitime Tochter eines Fuggers handelte. Er reichte ihr die Hostie, griff nach dem Kelch mit dem Messwein und nahm einen tiefen Zug. Häring und Zeller ließen sich nicht lumpen, dachte er, als er schweren ungarischen Roten auf der Zunge spürte. In früheren Zeiten hätte er sich mit einer Stellung als Kaplan in einem so gut geführten und versorgten Schloss zufriedengegeben. Nach seinem Besuch in Venedig und seinem Gespräch mit Marcantonio Foscari aber strebte er nach mehr.

Pater Norbert beendete die Messe schneller, als Johannes es getan hatte, und wurde danach gebeten, am Mahl teilzunehmen. Bisher waren es immer Festtage für ihn gewesen, da hier aufwendiger gekocht wurde als im Kloster, und auch an diesem Tag schmeckte es ihm. Während er aß, beobachtete er immer wieder Maria und bemerkte einen entschlossenen Zug auf ihren Lippen. Sie schien anders zu sein als die meisten Frauen und einen festen Willen zu besitzen. Diesen würde er brechen und sie zu seiner Dienerin machen müssen. Zu plump durfte er allerdings nicht vorgehen. Sie war keine Magd, der er einfach befehlen konnte, sich für ihn bereitzulegen, sondern wie ein Edelfräulein erzogen worden. Damit erfüllte sie die Voraussetzungen, die er an eine Geliebte stellte. Diese sollte in der Lage sein, hochgestellte Gäste so zu begrüßen, wie es der Brauch war.

»Ihr seid heute so schweigsam, hochwürdiger Vater«, wandte sich Klara Häring an ihn.

Pater Norbert schrak aus seinen Gedanken hoch und sagte sich, dass er nicht mit offenen Augen träumen durfte, wenn er sein Ziel erreichen wollte.

»Verzeiht, ich dachte eben an ein theologisches Problem. Über dieses werde ich wohl mit unserem hochehrwürdigen Herrn Abt sprechen müssen. Lasst Euch davon nicht betrüben. So wichtig ist es jetzt nicht.« Pater Norbert hob lächelnd den Weinbecher und trank seinen Gastgebern zu.

Diese taten es ihm gleich und ließen sich den Wein schmecken. Auch der Pater nahm einen tiefen Zug und beobachtete, dass Maria nur an ihrem Becher nippte.

»Ihr tut gut daran, Mäßigung zu üben, Jungfer«, sprach er sie an. »So manche junge Dame hat durch den Wein ihre Beherrschung und ihre Ehre verloren.«

»Das wisst Ihr natürlich als Priester am besten, weil die armen Dinger zu Euch kommen und dies beichten!«, rief Jobst Zeller gut gelaunt.

»Mag sein!«, gab der Pater zurück. »Doch sprechen wir nicht von gefallenen Mädchen, sondern von denen, die ihre Liebe rein im Herzen bewahren.«

Erneut sah er Maria an, doch diese ließ sich nicht anmerken, ob seine Worte getroffen hatten oder nicht.

»Wenn zwei reine Herzen zueinanderstreben, es aber so aussieht, als gäbe es keine Hoffnung für sie, so weiß ich von einer Sage zu berichten, die aus alten Zeiten überliefert ist. Vor vielen hundert Jahren, heißt es, hätte ein Ritter seinen nachgeborenen Sohn für die Kirche bestimmt. Der junge Mann wurde geweiht, verliebte sich dann aber in ein junges, schönes Mädchen und dieses sich in ihn. Es schien keinen Weg für sie zu geben, einander angehören zu können. Doch da riet eine weise Frau dem Mädchen, nach einer weißen Rose zu suchen und diese auf den Kirchenstuhl des Geliebten zu legen.«

»Nun sind weiße Rosen nicht gerade häufig zu finden«, wandte Helena Zeller lachend ein.

»Im Allgemeinen mag das stimmen«, erklärte der Pater. »Doch gerade heute sah ich am Fuße des Klosterhügels einen Rosenstock mit zwei Blüten. Eine ist rot, wie Rosen so sind, die andere jedoch weiß wie Schnee.«

Pater Norbert sprach eindringlich und beobachtete Maria, die jetzt sichtlich aufhorchte.

»Und hat dieses Mädchen aus der Sage eine weiße Rose gefunden?«, fragte Klara neugierig.

Pater Norbert nickte. »Sie musste weit gehen, doch sie fand sie, und das Wunder war, dass die Rose auf dem Heimweg nicht verblühte und sie diese wie frisch gepflückt auf den Platz des Geliebten legen konnte.«

»Und, gab es ein Wunder?«, warf Jobst Zeller spöttisch ein.

»Ob ihr es glaubt oder nicht! Es gab eines, auch wenn es zwei Jahre dauerte, bis es zu erkennen war. Die Ritter der Christenheit zogen damals ins Morgenland aus, um Jerusalem und das Heilige Grab aus der Hand der Heiden zu befreien. Unser junger Priester zog mit, ergriff in einer Schlacht, als es schlecht für die Unseren stand, das Schwert und rettete König Konrad das Leben. Daraufhin wendete sich die Schlacht, und das Kreuz siegte über den Halbmond der Heiden.

Aus Dank versprach König Konrad dem jungen Priester, ihm alles zu geben, was er sich wünsche. Dieser bat ihn, beim Heiligen Vater in Rom einen Dispens zu erwirken, auf dass er in den Laienstand zurückkehren und das Mädchen, das er verehrte, heiraten könne. Dies geschah auch. Zudem verlieh der König seinem Lebensretter ein stattliches Lehen, und dieser begründete eines der großen Geschlechter im Heiligen Römischen Reich.«

Nach der Erzählung des Paters herrschte erst einmal Stille. Dann klatschten die beiden Schwestern Beifall, während Maria nur daran denken konnte, dass eine weiße Rose schon einmal einem Liebespaar geholfen hatte. Sie wünschte sich, es würde bei Johannes und ihr ebenso sein.

»Das war eine hübsche Sage, nur schade, dass es so etwas heutzutage nicht mehr gibt«, meinte Christoph Häring.

Pater Norbert wiegte lächelnd den Kopf. »Weiß man das? Gottes Gnade ist heute so groß, wie sie es damals war!«

Klara und Helena hatte er mit der Geschichte beeindruckt. Wichtig für ihn war jedoch, wie Maria sie aufnahm. Gewohnt, sich ihre Gefühle nicht anmerken zu lassen, schwieg diese. Die weiße Rose blieb jedoch in ihren Gedanken, und sie fragte sich, ob diese Johannes und ihr helfen könnte, ihr Ziel zu erreichen.

Trotz ihrer aufkeimenden Hoffnung fühlte sie sich unschlüssig. Sie würde dafür nach Arnoldstein gehen und Neža bitten müssen, sie zu begleiten. Dies hieß auch, ihr bei ihrer Arbeit zu helfen, damit sie nicht gescholten wurde. Ella hingegen konnte das Schloss und die Fuggerau verlassen, ohne dass eine Aufgabe unerledigt blieb, doch würde sie, wenn sie die Rose pflückte, misstrauisch werden.

Maria kam an diesem Tag zu keinem Ergebnis. Ihre Sehnsucht nach Johannes drängte sie, jeden Strohhalm zu ergreifen, und wenn es nur eine alte Sage war. Nach einer Weile lachte sie über sich selbst. Zum einen wusste sie nicht, ob der Pater die Wahrheit gesprochen hatte und es diese Rose überhaupt gab. Zum anderen konnte sie bis Sonntag verblüht sein, oder ein anderer hatte sie bis dahin gebrochen.

Da die Fuggerau erst einige Jahre nach Pater Ewalds Tod erbaut worden war, wussten die Bewohner nichts von dem Todesfluch, der den weißen Rosen angeblich anhaftete. Von jenen aber, die von den Erzählungen der Pilgermönche über den Fluch der weißen Lilie oder Rose gehört hatten, wagte es niemand, sich dem Rosenstock zu nähern, und ebenso wie die alte Kesslerin wünschten sich jene Menschen in Arnoldstein, die vor dem teuflischen Zauber der weißen Rose gewarnt worden waren, diese möge möglichst bald verblühen.

Achter Teil

Der Fluch der Rose

1.

Etwa zur selben Zeit gewährte der Doge Leonardo Loredan in seinem Palast in Venedig drei Männern eine Audienz. Hinter den beiden anderen halb versteckt, stand der Buffone Ugo Ribaldi in bescheidener Haltung. Diesmal trug er nicht die Spaßmachertracht, sondern ein schlichtes graues Wams und eng anliegende, braune Strumpfhosen. Seine Kopfbedeckung, ein rot schimmerndes Barett, hielt er mit demütiger Geste in der Hand. Seine beiden Begleiter standen nicht ganz so gebeugt, aber immer noch achtungsvoll geneigt vor dem Dogen und hielten ihre Kopfbedeckungen ebenfalls in den Händen. Einer von ihnen war Ribaldis Auftraggeber Marcantonio Foscari, ein noch junger Edelmann, der im Gegensatz zum Buffone prächtig herausgeputzt war. Er glänzte in einem hellblauen, goldbestickten Wams, rosenholzfarbigen Kniehosen und leicht dunkleren Seidenstrümpfen. An der linken Hand trug er mehrere Ringe, und um den Hals hing eine daumenbreite Goldkette.

Foscaris Stellvertreter Domingo war leicht als Soldat zu erkennen, denn er steckte in einem ledernen Wams, Kniehosen aus Leder und hohen Stiefeln. Genau wie sein Herr hatte er sein Schwert zurücklassen müssen, und dem Buffone hatte man den Dolch abgenommen. Domingo war anzusehen, dass er sich ohne Waffe nackt vorkam. Seine Miene war säuerlich verzogen.

»Was hast du, Domingo, mein Freund? Bist du es nicht gewohnt, bei hohen Herrschaften vorzusprechen?«, fragte ihn Foscari spöttisch.

»Ich habe mich vor Grafen und Herzögen verbeugt und konnte meine Linke dabei immer auf den Schwertgriff legen«, antwortete Domingo.

»Dies mag in Spanien angehen, aber nicht hier in Venedig, wo Verrat von vielen Seiten droht«, erklärte der Doge.

Foscari lächelte den Spanier fröhlich an. »Selbst ich musste mein Schwert zurücklassen, obwohl ich wahrlich ein treuer Diener Venedigs bin.«

»Ich werde trotzdem froh sein, wenn das meine wieder an meiner Seite hängt«, erwiderte Domingo, schwieg dann aber, weil Loredan eine ungeduldige Geste machte.

»Ich habe euch damit beauftragt, zu erkunden, wie weit die Metallverarbeitung in Jakob Fuggers Besitz in Kärnten gediehen ist. Zwar liegt sie auf Bamberger Gebiet, und der dortige Fürstbischof hat seine Neutralität in dem Krieg erklärt, den König Massimiliano mit der Republik Venedig angezettelt hat. Es hieß jedoch, dass Fugger dort Kanonen gießen lassen will.«

»So ist es, Euer Gnaden! Die Gießereien der Fugger sind weiter gediehen, als Ihr befürchtet habt. Es sind bereits etliche Rohre gefertigt worden und warten in den Lagerhallen darauf, verkauft und benutzt zu werden«, antwortete Foscari beflissen.

»Ich habe die Kanonenrohre selbst gesehen, Euer Gnaden«, ließ sich der Buffone vernehmen.

Loredan verzog das Gesicht und blickte auf eine Karte, die vor ihm auf dem Tisch lag. »Giacomo Fugger ist zu schlau, diese Kanonen zu verkaufen – oder, besser gesagt, an unsere Feinde zu verkaufen. Er wird sie auch uns nicht überlassen. Ich befürchte etwas anderes. Der Krieg zwischen Massimiliano von Habsburg und der Republik Venedig behindert Fuggers Geschäfte. Sollte ihm der Krieg zu lange dauern, kann es zu einer Übereinkunft mit dem König kommen. Dieser besetzt das Bamberger Gebiet an unserer Grenze, nimmt sich die Kanonen und greift uns gleichzeitig von Tirol und von Kärnten aus an. Einem solchen Zangenangriff hätte die Republik nur wenig entgegenzusetzen.«

»Dann müssen wir uns die Kanonen holen, bevor der Österreicher es tut!«, rief Foscari.

»Dies ist leichter gesagt als getan«, erklärte der Doge mit missmutiger Miene. »Fuggers Besitz liegt auf Bamberger Gebiet. Dieses offen anzugreifen, könnte die deutschen Reichsfürsten dazu bringen, ihren König stärker zu unterstützen. Ein paar tausend Söldner mehr würden genügen, unsere Reihen zu durchbrechen. Dieses Risiko will und darf ich nicht eingehen.«

»Wollt Ihr mit Maximilian Krieg führen oder Reigen tanzen?«, brauste Domingo auf.

»Ich führe Krieg, aber auf eine Weise, die der Republik Venedig am wenigsten schadet«, antwortete Loredan ungehalten. »Deshalb habe ich euch rufen lassen. Foscari, Ihr sagtet einmal, wenn Fugger dort Kanonen hätte, würdet Ihr ihm diese unterm Hintern wegholen, ohne dass er das merkt.«

Der junge Edelmann verbeugte sich kurz. »So ist es, Euer Gnaden!«

»Da bin ich ja gespannt!«, knurrte der Spanier.

»Man muss List einsetzen, nicht Gewalt«, belehrte Marcantonio Foscari ihn. »Ein direkter Vorstoß in das Bamberger Gebiet hinein würde die teutonischen Fürsten dazu bringen, sich um ihren König zu scharen. Also lassen wir die Besitztümer der dortigen Klöster und die Burgen des Bambergers in Ruhe.«

»Und wie wollt Ihr bis zur Fuggerau kommen und die Kanonen herausholen?«, fragte Domingo bissig.

»Wie ich schon sagte: mit List, mein Freund, auch wenn ihr Spanier dieses Wort nicht zu kennen scheint«, sagte Foscari lächelnd.

»Beleidigen lasse ich mich nicht!« Mit diesen Worten griff Domingo mit der rechten Hand zur Hüfte, doch die Stelle, an der sonst sein Schwert hing, war leer.

Foscari legte ihm die Hand auf den Arm. »Lass es gut sein, mein Freund, und warte ab.«

Er wandte sich mit einer erneuten Verbeugung an Leonardo Loredan. »Verzeiht, Euer Gnaden, wenn ich die genaue Planung für mich behalte. Doch selbst in diesen Hallen besitzen die Wände Ohren, und ich will nicht, dass jemand mein Vorhaben für eine Handvoll Dukaten im Fondaco dei Tedeschi weitererzählt.«

»Sollte ich jemanden erwischen, der das tut, schneide ich ihm zuerst die Ohren ab und dann sein Gemächt!«, drohte Domingo möglichen Verrätern an.

»Wenn es so weit ist, könnt ihr eure spanischen Sitten mit meinem Segen ausüben«, antwortete Marcantonio Foscari lachend.

»Geht nicht zu unbedacht an diese Sache heran«, warnte der Doge. »Giacomo Fugger ist für unseren Handel mit den deutschen Ländern unverzichtbar!«

»Wir sollen den Kerl wohl balbieren, ohne ein Messer zu nehmen, was?« Domingo zeigte deutlich, dass er wenig Sinn in dem Vorhaben seines Hauptmanns sah. Dieser lächelte jedoch nur und bat den Dogen, sich zurückziehen zu dürfen.

»Geht mit Gott!«, wünschte ihm Loredan und nahm eine kleine Glocke zur Hand. Kaum war deren heller Ton verklungen, erschien sein Haushofmeister und führte die drei Männer hinaus.

2.

Maria wollte es zunächst nicht glauben, doch Pater Norbert hatte tatsächlich die Wahrheit gesprochen. Neben einer roten Rose blühte auch eine weiße an dem alten Rosenstrauch. Sie sah sich rasch um, ob jemand sie beobachtete. Neža hatte sich bereits zu den anderen Kirchgängern gesellt und war in eine Unterhaltung vertieft, niemand achtete auf sie.

Mit einem seltsamen Gefühl brach Maria die Rose, versteckte sie in einer Falte ihres Kleides und ging weiter. Wenig später betrat sie das Kirchenschiff. Dort fragte sie sich, wo sie die Rose hinlegen sollte. Da Johannes die Messe hielt, wäre der Altar der richtige Platz gewesen. Sie hielt dies dann doch zu vermessen und legte die Rose auf den Kirchenstuhl, auf dem er normalerweise saß, wenn einer der anderen Pater die Messe hielt. Rasch verließ sie die Kirche wieder und gesellte sich zu Neža.

Gleich darauf ging der Mesner an ihnen vorbei, um die Glocken zu läuten. Maria betete, dass er die Rose nicht entdeckte und wegnahm. Schließlich ging es um ihr und Johannes' Glück.

Da sah sie Johannes den Klosterweg herabkommen. Er streifte die wartenden Kirchgänger mit einem kurzen Blick, ohne sie unter ihnen zu entdecken, und eilte weiter zum Eingang der Sakristei.

Dort wartete bereits der Mesner auf ihn und half ihm, die Mönchskutte durch Albe, Dalmatica und Kasel zu ersetzen. Johannes bedankte sich und betrat das Kirchenschiff. Der Mesner folgte ihm und eilte zum Glockenturm, um die Glocken zu läuten. Unterdessen sah Johannes sich in der Kirche um. Gleich würden die Gläubigen hereinkommen, und er wollte deshalb noch einmal in die Sakristei zurück. Da fiel sein Blick auf den Kirchenstuhl, auf dem er üblicherweise saß, und er erstarrte.

Wie einst auf Ewald von Bambergs Gestühl lag dort eine weiße Rose. Johannes war noch ein Knabe gewesen, als diesen der Fluch ereilt hatte. Sollte nun er sterben?, fragte er sich entsetzt. Waren ein paar sehnsüchtige Gedanken an eine traute Zweisamkeit mit Maria für Gott so schlimm, dass er ihn von dieser Welt rief? Voller Grauen dachte er an Pater Ewald. Würde man auch ihn morgen tot in seiner Zelle auffinden? Dabei hatte Maria doch gerade jetzt eine Möglichkeit gefunden, wie sie diese Gegend verlassen und für immer zusammenbleiben konnten.

»Nein, das darf nicht sein!«, rief er und griff nach der Rose, um diese zu entfernen.

Doch kaum hielt er sie in der Hand, schoss ihm durch den Kopf, dass bereits die Berührung mit der Blume den Fluch auslösen konnte. Erschrocken ließ er sie los und eilte in die Sakristei zurück. Dabei entging ihm, dass die Rose nicht auf seinen Platz zurückfiel, sondern auf den, den Bruder Vincentius stets innehatte, wenn sein einstiger Schützling die heilige Messe las.

Auch an diesem Sonntag hatte der alte Mönch den beschwerlichen Weg vom Kloster zum Marktort auf sich genommen. Er grüßte die Kirchgänger, die ihn beinahe genauso ehrfürchtig behandelten wie den Abt selbst. Außer der alten Kesslerin gab es keinen Menschen im Umkreis, der sein Alter auch nur annähernd erreicht hatte.

Vincentius schritt auf das Tor zu und trat ein. Seine Beine taten heute wieder besonders weh, und er krümmte sich unter einem ziehenden Schmerz in der linken Brust, der ihm schier den Atem nahm. Gerade als er überlegte, ob er nicht doch besser im Kloster geblieben wäre, entdeckte er die weiße Rose auf seinem Stuhl. Zuerst konnte er es nicht glauben, dann aber erschien ein Lächeln auf seinen Lippen. Er nahm die Rose, küsste sie und sank dann auf die Knie.

»Ich danke dir, Heilige Jungfrau, weil du mir das Zeichen geschickt hast, dass ich vor dem nächsten Morgengrauen die Herrlichkeit Gottes schauen darf!«

Mühsam stand er auf, setzte sich auf seinen Platz und drückte die Rose mit Inbrunst an seine Brust. Während die anderen Kirchgänger hereinkamen, schloss er die Augen und träumte von einer Himmelsleiter, die bereits in wenigen Stunden für ihn aufgestellt werden würde.

3.

Es gelang Johannes nur mit Mühe, seine wirren Gedanken zu ordnen. Was konnte er tun, wenn Gott ihn von dieser Welt rief? Er gab sich selbst die Antwort: Nichts! War es da nicht besser, sich in sein Schicksal zu fügen und ohne eine große Sünde vor den himmlischen Richter zu treten? Auch das Fegefeuer durfte ihn nicht schrecken, zu dem man ihn gewiss verurteilen würde.

Als er erneut das Kirchenschiff betrat, war es wie immer, wenn er die Messe hielt, übervoll. Vom Kloster waren sechs Mönche herabgekommen, darunter Bruder Vincentius und Pater Cyprian. Bei deren Anblick dachte Johannes erschrocken daran, dass er die Rose einfach fallen gelassen hatte. Was war, wenn einer seiner Mitbrüder sie gefunden hatte und nun glaubte, selbst von deren Fluch getroffen worden zu sein?

Er schämte sich, weil er nicht die Beherrschung aufgebracht hatte, die Rose wegzunehmen. Jetzt blieb ihm nur die Hoffnung, dass sie nun unter einem der Stühle lag. Es fiel ihm schwer, sich auf den lateinischen Text zu konzentrieren. Bei seiner Predigt beugten jedoch seine Zuhörer die Nacken unter der Wucht seiner Worte. Er sprach von Schuld und Vergebung, die nur durch Gott kommen könnte.

»Ich glaube nicht, dass Seine Heiligkeit in Rom solche Worte gerne hört, da ihm der Ablasshandel große Summen einbringt. Das würde nicht geschehen, wenn alle glaubten, kein Priester oder Ablasshändler im Namen des Papstes könne die Sünden vergeben, sondern nur Gott allein«, raunte Pater Cyprian Vincentius zu.

»Ich finde, Johannes hat recht«, antwortete der alte Mönch. »Soviel man hört, dient der Ablasshandel dazu, prächtige

Schlösser zu bauen und Beischläferinnen auszuhalten. Da müsste wirklich jemand einmal wie mit einem Hammer dreinschlagen!«

»Wollen wir hoffen, dass es nicht unser Johannes ist, der diesen Hammer schwingt!« Pater Cyprian atmete tief durch und verfolgte den Rest der Predigt mit wachsender Besorgnis. So verzweifelt um den Glauben ringend hatte er Johannes noch nie erlebt.

Endlich hatte dieser seine Predigt beendet. Das Abendmahl folgte, wobei die Mönche sitzen blieben, da sie den Leib des Herrn bereits am Vortag im Kloster empfangen hatten. Maria ging als eine der Letzten, obwohl sie als eine der Damen von Schloss Rosenheim Vortritt vor den meisten Gottesdienstbesuchern gehabt hätte. Sie fragte sich, ob Johannes die Rose rechtzeitig gefunden hatte. Wahrscheinlich nicht, dachte sie, denn dafür hatte er zu eigenartig gepredigt. Jetzt ärgerte sie sich, weil sie die Rose nicht doch auf den Altar gelegt hatte. So hatte wohl einer der Mönche diese entdeckt und an sich genommen.

Johannes bemerkte den leichten Ausdruck von Unmut auf ihrem Gesicht. Wahrscheinlich hatte seine Predigt sie erschreckt, schoss es ihm durch den Kopf. Es tat ihm leid, denn er hatte sie um nichts auf der Welt ängstigen wollen. Wenn der Fluch der Rose sich erfüllte, würde sie noch Schmerz genug erfahren.

Er lächelte verkrampft und berührte, als er ihr die Hostie reichte, kurz ihre Lippen. Jetzt lächelte auch sie, und sie spürten beide das feste Band, das ihre Herzen miteinander verknüpfte.

Während die Kirchgänger kurz darauf nach draußen strömten, trat Pater Cyprian auf Johannes zu. »Du hast sehr eindringlich gepredigt, doch wenn du einen Rat von mir annehmen willst, so sprich nicht davon, dass nur Gott unsere Sünden vergeben kann. Der Ablass bringt der Kirche viel Geld ein, und dabei sollen auch die Fugger ihre Hände im Spiel haben. Wenn

Zeller oder Häring etwas nach Augsburg schreiben, ist es leicht möglich, dass Herr Jakob Fugger von unserem hochehrwürdigen Herrn Abt verlangt, dich keine Messe mehr lesen zu lassen.«

»Ich wollte nicht gegen den Ablass predigen. Es erleichtert doch das Herz der Menschen, wenn sie sich für ein paar Groschen dem Himmelreich näher fühlen können«, antwortete Johannes betroffen.

»Bei Ablass geht es nicht nur um ein paar Groschen. Ich habe auf meiner Reise nach Bamberg die Kisten gesehen, die die Ablasshändler mit den Gaben der Menschen füllen. Es sind Tausende von Gulden, die hier gesammelt und durch die Herren Fugger nach Rom gebracht werden. Nicht wenige prangern dies an«, erklärte Pater Cyprian, ohne sich anmerken zu lassen, ob er nun für den Ablasshandel war oder nicht.

Bisher hatte Johannes sich nicht mit diesem Thema befasst, fragte sich nun aber, ob es wirklich im Sinne Gottes war, einen Mörder, der sich den entsprechenden Ablass leisten konnte, gleich ins Himmelreich aufsteigen zu lassen, während ein armer Mann, der einmal einen Laib Brot gestohlen hatte, damit seine Kinder nicht verhungerten, für diese Tat mit mehreren Jahrzehnten Fegefeuer bestraft wurde.

Es ist besser, wenn ich meine Zweifel für mich behalte, dachte er, während er in die Sakristei zurückkehrte, um sich umzuziehen. Er war erleichtert, weil er bei keinem seiner Mitbrüder die weiße Rose gesehen hatte.

Er konnte nicht wissen, dass Bruder Vincentius diese für ein Zeichen des Himmels hielt. Ungeachtet der Dornen hatte der alte Mönch die Rose unter seine Kutte gesteckt, weil er seine Hände benötigte, um mit den Krücken den steilen Aufstieg zum Kloster zu bewältigen. Zur Verwunderung einiger kam er diesmal rascher voran als sonst und erreichte seine Zelle, bevor Johannes aus der Sakristei kommen und ihm helfen konnte.

Den ganzen Tag über trug Bruder Vincentius die Rose direkt

auf der Haut, und seine Mitbrüder fanden ihn seltsam heiter. Er lächelte vor sich hin, nickte, wenn ihm etwas gefiel, und verabschiedete sich nach der Abendandacht herzlich von jenen, die seinem Herzen am nächsten standen.

Wieder in seiner Zelle angekommen, machte Bruder Vincentius sich für die Nacht zurecht. Er wusch sich, bürstete seine Kutte aus und betrachtete dabei immer wieder die Rose. Wie lange würde es dauern, bis die Jungfrau Maria ihn rief und ins Himmelreich führte?, fragte er sich. Würde er es bewusst erleben oder im Schlaf in die Ewigkeit überwechseln? Im Grunde war es jedoch gleichgültig, wie es geschah, wenn er nur am nächsten Morgen die Augen aufschlug und die Herrlichkeit Gottes schauen konnte.

Mit diesem Gedanken schlief er ein. Noch im Schlaf hielt er die Rose fest zwischen den Fingern, denn er war mit ganzer Seele bereit, dem Ruf des Himmels zu folgen.

4.

Am nächsten Morgen fehlte Bruder Vincentius bei der Frühmesse. Da die anderen wussten, wie schwer es ihm am Morgen oft fiel, auf die Beine zu kommen, beunruhigte es niemanden. Nur Johannes spürte einen gewissen Druck auf der Brust, und er war es auch, der beim Frühstück aufstand und sich vor dem Abt verbeugte.

»Verzeiht, Euer Gnaden, doch mache ich mir Sorgen um Bruder Vincentius. Er kam schon nicht zur Messe und fehlt nun auch hier am Tisch.«

Friedrich von Kühnburg nickte. »Schau nach ihm, mein Sohn!«

»Habt Dank!« Johannes eilte los und klopfte kurz darauf an Bruder Vincentius' Zelle. Es kam keine Antwort. Besorgt öffnete er die Tür und trat ein. Der alte Mönch lag auf seinem Bett, ein Lächeln auf seinen Lippen, und in den erstarrten Fingern hielt er die Rose.

Es traf Johannes wie ein Schlag. »Nein!«, schrie er und stürzte zu dem alten Mönch. Als er dessen Gesicht berührte, war die Haut bereits kalt. Bruder Vincentius musste schon mehrere Stunden tot sein.

Johannes wusste, wie sehr sein alter Freund sich gewünscht hatte, diese Welt verlassen zu können, dennoch war er verzweifelt, weil Bruder Vincentius dem Fluch der Rose erlegen war, der doch eigentlich ihm gegolten hatte. Voller Selbstvorwürfe verließ er die Zelle und kehrte zu seinen Mitbrüdern zurück. Er musste nichts sagen, denn die anderen sahen ihm an, dass etwas Schreckliches passiert sein musste.

»Ist etwas mit Bruder Vincentius?«, fragte der Abt.

»Er ist tot, gestorben in der Nacht, mit einer weißen Rose in den Händen«, erklärte Johannes leise.

Durch meine Schuld, hallte es in seinen Gedanken. Die Rose war für ihn bestimmt gewesen. Anstatt sein Schicksal auf sich zu nehmen, hatte er die Rose auf Bruder Vincentius' Kirchenstuhl fallen lassen und damit dessen Tod verursacht.

»Gott sei seiner armen Seele gnädig!«, sagte der Abt und schlug das Kreuz. »Der Tod war eine Erlösung für ihn. Ihm ging es in letzter Zeit immer schlechter. So aber sitzt er nun zur Rechten Gottes und spürt keine Schmerzen mehr.«

Wäre der alte Mönch nicht mit der Rose in der Hand gestorben, hätten Pater Cyprians Worte Johannes' Trauer lindern können. So aber hätte er am liebsten vor allen Mitbrüdern gebeichtet, dass er die Schuld am Tod des alten Mannes trug. Bevor er sich jedoch dazu entschließen konnte, hatte Abt Friedrich bereits mehrere Mönche losgeschickt, damit sie sich um Bruder Vincentius' Leichnam kümmern sollten.

Als der Abt sich zurückzog, wollte Johannes ihm folgen. Da legte ihm Pater Cyprian die Hand auf die Schulter.

»In dir wühlt etwas, das fühle ich! Was ist es, damit ich dir helfen kann, es zu tragen?«

»Mir kann niemand helfen«, antwortete Johannes traurig. Dann sah er seinen alten Lehrer an. »Der Fluch der weißen Rose war für mich bestimmt. Ich bin darüber so erschrocken, dass ich die Rose fallen ließ, ohne darauf zu achten, dass sie auf Bruder Vincentius' Stuhl fiel. Dieser dachte, der Fluch würde ihm gelten, und starb.«

Pater Cyprian packte Johannes bei beiden Schultern und schüttelte ihn. »Redest du dir hier nicht etwas ein?«

»Ich verstehe nicht«, sagte Johannes.

»Wer hielt gestern in Sankt Lambert die Messe?«, fragte Pater Cyprian.

»Ich!«

»Wäre die Rose für dich bestimmt gewesen, hätte sie auf dem Altar liegen müssen. So aber lag sie auf dem Kirchenstuhl, auf den du dich sonst setzt. Sie war damit auf keinen Fall dir bestimmt, sondern wirklich für den braven Vincentius. Du weißt, wie sehr er sich ein Zeichen des Himmels erhofft hat, um von seinen Leiden erlöst zu werden.«

Pater Cyprian sprach leise, aber mit Nachdruck, um Johannes' schlechtes Gewissen zu beruhigen. Dieser nickte zwar, doch seine Schuldgefühle ließen sich nicht mit ein paar Worten vertreiben.

Ohne dass Pater Cyprian oder Johannes es bemerkten, war Pater Norbert heimlich näher geschlichen und hatte einen Teil des Gespräches belauscht. Er ärgerte sich, denn er hatte gehofft, Johannes nach dem Fund der Rose mit einem seiner Gifte aus dem Weg räumen zu können. Stattdessen hatte Bruder Vincentius die Rose entdeckt und war aus Freude darüber gestorben. Wenn er nicht wollte, dass seine Intrige folgenlos blieb, musste er sich etwas einfallen lassen. Er wartete, bis Pater Cyprian Johannes allein gelassen hatte, und trat neben diesen.

»So ist das Leben! Es bringt immer Schmerz und Leid. Dabei habe ich so gehofft, dass der Fluch der weißen Rose, dem bereits der arme Ewald von Bamberg zum Opfer gefallen ist, unser Kloster nicht noch einmal treffen würde. Zwar ist ihm mit dem alten Vincentius jemand erlegen, der dem Kloster kaum mehr dienlich war, doch was wäre gewesen, wenn Pater Cyprian die Rose gefunden hätte – oder gar unser Abt?«

»Ich hätte Bruder Vincentius noch etliche gute Jahre vergönnt«, antwortete Johannes traurig.

»Das hätte jeder. Es ist aber besser, dass es ihn erwischt hat und nicht einen der anderen Mönche – vielleicht sogar dich!«

Pater Norbert sah, wie Johannes' Gesicht auf einmal schuldbewusst wirkte, und lächelte zufrieden. Wenn er es geschickt anfing, konnte er Johannes dazu bringen, die Schuld an Vincentius' Tod Maria anzulasten und sich von ihr zu trennen. Dafür aber durfte er nicht zu plump vorgehen.

»Weißt du, was ich mich frage?«, fuhr er fort.

Johannes schüttelte den Kopf. »Nein.«

»Ich frage mich, weshalb der Himmel ausgerechnet bei Bruder Vincentius zu einem solchen Omen greift. Gott hätte diesen genauso gut auch so sterben lassen. Wozu brauchte es daher die Rose?«

Weil ich damit gemeint war und nicht der arme, alte Mann, dachte Johannes voller Bitterkeit.

»Ich frage mich wirklich, was die Rose sollte«, insistierte Pater Norbert. »Es wäre etwas anderes, wenn Bruder Vincentius ein heiliges Leben geführt und Wunder getan hätte. So aber war er die meiste Zeit seines Lebens der Pförtner des Klosters und ragte nicht heraus.«

»Er war mein bester Freund, und er hat mich aufgezogen«, sagte Johannes unter Tränen.

»Das war er wohl! Vergönne ihm den Platz im Himmelreich. Er hat ihn nötiger als einer von uns. Stell dir vor, es hätte dich getroffen.«

Pater Norbert sah, wie es erneut in Johannes' Gesicht zuckte, klopfte ihm scheinbar freundschaftlich auf die Schulter und ging davon.

5.

Maria wartete gespannt darauf, ob die weiße Rose etwas bewirken würde. Ihnen blieb nicht mehr viel Zeit. Jakob Fugger hatte Nachricht geschickt, dass Christoph Häring ihn in Augsburg aufzusuchen habe. Nach Klara Härings und Helena Zellers Einschätzung würde es dabei nicht nur um geschäftliche Dinge gehen, sondern auch darum, eine Ehe für Maria zu stiften.

Der Gedanke, kurz vor dem Erreichen der Freiheit an einen Fremden verschachert zu werden, nur damit Jakob Fugger ein paar Gulden mehr verdiente, erschreckte Maria. Daher sehnte sie den Dienstag, an dem Johannes in Schloss Rosenheim die Messe lesen würde, von ganzem Herzen herbei. Sie konnte nur hoffen, dass sie Gelegenheit fand, mit ihm allein zu sprechen. Bei dem an die Messe anschließenden Mahl waren Klara und Helena mit ihren Ehemännern dabei, und würde sie Johannes ein Stück weit begleiten, gab es gewiss hinterher viele neugierige Fragen.

Warum eigentlich nicht?, fragte sie sich. Sie konnte unter dem Vorwand, die Kesslerin besuchen zu wollen, mit ihm gehen. Ella benötigte wieder etwas von dem Kräuteraufguss, den die alte Frau und deren Enkelin für sie mischten. Da der Weg nach Arnoldstein offen und einsehbar war, würde niemand etwas dabei finden, wenn Johannes und sie Seite an Seite gingen.

Als Johannes am Dienstag zur Messe erschien, hielt Maria sich daher zurück. Sie wunderte sich über seine bedrückte Miene und wollte ihn schon fragen, ob etwas geschehen sei, als Klara dies für sie übernahm.

»Ihr wirkt heute so ernst, hochwürdiger Herr. Welchen Anlass gibt es dafür?«

Johannes senkte bedrückt den Kopf. »Bruder Vincentius ist in die Ewigkeit eingegangen.«

»Das tut mir leid! Aber er war auch schon sehr alt. Es heißt, er wäre auf die neunzig zugegangen. Außer der Kesslerin ist im ganzen Umkreis niemand auch nur annähernd so betagt.« Klara Häring vergaß den alten Mönch sogleich wieder und befahl Neža, dafür zu sorgen, dass nach der heiligen Messe ein besonders schmackhaftes Mahl auf den Tisch kam. Das und ein paar Becher des guten Weines würden den jungen Priester schon trösten, dachte sie, während sie sich in ihre Gemächer begab, um sich für die heilige Messe zurechtzumachen.

Auch Johannes suchte die Kammer auf, in der er sich vor der Messe umkleidete, und bemerkte verärgert, dass jemand seinen Ornat durchsucht hatte und die Kasel fehlte. Er fand diese schließlich bei Pater Norberts Albe. Einen Augenblick lang fuhr ihm durch den Kopf, dass er das Ableben dieses Mönchs nicht halb so bedauern würde wie das von Bruder Vincentius, schämte sich aber sofort für diesen Gedanken. Er zog sich um, betrat die Kapelle und wartete, bis Klara Häring und Helena Zeller erschienen waren. Mit diesen beiden kam auch Maria. Was würde sie von ihm halten? Er war ein Feigling, der vor seinem Schicksal davongelaufen war und stattdessen in Kauf genommen hatte, dass ein anderer an seiner Stelle starb.

Als er mit der heiligen Messe begann, fragte er sich, ob er überhaupt noch das Recht besaß, sie zu halten. Immerhin hatte er in der entscheidenden Stunde seines Lebens versagt. In seiner Predigt geißelte er die Missetäter und meinte im Grunde sich selbst. Er traf damit jedoch auch seine Zuhörer, denn die eine oder andere kleine Sünde hatte jeder sich geleistet.

Selbst Maria kam ins Grübeln, ob sie nicht besser auf die Flucht und ein gemeinsames Leben verzichten solle, anstatt Gott zu erzürnen. Hätte sie die Gewissheit gehabt, in ein Kloster eintreten zu können, von dem aus sie Johannes schreiben und sich mit ihm hätte treffen können, wäre sie dazu bereit gewesen. So aber hatte sie Angst davor, von Jakob Fugger zu seinem Vorteil mit irgendjemandem verheiratet zu werden. Einem anderen Mann als Johannes wollte sie niemals angehören.

Nach der Messe gingen die Herrschaften und der Priester in den Speisesaal. Johannes hätte sich Brot und Wasser gewünscht, denn dies schien ihm seiner Schuld angemessen. Er aß trotzdem ein wenig, um seine Gastgeberinnen nicht zu beleidigen, und schob schließlich den Teller weg.

»Verzeiht, aber ich muss ins Kloster zurückkehren«, sagte er und stand auf.

»Hochwürdiger Herr, gestattet Ihr, dass ich Euch bis Arnoldstein begleite? Ich habe dort eine Besorgung zu machen.«

Johannes fürchtete den Augenblick, an dem er Maria seine Schuld bekennen musste, und hätte daher am liebsten abgelehnt. Er war jedoch einmal feige gewesen und wollte es kein zweites Mal sein.

»Begleitet mich!«, sagte er daher und legte sich in Gedanken die Worte zurecht, mit denen er Maria den Fluch der Rose und den Tod seines alten Freundes ebenso erklären wollte wie sein Versagen. Da es ihm schwerfiel, damit anzufangen, begann Maria unterwegs das Gespräch.

»Habt Ihr die Rose gefunden?«

Johannes blieb stehen und starrte sie an. »Welche Rose?«

»Nun, die weiße Rose, die ich auf Euren Platz gelegt habe. Ich hatte schon überlegt, sie auf den Altar zu legen, habe dies aber dann doch nicht gewagt«, erklärte ihm Maria lächelnd.

Johannes kniff die Augen zusammen und versuchte, seine Gedanken, die in alle Richtungen strebten, wieder einzufangen.

»Was sagt Ihr?«, fragte er entsetzt. »Ihr habt die Rose auf den Stuhl gelegt?«

»Ja, es sollte ein Liebespfand sein und ein Omen für unsere Zukunft!«

Johannes stöhnte auf. »Ein Liebespfand! Bei allen Heiligen!

Die weiße Rose ist ein Fluch, und wer sie berührt, muss sterben! Ich habe dies vor vielen Jahren bei Pater Ewald erlebt und nun bei Bruder Vincentius!«

»Ein Fluch? Es sollte ein Zauber sein, der Glück bringt!«, rief Maria entgeistert.

»Bei Gott, warum habt Ihr das getan? Die Rose bringt den Tod!«

»Wie kommt Vincentius überhaupt zu der Rose? Sie war für Euch bestimmt, und ich habe genau achtgegeben, sie auf den richtigen Stuhl zu legen«, sagte Maria verwirrt.

Nun hätte Johannes zugeben müssen, dass er die Rose aufgehoben und auf Bruder Vincentius' Stuhl fallen gelassen hatte. Er war jedoch viel zu aufgewühlt. Maria, seine große Liebe, hatte die verderbliche Rose gebrochen und ihm hingelegt. Auch wenn sie es aus lauteren Beweggründen getan haben mochte, war ein Mensch dadurch gestorben, und das hätte niemals sein dürfen.

»Wie konntet Ihr das tun?«, rief er verzweifelt und schlug sich die Hände vors Gesicht.

»Wie konnte ich was? Es hieß, eine weiße Rose sei ein Zauberding, das Wünsche wahr werden lässt. Deshalb habe ich sie auf Euren Platz gelegt, damit unsere Liebe sich erfüllen kann!« Johannes' Anklagen, die in ihren Augen unberechtigt waren, ließen Maria harscher antworten, als sie es eigentlich wollte.

»Die weiße Rose bringt den Tod! Ich bin beinahe gestorben, als ich sie sah. Mein alter Vincentius kam durch sie um, und das ist Eure Schuld!« In Johannes hatte nur noch dieser eine Gedanke Platz.

»Woher sollte ich wissen, dass die Rose ein Zeichen des Todes ist? Mir hat man es anders versichert!« Maria hätte Johannes erklären können, dass sie auf Pater Norberts Lügen hereingefallen war, fühlte sich aber zu gekränkt, weil ihr Geliebter ihr die Schuld an dem Tod des alten Mönchs zuschrieb.

In Johannes meldete sich eine Stimme, die ihn mahnte, dass

er einlenken müsse. Immerhin hatte Maria ihm eben erklärt, sie wisse nichts von dem Todesfluch. Doch da schob sich das Bild des toten Paters Ewald in seine Gedanken und auch das von Bruder Vincentius, und er wandte sich mit einer heftigen Bewegung Maria zu.

»Geht! Verlasst mich! Ich muss allein sein!«

»Wenn Ihr es so wollt!« Zutiefst enttäuscht wandte Maria sich ab und kehrte zum Schloss zurück. Die Kräuter, die sie bei der Kesslerin hatte holen wollen, waren vergessen, denn die Vorwürfe, die Johannes ihr gemacht hatte, schmerzten zu sehr.

6.

Ein ganzes Stück von Arnoldstein entfernt starrte Raúl, der im Auftrag Don Rodrigos de Azuaga nach dessen Enkel suchen sollte, auf die Berge, die rings um ihn aufragten, und spürte die Verzweiflung in sich wachsen. Zwanzig Jahre waren eine lange Zeit! Zudem war er damals verletzt gewesen und hatte seiner Umgebung kaum Beachtung geschenkt. Für ihn war es daher so gut wie unmöglich, den Weg nachzuverfolgen, den ihre Schar auf dem Rückzug eingeschlagen hatte.

»Bei Gott, warum kann ich mich nicht erinnern?«, rief er verzweifelt.

Er hatte nicht einmal den Schauplatz der Schlacht ausfindig machen können, in der Don Felipe gefallen war. Vielleicht wäre es ihm von dort aus gelungen, den richtigen Weg zu finden. Doch für ihn sahen die Berge alle gleich aus, und ein Pass war wie der andere. Welchen sie damals überwunden hatten, konnte er nicht mehr sagen.

Trotzdem hatte er nach einer Frau und einem Knaben gefragt, die vor zwei Jahrzehnten vorbeigekommen sein mochten. Zwar hatten die Leute ihm und dem Mann, den er in Venedig als Dolmetscher angeheuert hatte, zugehört, dann aber die Köpfe geschüttelt.

Nun musterte er nachdenklich den Mann, der seiner Aussage nach mehrere Dialekte Italiens, die Sprache der Windischen und Deutsch sprach. »Weißt du nicht einen Rat für mich?«

Der andere hob in einer theatralischen Geste die Arme. »Ich habe alles getan, was ich konnte, Signore. Eines kann ich Euch versichern: Dort, wo wir waren, ist jenes Weib nicht durchgekommen. Wenigstens einer hätte sich an sie erinnert.«

»Das stimmt wohl! Wir haben zwar einiges über die Kämpfe

mit den Türken gehört. Das meiste muss länger her sein als unser Feldzug. Wenn man uns wenigstens in Venedig Auskunft hätte geben können. Doch dort hat man die Kämpfe in den Aufzeichnungen nur knapp beschrieben und dabei weder meinen Hauptmann noch unsere Schar erwähnt.«

Raúl ärgerte sich über dieses Desinteresse der Venezianer, denn eine Beschreibung des Ortes, an dem sie gekämpft hatten, hätte ihm weiterhelfen können. So aber hatte er in Venedig nur den Rat erhalten, durch das Land zu ziehen und die Menschen zu befragen.

»Wenn das Gebirge nur nicht so groß wäre!«, klagte er weiter. »Bis wir in dieser Gegend alle Täler durchstreift haben, werden wir alte Männer sein.«

»Was mir nicht gefallen würde, denn mein Weib und meine Kinder warten in Venedig auf mich. Ich hatte ihnen versprochen, bis Weihnachten wieder zu Hause zu sein«, antwortete der Mann.

Bis dorthin war es zwar noch ein paar Monate hin, doch in dunklen Stunden sah Raúl sich bereits durch tiefen Schnee stapfen, um weitere Täler zu erreichen, in denen er doch nur enttäuscht wurde.

»Ihr habt mich nach einem Rat gefragt. Einen könnte ich Euch geben: Kehrt nicht nach Venedig zurück. Wenn Ihr das tut, wird Euch gewiss jemand einen Neffen oder einen illegitimen Sohn als den gesuchten Jungen vorstellen, um diesen versorgen zu können.«

»Das wäre schändlich!«, antwortete Raúl empört.

»In Euren Augen gewiss! Doch wer sich einen Gewinn davon verspricht, wird sich davon nicht abhalten lassen.«

»Sind die Menschen in Italien denn alle nur Lügner und Betrüger?«, fragte Raúl.

Der Dolmetscher schüttelte den Kopf. »Gewiss nicht mehr als anderswo. Schurken gibt es überall, und ebenso Leute, die sich durch Betrug einen Vorteil zu erringen hoffen.«

»Das mag sein! Aber es bringt mich auf meiner Suche nicht weiter«, antwortete Raúl.

»Vielleicht habt Ihr sie falsch angefangen. Wenn Ihr weiterhin ein Tal nach dem anderen abreitet und nach dieser Frau und ihrem Kind fragt, müsste der Herr im Himmel schon ein Wunder geschehen lassen, damit Ihr sie finden könnt.«

Raúl stand auf und ballte die Faust. »Dann wäre mein Auftrag vergebens!«

»Das muss nicht sein! Nur wäre es vielleicht besser, wenn Ihr nicht selbst die Straßen abreitet, sondern bei jenen fragen lasst, die diese seit Jahren und Jahrzehnten bereisen.«

»Und wer soll das sein? Mönche etwa, die nach Rom pilgern, um an den Gräbern des heiligen Petrus und des heiligen Paulus zu beten?«, fragte Raúl grimmig.

»Auch diese! Doch dachte ich mehr an Handelsleute, Fuhrknechte und dergleichen. Seit vielen Jahren ziehen Männer im Auftrag der Fugger'schen Handelsherren über das Gebirge, um Waren nach Venedig oder Mailand zu bringen. Wenn Ihr sie befragt, mag es sein, dass einer etwas von einem Weib zu erzählen weiß, das auf sich allein gestellt mit ihrem Kind durch das Gebirge gezogen ist.«

Raúl sah seinen Dolmetscher an und schüttelte traurig den Kopf. »Warum schlägst du mir das erst jetzt vor? Wir hätten uns mehr als einen Monat in den Bergen erspart.«

»Verzeiht, doch Ihr seid der Herr! Wenn Ihr sagt, wir tun das, werde ich Euch nicht dagegenreden. Ihr habt mich jetzt nach meinem Rat gefragt, und ich habe ihn Euch erteilt.«

Am liebsten hätte Raúl dem Mann ein paar Hiebe verpasst, denn er ahnte, dass dieser geschwiegen hatte, um mehr Geld zu verdienen. Erst jetzt, da sich die Suche länger hinzuziehen drohte, als sein Begleiter erwartet hatte, rückte er mit diesem Vorschlag heraus. Einen Augenblick lang überlegte Raúl, dem Kerl den Laufpass zu geben und sich einen neuen Übersetzer zu suchen. Dafür aber würde er nach Venedig zurückreiten müssen und noch mehr Zeit verlieren. Außerdem verstand der Mann die Sprache der Deutschen, und zu diesen musste er reisen, um die Fuhrleute der Fugger befragen zu können.

»Dann sei es so! Wir reiten in die Stadt, in der dieser Fugger zu finden ist«, erklärte er mit Nachdruck.

Der Dolmetscher hob die Hand. »Aber dann wäre ich Weihnachten nicht zu Hause.«

»Dein Weib und deine Kinder werden dies verkraften, vor allem, wenn du ihnen die Dukaten auf den Tisch legst, die du als Lohn von mir erhalten wirst.«

Raúl beschloss, den Mann mit Geld zu locken. Sein Herr hatte ihn mit einer gut gefüllten Börse ausgestattet, und er wollte dieses Geld einsetzen, um seinen Auftrag erfüllen zu können.

Sein Dolmetscher überlegte eine Weile und nickte schließlich. Selbst wenn ihre Suche erfolglos blieb, würde der Spanier ihm etliche Dukaten in die Hand zählen müssen. »Ja, Signore!«, sagte er daher. »Reisen wir nach Augsburgo und sprechen bei Messer Giacomo Fugger vor.«

7.

In Arnoldstein war es Pater Norbert durch eine Intrige gelungen, Maria und Johannes zu entzweien. Um zu verhindern, dass die beiden jungen Leute sich wieder versöhnen konnten, ersuchte er den Abt um ein Gespräch und bat ihn, auch Pater Cyprian daran teilnehmen zu lassen.

Verwundert über die ernste Miene, die Pater Norbert bei dieser Bitte aufsetzte, bat ihn Friedrich von Kühnburg, ihm in seine Gemächer zu folgen, und ließ Pater Cyprian holen.

Kaum war dieser erschienen, begann Pater Norbert zu sprechen. »Es mag sein, dass meine Worte missfallen, doch mein Gewissen zwingt mich dazu, sie zu sagen. Wie Ihr, hochehrwürdiger Herr, und auch Ihr, Pater Cyprian, wisst, habe ich Johannes mit weniger Nachsicht betrachtet, als andere es taten. Vielleicht hätte ich mich früher äußern sollen, so aber wurde er zuerst ein Mönch und dann auch noch zum Priester geweiht, obwohl er dessen nicht würdig ist.«

»Weshalb soll Johannes nicht würdig sein?«, fuhr ihn Pater Cyprian an.

»Mäßige dich, mein Sohn!«, tadelte der Abt ihn und betrachtete danach Pater Norbert mit Missfallen.

»Ich stelle dieselbe Frage wie Pater Cyprian. Weshalb hältst du Pater Johannes nicht für würdig, ein Prediger des Herrn zu sein?« Da er selbst Johannes zum Priester geweiht hatte, sah er durch Pater Norberts Aussage seine Autorität angegriffen.

»Johannes ist gewiss ein guter Prediger, aber ein noch besserer Kopist alter Schriften. Man hätte ihn dabei belassen sollen«, erklärte Pater Norbert.

»Dann wäre er trotzdem Mönch geworden«, wandte Pater Cyprian ein.

»Aber kein geweihter Priester! Als Mönch hätte er die meiste Zeit im Kloster bleiben müssen, doch als Priester kann er es immer wieder verlassen, um Wallfahrten und Prozessionen anzuführen oder andernorts die Messe zu lesen. Das tut ihm nicht gut.«

»Und warum nicht?«, fragte Pater Cyprian in einem Tonfall, der den Abt erneut zu einer Mahnung veranlasste.

»Zügle deine Stimme, mein Sohn! Soll es, wenn jemand draußen vorbeigeht, etwa den Anschein erwecken, es gäbe hier Streit?«

»Gewiss nicht, Euer Gnaden! Ich bin nur empört, weil Pater Norbert Johannes verleumdet. Wir hatten im Kloster keinen besseren Zögling, keinen besseren Novizen und keinen besseren Mönch als ihn.«

»Das alles mag sein«, sagte Pater Norbert lächelnd. »Als Priester treten jedoch zu viele Versuchungen an ihn heran. Ich will die Damen im Schloss Rosenheim nicht der Unkeuschheit bezichtigen, doch bin ich sicher, dass sie sich gewissen Zärtlichkeiten mit Johannes nicht verwehren würden.«

»Das ist doch Unsinn! Frau Klara und Frau Helena sind gut verheiratet und gewiss nicht bereit, ihren Ehemännern Schande zu bereiten«, rief Pater Cyprian empört.

»Es sind erfahrene Frauen, fürwahr, doch Ihr wisst selbst, wie schwach das weibliche Geschlecht ist. Zudem spreche ich nicht von diesen beiden Frauen, sondern von deren Zögling. Maria Fugger ist jung und unerfahren und kann damit den Verlockungen, die ihr der Satan ins Ohr bläst, leicht erliegen.«

Pater Norbert verstummte und beobachtete, wie der Abt und Pater Cyprian seine Worte auffassten. Letzterer wirkte nachdenklich, denn er hatte Maria und Johannes auf der Wallfahrt nach Pirkendorf beobachten können. Wohl hatte das Mädchen dort ihrer alten Kinderfrau geholfen und Johannes dem armen Bruder Vincentius. Pater Cyprian erinnerte sich jedoch auch an die wachsende Vertrautheit der beiden. Damals hatte er sich noch nichts dabei gedacht, aber nun ... Er brach diesen Gedankengang ab und schüttelte den Kopf.

»Ich glaube nicht, dass unser Johannes solch einer Versuchung erliegen würde.«

»Euer Vertrauen in allen Ehren, Bruder. Als ich vor einigen Wochen das Kloster verließ, um meinen Aufgaben in Gailitz nachzukommen, sah ich Johannes und Maria Fugger zusammen bei einem Gebüsch stehen und miteinander reden. Zunächst dachte ich mir nichts dabei, doch irgendwann fiel mir auf, dass weder die alte Ella noch eine Magd anwesend waren, um über die Sittsamkeit zu wachen!«

Es war eine Lüge, denn Pater Norbert hatte Neža durchaus gesehen. Er setzte seinen nächsten Trumpf. »Vor wenigen Tagen sah ich, wie Johannes, nachdem er die Messe im Schloss gehalten hat, die Fuggerau verließ. Wenig später gesellte sich Maria Fugger zu ihm, und die beiden haben sich im Schatten eines Gebüsches geküsst.«

Jetzt hob der Abt doch den Kopf, während Pater Cyprian zornig schnaubte.

»Versteht Ihr nun, weshalb ich mit Euch sprechen musste?«, drängte Pater Norbert weiter.

»Ich werde Pater Johannes untersagen, weiter im Schloss die Messe zu lesen«, erklärte der Abt.

Pater Norbert hob mahnend die Hand. »Wird dies genügen, hochehrwürdiger Vater? Solange die beiden einander so nahe sind, wird die Verirrung der Herzen zunehmen und sie vielleicht zu Dingen treiben, die nicht geschehen dürfen.«

»Was schlägst du vor, mein Sohn?«, wollte Friedrich von Kühnburg wissen.

»Schickt Johannes zur Abtei des heiligen Gallus nach Moggio. Unser Kloster ist mit diesem verbrüdert, und wir haben uns gegenseitig das Recht eingeräumt, dass Mönche von dort bei uns und welche von uns dort leben können. Damit beseitigt Ihr die Gefahr, die Johannes durch die Ziehtochter der Fugger droht, und rettet auch die Seele des Mädchens. Später, wenn Johannes an Erfahrung und Beherrschung gewonnen hat, könnt Ihr ihn nach Arnoldstein zurückholen.«

Pater Norbert lächelte zufrieden, denn der Miene des Abtes nach hatte dieser sich bereits entschieden, seinem Vorschlag zu folgen.

Auch Pater Cyprian nickte unwillkürlich. »Es wird wohl das Beste sein! In Moggio kann Johannes seine Studien weiterbetreiben und seine Neigung zu diesem Mädchen vergessen. Da es bereits alt genug ist, wird Jakob Fugger es bald verheiraten, und damit ist diese Gefahr gebannt.«

Eine Heirat von Maria war nicht gerade das, was in Pater Norberts Pläne passte. Aber er begriff, dass er Jakob Fugger nicht daran hindern konnte, einen Ehemann für das Mädchen zu bestimmen. Doch noch war es nicht so weit, und er würde alles tun, um sie als Geliebte zu gewinnen. War er erst einmal ein Kleriker in höheren Rängen, brauchte der Fugger ihn nicht mehr zu kümmern.

Pater Cyprians Gedanken waren unterdessen in eine andere Richtung gewandert. »Wenn Ihr erlaubt, Euer Gnaden, werde ich Johannes nach Moggio begleiten und ihn dort einführen.«

»Dieser Vorschlag ist des Lobes wert«, erklärte der Abt und nickte dann Pater Norbert zu. »Ich danke dir, mein Sohn, dass du, deinem Gewissen gehorchend, von deiner Entdeckung gesprochen hast.«

»Mir ging es um das Ansehen des Klosters, das durch eine Liebschaft eines unserer Pater mit der Ziehtochter der Fugger gelitten hätte«, erklärte Pater Norbert salbungsvoll.

Der Abt nickte erneut und wandte sich zu Pater Cyprian um. »Es ist noch früh am Tag. Wenn ihr gleich aufbrecht, könnt ihr einen Teil des Weges nach Moggio noch heute bewältigen.«

Aus Friedrich von Kühnburgs Worten sprach eine gewisse Enttäuschung über Johannes, dem er mehr Selbstbeherrschung zugetraut hatte. Es wäre wohl besser gewesen, wenn er mit Johannes' Priesterweihe gewartet hätte, dachte er, sagte sich dann aber, dass ein geläuterter Johannes für das Kloster irgendwann einmal ein Gewinn sein würde. Bis dorthin musste jedoch ein wenig Zeit vergehen und die junge Fuggerin in der Fremde verheiratet sein.

8.

Johannes hatte mehrere Tage gebraucht, um darüber hinwegzukommen, dass Maria mit ihrer Rose den Anstoß zu Vincentius' Tod gegeben hatte. Mittlerweile erinnerte er sich aber daran, wie sehr sein alter Freund den Tod herbeigesehnt hatte, und schämte sich, Maria deswegen angeschrien zu haben. Dabei hatte gewiss Gott ihr die Hand geführt, um Vincentius zu zeigen, dass der Himmel für ihn bereit war. Ich muss sie um Verzeihung bitten, dachte er und überlegte, wann er das nächste Mal ins Schloss kommen würde. Notfalls musste er ohne Anlass hingehen und darauf hoffen, mit ihr sprechen zu können.

Gerade als er sich zum Gehen entschlossen hatte, wurde die Tür seiner Zelle geöffnet, und Pater Cyprian trat herein.

»Gürte dich, mein Sohn! Unser hochverehrter Herr Abt hat mich beauftragt, das Kloster Moggio aufzusuchen. Ich darf mir einen Begleiter aussuchen und nehme dich mit.«

Pater Cyprian schämte sich, weil er zu einer solchen Täuschung griff. Doch wenn Johannes erfuhr, dass er länger in Moggio bleiben müsse, traute er ihm zu, in seiner Verblendung für das schöne Mädchen unterwegs zu fliehen. Damit aber würde er Gott und die Kirche in einer Weise kränken, die eine Vergebung seiner Sünden unmöglich machte.

»Nach Moggio ist es doch ein Weg von mehreren Tagen!«, rief Johannes aus. Gerade jetzt, da er unbedingt mit Maria sprechen wollte, kam ihm diese Reise höchst ungelegen.

»Umso eher sollten wir aufbrechen und rasch ausschreiten. Also beeile dich!«, sagte Pater Cyprian streng. Er ahnte, was in Johannes vorging, und wollte diesem daher jede Möglichkeit nehmen, Maria noch einmal sehen oder gar mit ihr sprechen zu können.

»Müssen wir wirklich gleich heute aufbrechen?«

»Wenn der Abt es sagt, haben wir zu gehorchen!« In Pater Cyprians Stimme schwang eine Warnung mit.

Johannes wusste, dass man den Befehlen des Abts und der ranghöheren Mönche unbedingt Folge leisten musste. Wenn er sich dagegen sträubte, würde er als Rebell gelten und gar in seiner Zelle eingeschlossen werden. Dann aber würde er Maria niemals wiedersehen. So konnte er hoffen, sie nach seiner Rückkehr aus Moggio treffen und das, was zwischen ihnen stand, ausräumen zu können. Mit diesem Gedanken schnürte er sein Bündel und folgte Pater Cyprian nach draußen.

Hinter einem Mauervorsprung verborgen, sah Pater Norbert zu, wie die beiden das Kloster verließen und auf Maglern zuhielten, um von dort über Goggau das Kanaltal zu erreichen. So bald würde Johannes nicht zurückkehren, und bis er wieder im Kloster Arnoldstein auftauchte, nahm er selbst längst einen hohen Rang in der Hierarchie der Kirche ein und hatte Maria Fugger als Geliebte gewonnen. Auch wenn es ein wenig Überredung brauchen würde, so war sie doch nur ein Weib und hatte seinem Willen daher kaum etwas entgegenzusetzen.

9.

Maria war durch Johannes' Verhalten zutiefst gekränkt und mehrere Tage überzeugt, ihn nie mehr wiedersehen zu wollen. Nach einer Weile legte sich jedoch ihr Zorn, und sie nahm sich Zeit zum Nachdenken. Eines war eindeutig. Pater Norbert hatte sie schamlos belogen. Doch weshalb?, fragte sie sich. Nur weil sie ihn vor Jahren ein- oder zweimal in seine Schranken verwiesen hatte? Dafür hätte er schon sehr rachsüchtig sein müssen. Außerdem hatte er die Geschichte nicht nur ihr erzählt, sondern allen am Tisch.

Warum also hatte er es getan? Maria begriff, dass sie dieses Rätsel nicht allein lösen konnte, und beschloss, die Person aufzusuchen, die sich in dieser Gegend am besten auskannte. Da Ella ihre Kräutermischung für ihr Magenleiden benötigte, konnte sie Schloss Rosenheim und die Fuggerau verlassen, ohne eine Ausrede zu brauchen. Ihr Ziel war das Haus der Familie Kessler. Die Kesslerin, die nach Bruder Vincentius' Tod die älteste Person im weiten Umkreis war, überließ das Sammeln und Trocknen der Kräuter zwar ihrer Enkelin, doch wenn es galt, die Heilmittel zu mischen, fasste sie immer noch mit an.

Maria betrat das Haus und wurde von Ria ehrerbietig empfangen. »Ihr wollt gewiss zur Muhme. Sie sitzt hinten im Garten, weil es ein so schöner Tag ist. Darf ich Euch einen Becher Most anbieten?«

»Gerne.« Maria mochte den Most, den die alte Kesslerin und deren Enkelin zubereiteten, und freute sich jedes Mal, wenn sie einen Becher davon bekam. Der, den es im Schloss gab, schmeckte lange nicht so gut. Sie verließ das Haus durch die hintere Tür und sah die Frau im Schatten eines Baumes auf einem einfachen Schemel sitzen.

»Grüß Gott, Kesslerin!«, sprach sie die alte Hebamme an.

Diese hob den Kopf und musterte sie. »Das Fräulein Fugger! Schön, dass du wieder einmal bei mir vorbeischaust. Brauchst wohl wieder die Magenkräuter für die Ella.«

»Das auch«, antwortete Maria und setzte sich neben dem Schemel ins Gras. »Allerdings hätte ich auch gerne eine Auskunft.«

»Wenn ich sie dir geben kann, werde ich's tun!« Die Kesslerin wartete, bis ihre Enkelin mit zwei Bechern Most kam, trank einen Schluck und sah Maria fragend an. »Also, was willst wissen?«

»Ich würde gerne mehr über Johannes ... äh, Pater Johannes erfahren«, verbesserte Maria sich.

»Über Johannes? Du vergisst aber nicht, dass er ein Mann Gottes ist?« Es klang wie eine Mahnung.

»Das vergesse ich gewiss nicht!«

Es fiel Maria nicht leicht, zu lügen, denn sie mochte die alte Frau. Wären deren Augen noch so scharf gewesen wie vor einigen Jahren, hätte sie die Unsicherheit des Mädchens bemerkt. So aber wanderten ihre Gedanken in die Vergangenheit zurück, und sie dachte lächelnd an den Knaben, den sie hatte aufwachsen sehen und der nun im Namen Gottes den Menschen die Sünden vergeben konnte.

»Ja, der Johannes! Das ist ein ganz feiner Bursch, immer freundlich und hilfsbereit. Da ist kein Vergleich mit dem Pater Norbert, der es stolz vor sich herträgt, dass er sich für was Besseres hält.« Die Kesslerin nickte und sah dann Maria an. »Was genau möchtest du über ihn wissen?«

»Wo er herkommt, weshalb er im Kloster ist, und was es mit dem Fluch der weißen Rose auf sich hat.«

»Das ist eine längere Geschichte. Da weiß ich nicht, ob wir das alles auf einmal schaffen.«

»Ich kann ja wiederkommen.«

Die Kesslerin nickte nachdenklich. »Wird wohl sein müssen. Also, womit fangen wir an?«

»Mit dem Fluch der Rose!« Dies war der Grund ihres Zerwürfnisses, und so wollte Maria wissen, weshalb es dazu gekommen war.

»Der Fluch der Rose? Das bedrückt dich, weil du vom Tod des alten Vincentius gehört hast? Sei versichert, er war froh drum, denn er ist in letzter Zeit sehr schwach geworden und hat den Ruf des Himmels gewiss als Erlösung aus diesem irdischen Jammertal empfunden.«

»Pater Johannes war darüber sehr betrübt«, warf Maria ein.

»Das ist verständlich, denn Bruder Vincentius war wie ein Vater zu ihm. Er hat ihn aufgezogen, als er ins Kloster gekommen ist.«

»Aber was hat es mit dem Fluch auf sich?«, drängte Maria. Sie wollte zwar auch von Johannes' Jugend hören, doch vorerst war ihr die weiße Rose wichtiger.

»Ja, der Fluch … Da heißt es, dass vor sehr langer Zeit ein Pater im Kloster bei der Messe eine weiße Rose auf seinem Stuhl gefunden hat, und binnen eines Tages war er tot. Vor etlichen Jahren hat es dann den Pater Ewald erwischt. Der war damals ein hoher Herr im Kloster, und die meisten haben gemeint, dass er der neue Abt werden wird. Auch der hat eine weiße Rose auf seinem Sitz gefunden und war am nächsten Tag tot. Um ihn war's schad, denn er war noch jung und hätte das Kloster gewiss mit fester Hand geführt. Ja, und jetzt heißt es, beim Bruder Vincentius wär auch eine weiße Rose auf seinem Platz gelegen, und bevor am nächsten Tag die erste Messe gelesen worden ist, wär auch er tot gewesen.«

Die Kesslerin berichtete ausschweifend, welche Gerüchte und Erzählungen vom Kloster aus in den Marktort gelangt waren. Es war jedoch kaum Handfestes, und von dem wenigen erschloss sich Maria nur ein Teil, aber sie begriff, dass Johannes bei Pater Ewalds Tod etwa acht bis zehn Jahre gewesen sein musste und sich alles sehr zu Herzen genommen hatte. Jetzt tat es ihr leid, so schnell eingeschnappt gewesen zu sein. Sie hätte ruhig bleiben und ihn fragen müssen, was es mit der Rose wirklich auf sich hatte. Hätte sie ihm dann erklärt, dass sie dies nicht gewusst und man ihr genau das Gegenteil berichtet hatte, wäre es vielleicht nicht zum Streit gekommen.

Die Kesslerin erzählte mittlerweile weiter. Da es um Pater Ewald ging, der aus Bamberg nach Arnoldstein gekommen war, interessierte es Maria weniger. Sie lauschte aber trotzdem, da die Kesslerin auch mehrfach Pater Norberts Namen erwähnte.

»Freunde waren die zwei nicht«, sagte die alte Frau mit Nachdruck. »Der Pater Norbert wär halt gern selber der neue Abt geworden. Aber da ist ihm der Schnabel sauber geblieben, denn die Mönche haben, als der Christoph Manfordin das Amt aufgegeben hat, zuerst den Johannes Gruber, dann den Georg Matschberger und zuletzt den Friedrich von Kühnburg zum Abt gewählt.«

»Sind die Äbte Johannes und Georg nicht recht bald nach ihrer Bestellung gestorben?«, fragte Maria mit einem mulmigen Gefühl in der Magengrube.

»Doch, so war es!«, erklärte die alte Hebamme. »Beide waren ehrenhafte und brave Männer, die der Herrgott dann doch lieber bei sich haben wollte, als sie hier auf der sündhaften Erde zu belassen.«

Maria wusste, dass ihr Verdacht verrückt war, doch fand sie es seltsam, dass mit Ewald von Bamberg der erste Anwärter auf die Nachfolge von Christoph Manfordin überraschend gestorben war und die ersten Nachfolger des zurückgetretenen Abtes die Amtsübernahme nicht lange überlebt hatten.

Da ihr dieser Gedanke im Moment nicht weiterhalf, schob sie ihn beiseite und bat die Kesslerin, ihr zu berichten, wie Johannes ins Kloster gekommen sei.

»Das ist eine traurige Geschichte«, sagte die alte Frau. »Damals waren kurz zuvor die Türken ins Land eingefallen, haben bös gehaust und geplündert, viele Menschen erschlagen und andere als Gefangene weggeschleppt. Den Markt haben sie niedergebrannt und sogar das Kloster in Brand geschossen. Damals sind eine Menge Leute umgekommen, darunter auch mein Mann, zwei meiner Kinder und die Frau eines meiner Söhne. Wir beten heut noch, dass sie wirklich gestorben und nicht von den Heiden mitgeschleppt und zu Sklaven gemacht worden sind.«

Es wurde ein langer Bericht, der damit endete, dass es ein Stück weiter im Süden erneut einen Türkenangriff gegeben habe. »Damals ist die Mutter vom Johannes mit dem Kind auf dem Arm ins Land gekommen«, sagte sie noch, hob aber dann um Entschuldigung bittend die Hände. »Es ist besser, du kommst ein andermal wieder. Es strengt mich doch an, so viel zu erzählen!«

Maria hätte ihr den Rest des Tages und die ganze Nacht zuhören können, doch sie begriff, dass sie die alte Frau nicht zu sehr erschöpfen durfte.

»Wenn es genehm ist, werde ich morgen wiederkommen!«, schlug sie vor.

»Ich tät mich freuen. Behüt dich Gott!«

»Dich ebenfalls, Kesslerin!« Maria lächelte der alten Frau zu und verließ das Haus.

Auf dem Heimweg beschäftigte sie das, was sie erfahren hatte, und sie war froh um die festen Mauern, die Jakob Fugger um die Fuggerau hatte errichten lassen, und um die Kanonen, die Schutz vor den Türken boten, sollten diese wieder ins Land einfallen.

10.

Als Maria Schloss Rosenheim erreichte, fand sie dort Pater Norbert vor. Dieser hatte dem Abt die Erlaubnis abgeschwatzt, jederzeit die Fuggerau aufsuchen zu können, ohne vorher fragen zu müssen. Jetzt saß er mit Klara Häring und Helena Zeller im Erkerturm, trank feurigen ungarischen Wein und ergötzte die beiden Frauen mit Erzählungen über Venedig. Gewisse Dinge wie seine Bekanntschaft mit Marcantonio Foscari wie auch die Ponte delle Tette verschwieg er allerdings, sondern tat so, als hätte er die Stadt des heiligen Marcus von einem der dortigen Klöster aus erkundet.

Bei Marias Anblick lächelte er, denn er hatte sie bereits vermisst und sich über ihr Fehlen geärgert. Nun wurde sie von Helena und Klara aufgefordert, sich zu ihnen zu setzen.

Maria tat dies ungern. Immerhin war Pater Norbert mit seinen Lügen schuld daran, dass sie sich mit Johannes entzweit hatte. Außerdem erinnerte sie sich an Ewald von Bamberg, Johannes Gruber und Georg Matschberger, die so unvermittelt gestorben waren, und sie empfand Ekel, aber auch Angst vor dem Mann.

Der Pater musterte sie mit einem überheblichen Lächeln. »Ich werde von nun an alle Messen in Schloss Rosenheim halten.«

»Aber was ist mit Pater Johannes?«, fragte Maria verwundert.

Der hochmütige Zug auf Pater Norberts Gesicht verstärkte sich. »Diesen hat der Abt zusammen mit Pater Cyprian auf eine Reise geschickt. Wohin es geht, habe ich nicht erfahren.«

Maria war sich sicher, dass der Mann log, und bedachte ihn mit einem derart hasserfüllten Blick, dass der Pater zusammenzuckte. Er hatte sich aber rasch wieder in der Gewalt und sagte sich, dass sie nur eine Frau mit schwachem Willen war und Gott selbst die Weiber zu Dienerinnen der Männer gemacht hatte. Mochte sie jetzt noch zornig blicken und ihren Launen und Gelüsten folgen wollen, so würde sie sich bald seinem überlegenen Verstand beugen müssen. Auch dürfte sie sich demnächst über die Annehmlichkeiten freuen, die er ihr bieten konnte, wenn er seine reiche Pfründe erlangt hatte. Als Ehemann hätte sie ohnehin nur irgendeinen Pfeffersack abbekommen, für den die Hochzeit ein ebensolches Geschäft war wie der Kauf eines Sacks Weizen oder eines Weinfasses.

Von diesem Gefühl angeregt, sprach Pater Norbert weiter und breitete die Wunder Venedigs vor den drei Frauen aus. Gegen ihren Willen lauschte auch Maria ihm. Er konnte gut erzählen, doch immer wieder überkam sie das Gefühl, als würde er es mit der Wahrheit nicht so genau nehmen. Einige Aussagen machten sie misstrauisch. Obwohl Pater Norbert sich hütete, etwas Verräterisches von sich zu geben, so schlichen sich doch Bemerkungen in seinen Bericht ein, die Maria verrieten, dass mehr hinter alldem stecken musste.

Mit einem aber hielt Pater Norbert nicht hinter dem Berg. So berichtete er, er habe auf seiner Reise jemanden in hoher Position getroffen und von diesem die Aussicht auf eine ertragreiche Pfründe erhalten. Er ließ offen, ob dies in Aquileia oder in Venedig geschehen war, freute sich aber über das Aufsehen, das er bei Klara Häring und Helena Zeller damit erregte. Marias Miene hingegen wirkte starr, beinahe versteinert und vermittelte ihm das Gefühl, dass die Verirrung ihres Herzens für Johannes wohl doch größer war, als er angenommen hatte, und es ihn einige Mühe kosten würde, sie zu zähmen. Sie war jedoch so schön, dass er sie unbedingt haben wollte. Wenn dies gelang, hatte sich sein Bündnis mit Marcantonio Foscari gelohnt.

Maria langweilten die Prahlereien des Paters zunehmend, und sie stand auf. »Ich muss nach Ella sehen. Nicht, dass sie vergisst, ihren Kräuterauszug bereiten zu lassen. Wenn sie das täte, würde sie vor Schmerzen die ganze Nacht wach liegen.«

»Tu das!«, sagte Klara Häring in ihre Richtung und wandte sich wieder dem Pater zu. »Venedig muss eine wundervolle Stadt sein. Sobald der Krieg zwischen ihr und dem König vorbei ist, will mein Mann dorthin reisen. Ich wünschte, er nähme mich mit.«

»Wo befindet sich Herr Häring derzeit?«, fragte Pater Norbert.

»Mein Ehemann ist auf dem Weg zu Jakob Fugger in Augsburg. Wir glauben, es geht neben Geschäften auch darum, einen Ehemann für Maria zu finden. In ihrem Alter war ich bereits verheiratet!«

»Und ich ebenfalls!«, rief Helena Zeller.

Beide dachten nicht daran, dass sie legitime Töchter von Hans Fugger waren und daher leicht einen Ehemann hatten bekommen können. Maria hingegen galt als Pflegekind und, schlimmer noch, als Bastard. Da mochte es sogar Jakob Fugger schwerfallen, einen passenden Bräutigam für sie zu finden. Klara und Helena hielten es für wahrscheinlich, dass er einen fähigen Untergebenen mit dieser Heirat enger an sich binden wollte. Dies erklärten sie Pater Norbert, achteten dabei aber mehr auf sich selbst als auf ihn und bemerkten daher nicht, wie dessen Unmut stieg.

Wenn Jakob Fugger Maria tatsächlich bald verheiraten wollte, würde es vielleicht unmöglich sein, sie für sich zu gewinnen, fuhr es dem Pater durch den Kopf. Er wollte auf das Mädchen jedoch nicht verzichten. Erst wenn Maria unter ihm lag und er mit ihr das tun konnte, was bereits Adam mit Eva getan hatte, war sein Sieg über Johannes vollkommen. Durch seine Andeutungen, dieser habe ein Verhältnis mit Maria, hatte er dafür gesorgt, dass der spanische Bengel für höhere Weihen wie zum Beispiel für das Amt des Abtes in Arnoldstein nicht mehr in Frage kam. Letztlich konnte ihm das jedoch gleichgültig sein.

Immerhin würde er mithilfe der Venezianer diese Gegend bald verlassen und in weit angenehmeren Verhältnissen ein neues Leben beginnen können.

Trotzdem war es klüger gewesen, Johannes durch seine Intrige zu Fall zu bringen. Irgendwann hätte dieser sich womöglich doch für die Hinterlassenschaften seiner Mutter interessiert, und er wollte weder deren Schmuck hergeben noch bekennen, dass er von Esmaralda de Azuaga weitaus mehr erfahren hatte als das wenige, das er dem damaligen Abt Christoph und Pater Cyprian berichtet hatte.

11.

Ohne auch nur zu ahnen, dass irgendjemand in Arnoldstein über seine Herkunft Bescheid wusste, wanderte Johannes zusammen mit Pater Cyprian in Richtung Moggio. Zwar hätte er vorher gerne mit Maria gesprochen, tröstete sich aber damit, dass sie sich bis zu seiner Rückkehr beruhigt haben dürfte und seiner Erklärung zugänglicher wäre.

Pater Cyprian hatte an seinem Begleiter wenig auszusetzen. Auch wenn Johannes schweigsamer war als sonst, klagte er weder über die steilen Anstiege noch über den Regen, der nun reichlich fiel. Sie mussten sogar einen Tag in Tarvis bleiben, weil ein Bach über die Ufer getreten war und die Straße überschwemmt hatte.

Sobald es möglich war, setzten sie ihren Weg fort. Kaum waren sie eine Stunde weit gekommen, regnete es wieder, und sie wurden innerhalb kurzer Zeit bis auf die Haut nass.

»Heute hat sich der Himmel wirklich gegen uns verschworen«, stöhnte Pater Cyprian, während ihm das Regenwasser übers Gesicht lief.

»Es sieht so aus. Wir sollten beten, damit die himmlischen Mächte uns wieder gewogen sind«, antwortete Johannes.

Pater Cyprian knurrte leise. »Das hätten wir besser vor dem Aufbruch tun sollen.«

»Wann hätten wir dafür Zeit gehabt? Der Aufbruch kam so überraschend, dass ich kaum mein Bündel packen konnte«, wandte Johannes mit einem feinen Lächeln ein.

Seine Bemerkung erinnerte Pater Cyprian daran, weshalb sie den Weg nach Moggio auf sich genommen hatten, und er bedachte Johannes mit einem missmutigen Blick. Hätte dieser keine Heimlichkeiten mit Maria Fugger begonnen, könnten sie gemütlich im Kloster sitzen und der Kälte mit warmem, gewürztem Most trotzen.

Dem jungen Mann deswegen Vorwürfe zu machen, brachte nichts, und so stapfte der Pater weiter. Die Straße zog sich endlos dahin und glich mehr einem Schlammtümpel denn einem Fahrweg. Vor den Gasthäusern und Herbergen, an denen sie vorbeikamen, standen Fuhrwerke. Die Pferde und Ochsen hatte man in Pferche gesperrt, in denen sie missmutig auf dem nassen Gras herumkauten, das man ihnen vorgeworfen hatte. Teilweise hatten die Tiere ihr Futter in den Schlamm getreten, und irgendein Knecht hatte es wieder herausgeholt. Der Mann hoffte wohl, der stete Regen würde es vom Schlamm rein waschen, so dass es wenigstens die Ochsen fressen konnten.

Da es bereits auf den Abend zuging, wies Pater Cyprian auf ein großes, ganz aus Holz errichtetes Wirtshaus.

»Wir werden hier übernachten! Bis wir das nächste Kloster erreichen, hat uns die Dunkelheit längst überfallen.«

Johannes hatte nichts dagegen, ihren Weg an diesem Ort zu unterbrechen, brachte aber er einen Einwand. »Der Wirt wird Geld für Essen, Trinken und eine Schlafstatt fordern.«

»Ich hoffe doch, dass er es für Gottes Lohn tut, und wenn nicht, habe ich ein paar Münzen bei mir.« Pater Cyprian war des ewigen Regens und der Kälte leid und trat ein.

Johannes folgte ihm in die Wirtsstube, die von einem durchdringenden Geruch nach feuchten Wollstoffen, Schweiß und schalem Bier erfüllt war, und wäre am liebsten wieder gegangen. Die Nase seines Begleiters war offenbar nicht so empfindlich wie die seine, denn Pater Cyprian grüßte freundlich und trat auf die Schanktheke zu.

»Gott zum Gruß, Herr Wirt. Wäre Er so freundlich, uns einen Napf Suppe, einen Becher Bier und ein Nachtlager zu überlassen. Wir sind arme Mönche ...«

»Derzeit seid ihr eher sehr nasse Mönche«, spottete einer der Gäste.

»Deshalb haben wir hier angehalten und bitten um Obdach«, erklärte Johannes freundlich.

Ein stiernackiger Fuhrknecht drehte sich mit verächtlicher Miene zu ihm und Pater Cyprian um. »Wir alle suchen hier ein Obdach und bezahlen dafür. Weshalb sollt ihr Kuttenträger es nicht auch tun?«

»Wir sind Mönche und der Armut verschrieben«, erwiderte Johannes.

»Armut! Ihr Pfaffen und Mönche lebt doch wie die Maden im Speck. Jeder Narr und viele irrsinnige Weiber schleppen euch haufenweise Gold hin oder überlassen euch Grundstücke und Häuser. Wie wollt ihr da arm sein?«, sagte einer bissig, und etliche Gäste stimmten ihm zu.

Johannes begriff, dass der Wirt, selbst wenn er es wollte, sie nicht umsonst trinken, essen und schlafen lassen konnte. Damit hätte er zu viele verärgert, die hier Unterschlupf vor dem schlechten Wetter gesucht hatten.

»Wir sollten uns ein Kloster suchen«, raunte er Pater Cyprian zu. Der schüttelte den Kopf.

»Ich bin durchgefroren bis auf die Knochen und werde keinen Schritt mehr tun!« Er griff unter seine Kutte und zog ein dünnes Beutelchen hervor.

»Ich habe nicht viel Geld bei mir, doch für eine Kleinigkeit zu essen und zu trinken und einen Platz im Stroh mag es reichen!«

»Gewiss doch!« Der Wirt wies auf eine Tür hinter dem Schanktisch. »Dort könnt ihr euer nasses Zeug ausziehen. Mein Knecht wird euch Decken bringen. In die könnt ihr euch hüllen, bis eure Kutten wieder trocken sind.«

»Vergelt's dir Gott«, antwortete Pater Cyprian.

Da streckte der Wirt fordernd die Hand aus. »Ein paar Groschen will ich von euch schon haben. Umsonst ist der Tod, und selbst da lasst ihr Pfaffen und Mönche euch für die Worte bezahlen, die ihr am Grabe sprecht.«

Für einen Augenblick hatte Pater Cyprian gehofft, Johannes und er könnten vielleicht doch ohne Bezahlung bleiben. Nun suchte er mehrere Münzen heraus und zählte sie dem Wirt hin.

Schon bald hob dieser die Hand. »Halt, das reicht. Für den Rest betet für mich und dafür, dass dieser verdammte Krieg zwischen Venedig und dem König zu Ende geht und wieder genügend Fuhrwerke durch das Kanaltal kommen. Tage wie heute, an denen mein Haus voll ist, sind selten geworden.«

»Dafür werden wir beten!«, versprach Johannes, und Pater Cyprian nickte. »Das werden wir!«

»Betet auch dafür, dass der Regen aufhört und wir weiterreisen können«, bat einer der Gäste. »Ist mir einen Becher Bier wert.«

»Wir sitzen uns hier die Ärsche platt und machen nur den Wirt reich«, rief ein weiterer Gast.

Der Wirt bedachte ihn mit einem zornigen Blick. »Reich wird hier derzeit keiner, solange der Handel nach Venedig stockt.«

Einer der Fuhrleute winkte verächtlich ab. »Ein wenig wird immer noch gehandelt. Daher wirst du schon nicht verhungern. Aber für uns wäre es gut, wenn es weitergeht. Wir haben vier Wagenladungen, die für Nürnberg bestimmt sind. Die sollen auch dort ankommen.«

»Wir werden Gott im Gebet bitten, die Schleusen des Himmels zu schließen«, sagte Pater Cyprian und trat zur Tür. »Wir ziehen nun unsere nassen Sachen aus. Danach hätte ich nichts dagegen, die Schleusen meiner Kehle zu öffnen und einen guten Wein oder einen Krug Bier zu trinken. Auch freut sich mein Magen auf einen Napf Suppe und einen Kanten Brot.«

»Wirst du alles kriegen«, antwortete der Wirt, während er einen Becher mit Wein füllte und diesen einem seiner Gäste brachte.

12.

Der Abend sank langsam nieder. Johannes' und Pater Cyprians Kutten waren mittlerweile getrocknet, und die beiden Mönche saßen in einer Ecke des Gastzimmers vor je einem kleinen Becher Bier. Die hatte der Wirt gebracht, weil sie mit den Münzen abgegolten wären. Aber weitere Getränke, so hatte er erklärt, würden sie bezahlen müssen. Daher hielten die beiden sich beim Trinken zurück.

Kurz vor der Zeit, in der Pater Cyprian Johannes auffordern wollte, sich zum Schlafen zurückzuziehen, platzten neue Gäste in die Herberge. Es handelte sich um ein knappes Dutzend abgerissen aussehender Kerle, jeder mit einem Schwert und einem Dolch bewaffnet. Anhand ihrer Kleidung waren alle bis auf einen als Söldner zu erkennen. Bei diesem kniff Johannes überrascht die Augenlider zusammen. Es war der Buffone Ugo Ribaldi, der auch diesmal die bunte Tracht eines Spaßmachers trug. Er konnte sich unterwegs den Söldnern angeschlossen haben. Allerdings schien er mit deren Anführer sehr vertraut zu sein, und er übernahm auch die Verhandlung mit dem Wirt.

»Wir brauchen Wein und etwas zwischen die Zähne, und schlafen wollen wir hier auch!«

Der Wirt wackelte mit dem Kopf. »An Wein, Brot, Suppe und Schinken soll es nicht fehlen. Aber mit der Übernachtung wird es schwierig. Das Haus ist voll, und es schlafen schon etliche im Stall. Ihr werdet mit einem Platz auf dem Stroh zufrieden sein müssen.«

»Was sagt er?«, fragte der Anführer-Söldner im venezianischen Dialekt, da sich sowohl der Buffone wie auch der Wirt der deutschen Sprache bedient hatten.

Ribaldi übersetzte es ihm. Der Söldner, der ganz in Leder

gekleidet war und ein langes, schmales Schwert an der Seite hängen hatte, zuckte mit den Schultern.

»Dann schlafen wir halt auf Stroh! Ist immer noch besser als auf blankem Erdboden. Es ist auch ein Scheißwetter, so als wolle der Herrgott eine neue Sintflut über uns hereinbrechen lassen.«

»Eine Sintflut wohl kaum, Freund Domingo. Außerdem ist das Wetter für uns günstig. Es sollte nur abtrocknen, wenn wir uns auf den Heimweg machen.«

Johannes wunderte sich, weil der Spaßmacher den Hauptmann der Söldner so vertraulich mit Du ansprach, und fragte sich, was die Männer vorhatten. Sehr weit von hier schien ihr Ziel nicht zu liegen, da der Buffone bereits vom Rückweg sprach. Nicht verdenken konnte er ihm allerdings, dass er auf besseres Wetter hoffte, denn auch Johannes wünschte sich für die letzte Strecke nach Moggio Sonne statt Regen. Derzeit allerdings sah es nicht so aus, als würde dieser Wunsch in Erfüllung gehen.

Domingo, der einst ein Gefolgsmann von Don Felipe de Azuaga gewesen war und nun in Marcantonio Foscaris Diensten stand, sah sich in der Wirtsstube nach freien Plätzen um. Die meisten Tische waren besetzt, doch die Fuhrleute rückten zusammen, damit sich die Söldner setzen konnten. Auf gut Glück wählte Domingo einen Stuhl an dem Ecktisch, an dem bis jetzt nur zwei Benediktinermönche saßen. Auf den Gedanken, zu fragen, ob es diesen genehm wäre, wenn er sich zu ihnen setzte, kam er nicht. Stattdessen rief er mit lauter Stimme nach Wein und stieß dann ein paar spanische Flüche aus, weil ihm Wasser vom Barett in den Nacken lief.

Da fiel Domingos Blick auf Johannes, und er stieß einen Laut des Erschreckens aus. Das war doch unmöglich!, fuhr es ihm durch den Kopf. Vor ihm saß Felipe de Azuaga, so, wie er damals in seine letzte Schlacht geritten war. Allerdings trug er keine Rüstung und hielt kein Schwert in der Hand, sondern steckte in einer Mönchskutte, und seine Hand spielte mit dem Kreuz, das er an einer Kette aus Holzperlen um den Hals trug.

»Ist etwas mit Euch?«, fragte der junge Mönch jetzt auch noch auf Spanisch.

Die Stimme klang zwar ähnlich wie die von Don Felipe, doch es waren Unterschiede zu erkennen. Domingo gab daher die Vorstellung auf, ihn könnte ein Geist narren. Außerdem hätte Don Felipe sich niemals eine Mönchstracht übergestreift. Es gab nur eine Möglichkeit: Der junge Mönch musste Juan de Azuaga sein, Don Felipes Sohn, den er vor gut zwanzig Jahren zusammen mit seiner Mutter im Stich gelassen hatte.

Der Bengel hatte also überlebt! Die Art, wie er das Spanische sprach, wirkte ein wenig steif, so als benutze er es nur sehr selten. Domingo aber schloss daraus, dass Juans Mutter ihren Sohn etliche Jahre hatte erziehen können. Vielleicht lebte auch Doña Esmaralda noch.

Domingo griff sich an den Hals. Auch wenn Juan in einer Mönchskutte steckte, so war er doch ein Azuaga, und die Männer dieser Sippe hatten Verrat stets hart bestraft. Einen Vorteil ihm gegenüber besaß er jedoch. Juan war zu klein gewesen, um sich an ihn erinnern zu können. Doch sobald dessen Mutter ins Spiel kam, würde er es erfahren. Domingos Blick fiel unwillkürlich auf Johannes' Hände. Wohl waren diese schmal und zeigten an, dass er mehr ein Mann der Feder als des Schwertes war. Kraftlos aber wirkten sie nicht.

Zum ersten Mal seit Jahren wurde Domingo von Angst gepackt. Wenn der junge Mann dahinterkam, dass er ihn und seine Mutter damals im Stich gelassen hatte, würde er Vergeltung einfordern.

Inzwischen hatten sich weitere Söldner an den Tisch gesetzt und unterhielten sich lautstark. Einer sprach Domingo an, fand diesen aber äußerst wortkarg. Die beiden Mönche beachtete keiner von ihnen. Gerade als Domingo beschlossen hatte, die Frage des jungen Mönchs aufzugreifen, um mehr über ihn zu erfahren, stand Pater Cyprian auf. »Wir sollten uns hinlegen und schlafen, Johannes. Der Weg nach Moggio ist weit und die Straße schlecht.«

»Ihr habt recht!« Auch Johannes erhob sich und verließ mit dem Pater zusammen mit einem Gruß den Raum.

»Du bist also nach Moggio unterwegs«, murmelte Domingo. Das lag hinter ihnen, und so würden sich ihre Wege trennen. Allerdings mussten seine Kameraden und er Moggio auf dem Rückweg passieren. Er verscheuchte diesen Gedanken mit einer ärgerlichen Handbewegung. Jetzt galt es erst einmal, dafür zu sorgen, dass Marcantonio Foscari sein Ziel erreichte.

13.

Da Maria es sich in den Kopf gesetzt hatte, mehr über Johannes zu erfahren, suchte sie erneut die alte Kesslerin auf. Diese und ihre Enkelin Ria wussten von allen Bewohnern des Marktorts am meisten über ihn. Allerdings hätte Maria sich gewünscht, auch mit Mönchen sprechen zu können, unter denen er aufgewachsen war. Doch für eine Frau wie sie war der Weg am Tor des Klosters zu Ende. Der einzige Mönch, mit dem sie öfter zusammentraf, war Pater Norbert, und dem traute sie nicht über den Weg. Zum einen hatte er sie bereits schamlos belogen, und zum anderen spürte sie etwas an ihm, das sie immer mehr abstieß.

Sie musste sich daher mit dem zufriedengeben, was sie von der alten Hebamme erfuhr, und diese teilte ihr Wissen gerne mit ihr.

»Ich wurde damals ins Kloster gerufen, weil Johannes' Mutter schwer erkrankt war. Man hatte sie in eine Stube nahe der Pforte gebettet, denn weiter nach oben wollte man sie als Frau nicht bringen. Sie war halb verhungert und wurde von einem üblen Fieber geplagt. Daher ist sie nimmer aufgekommen. Man hat sie in einer Ecke des Friedhofs begraben«, berichtete die Kesslerin.

Maria beugte sich angespannt vor. »Was weißt du über Johannes' Mutter? Woher kam sie, und wie hieß sie?«

»Ihren Namen konnte sie nicht mehr sagen – oder wir haben ihn nicht verstanden«, sagte die Kesslerin. »Aber es war keine Magd oder eine Zigeunerin, wie manche behaupten. Ich glaube, diese Gerüchte kommen von Pater Norbert. Der ist ein unguter Mensch!«

»Wer sonst soll es auch getan haben?« Ein Ausdruck des

Zorns erschien auf Marias ebenmäßigem Gesicht. Sie hatte die Lüge des Paters, durch die sie sich mit Johannes entzweit hatte, nicht vergessen.

Unterdessen sprach die Hebamme weiter. »Ich vermute, sie war sogar von Adel. Ihr Kleid war zwar dreckig und zerrissen, aber aus gutem Tuch. Auch hatte sie Schmuck bei sich, versteckt in einem Beutel. Er wird gewiss ein paar hundert Gulden wert gewesen sein.«

»Der Schmuck wäre doch eine Möglichkeit gewesen, Johannes' Verwandte zu finden. Wenn man weiß, dass seine Mutter aus Spanien kam, hätte man dort nach ihr fragen können!«

Die Kesslerin schüttelte den Kopf. »Es war eine schlimme Zeit damals. Die Türken hatten mehrfach das Land verheert, und daher musste der Marktort wieder aufgebaut werden, und ebenso große Teile des Klosters. Wie hätte man in der Zeit daran denken können, jemanden nach Spanien zu schicken und sich auf die Suche nach einer Nadel zu machen, die in den Heuhaufen gefallen ist?«

Marias Meinung nach hätten der Abt und die Mönche trotzdem Johannes' Herkunft nachspüren müssen. So aber hatten sie ihn seiner Wurzeln beraubt und zu einem Leben als Mönch gezwungen, auch wenn seine Familie etwas anderes für ihn vorgesehen hatte. Sie fragte weiter nach Johannes' Mutter, bis die alte Frau abwehrend die Hände hob.

»Mehr kann ich dir wirklich nimmer sagen. Es ist über zwanzig Jahr her, und ich hab die Frau bloß ein paarmal gesehen. Sie muss sehr schön gewesen sein. Ein bisserl merkt man es auch am Johannes, obwohl er mehr seinem Vater oder Großvater nachschlagen muss.«

»Es tut mir leid, wenn dich zu sehr bedrängt haben sollte«, sagte Maria betroffen.

Die Kesslerin tätschelte ihr lächelnd die Wange. »Bedrängt hast du mich nicht. Es ist schön, von früheren Zeiten erzählen zu können. Weißt du, wenn man so alt wird wie ich, werden die

Leute, die man aus der Jugend her kennt, immer weniger, und die Jungen kümmern sich nicht um das, was damals geschehen ist. Die schauen alleweil auf das Hier und Jetzt und fragen sich höchstens noch, was am nächsten Morgen wird.«

»Ich würde gern noch mehr über den Johannes erfahren«, drängte Maria.

»Du kannst ein anderes Mal wiederkommen. Vielleicht erinnere ich mich dann auch an mehr. Schad, dass er jetzt nimmer da ist, weil ihn der Abt nach Moggio geschickt hat.«

»Das verstehe ich nicht!«, rief Maria verwundert.

»Na ja, es heißt halt, dass der Johannes eine Zeit in Moggio bleiben soll. Warum das so ist, weiß ich nicht, aber so schnell wird er nicht zurückkommen.«

Die Worte der alten Frau waren für Maria wie ein Schlag in den Magen. Sie erhob sich halb, sank dann aber wieder zurück und kämpfte gegen die Tränen an, die in ihr aufstiegen. Eines aber begriff sie mit aller Deutlichkeit: Schuld daran konnte nur Pater Norbert sein.

14.

Als Johannes und Pater Cyprian nach einem Ruhetag, den sie erneut wegen des schweren Regens und des Sturms hatten einlegen müssen, aufbrachen, dachte der junge Priester mehrmals an die Söldner und deren Anführer Domingo. Der Mann hatte ausgesehen, als hätte ihn ein Blitz gestreift. Auch fragte er sich, was Domingo mit dem Buffone zu tun hatte. Dieser war erst vor ein paar Wochen in der Fuggerau gewesen und hatte dort seine Kunststücke gezeigt. Wieso zog er erneut in diese Richtung, und das im Gefolge von Söldnern?

Johannes fand, dass das Leben außerhalb der Klostermauern Überraschungen barg, von denen man innerhalb nichts spürte. Während er an Pater Cyprians Seite ging und dabei mit seinen Sandalen immer wieder in Pfützen trat, sehnte er sich nach seiner stillen Zelle zurück. Dann aber vertrieb er diesen Gedanken mit einem leisen Schnauben. Wenn er je mit Maria zusammen sein wollte, musste er sich der Welt stellen und durfte sich nicht im Kloster verstecken.

»Werden wir es heute bis Moggio schaffen?«, fragte er Pater Cyprian.

Dieser blickte auf den von den Pfützen nass gewordenen Saum seiner Kutte und hob in einer hilflosen Geste die Hände.

»Wären wir vorgestern besser vorwärtsgekommen, würde ich es annehmen. So aber liegt noch eine lange Wegstrecke vor uns. Wenn wir diese heute noch bewältigen wollen, dürften wir uns keine Rast erlauben und müssen bis in die Nacht hinein gehen.« Pater Cyprian seufzte, denn er fühlte sich matt, und es fiel ihm zusehends schwerer, einen Fuß vor den anderen zu setzen.

»Ich werde doch hoffentlich nicht krank werden«, stöhnte er, als er plötzlich umknickte und in eine Pfütze fiel.

Sofort half Johannes ihm wieder hoch, doch seine Kutte war nass, und er begann, jämmerlich zu frieren.

»So wird das nichts. Wir müssen irgendwo unterkommen, wo Eure Kutte trocknen kann«, erklärte Johannes.

Pater Cyprian nickte mit verkniffener Miene. »Es wird wohl so sein müssen. Der Herrgott mag mich heute wirklich nicht. Dabei bin ich gar nicht der Sünder!« Sondern du, setzte er in Gedanken hinzu.

Johannes war zu sehr um seinen Begleiter besorgt, um den Sinn dieser Bemerkung zu begreifen. »Ich sehe dort vorne einen Kirchturm. Glaubt Ihr, dass Ihr bis dorthin kommt, wenn ich Euch stütze?«

»Dann wird deine Kutte genauso nass und dreckig wie die meine«, antwortete Pater Cyprian bärbeißig.

»Eine schmutzige Kutte kann man waschen«, erklärte Johannes und schob den Arm unter Pater Cyprians Schulter.

»Hab Dank! So geht es doch leichter«, antwortete dieser und dachte, dass Johannes ein freundlicher und zuvorkommender junger Mann war. Nur die Leidenschaft, die er für Maria Fugger entwickelte, hätte nicht sein dürfen.

»Wir haben es bald!« Johannes musste Pater Cyprian zuletzt fast tragen. Beim ersten Haus des Dorfes klopfte er an die Tür.

»Verzeih, mein Begleiter ist krank geworden. Wenn du daher so gut sein könntest, uns für ein paar Tage Unterkunft zu gewähren«, sagte er, als ein Mann die Tür öffnete und herausschaute.

Bevor er noch mehr sagen konnte, schüttelte der Mann den Kopf. »Bettelmönche und anderes fahrendes Gesindel ist uns nicht willkommen. Noch dazu, da der Kerl da krank ist. Schert euch zum Teufel!«

»Ein wahrlich frommer Wunsch«, antwortete Johannes enttäuscht. Ihm blieb nichts anderes übrig, als Pater Cyprian erneut unterzufassen und ihn zum nächsten Haus zu schleppen.

Auch dort wollte man keine kranken Mönche einlassen. Als

Johannes es zum dritten Mal versuchte, war es nicht anders. Schließlich senkte er den Kopf. »Wie es aussieht, werden wir weiterziehen müssen!«

»Wenn Ihr mit einer Schütte Stroh und etwas Haferbrei zufrieden seid, könntet Ihr in meinem Stall übernachten. Mehr kann ich Euch nicht anbieten, da ich selbst nicht mehr habe«, bot ihnen da ein älterer Mann an, der gehört hatte, wie man sie abgewiesen hatte.

»Möge Gott es dir vergelten!«, rief Johannes erfreut und stützte Pater Cyprian so, dass sie dem Mann folgen konnten.

Der Hof ihres Gastgebers lag einen Steinwurf außerhalb des Ortes an der Straße und war recht klein.

»Man nennt mich den Meschnigg. Seit mein Weib gestorben ist und meine Söhne in die Welt hinausgezogen sind, lebe ich hier allein. Mein Garten, ein kleines Feld und meine zwei Ziegen liefern mir alles, was ich zum Leben brauche«, erklärte der Mann und öffnete die Stalltür.

Der Stall war winzig, bot aber neben dem Heu für das Winterfutter und der Streu für die Ziegen etwas Platz. Die Tiere streckten die Köpfe aus ihrem Verschlag und versuchten, mit der Zunge nach ihrem Herrn zu greifen.

»Ihr habt wohl Hunger, meine Braven?«, meinte dieser und steckte ihnen ein Büschel Heu in die hölzerne Raufe.

Die Tiere begannen sofort zu fressen. Ihr Besitzer sah ihnen einen Augenblick lang zu und wies dann auf den Haufen Streu in der Ecke, der fast bis zur halben Höhe des Daches reichte.

»Dort könnt Ihr Euch hinlegen.«

»Hast du etwas zu trinken? Mir ist, als würde ich innerlich verbrennen«, bat Pater Cyprian.

»Aber freilich! Ich habe noch ein wenig Most. Mit Wasser vermischt kann man ihn gut trinken. Ohne wäre er zu sauer. Danach mache ich Euch einen Aufguss von Kamille, Viehkraut und Hollerblüten. Ich glaube, ich habe sogar noch ein wenig Lindenblüten vom Vorjahr übrig. Das hilft gut, wenn man erkältet ist.«

»Ich wäre dir dankbar, denn Geld, um einen Arzt oder Apotheker zu bezahlen, haben wir nicht, und bis zum nächsten Kloster würde mein Gefährte nicht kommen«, antwortete Johannes und machte für Pater Cyprian ein Bett aus Stroh zurecht.

»Ihr werdet Decken brauchen, wenn Ihr Eure Kutten auszieht. Das Stroh sticht, und das würde Euren männlicheren Teilen gar nicht gefallen!«

Noch während er es sagte, brachte Meschnigg zwei alte, stark nach Ziege riechende Decken, die aber ein weicheres Lager versprachen als blankes Stroh.

15.

Fern der Stelle, an der Pater Cyprians Erkrankung diesen und Johannes zwang, ihren Weg nach Moggio zu unterbrechen, betrat Raúl, der Gefolgsmann des spanischen Grafen Rodrigo de Azuaga, das prachtvolle Anwesen, in dem Jakob Fugger in Augsburg residierte.

Auf dem Hof wurden Fuhrwerke abge- oder beladen. Säcke, Fässer und Ballen lagen herum, und überall waren Kommis mit Listen zu sehen, die alles kontrollierten. Die Betriebsamkeit sollte der Welt signalisieren, dass der Handel über Venedig zwar wichtig war, aber nur einen Teil des Fugger'schen Handelsvolumens umfasste und die Gesellschaft immer noch gutes Geld verdiente.

Zwar war Raúl keiner, der davon überzeugt werden musste, dennoch führten Jakob Fuggers Vertrauensmänner ihn ebenso wie Geschäftspartner und Abgesandte von adeligen Häusern durch die Hallen, damit er sehen konnte, dass den Fuggern der Atem so schnell nicht wegblieb.

Als er in die Kammer trat, in der ihn Jakob Fugger empfing, befand sich ein zweiter Mann bei diesem. Die Kleidung des Jüngeren wirkte so, als wisse er nicht, ob er sich noch wie ein bürgerlicher Handelsmann oder schon wie ein Herr aus dem Adel kleiden sollte.

»Seid mir willkommen«, grüßte Jakob Fugger Raúl.

Dessen Begleiter übersetzte die Worte und danach die Bitte, die Raúl an den Handelsherrn richtete.

»Ich grüße Euch, Herr Fugger. Ihr wurdet mir als ein Mann gepriesen, der mehr über die Welt weiß als selbst gelehrte und gekrönte Häupter. Vielleicht vermögt Ihr auch meinem Herrn, dem Grafen Rodrigo de Azuaga y Pinjara, zu helfen.«

Jakob Fugger musterte den Spanier durchdringend. »Wenn es in meiner Macht steht, bin ich gerne dazu bereit«, antwortete er in der Hoffnung, dass Graf Rodrigos Gesandter nicht gekommen war, um für seinen Herrn, König Philipp, den Sohn Maximilians von Habsburg, einen Kredit zu fordern.

»Es ist so«, erklärte Raúl. »Vor zwanzig Jahren kämpfte Don Felipe, der jüngere Sohn des Grafen, in venezianischen Diensten gegen die Türken. Das Heer unterlag, und Don Felipe fiel in der Schlacht. Seine Ehefrau, Doña Esmaralda, und sein kleiner Sohn Juan gingen während der Flucht verloren. Nun hält mein Herr es für möglich, dass beide überlebt haben könnten, und hat mich mit der Suche nach ihnen beauftragt. Eure Leute reisen weit und kennen die Pässe, die in jener Gegend über die Berge führen. Vielleicht hat einer von ihnen etwas von einer Frau und einem Kind gehört, die aus der Fremde kamen und nun dort leben.«

Es dauerte eine Weile, bis der Dolmetscher Raúls Worte übersetzt hatte. Jakob Fugger hörte ihm aufmerksam zu und wandte sich dann an den jungen Mann, der neben ihm stand.

»Ihr lebt jetzt schon mehrere Jahre in diesen Landen. Habt Ihr je etwas von einer fremden Frau und deren Kind vernommen?«

Christoph Häring war zu spät in die Fuggerau gekommen, um Esmaraldas und Johannes' Schicksal zu kennen, und hatte sich auch wenig für die Geschehnisse vor seiner Zeit interessiert. Daher schüttelte er voller Überzeugung den Kopf.

»Von einer solchen Geschichte habe ich niemals gehört.«

Jakob Fugger war keiner, der sich nur auf die Aussage eines einzigen Mannes stützte. Daher rief er einen Diener und ließ sich die Karte der Landschaft bringen, in der Raúl und seine Gefährten Esmaralda und Juan zurückgelassen hatten.

Mit wachsender Verzweiflung starrte Raúl darauf. »Ich kann mich nicht daran erinnern, wo genau die Schlacht stattgefunden hat, und auch nicht, auf welchem Weg wir uns zurückgezogen haben. Ich dachte, es wäre hier gewesen, doch bin ich vor kurzem mit meinem Begleiter durch dieses Gebiet geritten, habe aber weder Landmarken wiedererkannt noch eine Spur der Gesuchten gefunden.«

»Auf dem Rückzug oder der Flucht achtet man auch nicht so genau darauf, wie man zieht, solange der Weg nur vom Feind wegführt.« Jakob Fugger sagte es ohne Häme, denn er spürte, wie sehr diese Sache dem Kastilier auf dem Herzen lag. Raúl hatte damals die Witwe und den Sohn seines Hauptmanns verloren und würde, wenn er sie nicht wiederfand, mit dem Gefühl entsetzlichen Versagens in die Ewigkeit eintreten.

Eines aber wunderte Fugger. »Weshalb hat Euer Herr sich zwanzig Jahre Zeit gelassen, nach den beiden zu suchen? Damals wäre es gewiss leichter gewesen, sie zu finden, als jetzt.«

Raúl senkte den Kopf. Eigentlich hatte er verschweigen wollen, dass sein Herr, solange dessen ältester Sohn noch lebte, keinen Grund gesehen hatte, nach Felipes Witwe und Sohn forschen zu lassen. Da er den Handelsherrn jedoch als den Einzigen ansah, der Don Rodrigo und ihm noch helfen konnte, berichtete er in einer beschönigten Version die Geschichte.

»Da sein ausersehener Erbe tot ist, will Euer Herr also den Enkel finden, dem er zwanzig Jahre lang keine Aufmerksamkeit geschenkt hat«, schloss Fugger aus diesen Worten.

»Bedauerlicherweise ist es so«, bekannte Raúl.

Jakob Fugger blickte erneut auf die Karte und zog einen Kreis um ein Gebiet, das um einiges größer war als das, das der Kastilier genannt hatte.

»In all diesen Landen ist in den letzten dreißig Jahren Krieg geführt worden. Wie viele Feldzüge und Schlachten es gab, vermag niemand mehr zu sagen. Möge Gott geben, dass die gesuchte Frau und ihr Kind noch am Leben und in Freiheit sind. Sie können genauso gut von den Türken gefangen und als Sklaven in den Orient verschleppt worden sein.«

»Das möge Gott verhindert haben!«, rief Raúl erschrocken.

»Wir müssen aber damit rechnen. Ich werde daher auch Botschaft nach Konstantinopel senden und dort nach Doña Esmaralda und ihrem Sohn fragen lassen.« Jakob Fugger überlegte, was er sonst noch tun konnte, und deutete auf Christoph Häring.

»Ihr werdet bei Villach und darüber hinaus forschen lassen, ob dort vor gut zwanzig Jahren eine fremde Frau mit einem Kind erschienen ist und wohin sie gegangen sein könnte.«

»Sehr wohl, Herr Onkel«, rief Häring beflissen.

»Ich werde mich auch wieder auf die Suche machen«, wandte Raúl ein.

»Davon würde ich abraten«, antwortete Jakob Fugger. »Ihr müsst an einem Ort bleiben, an dem Euch meine Boten erreichen können, wenn die Vermissten gefunden worden sind.«

Raúl zupfte sich am Bart. Diese Forderung passte ihm ganz und gar nicht. Zum einen wollte er nicht allein von Fugger abhängig sein, und zum Zweiten graute es ihm davor, tage-, wochen-, vielleicht sogar monatelang an eine Stelle gefesselt zu sein, ohne selbst etwas unternehmen zu können. Andererseits hatte Jakob Fugger natürlich recht. Wenn dessen Suche von Erfolg gekrönt war, musste diese Nachricht sofort zu seinem Herrn weitergeleitet werden, und dies war seine Aufgabe. Mit einem gewissen Bedauern nickte er.

»Es wird wohl so sein müssen!«

»Ihr könnt hier in Augsburg bleiben«, bot Fugger an.

»Ich wäre lieber in den Bergen, vielleicht dort, wo dieser Herr hier wohnt.« Raúl deutete dabei auf Christoph Häring.

Jakob Fugger wusste, dass der Kastilier in der Fuggerau keine Ruhe geben und auf eigene Faust nach Esmaralda und Juan suchen würde. Dies aber mochte Häring dazu verführen, seine eigenen Bemühungen einzuschränken und die Suche dem Spanier zu überlassen.

»Davon rate ich ab«, sagte er daher. »Wenn Ihr in den Bergen warten wollt, so tut dies in Innsbruck oder in Bozen. Von dort ist ein Bote rasch am Meer und kann die Nachricht mit einem Schiff zu deinem Herrn bringen.«

»Wenn Ihr es so wünscht«, antwortete Raúl bedrückt. Dann sah er Fugger fragend an. »Welche der beiden Städte liegt näher am Meer?«

»Bozen!«

»Dort werde ich warten«, antwortete Raúl und hoffte, dass es nicht vergebens sein würde.

NEUNTER TEIL

Die Schlingen der List

1.

Für Marias Gefühl hatte Pater Norbert sich in Schloss Rosenheim regelrecht eingenistet und schien nur noch zum Schlafen ins Kloster zurückzukehren. Zu ihrem Ärger suchte er immer wieder ihre Nähe und prahlte damit, Arnoldstein in absehbarer Zeit zu verlassen, um anderenorts eine hohe Stellung einzunehmen.

»Eine sehr hohe Stellung!«, betonte er an diesem Tag mit erhobenem Zeigefinger.

»Das ist gewiss schön für Euch«, antwortete Maria und überlegte, welche Arbeit sie vorschieben konnte, um ihn loszuwerden.

Ihre beiden Ziehschwestern waren bereits verschnupft, weil der Pater immer wieder bei Maria auftauchte, anstatt sich mit ihnen bei einem Glas Wein im Erkerzimmer zusammenzusetzen und von seinen Reisen zu berichten. Ihr hingegen folgte Pater Norbert sogar in die Wäschekammer, als sie dort nachsehen musste, ob genug Leintücher vorhanden waren oder neue gewebt werden mussten. Als er auch noch die Tür hinter sich schließen wollte, wurde sie zornig.

»Habt Ihr vergessen, was sich gehört?«

Der Pater stierte sie verwirrt an. »Was ist denn jetzt in dich gefahren, meine Tochter?«

»Ich befinde mich hier in einer Kammer mit Euch, und die Tür ist zu. Was sollen da die Leute denken!«, fauchte Maria, trat zur Tür und riss sie wieder auf.

»Ihr solltet Euch zu Frau Klara und Frau Helena gesellen und mit diesen reden. Ich habe keine Zeit für Euch!«

Eine Ohrfeige hätte nicht besser getroffen. Pater Norbert hob schon die Hand, um das aufmüpfige Mädchen zu züchtigen, doch sie funkelte ihn so wütend an, dass er unwillkürlich einen Schritt zurücktrat. Im nächsten Augenblick war Maria bei ihm, versetzte ihm einen Stoß, der ihn nach draußen auf den Flur taumeln ließ, und schlug die Tür vor seiner Nase zu.

Wenig später wurde die Tür wieder geöffnet, doch anstatt Pater Norbert, wie sie befürchtet hatte, kam Neža herein. »Ich dachte mir, dass du Hilfe brauchen kannst«, sagte sie lächelnd.

»Das ist wahr!«, antwortete Maria mit einem bösen Blick nach draußen.

»Wenn du Pater Norbert suchst, der sitzt bei den Damen im Erkerzimmer und beschwert sich, weil du so ungefällig seist. Aber so, wie er hinter dir herschnüffelt, sticht ihn wohl der Hafer«, erklärte Neža mit vernehmlichem Spott.

Maria blickte sie verwirrt an. »So habe ich das noch nicht gesehen. Wo du es jetzt sagst, glaube ich es direkt selbst. Seit Johannes fort ist, schleicht Pater Norbert um meine Füße herum wie ein Kater, der gestreichelt werden will.«

»Ich glaube nicht, dass der Pater nur gestreichelt werden will. Obwohl er keusch leben sollte, steht ihm der Sinn nach etwas ganz anderem! Du solltest dich vorsehen. Solche Männer greifen, wenn sie auf andere Weise nicht zum Ziel kommen, leicht zur Gewalt«, warnte Neža.

Maria stieß ein leises Fauchen aus. »Er soll es nur wagen!«

»Du darfst das nicht auf die leichte Schulter nehmen! Hinterher hast du den Schaden, während er zufrieden von dannen gehen kann.«

Nežas Stimme klang eindringlich, und sie zauberte ein Messer mit einer handspannenlangen Klinge unter ihrem Kleid hervor. »Hier, nimm! Damit wirst du den gelüstigen Herrn wohl von dir fernhalten können.«

Zuerst zögerte Maria, die Waffe anzunehmen, sagte sich dann aber, dass es besser war, auf alles vorbereitet zu sein. »Hab Dank!«, sagte sie lächelnd zu Neža. »Das Messer kann ich gut gebrauchen – und deine Hilfe beim Sortieren der Leinwand auch.«

»Weißt du, wann Pater Johannes wieder zurückkommt?«, fragte Neža.

Maria schüttelte den Kopf. »Nein, das hat mir bis jetzt keiner gesagt.«

»Ich war vorhin in Arnoldstein und habe zufällig gehört, wie zwei Mönche sich auf dem Markt darüber unterhalten haben. Ihren Worten zufolge soll Pater Johannes etliche Monate wegbleiben.«

Maria zuckte zusammen. »Was sagst du? Aber das kann doch nicht sein!«

»Der eine Mönch behauptete, der Abt habe es selbst gesagt.« Neža wusste nicht so recht, was sie von Marias Neigung zu Johannes halten sollte. Immerhin war er ein Priester und hatte Ehelosigkeit geschworen. Anderseits hatte sie selbst die Liebe kennengelernt und verzehrte sich nach dem Buffone.

»Das wäre entsetzlich. Was kann in der Zeit alles geschehen!« Maria sah bereits einen ihr von Jakob Fugger bestimmten Bräutigam im Schloss auftauchen und sie vor den Traualtar schleifen. Entschlossen schüttelte sie den Kopf. »Ich werde mich keinem Mann beugen und keinen heiraten als den, den ich selbst will.«

»Schön wäre es!«, erwiderte Neža, die von jungen Bräuten gehört hatte, die man durch Hungern und Schläge dazu gebracht hatte, den Mann zu heiraten, der ihnen bestimmt worden war, auch wenn sie ihn noch so sehr abgelehnt hatten.

Maria war jedoch fest entschlossen, sich zu nichts zwingen zu lassen, und rückte nun der Leinwand in einer Weise zu Leibe, als wäre sie diejenige, die sie vor den Traualtar zwingen wollte.

2.

Pater Norbert tobte innerlich, weil Maria ihn buchstäblich vor die Tür gesetzt hatte. Was für ein undankbares Weib!, dachte er. Er hatte ihr eine Rolle an seiner Seite zubilligen wollen, doch war sie diese anscheinend nicht wert. Einen Augenblick war er versucht, sie mit Gewalt zu unterwerfen. Hier in der Fuggerau war dies jedoch fast unmöglich, da sie jederzeit um Hilfe rufen und diese auch erhalten konnte. Zwar lachten Klara Häring und Helena Zeller über die Zweideutigkeiten, die er gelegentlich von sich gab, würden ihm aber niemals erlauben, sich Marias Leibes zu bemächtigen.

Plötzlich verzog er das Gesicht zu einem breiten Grinsen. Es gab eine Möglichkeit, Maria Fuggers habhaft zu werden, und die würde er zu nutzen wissen. Bis dorthin wollte er ihre Nähe meiden und den beiden Weibern, die gerne bei ihm saßen und Wein mit ihm tranken, um den Bart gehen.

»Du vermisst gewiss deinen Ehemann, meine Tochter?«, sprach er Klara Häring an.

»Der kommt schon wieder!«, antwortete diese und richtete den Blick in die Ferne. »Möglicherweise ernennt ihn der Onkel zum Verwalter eines seiner größten Kontore, vielleicht gar im Fondaco dei Tedeschi!«

»Das würde dir gefallen, was?« Eifersucht sprach aus ihrer jüngeren Schwester Helena, die gerne ihren Jobst auf diesem Posten gesehen hätte.

»Vielleicht bringt dein Mann einen Bräutigam für Maria mit, und dieser wird der neue Faktor in Venedig«, stichelte Pater Norbert.

Beide Frauen schnaubten leise. Ebenso, wie jede von ihnen es dem Ehemann der Schwester missgönnte, Herr über die

Fugger'sche Niederlassung in Venedig zu werden, wollten sie auch einen Ehemann von Maria nicht auf diesem Posten sehen.

»Ihr seid heute wahrlich seltsam, hochwürdiger Vater«, meinte Klara pikiert.

»Nun, ich mache mir halt meine Gedanken. Immerhin bin ich so oft im Schloss, dass es mir zur zweiten Heimat geworden ist. Da nehme ich natürlich am Schicksal aller Bewohner Anteil.«

Pater Norbert lächelte sanft und freute sich, weil er die beiden Frauen ein wenig ärgern und an der Nase herumführen konnte. Er fragte sich, ob er nicht versuchen sollte, die Schwestern zur Untreue zu verleiten. Danach hätte er genug Macht über sie, um sie zu zwingen, ihm auch Maria zuzuführen. Doch blieb ihm noch genug Zeit dafür? Schließlich konnte Christoph Häring jeden Tag zurückkehren. Er musste zudem damit rechnen, dass wenigstens eine der Schwestern standhaft blieb und ihn bei seinem Abt der Unmoral bezichtigen würde. Zwar interessierte es ihn nun, da die Venezianer ihm einen hohen Posten in Aussicht gestellt hatten, kaum mehr, was Friedrich von Kühnburg über ihn dachte. Allerdings konnte dieser ihn zu einer Klosterstrafe verurteilen. Der Gedanke, in seiner Zelle eingesperrt zu werden und seine Belohnung nicht rechtzeitig einfordern zu können, ernüchterte ihn. Mit einem Mal hatte er keine Lust mehr, weiter mit den beiden Frauen zu schwatzen. Daher trank er aus und erhob sich.

»Es wird Zeit für mich, nach Arnoldstein zurückzukehren.«

»Oh, ist es schon so spät? Wann lest Ihr hier die nächste Messe?«, fragte Helena Zeller.

»Übermorgen!«, erklärte deren Schwester.

»Bis dorthin gehabt Euch wohl, hochwürdiger Vater!«

Es hörte sich nicht so an, als würde Helena Zeller ihn vermissen, dachte Pater Norbert erbost und brach nach einem kurzen Abschiedsgruß auf.

Der Weg nach Arnoldstein war nicht weit und alles andere als beschwerlich, doch allmählich fand Pater Norbert es unter seiner Würde, ihn zu Fuß zurücklegen zu müssen. Sobald er eine stattliche Pfründe sein Eigen nannte, würde er sich zumindest ein Maultier zulegen. Nein, besser noch einen Reisewagen. Das waren die Venezianer ihm schuldig.

»Die Venezianer lassen sich verdammt viel Zeit«, sagte er leise fluchend vor sich hin.

Der Buffone war gewiss längst in Venedig gewesen und hätte wieder zurückkehren können. Sie sollten nicht wagen, ihn an der Nase herumzuführen! Noch während er überlegte, was er in dem Fall tun konnte, begriff er, dass er nicht die geringste Möglichkeit besaß, sich an ihnen zu rächen. Alles, was er sagte, würde auf ihn zurückfallen. Er konnte nicht einmal den Buffone als den Mörder von Bruder Hermann hinstellen, da er den Spaßmacher mit nach Arnoldstein genommen und in die Fuggerau gebracht hatte.

Gerade als der Pater an Ugo Ribaldi dachte, hörte er einen fröhlichen Ruf.

»Buongiorno, Padre! Einen schönen Tag wünsche ich Euch.«

Pater Norbert fuhr herum und sah den Buffone herankommen. Mehrere kriegerisch gekleidete Männer blieben hinter diesem stehen und starrten zu ihm herunter. Einer davon war in seinem Alter, ganz in Leder gekleidet und mit einer Miene, als wolle er die ganze Welt fressen.

»Da bist du ja endlich! Ich habe dich schon vermisst«, rief der Pater erleichtert.

»Ihr hättet zum Wettergott beten und ihn dazu bewegen sollen, den Regen zurückzuhalten, der in den letzten Tagen über das Val de Ferro und das Val Canale hereingebrochen ist. So mussten wir den größten Teil unserer Männer zurücklassen. Unser Capitano wird mit dem Rest der Truppe erst in ein paar Tagen zu uns aufschließen können«, sagte der Buffone.

Der Pater verzog das Gesicht. »Ich will hoffen, dass der Signore nicht das Versprechen vergessen hat, das er mir in Venedig gab!«

»Keine Sorge, Padre! Das wird er gewiss nicht«, antwortete der Buffone lachend.

»Dann wird es gut sein!« Noch während er es sagte, fiel dem Pater noch etwas ein. »Es gibt noch eine Bedingung, die ihr mir erfüllen müsst.«

Domingos rechte Hand wanderte zum Griff seines Schwertes, weil ihm Pater Norberts Tonfall nicht gefiel. Auf ein Handzeichen des Buffone ließ er sie jedoch wieder fahren.

»Sprecht, mein Freund! Ist es für uns machbar, werden wir Euch den Gefallen tun.« Er sah den Pater forschend an.

»Es gibt im Schloss ein Mädchen, von dem ich will, dass es mitgenommen wird!«

Pater Norbert klopfte sich im Geist auf die Schulter, weil ihm dieser Gedanke gekommen war. Auf die Weise würde Maria in seine Gewalt geraten, und er konnte mit ihr tun, was er wollte. War sie schließlich devot genug, konnte er sie als Mätresse behalten, wenn nicht, so würde sie es, wenn er ihrer müde geworden war, in einem der Bordelle an der Ponte delle Tette bereuen.

Der Buffone verzog das Gesicht. »Das wird dem Capitano nicht gefallen, denn er will kein Aufsehen erregen. Die Entführung eines Weibes wird gewiss nicht so ohne Weiteres hingenommen werden.«

»Es ist meine Bedingung!« Da er den Buffone in der Fuggerau eingeführt und ihm ermöglicht hatte, dort zu spionieren, sah Pater Norbert sich in der Lage, diese Forderung zu stellen. Er wollte Maria haben! Zumindest wollte er der Erste bei ihr sein, auch wenn er sie nicht für immer behielt.

»Um wen handelt es sich?«, fragte Ribaldi.

»Um eine um Gottes Lohn aufgenommene Ziehtochter des verstorbenen Hans Fugger. Sie lebt hier als besserer Dienstbote.«

Pater Norbert hielt es für klüger, Marias Stand im Schloss geringer darzustellen, als er wirklich war, denn er fürchtete, dass die Venezianer sich sonst weigern würden, das Mädchen mitzunehmen.

»Wenn es das Mädchen ist, das ich meine, kannst du es haben«, rief der Buffone mit einer wegwerfenden Handbewegung, dem der Erfolg dieser Aktion wichtiger war als das Schicksal einer ihm fremden Jungfrau.

»Dann ist es gut.«

Pater Norbert rieb sich zufrieden die Hände. Nicht mehr lange, dann würde Maria Fugger es bereuen, ihn so verächtlich behandelt zu haben.

Ihm fiel ein, dass er seinen kleinen Schatz mitnehmen musste, den er sich über die Jahre hin angespart hatte. Er überlegte, ob er seine schriftlichen Aufzeichnungen, darunter auch die über Johannes und dessen Mutter, besser verbrennen sollte. Zurücklassen durfte er sie auf keinen Fall. Er beschloss, sie mitzunehmen. Es mochte sein, dass er sie irgendwann einmal brauchen konnte.

»Wir marschieren jetzt noch ein Stück weiter und werden in Villach Quartier nehmen. Nah bei Arnoldstein zu bleiben, könnte auffallen«, erklärte der Buffone.

»Wann kommt ihr zurück?«, wollte Pater Norbert wissen.

»Sobald der Capitano mit dem Rest der Männer erschienen ist. Dann muss es schnell gehen! Und nun Gott befohlen.«

Der Buffone deutete eine Verbeugung an und ging weiter. Domingo und das knappe Dutzend Söldner folgten ihm. Während die meisten den Pater keines weiteren Blickes würdigten, musterte Domingo ihn beim Vorbeigehen misstrauisch. Inzwischen hatte er erfahren, dass der junge Mönch, der Don Felipe de Azuaga so ähnlich sah, aus dem hiesigen Kloster stammte, und er fragte sich, ob der Himmel ein Spiel mit ihm trieb, weil er ihn ausgerechnet hierher geschickt hatte.

3.

Nach einem Tag der Ruhe erklärte Pater Cyprian trotz seiner Schwäche, am nächsten Morgen das letzte Stück bis zum Kloster Moggio zurücklegen zu wollen. In der Nacht begann er jedoch zu fiebern und sprach wirres Zeug wie »Ich muss Johannes unbedingt nach Moggio bringen«.

Johannes begriff überhaupt nichts, war aber bereit, alles zu unternehmen, um seinem väterlichen Freund zu helfen. Ihr Gastgeber tat ebenfalls, was er konnte, schüttelte aber schließlich den Kopf. »Der Pater bräuchte stärkere Medizin als die Kräuter, die ich für ihn aufgießen kann.«

»Gibt es hier eine Apotheke?«, fragte Johannes.

Der alte Mann schüttelte den Kopf. »Da müsst Ihr entweder nach Malborgeth oder nach Pontafel gehen. Aber ohne Geld geben die Herren Apotheker nichts her.«

Da Pater Cyprian nicht erwartet hatte, für den Weg nach Moggio so lange zu brauchen, hatte er nur wenige Münzen mitgenommen. Das bisschen würde nicht einmal mehr für eine Mahlzeit in einer Herberge reichen, geschweige denn für eine gute Medizin.

Johannes trat zur Tür und blickte hinaus. »Es regnet noch immer«, sagte er bedrückt.

»Ich würde sagen, es regnet wieder stärker. Wenn der Herrgott kein Einsehen hat, verfault mir das Heu auf der Wiese, und ich habe im Winter kein Futter für die Ziegen. Ich werde wohl eine davon schlachten müssen.«

Für den Alten war dies wichtiger als die Krankheit des Mönchs, auch wenn er diesem baldige Genesung wünschte.

Es tat Johannes leid, dass er dem Mann nicht helfen konnte. Wäre er ein Reisender mit einem dicken Geldbeutel gewesen, hätte er wohl die eine oder andere Münze hiergelassen. So aber konnte er nur für ihn beten und ebenso für Pater Cyprian.

Noch während er darüber nachsann, sah er, wie mehrere Reisende dem Regen trotzend in Richtung Tarvis und damit auch Richtung Arnoldstein zogen. Sie hatten weite Radmäntel mit Kapuzen übergeworfen, die ihre Kleidung verbargen, doch es war zu erkennen, dass sie darunter Schwerter trugen. Johannes erinnerte sich an die Schar, der Pater Cyprian und er unterwegs begegnet waren. Diese Leute ähnelten diesen Männern auffallend.

Nun war es nicht selten, dass Söldner auf der Suche nach einem neuen Auftraggeber durch die Lande zogen. Eigenartig fand er jedoch, dass sie aus einer Gegend kamen, über die Venedig herrschte. Die Stadt des heiligen Markus lag immer noch mit König Maximilian im Krieg und würde ihre Söldner gewiss nicht vor einem Friedensschluss entlassen. Doch davon, dass die Waffen zwischen Venedig und dem König der Römer und Deutschen schweigen sollten, hatte Johannes noch nichts gehört.

»Findest du es nicht eigenartig, dass so viele Krieger nach Norden ziehen, obwohl im Süden noch Krieg herrscht?«, fragte er Meschnigg.

Der alte Bauer winkte ab. »Solange sie mich und meine Ziegen in Ruhe lassen, können sie ziehen, wohin sie wollen.«

»Ist in der Zwischenzeit womöglich doch Frieden geschlossen worden?«, überlegte Johannes laut und beschloss, einen der nächsten Reisenden zu befragen. Zunächst aber musste er sich um Pater Cyprian kümmern, dessen Fieber Höhen erreichte, denen gegenüber sich Johannes hilflos fühlte.

»Wir sollten ihm Wadenwickel machen. Das hemmt die Hitze«, schlug sein Gastgeber vor.

»Dann tun wir das!«

Meschnigg suchte zwei alte Tücher, tauchte diese in kaltes Wasser und forderte Johannes auf, Pater Cyprians Kutte höherzuziehen. »Sonst wird die auch nass, und das wäre nicht gut«, schloss er und legte das erste Tuch um einen Unterschenkel des Paters. Als dieser die Kälte am Bein spürte, wurde er unruhig und versuchte, den alten Mann wegzustoßen.

Johannes hielt seine Arme fest und redete sanft auf ihn ein. »Bleibt ruhig, mein Freund. Es wird Euch guttun!«

Der Klang seiner Worte wirkte, denn Pater Cyprian gab seinen Widerstand auf, so dass Meschnigg ihm auch noch den zweiten Wadenwickel umlegen konnte. Danach deckte er die Beine des Kranken mit einer alten Decke zu und atmete tief durch.

»Wir haben getan, was wir konnten. Alles andere liegt in Gottes Hand!«

»Möge Gott dem braven Pater beistehen und ihn vor dem Tod bewahren«, sagte Johannes. »Erst vor kurzem starb mit Bruder Vincentius ein Mönch, der meinem Herzen nahestand. Ich will nicht auch noch meinen alten Lehrer verlieren.«

»Wenn Gott die Stunde seines Todes festgesetzt hat, könnt auch Ihr nichts daran ändern«, erklärte Meschnigg und ging daran, seine Ziegen zu versorgen.

Um nicht einfach nur herumsitzen und um Pater Cyprian bangen zu müssen, packte Johannes eine Gabel und half ihm.

»Ihr seid ein guter Mensch! Da könnt sich so mancher Kuttenträger ein Beispiel nehmen«, lobte ihn ihr Gastgeber und seufzte. »Aber die meisten tun's nicht, sondern treten auf wie hohe Herren. Selbst die Bettelmönche bitten nicht um eine milde Gabe, sondern fordern sie und sagen nicht einmal mehr Vergelt's Gott, wenn es ihnen nicht genug ist! Unser Pfarrer ist nicht anders. Der verlangt, dass man noch über die Zeit hinaus, die vorgegeben ist, für ihn arbeitet und ihm überdies mehr als den Zehnten gibt. Es wär für das Seelenheil, behauptet er.« Er schüttelte den Kopf. »Ich sag, es ist mehr für seinen Bauch, der immer dicker wird, und für das Weibsstück, das er sich in aller Schamlosigkeit als Bettmagd hält. Für so etwas soll man werkeln und sein eigenes Sach liegen lassen! Ich sag Euch, die Welt ist aus den Fugen geraten. Wer eigentlich gerecht sein sollte, nimmt sich das, was er will, mit Gewalt. Wer Mitleid haben sollte, sieht über den Hungrigen und Beladenen hinweg, und was die Moral angeht, treiben sie es wilder als der Sultan der Türken, der aus seinem Harem jeden Tag eine andere kriegt.«

Johannes wusste nicht, was er antworten sollte. Um die Welt zu kennen, hatte er zu wenig von ihr gesehen, und von den Gerüchten über den Lebenswandel der Päpste, Bischöfe und Kleriker waren nicht viele bis ins Kloster Arnoldstein gedrungen. Andererseits hatte er seine Mitbrüder und die Bewohner rings um das Kloster beobachtet und wusste, dass die Menschen sehr verschieden sein konnten. Bruder Vincentius war ein freundlicher und liebenswerter Mann gewesen, dafür aber zeichnete sich Pater Norbert durch Hochmut und den Hang zu verletzendem Spott aus. Pater Cyprian hingegen war als Lehrer streng, aber gerecht, und er liebte es, in froher Runde zu lachen, auch wenn ein Mönch eher ernsthaft sein sollte.

»Ich kenne die Türken nicht, auch wenn meine Mutter vor ihnen geflohen sein muss. Aber für jeden Tag eine andere Frau finde ich doch übertrieben«, sagte Johannes schließlich.

»Ich auch!«, meinte Meschnigg lachend. »Manchmal ist einem schon eine zu viel, wenn sie ein boshaftes Gemüt hat. Ich hab da einen Nachbarn, der kann ein Lied davon singen.«

Stimmen, die von draußen hereindrangen, beendeten das Gespräch. Johannes öffnete die Tür einen Spalt und spähte hinaus. Erneut zog eine Schar an der Hütte vorbei. Ein paar Männer trugen Hellebarden, und als der Wind einen der Mäntel hochwehte, stellte Johannes fest, dass der Träger darunter kriegerisch gekleidet war.

»Es wundert mich immer mehr! Allein an diesem Tag sind mindestens schon vierzig Söldner vorbeigezogen«, sagte er, als er sich wieder seinem Gastgeber zuwandte.

»Vielleicht ist doch Frieden geschlossen worden. Schlecht

wär's nicht! Man hat halt doch Angst, es könnt auch bei uns zum Krieg kommen. Zwar gehören wir zu Bamberg und haben weder mit den Venezianern noch mit König Maximilian viel am Hut, aber wenn es denen einfällt, hier durchzumarschieren, können wir sie nicht daran hindern, und auch nicht daran, uns die Ziegen und Kühe aus dem Stall zu holen.«

In den Augen des Mannes war Krieg etwas, was das Leben der einfachen Leute störte und sie zu Opfern machte. Daher hatte er für Söldner wenig übrig und schlug jedes Mal das Kreuz, wenn diese an der Hütte vorbeigezogen waren, ohne ihn zu behelligen.

4.

In der Nacht wachten Johannes und Meschnigg abwechselnd bei Pater Cyprian. Sie legten ihm mehrfach Wadenwickel an, ohne dass das Fieber merklich sank. Am Morgen wackelte der Alte bedenklich mit dem Kopf.

»Ich glaub nicht, dass das noch was wird. Wir kriegen die Hitze nicht runter. Er macht es vielleicht noch zwei Tage, dann ist's vorbei.«

»Das darf nicht sein! Es muss einen Weg geben«, rief Johannes und sah Meschnigg durchdringend an. »Ist es noch weit bis Moggio?«

»Einer, der flink auf den Beinen ist, könnt's bis zum Nachmittag schaffen!«

»Ich bin flink auf den Beinen! Kümmere du dich um Pater Cyprian. Ich geh los, um aus dem Kloster Hilfe zu holen.«

Der Alte blickte kurz zur Tür hinaus. »Die werden eine Freud haben. Es regnet noch genauso wie gestern.«

»Und wennschon!«, antwortete Johannes. »Ich würde mir bis zum Ende meiner Tage Vorwürfe machen, den guten Pater Cyprian im Stich gelassen zu haben, wenn ich nicht alles tue, damit er wieder gesund wird.«

»Betet für ihn! Vielleicht hilft das«, schlug der Alte vor.

»Ich habe gestern den ganzen Tag gebetet und die halbe Nacht. Gott will, dass ich mehr tue!«

Obwohl Johannes nur seine Kutte besaß und keinen der weiten Mäntel aus gewalktem Filz, die ihre Träger selbst bei starkem Regen vor der Nässe schützten, packte er seinen Stab und trat zur Tür.

»Morgen bin ich wieder da, entweder mit ein paar Mönchen aus Moggio oder wenigstens mit einer heilenden Medizin.«

»Dann geht mit Gott und passt auf, dass Euch nichts zustößt.«

»Die Heilige Jungfrau möge dich und Pater Cyprian behüten!«, antwortete Johannes und eilte los.

Es regnete ohne Unterlass, und seine Sandalen tappten immer wieder in Pfützen. Johannes wollte sich jedoch weder von Sturm noch Regen aufhalten lassen.

Unterwegs kam ihm wieder ein Trupp Söldner entgegen. Auch sie trugen die weiten Radmäntel, so als hätten sie diese alle bei ein und demselben Schneider machen lassen. Sie beschwerten sich lauthals über das Wetter, und obwohl Johannes rasch ging, vernahm er noch eine Weile ihre Flüche.

Da er allein war, hatte er genug Zeit zum Nachdenken und wunderte sich immer mehr über die Söldner, die in Richtung Villach unterwegs waren. Eines erschien ihm sicher: Wäre Frieden geschlossen worden, hätten die Männer den Weg gewiss nicht bei so schlechtem Wetter in Angriff genommen.

Kurz bevor er die Grenze des venezianischen Gebiets erreichte, musste er beiseitetreten und mehrere große Fuhrwerke passieren lassen, die ebenfalls in Richtung Villach unterwegs waren. Irritiert sah er ihnen nach, denn die Fuhrleute, die mit Waren nach Norden oder Süden unterwegs waren, hatten in den Herbergen angehalten, um auf besseres Wetter zu warten. Dieser Wagenzug hingegen trotzte dem Regen und den schlammigen und teilweise grundlosen Straßen. Zudem waren allen Gefährten jeweils sechs kräftige Pferde vorgespannt und keine Ochsen, wie dies bei den meisten Fuhrwerken der Fall war.

Die Männer auf den Böcken wirkten wie normale Fuhrleute, wurden aber von drei Dutzend Bewaffneten begleitet, deren Radmäntel eine auffällige Ähnlichkeit zu den Mänteln der Söldner aufwiesen, die Johannes in den letzten Tagen gesehen hatte.

Auch der Anführer hatte einen solchen Mantel übergeworfen. Er ritt einen Rappen, dem selbst Johannes ansah, dass es kein gewöhnliches Tier war, und er schien im Gegensatz zu seinen Männern guter Stimmung zu sein. Gerade als Johannes auf der anderen Seite den Wagen passierte, schloss einer der Fußknechte zu dem Reiter auf.

»Ihr hättet Euch wahrlich besseres Wetter für unser Vorhaben wünschen sollen, Capitano!«

Der Reiter lachte. »Das Wetter passt ausgezeichnet! So kümmert sich keiner um uns, und bis wir zurückkehren, hat es zu regnen aufgehört, und die Straßen sind wieder trocken.«

»Das hat Euch wohl die heilige Eulalia ins Ohr geblasen!« Der Mann fluchte und reihte sich wieder unter die anderen Fußknechte ein.

Instinktiv drehte Johannes sich um und sah dem Wagenzug nach. Alle Karren waren fest gebaut und hatten große, breite Räder, die auch mit schlechten Straßen zurechtkamen. Obwohl Planen über sie gedeckt waren, rollten sie für Johannes' Gefühl zu leicht, um beladen zu sein. Dabei ächzten Wagen, die nach Norden unterwegs waren, sonst unter der Last der Waren, mit denen man sie gefüllt hatte.

Johannes wusste aus den Aufzeichnungen des Klosters, welche Zölle in Straßfried, Federaun und anderen Maut-Festungen eingezogen wurden. Vor allem Pater Norbert hatte immer wieder darauf gedrängt, dass nicht alles Geld nach Bamberg geschafft werde, um den dortigen Fürstbischof reicher zu machen, sondern wenigstens ein Teil dem Arnoldsteiner Kloster zugutekommen solle.

Weshalb also fuhren diese Wagen mit leichter Last – und das mit einer Bespannung, wie sie sonst nur die mit Erz beladenen Fuhrwerke besaßen, die aus Oberungarn in die Fuggerau kamen? Während er darüber nachsann, erreichte Johannes die Grenze zum Herrschaftsgebiet der Venezianer und sah sich zwei Wachen gegenüber, die ihn misstrauisch musterten. Da Mönche und Priester im Allgemeinen unbehindert reisen durften, wunderte Johannes sich darüber. An ihnen vorbeigehen konnte er jedoch nicht, da sie ihre Hellebarden vor ihm gekreuzt hatten.

»Woher und wohin, Monaco?«, fragte einer.

»Ich komme von Arnoldstein und will nach Moggio«, erwiderte Johannes, der sich über diese Behandlung ärgerte.

»Schlag die Kapuze zurück!«, forderte der Posten ihn auf.

Johannes tat es.

»Und nun beuge den Kopf, damit ich sehen kann, ob du eine Tonsur trägst!«

Zähneknirschend gehorchte Johannes.

Der Mann schien noch immer nicht zufrieden zu sein. »Eine Tonsur kann man leicht scheren. Du bist daher gewiss so freundlich, für uns das Paternoster und das Ave-Maria zu beten.«

Johannes ahnte, dass sie mögliche Spione abfangen wollten, und sprach die beiden Gebete, um zu beweisen, dass er sowohl die lateinische Sprache wie auch den Ritus der heiligen Kirche beherrschte.

»Es sieht so aus, als wärst du wirklich ein Kuttenträger. Du kannst passieren! Aber lass es dir nicht einfallen, über Moggio hinaus zu gehen.« Endlich ließen ihn die Wachen durch.

Da Moggio Johannes' Ziel war, störte ihn diese Einschränkung nicht. Für ihn kam es darauf an, das Kloster so schnell wie möglich zu erreichen, damit Pater Cyprian endlich die Medizin erhielt, die er so dringend benötigte.

5.

Von Pontafel aus führte der Weg durch das Eisental südwärts. Johannes war noch nie in dieser Gegend gewesen, doch man hatte ihm Moggio und das Kloster oft genug beschrieben, so dass er sein Ziel auf Anhieb fand. Er stieg den Hügel hoch und sah schon bald das wuchtige Gebäude der Abtei vor sich. Zu seiner Erleichterung hatte der Regen endlich nachgelassen, und ein paar zaghafte Sonnenstrahlen stahlen sich durch Lücken in der Wolkendecke.

Johannes nahm es als gutes Omen und klopfte.

»Wer sucht Einlass?«, fragte jemand im friaulischen Dialekt.

»Pater Johannes aus Arnoldstein«, antwortete Johannes auf Deutsch und danach ebenfalls in der hier gebräuchlichen Sprache.

»Wie geht es Abt Georg?«, kam die nächste Frage.

»Abt Georg Matschberger ist schon vor ein paar Jahren verstorben. Ihr müsstet daher wissen, dass nun der hochehrwürdige Herr Friedrich von Kühnburg der neue Abt von Arnoldstein ist«, antwortete Johannes und schüttelte in komischer Verzweiflung den Kopf. Hier schien die Welt nur aus Misstrauen zu bestehen.

»Es sieht so aus, als würdest du wirklich aus Arnoldstein kommen, Bruder«, klang es zurück, und die kleine Pforte wurde geöffnet.

Johannes trat ein und sah sich zwei Mönchen gegenüber, die ihn aufmerksam musterten. Schließlich nickte der eine.

»Ich kenne den jungen Mann! Den habe ich bei meinem letzten Besuch in Arnoldstein gesehen. Damals war er aber noch kein Pater, sondern nur ein einfacher Mönch.«

Johannes konnte sich nun ebenfalls an den Mann erinnern.

Dessen Besuch in Arnoldstein war bereits über zwei Jahre her, doch im immer gleichen Jahresablauf eines Klosters stellten fremde Besucher eine willkommene Abwechslung dar.

»Ihr seid Pater Rocco! Es freut mich, Euch wiederzusehen.«

»Sag Du zu mir, Bruder! Schließlich sind wir alle Söhne Adams«, antwortete der Mönch und zupfte an Johannes' nasser Kutte. »Du hast dir ja ein Hundswetter für deine Reise ausgesucht!«

Johannes senkte den Kopf. »Noch ist die Reise nicht zu Ende, denn ich habe Pater Cyprian unterwegs krank zurücklassen müssen. Da wir kein Geld für Medizin bei uns haben, bin ich vorausgeeilt, um von hier Hilfe zu holen.«

»Pater Cyprian ist krank? Wie schlimm steht es um ihn?«, rief Pater Rocco erschrocken.

»Der alte Bauer, bei dem wir Unterschlupf gefunden haben, und ich befürchten das Schlimmste. Wenn Pater Cyprian nicht bald wirksame Arznei erhält, werden wir ihn betrauern müssen.«

Johannes klang drängend, denn er wollte so rasch wie möglich zu seinem väterlichen Freund zurück. Noch war der Tag nicht so weit fortgeschritten, als dass sie nicht vor Mitternacht bei der Hütte sein konnten. Sie würden Fackeln mitnehmen müssen, doch das erschien ihm nur als ein geringes Übel.

Da bremste Pater Rocco ihn. »Die Zeit wirst du wohl noch haben, eine trockene Kutte anzuziehen und dich mit einem Schluck Branntwein aufzuwärmen. Ich rufe unterdessen mehrere Mitbrüder, die mit uns kommen sollen. Wir werden Pater Cipriano hierherholen. Im Kloster können wir ihm bessere Pflege angedeihen lassen als in einer Bauernkate.«

Johannes nickte, denn ihm war jetzt, da er nicht mehr mit raschen Schritten unterwegs war, kalt geworden. Während Pater Rocco verschwand, um Unterstützung zu holen, nahm der Bruder Pförtner ein großes Glas und eine bauchige Flasche von einem Bord und schenkte ein.

»Möge der heilige Gallo es dir segnen!«, sagte er, während er es Johannes reichte.

Dieser nahm das Glas entgegen, trank einen Schluck und schüttelte sich. Das Zeug war teuflisch scharf, doch Johannes würgte es hinunter, weil ihm der Pförtner den mit Kräutern versetzten Branntwein als ein ausgezeichnetes Heilmittel gegen Erkältungen pries.

»Willst du noch einen?«, fragte der Mönch.

»Ich glaube, es reicht, denn ich fühle mich schon viel besser. Allerdings könnte ich ein Stück Brot vertragen!«

Der bislang verdrängte Hunger hatte Johannes gepackt, und er spürte den harten Marsch, zu dem er sich gezwungen hatte. Ausruhen jedoch durfte er nicht, denn er musste Pater Rocco und dessen Mitbrüder zu Meschniggs kleinem Hof führen. Dies hieß, noch einmal etliche Stunden unterwegs zu sein. Doch wenn es half, den braven Pater Cyprian zu retten, wäre er selbst bis ans Ende der Welt gegangen.

6.

Außer Pater Rocco kamen noch vier junge, kräftig aussehende Mönche mit. Sie trugen zwei Stangen und mehrere Decken mit sich, aus denen sie eine Trage fertigen wollten, um damit Pater Cyprian nach Moggio zu holen.

Unterwegs sprach Johannes mit Pater Rocco über dessen Kloster und diese Gegend. Wie auch Arnoldstein war die Abtei des heiligen Gallus in Moggio kein reiches Kloster. Zwar wies es mehrere Besitzungen in der Nähe von Arnoldstein auf, doch sonst war der Eigenbesitz gering. Dies lag nicht zuletzt an Venedig, das als beherrschendes Zentrum den weiter entfernt liegenden Städten und Ortschaften wenig Raum zur Entfaltung ließ, damit sie nicht zu groß werden und sich gegen die Markusstadt zusammenschließen konnten.

»Weißt du, in Venedig glänzt alles von Gold, aber wir sind schon froh, wenn statt Kupfer ein wenig Silber in unserer Kasse klappert«, setzte Pater Rocco hinzu.

Johannes nickte. »Bei uns ist es ähnlich! Alles Geld fließt nach Bamberg, während wir zusehen müssen, wie wir durchkommen.«

»Wenn wenigstens ein Teil des Wegzolls bei uns bleiben würde! Doch der wird zur Gänze nach Venedig gebracht und dient dazu, diese Stadt noch prächtiger werden zu lassen. Wir hingegen müssen mit einem Maler feilschen, damit er das Kloster und die Kirche zu einem Preis schmückt, den wir uns leisten können.« Pater Rocco seufzte und winkte dann ab. »Doch was sollen wir uns beschweren? Gott hat uns dieses Schicksal auferlegt und wird es uns im anderen Leben lohnen. Im Himmelreich werden wir in großen und prächtigen Klöstern leben, während jene, die jetzt noch vor Gold strotzen, anstatt seidener Gewänder härene Kutten tragen und sich in allem bescheiden müssen.«

Johannes lächelte. In einem hatte Pater Rocco gewiss recht. Sie mussten sich in diesem Leben mit dem bescheiden, was sie erreichen konnten. Es ging nur darum, das Beste daraus zu machen. Bei diesem Satz dachte er an Maria. Ob sie wohl immer noch böse auf ihn war? Um das zu erfahren, musste er Moggio so bald wie möglich verlassen und nach Arnoldstein zurückkehren. Doch was war, wenn Pater Cyprian länger krank war und es Wochen dauern würde, bis er wieder auf die Beine kam?

Der Gedanke machte ihm Angst. Immerhin bestand die Gefahr, dass es Jakob Fugger einfiel, einen Ehemann für Maria zu bestimmen. Er musste mit ihr zusammen fliehen, bevor es dazu kam. Dafür würde er Pater Cyprian in Moggio zurücklassen müssen. Konnte er das wirklich tun?, fragte er sich.

Obwohl er sich innerlich wie zerrissen fühlte, führte Johannes seine Begleiter den Weg zurück, den er gekommen war. Die venezianischen Wachen an der Grenze kannten die Mönche aus Moggio und ließen die Gruppe unbehelligt passieren, ebenso der Bamberger Posten auf der anderen Seite, der angewiesen worden war, den Venezianern keinen Grund zu liefern, zu den Waffen zu greifen.

Inzwischen dämmerte die Nacht herauf, und die Mönche zündeten zwei Laternen an. Ein Stück weiter trafen sie auf eine Schar, die sich um mehrere Lagerfeuer versammelt hatte. Sie trugen die Johannes nun schon vertrauten Radmäntel und Waffen und wirkten munter und fröhlich, weil der Regen endlich aufgehört hatte und die Landschaft und die Straße zusehends trockneten. Einer sang ein Lied, und ein Zweiter winkte den Mönchen zu.

Johannes wurde unbewusst langsamer. Unweit der Stelle, an der er ging, unterhielten sich mehrere Männer so leise, dass sie wohl nicht glaubten, er könne einen Teil davon verstehen.

»Noch einen Tagesmarsch, dann warten wir auf die Kameraden!«, sagte einer.

Was soll das?, fragte sich Johannes, da sie an einem Tag kaum weiter als bis Tarvis kommen würden.

»Sollten Verfolger auftauchen, sind wir zur Stelle«, vernahm er nun.

»Weshalb Verfolger?«, murmelte Johannes. Dann hatte er den Trupp passiert und bekam nichts mehr mit.

»Weißt du, was diese Kerle vorhaben?«, fragte er Pater Rocco. Der zuckte mit den Achseln. »Nein! Warum fragst du?«

»Es sind Söldner, aber hier herrscht doch kein Krieg!«

»Bei Gott, weiß ich, was in den Köpfen der edlen Herren vor sich geht?«, antwortete Pater Rocco.

»Es wäre fatal, wenn auch in dieser Gegend Krieg ausbrechen würde. Weder die Städte und Burgen im Kanaltal noch Arnoldstein oder Villach sind darauf vorbereitet. Die Venezianer könnten durch das Bamberger Gebiet bis nach Kärnten vorstoßen und König Maximilian in seinen Kernlanden angreifen.«

Für Johannes schien dies die einfachste Erklärung. Damit aber waren auch Arnoldstein und die Fuggerau bedroht – und Maria! Sein Herz klopfte im harten Takt, und er überlegte verzweifelt, was er tun sollte. Eines war ihm klar. Wenn er Pater Cyprian zusammen mit Pater Rocco und dessen Mitbrüdern nach Moggio brachte, würde er sich niemals verzeihen, falls Maria etwas zustieß. Außerdem wollte er unbedingt das Missverständnis, das zwischen ihnen herrschte, ausräumen.

Am liebsten wäre Johannes sofort losgerannt, doch er musste auf die Mönche aus Moggio Rücksicht nehmen, die den von den Laternen nur unzureichend ausgeleuchteten Weg genau prüften, um nicht fehlzutreten und zu stürzen.

»Ein Kranker reicht uns! Wir wollen nicht auch noch, dass sich einer von uns verletzt und wir dadurch nicht in der Lage sind, Pater Cipriano rechtzeitig zum Kloster zu bringen«, antwortete Pater Rocco, als Johannes irgendwann drängte, schneller zu gehen.

»Das verstehe ich, aber ich bin auch in Sorge um ... Pater Cyprian!« Beinahe hätte Johannes Maria gesagt. Es schmerzte ihn, dass er den freundlichen Mönch aus Moggio belügen musste, doch hielt er es für besser, wenn dieser nichts von Maria erfuhr.

7.

In der Nacht sah alles ganz anders aus als am Tag, und so war Johannes unsicher, wo genau Meschniggs kleiner Bauernhof zu finden war. Sie hatten das Dorf, in dem dieser lebte, fast durchquert, und er fand noch immer keinen Anhaltspunkt, der ihn zu seinem Ziel führte. In seinen Gedanken sah er sich schon die ganze Nacht hindurch umherirren, als ihn das Meckern einer Ziege innehalten ließ. Dieses Tier hatte er in der Hütte des Alten oft genug gehört und strebte in die entsprechende Richtung. Tatsächlich tauchten kurz darauf die Umrisse der Hütte vor ihm auf. Johannes fiel ein Stein vom Herzen, als er an die Tür klopfte und Meschniggs Stimme hörte.

»Wer ist da? Was willst du?«

»Ich bin es, Pater Johannes! Ich habe mehrere Mönche aus Moggio mitgebracht«, rief er und fiel dem alten Mann um den Hals, als dieser die Tür öffnete.

Der Alte musterte ihn, dann die fünf Mönche und schüttelte den Kopf. »Ich habe Euch frühestens morgen Vormittag zurückerwartet. Ihr müsst wirklich geflogen sein!«

»Der gute Johannes hat darauf gedrungen, schnell zu gehen«, wandte Pater Rocco in einem zwar schwerfälligen, aber gut verständlichen Deutsch ein.

»Das glaube ich! Und Ihr kommt keinen Augenblick zu früh. Der Pater fiebert noch, wenn er auch nicht mehr so heiß ist wie letzte Nacht. Ich habe ihm immer Wadenwickel umgelegt, und es sieht so aus, als hätte es geholfen. Aber jetzt braucht er etwas gegen seinen Husten! Er bringt den Schleim kaum heraus.«

Der Alte klang besorgt. Doch nun übernahm Pater Rocco das Kommando. Er war in der Heilkunde bewandert und wusste, welche Mittel sie Pater Cyprian eingeben mussten.

Einer seiner Mitbrüder half ihm dabei, während die drei anderen die Gelegenheit wahrnahmen, sich ein wenig auszuruhen.

Zwar war es in der Hütte nun recht eng, und alle mussten zusammenrücken, doch fanden jene, die schlafen wollten, einen Platz auf dem Stroh.

Da Johannes der Marsch nach Moggio und zurück in den Knochen steckte, legte er sich ebenfalls hin und schlief fast auf der Stelle ein. Im Traum sah er die Söldner, deren Zahl immer mehr wuchs, gegen die Mauern des Arnoldsteiner Klosters und der Fuggerau anrennen und vernahm Marias verzweifelten Hilfeschrei. Als er ihr jedoch zu Hilfe eilen wollte, fand er sich mitten in einer engen Schlucht wieder, aus der es keinen Ausweg zu geben schien.

Abrupt wachte er auf und sah, dass bereits die Milchsuppe auf dem aus Bruchsteinen gemauerten Herd köchelte. Zwei Mönche machten die Trage fertig, mit der sie Pater Cyprian in ihr Kloster transportieren wollten, und der alte Meschnigg fütterte seine Ziegen.

»Warum habt ihr mich nicht geweckt?«, beschwerte sich Johannes, da es draußen bereits hell war.

»Du hattest den Schlaf nötig«, erklärte Pater Rocco. »Außerdem kommt es nicht auf eine Stunde an, die wir den Kranken früher oder später nach Moggio bringen. Die Arznei hat gut angeschlagen und das Fieber gebrochen. Pater Cyprian ist zwar noch sehr schwach, doch bin ich guten Mutes, dass er mit Gottes Hilfe genesen wird.«

»Das wünsche ich mir von ganzem Herzen«, antwortete Johannes erleichtert. Er sah kurz zu Pater Cyprian hin. Dieser schlief noch, sah aber längst nicht mehr so elend aus wie noch in der Nacht.

Während Johannes sich mit dem Wasser wusch, das der alte Mann in einem Eimer vom Brunnen geholt hatte, und sich dabei über die Zähne rieb, überlegte er, was er tun sollte. Schließlich trat er auf Pater Rocco zu und legte ihm die Hand auf die Schulter.

»Ihr müsst verzeihen, doch ich werde nicht mit euch nach Moggio zurückkehren. Das Kloster war Pater Cyprians Ziel, und er hat mich gebeten, ihn zu begleiten. Doch nun ist er bei euch in guter Hut, während es mich drängt, nach Arnoldstein zurückzukehren. Mir gefallen die Söldner nicht, die in diese Richtung gezogen sind.«

»Du glaubst, sie führten etwas gegen euer Kloster im Schilde? Dafür müsste es reicher sein, als es ist. Doch ich verstehe dich. Mir würde es nicht anders gehen, wenn fremde Söldner auf Moggio zumarschieren würden«, antwortete Pater Rocco.

Johannes blickte nach draußen, sah, dass es trocken war, und wandte sich dann Meschnigg zu. »Ich danke dir, dass du mir und dem braven Pater Cyprian so selbstlos Unterkunft geboten hast. Ich kann dir nur mit meinem Gebet danken, doch es kommt aus ganzem Herzen!«

»Ist schon gut«, meinte der Alte. »So hatte ich wenigstens jemanden zum Reden. Geht jetzt mit Gott, und möge der Himmel verhüten, dass sich Eure Befürchtungen bewahrheiten.«

»Das hoffe ich sehr«, sagte Johannes und verabschiedete sich auch von Pater Rocco und den anderen Mönchen aus Moggio. Kaum war dies geschehen, packte er seinen Wanderstab und eilte mit langen Schritten in Richtung Arnoldstein.

8.

Seit Pater Norbert wusste, dass Marcantonio Foscari innerhalb kurzer Zeit einen Schlag gegen die Fuggerau führen wollte, hielt ihn nichts mehr im Kloster von Arnoldstein. Schon nach der Frühmesse machte er sich auf den Weg zum Schloss und ließ sich bei Klara Häring und Helena Zeller melden. Die beiden Frauen waren verwundert, ihn zu so früher Stunde zu sehen.

»Seid uns willkommen, hochwürdiger Herr. Was führt Euch zu uns?«, begrüßte ihn Klara.

Pater Norbert hatte sich unterwegs einen Grund ausgedacht und hob mahnend den Zeigefinger. »Es geht um die heilige Beichte und um das Öffnen der Seele vor Gott! Ihr, meine Töchter, seid stets zu mir in den Beichtstuhl gekommen und habt eure Sünden bekannt, auf dass ich sie euch erlassen konnte. Doch tun dies nicht alle in eurem Haushalt, und das kann ich als Seelsorger nicht dulden!«

Die beiden Schwestern sahen einander kurz an. »Weißt du, wer es sein kann?«, fragte Helena.

Klara schüttelte den Kopf. »Nein! Wir haben doch befohlen, dass alle beichten müssen.«

»Das war auch gut getan«, lobte der Pater und hob erneut den rechten Zeigefinger. »Es halten sich jedoch nicht alle daran. Da ist zum einen die Magd Neža!« Pater Norbert nannte diese, um nicht nur Maria anzuklagen, die Beichte zu schwänzen.

»Was sagt Ihr! Neža verweigert die Beichte? Das geht gar nicht!«, rief Klara Häring zornig. »Neža soll kommen, und zwar sofort!«

Kurze Zeit später erschien die junge Magd und knickste vor den beiden Frauen. Den Pater beachtete sie hingegen nicht. Er hatte in all den Jahren ihr Dorf und ihre Familie zu oft zu Unrecht bestraft, als dass sie ihn noch hätte achten können.

»Ich höre, du säumst die Beichte«, fuhr Helena sie an.

Neža warf Pater Norbert einen wütenden Blick zu und schüttelte den Kopf. »Das stimmt nicht«, erklärte sie. »Ich gehe jede Woche mindestens einmal nach Ziljíca zum Beichten.«

»Du lebst hier im Schloss und nicht in Gailitz! Damit hast du bei mir zu beichten. Das wirst du auch tun!« Pater Norbert klang zornig, um die junge Frau einzuschüchtern.

»Wo ich beichte, bleibt sich doch gleich«, antwortete Neža rebellisch.

»Das tut es keineswegs!«, rief der Pater mit erhobener Stimme. »Gott sieht genau darauf, ob du bei deinem eigenen Seelsorger beichtest oder es anderswo tust, wo man dich nicht kennt und du deine Vergebung trotz des Verschweigens von Sünden erhältst.«

»Vater Josip kennt mich, seit ich von meiner Mutter als Wickelkind zum ersten Mal in die Kirche getragen worden bin.« So leicht wollte Neža nicht aufgeben, doch nun griff Klara Häring ein.

»Du wirst ab sofort deine Beichte bei Pater Norbert ablegen, hast du mich verstanden? Tust du es nicht, musst du das Schloss verlassen.«

Diese Drohung schmerzte. Nežas Eltern waren arm und hatten noch andere Kinder zu versorgen. Daher waren sie froh, ihre Tochter in dem guten Dienst auf Schloss Rosenheim zu wissen. Um diesen nicht zu verlieren, senkte Neža den Kopf. »Ich werde gehorchen.«

»Du wirst morgen zu mir in den Beichtstuhl kommen! Heute hingegen will ich der zweiten Säumerin die Beichte abnehmen. Wo ist Maria?«

Klara und ihre Schwester hatten bereits geahnt, dass der Pater auch ihre junge Ziehschwester meinte. Immerhin hatte Maria die Kapelle nach den Messen verlassen, ohne vor dem

Beichtstuhl darauf zu warten, bis auch sie ihre Sünden bekennen konnte. Maria allerdings konnten sie nicht mit der Drohung zur Beichte zwingen, sie müsse sonst das Schloss verlassen.

»Ich muss sehen, ob die Mägde auch arbeiten. Wenn man sie nicht im Auge behält, sind sie faul. Vorher aber werde ich Maria suchen und ihr sagen, sie soll zu Euch kommen.«

Klara lächelte dem Pater kurz zu und verließ das Zimmer. Auch Helena erinnerte sich, dass sie im Schloss noch etwas zu erledigen hatte, und entschuldigte sich.

Pater Norbert blieb einige Minuten allein und blickte durch eines der Fenster ins Freie. Draußen kam wieder ein Wagenzug mit Erz aus Ungarn an. Wie hoch mochte der Anteil an Silber sein?, fragte er sich und fand, dass Gott die Reichtümer der Erde äußerst ungerecht verteilt hatte. Maximilian von Habsburg war König mit der Aussicht, zum Kaiser gekrönt zu werden, Jakob Fugger besaß mehr Gold, Silber und Kupfer als jeder andere Mann im Reich, er selbst aber war darauf angewiesen, dass ein venezianischer Edelmann sein Versprechen einlöste und ihn mit einer brauchbaren Pfründe versorgte. Hatte er denn weniger Anrecht auf Reichtum und Macht als König Maximilian, Jakob Fugger oder Marcantonio Foscari?

Marias Eintreten durchbrach seinen Gedankengang, und er wandte sich ihr zu.

»Ihr wolltet mich sprechen?«

Ihre Stimme klang abweisend, und das reizte ihn.

»Ich muss dich schelten!«, erklärte er hochmütig. »Seit ich hier die Messe halte, bist du kein einziges Mal zur Beichte gekommen. Das darf nicht sein!«

»Ich habe in Ziljíca und in Sankt Lambert in Arnoldstein gebeichtet. Das muss reichen«, antwortete Maria kalt.

»Das ist nicht richtig!«, fuhr der Pater sie an. »Ich bin von Seiner hochehrwürdigen Gnaden, Abt Friedrich, als Seelsorger der Bewohner dieses Schlosses eingesetzt worden, und es ist die Pflicht eines jeden, der hier lebt, seine Beichte bei mir abzulegen. Auch du wirst das tun, hast du mich verstanden?«

Pater Norberts Stimme steigerte sich, bis sie schließlich wie Schläge auf Maria niederprasselte. Zuletzt senkte er seine Stimme wieder und richtete den Zeigefinger auf sie. »Sträubst du dich, wirst du im Schandkittel auf dem Marktplatz von Arnoldstein am Pranger stehen!«

Diese Drohung verfing. Maria kannte den Pater gut genug, um zu wissen, dass er alles tun würde, um sie zu demütigen. Nun denn, dachte sie. Sollte er ihr doch die Beichte abnehmen! Sie würde schon auf das achten, was sie sagte. Sobald Johannes aus Moggio zurück war, würde sie sich mit diesem versöhnen und mit ihm zusammen fliehen.

Da erinnerte sie sich an die Worte der alten Kesslerin. Diese hatte berichtet, dass Johannes länger im Kloster von Moggio bleiben sollte. Wenn es nicht anders ging, würde sie Moggio aufsuchen. Irgendeine Möglichkeit, mit Johannes zu sprechen, würde sie schon finden. Sie brauchte nur das Geld, das ihr Ziehvater ihr zugeschrieben hatte.

»Also gut, dann beichte ich bei Euch!«, antwortete sie, ohne ihn ehrfürchtig als hochwürdigen Vater oder Herrn zu bezeichnen.

Pater Norbert begriff, dass Maria sich noch immer nicht geschlagen geben wollte, und presste die Kiefer zusammen. Ihr Wille stand gegen den seinen, doch der Ausgang dieses Zweikampfs erschien ihm gewiss. Kein Weib war in der Lage, sich mit einem Mann wie ihm zu messen. Er würde sie schon dazu bringen, vor ihm zu knien und ihn um Vergebung anzuflehen.

»Komm mit in den Beichtstuhl!«, forderte er sie auf und ging voraus.

Maria folgte ihm. Ihre rechte Hand tastete dabei nach dem Messer, das Neža ihr besorgt hatte. Wenn es nicht anders ging, würde sie sich den Pater damit vom Hals halten.

Dieser öffnete in der Kapelle die Tür des Beichtstuhls und

wies Maria an, sich auf den Sünderplatz zu knien, während er sich auf den Stuhl des Beichtenden setzte.

»Alle Beichten, die du bis jetzt abgelegt hast, sind null und nichtig! Gehe in dich und erinnere dich an die vielen Male, die du gesündigt hast, und bekenne diese Sünden«, forderte er sie auf und beugte sich bis zu dem Holzgitter vor, das ihn von ihr trennte. So konnte er ihr Gesicht sehen und glaubte sich erfahren genug, um zu erkennen, wann sie log.

Maria wappnete sich mit Trotz. Dieser Mann hatte sie wegen der Rose angelogen. Damit hatte er in ihren Augen kein Recht, ihre geheimsten Gedanken erforschen zu wollen.

»Du schweigst?«, fragte er mit leichtem Zorn.

»Ich weiß nicht, was ich bekennen soll.« Sie schluckte. »Nun, wenn es denn sein muss. Als kleines Mädchen habe ich meine Schwester Esther um ihr neues Kleid beneidet, dies aber bereits in Nürnberg gebeichtet. Auch habe ich zur Weihnacht einmal einen Lebkuchen aus der Kiste geholt und heimlich gegessen.«

So ging es eine ganze Weile. Maria berichtete uralte Begebenheiten, die sie als Kind erlebt hatte, und kam dabei vom Hundertsten ins Tausendste. Die Wut des Paters stieg, und schließlich schlug er gegen das Gitter. »Das alles sind Dinge, die du längst gebeichtet und gesühnt hast!«

Scheinbar verwundert hob Maria den Kopf. »Ihr habt doch gesagt, dass alle Beichten, die ich bislang abgelegt habe, nicht mehr gelten, und ich mich besinnen soll, wann und wo ich überall gesündigt habe! Wie anders soll ich da beginnen als in meinen Kindertagen?«

»Du hast mich falsch verstanden«, erwiderte der Pater grollend. »Ich meinte damit alle Beichten, die du hier in Arnoldstein, Gailitz und dergleichen abgelegt hast. Die in Nürnberg hast du dort bei deinem Seelsorger gebeichtet. Das gilt!«

Maria stellte sich dumm. »Ach, so meint Ihr das! Nun, dann will ich beginnen, wie ich mit meinem Ziehvater hier in der Fuggerau angekommen bin. Ich habe damals böse über meine

Kinderfrau gedacht und sie für mich Ella, den Drachen, genannt, weil sie mir viele Dinge verboten hat, die ich so gerne getan hätte. Ich ...«

»Schluss jetzt, so wird das nichts!«, schäumte Pater Norbert auf. »Ich werde dir jetzt Fragen stellen und du sie bei Gottes Gnade aufrichtig beantworten. Tust du es nicht, wirst du eine Beute des Satans werden!«

Das wünschst du dir wohl, dachte Maria empört. Da Friedrich von Kühnburg Pater Norbert jedoch damit betraut hatte, auf Schloss Rosenheim die Messe zu lesen, war sie ihm vorerst ausgeliefert. Aber da er selbst ein Lügner und Betrüger war, konnte er sie nicht mit Gottes Gnade von ihren Sünden freisprechen. Daher würde der Herr im Himmel sie gewiss nicht tadeln, wenn sie gewisse Dinge verschwieg.

Pater Norbert glaubte sich jedoch am Ziel. Auf diese Weise hatte er schon etliche Weiber in Arnoldstein und darüber hinaus in die Verzweiflung getrieben und sie dazu gebracht, als Buße für ihre Sünden Geld zu spenden. Allerdings waren diese Münzen nicht in die Truhe des Klosters gewandert, sondern hatten seinen persönlichen Schatz vergrößert. Bei Maria würde sein Lohn jedoch nicht aus Geld bestehen, sondern aus ihrem Leib, der ihm bald ganz allein gehören würde.

»Wann hast du zum ersten Mal unzüchtige Gedanken verspürt?«, begann er das Verhör.

»Das verstehe ich nicht«, antwortete Maria.

Der Pater packte das Gitter zwischen ihnen und rüttelte daran. »Lüge nicht! Du bist ein Weib, und Weiber sind schwach. Außerdem sind sie die Töchter Evas und wie diese der Sünde verfallen. Wann hast du zum ersten Mal daran gedacht, dass ein Mann dich an den Brüsten oder, noch schlimmer, zwischen den Beinen berühren soll?«

»Das habe ich mir bis jetzt nicht vorgestellt«, antwortete Maria angeekelt.

»Das ist eine weitere Lüge!«, trumpfte Pater Norbert auf.

»Jedes Mädchen wünscht sich das. Es liegt in ihrer Natur. Sie wälzen sich des Nachts im Bett und sehnen sich nach einem Mann, der sie umarmt und danach seine Männlichkeit in die Öffnung schiebt, die nur dem weiblichen Geschlecht zu eigen ist. Auch du hast das getan! Bekenne es!«

»Nein!« Zwar hatte Maria sich gefragt, wie es sein würde, wenn sie mit Johannes floh und mit ihm ein neues Leben begann. Da sie als Mann und Frau zusammenleben würden, gehörte auch die körperliche Liebe dazu. Das aber ging diesen Pater nicht das Geringste an.

»Du bist eine verstockte Lügnerin, für die der Schandpfahl eine zu geringe Strafe ist! Man sollte dich auf dem Marktplatz vor allen Leuten nackt ausziehen und mit Ruten stäupen«, drohte Pater Norbert wuterfüllt.

Da hob Maria mahnend die rechte Hand. »Jetzt gebt Ihr Euch unzüchtigen Gedanken hin!«

Diese Frechheit verschlug dem Pater für einige Augenblicke die Sprache. So leicht ließ sich das kleine Biest nicht einschüchtern. Er überlegte, ob er sie nicht doch auf den Marktplatz von Arnoldstein schleifen und dort zum Gaudium der Bewohner mit faulem Gemüse bewerfen lassen sollte. Da ihr Leib jedoch nur ihm gehören sollte, wollte er diesen nicht den Blicken anderer Männer aussetzen. Außerdem würden die Venezianer bald kommen, und dann war Maria ihm auf Gedeih und Verderb ausgeliefert.

»Da du dich weigerst, dein Innerstes zu bekennen, bin ich nicht in der Lage, dich von deinen Sünden freizusprechen«, erklärte er voller Wut. »Gehe jetzt und bereue! Wenn du zum nächsten Mal zu mir zur Beichte kommst, wirst du mir dein Herz öffnen und alles bekennen, dessen du schuldig bist!«

Das denkst auch nur du, sagte sich Maria und verschwand so schnell, dass er ihr nicht folgen konnte.

9.

In Pater Norbert tobte die Wut, wieder einmal gegen Maria den Kürzeren gezogen zu haben. Dabei stellte er sich alle Strafen vor, denen er sie unterwerfen wollte, sobald die Venezianer sie ihm überlassen hatten. Seit seiner Begegnung mit dem Buffone hatte er jedoch nichts mehr von ihnen gehört. Mit einem Mal befürchtete er, eines Morgens aufzuwachen und zu erfahren, dass die Fuggerau überfallen und geplündert worden sei, ohne dass Marcantonio Foscari sein Versprechen eingehalten hatte. Dann wäre er auch in Zukunft ein schlichter Pater im Kloster und würde zusehen müssen, wie er doch noch an die Spitze der Abtei gelangte.

Den Fluch der Rose konnte er nicht mehr bemühen. Zwei Mitbrüder waren diesem bereits zum Opfer gefallen, und Johannes Gruber und Georg Matschberger waren überraschend rasch nach Übernahme der Abtswürde gestorben. Wenn nun auch Friedrich von Kühnburg unerwartet früh ins Himmelreich einging, würde es Verdacht erregen.

»Verfluchter Venezianer! Wo bleibt er nur?«, schimpfte er leise, als er Arnoldstein erreichte.

Beinahe hätte er den Mann übersehen, der neben dem alten Rosenstock stand. Erst als dieser sich bewegte, wurde er auf ihn aufmerksam und erkannte den Buffone.

»Endlich!«, stieß er aus. »Ich dachte schon, du würdest nie mehr auftauchen.«

»Der Regen der letzten Tage hat den Anmarsch verzögert. Nun aber sind wir bereit.«

»Sehr gut! Du weißt, was du mir versprochen hast?«

Der Buffone nickte. »Selbstverständlich, hochwürdiger Herr. Wir werden das Mädchen mitnehmen.«

»Und mir überlassen!« Pater Norbert klang streng, aber auch begierig, Maria endlich in seine Gewalt zu bringen.

»Wir werden sie Euch so übergeben, wie sie uns in die Hände fallen wird.«

So ganz wohl war dem Buffone dabei nicht, denn sein Herr hatte ihn wegen dieses Versprechens heftig zurechtgewiesen. Marcantonio Foscari wollte als Mann gelten, der den Faktoren des Herrn Fugger die Kanonen unter dem Hintern weggeholt hatte, und nicht als Mädchenräuber. Doch da er fürchtete, dass der Pater sonst versuchen würde, das Geld für seine Pfründe von den Fuggern durch Verrat zu erhalten, hatte er der Entführung schließlich zugestimmt.

In seiner Vorfreude auf Maria bemerkte der Pater den Ärger des Buffone nicht. Er trat auf diesen zu und fasste ihn am Arm. »Wann soll es geschehen?«

»Heute Nacht! Länger dürfen wir nicht warten. Wir sind jetzt schon zu viele und würden auffallen«, berichtete der Buffone.

Ebenso, wie ihr Vorhaben heimlich ablaufen musste, war auch Schnelligkeit gefragt. Es galt, eine schwere Fracht an Burg Straßfried bei Maglern vorbeizuschaffen, und dies musste geschehen, bevor die dortige Besatzung so verstärkt wurde, dass die Männer ihnen den Weg verlegen konnten.

»Also noch heute!« Pater Norbert atmete erleichtert auf, denn damit lösten sich all die Sorgen, die ihn in den letzten Tagen gequält hatten, in nichts auf.

»Kommt Ihr später nach Venedig, um das Mädchen und Eure Belohnung abzuholen?«

Da Pater Norbert Maria den Venezianern nicht für längere Zeit überlassen wollte, schüttelte er den Kopf. »Ich werde heute Nacht zu euch stoßen und mit euch zusammen dieses Land verlassen.«

Der Buffone kniff die Augen zusammen. »Ihr dürft die Nacht doch nicht ohne die Erlaubnis Eures Abtes außerhalb des Klosters verbringen. Was wollt Ihr ihm sagen?«

»Gar nichts! Ich finde schon einen Weg, das Kloster zu verlassen«, erklärte der Pater und wollte weitergehen. Mitten in der Bewegung drehte er sich noch einmal um. »Bis wann wollt ihr in der Fuggerau sein? Nicht, dass ich zu spät erscheine.«

»Es wird wohl bis in die erste Morgendämmerung hinein dauern«, antwortete der Buffone und deutete eine Verbeugung an. »Es war mir eine Freude, Euch zu treffen. Nun muss ich weiter!«

Pater Norbert schlug das Kreuz in seine Richtung. »Geh mit Gottes Segen!«

»Habt Dank!« Ugo Ribaldi eilte in Richtung der Fuggerau davon.

Mit dem Gefühl, dass sich sein Schicksal endlich zu seinen Gunsten wendete, sah ihm der Pater nach. Dann kehrte er dem Buffone mit einer energischen Bewegung den Rücken und stieg zum Kloster empor. Der Bruder Pförtner sah ihn kommen und öffnete ihm die Tür.

»Ihr kommt heute früh von der Fuggerau zurück. Hat man Euch nach der Messe diesmal nicht zum Essen eingeladen?«, fragte er mit kaum verhohlenem Neid. Auch wenn die Mönche im Kloster nicht hungerten, so war die Abtei nicht reich genug, um sich kostspielige Delikatessen leisten zu können. Auf den Tisch kam, was in diesen Landen geerntet, gezüchtet oder gefangen wurde, wobei Fleisch eher selten war und auch Fisch meist nur an Fastentagen gegessen wurde. Von der Tafel auf Schloss Rosenheim erzählten sich die Leute jedoch wahre Wunderdinge, und so mancher Mönch hätte sich gewünscht, an Pater Norberts Stelle einmal daran Platz nehmen zu dürfen.

»Ich habe heute nicht die Messe gehalten, sondern nur ein paar Mägden die Beichte abgenommen«, antwortete Pater Norbert und legte seinem Mitbruder die Hand auf die Schulter. »Wer wird heute Nacht an der Pforte wachen?«

Der Pförtner nannte ihm den Namen eines jungen Mönchs, der zu Pater Cyprians Freunden gehörte. Für Norbert war dieser ein letztes Hindernis auf seinem Weg zu Reichtum und Macht, und er überlegte, wie er es überwinden konnte.

»Möge Gott nur gute Menschen den Weg zu uns finden lassen«, sagte er salbungsvoll, stieg dann die Treppe hinauf und betrat kurz darauf seine Zelle.

Da er nicht befürchten musste, dass ihn einer seiner Mitbrüder hier störte, zog er den losen Stein heraus und holte seine verborgenen Schätze hervor. Seine Augen glitzerten, als er Esmaraldas Schmuckstücke auf sein Bett legte und sein gespartes Geld daneben aufhäufte. Um nicht mit zu vielen Scheidemünzen belastet zu sein, die bei geringem Wert viel Platz wegnahmen und zu schwer wurden, hatte er diese bereits gegen Münzen höheren Wertes eingetauscht, wenn er im Auftrag seines Abtes nach Villach gegangen war.

Pater Norbert zählte nun sein Vermögen und wunderte sich, wie viel es war. Wenn er es recht bedachte, hätte er bereits vor einem oder zwei Jahren das Kloster verlassen und sich eine eigene Pfarre kaufen können. Einen Augenblick ärgerte er sich, dies versäumt zu haben, winkte dann aber ab. Von den Venezianern würde er eine weitaus einträglichere Pfründe erhalten und zudem Maria als Magd für seine männlichen Bedürfnisse.

Zufrieden packte er alles so zusammen, dass er es tragen konnte, und nahm sich dann seine schriftlichen Aufzeichnungen vor. Es handelte sich dabei nicht nur um die Aussagen von Johannes' Mutter, sondern auch um einige Überlegungen und um Begebenheiten, die es ihm wert gewesen waren, sie zu notieren. Nun schwankte er, ob er die Dokumente nicht doch verbrennen sollte, denn sie nahmen nur Platz in seinem Gepäck weg.

Pater Norbert war bereits auf dem Weg zur Tür, um eine Fackel zu holen, hielt dann aber inne. So schwer war das bisschen Papier nicht, und vernichtet war es später schnell. Daher machte er kehrt und legte den Stapel zu den Sachen, die er in der Nacht mitnehmen wollte.

10.

Noch während Pater Norbert im Kloster Arnoldstein seine Münzen zählte, erreichte der Buffone Ugo Ribaldi Schloss Rosenheim. Ein Blick zeigte ihm, dass das Tor verschlossen war. Er wollte schon zum Eingang der Fuggerau gehen, als er Neža von Ziljíca kommend auf das Schloss zugehen sah. Er stieß einen kurzen Pfiff aus.

»Wer ist da?«, fragte Neža, da der Buffone von einem Gebüsch verdeckt wurde.

»Ich bin es!«, rief er ihr zu und trat ein paar Schritte vor.

»Ugo! Du bist zurückgekommen!« Neža eilte zu ihm hin und umarmte ihn.

Er küsste sie, ließ die Hand über ihren Körper wandern, der sich hingebungsvoll an ihn presste, und dankte dem Schicksal, weil es ihm das Mädchen direkt in die Arme geschickt hatte. Zwar war er bereit gewesen, die Arbeiter in der Fuggerau nach ihr zu fragen, doch so war es ihm lieber.

»Ich habe dir doch versprochen, dass ich zurückkomme, und hier bin ich«, sagte er lächelnd.

»Und wir gehen von hier direkt nach Florenz?«, fragte das Mädchen seelenvoll.

Der Buffone nickte. »Das werden wir, aber nicht mehr heute! Da kämen wir nicht weit. Morgen brechen wir auf.«

»Das tun wir!«, stimmte Neža ihm zu.

»Ich brauche für heute Nacht ein Quartier. Im Freien schläft es sich nämlich nicht gut. Da habe ich in den letzten Tagen genug gelitten. Der viele Regen, weißt du! Da war der Boden wie Schlamm, und ich musste froh sein, wenn ich in einer Heuhütte Unterschlupf gefunden habe.« Der Buffone blickte Neža auffordernd an.

»Ich bringe dich zu meinen Eltern. Sie werden dich gewiss kennenlernen wollen!«

»Diesen Vorschlag halte ich nicht für gut!«, rief Ribaldi abwehrend. »Deine Eltern werden nicht erfreut sein, wenn wir beide diese Gegend verlassen. Das solltest du ihnen daher auch nicht sagen. Du hast es doch hoffentlich noch nicht getan?«

»Nein, natürlich nicht! Ich wollte bis zu deiner Rückkehr warten. Aber wir müssen es ihnen mitteilen. Ich kann nicht ohne ihren Segen in die Fremde ziehen«, antwortete Neža drängend.

»Natürlich nicht! Wir sollten aber erst morgen zu deinen Eltern gehen, mit ihnen sprechen und danach aufbrechen. Kannst du mich nicht ins Schloss einlassen? Es muss ja keiner merken. In der Nacht können wir dann ...«

Er sprach es nicht aus, doch seine Hand strich über ihren Busen, glitt bis zu ihrer Scham hinab und klopfte in einem leichten Takt dagegen.

»Dem Gesinde ist es verboten, Fremde ins Schloss zu bringen, geschweige denn, sie dort übernachten zu lassen«, sagte Neža.

Angesichts seiner traurigen Miene schob sie jedoch ihre Bedenken beiseite und nickte. Immerhin ging es um ihr Glück.

»Komm mit! Aber wir müssen sehr vorsichtig sein. Nicht, dass uns jemand sieht. Ich würde sonst arg gescholten.«

»Ich bin so gut wie unsichtbar!«, antwortete der Buffone grinsend. Er folgte ihr um das Schloss herum bis zu einer Nebenpforte, die zu seiner Verwunderung nicht versperrt war.

»Die Leute sind aber unvorsichtig. Es hätte sich leicht ein Dieb einschleichen können«, meinte er.

Neža schüttelte lächelnd den Kopf. »Die Tür habe ich offen stehen lassen, als ich vorhin ins Dorf gegangen bin. Ich mache sie auch gleich wieder zu.«

»Du bist ein kluges Mädchen!«, lobte Ribaldi sie.

Wenig später standen sie in einem düsteren Flur.

»Sei ganz leise!«, raunte Neža dem Buffone zu. »Ich wage es nicht, eine Lampe anzuzünden.«

»Wohin bringst du mich?«, fragte er mit einem Anflug von Misstrauen.

»In meine Kammer. Die habe ich für mich allein. Es wird gewiss keiner hineinkommen, während du auf mich wartest.«

»Und was machst du?«, fragte Ribaldi weiter.

»Ich muss doch arbeiten. Wenn ich das nicht tue, würde man mich suchen und dabei gewiss auch in meine Kammer schauen.«

Der Buffone nickte. Ihm blieb nichts anderes übrig, als der jungen Frau zu vertrauen. Trotzdem fühlte er eine starke Anspannung, als sie Nežas Kammer erreichten und eintraten.

»Hast du Hunger?«, fragte die junge Frau.

»Schon ein wenig!«

»Ich werde dir später etwas bringen. Jetzt muss ich mich aber tummeln. Ich bin etwas länger weg gewesen, als ich durfte.«

Neža wollte die Kammer verlassen, besann sich dann aber und trat noch einmal auf Ugo Ribaldi zu. »Ich liebe dich so sehr!«, sagte sie und umarmte ihn.

Der Buffone erwiderte die Umarmung. Sie war ein hübsches Ding, bei dem alles genau dort saß, wo es hingehörte. Sie zu verführen, machte ihm Freude. Er küsste Neža voller Leidenschaft und rieb dann seinen Unterleib leicht an dem ihren. »Ich kann es kaum erwarten, bis du fertig bist und wir uns endlich wieder in den Armen halten können!«

»Dir ist gewiss nicht nur danach!« Obwohl auch Neža sich darauf freute, fühlte sie eine gewisse Beklemmung. Immerhin würden ihr Geliebter und sie das tun, was den Lehren der heiligen Kirche nur verheirateten Paaren zukam. Sobald wir in Ugos Heimat sind, werden wir heiraten, sagte sie sich, um sich Mut zu machen, und löste sich von ihm.

»Ich muss jetzt wirklich an die Arbeit, sonst ist der Teufel los.«

»Tu das!«, forderte der Buffone sie auf.

Das Letzte, das er brauchen konnte, war jemand, der auf der Suche nach ihr in die Kammer schaute.

»Vergiss nicht, mir etwas zu essen zu bringen. Sonst werde ich heute Nacht nicht meinen Mann stehen können«, sagte er noch anzüglich, dann blieb er allein zurück.

11.

Marias Ärger über Pater Norberts unverschämtes Auftreten hielt den ganzen Tag über an. Noch einmal würde sie sich das nicht bieten lassen, sagte sie sich, wusste aber gleichzeitig, dass sie in einer Falle saß. Solange der Pater sich auf den Abt von Arnoldstein berufen konnte, würde sie ihm nur durch Flucht entkommen. Dafür aber brauchte sie Geld. Aus diesem Grund betrat sie an diesem Tag zweimal Christoph Härings Kontor, in dem die Geldtruhe aufbewahrt wurde. Doch jedes Mal hörte sie jemanden draußen auf dem Flur und wagte es nicht, nach den beiden noch von ihrem Ziehvater verborgenen Schlüsseln zu suchen.

Waren diese überhaupt noch an den Stellen, an denen sie sie vermutete?, fragte sie sich. Häring konnte längst andere Verstecke dafür gesucht haben. Ihre Unsicherheit stieg, und wäre das Geld für sie und Johannes nicht so wichtig gewesen, so hätte sie darauf verzichtet und sich heimlich auf die lange Wanderung nach Moggio gemacht.

»Ich muss es in der Nacht tun«, murmelte sie vor sich hin, als sie am Abend endlich all ihre Aufgaben erledigt hatte.

Das Nachtmahl nahm sie zusammen mit Klara und Helena ein. In einer Ecke des Raumes saß Ella mit den Kindern der beiden und fütterte sie. Da sie sich die meiste Zeit um die Kleinen kümmern musste, hatte sich die enge Bindung der alten Kinderfrau an ihren fast erwachsenen Schützling ein wenig gelockert. Zu Beginn war Maria enttäuscht gewesen, aber nun war sie froh darüber. Sie wusste nicht, ob sie es sonst übers Herz bringen würde, die Fuggerau des Nachts und ohne Abschied von Ella zu verlassen.

Unterdessen legte Neža ihr vor. Der Freundin würde sie

sagen können, dass sie ging, dachte Maria. Sie wollte es aber erst tun, wenn es so weit war. Auch wenn Neža sie niemals verraten würde, so bestand doch die Gefahr, dass ihr unbewusst eine Bemerkung entschlüpfte, die verhängnisvoll werden konnte.

Im Augenblick hatte Neža jedoch keinen Sinn für Marias Probleme. Ihr Buffone war gekommen und würde sie mit in die Ferne nehmen. Zwar tat es ihr leid, dass dies ohne Abschied geschehen musste. Sie ahnte jedoch, dass Maria ihr davon abraten würde, einem wandernden Spaßmacher in die Fremde zu folgen. Dabei war Ugo ein so faszinierender Mann, und sie hatte nichts dagegen, ihn zu begleiten und bei seinen Kunststücken zu helfen. In ihren kühnsten Gedanken sah sie sich bereits in einem ähnlich bunten Gewand wie er auf den Marktplätzen der Städte stehen und mit einem Körbchen das Geld einsammeln, das die Zuschauer ihnen als Belohnung für Ugos Vorstellung gaben.

»Kannst du nicht achtgeben? Ich wollte ein Stückchen Huhn und kein Lamm!«

Klaras scheltende Stimme riss Neža aus ihren Träumereien. Sie durfte jetzt keinen Fehler machen, dachte sie erschrocken, während sie die Fleischstücke austauschte.

»Ich will das Lamm«, erklärte Helena, während Maria ebenso wie Klara Huhn essen wollte.

Neža bediente die drei, half dann Ella, die Kleinen zu versorgen, und war schließlich froh, als die Mamsell etwas später nach einem prüfenden Blick in die Küche erklärte, dass die Mägde Feierabend machen könnten. Diese setzten sich noch zusammen, doch Neža erklärte, dafür zu müde zu sein, und strebte ihrer Kammer zu.

Unter ihrem Kleid verborgen trug sie etwas Brot und ein Stück Fleisch, das sie von der für die Herrschaften bestimmten Platte genommen hatte. Auf dem Weg ließ sie noch einen kleinen Krug Wein mitgehen und trat schließlich aufatmend in ihre

Kammer. Dabei dachte sie, welch ein Glück es war, dass man ihr einen Raum für sie allein zugewiesen hatte. Die anderen Mägde schliefen teilweise zu viert in einem Zimmer. Sie hatte es Maria zu verdanken, in der Fuggerau bessergestellt zu sein. Da sie beide am Abend oft zusammensaßen, um miteinander zu reden, hätten andere Mägde nur gestört. Bei dem Gedanken tat es ihr nun doch weh, die Freundin ohne jedes Abschiedswort und ohne Aussicht auf ein Wiedersehen verlassen zu müssen.

Ribaldi fand Neža daher ein wenig in sich gekehrt. Da seine Liebe zu ihr jedoch ohnehin nur geheuchelt war, widmete er sich vorerst dem Braten, den sie ihm vorsetzte, und lobte die Güte des Weines.

»Du wirst einmal eine gute Hausfrau werden«, setzte er hinzu.

Kaum hatte er aufgegessen, fand er, dass er die Wartezeit besser verbringen konnte, als einfach hier zu sitzen, und zog Neža an sich.

»Vielleicht sollten wir damit warten, bis wir verheiratet sind«, wandte sie zaghaft ein.

»Ich bin nicht gekommen, um vor der Quelle zu stehen und zu dürsten«, antwortete Ribaldi und entkleidete sie mit geschickten Griffen.

Sie gab nach und ließ es zu, dass er sie aufs Bett legte und sich zwischen ihre Schenkel schob. Wenig später war alle Zurückhaltung vergessen, und sie gab sich ganz den Gefühlen hin, die er in ihr entfachte.

12.

Die Nacht war bereits hereingebrochen, als Ugo Ribaldi sich vorsichtig erhob. Er trat ans Fenster und schaute hinaus. Der Mond war noch nicht aufgegangen, und so war es draußen pechschwarz. Anhand des Sternenhimmels schätzte er, dass in einer Stunde Mitternacht sein würde. Bis dorthin musste ihr Vorhaben gelungen sein.

Der Buffone lauschte angespannt, doch vernahm er zunächst nur die üblichen Geräusche der Nacht. In der Ferne schrie ein Kauz, und von der Gailitz her erklang das Rauschen des Wassers.

Da erscholl der Pfiff, nicht allzu laut, so dass es sich anhörte, als wäre er aus weiterer Entfernung gekommen. Nun brauchte er Neža. Er weckte sie und legte ihr die Hand auf den Mund.

»Sei leise!«, flüsterte er ihr ins Ohr.

Sie nickte zum Zeichen, dass sie verstanden hatte.

»Du musst mir versprechen, mir zu helfen!«

Erneut nickte Neža.

Der Buffone nahm nun die Hand von ihrem Mund und forderte sie auf, sich anzuziehen.

»Was hast du vor?«, fragte die junge Frau verwirrt.

»Ich will mit dir zusammen das Schloss verlassen, aber nicht durch die Pforte, durch die du mich eingelassen hast. Wir müssten sie sonst offen stehen lassen. Und das willst du gewiss nicht.«

»Nein, das darf ich nicht. Am Tag ist es etwas anderes, doch in der Nacht treibt sich zu viel Gesindel herum. Aber wo willst du dann hinaus?«

Neža hatte sich bislang keine Gedanken darüber gemacht, wie ihr Geliebter und sie Schloss Rosenheim verlassen konnten. Auch hatte sie nicht erwartet, dass es bei Nacht und Nebel geschehen würde. Früh am Morgen schon, bevor alle im Schloss aufgewacht waren. Doch ihrem Gefühl nach war nicht einmal Mitternacht vorbei.

»Wir gehen durch die Fuggerau, und dort reden wir mit dem Nachtwächter. Der kann das Tor hinter uns wieder verschließen.«

»Er wird uns gewiss Fragen stellen, weshalb wir zu finsterer Nacht fortwollen«, wandte Neža ein.

»Mir wird schon ein Grund einfallen«, versuchte Ribaldi, sie zu beruhigen.

Neža vertraute dem Buffone und nickte. »Also gut. Aber bevor wir diese Gegend verlassen, gehen wir noch zu meinen Eltern. Sie sollen mir ihren Segen geben!«

»Das tun wir, mein Lieb«, versprach der Buffone und nahm sein Bündel.

In dem Augenblick schlug Neža die Hände vors Gesicht. »Oh Gott, ich habe noch gar nichts vorbereitet. Ich brauche doch meine Sachen!«

Die Verzögerung ärgerte Ribaldi, doch wenn er ihr nicht die Zeit ließ, ein paar Dinge einzupacken, würde sie misstrauisch werden.

Zu seiner Erleichterung drückte sich Neža schon bald ihr Bündel gegen die Brust. »Wir können aufbrechen!«

»Sehr gut.« Ribaldi strich ihr zärtlich über die Wange und öffnete dann vorsichtig die Tür. Draußen war alles still. Mit einem zufriedenen Grinsen machte er sich auf den Weg. Obwohl er den Weg zu dem Tor, das vom Schloss in die Fuggerau führte, nur zweimal gegangen war, fand er ihn auf Anhieb.

Neža trug in der einen Hand ihr Bündel und umklammerte mit der anderen Ribaldis Rechte. Als der Hof der Fuggerau vor ihnen lag, fragte sie sich bang, was der Nachtwächter wohl sagen würde, weil sie bei Nacht und Nebel das Schloss verlassen wollte. Hoffentlich hielt er sie nicht für eine Diebin und schlug Alarm.

Nun wünschte sie sich, sie hätten die Seitenpforte des Schlosses gewählt. Es war jedoch zu spät, denn der Nachtwächter hatte sie bereits entdeckt und kam näher.

»Was gibt es?«, fragte er. Da die beiden vom Schloss her kamen, hegte er keinen Argwohn.

Neža wollte etwas sagen, doch ihre Kehle war wie ausgetrocknet, und sie brachte kein Wort heraus. Im Gegensatz zu ihr war Ugo Ribaldi bester Laune. In Gedanken verspottete er die Männer, die für Jakob Fugger diese Faktorei verwalteten. In diesen unruhigen Zeiten hätte er nachts mehr Wächter als nur einen aufgestellt. Doch ihm sollte es recht sein.

»Was gibt es?«, fragte der Wächter noch einmal. Er hielt zwar eine Laterne in der Hand, doch deren Schein war zu trüb, um weiter als ein paar Schritte zu reichen.

»Ich bringe Botschaft von Herrn Zeller«, erklärte der Buffone zu Nežas Verwunderung. Schon trat er mit ein paar Schritten auf den Nachtwächter zu, zog mit einer blitzschnellen Bewegung den Dolch und stieß ihn dem Mann in die Brust.

»Was tust du da?«, rief Neža entsetzt.

»Sei still!«, herrschte er sie an und eilte zum Tor. Innerhalb weniger Herzschläge hatte er die kleine Pforte geöffnet. Mehrere Männer kamen herein, öffneten das Tor, und dann strömten Bewaffnete wie eine unaufhaltsame Wasserflut herein.

»Jenes Tor dort muss gesichert werden!«, rief der Buffone Domingo zu.

Er hatte sich, als er hier seine Späße vorgeführt hatte, genau umgesehen und wusste, wo die Soldknechte untergebracht waren, die im Auftrag Jakob Fuggers die Fuggerau schützen sollten. Bevor auch nur einer dieser Männer begriff, was um sie herum geschah, war die Tür zu ihrer Unterkunft verrammelt, und sie saßen wie die Ratten in der Falle.

»Los, besetzt das Schloss!«, befahl Marcantonio Foscari, der auf seinem Pferd sitzend die Aktion leitete.

»Sind die anderen Ausgänge alle bewacht?«, fragte ihn der Buffone.

»Bin ich ein kleiner Knabe, der nicht denken kann?«, fuhr ihn sein Herr an.

»Uns entkommt nicht einmal eine Maus«, setzte Domingo hinzu und befahl den Männern, jene Holzstöße zu entzünden, die in der Fuggerau bereitlagen, um in den Schmelzöfen verheizt zu werden.

»Wir wollen hier verdammt noch mal etwas sehen!«, rief er noch, dann trat er zu einem Schuppen und öffnete die Tür. Beim Anblick der Silberbarren, die dort gestapelt lagen, rauschte sein Blut schneller durch die Adern.

»Das ist eine Beute, wie ich sie mir gefallen lasse«, meinte er zu Foscari, der ihm zu Pferd gefolgt war.

»Wir werden weder dieses Silber noch die Schätze im Schloss anrühren«, fuhr Foscari ihn an. »Holt jetzt die Wagen herein und fangt an, die Kanonenrohre aufzuladen!«

»Wir können das Silber doch nicht einfach zurücklassen!«, protestierte Domingo.

»Unser Auftrag ist es, die Kanonen wegzuholen. Alles andere bleibt so, wie es ist!«, rief Marcantonio Foscari verärgert.

Seit er plante, die Fuggerau zu überfallen, hatte er seinen Männern eingetrichtert, dass sie außer den Kanonen nichts mitnehmen durften. Domingo wusste dies ebenfalls, doch anstatt ihm beizustehen, stachelte dieser die Männer auf, sich an den Schätzen zu bereichern.

»Zurück, ihr Hunde!«, herrschte Foscari zwei Söldner an, die in den Silberschuppen eingedrungen waren und mit mehreren Silberbarren herauskamen.

Für Augenblicke stand der weitere Verlauf der Aktion auf der Kippe, dann aber setzte sich Foscaris Autorität durch. Die beiden Söldner ließen die Silberbarren fallen und gesellten sich zu ihren Kameraden, die eben eine Hebevorrichtung aufrichteten. Der erste Wagen wurde hereingefahren und neben den primitiven Kran gestellt.

Währenddessen schleiften ein Dutzend Männer eine der

leichteren Kanonen aus dem Arsenal. Schlingen wurden um das Rohr gelegt, dann packten zwei Dutzend Söldner den Hebebalken und drückten ihn nieder. Als das Kanonenrohr etwa in Mannshöhe schwebte, lenkte ein Fuhrmann sein Gespann so, dass der Wagen unter dem Rohr stand. Daraufhin wurde dieses langsam abgesenkt, bis die Kanone auf dem Wagen lag.

Neža hatte dem Ganzen vor Schrecken erstarrt zugesehen. Nun eilte sie zu Ribaldi, packte ihn bei der Brust und schüttelte ihn.

»Was hast du getan? Ich dachte, du liebst mich!«

»Der Buffone liebt viele Frauen! Du bist nur eine weitere, die seinetwegen weinen wird«, beschied ihr Domingo spöttisch.

»Aber ich ...« Neža verstummte und wollte zum Schloss rennen.

Inzwischen hatte ein Teil von Foscaris Söldnern das Gebäude besetzt und trieb gerade die Bewohner hinaus. Helena und Klara steckten ebenso wie Maria und Ella nur in ihren Hemden. Auch Jobst Zeller trug nicht mehr als sein Hemd und hatte seine Nachtmütze auf dem Kopf.

»Ihr ... ihr Schurken, ihr Banditen, ihr ...!«, schrie er außer sich vor Wut.

»Halt's Maul, sonst schneide ich dir die Zunge heraus und lasse sie mir zum Frühstück braten!«, schnauzte Domingo ihn an.

Die Drohung wirkte, von da an blieb Helenas Ehemann so stumm wie ein Fisch. Hilflos musste er zusehen, wie die Angreifer ein Kanonenrohr nach dem anderen aus dem Arsenal schleiften und auf ihre Wagen verluden.

Neža begriff mit aller Wucht, dass Ugo Ribaldi sie nur benutzt hatte, um Verrat zu üben, und schrie ihre Enttäuschung wie ein gequältes Tier hinaus. Plötzlich riss sie einem der Söldner, der zu nahe an ihr vorbeiging, den Dolch aus der Scheide und ging damit auf den Buffone los.

»Gib acht!«, rief einer der Venezianer.

Als Ribaldi sich umdrehte, sah er die vor Zorn rasende Frau auf sich zukommen und wusste, dass er die eigene Waffe nicht mehr schnell genug würde ziehen können. Da erstarrte Nežas Gesicht zu einer Grimasse, und sie stürzte vornüber zu Boden. Domingo zog das Schwert, das er ihr in den Rücken gestoßen hatte, wieder aus ihrem Leib, wischte es ab und sah den Buffone spöttisch an.

»Dafür bist du mir einen oder zwei Becher Wein schuldig!«

»Du verfluchter Mörder!«, klang da Marias Stimme gellend auf. Sie eilte zu Neža und kniete neben ihr nieder. Als sie die Arme um die Freundin schlang, wurden sie nass vom Blut.

»Neža! Nein! Nicht!«, weinte sie.

Da schlug die junge Magd die Augen auf und sah sie mit einem schmerzlichen Lächeln an. »Es ist gut so! Ich hätte ihm niemals vertrauen dürfen. Er hat vorhin Miklavž umgebracht. Mit dieser Schuld muss ich ins andere Leben treten.«

Ihr Blick suchte den Buffone. Hatte sie ihn am Abend noch voller Sehnsucht angesehen, so las er nun abgrundtiefen Hass in ihren Augen und trat unwillkürlich ein paar Schritte zurück.

Marcantonio Foscari bemerkte, dass seine Männer mit dem Aufladen der Kanonen innegehalten hatten, und trieb sie zornig an die Arbeit. Gleichzeitig musterte er Maria. Von all den Frauen, die seine Männer auf den Hof getrieben hatten, entsprach sie am ehesten dem Mädchen, auf das Pater Norbert Anspruch erhob. Ein paar Atemzüge lang überlegte er, sie trotzdem zurückzulassen. Der tote Wächter störte ihn wenig, denn im Kampf blieb so etwas nicht aus. Das getötete Mädchen allerdings würde im Gedächtnis der Menschen bleiben und er für den Rest seines Lebens mit dem Ruf leben müssen, dass in seinem Namen Frauen hinterrücks ermordet worden waren.

Mit einem Fluch lenkte er seinen Hengst neben Domingo. »War es unbedingt nötig, sie umzubringen? Du hättest sie auch mit der flachen Klinge bewusstlos schlagen können!«

»Hinterher kann man leicht reden. Ich wollte Euch Euren Spion erhalten. Er wäre sonst mausetot!«, gab Domingo gekränkt zurück und schrie dann die Männer an, schneller zu machen.

Inzwischen war der erste Wagen beladen und verließ den Hof. Der nächste wurde zum Hebegestell gelenkt, und das Aufladen der Kanonenrohre ging weiter. Auch wenn ihnen vorerst noch die Lafetten fehlten, konnten sie kriegsentscheidend sein.

Foscari war froh, dass es ihm gelungen war, sie an sich zu bringen, bevor König Maximilian auf den Gedanken kommen konnte, es selbst zu tun. Nun galt es, die Beute sicher nach Hause zu bringen. Die Wachen auf Straßfried oder in Tarvis waren seiner großen Schar nicht gewachsen. Etwas anderes war es, wenn die Bewaffneten auf Finkenstein, Landskron und den anderen Burgen in Kärnten rasch genug zusammengerufen wurden und sie verfolgten.

Da sah er die Frauen in ihren Hemden und die Angst auf ihren von den brennenden Holzstößen erhellten Gesichtern. Sie mussten ihn für ein Ungeheuer halten. So aber wollte er nicht in ihrem Gedächtnis verbleiben. Er ritt zu ihnen hin und wies auf das Schloss.

»Ihr könnt in Eure Räume zurückkehren. Es wird Euch nichts geschehen! Euch auch nicht«, fuhr er an Jobst Zeller gewandt fort.

»Wer seid Ihr und warum tut Ihr das?«, würgte dieser voller Zorn hervor.

»Ich bin jemand, der die ausgezeichnete Gusstechnik Eurer Leute zu schätzen weiß. Doch nun kehrt in Eure Gemächer zurück. Wenn Ihr noch länger hier auf dem Hof bleibt, weiß ich nicht, ob ich Euch vor Schaden bewahren kann!«

Foscari fand es lächerlich, mit welcher Geschwindigkeit Zeller sich umdrehte und auf das Schloss zueilte. Zum Helden war der Mann offenbar nicht geboren.

Maria schwankte, ob sie bei ihrer sterbenden Freundin bleiben oder Klara und Helena folgen sollte. Da tauchte eine in einen weiten Mantel gehüllte Gestalt am offenen Tor der Fuggerau auf. Es dauerte einen Augenblick, bis sie Pater Norbert erkannte.

Ohne die geringste Furcht vor den fremden Söldnern trat er neben Marcantonio Foscari und blickte zu diesem auf. »Wie ich sehe, habt Ihr Euer Vorhaben erfolgreich durchsetzen können!«

Foscari nickte mit verkniffener Miene, denn ihm lag die erschlagene Magd auf der Seele. Der Überfall hätte bis auf den toten Wächter unblutig erfolgen sollen. Nun würde sich der Ruf, ein Frauenmörder zu sein, an ihn heften.

»Wann werdet ihr endlich fertig? Ich will hier nicht anwachsen«, rief er seinen Männern zu.

Einer musste lachen. »Wenn, dann würde Euer Pferd anwachsen und nicht Ihr.«

Foscari war zu verärgert, um auf diesen Scherz einzugehen. Unterdessen luden seine Männer die letzte Kanone auf. Da riss eines der Halteseile, und die Mündung des Rohres knallte mit einem hässlichen Geräusch auf den Boden.

»Vorsicht, das andere Seil gibt auch nach«, rief jemand noch, da riss dieses bereits, und das lose Ende schnellte wie eine Peitschenschnur durch die Luft. Zwei Söldner standen zu nahe. Einen traf das Seilende im Gesicht und riss ihm die Wange bis auf den Knochen auf, während es den anderen am Oberarm erwischte, der daraufhin in einem seltsamen Winkel abstand.

»Der Knochen ist gebrochen«, jammerte der Mann.

Keiner achtete jedoch auf ihn, denn alle starrten auf den Buffone. Dieser lag am Boden und schrie vor Verzweiflung und Schmerz, denn beide Beine waren unter dem Bronzerohr begraben.

Foscari lenkte seinen Hengst zu Ribaldi hin. »Was ist mit dir?«

Der Buffone biss kurz die Zähne zusammen und gab stoßweise Antwort. »Wollte der Kanone ausweichen ... gestürzt ... über die Füße gerollt ... zerquetscht!«

»Wie schlimm ist es?«, fragte Foscari einen seiner Männer, der ihm auch als Feldscher diente.

Dieser betrachtete die drei Verwundeten und schüttelte mit einer resignierenden Geste den Kopf. »Rico wird eine fürchterliche Narbe zurückbehalten, aber es wird reichen, wenn ich ihn verbinde. Vannis Arm muss geschient werden. Doch was ich mit dem Buffone machen soll, weiß ich nicht. Das Kanonenrohr hat den linken Fuß völlig zermalmt und im rechten etliche Knochen gebrochen. Er wird nie mehr gehen können!«

Als Ribaldi dies hörte, heulte er wie ein getretener Hund auf. Seine Zeit als Foscaris Spion war vorbei, und er würde froh sein müssen, wenn dieser ihn aus Gnade und Barmherzigkeit in seinem Haus behielt. Wenn nicht, würde er das Heer der Krüppel und Bettler verstärken, die vor den Kirchenportalen um milde Gaben flehten.

Trotz ihrer Trauer um Neža bekam Maria mit, was den drei Männern passiert war. Während die beiden Söldner sie wenig kümmerten, fand sie, dass Gottes Gerechtigkeit mit Ugo Ribaldi den Richtigen getroffen hatte. Auch wenn sie nicht wusste, was zwischen Neža und ihm alles geschehen war, so hatte ihre Freundin ihn einen Verräter genannt und war seinetwegen niedergestochen worden.

Von einem abergläubischen Grauen erfüllt, ließen die Männer das letzte Kanonenrohr, das so viel Schaden angerichtet hatte, am Boden liegen. Sie zogen nur den Buffone darunter hervor und legten ihn auf den Wagen. Die ersten Söldner verließen bereits das Gelände, da wies Pater Norbert mit der Rechten auf Maria.

»Sie muss auch mit! Ihr habt es mir versprochen!«

»Das war nicht ich, sondern der Buffone. Da er jedoch in meinem Auftrag handelte, soll es sein.« Foscari überlegte, ob er Maria noch erlauben sollte, sich Kleidung aus dem Schloss zu holen, entschied sich dann aber dagegen. Die Aktion hatte bereits länger gedauert als geplant, und er durfte sich keine weitere Verzögerung leisten.

»Gib ihr deinen Mantel und setze sie auf den Wagen«, wies er einen seiner Söldner an.

»Aber gerne«, meinte dieser grinsend und trat auf Maria zu.

Maria glaubte sich in einem wirren Traum verfangen, doch fühlte sich dafür alles viel zu real an. Dieser elende Pater wollte sie tatsächlich mitnehmen! Wie kam er überhaupt zu diesen Schurken?, fragte sie sich und erinnerte sich daran, dass er vor ein paar Wochen den Buffone in der Fuggerau eingeführt hatte. Damit hatte er diesem die Gelegenheit gegeben, alles auszukundschaften und die arme Neža zu betören.

»Der Teufel soll dich holen, du elender Schuft!«, stieß sie wütend hervor, wich den zugreifenden Händen des Söldners aus und wollte ins Schloss fliehen.

Da trieb Foscari seinen Hengst an und verlegte ihr den Weg. Bevor Maria um das Pferd herumkam, hatten mehrere Söldner sie gepackt. Während zwei sie festhielten, banden zwei weitere ihre Füße zusammen. Die Hände wurden ebenfalls gefesselt, zu ihrer Erleichterung jedoch nicht hinter dem Rücken, sondern vorne. Dann wuchteten zwei Kerle sie auf den Wagen, und einer warf einen Mantel über sie, damit sie in ihrem Hemd in der nächtlichen Kühle nicht frieren musste. Pater Norbert stieg auf den Wagen und setzte sich neben sie, dann schwang der Fuhrmann die Peitsche, und es ging los.

Der Pater blickte mit einem triumphierenden Blick auf das Schloss, das mit jedem Schritt der Zugpferde weiter hinter ihnen zurückblieb, und dann in die Richtung, in der er das Kloster wusste. Er hatte dem Nachtpförtner gegenüber behauptet, er müsse zu einem Kranken, um diesem die Letzte Ölung zu geben. Der Narr hatte nicht einmal gefragt, wer der Kranke sei, und sich auch nicht über das Bündel gewundert, das er mit sich getragen hatte.

»Leb wohl, Arnoldstein!«, rief er lachend und wandte sich seiner Gefangenen zu. »Es liegt an dir, wie ich dich behandeln werde. Gehorchst du mir, wirst du ein gutes Leben haben, wenn nicht, wird die Rute dir zeigen, wer dein Herr ist!«

»Geh zum Teufel!«, zischte Maria ihn an.

Sie fühlte sich bis ins Herz wund geschlagen und sah immer noch Nežas leblosen Körper vor sich. Deren Tod machten auch die zerschmetterten Füße des Buffone nicht wett. Ihr Blick suchte Domingo. Wenn es einen gerechten Gott im Himmel gab, musste dieser Mann seine Strafe erhalten, und ebenso dieser Teufelspater, der sie alle an die Schurken verraten hatte.

Erst als das erste Grauen über den Tod der Freundin schwand, wurde sie sich ihrer eigenen Situation bewusst. Diese Schurken hatten sie entführt und wollten sie dem Pater überlassen. Auch wenn dieser sie noch so quälen sollte – sie würde ihm niemals gehorchen! Das schwor sie sich bei allem, was ihr heilig war.

Da sie auf zwei Kanonenrohren lag, drückte das kalte Metall schmerzhaft gegen ihren Rücken, und sie versuchte, sich anders hinzulegen. Dabei spürte sie einen Gegenstand unter ihrem Hemd und presste rasch die Lippen zusammen, um einen Jubelschrei zu unterdrücken. Nachdem sie in der vergangenen Nacht durch den Lärm des Überfalls aus dem Schlaf gerissen worden war, hatte sie rasch Nežas Dolch an ihrem Oberschenkel befestigt. Während des Überfalls hatte sie ihn dann vergessen, aber nun war er ihr hochwillkommen. Auch wenn sie nicht glaubte, diesen Männern entwischen zu können, würde die Waffe ihr wenigstens helfen, der Entehrung und der Sklaverei zu entgehen.

Zehnter Teil

Das Geheimnis des Paters

1.

Während Johannes von Meschniggs Hof aus in Richtung Arnoldstein eilte, zerfraß er sich beinahe vor Sorge um Maria. Je länger er darüber nachsann, desto klarer war ihm, dass es in der gesamten Gegend nur ein einziges lohnendes Ziel für die fremden Söldner gab, nämlich die Fuggerau mit ihren großen Vorräten an Silberbarren. Dann aber schwebte seine große Liebe in höchster Gefahr.

In seinen Gebeten flehte er Gott an, ihn nicht zu spät kommen zu lassen, obwohl er nicht wusste, was er gegen eine so große Zahl an Söldnern unternehmen konnte. Daher beschwor er die Männer der Fuggerau in Gedanken, wachsam zu sein. Ihnen musste doch aufgefallen sein, dass ungewohnt viele fremde Waffenknechte durchs Land zogen, die durch ihre gleichartigen weiten Mäntel als Angehörige einer Truppe zu erkennen waren.

Auf seinem Weg erfuhr Johannes am eigenen Leib, wie schwierig es war, ohne Geld weiterzukommen. Zeit, um Essen zu erbetteln, ließ er sich nicht, und die Wirte, die er um ein Stück Brot oder einen Napf Suppe bat, wiesen ihm die Tür. Von einer alten Frau bekam er schließlich ein Stück altbackenes Brot.

In der Nacht schlief Johannes in einer Heuhütte am Hang. Da er sich den größten Teil der vergangenen Nacht um die Ohren geschlagen hatte, fiel er rasch in einen tiefen Schlaf. Er träumte grauenhaft und wachte durch seinen eigenen Schrei auf. Es dauerte geraume Zeit, bis sich sein wild schlagendes Herz so weit beruhigte, dass er erneut einschlief.

Als er am nächsten Morgen die Augen aufschlug, stand die Sonne bereits hoch über den Bergen. Bedrückt, weil er so lange geschlafen hatte, brach er eilig auf. Als Frühstück musste ihm ein Schluck Wasser aus einer Quelle reichen. Zwar hatte er Hunger, war aber an das Fasten gewöhnt und lief, von seinem Willen und seiner Sorge getrieben, weiter.

Die Mittagszeit war bereits vorüber, als ihm ein Wagenzug entgegenkam. Johannes hielt an und stieg ein Stück die Anhöhe hinauf, um sich einen Überblick zu verschaffen. Nun konnte er die zahlreichen Wachen erkennen, die die Fuhrwerke begleiteten. Der Mann an der Spitze ritt einen Rappen und schien jener Anführer zu sein, den er bereits in der Nähe von Moggio gesehen hatte. Den Soldaten hinter dem Reiter konnte er auf die Entfernung nicht erkennen. Er hätte aber gewettet, dass es sich um Domingo handelte, den Söldner, der ihn in der Taverne so seltsam angestarrt hatte.

Er entschied sich dafür, zunächst noch ein wenig Kraft zu sammeln. Um nicht entdeckt zu werden, zog er sich in den Wald zurück, der an den Berghängen bis zum Beginn der Steilwand emporwuchs. Auf einer kleinen Lichtung fand er ein Brombeergestrüpp mit vielen Beeren und konnte seinen ärgsten Hunger stillen.

Als er es vor Anspannung nicht mehr aushielt, suchte er sich einen Platz, von dem aus er die Straße überblicken konnte. Es dauerte nicht lange, da bog der Reiter an der Spitze des Wagenzugs um eine Kurve. Tatsächlich war es der Edelmann mit dem feurigen, schwarzen Hengst, aber er trug nun einen polierten Brustpanzer über seinem Wams, und ein Helm hing hinten am Sattel. Sein Schwert, auf dessen Scheide Halbedelsteine blitzten, hing griffbereit an seiner linken Hüfte. An dessen Seite ritt Domingo, der noch mürrischer wirkte als bei ihrem letzten Zusammentreffen.

Während Johannes sich fragte, was Domingo über die Leber gelaufen sein mochte, kamen die Wagen in sein Blickfeld. Unter den darübergeworfenen Planen meinte er, längliche Gegenstände zu erkennen, die sehr schwer sein mussten, denn die

Gespannpferde kämpften sich schweißüberströmt die Anhöhe hoch.

Mit einem Mal hielt Johannes den Atem an und sah ein zweites Mal hin. Auf einem Fuhrwerk befanden sich zwei Personen. Eine von ihnen lag zugedeckt auf der Ladung, so dass er zunächst nur langes, goldblondes Haar erkennen konnte, und die andere trug die Kutte eines Benediktinermönchs.

»Pater Norbert!«, flüsterte Johannes erbost.

Im nächsten Augenblick erkannte er Maria und vermied nur mit Mühe einen entsetzten Ausruf. Seine Geliebte war die Gefangene dieser Männer! Gerade zog Pater Norbert das Tuch halb von ihr weg und beugte sich mit einer besitzergreifenden Geste über sie und griff nach ihren gefesselten Händen. Johannes begriff mit einem Schlag, dass der Mann ganz allein schuld an Marias sichtlich übler Lage war.

Ich muss sie befreien, fuhr es ihm durch den Kopf. Dafür aber musste er eine günstige Gelegenheit abwarten, so schwer ihm dies auch fiel. Er wartete, bis der Zug um die nächste Wegbiegung verschwunden war, und marschierte in einem gewissen Abstand hinter ihm her. Die Gefahr, entdeckt zu werden, hielt er für gering. Selbst wenn ihn jemand in der Ferne sähe, würde er ihn nur für einen Mönch halten, der seiner Wege ging.

2.

Maria hatte gehofft, möglichst bald fliehen und sich in der Gegend, die ihr noch vertraut war, verstecken zu können. Dafür aber hätte der Wagenzug anhalten müssen. Der Anführer trieb seine Männer jedoch unbarmherzig vorwärts. Außerdem starrte Pater Norbert sie die ganze Zeit besitzergreifend an und zupfte immer wieder an ihren gefesselten Händen, so dass sie keine Gelegenheit fand, nach ihrem Messer zu tasten und ihre Fesseln durchzuschneiden.

Ich werde bis zur Nacht warten müssen, schoss es ihr durch den Kopf. Da sie all ihre Kräfte brauchen würde, wollte sie versuchen, den in der Nacht versäumten Schlaf nachzuholen. Es war nicht leicht, auf den harten, kalten Kanonenrohren wegzudämmern, doch nach einer Weile gelang es ihr. Sie geriet fast ansatzlos in einen wilden Traum, in dem Johannes auf den Wagen sprang, Pater Norbert mit einem Fußtritt hinwegfegte und sie befreite. Im Dunkel der Nacht gelang es ihnen ohne Mühe, zu entkommen, und sie musste sich mehrfach das Lachen verkneifen, weil Söldner so nahe an ihnen vorbeiliefen, dass sie diese hätte berühren können.

Der Traum war so intensiv, dass sie sich, als sie erwachte, wunderte, weshalb sie noch immer gefesselt auf dem Wagen lag. Während ihr vor Enttäuschung die Tränen in die Augen traten, wies Foscari auf eine Felsplatte nahe der Straße.

»Dort werden wir ein paar Stunden lagern, damit die Pferde wieder zu Kräften kommen.«

»Wir müssen auch wieder zu Kräften kommen«, antwortete Domingo missgelaunt.

Ihn ärgerte immer noch, dass Foscari ihn wegen der toten Magd gescholten hatte. Auch einige seiner Kameraden bedachten ihn mit vorwurfsvollen Blicken. Dabei hatte er nur verhindern wollen, dass dieses verrückt gewordene Weib den Buffone umbrachte, denn der war bis zu dem Überfall ein wertvoller Spion für Foscari gewesen. Sein Eingreifen hatte sich nicht einmal gelohnt, denn nun lag Ribaldi mit zerschmetterten Beinen auf dem hintersten Wagen.

»Los jetzt! Biegt von der Straße ab! Fahrt aber zügig und bleibt nicht stehen, sonst sinken die Wagen in der weichen Erde ein«, blaffte er die Fuhrleute an.

Einer der Männer prüfte die Grasdecke mit seinem Hellebardenstiel und winkte ab. »Die Erde ist kaum mehr als eine Handspanne dick. Da kommen wir leicht durch.«

»Dann beeilt euch! Jeden Augenblick, den ihr säumig seid, verliert ihr beim Schlafen.« Domingo war müde und dadurch noch griesgrämiger als sonst. Auch die Männer spürten ihre Erschöpfung und waren froh, ein paar Stunden ruhen zu können.

Kaum waren die Pferde ausgeschirrt und so angeleint, dass sie an dem Gestrüpp am Rand der Platte knabbern konnten, versammelten sich die Söldner um den Proviantkarren und rissen den beiden Männern, die das Essen ausgaben, die Brotstücke und die getrockneten Würste regelrecht aus den Händen.

»Was gäbe ich dafür, wenn ich jetzt einen Becher Wein bekäme!«, stöhnte einer der beiden Verletzten.

»Sobald wir wieder auf venezianischem Gebiet sind, kannst du saufen, soviel du willst«, brummte Domingo, dem der Verzicht auf Wein nicht minder schwerfiel.

Pater Norbert holte sich ebenfalls etwas zu essen und setzte sich neben Maria auf den Wagen. »Soll ich dir etwas abgeben?«, fragte er spöttisch.

Als Antwort spie sie in seine Richtung.

»Damit erreichst du nur, dass du hungrig bleibst!« Insgeheim dachte er, dass es wohl das Beste wäre, wenn er Maria zwei, drei Tage hungern ließ. Danach würde sie zahm genug sein, ihm die Füße zu küssen. Demonstrativ begann er zu essen. »Es schmeckt wirklich ausgezeichnet. Schade, dass du so störrisch bist! Du könntest sonst etwas haben.«

»Erstick daran!«, fauchte Maria und drehte den Kopf, um ihm nicht weiter zusehen zu müssen. Da sie bereits den ganzen Tag hatte fasten müssen, lief ihr allein vom Geruch der Wurst das Wasser im Mund zusammen, obwohl sie Knoblauch eigentlich nicht mochte.

Die Nacht sank rasch hernieder. Marcantonio Foscari verbot jedoch, Lagerfeuer zu entzünden, da deren Licht auf weite Entfernung gesehen werden konnte. Die Männer richteten ihr Lager im Schein einiger weniger Fackeln. Nachdem Domingo in Foscaris Auftrag mehrere Wachen bestimmt hatte, wickelten sich die anderen in ihre Mäntel und legten sich hin.

Pater Norbert überprüfte Marias Fesseln. Dabei griff er unter ihr Hemd und knetete feixend ihre Brüste. Als seine Hände auch noch über ihre Schenkel strichen, befürchtete Maria, er könnte ihren versteckten Dolch finden. Zu ihrer Erleichterung ließ er jedoch von ihr ab und wickelte sich in seinen Mantel, um zu schlafen.

Bis auf das Schnarchen des Paters und einiger Söldner war die Nacht recht still. Gelegentlich hörte Maria eines der Pferde mit den Hufen stampfen. Zudem machten die Wachtposten von Zeit zu Zeit ihre Runde, schienen aber nicht auf das zu achten, was im Lager geschah, sondern blickten nur in die Richtung, aus der sie gekommen waren. Wenn es Verfolger gab, mussten diese von dort kommen.

Maria beschloss, es zu riskieren. Sie krümmte sich, so gut es ging, zerrte den Saum ihres Hemdes hoch und zog mit etwas Mühe den Dolch aus der Scheide. Nun begann der gefährlichste Teil. Sie durfte das Messer nicht fallen lassen, denn wenn es auf das Metall der Kanonen prallte, würde das Geräusch den Pater wecken. Auch durfte sie sich nicht selbst mit der Klinge verletzen.

Nach vielen Mühen schob sie sich das Heft des Messers in den Mund, presste die Kiefer zusammen, um es festzuhalten, und begann, das Seil durchzuschneiden, mit dem ihre Hände gefesselt waren. Es dauerte schier ewig, bis die ersten Fasern durchtrennt waren, doch schließlich waren ihre Hände frei. Sie nahm das Messer in die rechte Hand, beugte sich nach vorne und tastete mit der Linken nach dem Strick, der ihre Fußknöchel zusammenband. Kurz darauf war sie wieder Herrin ihrer Glieder und kletterte vom Wagen, als die Wachen wieder einmal nach Osten schauten. Da sie den ganzen Tag über regungslos hatte liegen müssen, dauerte es eine Weile, bis die eingeschlafenen Beine ihr gehorchten. Als sie endlich sicher stehen konnte, schlich Maria an den Wagen entlang und dankte der Mondsichel dafür, dass sie gerade rechtzeitig über dem Horizont aufgegangen war. Nun konnte sie erkennen, wo die Söldner sich schlafen gelegt hatten, und riskierte nicht, aus Versehen auf einen der Männer zu treten.

Ein kalter Windhauch erinnerte sie daran, dass sie nur im Hemd steckte. Ich hätte den Mantel mitnehmen sollen, mit dem sie mich zugedeckt haben, fuhr ihr durch den Kopf. Sie wagte es jedoch nicht, zum Wagen zurückzukehren, um ihn zu holen.

Vorsichtig, um nicht über einen Stein zu stolpern, verließ sie den Lagerplatz. Sie hatte sich vor Einbruch der Nacht sorgfältig umgesehen und einen Pfad ausgemacht, der ein Stück weiter vorne in die Höhe führte. Den Weg in die Heimat wagte sie nicht einzuschlagen, weil die Wachen dieser Richtung besondere Aufmerksamkeit schenkten und sie unweigerlich entdeckt hätten. Sie wollte stattdessen in den Bergwald hinaufsteigen und sich dort verbergen, bis die Fremden abzogen. Über Tag hatte sie mehrfach gehört, wie der Capitano seine Leute zur Eile angetrieben hatte. Also würde man wohl nicht lange nach ihr suchen.

3.

Johannes war dem Wagenzug so lange gefolgt, wie es ihm möglich war. Bei Anbruch der Dunkelheit hatte er aufgeben müssen, weil er nicht mehr sehen konnte, wohin er trat. Zu seiner Erleichterung schlugen die Fremden nicht weit von ihm entfernt ihr Lager auf.

Als sich die Mondsichel silbern über den Horizont erhob, nützte er das schwache Licht aus, um sich an die Söldner heranzuschleichen. Obwohl sie kein Lagerfeuer entzündet hatten und die wenigen Fackeln kaum Licht spendeten, bemerkte Johannes, dass die Wächter immer in die Richtung schauten, aus der sie gekommen waren. Wenn er einfach weiterging, würden sie ihn irgendwann entdecken. Daher verließ er die Straße, schlug einen weiten Bogen und nutzte dabei jede Möglichkeit zur Deckung.

Gelegentlich blieb er stehen und spähte zu dem Lagerplatz hinüber. Das Mondlicht war jedoch zu schwach, um Maria entdecken zu können. Bereit, notfalls jeden Stein umzudrehen, um sie zu finden, schlich er auf das Lager zu und versteckte sich vorerst bei den Pferden. Eines davon schnaubte, doch niemand kümmerte sich darum.

Weiter vorne unterhielten sich die Wachtposten. »... bin nicht weniger müde als die anderen«, sagte einer gerade.

»Ich frage mich, warum es ausgerechnet uns getroffen hat«, antwortete ein Kamerad.

»Das war dieser spanische Hund, der Weiber absticht, aber sonst nichts taugt.«

Als Johannes das hörte, überlief es ihn heiß und kalt. War mit dem abgestochenen Weib etwa Maria gemeint? Am liebsten hätte er den Wachtposten gepackt und geschüttelt, um es zu erfahren. Da sah er, wie sich weiter vorne ein Mann rührte, und verschwand hinter dem nächsten Busch.

Marcantonio Foscari hielt sich zugute, zu jedem Zeitpunkt aufwachen zu können, an dem er es wollte. Als er die Augen öffnete, erkannte er am Stand der Sterne, dass er auch diesmal nicht verschlafen hatte. Er stand auf, rieb sich kurz über die Augen und winkte danach den Wachen zu.

»Weckt die anderen! Sobald wir aufbrechen, könnt ihr auf die Wagen steigen und darauf schlafen!«

Foscaris Stimme klang laut genug, um viele der Männer zu wecken. Auch Domingo wachte auf und fluchte, als er die nächtlichen Sterne über sich sah.

»Ist so viel Eile wirklich nötig?«, fragte er Foscari. »Wir haben uns gestern die ganze Nacht um die Ohren geschlagen und hart gearbeitet. Auch sind die Pferde erschöpft und brauchen Ruhe. Wer sollte uns schon verfolgen? Selbst wenn sie bei Arnoldstein und den umliegenden Burgen jeden Bewaffneten zusammenholen, den es dort gibt, sind wir ihnen noch immer weit überlegen.«

»Ich bin nicht bereit, meinen Erfolg durch Nachlässigkeit zu gefährden. Daher werden wir heute noch die Grenze passieren. Sobald wir in Sicherheit sind, könnt ihr meinetwegen schlafen, solange ihr wollt. Aber jetzt beeilt euch! Je eher wir wieder in der Heimat sind, umso eher bekommt ihr Wein zu trinken.«

»Dann wäre es mir lieb, wenn die Grenze gleich dort vorne wäre«, witzelte einer der Männer und machte sich ebenso rasch wie die anderen zum Aufbruch bereit.

Obwohl er zum Mönch erzogen war, fluchte Johannes leise vor sich hin. Wenn der Trupp aufbrach, musste er ihm bis auf venezianisches Gebiet folgen. Von dort aus würde die Befreiung Marias und die Flucht mit ihr zusammen weitaus gefahrvoller sein. Da er zudem kein Geld hatte, um sich etwas zu essen zu kaufen, und auch keine Zeit, sich etwas zu erbetteln, würde er zum Dieb werden müssen. Um Marias willen war er jedoch bereit, notfalls gegen sämtliche Zehn Gebote Gottes zu verstoßen.

Noch während Johannes damit haderte, weil es ihm nicht gelungen war, Maria gleich hier zu befreien, klang im Lager Pater Norberts zorniger Ruf auf. »Sie ist weg!«

»Was ist los?«, fragte Domingo verärgert.

Pater Norbert schleuderte wutentbrannt seinen Mantel zur Erde und ballte beide Fäuste. »Die Jungfrau ist fort! Einer von euch Hunden muss sie befreit haben. Ihre Fesseln sind durchgeschnitten!«

Er maß Marcantonio Foscari mit einem Blick, als verdächtige er ihn, Maria während der Nacht befreit zu haben.

Foscari hatte fest geschlafen und sich weder um den Pater noch um dessen Gefangene gekümmert. Nun trat er auf den Wagen zu und ließ sich eine Fackel reichen. An der Stelle, an der Maria gelegen hatte, waren durchgetrennte Seilreste zu sehen.

»Ihr hättet besser auf Eure Gefangene achtgeben sollen! Wir müssen jetzt weiter«, sagte er zu dem Pater.

Dieser packte Foscari bei der Brust. »Ihr müsst Eure Leute losschicken und sie suchen lassen!«

Foscari streifte die Hände des Paters ab und stieß ihn zurück. »Es ist meine Aufgabe, diese Kanonen nicht in die Hände Massimilianos von Habsburgo fallen zu lassen, und nicht, irgendein Weib zu fangen. Wenn Ihr es haben wollt, sucht es gefälligst selbst!«

»Ihr habt mir versprochen, sie mir zu übergeben«, brüllte der Pater außer sich vor Wut.

»Dieses Versprechen habe ich erfüllt. Alles andere ist Eure Sache! Und jetzt macht, dass wir von hier wegkommen. Oder wollt Ihr unbedingt warten, bis uns mögliche Verfolger eingeholt haben?«

Die letzten Worte galten seinen Männern, die darangingen, die Pferde vor die Wagen zu spannen. Die Aussicht, am nächsten Abend einen Braten vorgesetzt und Wein kredenzt zu bekommen, trieb sie dabei mehr an als die Furcht vor möglichen Feinden.

Pater Norbert war nicht bereit, sich abspeisen zu lassen. »Ihr seid mir noch einiges schuldig, mein Herr, denn ohne mich und meine Unterstützung wären die in der Fuggerau gelagerten Kanonen nicht in Eure Hand geraten! Also überlasst mir zumindest ein paar Männer, die mir bei der Suche helfen.«

Foscari überlegte kurz und winkte dann Domingo zu sich. »Nehmt Euch drei oder vier Männer und unterstützt den Pater bei der Suche. Weit kann das Mädchen nicht gekommen sein.«

Einer der Männer, die in der Nacht Wache gehalten hatten, trat auf ihn zu. »In die Richtung, aus der wir gekommen sind, ist sie mit Gewissheit nicht geflohen. Die haben wir scharf unter Beobachtung gehalten und hätten das Mädchen entdecken müssen.«

Foscari blickte nachdenklich die Straße zurück. Diese war an mehreren Stellen gut einzusehen, und es gab kaum Gelegenheit, sie zu umgehen. Zwar wollte er nicht ausschließen, dass die Gefangene trotzdem in diese Richtung geflohen war. Dies war jedoch nicht mehr seine Angelegenheit. Er hatte den Auftrag, den Leonardo Loredan ihm gegeben hatte, fast erfüllt, und wollte kein Risiko mehr eingehen.

»Wir brechen auf, sobald alles fertig ist!«, rief er seinen Männern zu.

»Und was ist mit mir? Ich ...«, begann der Pater, wurde von Foscari aber sofort unterbrochen. »Entweder Ihr schließt nach der Suche zu uns auf, oder Ihr folgt uns dann nach Venedig!«

»Was ich auch tun werde! Ihr habt mir eine reiche Pfründe dafür versprochen, dass ich Euch die Fuggerau genau beschrieben und Euren Spion dort eingeführt habe.«

Da Pater Norbert es laut genug sagte, vernahm Johannes seine Worte und wünschte ihm die Pest an den Hals.

Nun bestimmte Domingo mehrere Söldner, nach Maria zu

suchen, und zwei von diesen kamen kurze Zeit später genau auf Johannes zu.

Davonlaufen konnte er nicht, denn dann hätte er erst recht auf sich aufmerksam gemacht. Es war jedoch auch nicht möglich, sich zu verstecken, weil die Söldner hinter jeden Busch leuchteten. Johannes wich daher zuerst vorsichtig zurück, merkte aber rasch, wie die anderen aufholten, und hielt verzweifelt nach Rettung Ausschau. Schließlich folgte er einem Bach, der sich ein Stück weiter vorne in den Untergrund gefressen hatte, und stieg vorsichtig in den Spalt, um das Rauschen des Wassers nicht zu übertönen.

Der Schein des Mondes reichte nicht bis in die Tiefe des Einschnitts, daher musste er sich vorwärtstasten. Nach wenigen Schritten erreichte er eine leichte Höhlung, die die Strömung des Baches geschaffen hatte, und presste sich hinein. Oben kam der Lichtschein einer Fackel näher, und so wagte er kaum noch zu atmen. Da hörte er die Söldner reden.

»Ich habe keine Lust, wegen dieses Weibsstücks zurückbleiben zu müssen!«

»Ich auch nicht! Wenn wir wirklich verfolgt werden, sind wir nur bei unseren Leuten sicher. Sobald die Feinde hier eintreffen, machen sie uns nieder, bevor wir auch nur ›Wir ergeben uns‹ sagen können«, erwiderte sein Kamerad.

»Daran ist nur dieser elende Pfaffe schuld! Warum musste der Buffone ihm die Frau versprechen?«

»Ribaldi hat dafür bezahlt! Wenn er am Leben bleibt, wird er ein Krüppel sein, der nur noch auf seinen Knien rutschen kann.«

»Dies zeigt, dass Gott die Entführung des Mädchens missfällt. Daher sollen wir nicht weiter nach ihr suchen! Wir sagen einfach, wir hätten in diese Richtung nichts entdeckt, und schließen uns wieder unseren Kameraden an.«

»So machen wir's!« Der Söldner machte weniger als einen Klafter vor Johannes' Versteck kehrt. Sein Kamerad folgte ihm auf dem Fuß.

Johannes konnte es kaum glauben, dass man ihn nicht aufgestöbert hatte, und dankte Gott dafür. Nun galt es zu überlegen, wo Maria sich befinden konnte. Er kletterte aus dem Bachbett heraus und sah sich vorsichtig um. Ein Stück weiter vorne bog bereits das erste Fuhrwerk auf die Straße ein. Die anderen folgten. Dabei blickten einige Söldner noch einmal zu dem Bergwald hoch, in dem sich ihrer Meinung nach die Geflohene verstecken musste. Wie ihre Stimmen verrieten, war jeder von ihnen froh, dass Domingo nicht ihn ausgewählt hatte, um nach der Entflohenen zu suchen.

Kurz darauf schlossen sich die beiden Männer, die Johannes so nahe gekommen waren, wieder ihren Kameraden an. »Also, wir haben nichts gefunden!«, meldete einer von ihnen Foscari.

Obwohl die beiden in der Zeit kaum mehr als ein paar hundert Schritte gegangen sein konnten, nickte dieser. »Ich dachte es mir schon. Auf der Seite ragen die Berge zu steil auf. Dorthin hat sie sich gewiss nicht geflüchtet. Wenn, dann steckt sie im Wald. Sie dort zu finden, ist die Sache des Paters.«

Einer seiner Unteranführer kam zu ihm her und sah ihn fragend an. »Es heißt, Ihr habt diesem Mönch eine reiche Pfründe versprochen. Wollt Ihr das wirklich tun?«

Foscari blickte kurz in das lang gezogene Tal hinein, bevor er Antwort gab. »Wäre alles so abgelaufen, wie ich es wollte, hätte er sie bekommen. So aber kann er froh sein, wenn er sich in einer Pfarre in einem abgelegenen Bergdorf wiederfindet.«

»Dann ist es gut! Den Männern gefällt es nämlich nicht, dass ein Mädchen ermordet und eine Jungfrau von Stand geraubt worden ist.« Der Mann nickte zufrieden und reihte sich wieder unter seine Leute ein.

Johannes hatte nur einen Teil der Unterhaltung verstehen können. Eines wusste er nun mit Gewissheit: Maria lebte tatsächlich noch, doch eine andere Frau war umgebracht worden, und daran trug für ihn Pater Norbert weitaus mehr Schuld als der Mann, der den tödlichen Streich geführt hatte.

4.

Marias naive Hoffnung, ihre Entführer könnten auf ihre Verfolgung verzichten, schwand, als sich Pater Norbert zusammen mit Domingo und einem weiteren Mann daranmachte, zu dem Waldstück aufzusteigen, in dem sie sich versteckt hatte. Zwei Söldner suchten jenseits der Straße nach ihr, und zwei marschierten in die Richtung, aus der die Truppe gekommen war.

Diese vier würden ihr nicht gefährlich. Umso mehr musste sie sich vor dem Pater und seinen Begleitern in Acht nehmen. Daher eilte sie rasch weiter und hielt nach einem Versteck Ausschau. Um sie herum gab es jedoch nur Bäume und Felsen. Sie überlegte bereits, auf eine Tanne mit dichten Ästen zu klettern, hatte aber Angst, dabei gesehen zu werden, und verwarf die Idee. Wenig später wurde der Wald um sie herum lichter, und kein Baum ragte hoch und dicht genug auf, um sie vor fremden Blicken zu verbergen.

Nun bedauerte Maria es, nicht weiter unten auf eine Tanne gestiegen zu sein. Ob sie in dieser Höhe ein besseres Versteck fand, erschien ihr fraglich. Mittlerweile ging es nur noch bergauf, und bald endete der Pfad vor einer steil aufragenden Felswand. Sie war in eine Sackgasse geraten!

Maria spürte, wie ihr vor Verzweiflung die Tränen über die Wangen rannen. Doch sie wollte nicht aufgeben, und daher begann sie, den Berg hochzuklettern, obwohl ihr klar war, dass die beiden Söldner sie auf jeden Fall einholen würden.

Bei dem Gedanken warf sie einen Blick in die Tiefe. Der Hang war steil genug. Wenn es nicht anders ging, musste sie sich hinunterstürzen, um nicht in die Hände des verderbten Paters zu fallen. Da sie jedoch immer noch hoffte, irgendwie entkommen zu können, kletterte sie weiter und entdeckte ein Stück über sich ein kleines Felsplateau, das gerade genug Platz für zwei oder drei Menschen bot. Wenn sie es ungesehen erreichte und sich dort flach auf den Boden legte, würde man sie von unten nicht mehr sehen können.

So schnell sie es vermochte, strebte Maria der Stelle zu und hatte sie fast erreicht, als zwei Männer aus dem Schatten des Waldes traten. Es waren der Pater und Domingo. Ihr Begleiter fehlte. Anscheinend hatten sie ihn im Wald zurückgelassen, um dort nach ihr zu suchen. Seinen Gesten nach schien auch Domingo sie eher dort als hier zu vermuten.

Eben blieb der Kastilier stehen und schüttelte den Kopf. »Ich kann mir nicht vorstellen, dass Eure Gefangene bis hierher gekommen ist. Die hockt gewiss auf einem Baum oder kauert in einer Felsnische und hofft, dass wir sie dort nicht finden. Wir sollten umkehren und im Wald weitersuchen.«

»Ihr kennt das Mädchen nicht! Die ist durchaus imstande, den Berg hochzuklettern.« Noch während er es sagte, blickte Pater Norbert nach oben.

Zuerst sah es so aus, als hätte Domingo recht. Da entdeckte er im beginnenden Morgenlicht etwas Weißes, das vom dunkleren Fels abstach. Als er genauer hinschaute, war es Marias Hemd.

»Da ist sie!«, rief er triumphierend und wies mit der Hand auf Maria.

Domingo blickte in die Richtung und stieß einen leisen Ruf aus. »Tatsächlich! Sie hat es bis dorthin geschafft. Aber weiter kommt sie nicht. Dafür ist die Felswand zu steil.«

»Dann haben wir sie gleich!« Der Pater wollte umgehend hochsteigen, doch da hielt Domingo ihn fest.

»Nicht so hastig! An diese Sache müssen wir mit Bedacht gehen. Wenn wir direkt auf sie zuklettern, kann sie mit Steinen nach uns werfen. Wenn sie gut trifft, verliert Ihr den Halt und könnt ab morgen im Himmelreich die Messe lesen.«

»Aber wie sollen wir es dann machen?«, fragte Pater Norbert ärgerlich.

»Ihr klettert an jener Stelle dort hoch und nähert Euch dem Platz, an dem sie sich befindet, seitlich von oben. Ich werde ein Stück weiter vorne hinaufsteigen, so dass wir sie in die Zange nehmen können.«

Nach einem weiteren Blick nach oben fand der Pater Domingos Warnung berechtigt. Maria hatte das kleine Plateau erreicht und war gerade dabei, lose Steine zu sammeln. Selbst auf ebenem Boden war es von Übel, einen Stein gegen den Leib oder gar den Kopf zu bekommen. Auf so steilem Grund wie hier bestand die Gefahr, durch einen Treffer den Halt zu verlieren und in die Tiefe zu stürzen.

Angesichts dessen begann Pater Norbert in respektvollem Abstand zu Maria den Aufstieg. Sein Begleiter ging ein Stück weiter und kletterte dann ebenfalls hoch. Auch er hielt sich weit genug von Maria fern, damit sie ihn nicht gezielt mit Steinen bewerfen konnte.

Maria begriff, dass sie in der Falle saß. Damit, dachte sie mit einer gewissen Bitterkeit, würde ihr Leben an dieser Stelle enden. Etwas in ihr drängte sie, gleich in die Tiefe zu springen, doch sie beschloss, damit so lange zu warten, wie sie es vertreten konnte.

5.

Johannes' Überlegungen nach musste Maria sich im Wald versteckt haben. So schnell er konnte, eilte er in die Richtung, in der er sie vermutete, und hatte gerade die ersten Bäume erreicht, als er hinter sich ein Geräusch vernahm. Er versteckte sich hinter einem Stamm und spähte zur Straße hinüber. Die beiden Söldner, die Richtung Arnoldstein marschiert waren, hatten umgedreht und folgten dem Wagenzug, der bereits einen größeren Vorsprung gewonnen hatte.

Johannes nickte zufrieden, denn damit hatten Maria und er es mit zwei Männern weniger zu tun. Allerdings reichten der Pater und die beiden anderen Söldner immer noch aus, um mit ihnen beiden fertigzuwerden. Er hatte es kaum gedacht, als der Mann, der Pater Norbert und Domingo gefolgt war, aus dem Wald kam und hinter seinen Kameraden herrannte.

»Nur noch zwei«, sagte Johannes leise.

Damit waren seine Aussichten ein wenig besser, auch wenn er nicht wusste, wie er den Pater und Domingo abwehren konnte. Letzterer war vermutlich ein erfahrener Krieger, und er selbst hatte in seinem Leben noch keinen einzigen Kampf bestritten.

Stimmen, die von weiter oben zu ihm drangen, wiesen ihm den Weg. Johannes hetzte den Hang hoch. Schon bald blieb der Wald hinter ihm zurück, und er sah eine Grasnarbe vor sich, aus der unmittelbar der nackte Fels gen Himmel ragte. Wenig später konnte er die beiden Männer erkennen. Domingo kletterte weiter vorne nach oben, während sich direkt über ihm Pater Norbert damit abquälte, die Felswand zu ersteigen.

Nun entdeckte Johannes auch Maria. Sie stand gut zwanzig Klafter über dem Boden auf einem kleinen Felsplateau und hielt mehrere Steine in der Hand. Ihn hatte sie offenbar bislang nicht wahrgenommen. Um sie nicht zu erschrecken, verzichtete er darauf, sich bemerkbar zu machen. Stattdessen kletterte er direkt auf Maria zu und betete zu Gott, früh genug bei ihr zu sein, um sie vor ihren Verfolgern beschützen zu können.

Maria war mittlerweile klar geworden, dass der Pater und der Söldner sie in die Zange nehmen wollten.

»Das wird ihnen gegen meine Steine auch nichts helfen«, murmelte sie. Zu ihrer Überraschung stiegen die beiden jedoch in respektablem Abstand an ihr vorbei und strebten erst ein ganzes Stück über ihr in ihre Richtung. Maria überlegte, ob sie wieder nach unten steigen sollte. Wenn sie schnell genug war, könnte sie die Talsohle vor den beiden Männern erreichen. In der Ferne konnte sie einen Kirchturm erkennen. Dort musste auch ein Dorf sein, und die Bewohner würden ihr gewiss helfen.

Oder auch nicht, schoss es ihr durch den Kopf. Pater Norbert würde auf seine Autorität als Priester pochen und die Dorfbewohner womöglich so in Furcht versetzen, dass diese sie ihm überließen.

War es nicht besser, hier oben zu bleiben und sich zur Wehr zu setzen?, fragte sie sich und griff mit der Rechten zu ihrem Oberschenkel, wo sie ihr Messer wieder in die Lederscheide gesteckt hatte. Ob sie sich damit gegen zwei Männer durchsetzen konnte, wusste sie nicht, aber es war gewiss besser zu kämpfen, als Selbstmord zu begehen. Immerhin hieß es, dass denjenigen, die durch eigene Hand starben, das Himmelreich versagt bleiben würde, und sie wollte nicht wegen dieser Schufte in die Hölle kommen.

Unter sich bemerkte sie eine Bewegung. Wollte der zweite Söldner direkt zu ihr aufsteigen? Sie blickte nach unten, sah eine schmutzige Mönchskutte, ein schmales, angestrengt wirkendes Gesicht sowie verschwitzte, strubblige Haare und spürte, wie ihr Herz schneller schlug.

»Johannes! Er kommt, um mir beizustehen!«, stieß sie gerade

noch leise genug hervor, um ihre beiden Verfolger nicht auf ihre große Liebe aufmerksam zu machen.

Unterdessen hatte Domingo sich ihr bis auf weniger als zehn Schritt genähert, musste nun aber ein steiles Felsstück bewältigen. Maria zielte mit einem Stein nach ihm, verfehlte ihn jedoch um mehrere Armlängen. Der zweite Stein traf ebenfalls nicht, und sie begriff, dass sie nicht als Steinwerferin geboren worden war. Sie gab jedoch nicht auf und warf weiter Steine nach Domingo. Obwohl sie ihn einmal am Rücken traf, konnte sie ihn nicht bremsen.

»Vorsicht!«, hörte sie da Johannes rufen und erkannte, dass sie den Pater aus den Augen gelassen hatte. Dieser war schneller als erwartet herangekommen und setzte eben den Fuß auf das kleine Plateau.

»Jetzt entkommst du mir nicht mehr«, rief er mit triumphierender Stimme und kam mit ausgebreiteten Armen auf sie zu.

»Vorsicht, da klettert jemand zu uns herauf!«, warnte Domingo den Pater, während er ebenfalls auf das Plateau trat.

Norbert starrte jedoch nur Maria an, die ihm selbst in ihrer Erschöpfung so schön erschien wie die Mutter Jesu, deren Namen sie trug.

Da griff Maria unter ihr Hemd und holte den Dolch hervor. Sie stach kurz in Domingos Richtung, sah diesen zurückweichen und ging sofort auf den Pater los. Dieser hob abwehrend die Hand und trat so weit zurück, wie er konnte.

Unterdessen hatte Johannes das Plateau erreicht und schwang sich darauf. Domingo zog sein Schwert. Beim Klettern hatte es ihn behindert, doch jetzt war er froh darum. Er starrte Johannes an, der in seinem Zorn mehr denn je seinem Vater glich, und spürte, wie es ihm kalt den Rücken hinunterlief. Obwohl Don Felipes Sohn unbewaffnet war, hatte er Angst vor ihm. Dann aber riss er sich zusammen und hob sein Schwert.

»Wenn es sein muss, wirst du deinem Vater in den Tod folgen«, schrie er und schlug zu.

Johannes unterlief den Schwertstreich und rammte ihn mit voller Kraft. Domingo taumelte zurück und spürte, wie sein linkes Bein ins Leere trat und er stürzte. Mit einem Schrei ließ er sein Schwert los, das scheppernd die Felswand hinabfiel, und griff mit beiden Händen nach der Felskante. Gerade noch rechtzeitig konnte er sich festhalten und hing zu Johannes' Füßen. Diesen hätte es nur einen leichten Fußtritt gekostet, den Kastilier in die Tiefe zu stoßen, doch er zögerte.

»Du nanntest meinen Vater! Kanntest du ihn?«, fragte Johannes ebenso verwundert wie voller Hoffnung, das Geheimnis seiner Herkunft zu erfahren.

Trotz seiner misslichen Lage nickte Domingo. »Ich kannte ihn.«

»Wer bin ich?«, fragte Johannes drängend.

Domingo wunderte sich darüber, sagte sich dann aber, dass Juan anscheinend wirklich nicht wusste, wer seine Eltern waren, und schöpfte Mut. »Wenn du mir hilfst, werde ich es dir berichten!«

Johannes zögerte keinen Augenblick, sondern kniete nieder und packte beide Arme des Kastiliers mit festem Griff. Kurz darauf stand dieser wieder auf dem kleinen Plateau.

Der Pater hatte sich derweil nicht näher gewagt und zitterte vor Angst, der Söldner könnte sich jetzt mit Esmaraldas Sohn zusammentun und ihn dafür bestrafen, dass er deren Geheimnis und Schmuck unterschlagen hatte.

Unterdessen sah Johannes Domingo fragend an. »Wer bin ich, wer sind meine Eltern, und wer bist du, weil du sie kennst?«

Ein, zwei Herzschläge lang überlegte Domingo, ob er aufgeben und sich Juan anvertrauen sollte. Dann aber dachte er daran, wie er Esmaralda und deren Sohn verraten hatte, und fürchtete die Rache des jungen Mannes.

Ehe Johannes es sich versah, packte Domingo ihn bei den Schultern und drängte ihn auf den Abgrund zu.

»Stirb so, wie du schon damals hättest sterben sollen!«

Doch bevor Domingo Johannes in den Abgrund stürzen konnte, sank er mit einem erstickten Schrei zu Boden. Gleichzeitig wurde Johannes von einer Hand gepackt und vor dem Sturz bewahrt.

Maria stand auf dem Felsplateau, den blutigen Dolch in der Hand. Sie hatte Domingo in letzter Not niedergestochen und ihren Geliebten damit gerettet.

»Hab Dank!«, flüsterte Johannes mit kaum verständlicher Stimme.

Maria bedachte den schwer verletzten Domingo mit hasserfülltem Blick. »Du hättest ihn töten können, es aber nicht getan. Gelohnt hat er es dir mit Verrat!«

»Er sagte, er würde meine Eltern kennen.« Johannes wollte sich neben Domingo knien. Da hielt Maria ihn auf und wies auf den Priester.

»Noch ist es nicht ausgestanden!«

»Du hast recht!« Johannes bückte sich und nahm den Dolch, der an Domingos Hüfte hing, an sich. Dann schob er Maria hinter sich und trat auf Pater Norbert zu.

Dieser hatte bis zuletzt gehofft, Domingo werde Johannes aus dem Weg schaffen und ihm helfen, Maria zu überwältigen. Als er jetzt jedoch in das Gesicht des jungen Mannes blickte, war daraus alle Sanftmut verschwunden, die Johannes im Kloster ausgezeichnet hatte. Entsetzt wich er bis zum Rand des Felsbands zurück und streckte Johannes die Hände entgegen.

»Du darfst mir nichts tun! Ich bin ein Mann Gottes! Auch bin ich im Kloster über dich gestellt.«

»Im Augenblick bist du nur ein jämmerliches Bündel Mensch, das jeden Anspruch, geachtet zu werden, längst verloren hat«, antwortete Johannes eisig.

Maria sprang ihm bei. »Du hast die Fuggerau an die Venezianer verraten. Deinetwegen mussten Neža und Miklavž sterben!«

Ihre Anklage traf den Pater wie ein Schlag. Von dieser Frau

hatte er kein Verzeihen und keine Gnade zu erwarten. Panik packte ihn, und er begann, die Felswand hochzuklettern. Da er so rasch wie möglich von dem jungen Paar fortkommen wollte, behinderte ihn das Bündel mit seinen Aufzeichnungen, dem Geld und dem Schmuck. Er wollte es zurechtschieben, verlor dabei beinahe den Halt und klammerte sich im letzten Augenblick an einer Felszacke fest. Als er nach oben schaute, begriff er voller Schrecken, dass er in das steilste Stück des Hanges eingestiegen war.

Der Pater überlegte, ob er nach unten klettern sollte, indem er das Felsplateau umging. Allerdings würde Johannes auf jeden Fall schneller unten sein als er, und dem jungen Mann fühlte er sich nicht gewachsen.

»Ich muss weiter!«, stieß er keuchend hervor und griff nach dem nächsten Halt. Er fand keinen und stürzte wegen des hinderlichen Bündels beinahe aus der Wand. In Panik löste er mit einer Hand die Schnur, mit der er sich den Packen auf den Rücken gebunden hatte, und ließ ihn fallen. Sein Herz weinte wegen seines Schatzes, der nun unwiederbringlich verloren war, doch nun ging es um sein Leben, und das war ihm mehr wert als alle Schätze der Welt.

Maria und Johannes sahen zu, wie Pater Norbert immer höher stieg. Um ihm zu folgen, erschien ihnen die Felswand zu steil und zu gefährlich.

»Wird er es schaffen?«, fragte Maria nach einer Weile.

In dem Augenblick ertönte über ihnen ein Schrei. Pater Norbert hatte nach einem Halt für seine Linke gesucht, rutschte aber mit seinen Sandalen ab und hielt sich nur noch mit einer Hand an einer Felszacke fest.

Maria und Johannes sahen, wie er mit der linken Hand verzweifelt herumtastete, um Halt zu finden. Da verließen ihn die Kräfte, und er stürzte mit einem grauenvollen Schrei in die Tiefe.

Johannes sah den Pater genau auf sie herabkommen, packte Maria und presste sie und sich selbst eng an die Felswand. Es polterte, und für einen Herzschlag sah es so aus, als würde Pater Norbert die Hand ausstrecken, um ihn mit in die Tiefe zu reißen. Dann war es vorbei.

Erst nach einer Weile wagte Johannes, sich aufzurichten und sich umzuschauen. Eine Mannslänge von ihm entfernt lag Domingo. Er brauchte keinen zweiten Blick, um zu erkennen, dass der Kastilier tot war. Dabei hatte er so gehofft, endlich das Geheimnis seiner Herkunft zu erfahren. Nun würde es wohl auf ewig für ihn verborgen bleiben.

Maria trat neben ihn und legte ihm die Hand auf die Schulter. »Trauere nicht um ihn! Er hat sein Ende verdient.«

»Wer mag dieser Söldner gewesen sein?«, fragte Johannes.

Ihn beschäftigte der tote Kastilier mehr als der Pater, der ihn zeit seines Lebens hatte fühlen lassen, dass er ihn für minderwertig hielt.

»Ich glaube nicht, dass wir seinen Kameraden folgen sollten, um sie danach zu fragen«, antwortete Maria herb.

Johannes schüttelte den Kopf. »Nein, das sollten wir nicht. Doch ich glaube, es ist an der Zeit, diese ungemütliche Stelle zu verlassen und wieder auf sicheren Boden zu gelangen.«

»Das würde ich begrüßen.« Maria graute es davor, die steile Felswand hinabzuklettern. Aber da Johannes kein Vogel Roch war, der sie auf den Rücken hätte nehmen und hinunterfliegen können, blieb ihr nichts anderes übrig, als selbst hinabzusteigen.

Johannes' Blick streifte Domingo. »Was machen wir mit ihm? Wir können ihn nicht zum Fraß für die Geier hier zurücklassen.«

Zwar war Maria anderer Ansicht, doch sie wusste, dass Johannes es als seine Pflicht ansah, selbst einem Feind ein christliches Begräbnis zu verschaffen.

Einen Einwand brachte sie dennoch. »Wir können ihn nicht hinuntertragen! Wenn du ihn begraben willst, musst du ihn hinabstoßen.«

Es widerstrebte Johannes, so mit einem Leichnam zu verfahren. Aber Maria hatte recht. Es würde ihnen schwer genug fallen, nach unten zu steigen. Mit dem Toten war dies unmöglich. Da er den toten Domingo jedoch behandeln wollte, wie es einem Christenmenschen zukam, schob er ihn vorsichtig über die Kante und ließ ihn dann los. Der Leichnam rutschte mehr, als er fiel, und blieb schließlich keine Armspanne von dem Pater entfernt liegen.

»Bist du bereit?«, fragte Maria.

Johannes nickte mit bleicher Miene und überlegte, wie er ihr beim Abstieg helfen konnte. Vielleicht hätte er Domingo den Gürtel ausziehen sollen? Dann aber schüttelte er den Kopf. Der Gürtel war zu kurz, als dass er Maria damit hätte sichern können.

»Ich steige als Erster ab, um den besten Weg zu erkunden und dich zu leiten. Du wirst mir so knapp folgen, dass du deine Füße, wenn es sein muss, notfalls auf mich stellen kannst, um festen Halt zu finden«, erklärte er Maria.

Diese warf einen kurzen Blick in die Tiefe und fragte sich, wie es ihr gelungen war, hier heraufzukommen. Besorgt sah sie zu, wie Johannes die steile Wand durchdringend musterte und dann zu klettern begann. Weniger als eine Mannslänge unter ihr hielt er an.

»Jetzt komm! Ich habe einen guten Halt gefunden. Du kannst dich mit den Füßen ruhig auf meine Schultern stützen.«

Wir werden beide in die Tiefe stürzen, fuhr es Maria durch den Kopf. Sie biss jedoch die Zähne zusammen und folgte Johannes' Anweisungen. Sie brauchte tatsächlich seine Schultern als Stütze, bis sie eine Stelle gefunden hatte, an der sie sich gut festhalten konnte.

Was danach kam, trieb beiden den Schweiß aus allen Poren. Johannes hatte mehrmals Mühe, sich in der Wand zu halten, und einmal stand Maria mit ihrem gesamten Gewicht auf seiner rechten Schulter. Seine Finger gaben bereits nach, als sie endlich einen sicheren Griff fand. Johannes kletterte weiter, hielt sich dann mit einer Hand fest und stemmte die andere gegen ihren Fuß, um ihr Halt zu geben.

Nach schier endloser Zeit erreichten sie den flacheren Hang und setzten sich auf den Boden. »Gelobt sei Gott! Es ist uns gelungen«, rief Johannes erleichtert.

Maria blickte auf die beiden Leichen, die in ihrer Nähe lagen, und schlug das Kreuz. »Auch wir hätten so enden können«, sagte sie leise.

»Gott war auf unserer Seite und nicht auf der ihren«, erwiderte Johannes beklommen.

»Was willst du mit den beiden machen? Wenn du sie begraben möchtest, müssten wir sie weiter nach unten schaffen. Hier ist der Boden zu steinig. Außerdem haben wir keine Schaufel!«

Johannes stand auf und blickte sich um. »Ich nehme das Schwert des Söldners zum Graben.«

Marias Gedanken schlugen einen anderen Weg ein. »Bevor wir ihn und auch den verderbten Pater der Erde übergeben, sollten wir nachsehen, ob sie Geld bei sich haben. Vielleicht ist es genug, damit wir nicht mehr nach Arnoldstein und in die Fuggerau zurückkehren müssen.«

»Dort gäben wir ein seltsames Paar ab. Du in einem blutverschmierten Hemd und ich in der Kutte, die vor Dreck so strotzt, dass man sie hinstellen könnte, ohne dass sie zusammenfällt!«

Trotz dieser Worte begriff Johannes, dass sich an dieser Stelle die vielleicht einzige Möglichkeit für Maria und ihn auftat, ein gemeinsames Leben zu beginnen. Wenn sie nach Arnoldstein zurückkehrten, würde es ihnen vielleicht für immer verwehrt sein.

»Ich will dich um Verzeihung bitten, weil ich bei unserem letzten Treffen so harsch zu dir gewesen bin«, sagte er und ergriff dabei ihre Hände.

Maria musterte ihn mit großem Ernst und nickte. »Auch ich

hätte nicht so gekränkt sein dürfen. Ich habe später mit der alten Kesslerin gesprochen und von ihr erfahren, was es mit der weißen Rose von Arnoldstein auf sich hat. Das wusste ich nicht. Pater Norbert hatte mir erklärt, die weiße Rose sei ein Zeichen des Himmels, seinen Herzenswunsch zu erfüllen. Deshalb habe ich sie auf deinen Platz gelegt, damit unser gemeinsamer Wunsch, uns einander in Freiheit anzugehören, Wahrheit wird.«

Noch während sie sprach, musterte sie den zerschmetterten Leichnam des Paters mit einem zornigen Blick. »Man sagt, dass man Toten verzeihen soll. Bei ihm kann ich es nicht!«

Dem wusste Johannes nichts hinzuzufügen.

6.

Ein Schwert war eine Waffe und keine Schaufel, das fand Johannes schnell heraus. Er hatte eine Stelle ausgewählt, an der die Erdkrume dick genug war, um dort ein Grab auszuheben, und die beiden Leichen mit Marias Hilfe dorthin geschleppt. Nun wühlte er mit dem Schwert die Erde auf, so dass Maria sie mühsam mit den Händen beiseiteschaffen konnte.

Es war fast schon Abend, als ihm die Grube groß genug war, um den Pater und Domingo aufzunehmen. Bevor sie diese jedoch hineinlegten, durchsuchten sie sie nach Geld. Bei Pater Norbert fanden sie nur ein paar Münzen von geringem Wert.

»Viel ist es ja nicht«, sagte Maria enttäuscht. »Vielleicht hat er noch etwas in seinem Bündel, das er beim Aufstieg weggeworfen hat. Ich gehe es suchen.«

»Halt! Nicht, dass Söldner zurückgekommen sind, um nach den beiden zu schauen«, rief Johannes besorgt.

»Wenn es so wäre, müssten sie längst hier sein. Ich habe gehört, wie ihr Anführer darauf drängte, rasch auf venezianisches Gebiet zu gelangen«, erwiderte Maria. »Außerdem weiß ich, wo das Bündel liegt. Ich werde bald zurück sein. Durchsuche du inzwischen den Söldner. Vielleicht hat der Mann mehr im Beutel.«

»Zu hoffen wäre es«, antwortete Johannes.

Obwohl der Mann ihn hatte töten wollen, fühlte er sich wie ein Dieb. Doch wenn sie die beiden Männer samt ihrem Geld begruben, hatte niemand etwas davon.

An Domingos Gürtel hing ein alter Lederbeutel, der mit drei venezianischen Zechinen und mehreren kleineren Münzen gefüllt war. Das Geld reichte allerdings höchstens aus, davon einige Tage leben zu können.

Johannes wollte schon enttäuscht aufgeben, als er unter Domingos ledernem Wams einen Leinenbeutel voller Goldstücke entdeckte, die ihm unbekannt waren. Sie waren etwas kleiner als die Goldmünzen aus Venedig oder die des Heiligen Römischen Reiches, aber er zählte gut einhundert Stück davon. Mit diesem kleinen Schatz konnte es ihnen vielleicht gelingen, sich irgendwo anzusiedeln. Vorher aber mussten ihm die Haare so wachsen, dass seine Tonsur nicht mehr zu erkennen war.

Mit diesem Gedanken schaffte er Domingo in die Grube, in der bereits Pater Norbert lag. Auch wenn er die Toten nicht in geweihter Erde begraben konnte, wollte er sie nicht ohne den Segen Gottes verscharren und sprach daher ein Gebet an ihrem Grab. Danach bedeckte er die Männer mit Erde und war froh, als die Toten nicht mehr zu sehen waren. Erst als sich ein kleiner Hügel über den Männern erhob, bemerkte er, dass Maria nicht zurückgekommen war, und schalt sich einen Dummkopf, weil er sie hatte gehen lassen.

»Maria, wo bist du?«, rief er, erhielt aber keine Antwort.

Voller Angst, es könnten tatsächlich Söldner zurückgekehrt sein und sie abgefangen haben, packte er Domingos von der Grabarbeit stumpf und schartig gewordenes Schwert und rannte los.

Er fand Maria am Fuß der Felswand sitzend. Sie hielt das Bündel des Paters zwischen den Füßen, und auf ihrem Schoß breitete sich ein Stapel dicht beschriebenen Papiers aus. Eines der Blätter hielt sie in der Hand und las den Text darauf im letzten Licht des sterbenden Tages.

»Maria! Warum bist du so lange ausgeblieben?«, fragte Johannes vorwurfsvoll, aber auch erleichtert.

Die junge Frau hob den Kopf und sah Johannes mit leuchtenden Augen an. »Du brauchst diesen Söldner nicht, um das Geheimnis deiner Geburt zu enthüllen! Pater Norbert, den Gott in die tiefste Hölle verbannen soll, konnte mit deiner Mutter vor dem Tod sprechen und hat fein säuberlich aufgeschrieben, wer du bist und wer deine Eltern waren. Du hast das Recht, dich Don Juan de Azuaga zu nennen. Dein Vater hieß Don Felipe de Azuaga, und er fiel im Kampf mit den heidnischen Türken. Deine Mutter, Doña Esmaralda de Azuaga, wurde bei der Flucht von den Gefolgsleuten deines Vaters im Stich gelassen und erreichte mit letzter Kraft Kloster Arnoldstein.«

Johannes schwirrte der Kopf. »Das alles soll Pater Norbert gewusst haben? Weshalb hat er nie etwas gesagt, sondern so getan, als sei meine Mutter gestorben, ohne noch ein verständliches Wort zu sagen?«

»Deshalb!«, sagte Maria und deutete auf mehrere Schmuckstücke aus Gold und Halbedelsteinen, die sie vor sich hingelegt hatte.

»Dieser Schmuck steht dir zu! Pater Norbert hat ihn gestohlen, ebenso wie er dem Kloster dieses Geld dort gestohlen hat.«

Maria wies auf ein Häuflein Dukaten, die den Wert der Goldstücke, die Johannes bei Domingo gefunden hatte, noch übertrafen.

»Wir müssen dem Kloster das Geld zurückbringen«, entfuhr es ihm.

»Welchen Grund hätten wir?«, fragte Maria scharf. »Der Abt und die Mönche des Klosters haben damals zugelassen, dass Pater Norbert den Schmuck deiner Mutter an sich bringen und dir Namen und Herkunft verschweigen konnte. Sie haben aus dir, dessen Vater ein Ritter war, einen Geschorenen gemacht, der fern der Heimat aufwachsen musste. So viel Nachsicht hat Arnoldstein nicht verdient.«

Da Maria spürte, dass sie Johannes nicht nur mit Vorwürfen überhäufen durfte, stand sie auf und nahm seine Hand. »Dieses Geld hilft uns, gemeinsam ein neues Leben zu beginnen! Später, wenn wir uns eine neue Heimat geschaffen haben und ein gutes Einkommen besitzen, kannst du dem Kloster von Arnoldstein eine gewisse Summe spenden. Ihnen jetzt dieses Geld zu überlassen, hieße, alle Hoffnungen, die wir gehegt haben, aufgeben zu müssen.«

Maria war nicht sicher, ob Johannes sich Vernunftgründen beugen würde, denn das Kloster von Arnoldstein war seine Heimat gewesen und die Mönche seine Familie. Daher mochte es ihm schwerfallen, etwas an sich zu nehmen, was ihm seiner Meinung nach nicht zustand. Sie hingegen sah dieses Geld als Entschädigung für ein Leben an, das ihr Geliebter niemals hätte führen müssen, und als Geschenk des Himmels an sie beide, so leben zu können, wie sie es wollten.

Johannes musterte den Schmuck, dann das Geld und fühlte sich zwischen seiner Treue zum Kloster und seiner Liebe zu Maria wie zerrissen. Er wusste, dass er dem Kloster viel verdankte, denn er war als gebildeter Mensch aufgewachsen und nicht als unwissender Knecht auf einem Bauernhof. Andererseits hatte Pater Norbert als hochrangiger Mönch in Arnoldstein ihn um seine Herkunft und seine Familie betrogen. Sein Leben wäre wohl anders verlaufen, hätte dieser die Wahrheit bekannt. Er schwankte noch ein wenig, dann nickte er.

»Wir machen es so, wie du es vorschlägst. Allerdings werden wir das Geld zählen und die Summe dem Kloster von Arnoldstein zurückerstatten, sobald wir dazu in der Lage sind.«

Maria lag auf der Zunge zu sagen, dass Pater Norbert nicht nur in die Klostertruhe gegriffen haben dürfte, sondern ein großer Teil des Geldes, das er bei sich hatte, von den Strafen stammte, die er den vom Kloster abhängigen Bauern und Handwerkern widerrechtlich abgenommen hatte. Sie war jedoch viel zu froh, dass Johannes sich entschieden hatte, mit ihr zu kommen, und unterließ es daher.

»Das werden wir tun!«, sagte sie stattdessen und wies zum Himmel empor, über den ein dunkler Schleier zog, den bald darauf die ersten Sterne durchbrachen. »Wir sollten uns eine Stelle suchen, an der wir schlafen können.«

»Es wird ein kaltes Lager werden«, antwortete Johannes mit

einem bitteren Lächeln. »Wir haben weder Feuer noch die Möglichkeit, eines zu entfachen. Zudem hast du nur dein Hemd an und ich meine Kutte. Wir werden beide in dieser Nacht arg frieren!«

Maria schüttelte den Kopf. »Ich habe den Mantel des Söldners gefunden. Er hatte ihn abgelegt, als er mir nachgeklettert ist. Sein Tuch wird uns wärmen.«

Sie verstummte einen Augenblick und legte dann Johannes beide Hände auf die Schulter. »Auch wenn wir beide heute Nacht und wohl auch weitere Nächte Leib an Leib schlafen werden, so will ich das, was zu einer Ehe gehört, erst dann tun, wenn die Hand eines Priesters uns zusammengegeben hat.«

Ihre Worte erinnerten Johannes daran, dass er selbst zum Priester geweiht worden war und schon als Mönch Ehelosigkeit gelobt hatte. Er hatte dieses Leben jedoch nicht selbst gewählt, sondern war durch Pater Norberts Verrat dazu gezwungen worden.

»Eigentlich bräuchte ich einen Dispens vom Heiligen Vater in Rom, um dich zum Eheweib nehmen zu können«, antwortete er leise.

Maria schüttelte energisch den Kopf. »Pater Johannes von Arnoldstein hätte ihn gebraucht! Doch von heute an bist du Don Juan de Azuaga und damit ein ganz anderer Mensch.«

7.

Domingos Mantel war so weit, dass sich zwei Menschen darin einhüllen konnten. Angesichts ihrer Erschöpfung schlief Maria bald ein, während Johannes noch lange wach lag. Zunächst dachte er an die Entdeckung, die Maria und er gemacht hatten. Endlich hatte er eine Familie und einen Namen. Gleichzeitig verfluchte er Pater Norbert, der dies alles gewusst, aber für sich behalten hatte. Bang fragte er sich, ob er seinen Verwandten nach so langer Zeit überhaupt willkommen sein würde.

Da Maria und er Leib an Leib lagen, reizte die Wärme, die sie ausstrahlte, seine Sinne und vertrieb alle Gedanken an die Familie im fernen Spanien. Er begriff nun, was Männer dazu drängte, mit Frauen Dinge zu treiben, die einem Mönch und Priester von höherer Stelle versagt blieben. Da Maria jedoch erklärt hatte, unberührt bleiben zu wollen, bis ein Priester sie getraut hatte, beherrschte er sich und rettete sich ins Gebet, bis er einschlief.

Als er aufwachte, graute bereits der Morgen. Maria hatte sich eng an ihn gekuschelt und rieb im Schlaf die Stirn an seiner Schulter. Nach einer Weile öffnete sie die Augen, sah die Bäume um sich herum und lächelte. »Es ist also kein Traum! Ich bin diesen bösen Männern entkommen und habe dich gefunden.«

»So ist es«, antwortete Johannes und schälte sich aus dem Mantel.

Auch Maria stand auf und ging zu dem kleinen Bach in der Nähe. Johannes folgte ihr, doch da wies sie mit der Rechten ein Stück Bach abwärts.

»Kannst du ein paar Schritte beiseitegehen? Ich schäme mich sonst, wenn du mich unbekleidet siehst.«

Maria fand selbst, dass es ein wenig Ziererei war, doch sie wollte sich erst an seine Nähe gewöhnen. Irgendwann würde dies nicht mehr nötig sein, sagte sie sich und lächelte.

Johannes erwiderte das Lächeln und entfernte sich ein Stück von ihr. Auch er fühlte sich beklommen. Sie liebten einander, doch es war eine Liebe, die aus dem Herzen kam und nicht in sinnlicher Leidenschaft entstanden war.

Maria wurde nun erst bewusst, wie schmutzig sie war. Auch hatte sie sich blutige Risse an den Füßen zugezogen, als sie von den Söldnern in der Nacht ohne Pantoffel und barfuß auf den Hof der Fuggerau getrieben worden war. Sie konnte sich kaum vorstellen, auch nur eine halbe Meile weit gehen zu können. Auch graute ihr davor, ihr blutiges Hemd wieder anziehen zu müssen. Sie tauchte es ins Wasser und versuchte, die schlimmsten Flecken auszuwaschen. Ohne Seife und warmes Wasser war es jedoch sinnlos. Schließlich wrang sie das Hemd so gut aus, wie sie es vermochte, und streifte das klamme Ding über.

Auch Johannes hatte seine Kutte ein wenig gesäubert und kehrte zu ihr zurück.

Er bemerkte ihre blutigen Füße und kniete vor ihr hin. »Bei Gott! Das ist nicht gut!«

Maria nickte bedrückt. »Damit werde ich nicht weit kommen. Was sollen wir nur tun? Wir haben auch nichts zu essen, und ich vergehe vor Hunger. Du wirst allein losgehen und etwas besorgen müssen.«

»Wir sollten uns nicht trennen. Wer weiß, wer sich hier alles herumtreibt«, antwortete Johannes.

Auch Maria befürchtete, dass Jobst Zeller Söldner hinter den Venezianern herschicken könnte. Wenn diese sie entdeckten, würden sie sie unweigerlich in die Fuggerau zurückbringen.

»Was können wir tun?«, fragte sie bedrückt.

Statt einer Antwort zog Johannes seine Sandalen aus und schnürte sie an ihren Füßen fest.

»Vielleicht kannst du so gehen. Ein paar Meilen entfernt

weiß ich einen alten Bauern, der uns gewiss für ein paar Tage Obdach geben wird.«

»Dann sollten wir aufbrechen, bevor wir unterwegs verhungern.« Maria erhob sich und versuchte ein paar Schritte. Die Füße schmerzten zwar, doch mit den Sandalen ging es weitaus besser als vorher.

»Jetzt musst du barfuß gehen«, sagte sie mit einem bedauernden Blick auf Johannes' Füße, denen die dicke Hornhaut der Knechte und Bauern fehlte. Er würde seine Sohlen auf der steinigen Straße wund laufen. Die einzige andere Möglichkeit wäre gewesen, ihm die Sandalen zurückzugeben und sich von ihm tragen zu lassen. Diese Strapaze wollte sie ihm jedoch nicht zumuten. Daher nahm sie sich vor, seine Füße am Abend zu waschen und so gut zu versorgen, wie es nur ging.

Johannes bat sie, noch einen Augenblick zu warten, dann hieb er mit Domingos Schwert zwei dicke Zweige von einem Baum und schnitzte sie mit dessen Dolch zu Wanderstecken zurecht.

»Damit kommen wir besser voran, und sie eignen sich auch, Hunde von uns fernzuhalten und uns notfalls zur Wehr zu setzen«, sagte er, als er Maria einen der beiden Stäbe überreichte.

Kurz darauf brachen sie auf. Maria hatte sich in den erbeuteten Mantel gehüllt und die Kapuze über den Kopf gezogen, damit man ihre langen, blonden Haare nicht sah. In diesem Aufzug konnte man sie auch für einen Jüngling von fünfzehn, sechzehn Jahren halten. Johannes hingegen wirkte mit seiner schmutzigen Kutte wie ein Wandermönch, der aus seinem Konvent ausgeschlossen worden war und nun sein Heil auf der Landstraße suchte.

Beide lauschten angestrengt, um sofort Deckung zu suchen, wenn sie hinter sich Geräusche von Menschen oder Wagen vernahmen. Zu ihrer Überraschung blieb jedoch alles still.

Schließlich brach Maria das Schweigen. »Was machen wir, wenn uns dieser Bauer nicht aufnimmt?«

»Er wird uns aufnehmen! Ich kenne ihn, denn ich habe mit Pater Cyprian zusammen bei ihm übernachtet«, antwortete Johannes, um sie zu beruhigen.

»Was machen wir danach? Wo willst du hin?«, fragte Maria weiter.

»Das müssen wir uns gut überlegen. Wir sollten nicht allein gehen, sondern uns einer Gruppe anschließen, denn wir haben einiges an Wert bei uns, das ich weder an Räuber noch an einen der Grundherren, über deren Land wir ziehen müssten, verlieren will.«

Johannes' Warnung dämpfte Marias Stimmung, und für eine Weile schwiegen beide. Ihrer beider Gedanken aber kreisten um Johannes' spanische Verwandtschaft.

»Es wird alles gut werden«, sagte Maria hoffnungsvoll.

»Was?«

»Sobald wir bei deinem Großvater, Bruder oder Oheim sind, liegt dieses Leben hinter uns, und wir können ein neues beginnen!«

Johannes war nicht so zuversichtlich wie seine Geliebte, doch auch er betete, dass der Graf von Azuaga ihm und Maria die Möglichkeit bot, zusammenzubleiben und ein angemessenes Leben zu führen. Um seine Bedenken zu vertreiben, unterhielt er sich mit Maria über die Zeit, die vor ihnen lag, und betete dabei auch mehrmals zu Gott, ihm zu verzeihen, weil er ein geweihtes Leben aufgeben wollte, um als ganz normaler Mensch mit der Frau vereint zu sein, die er mehr als alles andere liebte.

Nach einiger Zeit erreichten sie ein Dorf. Obwohl es klein war, gab es wegen der Handelsstraße eine Herberge. Johannes trat mit Maria zusammen ein. Kaum sah der Wirt sie, kam er auch schon mit abweisender Miene auf sie zu.

»Wenn ihr etwas zum Essen erbetteln wollt, könnt ihr das überall tun, nur nicht hier, habt ihr verstanden?«

»Wir können bezahlen«, antwortete Johannes und zog einen

Lederbeutel hervor, in den er aus Vorsicht nur eine Goldmünze und mehrere Scheidemünzen aus Pater Norberts Schatz gesteckt hatte. Er gab vor, nach einer passenden Münze zu suchen, und reichte diese dem Wirt.

Dieser betrachtete sie und schnaubte. »Ein Festmahl bekommt ihr dafür nicht.«

»Wir sind mit je einem Napf Suppe und einem Stück Brot zufrieden. Möge Gott es dir lohnen«, antwortete Johannes, während Maria schwieg, um nicht auf Anhieb als junge Frau erkannt zu werden.

Mit einem Brummen drehte der Wirt sich um, trat zu dem Fass, das in der Ecke aufgebockt war, und füllte zwei aus Holz gedrechselte Krüge.

»Wein bekommt ihr bei den paar Pfennigen nicht, sondern müsst euch mit Bier begnügen«, meinte er, während er die Krüge auf einen Tisch stellte.

Zu dieser frühen Vormittagsstunde war sein Gasthaus noch leer, und so bediente er Maria und Johannes rasch. Sie bekamen einen größeren Napf Suppe, aus dem sie gemeinsam essen sollten, sahen sich dann aber vor das Problem gestellt, dass keiner von ihnen einen Löffel besaß.

Der Wirt sah es und knallte ihnen zwei alte, verzogene Holzlöffel hin. »Solche Gäste wie euch mag ich! Ich verdiene kaum etwas und muss auch noch laufen, um euch zu bedienen.«

»Gott wird es dir lohnen!« Johannes lächelte erneut und vollzog eine segnende Geste. Mehr Geld wollte er nicht geben, um nicht die Gier des Wirts anzustacheln.

Maria war bisher von Nürnberg nach Augsburg und von dort in die Fuggerau bei Arnoldstein gereist und dabei als Mitglied der Familie Fugger in den Herbergen stets mit großer Achtung bedient worden. Die unverschämte Art des Wirts war ihr neu, und so sah sie Johannes fragend an. »Wird man uns unterwegs öfter so behandeln?«

Johannes nickte. »Gut gekleidete Männer und Frauen mit

dicken Geldbeuteln sind immer willkommen. Vor denen macht jeder Wirt seinen Bückling. Reisende wie wir, denen man das Leben auf der Landstraße ansieht, können froh sein, wenn sie draußen unter dem Vordach sitzend ihre Suppe schlürfen dürfen. Aber selbst die besitzen zumeist einen eigenen Löffel.«

»Darum hat Ella sich gekümmert, als wir zur Fuggerau gefahren sind. Wie mag es ihr jetzt gehen?« Maria seufzte und wandte sich den Löffeln zu. »Ich habe draußen einen Brunnen gesehen. Dort werde ich die Dinger waschen. So wie sie jetzt aussehen, will ich sie nicht an meine Lippen bringen.«

Johannes fand, dass die Löffel nicht ganz so schlimm aussahen, doch er hatte nichts dagegen, dass Maria aufstand und hinausging, um sie im frischen Wasser zu reinigen. Sie kam bald wieder, und das Mahl konnte beginnen.

Im Kloster waren statt Wein oft Bier und Most ausgeschenkt worden. Johannes war daher daran gewöhnt. Maria hingegen musste sich überwinden, um das säuerliche Gebräu hinunterzuwürgen.

»Ich will nicht sagen, wonach es schmeckt«, meinte sie mit schief gezogener Miene.

»Ich habe schon besseres Bier getrunken«, bekannte Johannes. »Auch die Suppe besteht mehr aus Wasser denn aus Gemüse. Fleisch, glaube ich, hat sie überhaupt keins gesehen.«

»Wenigstens lässt sich das Brot essen!« Maria schnitt sich noch ein Stück von dem halben Laib ab, den ihnen der Wirt hingelegt hatte, und steckte es in den Mund. Danach schwieg sie, da der Wirt wiederkam. Als Erstes zählte er seine Krüge und schien erleichtert zu sein, noch alle vorzufinden.

Weitere Gäste kamen, und zu denen stellte er sich ganz anders. Maria verzog ärgerlich den Mund, weil er ein paar Fuhrknechte beinahe wie hohe Herren ansprach. Dabei tranken die Männer auch nur Bier und bestellten einen Napf mit der gleichen Suppe, die Johannes und sie trotz ihres Hungers mit wenig Appetit verspeisten.

8.

Maria und Johannes wollten gerade aufbrechen, als draußen Hufschlag erklang und vor der Herberge endete. Sofort eilte der Wirt nach draußen.

Da klang eine barsche Stimme auf. »Sind hier gestern Bewaffnete mit mehreren Fuhrwerken vorbeigekommen? Ihr Anführer ritt einen Rappen!«

»Sehr wohl, Herr, das sind sie«, erwiderte der Wirt beflissen.

»Wie viele Leute hatte der Mann bei sich?«, fragte ein anderer.

»Es mögen um die einhundert Bewaffnete gewesen sein, wahrscheinlich sogar mehr.«

»Einhundert? Das sind zu viele für uns. Außerdem dürften sie längst auf venezianischem Gebiet sein, und dorthin können wir ihnen nicht folgen«, sagte der Mann, der die Frage gestellt hatte.

»Es sieht so aus«, meinte ein Zweiter brummig.

»Was sollen wir tun?«

»Es ist gleich Mittag. Ich schlage vor, hier zu essen und einen Becher Wein zu trinken. Danach können wir zurückreiten und Herrn Zeller melden, dass die Verfolgung vergebens war.«

»Die kommen von der Fuggerau und sollten uns besser nicht sehen«, raunte Maria Johannes ins Ohr. Dieser nickte und folgte ihr in eine dunkle Ecke. Dort warteten sie, bis die etwa zwanzig Reiter eingetreten waren, schlüpften rasch ins Freie und setzten ihren Weg fort.

Nach einer Weile zupfte Maria Johannes am Ärmel. »Hast du dir schon Gedanken gemacht, ob wir zu deinen Verwandten in Kastilien gelangen können? Sie werden uns gewiss helfen.«

Johannes schüttelte den Kopf. »Die Reise nach Spanien ist

lang und würde uns sehr viel Geld kosten, und das ohne die Aussicht, willkommen zu sein. Laut den Worten meiner Mutter, die Pater Norbert aufgeschrieben hat, war mein Großvater sehr zornig auf meinen Vater, weil dieser nicht die Frau geheiratet hat, die er dessen Willen nach hätte nehmen sollen.«

»Aber du musst zu deinen Verwandten gehen! Oder willst du wildfremde Menschen um Hilfe bitten?« Insgeheim haderte Maria damit, dass Johannes im Kloster zu einem braven Diener der Kirche erzogen worden war, dem die eigene Initiative fehlte.

Johannes lächelte und wies nach vorne. »Es ist nicht mehr weit bis zu dem Dorf, in dem der Bauer lebt, zu dem ich gehen will. Sobald wir dort sind, werde ich einen Brief an meinen Großvater schreiben. Sollte dieser mittlerweile verstorben sein, wird sein Nachfolger diesen Brief erhalten. Darin werde ich alles erklären, was ich von meinem Schicksal weiß.«

»Und wie soll der Brief ihn erreichen?«, fragte Maria bissig, da einen Boten zu schicken nicht weniger kostete, als wenn sie selbst reisen würden, zumal sie nicht wissen konnten, ob der Mann vertrauenswürdig war.

»Ich werde den Brief dem Führer eines Wagenzugs mitgeben, der zu Herrn Jakob Fugger unterwegs ist. Dieser unterhält Verbindungen in alle Welt und kann den Brief nach Spanien schicken. Es wird uns zwar einige Zechinen kosten, doch wir haben genug, um notfalls auf eigenen Beinen stehen zu können.«

Johannes hielt dies für die beste Lösung, denn Jakob Fugger war von Arnoldsteins Äbten als zuverlässiger und vertrauenswürdiger Geschäftsmann bezeichnet worden.

Auch Maria begriff nun, dass es klüger war, so zu handeln, als auf gut Glück nach Spanien zu reisen und dort womöglich vor verschlossenen Türen zu stehen.

»Machen wir es so«, sagte sie. »Du darfst mich in dem Brief jedoch nicht erwähnen. Sollte es Jakob Fugger zu Ohren kommen, dass ich bei dir bin, könnte er mich wegholen lassen.«

»Das wird nicht geschehen«, versprach Johannes, fasste nach ihrer Hand und drückte sie sanft.

»Auf jeden Fall brauchen wir einen sicheren Platz, wo wir auf die Antwort deiner Verwandten warten können. In einer Herberge zu bleiben, wäre auf die Dauer zu teuer. Auch könnten wir dort bestohlen werden.«

Am liebsten hätte Maria sich in einem kleinen Städtchen ein bescheidenes Haus gekauft, in dem sie mit Johannes hätte leben können. Solange ihn jedoch seine Tonsur als davongelaufenen Mönch verriet, war dies unmöglich. Diese verhinderte auch, dass sie vor einen Priester treten und sich trauen lassen konnten. Um dies wagen zu können, mussten erst Johannes' Haare nachgewachsen sein.

»Irgendwie war mein Leben bisher leicht, während sich jetzt Schwierigkeiten über Schwierigkeiten vor uns auftürmen«, sagte sie mit einem säuerlichen Lächeln.

»Wir werden alle Schwierigkeiten gemeinsam meistern«, erwiderte Johannes, um ihr Mut zu machen. »Jetzt müssen wir erst einmal zum Meschnigg gelangen. Vielleicht weiß er einen Platz, an dem wir die nächsten Monate bleiben können.«

Maria zweifelte daran, dass ein einfacher Bauer dazu in der Lage war. Um Johannes jedoch nicht die Hoffnung zu nehmen, äußerte sie keine Bedenken.

Johannes' Worten zum Trotz war der Weg zu Meschniggs Hof länger als erwartet. Maria weinte zuletzt vor Schwäche, und ihre Füße schmerzten, dass sie glaubte, auf rohem Fleisch zu laufen. Um Johannes nicht zu enttäuschen, biss sie die Zähne zusammen und setzte Fuß vor Fuß. Johannes bot ihr an, sie zu tragen, doch auch er war zutiefst erschöpft. Zudem bemerkte Maria, dass er immer wieder schmerzhaft das Gesicht verzog, wenn er auf einen spitzen Stein trat. Da durfte sie ihn nicht auch noch mit ihrem Gewicht belasten.

Als Johannes endlich auf ein einzeln stehendes Gebäude wies, das einen knappen Steinwurf vor den nächsten Häusern des Dorfes lag, und erklärte, sie seien am Ziel, dankte sie der Himmelsmutter in einem stillen Gebet.

Johannes trat auf die Hütte zu und klopfte. Es kam keine Antwort. Daher ging er darum herum und begann zu rufen. Nach einer Weile sah er den alten Bauern kommen. Er trug einen Korb mit frisch gemähtem Gras auf dem Rücken.

»Bin ja schon da«, meinte Meschnigg bärbeißig, erkannte dann Johannes und schüttelte den Kopf. »Weit seid Ihr ja nicht gekommen!«

»Grüß dich, Meschnigg! Nein, ich musste nicht weit gehen. Jetzt sind wir zu zweit da und bitten um einen Unterschlupf.«

Als Johannes in das verwitterte, ehrliche Gesicht des Bauern blickte, hatte er Zweifel, ob dieser ihn als mit einem Mädchen durchgebrannten Mönch überhaupt über die Schwelle lassen würde. Aber Marias Füße mussten heilen, und sie brauchte dringend etwas anzuziehen. In ihrem Zustand kamen weder er noch sie auch nur zwei Meilen weit.

»Du suchst einen Unterschlupf, sagst du? Mit noch jemandem?«, fragte Meschnigg verwundert.

Johannes zeigte auf Maria, die langsam näher kam. »Das ist sie! Böse Männer haben sie entführt, und ich habe ihr geholfen, freizukommen.«

»So?« Der Alte trat auf Maria zu und musterte sie durchdringend. Obwohl man ihr die Erschöpfung ansah, erschien sie ihm schön wie ein Engel.

»Verstehen kann ich's, wenn Ihr ihretwegen das Kloster verlasst. Ob's aber dem Herrgott gefällt, weiß ich nicht.«

»Lass uns wenigstens ein paar Tage bei dir bleiben, bis Marias Füße geheilt sind«, bat Johannes. »Ich helfe dir auch bei der Arbeit.«

»Dagegen hätte ich nichts! Ich muss noch Heu machen, und die Arbeit geht mir schwerer von der Hand als noch vor ein paar Jahren. Aber eines sag ich Euch: Ich will keine Unzucht im Haus! Sie schläft auf der einen Seite und Ihr auf der anderen.«

»Das tun wir«, versprach Maria, die sich nichts sehnlicher wünschte, als in die Hütte zu kommen, sich hinzusetzen und ihre Füße in einem Schaff Wasser zu kühlen.

»Also, dann soll's sein! Ich mach's aber nur, weil der Johannes ein braver Bursch ist und seinen Pater nicht im Stich gelassen hat. Doch meine Bedingung steht, und Ihr werdet hart arbeiten müssen, damit Euch nicht doch der Hafer sticht und Ihr das Versprechen, keusch zu bleiben, vergesst.«

Der alte Bauer klang zögerlich, denn er wusste nicht, wie er die Anwesenheit der beiden seinen Nachbarn und vor allem dem hiesigen Pfarrer erklären sollte.

Maria und Johannes waren dankbar, ein Dach über dem Kopf gefunden zu haben. Ihre Gedanken griffen bereits weiter, und sie überlegten, wie sie ein Schreiben an den Grafen Azuaga aufsetzen und losschicken konnten. Dafür mussten sie diesem einen Ort nennen, an dem er sie erreichen konnte. Außer der Hütte des Bauern kannten sie jedoch keinen Platz, der dafür geeignet war.

9.

Auch wenn Meschnigg streng auf Sitte und Anstand achtete, so zeigte er sich in anderer Hinsicht großzügig. Er suchte in der alten, bemalten Truhe, in der er die Kleider seiner Frau verstaut hatte, nach etwas, das Maria halbwegs passte, und versorgte auch Johannes mit Hosen und Hemd. Als dieser sich umgezogen hatte, nickte der Alte zufrieden.

»So geht es! Jetzt müssen wir uns etwas wegen Eurer Tonsur einfallen lassen. Ihr könnt nicht hierbleiben, ohne dass Ihr in die Kirche geht, und dort könnt Ihr keine Kappe tragen.«

Maria griff in Johannes' Schopf und zupfte ein wenig an den nachsprießenden Haaren. »Ein bisschen sind sie schon gewachsen.«

»Das schon. Aber es dauert zu lange, bis es nicht mehr auffällt«, wandte der Bauer ein.

»Warum schneiden wir seine Haare nicht kürzer? Irgendeine Erklärung wird uns dafür schon einfallen«, schlug Maria vor.

Johannes fasste sich unsicher an seinen Schopf. »Wenn ihr mich schert, sieht es trotzdem so aus, als wäre ich ein davongelaufener Mönch.«

»Eine Möglichkeit gibt es!«, erklärte Maria nachdenklich. »Allerdings musst du dafür eine kleine Narbe hinnehmen.«

»Wie meinst du das?«

»Wir sollten dir die Haare an einer Stelle ganz abrasieren und dort einen kleinen Schnitt anbringen. Danach könntest du für ein paar Wochen einen Verband tragen, der die verräterische Stelle abdeckt. Wenn du dann den Verband abnimmst, sind die Haare bei deiner Tonsur genug nachgewachsen, so dass niemandem mehr etwas auffällt.«

Der Bauer sah Maria an und musste lachen. »Das Dirndl hat was im Kopf, muss ich sagen! So könnte es gehen.«

»Dann machen wir es so.« Johannes war nicht gerade wohl dabei, am Kopf verletzt zu werden, doch wenn es half, seine Tonsur zu verbergen, war er dazu bereit.

»Setz dich hin«, befahl Maria und sah den Bauern auffordernd an. »Du hast gewiss eine Schere!«

»Schon, aber ob die geht …«, antwortete dieser unsicher und brachte eine herbei, der man ein ehrwürdiges Alter anmerkte.

Maria probierte sie an einer Stelle in Johannes' Nacken und lächelte zufrieden. »Sie ist scharf genug! Und nun halte still. Ich will dir den Schnitt mit einem Messer beibringen, das ich vorher übers Feuer gehalten habe. Der Villacher Arzt Hohenheim hat nämlich gesagt, dass eine in der Flamme gereinigte Klinge böse Dinge von einer Wunde fernhält. Es muss etwas dran sein, denn es heißt, Patienten, die er behandelt, werden weniger von üblen Entzündungen gequält.«

Johannes hatte ebenfalls nur Gutes über Wilhelm Bombast von Hohenheim gehört und war erleichtert, dass Maria sich nach dessen Ratschlägen richten wollte. Er hielt daher still, während sie in seinen Haaren wütete und Büschel um Büschel zu Boden fiel. Zuletzt lieh sie sich vom Bauern dessen Schermesser aus, das dieser noch rasch an einem Lederriemen schärfte, und schabte eine Stelle leicht versetzt von der Schädelmitte frei.

»Gleich bin ich so weit«, meinte sie, während sie Schere und Schermesser zurückgab. Danach nahm sie Domingos Dolch, hielt diesen in die Flamme einer Unschlittkerze, die der Bauer für sie entzündete, und wandte sich mit einem angespannten Lächeln Johannes zu. »Du solltest jetzt die Zähne zusammenbeißen!«

»Was meinst du, was ich die ganze Zeit schon tue?«, antwortete er und kniff die Augen zusammen, als sich ihre dolchbewehrte Hand seinem Kopf näherte. Der Schnitt verursachte nur einen kurzen Schmerz, dann spürte er, wie es ihm warm über den Kopf lief.

»Oh Gott, so schlimm wollte ich es nicht.« Erschrocken griff Maria nach einem Tuch.

Johannes hielt ihre Hand fest. »Lass es ruhig ein wenig bluten, dann sieht es wirklich so aus, als wäre ich übel verletzt. Dabei spüre ich fast nichts!«

»Du bist so tapfer!«, rief Maria und drückte ihm das Tuch gegen den Kopf, damit ihm das Blut nicht ins Ohr lief. Anschließend legte sie Johannes mit Meschniggs Hilfe einen Verband an. Als sie damit fertig waren, hatte der Schnitt zu bluten aufgehört und tat nun etwas mehr weh. Maria trat einen Schritt zurück und klatschte in die Hände.

»Es ist schade, dass wir keinen Spiegel haben. Du solltest dich sehen! Man könnte wirklich glauben, du wärst unter die Räuber geraten.«

»Das kannst du laut sagen!«, stimmte der Bauer ihr zu. »So hab ich keine Angst, mit Johannes in die Kirche zu gehen.«

»Ich will nur schnell seine abgeschnittenen Haare vergraben, damit niemand sie sieht«, erklärte Maria, trat vor die Tür und blickte sich um, ob jemand in der Nähe war.

Johannes trat in der Zwischenzeit neben den Bauern. »Ich brauche dringend Papier, Feder und Tinte, denn ich will einen Brief an meine Verwandten schreiben.«

»Da schaut's bei mir nicht gut aus. Aber ich glaub, ich kann es besorgen. Es wird allerdings ein wengerl was kosten, und ich hab noch nicht einmal das Geld für die Steuern zusammen.« Der Bauer wackelte bedenklich mit dem Kopf, doch da legte Johannes ihm lächelnd die rechte Hand auf die Schulter.

»An Geld soll es nicht scheitern, Meschnigg. Ein wenig haben wir.«

Er wollte nicht sagen, dass es die Münzen von Domingo und Pater Norbert waren, die sie den Toten abgenommen hatten, sondern stellte es so hin, als habe Maria sich ein wenig erspart und es bei ihrer Entführung mitnehmen können.

Der Bauer gab sich mit dieser Erklärung zufrieden. Er teilte ihnen nun ihre Schlafplätze zu und kehrte an seine Arbeit zurück. Johannes folgte ihm, um ihm zu helfen. In der Zwischenzeit war Maria in die Hütte zurückgekehrt und räumte sie auf. Nun war sie froh, Neža in der Fuggerau häufig bei der Arbeit geholfen zu haben. Bei dem Gedanken an die tote Freundin kamen ihr die Tränen, und sie sagte sich, dass Domingo und Pater Norbert ein gerechtes Ende ereilt hatte. Auch der verräterische Buffone war durch seine zerschmetterten Beine vom Himmel bestraft worden. Dies alles brachte zwar Neža nicht mehr zurück, doch es machte es für Maria leichter, deren Tod hinzunehmen.

10.

Einen leeren Bogen Papier fanden Maria und Johannes bei dem Stapel, den Pater Norbert bei sich getragen hatte. Die Feder wurde einer Gans ausgerupft, und so musste der Bauer nur Tinte besorgen. Obwohl diese nicht so gut war wie die, mit der Johannes in Arnoldstein geschrieben hatte, kam er damit zurecht. Er überlegte nur kurz und beschrieb dann in knappen Worten sein Schicksal und das seiner Mutter. Auch bekannte er in dem Brief, dass er als Beweis für seine Herkunft nur die Schmuckstücke seiner Mutter sowie die Notizen eines mittlerweile verstorbenen Mönchs vorzuweisen habe. Daher könne er es dem Grafen Azuaga nicht übel nehmen, wenn dieser ihn für einen Betrüger halte und keiner Antwort für wert befinde.

Maria hätte ihm etwas mehr Selbstbewusstsein gewünscht, doch er war im Kloster zur Bescheidenheit erzogen worden und würde diese wohl zeit seines Lebens nicht ablegen können. Trotzdem oder womöglich sogar deswegen liebte sie ihn und wünschte sich, ein Engel würde den Brief ins ferne Kastilien tragen und Johannes' Verwandten den Weg zu ihnen weisen.

Als Siegel musste ein Restchen geschmolzenen Bienenwachses reichen, in das Johannes eine der von Domingo erbeuteten spanischen Münzen presste. Nun mussten sie eine Gelegenheit finden, den Brief einem der Handelszüge, die durch das Kanaltal zogen, mitgeben zu können.

Während Johannes darüber nachsann, wurde die Tür geöffnet, und eine der Nachbarinnen steckte den Kopf herein. »Grüß dich, Meschnigg! Hast dir gleich gar zwei Dienstboten auf den Hof geholt?«, fragte sie neugierig.

Der Bauer schüttelte lächelnd den Kopf. »Das siehst du falsch, Nachbarin. Das sind Bruder und Schwester, die auf Reisen von Räubern überfallen und um ihr Reisegeld gebracht worden sind. Die Maria konnte noch in den Wald entkommen, doch den Hannes haben sie niedergeschlagen und verletzt. Sie sind zu mir gekommen und haben um Unterkunft gebeten, und ich habe sie um Gottes Lohn bei mir aufgenommen. Dafür helfen sie mir ein bisserl bei der Arbeit.«

Die Neugier der Frau war noch nicht gestillt. »Und was wollen die zwei machen, für immer hierbleiben?«

»Nein«, antwortete Maria und bemühte sich dabei, ihrer Stimme einen gewissen Nürnberger Zungenschlag zu verleihen. »Wir wollen nach Hause schreiben, damit die Verwandten uns Geld schicken und wir entweder weiterreisen oder heimkehren können.«

»Das war wohl schlimm, der Überfall, mein ich?«, bohrte die Frau weiter.

»Ich bin gleich zu Anfang weggelaufen und weiß nicht, wie es weiterging, und mein Bruder ist auf den Kopf geschlagen worden und kann sich nicht mehr daran erinnern, was alles geschehen ist. Ich habe ihn bewusstlos gefunden und bin dann mit ihm zusammen, als er wieder auf die Beine gekommen ist, so weit gewandert, bis sich jemand unser erbarmt und uns gastlich aufgenommen hat.«

Maria hoffte, mit diesem Bericht der Neugier der Frau einen Riegel vorschieben zu können.

Diese wandte sich jetzt an ihren Gastgeber und begann, diesem Löcher in den Bauch zu fragen. Meschnigg schien es gewohnt zu sein, denn er antwortete so geschickt, dass sie zwar viel hörte, aber im Grunde kaum etwas erfuhr.

Auf jeden Fall erzählte sie die Geschichte durch ihre eigene Phantasie ergänzt weiter, und so fanden Maria und Johannes sich, als sie am Sonntag mit dem Bauern zusammen die heilige Messe besuchten, im Kreuzfeuer interessierter Blicke wieder. Auf Marias Vorschlag hin mimte Johannes den Verletzten, der noch immer an dem Hieb litt, den er angeblich von den Räubern erhalten hatte. Da er die deutsche Sprache in dem um Arnoldstein und Villach gebräuchlichen Dialekt gelernt hatte, sagte er wenig und bemühte sich, den Tonfall zu treffen, in dem die wenigen deutschsprachigen Aufzeichnungen des Arnoldsteiner Klosters geschrieben worden waren.

Nach der Messe mussten sie dem Pfarrer Rede und Antwort stehen. Auch hier übernahm Maria den Hauptteil des Gesprächs und verwies dabei auf Johannes' Verwundung.

»Ihr seid Geschwister?«, fragte der Priester etwas verwundert, da Johannes dunkle Haare und Augen hatte, während Maria eine blonde Schönheit mit blauen Augen war.

»Uns haben verschiedene Mütter geboren«, antwortete Maria. Immerhin war dies keine Lüge, die sie beichten musste, dachte sie dabei.

»Ach, so ist das!« Mit der Auskunft gab sich der Pfarrer zufrieden. »Ihr kommt aus Nürnberg?«

Maria nickte. Wenigstens bin ich es, setzte sie in Gedanken hinzu.

»Ihr wollt eurer Verwandtschaft schreiben, euch Geld zu schicken?«

»Sehr wohl, hochwürdigster Herr«, sagte Maria. »Wir wollen den Brief einem Handelszug des ehrenwerten Herrn Jakob Fugger mitgeben. Dieser wird ihn gewiss weiterleiten.«

Diesmal nickte der Pfarrer, denn er kannte die schwer beladenen Wagen, die regelmäßig den Ort passierten. »Ihr werdet, wenn ihr das Geld in Händen haltet, auch mein Kirchlein bedenken!«, mahnte er die beiden.

»Das werden wir, hochwürdigster Herr!« Maria knickste vor dem Mann und war froh, als dieser sie entließ.

»Der war ganz schön neugierig«, meinte sie draußen leise zu Johannes.

»Es ist seine Pflicht, ein Auge auf seine Schäflein zu halten, und zu diesen zählen zurzeit auch wir.« Im Kloster hatte Johannes viel über die Aufgaben gelernt, die ein Priester erfüllen sollte, und wunderte sich daher weniger als seine Geliebte über die Neugier des Pfarrers.

Von nun an warteten Maria und er angespannt auf den ersten Wagenzug der Fugger, der das Dorf passierte. Am liebsten wäre Johannes einer gewesen, der in Richtung Norden unterwegs war, doch er war auch bereit, den Brief einem Transport, der nach Venedig fuhr, mitzugeben, da er von dort aus weitergeleitet werden konnte.

11.

Drei Tage später war es so weit. Johannes war gerade mit Meschnigg dabei, das Gras für das letzte Heu des Jahres zu mähen, als er aus der Ferne das Geräusch eisenbereifter Räder vernahm. Er stellte die Sense ab und schaute in die Richtung. Da bogen mehrere große Wagen um die Kurve und hielten auf das Dorf zu. Die Wachmannschaft war größer als früher und verriet damit den beiden Männern, dass der Überfall auf die Fuggerau nicht ohne Folgen geblieben war. Noch konnte Johannes nicht erkennen, ob es sich wirklich um einen Fugger'schen Wagenzug handelte oder er einem anderen Kaufherrn gehörte.

»Ich muss nachsehen, was das für Leute sind!«, rief er Meschnigg zu und rannte los.

Die Gespannpferde zogen schnell, und er musste sich beeilen. Als er die Hütte erreichte, stand Maria bereits in der Tür und reichte ihm den Brief.

»Mach schnell, sonst sind sie weg!«, rief sie ihm zu.

Johannes nickte und eilte hinter den Wagen her, die eben die Hütte passierten. Einer der Bewaffneten wurde auf ihn aufmerksam und senkte seinen Spieß, hob ihn aber wieder, als er sah, dass ihnen nur ein einzelner Mann folgte.

»Was willst du?«, fragte er unfreundlich.

»Ich habe hier einen Brief, der dringend nach Spanien geschickt werden muss, und habe mir gedacht, dass Herr Jakob Fugger dies veranlassen könnte«, erklärte Johannes drängend.

»Da solltest du dich an den Herrn von Taxis wenden. Schließlich ist dieser des Reiches Postmeister«, spottete der Mann.

»Es soll nicht umsonst sein!« Johannes klemmte den Brief unter der Achsel fest und löste den Geldbeutel vom Gürtel. Als er mehrere venezianische Zechinen herausholte, änderte sich das Verhalten des Waffenknechts.

»Gib mir den Brief! Ich werde mit dem Wagenmeister sprechen, dass er ihn Herrn Fugger übergibt. Ob der ihn jedoch weiterschickt, kann ich dir nicht versprechen.«

»Hab Dank!«, sagte Johannes erleichtert und reichte dem Mann das Schreiben und das Geld.

Der Mann steckte eine Zechine in seinen Beutel und grinste. »Das ist leicht verdientes Geld. Den zweiten Dukaten bekommt der Wagenmeister, und das Übrige erhält Herr Fugger. Vielleicht ist er dadurch bereit, deinen Brief einem Boten nach Spanien mitzugeben. Doch nun muss ich weiter. Meine Leute sind mir schon ein ganzes Stück voraus.«

»Möge Gott es dir segnen!«, rief Johannes ihm nach und schlug das Kreuz.

Als er zur Hütte zurückkehrte, wartete Maria gespannt auf ihn. »Und? Haben sie den Brief mitgenommen?«

»Das haben sie, und sie haben mir versprochen, ihn Jakob Fugger zu überreichen. Wir können nur hoffen, dass dieser ihn nach Spanien sendet.«

»Das muss er einfach tun!«, rief Maria.

Sie ärgerte sich, weil der Bauer sie hier als Bruder und Schwester eingeführt hatte. Andernfalls hätten sie sich hier trauen lassen und als verheiratetes Paar nach Augsburg zu Jakob Fugger reisen können. Von Angesicht zu Angesicht hätten sie ihn gewiss dazu überreden können, ihre Botschaft an den Grafen Azuaga weiterzuleiten.

Sie fragte sich nun, wie lange sie wohl hier würden warten müssen, bis eine Antwort eintreffen konnte. Etliche Monate würden es schon sein, und sie hielt sogar ein ganzes Jahr für möglich. Sie würden diese Zeit durchstehen und danach zu Johannes' Familie reisen. Davor aber wollte Maria mit Johannes vor einen Priester treten und sich den Trausegen spenden lassen, um sich in Spanien als Ehepaar präsentieren zu können.

Sollte Graf Azuaga ihnen keine Antwort senden, wollte sie nach der Heirat mit Johannes Jakob Fugger aufsuchen. Immerhin standen ihr noch eintausend Gulden als Erbe ihres Ziehvaters zu. Mit diesem Geld und dem, das sie dann noch hatten, konnten Johannes und sie sich eine eigene Existenz aufbauen.

12.

Die Tage reihten sich aneinander wie Perlen an einer Schnur. In Bozen wartete Graf Azuagas Gefolgsmann Raúl auf eine Nachricht von Jakob Fugger über den Verbleib Doña Esmaraldas und ihres Sohnes. In Kastilien hoffte Don Rodrigo de Azuaga, bald von Raúl zu hören, und in einem kleinen Dorf im Kanaltal harrten Maria und Johannes einer Antwort auf ihr Schreiben.

Unterdessen ging Jakob Fugger in Augsburg seinen Geschäften nach. Diese wurden vom Krieg zwischen König Maximilian gegen die Republik Venedig zwar behindert, aber nicht unterbunden. Noch immer wurden Waren in die Lagunenstadt oder von dort ins Reich geschafft.

Auch an diesem Tag saß er wieder in seinem Kontor und überprüfte die Einnahmen des letzten Monats. Sein Neffe Ulrich war bei ihm und wartete auf seine Anweisungen.

Mit einem Mal hob Jakob Fugger den Kopf. »Reiche mir das Abrechnungsbuch aus der Fuggerau!«

Groll schwang in seiner Stimme mit, denn der Verlust der Kanonen, die die Venezianer im Handstreich an sich gebracht hatten, schmerzte ihn. Noch mehr ärgerte er sich über die beiden Männer, die er dort als Faktoren eingesetzt hatte. Seinen Plänen nach hätten Christoph Häring und Jobst Zeller einander überwachen und sich gegenseitig zu höchsten Leistungen anstacheln sollen. Stattdessen hatten sie sich in kleinlichen Eifersüchteleien verzettelt und darüber den Schutz der Fuggerau vernachlässigt. Er konnte froh sein, dass die Angreifer nicht auch noch das gewonnene Silber mitgenommen und die wertvolle Niederlassung zerstört hatten.

»Ich muss mir für diese beiden Narren etwas einfallen lassen«, sagte er in einem Ton, der seinen Neffen wünschen ließ, niemals seinen Zorn zu entfachen.

Noch während Jakob Fugger überlegte, klopfte es an die Tür. »Sieh nach, wer draußen steht!«, forderte Fugger Ulrich auf.

Sein Neffe öffnete rasch die Tür und sah den Wagenmeister eines Handelszugs vor sich. Dieser hielt unschlüssig seinen Hut in der Hand.

»Was gibt es?«, fragte Jakob Fugger, der ungern Zeit durch Warten verlor.

Der Mann trat näher. »Es ist so, Herr. Unterwegs hat uns jemand einen Brief zugesteckt mit der Bitte, ihn Euch zu geben, damit Ihr ihn nach Spanien weiterbringen lasst. Jetzt weiß ich nicht, ob ich ihn Euch geben darf.«

Statt einer Antwort streckte Jakob gebieterisch die Hand aus. »Gib her!«

»Es ist so, Herr. Der Fremde hat uns drei Dukaten mitgegeben, damit Ihr den Brief für ihn versorgt.«

Fugger lachte. »Drei Dukaten, sagst du? Damit wäre ein Bote nicht weit gekommen.«

Er nahm den Brief und die drei Münzen entgegen und schüttelte den Kopf über so viel Dreistigkeit. Da las er den Namen des Empfängers und stieß einen leisen Pfiff aus.

»Don Rodrigo de Azuaga, Graf in Kastilien! Ulrich, sorge dafür, dass das Siegel vorsichtig geöffnet wird. Dem Brief darf nichts geschehen.«

»Sehr wohl, Oheim!« Verwundert nahm der junge Mann den Brief und eilte davon.

Jakob Fugger dachte an den Mann, der vor ein paar Wochen zu ihm gekommen war und ihn gebeten hatte, nach dem Enkel seines Herrn zu suchen. Sollte er durch Zufall auf eine Spur gestoßen sein?

»Wo hast du das Schreiben erhalten?«, fragte er den Wagenmeister.

Dieser nannte ihm den Namen des Dorfes.

»Wo liegt es?«

»Im Kanaltal bei Malborgeth.«

»Also nicht sehr weit von der Fuggerau entfernt.«

Jakob Fugger erinnerte sich an die Worte Christoph Härings, nie etwas über eine Spanierin und deren Sohn gehört zu haben, und fragte sich, ob dieser es auch hier an der nötigen Sorgfalt hatte fehlen lassen.

Unterdessen kehrte Ulrich Fugger zurück und reichte seinem Onkel das geöffnete Schreiben. »Es war nicht leicht, das Siegel so zu lösen, dass niemand es bemerkt. Es ist sehr dünn, und ich musste Sorge tragen, die Klinge, mit der ich es abgelöst habe, nicht zu sehr zu erhitzen, da es sonst ganz geschmolzen wäre!«

Er heischte ein wenig Lob für sein umsichtiges Tun, doch Jakob Fugger war zu neugierig auf den Brief, um eine Antwort geben zu können.

Nachdem er den Brief gelesen hatte, kniff er die Lippen zu dünnen Strichen zusammen. Sollte er wirklich den Erben des Grafen Azuaga gefunden haben? Der Absender bekannte, als Beweis für seine Abstammung lediglich mehrere Schmuckstücke der Mutter und die Aufzeichnungen eines toten Priesters vorweisen zu können. Zusammen mit der Bemerkung, der Schreiber könne verstehen, wenn dies dem Grafen zu wenig sei, um ihm zu antworten, hörte sich das nicht nach einem Hochstapler an.

Jakob Fugger überlegte. Bis jetzt hatte er nur wenig in den Handel mit der spanischen Halbinsel investiert und die dortigen Geschäfte seinen Augsburger Konkurrenten aus der Familie Welser überlassen. Vielleicht sollte er diesem Markt doch etwas mehr Aufmerksamkeit widmen, zumal die Seefahrer der spanischen wie auch der portugiesischen Krone große Ländereien entdeckt hatten, mit denen zu handeln reichen Gewinn versprach.

»Ich werde einen Boten nach Spanien senden«, sagte er mehr für sich als für seinen Neffen gedacht.

Dieser Bote konnte auf seiner Reise seinen Repräsentanten in Barcelona aufsuchen und nach Sevilla weiterreisen, da im Hafen dieser Stadt Schiffe mit wertvollen Gütern aus fernen Landen anlegten. Unterwegs sollte der Bote dem Grafen Azuaga diesen Brief übergeben. Jakob Fugger beschloss, Don Rodrigo auch selbst zu schreiben und ihm zu erklären, wie diese Nachricht zu ihm gelangt war. Auch galt es, einen Ort zu bestimmen, an dem der Graf und dessen mutmaßlicher Enkel zusammentreffen sollten. Spanien war zu weit, und eine Reise bis Augsburg wollte er dem alten Herrn nicht zumuten.

»Bozen!«, entfuhr es ihm unwillkürlich. Dorthin hatte er den Gefolgsmann des Grafen geschickt, damit dieser auf Nachricht warten wollte. Fugger hielt die Stadt für eine gute Wahl, zumal er dort in einigen Monaten mit König Maximilian zusammentreffen sollte, um mit diesem über einen neuen Kredit zu verhandeln.

»Bozen also!«, wiederholte er lauter und forderte seinen Neffen auf, ihm Feder, Papier und Tintenfass zu reichen. Es galt, dem Grafen Azuaga zu schreiben. Auch wollte er Raúl auffordern, seinem Herrn bis Genua entgegenzureisen und ihn dort zu empfangen.

Elfter Teil

Der Erbe des Grafen

1.

Der Kern des Schlosses Azuaga bestand aus einer maurischen Burg, die seit der Eroberung durch den Ahnen des Grafen vor gut zweihundert Jahren von den folgenden Generationen umgebaut und erweitert worden war. Eine feste Wehrmauer schützte die Gebäude gegen Angriffe, und zwei große Türme ragten zu beiden Seiten des Schlosses in die Höhe. Die Privatgemächer der gräflichen Familie befanden sich im alten, maurischen Teil. Dort saß Don Rodrigo in dem von schlanken Säulen flankierten Speisesaal, dessen Wände nun statt maurischer Arabesken Bilder von Helden und Heiligen trugen. Er hatte allerdings keinen Blick für diese Pracht, sondern starrte voller Abscheu auf die Briefe, die vor ihm lagen. Die in Teig gebackenen Flusskrebse, die als erster Gang des Abendessens aufgetragen worden waren, schien er nicht einmal zu bemerken.

»Es ist eine Frechheit, meine Liebe!«, rief er seiner Gemahlin zu, die auf der anderen Stirnseite saß. Er musste laut reden, damit sie ihn verstand, denn die Tafel war auf den Seiten für je zwölf Leute ausgerichtet und entsprechend lang. Außerdem behinderten drei Tafelaufsätze die freie Sicht. Sie sollten den Tisch schmücken, damit dieser nicht so leer wirkte.

Doña Blanca musste sich zur Seite beugen, um ihren Mann zu sehen. Sein Gesicht war weiß vor Zorn, und er sah aus, als wolle er die Briefe am liebsten in tausend kleine Stücke reißen.

»Worüber ereifert Ihr Euch?«, fragte sie ihn.

»Don Julio de Porzuna wagt es, mir zu schreiben, dass seine Familie aufgrund der engen Verwandtschaft das erste Anrecht auf mein Erbe habe. Enge Verwandtschaft! Sein Großvater war ein Vetter meines Großvaters und verheiratete seine einzige

Tochter mit einem Porzuna. Herrgott! Warum haben die beiden Frauen, mit denen Miguel verheiratet war, nicht wenigstens ein lebensfähiges Mädchen geboren? Dann müsste ich mich nicht mit solchen Forderungen herumschlagen. Sie brachten jedoch nur tote Kinder zur Welt und starben bei der Geburt.«

»Das war schrecklich«, sagte Doña Blanca so leise, dass ihr Ehemann es nicht verstand.

»Was meint Ihr?«, fragte er gereizt.

»Ich sagte, es sei nicht gut, dass wir keine Enkelin haben!«

»Ein Enkel, der den Namen derer de Azuaga weiterführen könnte, wäre mir lieber. Wir haben seit vielen Wochen nichts von Raúl gehört«, antwortete Don Rodrigo grimmig und warf Don Julios Schreiben auf den Boden. Dort hob es ein Diener auf und brachte es in Sicherheit. Sein Herr hielt derweil zwei weitere Schreiben in die Höhe.

»Don Hernando de Calzada und Don Cristobal Bermillo sind beide noch weitläufiger mit mir verwandt als die Porzunas, aber sie schreiben, dass sie einen Sohn der einen Sippe mit einer Tochter der anderen verheiraten wollen und dieses Paar, da sie zwei Linien der Azuagas in weiblicher Erbfolge repräsentieren, ein größeres Anrecht auf mein Erbe besäße als die Porzunas. Dies hätte ihnen auch bereits Seine Majestät, König Fernando, bestätigt. Aber das hier ist mein Besitz, und ich allein bestimme, wer dereinst hier auf diesem Platz sitzen wird!«

Der Graf steigerte sich in eine Wut hinein, die seine Frau Schlimmes befürchten ließ.

»Erregt Euch bitte nicht, Rodrigo! Ihr wisst, der Arzt rät Euch zu mehr Gelassenheit.«

»Der Quacksalber hat leicht reden! Der hat einen Sohn, der einmal sein Gewerbe weiterführen wird. Bei Gott, wenn doch nur Felipes Sohn noch leben würde!«

»Ich fühle, dass Juan noch am Leben ist«, antwortete seine Frau und drückte sich die Rechte auf das Herz, das zu laut und zu schnell schlug.

»Der Teufel soll Raúl holen, weil er nichts von sich hören lässt! Es kann doch nicht so schwer sein, durch ein paar Bergtäler zu reiten und nach einer Frau und einem Kind zu fragen.« Don Rodrigo ballte die Fäuste und presste sie sich gegen die Stirn.

»Ihr vergesst, dass Raúl sich nicht genau erinnern konnte, durch welche Täler sie auf ihrer Flucht gezogen sind. Seither sind zwanzig Jahre vergangen. Viele, die Esmaralda und ihren Sohn gesehen haben können, werden mittlerweile verstorben sein, andere erinnern sich nicht mehr! Es mag also dauern, bis Raúl eine Spur entdeckt.« Mit diesen Worten gelang es Doña Blanca, ihren Gemahl zu beruhigen.

»Ihr habt ja recht!«, erwiderte er bedrückt. »Es fällt mir nur schwer zu warten, da ich nicht weiß, wann unser Herr im Himmel mich zu sich rufen wird.«

»Ihr seid noch bei bester Gesundheit, mein Gemahl. Ihr dürft Euch nur nicht aufregen und solltet dem Wein nur mäßig zusprechen«, mahnte ihn seine Frau.

»Wenn Ihr mir versprechen könntet, dass unser Enkel gefunden wird, würde ich mich für den Rest meines Lebens mit Wasser begnügen!« Don Rodrigo atmete tief durch und spießte nun doch einen der Flusskrebse auf.

»Lasst uns essen! Sonst sind wir verhungert, bevor unser Enkel gefunden wird.«

Während des Essens sprachen sie über die Familien der Porzunas, Calzadas und Bermillos, die bereits einen erbitterten Wettstreit um das erhoffte Erbe begonnen hatten, obwohl sie beide noch lebten und das Schicksal ihres Enkels noch nicht geklärt war.

Nachdem ein mit Mandeln gespickter und mit Honig getränkter Kuchen als Nachspeise serviert worden war, trat der Haushofmeister des Grafen ein und blieb ehrerbietig neben dessen Stuhl stehen.

»Verzeiht die Störung, Euer Hochwohlgeboren! Es ist ein

Bote erschienen, den ein Krämer mit Namen Jakob Fugger aus Augsburgo gesandt hat. Es ist ein Subjekt, das ich Euch bei einem offiziellen Empfang niemals vorstellen würde.«

»Sagtest du Fugger?« Doña Blanca erhob sich von ihrem Stuhl und sah ihren Gemahl mit einer Mischung aus Hoffnung und Angst an. »Laut Raúls letzter Botschaft hat er diesen Mann um Unterstützung bei der Suche nach Esmaralda und Juan gebeten.«

Don Rodrigo nickte kurz und funkelte seinen Haushofmeister zornig an. »Weshalb hast du den Mann nicht gemeldet? Los, hole ihn! Sofort!«

Während der Haushofmeister verwirrt den Speisesaal verließ, kam die Gräfin auf ihren Gemahl zu und fasste nach dessen Hand. »Wir sollten auf Gott vertrauen, welche Nachricht dieser Mann auch bringt.«

»Ich hoffe, doch wohl eine gute!« Seinen Worten zum Trotz waren Don Rodrigo Zweifel anzumerken. Wäre die Suche erfolgreich gewesen, hätte Raúl die gute Botschaft gewiss selbst überbracht. Trotzdem wartete er gespannt.

Der Bote trat kurze Zeit später ein, verneigte sich und begann, in einem verständlichen Kastilisch zu sprechen.

»Ich überbringe Euer Erlaucht und Euch, erlauchtigste Dame, die Grüße meines Herrn Jakob Fugger, genannt von der Lilie, und soll Euch in seinem Namen diese beiden Briefe übergeben. Sie sind beide in Latein verfasst, damit Euer Burgkaplan sie Euch vorlesen kann.«

»Ich bin des Lateinischen mächtig! Gib her!«, antwortete Don Rodrigo und streckte fordernd die Hand aus.

Der Bote reichte ihm zwei Briefe. Der eine war mit simplem Bienenwachs gesiegelt, in das die Vorderseite einer Münze gedrückt worden war, während der andere ein aufwendiges Siegel mit dem Symbol einer Lilie trug. Da Don Rodrigo annahm, dass dieser von Fugger kam und den anderen Brief erklären würde, öffnete er ihn zuerst.

Als er zu lesen begann, blickte ihm seine Gemahlin über die Schulter, obwohl sie Latein nicht beherrschte. Trotzdem versuchte sie anhand einiger Worte zu erkennen, was hier geschrieben stand, und zuckte zusammen, als sie den Namen Juan entdeckte.

»Kann es möglich sein?«, fragte sie.

Der Graf las den Brief ganz durch und blickte dann zu ihr auf. »Jakob Fugger schreibt, er habe den anderen Brief von einem jungen Mann erhalten, der von sich behauptet, Juan de Azuaga zu sein. Er selbst wagt nicht zu bestimmen, ob jener die Wahrheit spricht, und schlägt vor, dass ich ihn selbst examinieren soll. Dafür müsste ich nach Bozen reisen, wo Fugger mich treffen will.«

»Könnte es möglich sein?«, fragte seine Frau erneut.

Unterdessen legte Don Rodrigo Jakob Fuggers Schreiben beiseite und ergriff den zweiten Brief. Als er das Siegel erbrach, dachte er an die drei anderen Briefe, die er erhalten hatte. War dies die Gelegenheit, die entfernte Verwandtschaft vom Schloss fern- und den Namen Azuaga zu erhalten?, fragte er sich, als er erneut zu lesen begann.

»Der junge Mann hat jedenfalls eine sehr gute Schrift«, teilte er seiner Frau mit.

»Da er auf Latein schreibt, ist er gewiss gebildet«, meinte diese.

Don Rodrigo las weiter und nickte mehrmals. »Er schreibt, er sei in einem Kloster aufgewachsen und dort zum Priester geweiht worden.«

»Aber das ...«, begann seine Frau, wurde aber sofort von ihrem Ehemann unterbrochen.

»Ein Dispens ist leicht zu erreichen. Immerhin ist er der letzte Azuaga!«

»Ihr glaubt, er ist Juan?« Doña Blanca verspürte eine Hoffnung, die ihr fast widersinnig erschien.

»Er gibt offen zu, als Beweis für seine Behauptung, Juan zu

sein, nur über mehrere Schmuckstücke seiner Mutter und die Aufzeichnungen eines mittlerweile zu Gott eingegangenen Mönchs zu verfügen. Sollte mir dies nicht genügen, würde er verstehen, wenn ich den Kontakt mit ihm ablehne.«

Noch während er es sagte, wurde Don Rodrigo klar, dass er die Reise nach Bozen antreten würde. »Ist er unser Enkel, so will ich Gott danken. Halte ich ihn nicht dafür, so werde ich ihn, so er ein angenehmer junger Mann ist, trotzdem anerkennen und Don Julio de Porzuna eine Heirat zwischen Juan und einer von Porzunas Töchtern vorschlagen.«

Don Rodrigo war über seine Verwandtschaft so aufgebracht, dass er selbst zu einem solchen Winkelzug bereit war. Seine Gemahlin hingegen betete zu der Heiligen Jungfrau, dass der fremde junge Mann tatsächlich ihr Enkel war. Eine Sache aber galt es für sie noch zu klären.

»Ich werde Euch auf dieser Reise begleiten, Don Rodrigo. Versucht nicht, es mir auszureden. Ich würde Euch sonst auf eigene Faust folgen!«

Der Graf kannte seine Frau gut genug, um ihr dies zuzutrauen, und teilte ihr mit einem leichten Brummen sein Einverständnis mit.

2.

In dem kleinen Dorf im Kanaltal war der Spätsommer dem Herbst und dieser dem Winter gewichen. Maria und Johannes lebten nun schon seit Monaten bei dem alten Bauern und hatten sich in völlig andere Verhältnisse einfinden müssen als jene, die sie gewohnt waren. Im Kloster hatte Johannes vor allem Bücher kopiert. Hier galt es, mit der Heugabel in der Hand die Ziegen zu füttern und bei ihnen auszumisten. Nun, da die Arbeit auf den Feldern des Winters wegen ruhte, musste Holz gehackt und Ausbesserungen am Stall vorgenommen werden.

Maria war die Küche anvertraut worden. Sie kochte, putzte und lernte von den Nachbarinnen, Obst und Pilze zu darren sowie Kräuter zu trocknen. Auch musste sie mithelfen, Fleisch zu pökeln, Würste herzustellen und vieles mehr. An den Abenden saß sie am Spinnrad oder nähte.

Es war ein ruhiges Leben, und das Einzige, was beide störte, war, dass ihnen kaum Zeit füreinander blieb. Meschnigg hatte erklärt, dass er in seinem Haus keine Unzucht dulde, und ein Paar, das sich ohne den Segen des Priesters den Verlockungen der körperlichen Liebe hingab, war in seinen Augen unzüchtig. Gelegentlich dachte Maria daran, dass sie Johannes erklärt hatte, erst nach der Heirat mit ihm das Bett teilen zu wollen. Nur hatte sie nicht erwartet, dass es so lange dauern würde.

An diesem Tag wurden sie unerwartet früh mit der Arbeit fertig und gingen ein Stück die winterliche Straße entlang. Ihr Atem wehte weiß von ihren Mündern, doch die Kälte wurde durch schlichte, wärmende Mäntel ferngehalten. Auf einmal blieb Maria stehen.

»Nimm bitte die Mütze ab«, forderte sie Johannes auf. Dieser tat es, und sie musterte seinen nachgewachsenen Haarschopf. »Der Winter ist bald vorbei, und wir sollten uns überlegen, was wir dann tun.«

Johannes nickte. »Das sollten wir! Allerdings wollte ich das Frühjahr über noch hierbleiben. Es ist ein weiter Weg von Augsburg nach Spanien, und da will ich nicht zu früh aufbrechen und durch eigene Schuld die Antwort meiner Familie verpassen.«

Dies war ein gewichtiger Grund. Maria überlegte dennoch, diese Gegend zu verlassen, um sich an anderer Stelle trauen zu lassen. Hier war es unmöglich, weil sie für die Bewohner als Bruder und Schwester galten. Außerdem befanden sie sich noch zu nahe an der Fuggerau und an Arnoldstein. Jetzt im Winter zogen nur wenige Handelszüge über die Straßen, doch im Frühjahr würden sie wieder zuhauf kommen. Da war es leicht möglich, dass Jobst Zeller oder Christoph Häring auf dem Weg nach Venedig hier durchreisten und sie erkannten. Maria wagte nicht, sich vorzustellen, was geschehen würde, wenn man sie von hier wegholte. Sie würde gewiss rasch mit einem unmöglichen Mann verheiratet werden. Bei dem Gedanken fiel ihr Erhard Schönlein aus Nürnberg ein, der seinem Namen zum Trotz reichlich derb aussah und den die wunderschöne Elisabeth Glauber hatte heiraten müssen. Was Johannes betraf, würde er in Klosterhaft gehalten und von seinem Abt schwer bestraft werden.

Für einige Augenblicke herrschte Schweigen zwischen ihnen. Dann wies Johannes auf die schneebedeckten Berge, die das Tal säumten. »Es ist ein so friedliches Bild. Wenn man es sieht, kann man nicht glauben, dass der Schnee dort oben als Lawine niederbrechen und ganze Wälder und Häuser niederwalzen kann.«

»Wir müssen zusehen, dass uns nicht die Lawine des Lebens unter sich begräbt«, erklärte Maria drängend. »Daher sollten wir diesen Landstrich verlassen, irgendwo heiraten und uns dort niederlassen. Später können wir dann bei Jakob Fugger mein Erbe fordern.«

»Ich glaube nicht, dass Herr Fugger deine Ehe mit einem davongelaufenen Mönch und Priester billigen wird. Er wird fordern, dass wir voneinander ablassen und für den Rest unseres Lebens Buße tun«, antwortete Johannes nachdenklich.

Von der Warte aus hatte Maria es noch nicht betrachtet. Dann aber winkte sie mit beiden Händen ab. »Was sind schon eintausend Gulden? Wenn wir zusammenstehen, schaffen wir uns viel mehr.«

»Wenn bis Juni keine Antwort aus Spanien kommt, sollten wir aufbrechen«, schlug Johannes vor.

»Mir wäre der Frühling lieber, denn ich will bald mit dir verheiratet sein. Oder drängt es dich nicht, dich mit mir zu vereinen?«

Das Letzte klang etwas gekränkt, da Johannes sie aus Rücksicht auf den Bauern, aber auch aus Vorsicht tatsächlich wie eine Schwester behandelte und nicht wie die Frau, die er mit allen Sinnen liebte. Zwar wusste sie, dass sein Verhalten angesichts der Umstände richtig war, doch sie sehnte sich danach, von ihm in die Arme genommen und geküsst zu werden.

Auch wollte sie, wenn sie schon in der Küche arbeiten musste, dies in ihrem eigenen Haushalt tun, der dann auch ein wenig besser ausgestattet sein sollte als der des Bauern. Zwar gab Meschnigg sich Mühe und schnitzte die Haushaltsgeräte, die sie brauchte, selbst. Dennoch fehlte ihr einiges von dem, was sie in Hans Fuggers Haushalt in Nürnberg und später in der Fuggerau kennengelernt hatte.

»Wir sollten zurückkehren! Es wird dunkel«, sagte Johannes.

Maria sah sich um, ob nicht doch die Gelegenheit zu einem schnellen Kuss war, doch sie entdeckte ein Stück entfernt einen Nachbarn, der eben aus dem Bergwald kam und sich sehr wundern würde, wenn das Geschwisterpaar, das bei einem seiner

Nachbarn Zuflucht gefunden hatte, zu große Leidenschaft füreinander zeigte.

»Ich wünschte, wir könnten bald von hier fortgehen«, seufzte sie und nahm sich vor, so lange auf Johannes einzureden, bis er seinen Vorsatz, bis zum Juni zu bleiben, vergaß.

3.

Schließlich war der Frost gebrochen. Der Schnee taute, und die erwachsenen Männer des Dorfes wurden aufgefordert, mit Schaufeln und Schubkarren zu erscheinen und das Stück der Handelsstraße, das ihnen zugeteilt war, wieder befahrbar zu machen. In den letzten Jahren hatte Meschnigg trotz seines Alters mithelfen müssen. Nun war er froh, es Johannes überlassen zu können. Der übernahm das gerne, denn wenn die Warenzüge wieder durch das Kanaltal fuhren, stieg die Aussicht, eine Antwort aus Kastilien zu erhalten.

Gelegentlich mussten sie noch einzelne Schneewehen wegschaufeln, die bislang der Frühlingsluft getrotzt hatten. Johannes merkte bald, dass mehrere Männer ihre Arbeit nur schlampig erledigten und sich drückten, wo es nur ging. Für den Rest der Arbeiter war deswegen mehr zu tun, und so hätte er die Faulenzer am liebsten zurechtgewiesen. Doch als er den Aufseher darauf ansprach, beschimpfte ihn dieser nur und forderte ihn auf, zurück an die Arbeit zu gehen.

»Weshalb tut er das?«, fragte er den Mann, der fleißig neben ihm schaffte.

»Die Schwester eines der faulen Kerle lebt beim Grundherrn und wärmt diesem das Bett, weil sein Weib es nicht mehr will. Deshalb wagt keiner, etwas gegen den Bruder der Frau und dessen Freunde zu sagen. Mag sein, dass er nächstes Mal sogar unser Aufseher wird.«

»Der Mann sollte sich schämen, und seine Schwester ebenfalls, weil sie der Unzucht frönt!«

Noch während Johannes es sagte, fiel ihm ein, dass Maria und er streng genommen noch eine viel größere Sünde begingen. Auch wenn sie bislang darauf verzichtet hatten, einander ganz anzugehören, so wollten sie doch heiraten. Dabei war er Priester und hatte Ehelosigkeit geschworen.

Der Mann winkte ab. »Menschen sind nun einmal so, und auch unser Pfarrer ist nicht anders. Der will auch mal was im Bett haben, das die Beine breitmacht. Also lass sie tun, was sie wollen. Wir müssen hier die Straße in Ordnung bringen. Hoffentlich kommen heuer mehr Handelszüge als im letzten Jahr. Dann nehmen die Herren mehr Straßenzoll ein und schinden uns weniger.« Nach diesen Worten packte er wieder entschlossen seine Schaufel.

Als Johannes am Abend mit müde gearbeiteten Gliedern zum Haus des Bauern kam, winkte er Maria zur Seite. »Falls der Mai kommt und es ist noch keine Antwort meiner Verwandten eingetroffen, brechen wir auf.«

»Das freut mich!«

Am liebsten hätte Maria ihn geküsst. So aber kehrte sie in die Hütte zurück und musste an sich halten, um nicht vor Freude zu singen. Bis Mai waren es keine zwei Wochen mehr. Ein paar Tage würde Johannes wohl noch zuwarten, dann würden sie endlich aufbrechen und sich ein Städtchen suchen, in dem sie als Mann und Frau zusammenleben konnten.

Während sie das einfache Mahl auf den Tisch stellte, hörte sie draußen Hufschläge, die vor der Hütte endeten. Maria eilte zur Tür, öffnete diese einen Spalt und spähte hinaus. Ein Trupp von sechs Reitern hatte vor der Hütte angehalten. Der Anführer, ein in Leder und Samt gekleideter junger Mann, wies gerade einen seiner Begleiter an, abzusteigen.

Der Mann rutschte aus dem Sattel und kam steifbeinig auf die Tür zu. Als er die Hand hob, um dagegen zu klopfen, öffnete Maria diese ganz.

»Was wollt Ihr?«, fragte sie.

Der Fremde starrte sie an, da die schlichte Kleidung, die sie trug, nicht zu ihrer stolzen Haltung und ihrem schönen Gesicht passen wollte.

»Wir sind auf der Suche nach dem Mann, der sich Johannes oder Juan de Azuaga nennt«, erklärte er.

»Da seid Ihr zum richtigen Haus gekommen! Wenn Ihr einen Augenblick wartet, werde ich ihn rufen.«

Nach diesen Worten schloss Maria die Tür wieder und eilte durch die Hütte zum angebauten Stall. Johannes und Meschnigg waren gerade dabei, den Ziegen noch ein wenig Heu für die Nacht vorzulegen, als sie hereinstürmte. »Johannes, draußen sind Leute, die nach dir gefragt haben!«, rief Maria aufgeregt.

»Leute? Wer sind sie?«, antwortete Johannes hoffnungsvoll, aber auch besorgt, der Abt von Arnoldstein könne diese geschickt haben, um ihn zurückzuholen.

»Sie haben es nicht gesagt, doch von der Sprache her könnte ihr Anführer aus Augsburg stammen.«

Diese Auskunft erleichterte Johannes. Augsburg deutete auf die Fugger hin, und er hatte Jakob Fugger gebeten, seinen Brief nach Spanien weiterzuleiten. Trotzdem zögerte er zunächst, zu ihnen zu gehen. Schließlich packte ihn Maria am Ärmel und zerrte daran.

»Jetzt komm endlich! Oder willst du sie bis Mitternacht vor der Tür stehen lassen?«

Johannes schüttelte seine Unsicherheit ab und betrat den Wohnbereich der Hütte. Als er die Haustür öffnete, waren die Reiter abgestiegen. Ihr Anführer und seine Leute traten ein und musterten mit einem gewissen Hochmut die schlichte Einrichtung der Hütte.

»Seid Ihr der Mann, der sich Johannes oder Juan de Azuaga nennt?«, fragte der jugendliche Anführer.

»Der bin ich«, erklärte Johannes mit fester Stimme.

»Erlaubt, dass ich mich vorstelle. Ich bin Ulrich Fugger, Neffe des Jakob Fugger, und bin geschickt worden, Euch nach Augsburg zu bringen.«

Ulrich Fugger deutete eine leichte Verbeugung an, die zeigte, dass er Johannes als jemanden ansah, der diese Ehre verdiente. Während dieser noch überlegte, was er antworten sollte, trat Maria an seine Seite.

»Ihr werdet uns beide nach Augsburg bringen müssen!«

»Wer bist du?«, fragte Ulrich Fugger verwundert.

»Johannes und ich werden heiraten!« Marias Stimme ließ keinen Zweifel daran, dass es so geschehen werde. Um ihre Worte zu unterstreichen, fasste sie nach Johannes' Arm und schmiegte sich an ihn.

Ulrich Fugger sah Johannes fragend an.

Da legte dieser einen Arm um Marias Schulter. »Maria wird mein eheliches Weib.«

»Nun, ich weiß nicht …« Ulrich Fugger brach ab und überlegte. Sein Onkel mochte zwar alle Zügel in der Hand halten, doch er verlangte von seinen Untergebenen, Verantwortung zu übernehmen. Daher entschied er sich von einem Augenblick zum anderen.

»Also gut, ihr könnt mitkommen! Könnt ihr reiten?« Die Frage galt sowohl Maria wie auch Johannes.

Beide schüttelten den Kopf.

»Nein, das habe ich nie gelernt«, antwortete die junge Frau.

»Ich auch nicht!«, setzte Johannes hinzu.

»In dem Fall werden wir auf den nächsten Wagenzug warten, der aus Venedig in Richtung Augsburg unterwegs ist«, erklärte Ulrich Fugger und fragte, ob es eine Herberge gäbe, in der er und seine Begleiter unterkommen könnten.

»Im Dorf gibt es eine«, meinte Meschnigg, dem das Ganze als Einzigem nicht gefiel.

In den Monaten, in denen das Paar bei ihm gelebt hatte, war ihm Johannes' Hilfe immer willkommener geworden, und er hätte ihn gerne auf dem Hof behalten. Doch der junge Mann stammte aus einer anderen Welt und musste in diese zurückkehren.

»Ich bringe euch hin!«, bot Johannes an, während Maria bereits fieberhaft überlegte, wie sie verhindern konnte, dass Jakob Fugger sie und Johannes trennte.

Irgendwie werden wir schon zusammenbleiben, und wenn wir heimlich aus Augsburg fliehen müssen, sagte sie zu sich selbst, um sich Mut zu machen. Als Johannes Ulrich Fugger und die anderen zur Herberge führte, ging sie sofort daran, ihre Sachen zu packen. Wenn ein Wagenzug aus dem Süden kam, sollten Johannes und sie zum Aufbruch bereit sein.

4.

Zwei Tage später war es so weit. Ulrich Fugger hatte einen seiner Begleiter nach Pontafel geschickt, damit dieser ihm die Ankunft eines Handelszugs melden sollte. Dieser zog am Nachmittag durch das Dorf und sollte am selben Tag noch bis Malborgeth weiterfahren. Für Maria und Johannes blieb daher nur wenig Zeit zum Abschied. Während die beiden sich mit einer gewissen Anspannung fragten, was ihnen die Zukunft bringen würde, traten dem alten Bauern die Tränen in die Augen.

»Ich hätt mir gewünscht, dass Ihr länger hättet bleiben können, wenigstens bis zur Frühjahrsaussaat«, sagte er seufzend.

»Es kann leider nicht sein«, sagte Johannes voller Dankbarkeit für das, was der alte Mann für sie getan hatte.

Meschnigg seufzte erneut. »Das kann's nicht! Ihr müsst Euer Leben führen, und ich das meine.«

Johannes nahm mehrere Dukaten aus seinem Geldbeutel und drückte sie ihm in die Hand. »Stell dir dafür einen Knecht ein – und vielleicht auch noch eine Magd!«

»Das braucht es nicht«, antwortete Maria. »Die Nachbarin ist Witwe, und nachdem ihr Sohn geheiratet hat, lebt sie im Austragsstüberl. Dabei ist sie rüstig genug, um noch einmal heiraten zu können. Frag sie, ob sie dich haben will, und sie wird nicht Nein sagen.« Nach diesen Worten umarmte sie den Mann und küsste ihn auf die Wangen. »Hab Dank für alles. Möge Gott es dir vergelten!«

»Möge er seine Hand schützend über Euch halten!«

Meschnigg wischte sich mit dem Handrücken über die nassen Augen, umarmte Johannes und schob ihn zur Tür hinaus. »Nicht, dass der Warenzug ohne Euch fährt!«

»Leb wohl und behüt dich Gott!« Johannes winkte noch einmal, während Maria einem der Knechte das Bündel mit ihren Habseligkeiten reichte. Ein zweiter Knecht hob sie auf den Bock des Fuhrwerks, während Johannes selbst aufsteigen musste. Solange sie Meschnigg noch sahen, winkten sie ihm, aber dann richteten sie ihre Blicke nach vorne.

Sie übernachteten in Malborgeth. Maria wurde bei einer Magd untergebracht, während Ulrich Fugger seine Kammer mit Johannes teilte. Als Maria und Johannes am nächsten Tag wieder zusammentrafen, wirkte er niedergeschlagen.

»Was ist mit dir?«, fragte Maria erstaunt.

»Soviel ich verstanden habe, werden wir die übernächste Nacht in der Fuggerau verbringen! Dort wird man uns erkennen.«

»Und wennschon!«, rief Maria entschlossen. »Sollten sie versuchen, mich zurückzuhalten, laufe ich davon und folge dir zu Fuß.« Sie hielt kurz inne und sah ihn durchdringend an. »Doch auch du musst dich hüten, damit man nicht merkt, dass du der Pater Johannes aus dem Kloster bist. Am besten ist es, wenn sie uns gar nicht erkennen. Immerhin trägst du andere Kleidung, und deine Miene wirkt entschlossener als früher. Du solltest dich trotzdem von Klara und Helena fernhalten. Sie haben dich öfter gesehen als das Gesinde. Und was mich betrifft, so wird mir schon etwas einfallen.«

Johannes nickte, obwohl er nicht wusste, wie er verhindern konnte, in der Fuggerau zu Tisch geladen zu werden. Für noch weniger wahrscheinlich hielt er es, dass man Maria nicht erkannte.

Deren Gedanken schlugen eigene Wege ein. »Diese Nacht bleiben wir in Tarvis. Das verschafft uns Zeit, um uns auf die Fuggerau vorzubereiten. Da wir den Anstieg bei Goggau hinter uns bringen müssen, werden wir die Fuggerau erst zu später Stunde erreichen und am nächsten Morgen weiterziehen! Kannst du mir ein wenig Geld geben?«

»Selbstverständlich! Aber ...«, begann Johannes, doch da legte sie ihm die Hand auf den Mund.

»Ich will zusehen, ob ich in Tarvis eine fremde Tracht bekomme. Gelegentlich lassen Reisende etwas zurück, weil sie ihre Zeche nicht bezahlen konnten oder etwas schlicht vergessen haben. Außerdem habe ich mit dir etwas vor. Vertrau mir einfach! Und nun komm! Die Pferde sind bereits angespannt, und Fuggers Männer sollen nicht auf uns warten müssen.« Maria lächelte und trat dann Arm in Arm mit ihm auf die reisefertigen Wagen zu.

Den Rest des Tages hüllte sie sich über ihre Pläne in Schweigen. Johannes sah jedoch, dass sie am Abend länger mit einer der Mägde sprach, diese schließlich nickte und verschwand. Danach musterte Maria ihn und strich sich nachdenklich mit zwei Fingern der rechten Hand über die Wange.

»Du hast dich seit mindestens einer Woche nicht mehr rasiert. Daher solltest du den Barbier kommen lassen!«, sagte sie.

»Mit glattem Gesicht erkennt man mich noch schneller«, wandte Johannes ein.

»So siehst du aus wie ein Bauer! Dabei bist du ein Edelmann. Gehe auf deine Kammer. Ich werde einen Barbier besorgen und ihm auch sagen, wie er dich zu rasieren hat.«

Marias Tatendrang war Johannes nicht gewachsen. Er gehorchte und sah kurz darauf einen Mann mit Schermesser und Seifenschale hereinkommen, obwohl es in der Kammer bereits recht düster geworden war.

»Der Herr wünschen eine Rasur? Nun, die Stoppeln sind noch ein wenig kurz, aber es müsste gehen!«

Johannes verstand nicht, was der Mann damit meinte, setzte sich aber. Nachdem der andere ihn eingeseift hatte, setzte er das Rasiermesser an. Zu Johannes' Verwunderung blieben die Oberlippe, das Kinn und Teile der Wangen vom Messer verschont. Zuletzt wischte der Barbier den Seifenschaum mit einem feuchten Tuch ab und nickte zufrieden.

»Bedauerlicherweise besitze ich keinen Spiegel, doch glaube ich, dass mein Werk sich sehen lassen kann. Die Frau Gemahlin wird zufrieden sein! Wenn ich nun um meinen Lohn bitten darf?«

Johannes bezahlte ihn verwirrt und betastete, als der Mann gegangen war, sein Gesicht. Er hatte einen schütteren, aber bereits spürbaren Bart. In den letzten Monaten hatte er sich einmal in der Woche vor der heiligen Messe rasiert, aber nie daran gedacht, sich einen Bart stehen zu lassen. Nun ärgerte er sich darüber, denn mit einem kräftigen Bart hätte er Helena Zeller und Klara Häring täuschen können. Oder auch nicht, dachte er. Die beiden kannten seine Stimme, und der konnte er keinen Bart verleihen. Trotzdem war er jetzt zuversichtlicher und fragte sich, was Maria in Bezug auf sich selbst einfallen würde.

5.

Gut zehn Jahre hatte Maria in der Fuggerau gelebt, und sie war ihr mehr zur Heimat geworden, als Nürnberg es je gewesen war. An diesem Ort hatte sie Freud und Leid erlebt und in Johannes ihre große Liebe gefunden. Sie erinnerte sich an ihre Freundin Neža, die durch Domingos Hand gestorben war, und daran, wie Pater Norbert die Fuggerau an die Venezianer verraten hatte, aber auch an den Spion, dem ein Kanonenrohr die Beine zerschmettert hatte. Alle drei hatten die ihnen zustehende Strafe erhalten, dachte sie. Um Johannes zu retten, hatte sie Domingo niedergestochen. Bisher hatte sie diese Tatsache verdrängt, doch angesichts der Stätte, an der sie so viele Jahre gelebt hatte, kam auch der Gedanke an den Toten in ihr hoch.

Für Augenblicke traf es sie wie ein Schlag. An ihren Händen klebte Blut! Sie hatte einen Menschen umgebracht. Galt sie deswegen vor Gott als Mörderin? Bei dem Gedanken dachte sie daran, dass sie bereits schwer gesündigt hatte, indem sie sich einen Priester zum Ehemann wünschte. Würde Gott ihr dies alles verzeihen, oder würde die Strafe dafür ein Platz in der Hölle sein?

Marias Herz schlug hart in der Brust, als der Wagenzug von der Straße abbog und auf die Fuggerau zufuhr. Die Vorreiter passierten bereits das Tor, und dann war es auch bei ihrem Wagen so weit. Beim Anblick des Hofes, in dem Neža gestorben war, zog sie das große Schultertuch, das sie in Tarvis erworben hatte, enger um sich. Das Tuch bedeckte auch ihren Kopf und verhinderte, dass mehr als ihre Augen und die Nase zu sehen waren. Um die Gefahr des Erkanntwerdens so gering wie möglich zu halten, trug sie auch ein fremdländisches Kleid und hatte Hände und Gesicht mit einer Salbe eingerieben, die ihr einen dunkleren Teint verlieh.

Johannes wandte sich unterdessen an Ulrich Fugger. »Es ist bereits spät und meine Braut müde und erschöpft. Es wäre mir lieb, wenn sie sich gleich in eine Kammer zurückziehen könnte.«

»Das lässt sich machen«, antwortete der Jüngling und winkte eine Frau heran. Es handelte sich um Ella, die gekommen war, um nachzusehen, ob die Ankömmlinge etwas brauchten. Ihre Herrin Helena war nach Villach gefahren, um sich dort neue Kleider nähen zu lassen.

»Kommt mit!«, forderte sie Maria auf.

Diese senkte den Kopf und folgte Ella zum Schloss und weiter zu einer kleinen Kammer am Ende eines Flures.

»Wollt Ihr noch einen Napf Suppe zum Abendessen?«, fragte Ella.

Maria nickte, da sie nichts sagen wollte, und betete, dass die alte Frau endlich gehen würde. Dies tat Ella auch, kam aber kurz darauf mit einer hübsch bemalten Schüssel zurück.

»Hier, esst! Das wird Euch guttun.«

Zu ihrer Verwunderung griff Maria jedoch nicht zu, sondern drehte den Kopf weg. Irgendetwas an ihr kam Ella bekannt vor. Sie betrachtete Maria genauer und stieß einen überraschten Ruf aus.

»Kind, bist du es wirklich? Das ist der glücklichste Tag meines Lebens!« Mit Tränen in den Augen umarmte sie Maria, zog ihr das Tuch vom Kopf und streichelte ihr Haar. »Wir waren so in Sorge um dich! Wie werden die anderen sich freuen!«

Maria fasste nach Ellas Händen und sah sie flehend an. »Bitte verrate mich nicht! Es soll keiner wissen, dass ich hier bin. Ich will morgen mit den anderen zusammen nach Augsburg weiterreisen.«

»Aber warum? Das verstehe ich nicht!«, rief Ella verwundert. »Was ist damals eigentlich geschehen? Diese bösen Männer haben dich einfach mitgenommen.«

»Daran war Pater Norbert schuld! Er hat die Fuggerau an die Venezianer verraten. Mich wollte er als Magd mitnehmen – für alles!«

»Gott im Himmel!«, rief Ella aus. »Wie bist du ihm entkommen? Haben Herrn Fuggers Männer dich in Venedig entdeckt und befreit?«

Maria schüttelte den Kopf. »Ich wurde bereits zwei Tage später von Johannes befreit. Ihm kamen die Söldner seltsam vor, die das Kanaltal heraufzogen, und so ist er ihnen gefolgt.«

»Johannes? Meinst du unseren Pater Johannes?«, fragte Ella.

Maria nickte verschämt. »Ja! Wir haben danach bei einem Bauern Unterschlupf gefunden und sind den Herbst und den Winter über bei ihm geblieben.«

»Aber ihr hättet doch hierher zurückkommen können!«, sagte Ella verständnislos.

»Das konnten wir nicht! Es gelang uns, Johannes' Herkunft zu enträtseln. Pater Norbert wusste es die ganze Zeit, hat es aber geheim gehalten.«

»Das hätte ich nicht von ihm gedacht. Er war doch ein so gelehrter Herr«, sagte Ella und schüttelte den Kopf. »Aber das erklärt nicht, weshalb ihr nicht zurückgekommen seid.«

Maria überlegte kurz, ob sie den wahren Grund bekennen sollte. »Kann ich auf dein Schweigen vertrauen?«, fragte sie vorsichtig.

»Als ob du das nicht wüsstest!«, rief Ella gekränkt.

»Wir wollen in Johannes' Heimat ziehen und dort heiraten.«

Ella starrte Maria so entsetzt an, als hätte diese einen zweiten Kopf bekommen. »Aber Johannes ist doch ein Priester und ein Mönch«, platzte sie heraus.

»Er wird dem geistlichen Stand entsagen und in den Laienstand zurückkehren.«

Das leuchtete Ella ein. »Leicht wird das nicht werden, denn ihr benötigt dafür einen Dispens von Seiner Heiligkeit in Rom. Aber sag, wie kommst du zu Herrn Fuggers Wagenzug?«

»Herr Fugger hat für Johannes Verbindung zu dessen Verwandten aufgenommen. Wir werden sie wohl bald treffen.« Maria schwieg einen Augenblick und schlang dann die Arme um Ella. »Bitte verrate mich nicht!«

Die alte Frau atmete schwer. »Du und Johannes, liebt ihr euch schon länger?«, wollte sie wissen.

Maria nickte stumm.

»Habt ihr bereits das getan, was ihr nach Gottes Gesetz nicht tun dürftet?«, fragte sie weiter.

Diesmal schüttelte Maria den Kopf. »Nein! Das wollen wir erst tun, wenn ein Priester unseren Bund gesegnet hat.«

Ella betrachtete Maria durchdringend. Sie kannte den festen Willen ihres einstigen Schützlings und wusste, dass das Mädchen sie noch nie belogen hatte.

»Eigentlich sollte ich Herrn Zeller melden, dass du hier bist«, sagte sie seufzend, »und dem hochehrwürdigen Herrn Abt von Arnoldstein, dass sich Pater Johannes hier befindet. Pater Cyprian hätte diesen im letzten Jahr nach Moggio bringen sollen, damit er dort bleibt und ihr beide getrennt seid. Bedauerlicherweise ist Pater Cyprian krank geworden und kehrte erst im Spätherbst geheilt zurück.«

»Das wird Johannes freuen, denn er war in großer Sorge um ihn«, unterbrach Maria Ellas Bericht. »Doch solltest du seine Krankheit nicht bedauern. Wäre er gesund nach Moggio gelangt, hätte man Johannes dort festgehalten, und so hätte Pater Norbert mich als Sklavin behalten und mir Gewalt antun können.«

»Das ist Gott sei Dank nicht geschehen! Aber ich weiß nicht, ob das, was Pater Johannes und du vorhabt, nicht eine ebenso große Sünde ist.«

Obwohl Ella noch abwehrend klang, war ihr Entschluss gefasst. Sie konnte Maria nicht an Jobst Zeller oder dessen Frau verraten.

»Weißt du, dass Herr Fugger Herrn Häring nach Neusohl geschickt hat? Er sagt, es habe nicht gutgetan, mit Häring und

Zeller zwei Männer als Faktoren hierherzuschicken. Jetzt führt Herr Zeller die Fuggerau allein.«

»So, tut er das?« Maria hielt Jobst Zeller für keinen besonders guten Handelsmann. Häring hätte sie es eher zugetraut, die Fuggerau so zu verwalten, wie Jakob Fugger es sich vorstellte.

Auch Ella dachte an den Herrn der Fugger'schen Handelsgesellschaft, zu dem Maria und Johannes unterwegs waren. Jakob Fugger würde wohl wissen, was mit den beiden zu geschehen hatte. Damit brauchte sie ihr Gewissen weder mit dem Verrat an Maria zu belasten noch damit, diese nicht verraten zu haben. Sie reichte ihr die Suppe, die mittlerweile kalt geworden war, setzte sich zu ihr aufs Bett und bat sie, zu berichten, wie es ihr seit ihrer Entführung durch die Venezianer ergangen sei.

Mehr als ein Mal stieß Ella einen erschreckten Ruf aus, wenn Marias Erzählung zu spannend wurde, und schüttelte zuletzt den Kopf. »Du musst wahrlich Gott danken, da er dich durch Johannes vor einem Leben in Schande bewahrt hat. Nimm es aber als Zeichen, nicht selbst ein Leben in Schande führen zu wollen!«

»Das werde ich gewiss nicht. Ich werde Johannes heiraten und erst danach mit ihm verkehren, wie Ehepaare es tun«, antwortete Maria heftig.

Ella nickte. »Dann ist es gut. Doch solltest du, wenn du die Ehe eingehst, auch wissen, wer deine Eltern sind.«

»Du kennst sie?«, fragte Maria hoffnungsvoll.

»Tadle sie nicht wegen ihrer Unbesonnenheit. Vielleicht war es Gottes Wille, dass du geboren werden solltest«, begann Ella und deutete dann in vorsichtigen Worten an, dass Hans Fugger der Vater gewesen sei und die schöne Elisabeth Glauber die Mutter.

Maria saß danach eine ganze Weile still da. Schließlich seufzte sie und schlang die Arme um Ella. »Im Grunde meines Herzens habe ich es geahnt!«

6.

Jobst Zeller achtete weder auf Johannes, noch kümmerte er sich um dessen Begleitung. Stattdessen beschwerte er sich bei Ulrich Fugger, dass er sich von dessen Onkel schlecht behandelt fühle, und gab ihm einige Briefe an diesen mit.

Ulrich wusste, dass Jakob Fugger vor allem Jobst Zeller für den Verlust der Kanonen verantwortlich machte und ihn nur aus Rücksicht gegenüber der Verwandtschaft nicht entlassen hatte. Daher hielt er den Abschied kurz und machte sich am nächsten Tag zu früher Stunde auf den Weg.

Von Ella hatte Maria sich bereits am Abend tränenreich verabschiedet. Nun richtete sie ihre Gedanken auf die Zukunft und bat die Jungfrau Maria, ihr und Johannes nicht zu zürnen, sondern ihnen beizustehen. Unterdessen suchte Johannes' Blick das Arnoldsteiner Kloster. Dort hatte er den größten Teil seines bisherigen Lebens verbracht. Nun würde er es wohl niemals wiedersehen. Er dachte an Bruder Cyprian und an Christoph Manfordin, der seinerzeit beschlossen hatte, ihn ins Kloster aufzunehmen. Auch hätte er gerne das Grab seiner Mutter und das von Bruder Vincentius besucht und von der alten Kesslerin Abschied genommen. Maria hatte dies jedoch als zu riskant angesehen, da ihn jemand hätte erkennen können. Auch blieb keine Zeit dafür. Die Wagen rollten, und bei der nächsten Rast würden Arnoldstein und die Fuggerau bereits weit hinter ihnen liegen.

Die Nacht verbrachten sie in Villach. Maria dachte daran, dass sie die Stadt früher öfter mit Ella und später mit Klara oder Helena besucht hatte. Da sie von Ella wusste, dass Helena sich derzeit an diesem Ort aufhielt, blieb sie in der Herberge und zog sich nach dem Abendessen in ihre Kammer zurück. Bislang hatte sie Glück gehabt und war nur von Ella erkannt worden. Sie wollte das Schicksal nicht herausfordern.

Als es weiterging, erinnerte Maria sich daran, wie sie vor über zehn Jahren von Augsburg hierhergereist war. Wie damals konnte sie sich auch diesmal nicht der Majestät der gewaltigen Berge entziehen, die schier in den Himmel zu wachsen schienen. An manchen Tagen hingen die Wolken so tief, dass die Wagen in sie hineinfuhren. War der Weg zu steil, wurden die Bauern der Umgebung geholt, die ihre Pferde zusätzlich vorspannten. Diese verdienten sich damit ein schönes Geld. Vermutlich mehr, dachte Maria, als sie für die Butter und den Käse erhielten, die sie ebenfalls verkauften.

Unterwegs sprach Maria immer wieder mit Johannes über ihre gemeinsame Zukunft und musste ihm Mut zusprechen. Bis zu diesem Zeitpunkt war er nie weit von Arnoldstein fort gewesen. Aber nun blieb der Landstrich, in dem er aufgewachsen war, immer weiter hinter ihnen zurück. Mit jeder Meile, die sie Richtung Augsburg fuhren, zweifelte er mehr daran, dass die gräfliche Sippe der Azuagas bereit sein würde, ihn als einen der Ihren anzuerkennen.

Maria war zuversichtlicher, denn immerhin hatte Jakob Fugger ihn holen lassen. Das hätte dieser wohl kaum getan, wenn er ein Scheitern befürchtet hätte.

»Wenn man dich ablehnt, so haben wir immer noch Pater Norberts Geld sowie die Münzen des Spaniers und können zur Not die Schmuckstücke deiner Mutter verkaufen«, erklärte sie, als er meinte, sie sollten nicht darauf hoffen, von Jakob Fugger die eintausend Gulden zu erhalten, die Maria als Erbe von Hans Fugger zustanden.

»Außerdem«, fuhr sie fort, »kann ein so bekannter und reicher Handelsmann wie Jakob Fugger es sich nicht leisten, dass es heißt, er habe eine arme Waise um ihr Erbe gebracht.«

Sie sagte es in einer Art, dass Johannes doch lachen musste. »Jetzt weiß ich, warum ich dich so liebe. Du bist die Sonne in meinem Herzen, deren Licht mich selbst an den trübsten Tagen tröstet und lenkt!«

»Trösten werde ich dich immer, doch lenken soll dich dein eigener Verstand! Ich will keines der Weiber sein, von denen es heißt, sie hätten dem Ehemann in der Hochzeitsnacht die Hosen ausgezogen und sie sich am nächsten Morgen selbst übergestreift«, erklärte Maria mit Nachdruck.

Johannes schüttelte lachend den Kopf. »So habe ich es nicht gemeint! Dennoch bin ich der Ansicht, dass ein kluger Mann gut daran tut, einen guten Rat seines Weibes zu befolgen, anstatt auf seinem eigenen, falschen Willen zu beharren.«

»So lasse ich es gelten«, antwortete Maria und bedauerte, dass sie ihn vor all den Knechten und Fuhrleuten nicht küssen konnte.

7.

Bei Salzburg blieben die Berge hinter ihnen zurück, und die Gespannpferde taten sich leichter. Auch mussten die Knechte nicht immer wieder von den Wagen springen und die Hemmschuhe einhängen, um die Räder zu bremsen. Dennoch hatten sie noch einen weiten Weg zu bewältigen, bis sie endlich in Augsburg einfuhren.

Ulrich Fugger war besorgt, als er Maria, Johannes und sich selbst bei seinem Onkel anmelden ließ, denn er hatte angenommen, mit Johannes zusammen die Strecke zu Pferd und damit weitaus schneller zurücklegen zu können. Nun hatten sie fast die doppelte Zeit gebraucht.

Als sie Jakob Fuggers Kontor betraten, ließ dieser sich jedoch nichts anmerken, sondern begrüßte Johannes und Ulrich freundlich und musterte danach Maria. Er erkannte sie nicht sofort, hatte aber das Gefühl, ihr bereits begegnet zu sein. Sie erinnerte ihn an die Ehefrau eines Nürnberger Kaufmanns, mit dem er Geschäfte tätigte. Elisabeth Schönlein wirkte gegen ihren Mann Erhard wie ein Diamant neben einem Batzen Lehm. Die junge Frau vor ihm sah dieser sehr ähnlich, war aber fast zwanzig Jahre jünger. In dem Augenblick begriff er, wen er vor sich sah.

»Du hast dich herausgemacht, Maria! Es wird leicht sein, einen passenden Ehemann für dich zu finden«, sagte er zufrieden. Ihm war mitgeteilt worden, dass die junge Frau bei dem venezianischen Überfall auf die Fuggerau verschleppt worden war, und glaubte jetzt, sie wäre gefunden und wieder zurückgegeben worden.

Fest entschlossen, sich nicht von Johannes trennen zu lassen, fasste Maria nach dessen Arm und klammerte sich an ihn. »Ich werde nur Johannes heiraten und sonst niemanden!«, rief sie kämpferisch.

Jakob Fugger hob kurz eine Augenbraue, beschloss dann aber, diese Angelegenheit vorerst auf sich beruhen zu lassen. Letztlich war es die Sache des Grafen Azuaga zu bestimmen, wer einmal die Frau seines Erben werden sollte. Daher hielt er es für besser, Maria gab diesem die Schuld, wenn sie sich von Johannes trennen musste, als es ihm nachzutragen.

»Vorerst bist du noch nicht mit ihm verheiratet und wirst so leben, wie es sich für eine brave Jungfrau geziemt«, sagte er und wandte sich Johannes zu.

Was er sah, gefiel ihm, und er begriff, weshalb Maria sich in den hübschen jungen Mann verliebt hatte. Allerdings hatte dieser die Priesterweihe erhalten und war noch nicht von der Kirche in den Laienstand versetzt worden. Dies würde jedoch bald der Fall sein, denn als einziger Erbe von Rodrigo de Azuaga war es Johannes' Pflicht, die Linie fortzusetzen.

»Ich habe Nachricht nach Spanien geschickt, dass ich Euch zu mir kommen lasse. Sobald mein Kurier zurückkehrt und ich weiß, wann Graf Azuaga bei dem von mir vorgeschlagenen Treffpunkt erscheinen wird, werden wir beide dorthin aufbrechen.«

»Und ich ebenfalls!«, fiel Maria ihm ins Wort.

Jakob Fugger sah sie kurz an und setzte seine Rede wie geplant fort. »Ich habe dort einige Gespräche zu führen, die wichtig sind.«

Auf König Maximilians Drängen hatte er einem Zusammentreffen mit diesem zugestimmt. Die Begegnung hätte in Innsbruck stattfinden können, denn dieser Ort war Maximilians Hauptresidenz. Für Jakob Fuggers Geschmack aber gab es dort zu viele Hofschranzen, und daher hatte er Schloss Runkelstein bei Bozen vorgeschlagen, wo auch die erste Begegnung des Grafen Azuaga mit dessen Enkel stattfinden sollte.

»Ihr werdet bis dorthin in diesem Haus wohnen. Wenn Ihr,

Don Juan, wollt, könnt Ihr mir bei meiner Korrespondenz helfen. Ihr verfügt über eine bemerkenswert gute Handschrift, die ich mir bei meinem Neffen Ulrich auch wünschen würde.«

Ein tadelnder Blick traf den jungen Mann, der ihn mit einem verlegenen Lächeln beantwortete.

Johannes hingegen nickte. »Dazu bin ich gerne bereit!«

»Das freut mich!« Jakob Fugger sah nun Maria an. »Du wirst meiner Ehefrau eine Helferin sein und lernen, ein großes Haus zu führen. Wie es aussieht, hat man dir in der Fuggerau größere Freiheiten eingeräumt, als es einem sittsamen Mädchen guttut.«

Der Tonfall ließ Maria wünschen, doch bereits mit Johannes die Früchte der Liebe geteilt zu haben. Sie überlegte schon, ob sie ihn dazu bringen sollte, sich heimlich mit ihr zu treffen und es zu tun. Andererseits hatte sie versprochen, bis nach ihrer Heirat zu warten, und wollte weder sich noch ihn in einen weiteren Gewissenskonflikt stürzen.

Maria knickste daher. »Ich werde alles tun, um Frau Sibylle zufriedenzustellen! Doch glaubt nicht, dass Johannes und ich voneinander lassen werden.«

»Ich glaube an Gottvater, den Sohn und den Heiligen Geist und nicht an die Launen eines Mädchens«, antwortete Jakob Fugger kühl. Er war verärgert, weil Maria ihm so viel Widerstand entgegensetzte, und tadelte im Stillen Klara Häring und Helena Zeller, die seiner Ansicht nach Marias Erziehung zu leicht genommen hatten. Einen Teil der Schuld maß er sich selbst zu, weil er es versäumt hatte, Hans Fuggers Witwe Veronika aufzufordern, sich nach dem Tod ihres Mannes weiterhin um Maria zu kümmern. In dem Fall, so sagte er sich, wäre es nicht zu dieser unstatthaften Liebesbeziehung gekommen.

Mit dem Gefühl, Johannes und Maria bereits zu viel Zeit gewidmet zu haben, forderte er Ulrich auf, die beiden hinauszubringen, und legte einen Bogen Papier zurecht, um einen Brief zu schreiben. Was das junge Paar betraf, würde er dafür sorgen, dass es sich in seinem Haus so benahm, wie er es wünschte. Was danach kam, sollte Graf Rodrigo de Azuaga entscheiden. Er selbst hatte genug anderes zu tun.

8.

Das Leben in dem feudalen Heim der Familie Fugger unterschied sich grundlegend von dem in der beschaulichen Fuggerau bei Arnoldstein oder gar dem Kloster dort. Maria hatte genug zu tun, um die Aufträge von Jakob Fuggers Ehefrau Sibylle auszuführen und in deren Namen Mägde bei der Arbeit zu überwachen. Auch Johannes machte sich nützlich und erwies sich dabei so anstellig, dass Jakob Fugger überlegte, ihn in die eigenen Dienste zu nehmen, falls Graf Azuaga ihn nicht als Enkel anerkennen wollte. In dem Fall konnte er ihn sogar mit Maria verheiraten. Johannes' Entlassung aus dem geistlichen Stand würden ihm einige Herren im Vatikan ohne großes Aufsehen verschaffen.

Dennoch war Jakob Fugger froh, als er die Botschaft erhielt, Don Rodrigo de Azuaga habe in Genua italienischen Boden betreten und werde in zwei Wochen Bozen erreichen. Er selbst gedachte die Strecke in wenigen Tagen zurückzulegen, musste dafür aber noch einige Vorkehrungen treffen. Kurz überlegte er, Maria zurückzulassen. Bei einem weniger tatkräftigen Mädchen hätte er es wohl auch getan. Ihr aber traute er zu, der Bewachung durch seine Frau zu entkommen und ihnen zu Fuß zu folgen.

»Das ist Azuagas Angelegenheit«, murmelte er und rief dann Johannes zu sich. »Ich werde Euch jetzt einige Briefe diktieren, die in schönster Schrift geschrieben sein müssen«, erklärte er und wies auf mehrere Bogen feinsten Büttenpapiers. Der Gänsekiel war frisch geschnitzt und die Tinte so fein, wie man sie nur in Augsburg bekommen konnte.

Der erste Brief ging an Don Rodrigos Gefolgsmann Raúl und forderte diesen auf, seinem Herrn entgegenzureisen und für dessen Bequemlichkeit zu sorgen, der zweite an den Besitzer von Schloss Runkelstein mit der Bitte, dem kastilischen Grafen wie auch ihm selbst und den jeweiligen Begleitern für eine gewisse Zeit Gastfreundschaft zu gewähren. Den letzten Brief, auf den Jakob Fugger am meisten Wert legte, musste Johannes an König Maximilian schreiben. Um keine Zeit zu verlieren, hatte Fugger beschlossen, die Unterredung mit dem Habsburger und das Treffen mit dem Grafen Azuaga auf ein und derselben Reise zu erledigen.

Johannes begriff rasch, dass sich der Tag näherte, an dem sich sein Schicksal entscheiden würde. In den paar Wochen, die Maria und er bereits in Fuggers Haus lebten, hatte er mehrmals mit seiner Geliebten sprechen können und war weniger denn je bereit, sich von ihr trennen zu lassen. Daher wagte er etwas, das für die meisten Untergebenen des Kaufherrn undenkbar war. Nachdem er das letzte Wort geschrieben und Jakob Fugger die Briefe zum Überzeichnen und Siegeln gereicht hatte, sah er diesen mit entschlossener Miene an.

»Ich werde nur nach Schloss Runkelstein mitkommen, wenn auch Maria uns begleitet.«

»Sagt der Mann, der Gott Ehelosigkeit geschworen hat!«

Jakob Fugger war ein gläubiger Mensch, wusste aber auch, dass nicht jeder Mann die Veranlagung besaß, im Zölibat zu leben. Obwohl er die Bischöfe und Prälaten tolerierte, die mit ihren Bettgespielinnen zusammenlebten und mit ihnen Kinder in die Welt setzten, stand jemand wie Johannes, der offen erklärte, den kirchlichen Dienst verlassen und als Laie mit einer Frau zusammenleben zu wollen, in seiner Achtung höher. Allerdings ließ das, was er über Don Rodrigo de Azuaga gehört hatte, nicht erwarten, dass dieser eine Heirat seines Enkels mit dem Bastard eines bürgerlichen Kaufmanns dulden würde.

»Ich bin nicht würdig, Gott auf diese Weise zu dienen!« Johannes' Worte beendeten Jakob Fuggers Gedankengang.

»Es scheint so! Doch solange Ihr und Maria unter meinem

Dach lebt und unter meinem Schutz steht, wird es keine Sünde geben.«

Fugger klang scharf, obwohl er den beiden nichts vorwerfen konnte. Sie versuchten nicht einmal, unbemerkt miteinander zu reden, geschweige denn, wirklich zu sündigen. Dann aber schlug er mit der flachen Hand auf den Tisch. »Wenn ich Euch und Maria trennte, würdet Ihr mich bis ans Ende Eures Lebens hassen! Also überlasse ich die Entscheidung dem Grafen Azuaga.«

»Ich verzichte eher darauf, sein Enkel zu sein, als auf Maria!«

Jakob Fugger spürte, dass es Johannes ernst damit war. Obwohl er im Kloster zu Demut und Gehorsam erzogen worden war, erwies er sich in dieser Angelegenheit als halsstarrig. Da Maria auch nicht gerade zu jenen Frauen zählte, die auf ein harsches Wort hin einknickten, hätte er Gewalt anwenden müssen, um die beiden zum Gehorsam zu zwingen. Damit aber hätte er jede Möglichkeit aus der Hand gegeben, Johannes bei einer Ablehnung durch dessen Großvater als Handelskommis zu behalten oder Maria, so Graf Azuaga eine Heirat von Johannes mit ihr ablehnte, eine andere Ehe schmackhaft zu machen.

»Wir werden in einer guten Woche aufbrechen. Ein Schneider soll kommen, um Euch entsprechend auszustatten. Graf Azuaga wird seinen Enkel gewiss nicht in der Kleidung eines Schreibers oder gar in einer Mönchskutte sehen wollen.«

»Und was ist mit Maria? Sie ist im Augenblick wie eine Magd gekleidet!«

»Sie wird die Kleidung erhalten, die ihr als bürgerlichem Mädchen zusteht«, antwortete Jakob Fugger kühl und gab Johannes ein Zeichen, dass er sich zurückziehen könne.

Johannes deutete eine Verbeugung an und verließ den Raum. Er kehrte jedoch nicht in die Schreibstube zurück, die er mit Ulrich Fugger teilte, sondern suchte nach Maria. Als er sie fand, war sie gerade dabei, eine Magd zu schelten, die schlecht gearbeitet hatte.

»Sieh dir diesen Fußboden an! Das Parkett muss glänzen, doch es ist so stumpf wie das Fell eines räudigen Ochsen. Also hurtig an Werk! Sonst muss ich es der Herrin melden.«

Die Magd war fast doppelt so alt wie Maria und wollte sich aufplustern. Aber dann warf sie ihr nur einen bösen Blick zu, denn sie wagte es nicht, ihr Widerworte zu geben.

»Ich brauche mehr Bienenwachs«, sagte sie stattdessen patzig.

»Zuerst wirst du das alte Wachs abschaben, dann den Boden mit Seifenlauge waschen und mit klarem Wasser nachspülen. Erst wenn das Parkett danach getrocknet ist, wirst du es mit Bienenwachs einreiben – und keinen Augenblick früher!«

All das hätte die Magd tun sollen, doch aus Faulheit hatte sie weder das alte Wachs abgekratzt noch den Boden mit Lauge geschrubbt. Da der Raum nicht für Festlichkeiten gebraucht wurde, war sie der Meinung gewesen, es reiche auch so. Doch nun hatte sie alles umsonst getan und musste noch einmal von vorne anfangen. Entsprechend aufgebracht stapfte sie davon, während Johannes auf Maria zutrat.

»In einer Woche fahren wir nach Bozen. Mein Großvater wird dort erwartet.«

»Endlich!« Maria fasste kurz nach seinen Händen, ließ sie dann aber wieder los.

»Was auch immer geschieht! Nichts kann uns trennen!«, sagte sie laut genug, damit Sibylle Fugger, die neugierig näher getreten war, es auch hören konnte.

»Das kann es nicht«, antwortete Johannes und verbeugte sich in Richtung der Ehefrau ihres Gastgebers. »Ich freue mich, Euch wohlbehalten anzutreffen!«

Am Tag vorher hatte Sibylle Fugger über Kopfschmerzen geklagt und Maria aufgefordert, an ihrer Stelle die Aufsicht über das Haus zu übernehmen. Nun strich sie sich leicht über die Stirn.

»Ich fühle noch immer einen gewissen Druck, so als würde

ein Reif um meine Schläfen gespannt, doch im Vergleich zu gestern ist es besser geworden.« Sie lächelte trotz dieser Worte, denn der Charme des jungen Mannes blieb nicht ohne Wirkung auf sie.

»Ihr solltet die Schläfen mit einer Baldriantinktur einreiben, und wenn das nicht hilft, einen schwachen Aufguss von getrocknetem Kuhschellenkraut trinken. Hier ist jedoch Vorsicht geboten, denn bei einer zu starken Dosierung ist dieses Mittel gefährlich.«

Johannes hatte einiges vom Apotheker des Klosters und mehr noch von der alten Kesslerin über Heilmittel gelernt.

»Sollte es nicht besser werden, werde ich den Arzt kommen lassen«, antwortete Sibylle Fugger und bedachte Maria mit einem Wink. »Komm bitte mit, mein Kind, denn ich wünsche deinen Rat bei der Wahl eines Tuches für mein neues Festgewand.«

Damit, so sagte die Frau sich, hatte sie den Auftrag ihres Mannes erfüllt, auf Maria achtzugeben.

Johannes sah den beiden nach, bis sich eine Tür hinter ihnen schloss, und suchte die Schreibstube auf. Während er für Jakob Fugger eine Liste neu gelieferter Waren erstellte, fragte er sich, wie es sein würde, seinen Verwandten aus Spanien gegenüberzustehen.

9.

Sie fuhren in Jakob Fuggers Reisewagen. Dieser war bequemer als der, mit dem Maria einst zusammen mit Hans Fugger und Ella nach Arnoldstein gereist war. Weiche Polster schützten sie gegen die Schläge, die von der mit Löchern übersäten Straße verursacht wurden. In einem kleinen Schrank wurden in Stroh und Tücher gebettete Glasflaschen sowie eine Dose mit Kuchen und eine mit haltbaren Brezeln und kleinen Dauerwürsten aufbewahrt, so dass man zwischendurch etwas essen konnte. Maria und Johannes hätten sich auch mit trockenem Brot und Wasser zufriedengegeben, wenn dafür die Reise erfolgreich verlaufen würde.

In ihrer Anspannung achteten sie kaum auf die Gegenden, durch die sie reisten. War es zunächst hügeliges, fruchtbares Land, erreichten sie schon bald das Gebirge. Immer wieder mussten die Knechte dort, wenn es steil talwärts ging, Hemmschuhe anbringen. Führte der Weg nach oben, waren Vorspannpferde vonnöten. Jakob Fugger hatte alles gut vorbereiten lassen, und so erhielten sie ihr Mittagessen aus den Gasthäusern, an denen sie vorbeifuhren. Da Jakob Fugger es vorzog, im Fahren zu speisen, gab es nur dann einen Halt, wenn die Pferde gewechselt werden mussten. Für Maria hieß es daher, sich zu sputen, um auf den Abtritt zu kommen. Sie ärgerte sich darüber, denn ihrer Meinung nach hätte Fugger ein wenig Rücksicht auf sie nehmen können.

Die Eile erschien Jakob Fugger notwendig. Er hatte erfahren, dass Maximilian von Habsburg möglicherweise früher nach Bozen kommen werde. Den König warten zu lassen, hätte jedoch dessen Stolz und dessen Eitelkeit gekränkt, und mit einem missgelaunten Herrscher verhandeln zu müssen, wäre fatal. Daher setzte Jakob Fugger alles daran, Schloss Runkelstein rechtzeitig zu erreichen. Marias Verdrossenheit nahm er dafür gerne in Kauf.

Jakob Fugger atmete auf, als sie von Bozen kommend den letzten, steilen Anstieg nach Runkelstein in Angriff nahmen und er erfuhr, dass Maximilian noch nicht erschienen war. Das letzte Stück zum Burgtor führte so steil bergab, dass selbst die Hemmschuhe den Wagen nicht mehr bremsen konnten. Es mussten daher Seile angebracht werden, mit denen ein gutes Dutzend Knechte das Gefährt halten und langsam nach unten lassen konnten. Jakob Fugger, Maria und Johannes stiegen vorher aus und sahen zu, wie der Wagen in den Burghof gebracht wurde. Schon am Tor eilte ihnen der Hausherr entgegen und begrüßte sie überschwänglich. Die Ehre, den König beherbergen zu dürfen, war zwar kostspielig, doch dem, der es sich leisten konnte, brachte es Ansehen und versprach auch die eine oder andere Vergünstigung.

»Willkommen, Herr Fugger!«, rief der Mann und umarmte den Kaufherrn. Danach traf sein Blick Maria und Johannes. »Seid auch ihr mir willkommen.«

»Die beiden sind mit mir gekommen, um den Grafen aus Kastilien zu treffen. Wie ich hörte, wird dieser bald erwartet«, erklärte Jakob Fugger und folgte seinem Gastgeber in das Schloss.

Schon vom Hof aus waren wundervolle Fresken zu erkennen, die die Wände schmückten und Maria sofort in ihren Bann schlugen. Auch Johannes war beeindruckt.

»Sie sind wunderschön!«, sagte er leise.

Maria nickte. »Das sind sie! Weißt du, was sie darstellen könnten?«

Johannes betrachtete die Bilder genauer und überlegte. »Die Fresken links könnten biblische Könige sein oder zumindest die Allegorien edler Herrscher. Die direkt vor uns erzählen hingegen eine Geschichte, die wohl ins Reich der Sagen und Märchen gehört.«

»Es scheint sich um eine junge Frau und einen jungen Mann zu handeln, genau wie bei uns!« Maria lachte leise und sagte sich, so wie das Paar auf den Fresken zuletzt zusammengefunden hatte, so würden auch Johannes und sie zusammenfinden, gleichgültig, was Jakob Fugger und Johannes' Großvater beschließen mochten.

10.

Während Maria und Johannes auf die Ankunft des Grafen Azuaga warteten und sich die Zeit damit vertrieben, durch das Schloss zu streifen und die Malereien zu betrachten, die fast jeden Raum schmückten, erhielt Jakob Fugger die Nachricht, dass König Maximilian in Bozen eingetroffen sei. Nur wenig später als der Bote, der seine Ankunft gemeldet hatte, ritt der König mit seinen Begleitern den steilen Weg herauf und ließ sich vom Schlossherrn in dessen besten Saal geleiten. Dem hohen Herrn wurde sofort Wein kredenzt und ausgesuchte Delikatessen serviert. Während Maximilian sich Wachteleier, gebratene Krebse und anderes schmecken ließ, trat Jakob Fugger ein und verneigte sich vor ihm.

»Da seid Ihr ja, Fugger!«, sagte Maximilian und winkte einen Diener heran, um sich mit einem Tuch die Hände zu säubern.

»Eure Majestät befinden sich hoffentlich wohl«, antwortete Fugger.

»Wie sollen Wir Uns wohlfühlen, wenn der Krieg mit Venedig sich zu Unseren Ungunsten neigt? Der Papst in Rom hat zwar ein Bündnis mit Uns geschlossen, stellt aber im Nachhinein Forderungen, die für Unsere Majestät unzumutbar sind. Ludwig XII. von Frankreich, der mit Uns ebenfalls ein Bündnis gegen Venedig eingegangen ist, wollte Uns Geld und Söldner schicken. Stattdessen erschien ein winselnder Comte mit tausend Ausflüchten, weshalb dies seinem Souverän doch nicht möglich gewesen sei. Dazu lasst Ihr Euch auch noch die Kanonen aus der Fuggerau stehlen! Bei Gott, wenn Ihr das absichtlich gemacht habt, um Uns zu schaden ...«

Der König verstummte, doch Jakob Fugger spürte die Drohung hinter diesen Worten.

»Ich habe beim Rat der Stadt Venedig schärfsten Protest eingelegt und Seine Gnaden, Georg Schenk von Limpurg, den Fürstbischof von Bamberg, als Landesherrn veranlasst, diesen Gewaltakt zu verurteilen und von Venedig Wiedergutmachung zu verlangen.«

Fugger hoffte, Maximilian mit dieser Erklärung besänftigen zu können. Das war wohl der Fall, denn die Gedanken des Königs beschäftigten sich bereits mit seinen eigenen Ländereien, die an den Bamberger Besitz und die Fuggerau grenzten. Zu seinem Missfallen musste er sich sagen, dass seine Hauptleute mit einer gewissen Aufmerksamkeit das Vorhaben von Marcantonio Foscari hätten erkennen können und verhindern müssen.

»Wir sehen es als Notwendigkeit an, Venedig in die Knie zu zwingen. Alles andere beleidigt Unsere Majestät als König der Römer und Deutschen. Ist Venedig besiegt, vermögen Wir auch nach Rom zu ziehen und Papst Julius II. dazu zu veranlassen, Uns die Kaiserkrone aufs Haupt zu setzen«, fuhr er daher fort und sah Fugger dabei fordernd an. »Um Venedig zu besiegen, benötigen Wir ein Heer, das diesen Namen auch verdient. Dazu aber fehlt Uns das Geld, und da weder der Papst noch Frankreich es Uns gibt, müsst Ihr es tun!«

Es war wie sonst auch, dachte Jakob Fugger. Wenn die Gulden in Maximilians Schatulle weniger wurden, kam dieser auf ihn zu. Das Schicksal seines Vetters Ulrich Fugger vom Reh, der Maximilians Vater Friedrich riesige Kredite eingeräumt hatte und mit Sicherheiten abgespeist worden war, die er mangels Heeresmacht nicht hatte einfordern können, war ihm jedoch eine deutliche Warnung.

»Eure Majestät, läge es in meiner Macht, würde ich Euch mit größtem Vergnügen einen Kredit einräumen, der es Euch ermöglicht, Venedig in den Staub zu werfen. Ich bin jedoch nur ein Kaufmann mit einem begrenzten Vermögen. Zudem behindert der Krieg den Handel ...«

»Ihr handelt immer noch mit Venedig?«, unterbrach Maximilian ihn harsch.

»Im Auftrag der hohen Herrschaften im Reich, die auf die Waren, die in Venedig zu erwerben sind, nicht verzichten wollen«, schränkte Fugger ein. »Mein eigener Handel mit Venedig ist so gut wie erloschen. Ohne Einnahmen vermag ich kein Geld zu verleihen. Zwei-, dreitausend Gulden mögen angehen, doch eine Summe, mit der man Venedig besiegen könnte, steht weit jenseits meiner Möglichkeiten.«

Das war nicht einmal gelogen, dachte Fugger, denn verglichen mit dem Reichtum der Lagunenstadt, war er ein armer Mann, obwohl er in Augsburg und weit darüber hinaus mehr Vermögen besaß als jeder andere. Er wünschte sich, der König würde endlich begreifen, dass Geld, das man ausgab, auch verdient werden musste. Maximilian griff jedoch bedenkenlos in seine Truhen und suchte, wenn diese leer waren, nach Geldgebern. Oft genug hatte Fugger erlebt, wie das Geld, das der König für einen gewissen Zweck hatte verwenden wollen, zur Deckung alter Schulden oder zum Kauf von Luxusgütern benutzt worden war, die Maximilian, dessen Gemahlin oder seine Mätressen sich gewünscht hatten. Wenn der König einen Kredit aufnahm, um zehntausend Söldner anzuwerben, und es blieb wegen dieser Ausgaben nur Geld für fünfhundert übrig, so war auf diese Weise kein Krieg zu gewinnen.

»Es muss eine Möglichkeit geben, an Geld zu kommen!« Maximilian hatte jede andere Möglichkeit erschöpft. Wenn der Kaufmann ihm nicht aushalf, würden seine Söldner auseinanderlaufen und die venezianischen Truppen bis in seine Erblande hinein vorstoßen.

Dies wusste auch Jakob Fugger. Da er sich eine solche Schwächung des Königs nicht leisten konnte, hatte er bereits im Vorfeld überschlagen, welche Summe er aufbringen und welche Sicherheiten er dafür fordern konnte. Er setzte daher das Gespräch mit einem halben Versprechen fort und sah, wie sich die Miene des Königs aufhellte. Anders als sein Vetter Ulrich wollte Jakob Fugger im Gegenzug jedoch handfeste Sicherheiten erhalten und deutete daher in vorsichtigen Worten an, dass ihm an der Übertragung eines der königlichen Güter in der Umgebung von Augsburg gelegen wäre.

11.

Nach der Unterredung mit Fugger war König Maximilian so gut gelaunt, dass er beschloss, noch ein paar Tage auf Schloss Runkelstein zu bleiben und den spanischen Grafen zu begrüßen. Immerhin kam dieser aus einem Land, über das sein Enkel Karl einmal herrschen würde. Da Jakob Fugger ihm von Johannes und dessen Schicksal berichtet hatte, wollte er dabei sein, wenn Großvater und Enkel sich zum ersten Mal sahen.

Maximilian musste nicht lange warten, denn bereits am nächsten Tag wurde gemeldet, dass Graf Azuaga in Bozen eingetroffen sei und dort die Nacht verbringen wolle. Tags darauf habe er die Absicht, nach Runkelstein zu kommen. Fugger war diese Nachricht sehr willkommen, zeigte es doch allen, wie vorzüglich er geplant hatte. Außerdem wollte er so schnell wie möglich nach Augsburg zurückkehren. Um König Maximilian die Summe übergeben zu können, die er ihm versprochen hatte, musste er etliche Vorkehrungen treffen.

Azuagas bevorstehende Ankunft wurde auch Maria und Johannes mitgeteilt. Beide waren danach sehr ernst, aber auch bereit, notfalls alles für ihre Liebe zu opfern. Die schöne junge Frau und der elegant gekleidete Jüngling hatten auf Maximilian Eindruck gemacht. Da er selbst romantisch veranlagt und zudem bester Stimmung war, wollte er notfalls ein gutes Wort für die beiden einlegen.

In dieser Nacht lag Johannes lange wach und betete. Die Wege seines Schicksals erschienen ihm so unwirklich, dass er kaum glauben konnte, von einem aus Gnade und Barmherzigkeit im Kloster erzogenen Waisenkind zum Enkel eines Grafen aus Kastilien werden zu können. Gleichzeitig spürte er immer mehr, dass ihm diese Ehre ohne Maria an seiner Seite nichts als hohler, leerer Tand gelten würde. Warum sollte er allein in ein fremdes Land reisen, dessen Menschen und Sitten er nicht kannte?, fragte er sich. Da erschien es ihm hundertmal besser, sich mit Maria zusammen ein bescheideneres Auskommen zu suchen, dafür aber glücklich zu sein.

Anders als Johannes schlief Maria in dieser Nacht zu ihrer eigenen Überraschung gut und wachte am Morgen so kampfeslustig auf, dass sie bereit war, Johannes nicht nur gegen dessen Familie, sondern gegen die gesamte Welt zu verteidigen.

Beim Frühstück, das sie in der Gegenwart des Königs und Jakob Fuggers einnahmen, versuchten beide, munter zu wirken. Die Blicke, die sie wechselten, besagten jedoch, dass es ihnen mit ihrem Beharren auf ihre Liebe ernst war.

Nach dem Frühstück begann das Warten. Erst kurz vor Mittag wurde ein Wanderer gemeldet, der den Anstieg von Bozen her heraufkam.

»Das kann nicht dein Großvater sein«, rief Maria verwundert.

Johannes nickte mit verkniffener Miene. »Vielleicht hat Graf Azuaga sich anders entschlossen und will mich doch nicht sehen!«

»Dann wäre er nicht so weit von Spanien hierhergereist«, antwortete Maria und spähte zu einem der Fenster hinaus. »Es sieht so aus, als handele es sich um einen Mönch.«

Jetzt trat auch Johannes ans Fenster, sah aber nur noch den Rest einer Kutte hinter einem Mauervorsprung verschwinden. »Wer mag das sein? Der Beichtvater des Grafen?«

»Vielleicht kommt er gar nicht deinetwegen, sondern will vom König eine Gunst erwirken!«

So ganz glaubte Maria nicht an ihre eigenen Worte, denn der Mönch war ihr bekannt vorgekommen, auch wenn sie sich im Augenblick nicht erinnern konnte, wer es sein könnte.

Kurz darauf erschien ein Diener und verneigte sich. »Herr Fugger bittet Herrn Johannes, in den Saal zu kommen!«

Johannes erhob sich unsicher und atmete auf, als Maria ebenfalls aufstand und mitkam. Als sie den Saal betraten, saßen der König und Jakob Fugger auf zwei reich verzierten Stühlen und unterhielten sich. Der Mönch hingegen stand inmitten des Saales und sah ihnen mit grimmigen Blicken entgegen.

»Pater Cyprian!«, rief Johannes, als er ihn erkannte. »Ich danke Gott, dem Herrn, Euch gesund und munter vor mir zu sehen, denn ich war in großer Sorge um Euch!«

»Du Unglückswurm!«, donnerte Pater Cyprian los. »Was meinst du, welche Sorgen wir uns um dich gemacht haben, als du auf einmal verschwunden warst. Jetzt finde ich dich hier, zusammen mit dieser …«

»Kein Wort gegen Maria!«, unterbrach Johannes ihn scharf.

»Ein Mönch und geweihter Priester und ein Weib, wo hat man das schon einmal gesehen?«, fuhr Pater Cyprian mit seiner Anklage fort.

»Schon öfter!«, mischte sich da der König amüsiert ein. »Päpste und Kardinäle sind doch ein großes Vorbild für die anderen Diener der Kirche, findet Ihr nicht auch, hochwürdiger Vater?«

Pater Cyprian schluckte bei einem so hochrangigen Verteidiger der beiden jungen Leute. »Recht war es auf jeden Fall nicht«, erwiderte er kraftlos.

»Wie sich die Sachlage darstellt, wird Herr Johannes die längste Zeit Mönch und Kleriker gewesen sein«, erklärte Jakob Fugger. »Hier und heute geht es um seine Herkunft. Ihr sollt bezeugen, dass er von einer Spanierin zu Eurem Kloster gebracht worden ist und diese Schmuckstücke seiner Mutter gehörten.«

Auf ein Zeichen brachte ein Diener die Broschen, die Perlenkette und den Ring. Ein anderer Diener hielt die Aufzeichnungen Pater Norberts in Händen.

»Ich kann bestätigen, dass Johannes als etwa zweijähriger Bub von seiner Mutter zum Kloster getragen wurde. Die Frau starb kurz darauf, ohne dass wir erfahren konnten, wer sie ist und woher sie stammt«, antwortete der Pater und nahm die Schmuckstücke in die Hand. »Diese Broschen, die Kette und den Ring trug sie bei sich«, setzte er nach einer kurzen Denkpause hinzu. »Wo habt Ihr sie her? Sie müssten doch im Klosterschatz liegen.«

»Pater Norbert hatte sie an sich gebracht. Er kannte auch den Namen meiner Mutter und den meinen«, erklärte Johannes.

Der Pater starrte ihn verwirrt an »Aber woher?«

»Er konnte vor ihrem Tod mit ihr sprechen und hat alles aufgeschrieben. Es würde mich erleichtern, wenn Ihr seine Aufzeichnungen lesen und dem Grafen von Azuaga gegenüber bezeugen könntet, dass es Pater Norberts Schrift ist und sie, soweit Ihr es wisst, auch den Tatsachen entsprechen!«

Auf Johannes' Wink reichte ein Diener die Aufzeichnungen des verräterischen Mönchs.

Pater Cyprian begann zu lesen und schüttelte immer wieder den Kopf. »Das ist ungeheuerlich!«, stieß er hervor, als er damit fertig war. »Dieser Mann hat uns und das gesamte Kloster übelst belogen und betrogen.«

»Ich habe noch das Geld, das Pater Norbert an sich gebracht hat, und bin bereit, es dem Kloster zurückzugeben«, bot Johannes ihm an.

Maria schnaubte ein wenig, da dieses Geld ihnen im schlimmsten Fall für ihre gemeinsame Zukunft fehlen würde, doch sie schwieg. Ihr war es lieber, wenn Johannes ohne das Gefühl, eine Schuld auf sich geladen zu haben, mit ihr lebte, als sich Vorwürfe zu machen, das Kloster, in dem er aufgewachsen war, bestohlen zu haben.

Pater Cyprian war so erschüttert, dass er nicht mehr daran dachte, Maria oder Johannes weiter wegen ihres Verhaltens zu schelten.

»Es ist ungeheuerlich!«, wiederholte er. »Ich fand Pater Norbert zwar ein wenig seltsam, sagte mir aber, ich müsse ja nicht jeden meiner Mitbrüder lieben. Niemals hätte ich gedacht, dass er sich als solcher Schurke erweisen könnte. Wisst ihr, was aus ihm geworden ist?«

Die Frage galt dem jungen Paar. Während Johannes bedrückt schwieg, hob Maria stolz den Kopf.

»Pater Norbert hat die Fuggerau an die Venezianer verraten und es deren Spion ermöglicht, sie auszuspähen. Ihm wurde dafür ein hohes kirchliches Amt in Venedig versprochen. Darüber hinaus forderte er mich von ihnen als Magd. Sie haben mich deshalb bei ihrem Überfall mitgenommen.«

»Welch eine Schlechtigkeit!«, entfuhr es Pater Cyprian.

»Das ist noch nicht alles!«, setzte Maria ihren Bericht fort. »Es gelang mir, zu entkommen, bevor er sein Ziel, mich zu schänden, erreichen konnte. Auf der Flucht traf ich auf Johannes. Wir wurden jedoch von Pater Norbert und einem seiner venezianischen Verbündeten verfolgt.«

»Hast du ihn getötet?«, fragte Pater Cyprian Johannes erschrocken.

Dieser schüttelte den Kopf. »Bei Gott, nein! Er verfolgte uns bis in eine Felswand hinein. Dort verlor er den Halt und stürzte in den Tod, ohne dass Maria oder mich eine Schuld daran trifft.«

Pater Cyprian schlug schwer atmend das Kreuz. »Da soll noch einer sagen, Gott sei nicht gerecht!«

Da trat der Haushofmeister des Schlosses ein und stieß mit seinem Amtsstab auf den Boden. »Seine Erlaucht, Graf Don Rodrigo de Azuaga y Pinjara.«

Während des Gesprächs mit Pater Cyprian war Johannes' Großvater auf Schloss Runkelstein erschienen und trat nun ein. Johannes sah einen hochgewachsenen, schlanken Herrn vor sich, der nicht viel jünger als siebzig Jahre sein konnte. Seinem markanten Gesicht war die Anspannung anzumerken, dennoch wusste er, was sich gehörte, und verbeugte sich tief vor Maximilian, dem Großvater seines zukünftigen Königs.

Eine Dame um die sechzig, der die frühere Schönheit noch anzusehen war, folgte ihm, hatte aber nur Augen für Johannes und presste beide Hände gegen die Brust. Sie wollte etwas sagen, brachte jedoch nur einen leisen Laut heraus.

Raúl hatte den Grafen und dessen Gemahlin begleitet und starrte entgeistert auf Johannes. »Mich narrt ein Geist! Das kann nicht Don Felipe sein!«

»Das nicht, aber es ist sein Sohn«, erklärte Jakob Fugger freundlich. »Darf ich vorstellen? Juan oder Johannes, wie man ihn die meiste Zeit seines Lebens gerufen hat.«

»Er muss es sein!«, flüsterte Doña Blanca und betupfte die Augen, die sich auf einmal so nass anfühlten, mit einem Tüchlein.

»Das ist Johannes, Zögling unseres Klosters und geweihter Priester«, meldete sich nun Pater Cyprian zu Wort. »Ein fremdes Weib, dem Anschein nach aus Spanien, brachte ihn zu uns und starb dann. Kurz zuvor hat eine Schlacht gegen die Türken stattgefunden, so dass wir annahmen, sie sei mit einem Heer gezogen und musste zuletzt allein fliehen.«

Als Raúl dies hörte, brach er in die Knie. »Wir haben sie verraten und im Stich gelassen! Oh Gott, diese Schuld werde ich niemals tilgen können!«

»Es wird behauptet, du hättest Beweise für deine Abkunft«, erklärte Don Rodrigo, der sich nicht von seinen Gefühlen hinreißen lassen wollte.

Sofort brachte ihm der Diener die Schmuckstücke. Er betrachtete sie und nickte seiner Gemahlin zu. »Ich habe sie zwar nie gesehen, doch es ist spanische Arbeit, und der Ring trägt das Wappen meiner Familie.«

»Diese Aufzeichnungen hat ein Mönch angefertigt, der die Gelegenheit besaß, mit Doña Esmaralda vor deren Tod noch zu sprechen. Ich werde sie für Euch übersetzen, wenn Ihr des Lateinischen nicht mächtig seid«, bot Pater Cyprian dem Grafen an.

»Ich bin mit der lateinischen Sprache vertraut«, antwortete dieser und nahm den Papierstapel entgegen.

Ein Diener schob einen Stuhl heran, so dass er nicht im Stehen lesen musste. Don Rodrigo unterbrach seine Lektüre kurz, setzte sich und ging dann die Aufzeichnungen weiter durch. Seine Gemahlin stellte sich seitlich hinter ihn und blickte ihm über die Schulter.

»Was steht da geschrieben?«, fragte sie angespannt.

»In diesem Bericht nennt das Weib unseres Sohnes ihren Namen und den unserer Familie, erklärt aber gleichzeitig, dass ich meinen Sohn ihretwegen verstoßen und weder sie noch ihren Sohn anerkannt habe.«

»Ich frage mich, weshalb Pater Norbert die Aufzeichnungen für sich behalten hat. Er hatte doch gar keinen Grund dafür«, sagte Pater Cyprian kopfschüttelnd.

»Vielleicht doch! Immerhin hat er den Schmuck von Johannes' Mutter an sich gebracht. Wären Aufzeichnungen vorhanden gewesen, hätte gewiss einmal jemand gefragt, wohin diese Preziosen verschwunden sein könnten«, wandte Maria ein.

Graf Rodrigo wandte sich Johannes zu. »Es gibt keinen Zweifel! Du bist mein Enkel Juan. Daher wirst du dem Kirchendienst entsagen und in den Laienstand zurückkehren.«

»Dazu bin ich bereit«, antwortete Johannes.

Don Rodrigo nickte zufrieden und fuhr in seiner Rede fort: »Sobald wir wieder zu Hause sind, wirst du eine entfernte Base heiraten und dem Stammbaum der Azuaga ein neues Reis aufpflanzen.«

»Das werde ich nicht!« Johannes trat neben Maria und fasste ihre Hand. »Es gibt nur ein Mädchen, das ich zur Frau nehmen werde, und das ist dieses hier.«

Weder Maria noch Pater Cyprian hatten ihn je so entschlossen erlebt. Johannes' Großvater wandte sich verwundert an Fugger. »Wer ist sie?«

Bevor Jakob Fugger antworten konnte, tat Pater Cyprian

es. »Maria ist ein Mädchen, das seine Eltern nicht kennt und als Ziehkind eines Vetters von Herrn Fugger aufgewachsen ist.«

Don Rodrigo warf Jakob Fugger einen ärgerlichen Blick zu, denn er nahm an, dieser würde hinter dieser Liebesgeschichte stecken, wandte sich aber wieder Johannes zu. »Ein Bastard in unserem Stammbaum? Niemals!«

»Dann, Euer Erlaucht, verzichte ich darauf, Euer Enkel zu sein«, erklärte Johannes und legte den rechten Arm um Maria. »Ihr könnt uns nur zusammen haben.«

»Du wirst gehorchen!«, fuhr Don Rodrigo auf.

»Niemals!« Johannes sprach leiser als sein Großvater, doch Doña Blanca begriff, wie ernst es ihm damit war.

Erregt ergriff sie den Arm ihres Gemahls. »Ich bitte Euch, macht nicht denselben Fehler wie schon einmal!«, flehte sie.

In Don Rodrigos Gesicht arbeitete es. »Ein Azuaga kann keine Braut illegitimer Herkunft heimführen.«

»Und warum nicht?«, fragte ihn Doña Blanca verzweifelt. »Euer Ahne Don Olegario Azuaga hat eine maurische Sklavin zum Weib genommen und erklärt, es handle sich um die Tochter eines Emirs.«

»Das war eine andere Zeit, und es galten andere Sitten«, rief Don Rodrigo abwehrend.

Bisher hatte König Maximilian das Gespräch nur neugierig verfolgt, hielt es aber nun für angemessen, sich einzumischen. »Wenn Euch die illegitime Geburt des Mädchens stört, Don Rodrigo, so gibt es ein einfaches Mittel, dies zu ändern. Wir werden Maria als von edler Herkunft anerkennen und ihr einen passenden Namen geben. Wie heißt jener Ort, bei der Eure Fuggerau liegt, Fugger?«

»Arnoldstein«, antwortete Jakob Fugger.

»Das ist das Kloster«, rief Pater Cyprian, der dessen Namen nicht mit Maria verknüpft sehen wollte. »In Wahrheit liegt die Fuggerau bei Gailitz!«

»Ziljíca«, warf Maria ein, da Neža dieser Name lieber gewesen war.

»Nun denn, so ernennen Wir Maria zu einem Freifräulein von Celica! Damit müsste sie einem Conde Azuaga ebenbürtig sein. Fugger, Ihr sorgt für eine entsprechende Mitgift!«

Jakob Fugger seufzte. Zwar wusste er, dass er dieses Geld im Lauf der Zeit zurückbekommen würde, doch es war eine weitere Ausgabe des Königs, die diesem keinen Gewinn brachte. Für ihn waren solche Beweise von Edelmut und Galanterie nicht nur unnütz, sondern sogar schädlich, da Maximilian dadurch Geld ausgab, das ihm bei wichtigen Vorhaben bitter fehlte. Doch etwas dagegen zu sagen, war ebenso sinnlos, wie in den Regen hineinzurufen, dieser solle aufhören. Daher richtete er seine Hoffnung auf den Stolz des Grafen, der kein Bastardmädchen als Schwiegerenkelin haben wollte.

Don Rodrigo hätte am liebsten abgelehnt, musste aber bedenken, dass Maximilians Enkel Carlos in absehbarer Zeit König der vereinigten Reiche von Kastilien und Aragon werden würde. Eine großzügige Geste des Großvaters abzulehnen, konnte vom Enkel als Beleidigung des Hauses Habsburg aufgefasst werden. Noch war er jedoch nicht bereit, ganz aufzugeben.

»Eure Majestät sind zu gütig! Sollte das Mädchen beweisen können, dass es noch Jungfrau ist, und sich damit der Ehre und dem Stolz einer Azuaga würdig erweisen, soll sie die Braut meines Enkels sein.«

Jakob Fugger, Pater Cyprian, aber auch der König selbst zogen bedenkliche Mienen, während Maria aufatmete. Es hatte sie zwar mehrmals gelockt, sich mit Johannes zu vereinen, doch sie war dieser Versuchung nie erlegen.

»Komm, Kind! Ich werde dich prüfen.« Doña Blanca streckte lächelnd die Hand nach Maria aus, bereit, sie auch dann als reine Jungfrau zu bezeichnen, wenn sie es nicht mehr sein sollte.

Ihr Gemahl ahnte dies und schüttelte den Kopf. »Man soll eine Hebamme aus Bozen holen!«

»Veranlasst das!«, forderte König Maximilian Jakob Fugger auf.

Dieser nickte mit verkniffener Miene und verließ den Raum, während Doña Blanca Maria mit einem gewissen Bedenken musterte, aber anhand der heiteren Miene des Mädchens Hoffnung zu schöpfen begann.

12.

Wenn der König sie zu sich rief, beeilten sich alle, rasch zu erscheinen. So war es auch bei der Hebamme, die aus Bozen geholt wurde. Es handelte sich um eine jüngere Frau, die devot vor dem hohen Herrn knickste.

Maximilian wies mit einer großen Geste auf Maria. »Du sollst diese Jungfrau prüfen!«

»Sehr wohl, Euer Gnaden, Majestät!« So ganz wusste die Frau nicht, wie sie den König ansprechen sollte, und war schließlich froh, als Doña Blanca auf sie zukam und sie durch eine Geste aufforderte, ihr und Maria zu folgen.

Doña Blanca hatte eine Kammer gewählt, durch deren Fenster die Sonne auch noch am späten Nachmittag schien und es hell genug für die Prüfung war. Dort wies die Hebamme Maria an, sich auf das bereitgestellte Bett zu legen.

»Ihr müsst die Röcke etwas hochziehen und die Beine spreizen«, setzte sie hinzu und beugte sich nach vorne.

Doña Blanca überlegte, ob sie der Frau Geld versprechen sollte, damit diese in ihrem Sinne urteilte, wartete aber zunächst gespannt darauf, was die Prüfung ergab. Es dauerte jedoch, denn die Hebamme zupfte an Marias Schamlippen herum und zog sie hierhin und dorthin. Es schmerzte, und Maria stand kurz davor, sich aufzurichten und ihr eine schallende Ohrfeige zu verpassen. Da hob die Hebamme endlich den Kopf.

»Das Häutchen ist unverletzt und die junge Dame damit eine unbeschädigte Jungfrau. Virgo intacta«, setzte sie hinzu, damit die Dame aus Spanien es auch verstand.

Obwohl Maria nicht daran gezweifelt hatte, atmete sie doch auf, während Doña Blanca ein Felsblock vom Herzen fiel. Sie kannte ihren Gemahl. Mochte ihm eine Ehe von Juan mit diesem Mädchen auch wenig gefallen, so hatte er sein Wort gegeben, sie als Jungfrau zu akzeptieren, und daran würde er sich halten.

»Steh auf und komm mit, damit die frohe Kunde verkündet werden kann, mein Kind«, sagte Doña Blanca lächelnd und streckte Maria die Rechte entgegen. Das Mädchen hatte von Johannes ein wenig Spanisch gelernt und konnte sich den Rest zusammenreimen. Nun erhob sie sich geschmeidig und küsste Doña Blancas Hand. »Ich danke Euch!«

Maria spürte, dass sie der Gräfin willkommen war, und hoffte, dass diese ihr das Einleben in einem fremden Land erleichtern würde. Auch Johannes – oder, wie sie ab jetzt offiziell zu ihm sagen musste, Juan – würde sich an ihre gemeinsame neue Heimat erst gewöhnen müssen. Mit diesem Gedanken folgte sie Doña Blanca in den Saal, in dem Jakob Fugger mit Sorge, Johannes mit Hoffnung, Graf Rodrigo mit Anspannung und König Maximilian neugierig auf das Ergebnis der Prüfung warteten.

»Nun, was hat die Untersuchung ergeben?«, fragte Don Rodrigo.

Die Hebamme verstand kein Kastilisch, begriff aber, was gemeint war, und knickste. »Die junge Dame hat ihre Ehre bewahrt! Sie ist eine vollkommene Jungfrau.«

Zwar hatte Don Rodrigo sich ein anderes Ergebnis erhofft, war aber trotzdem froh. Ermöglichte dieses Urteil ihm doch, sein Gesicht zu wahren und gleichzeitig Maximilians Willen zu erfüllen. Außerdem würde er dadurch seinen Enkel endgültig für sich gewinnen.

»Dann sei es!«, erklärte er mit fester Stimme. »Es ist jedoch mein Wunsch, dass diese Ehe von einem der hohen Würdenträger der heiligen Kirche geschlossen wird, und zwar am besten noch in dieser Stadt.«

»Vorher muss ich den Dispens erhalten«, wandte Johannes ein.

»Um das wird sich Seine Gnaden Georg von Neideck, der Fürstbischof von Trient, kümmern. Er wird auch die Trauung vornehmen«, erklärte der König freundlich.

»Eher dabeistehen und vornehmen lassen«, raunte Pater Cyprian Johannes zu. »Ich glaube kaum, dass der Fürstbischof die dazu nötige Liturgie kennt.«

»Mir wäre es lieber, Ihr könntet uns zusammengeben«, antwortete Johannes, der auf einmal Trauer empfand, weil er Pater Cyprian und alle Freunde in Arnoldstein wohl niemals wiedersehen würde.

»Das wäre was! Ich würde dir gewaltig die Leviten lesen. Trotzdem bin ich nicht wenig stolz auf dich und die Jungfer. Ihr habt der Versuchung widerstanden.« Damit versetzte Pater Cyprian Johannes einen freundschaftlichen Knuff. »Küssen dürft ihr euch, aber mit mehr wartet gefälligst, bis ihr getraut seid«, sagte er und trat einen Schritt zurück, um Maria Platz zu machen.

»So hat uns die weiße Rose zuletzt doch noch das Glück gebracht«, sagte diese leise.

König Maximilian hörte es und lachte. »Eine weiße Rose, sagtet Ihr? Dann soll eine weiße Rose Euer Wappen zieren!«

»Ich danke Eurer Majestät«, antwortete Maria mit einem Knicks.

Währenddessen gesellte Jakob Fugger sich zu Don Rodrigo.

»Seht diese Verbindung nicht mit zu viel Missbehagen«, sagte er. »Euer Enkel ist im Kloster in Demut und Gehorsam erzogen worden. Daher kann er eine Frau mit festem Willen an seiner Seite gebrauchen, wenn er einmal Euer Nachfolger werden soll.«

»Damit mögt Ihr recht haben. Doch hätte es ein solches Mädchen gewiss auch in Spanien gegeben«, antwortete der Graf abweisend.

»Würde Juan eine Porzuna, Calzada oder Bermillo heiraten, so würden diese wohl mehr die eigene Sippe als die unsere bevorzugen. Maria de Celica wird jedoch immer und zuallererst eine Azuaga sein«, erklärte Doña Blanca mit einem liebevollen Blick auf das junge Paar.

Maria und Johannes waren solche Überlegungen fremd. Zum ersten Mal durften sie sich offen und ohne Schuldgefühle umarmen und küssen.

»Ich liebe dich mehr als mein Leben«, raunte Johannes Maria ins Ohr.

»Ich liebe dich ebenfalls mehr als alles in der Welt«, antwortete Maria glückselig. »Wir waren beide Waisen und heimatlos, doch durch unsere Liebe haben wir eine neue Heimat gefunden!«

»Das wünsche ich euch von ganzem Herzen!« Pater Cyprian lächelte und dachte, dass Gott zwei Geschicke zu einem gefügt und diesen Bund gegen alle Widerstände gesegnet hatte.

ENDE

HISTORISCHER ÜBERBLICK

Dr. Alfred Meschnigg, der uns bei den Recherchen für diesen Roman sehr unterstützt und mit uns zusammen Kärnten, Slowenien, Friaul und Venedig durchstreift hat, sagte einmal, er habe sich als Junge gewundert, weshalb Klagenfurt die Hauptstadt Kärntens sei und nicht seine zentraler gelegene Heimatstadt Villach. Später erfuhr er, dass Villach mit einem großen Teil Kärntens mehr als siebenhundert Jahre lang zum Fürstbistum Bamberg gehört hat. Im Jahre 1007 übergab nämlich Kaiser Heinrich II. dem Bamberger Hochstift dieses Gebiet, das von Villach bis ins heutige Italien hineinreichte und Städte wie Villach, Tarvis, Malborgeth und Pontafel umfasste. Erst im Jahre 1759 erwarb Maria Theresia den Bamberger Teil Kärntens für die Habsburger.

Auch unter der Bamberger Herrschaft war dieser Landstrich eng mit der Geschichte seiner Umgebung verbunden, denn die Bevölkerung war grenzübergreifend die gleiche. Im Süden grenzte es an Friaul, das zur Zeit dieses Romans zu Venedig gehörte, im Südosten an die Krain und im Norden an das restliche Kärnten, über das die Habsburger ihre Herrschaft immer mehr festigten. Bambergisch-Kärnten war daher eine typische Grenz- und Übergangslandschaft von einer Volksgruppe zur anderen und wurde ebenso wie seine Nachbarländer im späten fünfzehnten Jahrhundert immer wieder Ziel türkisch-osmanischer Streifzüge.

Zudem befand sich das Bamberger Gebiet zwischen dem Habsburger Reich und der Republik Venedig, die ihre Grenzen im Lauf der Zeit immer weiter nach Norden und Westen ausgedehnt hatten. Dies ging auf Kosten des im Grunde nur noch symbolisch existierenden Königreichs Italien, das auch Reichsitalien genannt wurde und früher einmal Teil des Heiligen Römischen Reiches gewesen war. Die Könige und Kaiser dieses Reiches versuchten immer wieder, wenigstens Teile der längst unabhängig gewordenen Städte und Staaten Norditaliens erneut unter ihre Herrschaft zu bringen. Es ging dabei nicht nur um Macht, sondern auch um einen freien Zugang nach Rom, in dem bis zu Friedrich III., dem Vater Maximilians I., alle Kaiser des Heiligen Römischen Reiches gekrönt worden waren.

Auch Maximilian strebte die Kaiserkrönung in Rom an und sah die Macht Venedigs als Hindernis an. Trotz der Bedrohung durch die Türken, die noch fast zwei Jahrhunderte andauern sollte, schmiedete er ein Bündnis gegen Venedig und begann den Krieg. Doch weder Papst Julius II. noch der französische König Ludwig XII. leisteten ihm die zugesagte Unterstützung, so dass Maximilians Feldzug der erhoffte Erfolg versagt blieb.

Maximilian I. war eine schillernde Persönlichkeit, kultiviert und intelligent, aber auch romantisch veranlagt und mit der fatalen Schwäche behaftet, seine finanzielle Situation immer für weit besser zu halten, als sie tatsächlich war. Mehr als ein Mal musste er seine Gemahlin Bianca Maria Sforza als Pfand in einer Stadt zurücklassen, weil er die Kosten seines Aufenthalts nicht bezahlen konnte. Da seine Einkünfte weit unter seinen Ausgaben blieben, tat er alles, um diese durch den Verkauf von Privilegien und durch Kredite zu erhöhen. Sein größter Kreditgeber war der Kaufherr Jakob Fugger aus Augsburg.

Jakob Fugger hatte das Handelsimperium seiner Familie immer weiter ausgebaut und um zusätzliche Geschäftsfelder erweitert. Dazu gehörte auch die Förderung und Verarbeitung von Erzen. So war er am Erzabbau in Tirol ebenso beteiligt wie an dem in Thüringen und in Ungarn. Nun griff er auch nach Kärnten. Der Bamberger Fürstbischof Heinrich III. Groß von Trockau verkaufte ihm ein Stück Land in der Nähe des Klosters Arnoldstein. Unweit davon lagen die Bleiminen von Bleiberg, deren Schürfrechte Fugger gleich mit erwarb. Innerhalb weniger Jahre entstand dort die Fuggerau, wie das Gelände der Metallschmelze genannt wurde, und das Schloss Rosenheim, das als Wohnsitz seines dortigen Faktors und Stellvertreters und der wichtigsten Leute vor Ort sein sollte.

Die Stelle war gut gewählt, denn sie lag nicht nur nahe an den Bleiminen, sondern auch am Fernhandelsweg nach Venedig, mit dem Fugger viele Handelsgeschäfte tätigte. Das Erz aus Fuggers Bergwerken in Neusohl, Oberungarn (jetzt Banská Bystrica in der Slowakei), wurde in die Fuggerau gebracht und mithilfe des hier gewonnenen Bleis in Kupfer und Silber geschieden.

Maximilians Politik gegen Venedig behinderte jedoch Jakob Fuggers Pläne, und dieser musste sich auch der Intrigen von Konkurrenten erwehren, die Maximilian gegen ihn aufhetzen wollten. Den Ausschlag gab schließlich das Geld, das Fugger im Gegensatz zu seinen Gegnern dem König als Kredit beschaffen konnte. Die Fuggerau erfüllte ihren Zweck jedoch nur wenige Jahrzehnte, dann wandten sich Jakob Fuggers Nachfolger vom Bergbau ab und verkauften die Fuggerau samt Schloss und Schmelzhütten an das Bamberger Hochstift. Für eine gewisse Zeit aber bestimmten die Fugger das Geschehen in dieser Gegend, und ihr Wirken ist bis heute nicht vergessen.

Der Kanonenraub in der Fuggerau durch die Venezianer ist übrigens Tatsache. Die Venezianer wollten verhindern, dass Maximilian, der trotz seines Titels als »letzter Ritter« bei der Ausrüstung seiner Heere sehr modern dachte, sich selbst in deren Besitz setzen konnte. Der Überfall auf die Fuggerau musste jedoch in einer Weise geschehen, die weder Jakob Fugger, der als Handelspartner unersetzbar war, noch den Bamberger Fürstbischof Georg III. Schenk von Limpurg zu erbitterten Feinden der Lagunenstadt werden ließen.

Iny und Elmar Lorentz

Personen

Spanien:

Blanca de Azuaga – Miguels und Felipes Mutter
Esmaralda de Azuaga – Johannes' Mutter
Felipe de Azuaga – Johannes' Vater
Miguel de Azuaga – Felipes Bruder
Rodrigo de Azuaga – Miguels und Felipes Vater
Alfonso, Domingo, Raúl – Gefolgsleute Felipes de Azuaga

Arnoldstein:

Johannes (Juan de Azuaga y Sanchez) – Felipes und Esmaraldas Sohn
Ewald von Bamberg – Mönch in Arnoldstein
Pater Cyprian – Mönch in Arnoldstein
Bruder Vincentius – Mönch in Arnoldstein
Pater Norbert – Mönch in Arnoldstein
Bruder Michael – Mönch in Arnoldstein
Bruder Hermann – Mönch in Arnoldstein
Kesslerin – die Hebamme des Marktorts von Arnoldstein
Ria – Enkelin der Kesslerin und deren Nachfolgerin als Hebamme
Neža – Magd auf Schloss Rosenheim, Freundin Marias
Lavra – Magd auf Schloss Rosenheim

Nürnberg:

Karl Glauber – Elisabeths Vater
Anna Glauber – Elisabeths Mutter
Elisabeth Glauber – Marias Mutter
Erhard Schönlein – Elisabeths späterer Ehemann
Therese – Hebamme
Hedwig – Thereses Base, ebenfalls Hebamme

Weitere Personen:

Maria Anna Elisabeth Fugger – Hans Fuggers uneheliche Tochter
Ella »der Drachen« – Kinderfrau bei Hans Fugger
Ugo Ribaldi – der Buffone
Marcantonio Foscari – venezianischer Edelmann

Historische Personen:

Kloster Arnoldstein:

Christoph Manfordin – Abt des Klosters Arnoldstein
Johannes Gruber – Christoph Manfordins Nachfolger als Abt von Arnoldstein
Georg Matschberger – Johannes Grubers Nachfolger als Abt von Arnoldstein
Friedrich von Kühnburg – Georg Matschbergers Nachfolger als Abt von Arnoldstein

Die Fugger:

Hans Fugger vom Reh – Handelsmann und Faktor Jakob Fuggers
Veronika Fugger – Hans Fuggers zweite Ehefrau
Castulus (Gastel) Fugger – Hans Fuggers Sohn aus erster Ehe
Esther (Hester), Susanna und Felicitas – Hans Fuggers Töchter aus zweiter Ehe
Andreas (Endres) und Hans – Hans Fuggers Söhne aus zweiter Ehe
Klara Häring – eine von Hans Fuggers Töchtern aus erster Ehe
Christoph Häring – Klaras Ehemann
Helena Zeller – eine von Hans Fuggers Töchtern aus erster Ehe
Jobst Zeller – Helenas Ehemann
Jakob Fugger von der Lilie – Vetter Hans Fuggers vom Reh
Sibylle Fugger – Jakob Fuggers Ehefrau
Ulrich Fugger von der Lilie – Jakob Fuggers Neffe

Weitere historische Personen:

Leonardo Loredan – Doge von Venedig
Maximilian von Habsburg – König der Deutschen und Römer

Glossar

Orte:

Beljak – Villach
Brezje – Pirkendorf
Goggau – Coccau
Löwenberg – heute Wasserleonberg
Malborgeth – Malborgettho
Marija na Zilji – Maria Gail
Neusohl – Banská Bystrica in der Slowakei
Oberungarn – die heutige Slowakei
Pontafel – Pontebba
Tarvis – Tarvisio
Val de ferro – Eisental
Val Canale – Kanaltal
Ziljica – Gailitz

Begriffe:

Buffone – Spaßmacher, Hanswurst
capitan – spanisch: Hauptmann
capitano – italienisch: Kapitän bzw. Hauptmann
compañeros – spanisch: Kameraden
Comte – französisch: Graf
Conde – spanisch: Graf
Denaro – auch Danaro, kleine norditalienische Münze
Dispens – Befreiung vom kirchlichen Amt
Dukaten – venezianische Goldmünze, auch Zechine genannt
Domestiken – Bedienstete
esposa – spanisch: Ehefrau
Faktor – Verwalter der Filiale eines Handelshauses
Fiorino d'oro – Florentiner Goldmünze, Urform des Guldens
Gauch – abfällige Bemerkung für einen Mann
Goldflorin – eingedeutschte Form des Fiorino d'oro

gondola – schmales Ruderboot, Vorform der heutigen Gondeln
Grosso – italienische Silbermünze, Mehrfaches des Denaro
hidalgo – spanisch: einfacher Edelmann
Janitscharen – türkische Eliteeinheiten
Klafter – ca. 1,90 Meter
Kommis – Handelsgehilfe
Küchlein – Küken
mi hijo – spanisch: mein Sohn
mi marido – spanisch: mein Ehemann
Monaco – italienisch: Mönch
muchas gracias – spanisch: danke schön
Nägelein – Gewürznelken
Nemščcina – Deutsche
Nobile – italienische Adelige
Padre – spanisch: Pater
pan – spanisch: Brot
Popolino – Beiname des Fiorino, des florentinischen Silbergroschens
Prinzipal – Oberhaupt
Renner und Brenner – berittene türkische Streifscharen
Saigerhütte – Hier wird der Silberanteil des Erzes mithilfe von Blei vom Kupfer geschieden.
Tedesci – italienisch: die Deutschen
turcos – spanisch: Türken
vagabundos – spanisch: Landstreicher
vasa – spanisch: Becher
vino – spanisch: Wein
Zechinen – alter Name für Dukaten